恩格斯传

萧灼基 著

中国社会科学出版社

图书在版编目(CIP)数据

恩格斯传 / 萧灼基著 . —北京：中国社会科学出版社，2008.10
(2011.11 重印)

ISBN 978 - 7 - 5004 - 7103 - 5

Ⅰ. 恩…　Ⅱ. 萧…　Ⅲ. 恩格斯，F.（1820～1895）—传记
Ⅳ. A721

中国版本图书馆 CIP 数据核字(2008)第 111231 号

策划编辑	冯　斌
责任编辑	冯　斌
责任校对	修广平
封面设计	郭蕾蕾
技术编辑	戴　宽

出版发行	中国社会科学出版社		
社　　址	北京鼓楼西大街甲 158 号	邮　编	100720
电　　话	010—84029450(邮购)		
网　　址	http://www.csspw.cn		
经　　销	新华书店		
印　　刷	北京君升印刷有限公司	装　订	北京盛天行健印刷有限公司
版　　次	2008 年 10 月第 1 版	印　次	2011 年 11 月第 2 次印刷
开　　本	710×1000　1/16		
印　　张	28.25		
字　　数	500 千字		
定　　价	98.00 元		

恩格斯

作者近照

　　萧灼基，男，汉族，现任北京大学经济学院教授、博士生导师，中国民主建国会会员，中国民主建国会中央委员会常务委员，中国民主建国会中央经济委员会主任，北京市海淀区政协副主席，第九届全国政协委员，第十届全国政协常委、社会和法制委员会副主任，中国国际贸易促进会特邀顾问、中国市场经济研究学会理事、北京市场经济研究所所长、中国城市金融学会常务理事、《经济界》杂志社理事会名誉理事长、中国人民外交协会理事、中国名人协会副主席、中国基本建设优化研究会副会长、中国马克思经济学说史学会副会长、中国资本论研究会理事、中国国有资产学会理事，《经济学家》杂志副主编，兼任中山大学、国防大学、对外经贸大学等 10 多所大学的名誉教授或客座教授，《中国改革》、《管理世界》等数十家报刊的学术委员或顾问，北京市、武汉市、成都市、吉林省、云南省等政府顾问，还担任香港《南华早报》、新加坡《联合早报》等多家报刊的特约撰稿人和专栏作家等。

1933 年 12 月生于广东省汕头市，1953 年 9 月考入中国人民大学经济系政治经济学专业，因品学兼优于三年级就被推荐读政治经济学专业研究生，师从我国著名经济学家宋涛教授。1959 年 7 月研究生毕业后分配到北京大学经济系任助教，1979 年 6 月晋升为讲师，1980 年 12 月晋升为副教授，1985 年 9 月晋升为教授。1986 年 7 月被评为博士生导师。1992 年开始享受国务院有突出贡献专家津贴。

主要研究方向是经济体制改革的理论问题和《资本论》，至今已出版专著 15 部，发表论文数百篇。其主要著作有《萧灼基选集》、《萧灼基文集》、《中国经济热点问题研究》、《中国宏观经济纵论》、《社会主义再生产理论研究》、《提高经济效益，实现宏伟战略目标》、《中国经济建设与体制改革》、《恩格斯传》、《马克思青年时代》、《马克思恩格斯著作中的历史人物》，还主编《中国证券全书》（500 万字）、《中国经济概论》、《哲学社会科学名人名著辞典》、《中国证券市场 1991、1992》、1994—2007 年的《中国经济分析与预测》等。

主要获奖项目有首届孙冶方优秀论文奖（1984）、辽宁省优秀理论文章奖（1984）、北京大学首届优秀教学奖（1985）、北京大学首届优秀科研著作奖（1986）、全国改革与发展优秀论文金三角奖（1988）、北方十三省市区优秀图书一等奖（1986）、北京市改革十年优秀论文奖（1989）、全国省级刊物（政治理论）优秀文章一等奖（1993）、首届陈岱孙经济学著作奖（1996）、北京市新闻奖一等奖（2003）、全国十大财经英才奖（2004 年，由联合国教科文组织、北京大学、中央教育电视台等单位评选）、北京大学改革开放 30 周年百项精品奖（2008）等。

三版前言

  2008 年是伟大的无产阶级革命导师马克思诞辰 190 周年，是我国改革开放 30 周年，也是西方新自由主义经济理论和政策因全球金融危机而破产的一年。

  很长一段时间以来，人们普遍认为马克思的经济理论已经过时了。但是，随着美国次贷危机的全面爆发，马克思的《资本论》在西方发达国家又骤然热销。实践再次证明，150 年前的马克思主义经济理论仍然具有不朽的价值。

  而我自始至终是一个坚定的马克思主义者。我个人倾注 50 年心血的《马克思传》的出版（同时出版的还有《恩格斯传》第二版），便是我个人坚持学术信仰的成果体现，同时也是我对当下甚嚣尘上的"《资本论》过时论"的有力回击，更重要的是想借此向诞辰 190 周年的革命导师马克思致敬。这可以说是我出版此书的初衷。但是，本书的出版得到了政府、学界乃至社会大众的普遍关注，因此，应社会大众与各界同人的普遍要求，《马克思传》第二版如约与大家见面了。

  从个人总结的角度来讲，我认为本书有以下四个特点：

  第一，《马克思传》和《恩格斯传》这两部书，均是中国学者撰写的第一本学术研究性的传记，可以说是我国社会科学研究领域的重大突破。由一个人独立完成两位革命导师的单独个人学术传记，这在世界马克思主义研究史上是前所未有的。资料显示，以往只有苏联著名学者梁赞诺夫、法国学者科尔纽撰写过两部马克思、恩格斯合传，民主德国学者格列奇夫、前苏共中央党校校长虽然曾经主编过，但都是多人参加的集体编写。其他学者有的只写过马克思传，如德国的梅林、英国的麦克莱伦，有的只写过恩格斯传，如德国的迈耶尔、苏联的斯捷潘诺娃。因此，由我一个人独立撰写的学术研究性的《马克思传》和《恩格斯传》，这在世界马克思主义研究史上是第一次，可以说是填补了世界马克思主义研究史的空白。这两本书称得上是国内首创，国际罕见。

第二，《马克思传》和《恩格斯传》这两部书，在内容上各有重点并且互相补充，成为一个统一不可分割的整体。在《马克思传》中描写比较详细的内容，在《恩格斯传》中就相对简略；在《马克思传》中描写比较简略的内容，在《恩格斯传》中则有比较详细的记叙。两者互相参照、互相补充。例如，《马克思传》详细记述了马克思写作《资本论》三大手稿的整个过程，精练归纳了《资本论》四大卷的理论体系、核心内容等；《恩格斯传》则详细记述了恩格斯在整理《资本论》第二、三卷过程中所付出的辛勤劳动，以及为捍卫《资本论》的科学性等方面与敌人进行的艰苦卓绝的斗争。

第三，《马克思传》和《恩格斯传》这两部书，每一部都是对两位革命导师全景式的描写。书中既讲述他们的革命活动，更描写他们的理论成果。在《马克思传》里，我重点突出了"马克思首先是一个革命家"的形象，全面记述了革命的理论与革命的实践在伟大导师身上的完美结合。同时，我用了两大章的篇幅详细描述了马克思写作《资本论》的过程，对他的三部手稿进行了详细的比较分析，并对《资本论》的核心内容进行了精练的概括。在《恩格斯传》里，我重点讲述了恩格斯的理论成果，如《反杜林论》、《自然辩证法》等，同时着重描述了恩格斯全力协助马克思领导革命活动的过程，体现了革命导师恩格斯甘愿"拉第二小提琴"的谦虚品质与博大胸襟。

第四，《马克思传》和《恩格斯传》这两部书，在理论概括上进行了大胆的创新。例如在《马克思传》中，我对《资本论》创作史的分期提出了有别于其他学者的观点。根据马克思主义剩余价值理论的成熟程度和《资本论》整个科学体系的完善程度，我把《资本论》创作史分为三个阶段：第一阶段（1843—1849）是创作《资本论》的准备阶段，马克思经济学说基本形成。这个阶段，马克思奠定了《资本论》的方法论基础，并且已经知道了剩余价值的存在以及如何产生的。第二阶段（1850—1866）是写作《资本论》手稿，马克思经济学说基本建立。这个阶段，马克思写了《资本论》的三部手稿，研究了《资本论》理论部分和剩余价值学说史部分的所有重要问题，建立了《资本论》的科学体系。第三阶段（1867—1883）。《资本论》第1卷于1867年出版，马克思主义经济学说广泛传播，随后继续修改《资本论》第2、3卷。本书的历史分期，既不同于苏联学者列昂捷耶夫的划分，也有别于国内孙开镛等学者的划分，可以说是一种新见解。

自从马克思、恩格斯逝世以后，许多人都尝试写两位革命导师的传记，但是，正像国际工人运动的著名活动家威廉·李卜克内西所说"写马克思这样的人必须承担重大的责任"，因此好多学者自知能力不够，难于承担这个责任，也就打消了这个念头。而我的两部作品——《马克思传》和《恩格斯传》，则是从经济学的角度把马克思、恩格斯的革命活动与其理论创造结合起来，这种写法在国内尚属首次，在国际上也不多见。这些都算是我本人对世界马克思主义学术史的一点点贡献。在这里，我没有任何自夸的意思，相反，最终能够完成两位革命导师的学术传记，恰恰是在前人做出的许多有益尝试和探索的基础之上，在前人的启发和鼓舞之下，我吸收国内外诸多学者研究成果的结果。因此，这两部作品的出版，也可以说是我国学术界对马克思主义史的集体贡献，是集体智慧的结晶。

在这里，我要感谢长期给予我关心、帮助的专家、学者。特别是要感谢宋涛教授、高放教授、王珏教授和顾锦屏局长，感谢他们对我两部作品的深刻、中肯、全面的评论，才使我的书能够有机会获得政府出版奖。同时，我要感谢中国社会科学出版社责任编辑冯斌先生，感谢他给予我的鼓励与帮助，尤其是他不辞辛苦，积极安排本书适时再版。同时，也要感谢我的学生们，特别是要感谢董继华博士，在工作之余挤时间作了大量工作。

总之，这两部作品是集体力量的体现，衷心感谢大家的支持与帮助！

是为序！

萧灼基

2011 年 4 月于中海紫金苑

再版前言

2008 年是不同寻常的一年。因为在这一年，我们迎来了伟大的无产阶级革命导师马克思诞辰 190 周年纪念日，同时，无产阶级革命导师马克思、恩格斯合作为世界第一个无产阶级政党制定的第一个"周详的理论和实践的党纲"——《共产党宣言》，问世至今已经整整 160 周年，而中国自 1978 年开始的改革开放也走过了整整 30 年的风风雨雨。

作为一个坚定的马克思主义者，拙著《马克思传》的首版和《恩格斯传》的再版是我个人向两位革命导师致以崇高敬意的最好方式。

写作马克思和恩格斯的学术传记，是我多年的心愿。20 世纪 50 年代中期，我在人民大学马列主义研究班学习时，就决心认真研读马克思、恩格斯著作，撰写革命导师的传记。几十年来，无论工作多么繁忙，这个愿望时时刻刻都在鞭策我、推动我、鼓励我去学习、探索和写作。1985 年，在纪念恩格斯逝世 90 周年之际，我的《恩格斯传》首次与读者见面了。在随后的日子里，由于教学任务繁重、社会事务增多，尤其是学术界对马克思主义的重新认识不断取得重大突破，致使我的《马克思传》迟迟未能结稿，但是，这丝毫不能动摇我为革命导师写学术传记的决心。终于，在 2008 年这个非常具有纪念意义的年份里，我的《马克思传》也付梓刊印了。与此同时，将我的《恩格斯传》再版，使这两本书同时与读者见面，一方面是了却我多年的心愿，更主要的是借此向两位革命导师致敬。

1985 年出版的《恩格斯传》，是我国学者撰写的第一部恩格斯学术传记，在当时引起了较大的轰动，开创性地填补了社会科学研究上的空白，并获得了北京大学优秀科研奖。之所以在时隔 20 多年后，重新再版《恩格斯传》，主要是基于以下几点考虑：

1. 纪念马克思诞辰 190 周年。在《马克思传》一书中，我详细记述了马克思一生的理论研究与革命活动，分析了马克思主义的创建过程。但是，马克思主义的创建，并不仅仅是马克思一个人的事情，恩格斯也作出了巨大的不可磨灭的贡献。就像恩格斯所说的："我一生所做的是我被指定做的事，就是拉第二小提琴，而且我想我做得还不错。"因此，马克思的理论研究与革命活动与恩格斯的大力支持是紧密相连的。例如，正是因为恩格斯的建议，马克思才放弃了早年坚持的"自我异化论"；也正是因为受到恩格斯的影响，马克思才开始系统研究政治经济学，等等；这些都对马克思后来建立辩证唯物史观和创立剩余价值理论产生了深远的影响。因此，对恩格斯学术思想和革命活动的研究，是我们理解马克思主义理论体系必不可少的工作。

2. 纪念《共产党宣言》（以下简称《宣言》）发表 160 周年。《宣言》第一次对马克思主义进行了完整而系统的阐述，它的问世标志着无产阶级的独立意识形态马克思主义科学体系的基本形成。它是马克思、恩格斯这两位革命导师共同智慧的结晶、共同劳动的成果。尽管恩格斯在 1883 年《宣言》德文版序言中指出"这个基本思想完全是属于马克思一个人的"，但这恰恰反映了无产阶级革命导师恩格斯的谦虚品质和博大胸襟，它并不能抹杀恩格斯在《宣言》的写作和发表过程中以及在马克思主义科学体系形成过程中所具有的不可替代的重要作用。

3. 纪念中国改革开放 30 周年。中国的改革开放是在马克思主义原理的指导下进行的，马克思主义是我们前进的旗帜，也是我们社会发展的基石。同时，我们也要在改革开放中不断发展马克思主义，用符合时代特征的观点建设新的学说体系，从而使马克思主义在发展和创新的思维中得以传承，能够更加有力地指导我国的改革开放。要做到这一点，首先要求我们能够对马克思主义原理有一个全面、系统、准确的认识。恩格斯是马克思主义原理的重要创始人之一，因此，通过对恩格斯理论思想和革命历程的研究，有助于我们加深这种认识。

4.《马克思传》和《恩格斯传》这两本书，在内容上既有分工，又是一个完整的体系。在《马克思传》中描写得比较详细的内容，在《恩格斯传》中就相对简略，而在《马克思传》中描写得比较简略的内容，在《恩格斯传》中则有比较详细的记叙，两书有互相参照、互相补充的特点。例如，关于对伯恩斯坦的批判，《恩格斯传》的分析远比《马克思传》详尽；关于《哥达纲领批判》的相关内容，《马克思传》则远较《恩格斯传》具体；关于《资本论》的相关内容，《马克思传》主要是全面、系统地分析了《资本论》的理论体系、核心内容等，《恩格斯传》则详细记叙了恩格斯在整理《资本论》第 2

卷、第 3 卷过程中所付出的辛勤劳动以及在捍卫《资本论》的科学性等方面所做出的艰苦卓绝的努力。

　　这一版《恩格斯传》，文中的主要内容与 1985 年版基本相同，但是，在书后附录中有三篇比较精彩的书评，相信会对读者理解本书有较大帮助。

　　在本书的再版过程中，中国社会科学出版社责任编辑冯斌先生给予我巨大的鼓励与帮助，并付出了辛勤的劳动，在此向他表示衷心的感谢。同时，我的博士生董继华同志也做了许多工作，谨此致谢。

萧灼基

2008 年 5 月于中海紫金苑

目　录

序

　　萧灼基同志的《恩格斯传》，是新中国建立以来我国学者撰写的第一部恩格斯学术传记。这部著作的出版，是我国马克思主义理论界的可喜收获。它填补了我国社会科学研究领域的一项空白，具有开创的意义。

　　革命导师恩格斯的一生，为无产阶级解放事业进行了卓有成效的斗争。本书运用丰富的资料，紧密结合当时欧美各国阶级斗争、民族斗争和国际工人运动的历史，全面阐述了恩格斯光辉的革命历程，着重研究恩格斯在创建共产主义者同盟，参加1848—1849年革命运动，领导国际工人协会，支援巴黎公社革命事业，批判工人运动中各种假社会主义，指导欧美各国工人运动等重大政治事件、政治活动中的原则立场、斗争策略和杰出贡献，深刻而生动地向人们再现了恩格斯在长达半个世纪波澜壮阔的革命运动中无私无畏、大智大勇的无产阶级革命家的伟大形象。

　　恩格斯既是伟大的革命家，也是卓越的思想家。本书较深刻地探讨了恩格斯理论思想的发展，较详尽地分析了恩格斯一系列重要著作的写作背景、基本内容、主要观点和重大意义。本书对恩格斯的理论观点的概括和论述比较完整准确，重点突出，脉络清晰，用具体的事例阐述了恩格斯在探求真理的道路上不断进取、永不停息的精神；他经常密切注视新情况，研究新问题，作出新的理论概括，用新的研究成果代替由于实际情况发生变化而过时的观点，不断丰富和发展马克思主义。

　　科学共产主义是由马克思、恩格斯两位革命导师共同创建的。恩格斯的革命活动和理论创造，同马克思不可分割地联系在一起。本书用较多的篇幅阐述了两位革命导师在共同领导国际工人运动、共同创建科学共产主义的漫长而艰苦的斗争历程中互相支持、团结战斗的动人事例。在马克思的伟大著作《资本论》理论体系的形成中，在《资本论》第2、3、4卷的整理和出版中，在《资本论》科学思想的传播中，在反击资产阶级学者的诽谤和维护

《资本论》理论的斗争中，恩格斯花费了大量心血，作出了不可磨灭的贡献。

本书向人们展示了恩格斯极其渊博的知识。他除了在哲学、政治经济学、科学社会主义理论方面具有极高的造诣以外，还广泛研究文学、语言学、历史学、军事学和各种自然科学，而且在他所研究的学科领域里，几乎都有独到的见解。本书在介绍这位科学大师的治学态度时，着重阐述他无比勤奋的精神和严肃认真的作风。他既善于吸取人类优秀的文化遗产和同时代人的科学成就，又善于刻苦钻研、深入探索、不断创新，是不畏艰险、勇攀科学高峰的光辉典范。

在结构方面，本书也有较大特色。作者基本上按照恩格斯的革命历程安排全书章节，但又不完全拘泥于时间顺序，而把一些内容相关的事件和活动适当集中。例如第九章《以应有的方式使摩尔永世长存》，集中介绍恩格斯对马克思的深情厚谊和整理出版马克思遗著的丰功伟绩；第十章《国际工人运动有求必应的顾问》，集中介绍马克思逝世后恩格斯对各国工人运动和工人政党的指导；第十一章《理论研究的新成果》，集中介绍恩格斯晚年的几部重要论著。这就使有关问题的联系较紧密，重点较突出，阐述较充分。

本书的篇幅虽较长，但内容丰富、资料翔实、层次清楚、文字流畅，既有严肃的科学探讨，又穿插一些生动事例，读起来饶有兴味。

本书对广大读者，特别是对广大青年同志学习恩格斯崇高的无产阶级革命品质、坚定的革命立场、旺盛的革命精神和严肃认真的治学态度，学习马克思、恩格斯的重要论著，学习马克思主义发展史和国际共产主义运动史，都有一定的帮助。

作者萧灼基同志是一位中年经济学者。为撰写这部著作，他孜孜不倦地学习和研究经典著作，广泛搜集现时国内外有关的专著、论文和资料，认真吸取党的十一届三中全会以来我国学者研究马克思、恩格斯生平和著作的学术成果。本书既是作者多年辛勤劳动的结晶，在一定程度上也反映了我国马克思主义理论界的研究成就。它的出版，必将有助于理论界进一步深入研究马克思、恩格斯的著作和生平。希望萧灼基同志继续努力，在理论研究上不断有所进展。

宋　涛

1985 年元旦

第一章　朝气蓬勃的年轻人

一　人民和资产阶级运动的
　　新纪元已经来到

国际无产阶级的伟大导师、科学社会主义的创始人之一、马克思的亲密战友弗里德里希·恩格斯，于 1820 年 11 月 28 日诞生在德国普鲁士邦莱茵省巴门市。

当时的欧洲，资本主义正在迅速发展，通过资产阶级革命战胜了封建贵族的英、法资产阶级，用金钱的特权代替了以往一切个人特权和世袭特权，建立了自己的政治统治，扫清了发展经济的障碍。从此，资产阶级不再进步、不再革命。原来被反对封建制度的共同要求掩盖着的无产阶级与资产阶级的矛盾，逐渐成为整个社会赖以旋转的轴心。19 世纪 30—40 年代发生的英国宪章运动、法国里昂纺织工人起义，表明无产阶级已经以独立的政治力量登上历史舞台。

同英、法比较，德国既缺少发达的工业，又缺少以发达的工业为前提的资产阶级统治，社会经济状况十分落后。1815 年维也纳会议以后，国家继续陷于四分五裂。36 个大小不同的邦国各有自己的海关、税制和货币，未能形成发展资本主义所需要的统一的国内市场；把持各邦政治统治权的封建贵族实行反动的专制统治，对资本主义工商业施加种种的限制和束缚；远离当时世界贸易要道大西洋的不利地理位置；16 世纪以来不断卷入战争所造成的损失和破坏，等等，是造成德国社会经济落后的重要原因。那时，德国农村中封建土地所有制仍占统治地位，农奴没有得到真正解放；城市中以手工劳动为基础的手工业，仍然盛行着束缚生产力发展的行会制度；刚刚出现的新式工业由于缺乏原料、市场和劳动力，未能长足进展。

但是，封建专制制度决不能阻挡社会的发展和历史的前进。19世纪初期以来，以莱茵地区为典型的德国资本主义工商业还是不断地有所发展，"随着财富的不断增多和贸易的不断扩展，资产阶级很快就达到了这样一个阶段：它发现它的最重要的、日益增长的需要由于本国政治制度的妨碍而得不到满足，如国家被三十六个意图和癖好互相矛盾的君主所任意分割，封建压迫束缚着农业和与之相联系的商业；愚昧而专横的官僚统治对资产阶级的一切事务都严加监视"。① 发展资本主义的要求与封建专制统治的尖锐矛盾，促使资产阶级进行反封建的革命斗争。

封建专制制度不仅压抑资本主义的发展，而且给德国人民带来深重的灾难。面临人民的革命斗争，各邦封建君主加强反动统治，剥夺群众政治权利，严密控制思想舆论，"在这里，一切知识的来源都在政府控制之下，从贫民学校、主日学以至报纸和大学，没有官方的事先许可，什么也不能说，不能教，不能印刷，不能发表。"②

身受封建主义和资本主义双重压榨的德国广大劳动人民饥寒交迫，生活艰难。无产阶级革命诗人维尔特的《饥饿之歌》，十分逼真地反映了他们的处境，表达了他们反抗和斗争的决心：

尊敬的国王陛下，
你可知道这惨事一桩？
星期一我们只吃了一点，
星期二我们就断了粮。

星期三我们只好挨饿，
星期四我们受尽了苦，
啊，差一点，差一点，
我们就饿死在星期五！

快叫人在星期六给我们，
烤些干净像样的面包，

---

① 恩格斯：《德国的革命和反革命》。《马克思恩格斯全集》第8卷第9页。
② 同上书，第17页。

不然，国王陛下，在星期天，
我们就要把你抓住吃掉。①

反动、腐朽、衰败的封建专制制度，引起包括资产阶级在内的各阶级、各阶层人民的普遍不满和憎恨。德国国内阶级矛盾日益尖锐，革命一触即发。1830 年法国七月革命发出了全欧洲资产阶级和人民群众反对封建专制制度的信号。自此以后，德国各地不断发生起义和骚动，证明"人民和资产阶级的运动的新纪元已经来到"。② 在即将到来的阶级较量中，"资产阶级准备推翻政府，无产阶级则准备随后再推翻资产阶级"。③

国家的状况，时代的要求，对恩格斯的生活道路将发生深刻的影响。

二　烟雾弥漫的新兴工业城镇

恩格斯的故乡莱茵省，风景秀丽，明媚多姿，处处散发着诱人的芳香。每年秋天的音乐节，一群群兴高采烈的男男女女，从四面八方汇集在一起，用音乐表达自己最崇高、最神圣的感情，互相激励生活的勇气，尽情重温青春的欢愉。在三天节日期间，到处都是欢乐的气氛。"莱茵人天性十分活泼，他们的血液在血管里像新酿的莱茵酒一样轻快地流动，他们的眼睛总是敏锐地、愉快地注视着周围的世界。"④ 丰富多彩的生活，培养了恩格斯莱茵人的气质："永远是那样开朗、那样坦率、真挚而无忧无虑。"⑤ 这种活泼愉快的性情使他青春永驻。

莱茵省又是德国资本主义最发达的地区。19 世纪初以来，这里由于煤铁资源丰富，水路交通方便，特别是受到法国资产阶级革命的深刻影响，封建农奴制已被消灭，贵族特权已经废除，发展资本主义的条件十分有利，以机器装备的新式工业迅速发展起来。

随着工商业的发展，出现了一批日益繁荣的城镇。恩格斯童年和少年时代生活过的巴门和爱北斐特就是新兴的工业中心。这两座紧邻的姊妹城市，

---

① 《维尔特诗选》，第 24 页。
② 恩格斯：《德国状况》。《马克思恩格斯全集》第 2 卷第 651 页。
③ 恩格斯：《德国的革命和反革命》。《马克思恩格斯全集》第 8 卷第 24 页。
④ 恩格斯：《莱茵省的节日》。《马克思恩格斯全集》第 41 卷第 306—307 页。
⑤ 同上书，第 307 页。

位于莱茵河支流乌培河的谷地。那里山峦重叠，林木葱郁，草地碧绿，景致迷人。城市正在改造，马路正在展宽，新式的房屋正在兴建。在爱北斐特，昔日神圣的教堂塔楼，成了囚禁犯人的监狱；曾经使当地人民感到自豪的博物馆，却有了一个不雅的名字：赌博场！与爱北斐特一桥之隔的巴门，整齐排列的灰色厂房，建筑别致的红色小楼，高大的烟囱，临街的花园，庄严的拜占庭式教堂，向人们展示了一幅既古老又新颖的城市风貌。

19世纪30年代，巴门和爱北斐特大约有居民4万人，中小型工厂200家，纺织工业很发达，丝棉织品远销国内外，有"德国的曼彻斯特"之称。

资本主义工业发展的灾难，在巴门和爱北斐特随处可见。机器人工业摧毁了以手工劳动为基础的手工作坊和家庭工业，把大批手工工人抛向街头。工厂工人工资低微，劳动条件极其恶劣。乌培河谷的资产阶级为了同占绝对优势的英国工厂主竞争，对雇佣工人进行极其残酷的剥削。工人们被迫在低矮的厂房和混浊的空气里劳动，吸进的煤烟和灰尘多于氧气，肉体和精神遭受严重折磨，许多人死于肺结核。资本家为了榨取更多利润，大量雇用童工。仅爱北斐特一地，2500名学龄儿童中就有1200名未能上学。最小的童工年仅6岁。微薄的工资，沉重的劳动，长达十几小时的工作时间，使他们失掉了童年的欢乐和朝气。

严重的环境污染也像资本主义其他灾难一样，在乌培河谷迅速蔓延。滚滚浓烟笼罩着城市，昔日清澈的河水已经污浊不堪。乌培河"这条狭窄的河流，时而徐徐向前蠕动，时而泛起它那红色的波浪，急速地奔过烟雾弥漫的工厂建筑和棉纱遍布的漂白工厂。然而它那鲜红的颜色并不是来自某个流血的战场……也不是源于人们为道德败坏而感到的羞愧（虽然这确实有足够的根据），而只是流自许多使用鲜红色染料的染坊"[①]。

在巴门和爱北斐特，控制精神生活的是粗暴和丑恶的虔诚主义。道貌岸然的"上帝的仆人"竭力散布天堂、地狱的说教，胡说工人的贫困和痛苦是由自己的罪孽造成，劝诫穷人们要勤劳、节俭，赎清自身的罪孽。很显然，这种套在劳动人民身上的精神枷锁，目的是为了掩盖资本主义的剥削罪恶。虔诚主义的工厂主，在残酷剥削工人方面决不心慈手软，甚至不惜从儿童身上榨取大量血汗，把幼弱的儿童推入苦难的深渊，"但是大腹便便的厂主们的良心是轻松愉快的，虔诚派教徒的灵魂还不致因为一个儿童如何衰弱而下地

---

① 恩格斯：《乌培河谷来信》。《马克思恩格斯全集》第1卷第493页。

狱，假如这个灵魂每个礼拜日到教堂去上两次，那就更没有事了。"①

劳动的折磨，贫困的熬煎，传教士的欺骗，夺去了人们健康的、朝气蓬勃的生活。许多人借酒消愁。每天晚上，所有酒店挤满了人，酗酒成了普遍的社会现象，"从当时工人的文化水平来看，从他们毫无出路的处境来看，这是毫不奇怪的……既然当时的情形就是这样，乌培河谷的工人们只能在酒馆里的尘世烧酒和虔诚的教士那里的天堂烧酒之间进行选择，那么无论尘世烧酒多么糟糕，他们还是偏要选择它，这有什么奇怪的呢？"②

乌培河谷的资产阶级只关心营业和赚钱，对政治和社会进步毫无兴趣；一些虔诚主义者甚至摒弃音乐和小说，除了从传教士那里得到的一点点可怜的宗教知识外，对科学知识几乎一无所知。打牌玩球、谈马弄狗、品评女人，就是这些缺乏教养、粗野无聊的庸夫俗子的生活方式；"这些人过着可怕的生活，但还觉得蛮不错；白天他们埋头做生意，而且是那么专心致志，简直令人难以置信；晚上到了一定的时间，就三五成群，打牌消遣，议论政治和抽烟，直到钟打过九点以后，才各自回家。他们就这样一天一天地生活下去……"③

乌培河谷生活的情景，资本主义工业的发展给工人阶级带来的灾难，劳动人民可怕的普遍贫困，促使着恩格斯后来去深入探讨资本主义制度的本质。

三　虔诚和专制的工厂主家庭

在巴门市离乌培河不远的布鲁赫街区 800 号，是一幢带花园的宽敞的三层楼房，这就是恩格斯诞生的地方。他在这里与自己七个弟弟妹妹嬉戏玩耍，度过无忧无虑的童年和少年。

恩格斯出身于巴门的名门望族。曾祖父在 18 世纪后半叶创办一个纺织工场，几代相传，到了恩格斯的父亲老弗里德里希时营业扩大，在巴门和英国曼彻斯特创办了欧门—恩格斯纺纱厂。

恩格斯的父亲是一个精明的工厂主，头脑敏锐，办事干练，十分熟悉国

①　恩格斯：《乌培河谷来信》。《马克思恩格斯全集》第 1 卷第 499 页。
②　恩格斯：《德意志国会中的普鲁士烧酒》。《马克思恩格斯全集》第 19 卷第 46 页。
③　恩格斯：《乌培河谷来信》。《马克思恩格斯全集》第 1 卷第 511 页。

内外的市场情况。他是虔诚的基督教徒，曾经担任教区负责人和教会学校校长。在家里，他对子女进行虔诚主义教育，"灌输要永远最盲目地、无条件地相信圣经，相信圣经教义、教会教义以至于每一个传教士的特殊教义之间的一致性"①的思想。这位性情急躁的"暴君"，经常对子女严厉训斥，要求他们无条件服从。从小就具有独立思想的恩格斯不愿接受这种毫无道理的管教，因此父亲和儿子之间感情并不融洽。有一次，父亲写信给在哈姆看望外祖父的母亲，表示了对这个15岁孩子的忧虑。父亲写道："弗里德里希上星期的成绩一般。你是知道的，他表面上变得彬彬有礼，尽管先前对他进行过严厉的训斥，看来他即使害怕惩罚也没学会无条件地服从。例如，令我感到懊恼的是，今天我又在他的书桌里发现一本从图书馆租借的坏书——一本关于13世纪的骑士小说。值得注意的是他把这类书籍摆在书柜里而满不在乎。愿上帝保佑他的心灵吧！我常常为这个总的说来还很不错的孩子感到担心。"②为了加强对恩格斯的管教，使他过一种与外界隔绝的生活，父亲把他送到爱北斐特中学校长汉契克博士家里寄宿。恩格斯走上革命道路后，不得不多次与父亲的保守思想发生冲突。

恩格斯的母亲伊丽莎白，出身教师家庭，具有较高的文化修养，爱好音乐和文学，心地高尚，性格开朗。恩格斯20岁生日的时候，她送给儿子一套被虔诚主义者视为"邪书"的《歌德全集》，同老弗里德里希的保守思想形成鲜明对照。恩格斯继承了母亲开朗、乐观的性格和对音乐、文学的爱好。后来，在生活的途程中碰到困难时，恩格斯多次得到母亲的关怀和帮助。对母亲的爱，使恩格斯有时不得不对专横的父亲做一些让步。③

作为父母的长子，恩格斯对弟妹们十分关心。他最喜欢妹妹玛丽亚。在不来梅和柏林的时候，经常给玛丽亚写信，告诉她许多新鲜的事情，鼓励她学习外文、剑术和音乐，"好好地练习演奏贝多芬的奏鸣曲和交响曲"④，在另一封给玛丽亚的信中，他对年少的弟妹们作了有趣的评论："我很关心的是你在曼海姆成长的情况，像从前一样，照例是一只又瘦又蠢的小鸡呢，还是

① 恩格斯：《致格雷培》（1839年7月30日）。《马克思恩格斯全集》第41卷第515页。

② 老弗里德里希·恩格斯：《致伊丽莎白》（1835年8月27日）。《马克思恩格斯全集》第41卷（附录）第690页。

③ 参阅恩格斯《致卡·马克思》（1845年3月17日）。《马克思恩格斯全集》第27卷第32页。

④ 恩格斯：《致玛丽亚》（1841年3月8—11日）。《马克思恩格斯全集》第41卷第595页。

有了新的狂妄念头？安娜有时也做起古怪的诗来，这时她就会大发傻劲，每隔三个词就要有一句：呵，糟糕！海尔曼身上颇有疑病患者的素质，他可以整天整天地对一切漠然无动于衷地坐着：撅着嘴，一言不发。如果他突然大怒起来，就完全不可遏制。埃米尔还是喜欢胡搅蛮缠。海德维希除了有点固执，没有什么脾气。鲁道夫与海尔曼属于同一种类型：他半天在幻想，半天尽做蠢事。他最大的乐趣就是我给他一把轻剑，又从他手里把剑打下来。小爱利莎将来会出人头地，可是眼下还什么也不是。她生性和蔼可亲，终将胜过你们大家。"①

童年的恩格斯经常到哈姆的外祖父家里。担任中学校长的外祖父知识渊博，诲人不倦，除了辅导外孙的作业外，还常常向孩子们讲述有趣的故事。恩格斯对年迈的外祖父有着深厚的感情。1833 年除夕，13 岁的外孙献给外祖父一首真挚动人的贺年诗，表达对老人的敬意和祝愿：

> 我亲爱的外祖父，你待我们总是那样亲切慈祥，
> 每当事情不顺利，你总给我们指点帮忙，
> 你给我们讲过多少动听的故事，
> 从克尔基昂、提修斯到百眼哨兵阿尔古斯，
> 从明诺托尔、阿莉阿德尼到投海而死的爱琴，
> 到金羊毛、约逊和亚尔古船英雄，
> 你讲过强悍的海格立斯，以及同他一道的丹纳士和卡德摩斯，
> 我记不住你一共给我们讲了多少！
> 外祖父，祝你新年幸福，
> 长寿，愉快，无忧无虑，
> 愿你吉祥如意，万事亨通——
> 这是爱你的孙儿衷心的祝愿。②

虽然有着慈祥的母亲，活泼可爱的弟妹，但家庭生活仍然十分沉闷。这个"彻头彻尾基督教的、普鲁士的家庭"③，与恩格斯的思想和信念越来越格

---

① 恩格斯：《致玛丽亚》（1841 年约 5 月初）。《马克思恩格斯全集》第 41 卷第 598—599 页。
② 恩格斯：《献给我的外祖父》。《马克思恩格斯全集》第 41 卷第 623 页。
③ 恩格斯：《致马克思》（1850 年 1 月 20 日）。《马克思恩格斯全集》第 27 卷第 21 页。

格不入。他渴望摆脱家庭的束缚，骑着骏马，驰骋在广阔的天地里。

四　力求扩大科学知识的强烈愿望

恩格斯天资聪慧，勤奋活泼，从小就有强烈的求知欲，有力求扩大科学知识的强烈愿望。当时，乌培河谷广泛流行的宗教虔诚主义，浸透到社会生活的各个方面。受虔诚主义影响最大的是教育事业。一些教会学校，除了教学生朗读、书写和计算以外，只向学生灌输宗教意识和教义问答。其他学校也好不了多少。恩格斯最初就读的巴门市立学校，同样受到宗教虔诚主义的影响。掌握学校大权的管理委员会，只从虔诚派教徒中挑选教员。有一次，一个四年级学生问老师："歌德是谁？"老师回答说："是一个不信神的人！"在这样的学校学习，精神和智力的发展不能不受到严重束缚。学校里也有一些学识渊博的教员。法文教员希弗林博士，精通法文文法结构，对法国启蒙思想家伏尔泰及其他现代作家的作品和风格有精湛的研究。年轻的文学教员科斯特尔，在诗歌教学中敢于冲破宗教的约束，取消了说教性的内容。他们给少年恩格斯留下了深刻的印象。

1834 年秋天，恩格斯转学到离家较远的爱北斐特中学。这所学校开设的课程较多，教学质量较高，被公认为普鲁士最好的学校之一。代理校长汉契克博士，拉丁文教员艾希霍夫博士，都是有才能的优秀教师。讲授德国历史、文学史和古典著作的克劳森博士，学识渊博，教学认真。[1] 在这些优秀教师的指导下，恩格斯获得了扎实的科学文化知识。

《中学肄业证书》表明，恩格斯"在高年级学习期间操行优等，特别是他的谦虚、真诚、热情引起教师们的重视；该生不仅资质很高，而且表现出一种力求扩大自己的科学知识的值得赞许的愿望，因此取得了可喜的进步……"[2]

在中学里，恩格斯十分重视语文学习。他上课时用心听讲，课后认真练习写作。教师对此十分满意，指出他的"作文，特别是最后一年，在全面发展方面获得可喜进步；作文具有良好的、独立的思想，而且大都组织得当；叙述均有依据，表达富有准确性。……对德国民族文学史和阅读德国古典作

---

① 参阅恩格斯《乌培河谷来信》。《马克思恩格斯全集》第 1 卷第 511 页。
② 《恩格斯的肄业证书》。《马克思恩格斯全集》第 41 卷（附录）第 692 页。

家的著作表现了值得嘉许的兴趣。"[1]

恩格斯十分喜爱外语，中学时认真学习拉丁语、希腊语、法语，通过阅读和翻译原文著作掌握外语词汇和语法知识，教师对他的学习成绩作了很好的评价，指出了在拉丁语方面，"他能毫无困难地理解无论是散文作家或诗人的作品，特别是李维和西塞罗，味吉尔和贺雷西的著作，因而能毫不费力地理解整体的联系，清晰地掌握其思路，能熟练地把拉丁语课文译成德语。但语法的掌握尚嫌不足，因此，尽管作文颇有长进，从语法和修辞的角度来看，还有待改进；"[2] 希腊语，"他已充分掌握词法和句法方面的知识，尤其是学会了准确地翻译比较容易的希腊散文，如荷马和欧里庇得斯的作品，而且能够较好地理解和复述柏拉图的一篇对话中的思路。"[3] 他通晓法语，能熟练地翻译法语古典著作。中学时期学到的外语知识，为他日后继续学习外语打下良好的基础。

无论历史和地理，还是数学和物理学，恩格斯学习都很用心。教师认为，他拥有相当明晰的历史和地理知识；在数学和物理学方面掌握的知识令人满意，理解力很强，善于清楚明确地表达自己的思想。他也认真学习宗教和哲学基础知识，饶有兴趣地倾听实验心理学课程。总之，对一个中学高年级学生所必须具备的知识，他都很好地掌握了。

少年恩格斯聪明活泼，多才多艺，爱好音乐和绘图，喜欢爬山、骑马、击剑和游泳，也兴致勃勃地创作剧本、小说和诗歌。中学时期的作品，不仅反映了他开朗、勇敢的性格，而且表达了他反对压迫、追求自由的意向。在保留下来的写于1836年的一首诗中，16岁的恩格斯热烈赞扬德国文学作品中反对专制强暴的著名英雄退尔、齐格弗里特、浮士德和阿基里斯，为他们的英雄业绩欢欣鼓舞，渴望像骑士一样英勇战斗：

> 有许多美丽的形象，在远处招呼，
> 犹如繁星点点，透过云雾，
> 给我们送来亮光，优美柔和。
> 他们越走越近——我已经认出来了，

---

[1] 《恩格斯的肄业证书》。《马克思恩格斯全集》第41卷（附录）第692—693页。

[2] 同上书，第692页。

[3] 同上。

这是退尔，手拿弯弓，

这是齐格弗里特，他降伏过巨龙，

执拗的浮士德也来了，

阿基里斯当先锋，

光荣的布尔昂的哥特弗里德，

号召骑士们战斗要英勇。

瞧！——兄弟们，请不要笑——

还有那英雄唐·吉诃德

骑着一匹骏马，

到处厮杀。

这支队伍来了，又消灭了，

只留下一片闪闪的金光，

啊，怎样才能把他们挽留？

又有谁能把他们赶上？

诗一般的梦幻，

还会重新出现，

当你再次看见他们，

欢乐充满心田。①

　　爱憎分明，富有正义感，贯穿着少年恩格斯的思想和行为。他十分同情乌培河谷那些栖身于草棚、马厩和楼梯间的穷苦工人，有时甚至把自己微薄的积蓄赠给他们。他也十分同情当时希腊人民争取民族独立的斗争，愤怒谴责残杀无辜的野蛮的土耳其贵族，热烈赞扬在争取自由的斗争中英勇战斗的希腊人，表明自己"珍重自由"，②决心像希腊人一样为自由而战。

　　1837年9月15日，爱北斐特中学举行公众庆祝会。即将离开学校的恩格斯心情激动，在会上朗诵自己根据古希腊神话写成的叙事诗《伊托克列斯和吕波涅克斯决斗》。朗诵获得很大成功。人们仿佛看见古忒拜城下战马嘶鸣、两军对垒的雄壮场面，听到长矛和利剑格杀的铿锵声。

　　恩格斯希望中学毕业后升入大学，在学业上继续深造。但他的父亲却另

---

① 恩格斯：《1836年的诗》。《马克思恩格斯全集》第41卷第624—625页。
② 恩格斯：《海盗的故事》。《马克思恩格斯全集》第41卷第629页。

有打算。1837 年，父亲与自己两个兄弟分了家，独自在巴门开设一家公司，并同彼得·欧文合资在英国曼彻斯特开设欧门—恩格斯纺纱厂。像巴门的其他资产者一样，老弗里德里希希望儿子步自己的后尘，做一个精明干练的生意人，过着富裕安稳的体面生活。于是，在中学毕业前一年，他决定让儿子弃学经商。1837 年 9 月 25 日，恩格斯办完退学手续。爱北斐特中学代理校长汉契克博士对这个"在宗教信仰、心地纯洁、品德高尚以及其他优良品质方面有突出表现"① 的年轻人不得不选择商业为职业而放弃深造的计划表示惋惜。在师友们良好的祝愿中，恩格斯离开学校，走向社会。

五 不来梅商行好学不倦的练习生

恩格斯离开学校后，在巴门父亲的事务所学习经商。1838 年 7 月来到不来梅，在这里工作和生活了两年多。这段时间在他的一生中有着重要意义。正是在这里，他抛弃了乌培河谷的信仰，成为反对封建专制制度的革命民主主义战士。

恩格斯的父亲把儿子送到自己的朋友、萨克森领事洛伊波尔德的商行当练习生，安排儿子住在圣马丁堂牧师长特雷维拉努斯的家里。父亲希望儿子在这样的环境熏陶下，成为一个像自己一样的虔诚主义生意人。

不来梅是德国北方的大商港，与世界许多地区有贸易往来。虽然这里如同巴门和爱北斐特，也是一个虔诚主义和神秘主义统治的城市，但这里的资产阶级更关心的是商业的利益。作为当时德国四大自由港之一，不来梅的政治气氛比乌培河谷远为开明和进步。那些在其他地方严禁出版和销售的具有自由主义倾向的书籍报刊，在这里通行无阻，广泛流传。

商行练习生的工作十分枯燥。在商业城市这个棋盘上，他们是被驱赶着向前走的小卒子。同其他商行练习生一样，恩格斯每天的例行公事是抄写商务信函和票据，分送和支付账单，收发信件，捆扎包裹，等等。② 他对经商毫无兴趣，有时抱怨工作太多，心里烦闷，连吃东西都不感兴趣。有时商行里无事可做，他就摊开信纸，给妹妹和朋友写信，或者给在街上见到的各种人物画像，要不就到院子里捉苍蝇、蚊子和蜘蛛。他常常想念美丽的莱茵，

① 《恩格斯的肄业证书》。《马克思恩格斯全集》第 41 卷（附录）第 693 页。
② 参阅恩格斯《不来梅通讯》。《马克思恩格斯全集》第 41 卷第 115 页。

想念故乡的亲人和学生时代的挚友。有一次，他写信对朋友格雷培说："这里没有人可以与我对酌，他们都是些庸人，我哼着记忆犹新的学生时代的活泼歌曲，怀着傲慢不羁的大学生的自负心情，独自坐在广漠的荒野里，没有酒友，没有爱情，没有欢乐，只有烟酒和两个不善饮酒的熟人。"①

然而，同巴门和爱北斐特比起来，这里的天地广阔多了。在这个巨大的港口城市里，恩格斯接触了各色各样的人物，熟悉了资本主义商业的详情细节，了解了社会生活各方面的复杂情况。这个思想敏锐的年轻人，十分用心地观察社会，从生动活泼的现实生活中吸取丰富的营养。

最使恩格斯欣喜异常的是，这里随处都可找到来自英国、法国、荷兰、西班牙、意大利等国的报刊，读到各种文学的、哲学的、政治的书籍。他求知欲十分旺盛，贪婪地研读弄到手的一切著作，努力用人类优秀的文化成果武装自己，弥补未能完成学校教育的损失。

新的生活很快吸引着他。读书是他每天生活的主要内容。他写信告诉友人，"在春光明媚的早晨，坐在花园里，嘴里衔着烟斗，让阳光把脊背晒得暖和和的，再也没有比在这种情况下读书更舒服的了。"② 空闲的时候，他兴致勃勃地与同伴一起骑马、击剑，到威悉河游泳、乘船游览不来梅港湾；还兴趣盎然地画人物素描，欣赏贝多芬坚强有力、富有青春气息的 C 小调交响曲，为赞美诗谱写乐章……

不来梅这个国际港口，为爱好外语的恩格斯提供学习各国语言的有利条件。每天他要处理许多来自各国、使用各种文字的商业信函，接触操不同语言的商人、船员和水手，并且能够看到用各种文字出版的报刊，于是他充分利用这些条件努力学习。有一次他在一封信中使用了好几种文字，并对各种文字的特点作了十分生动的描写：意大利语像和风一样温柔清新；西班牙语仿佛林间的清风；葡萄牙语宛如长满鲜花芳草的海边的细浪；法语好似小溪一样湍湍而流，水声悦耳；荷兰语如同烟斗里冒出的一缕香烟，显得多么舒适安逸；德语听起来好似汹涌澎湃的拍岸浪潮，撞击着彼岸四季如春的珊瑚岛。③

---

① 恩格斯：《致格雷培》（1839 年 10 月 20—21 日）。《马克思恩格斯全集》第 41 卷第 527 页。

② 恩格斯：《致格雷培》（1839 年 4 月〔28 日左右〕—30 日）。《马克思恩格斯全集》第 41 卷第 491 页。

③ 参阅恩格斯《致格雷培》（1839 年 4 月〔28 日左右〕—30 日）。《马克思恩格斯全集》第 41 卷第 489 页。

这个时候，德国正处在资产阶级民主革命的前夜。许多进步的作家利用诗歌、小说等文学形式进行反对封建专制的斗争。卓越的民主派诗人海涅，"为自由和权利而斗争的伟大战士"白尔尼，在反封建斗争中发挥了重要的作用。恩格斯到不来梅后，十分重视文学领域的动向，剖析渗透在文学作品中的思想，注意到一批新出现的青年作者，"力求把握住具有傲然飞腾着的激情焰火的现代风格。"[①] 有一个时期，他曾经参加小资产阶级文学团体"青年德意志"，但很快就对这个运动持批判态度。

恩格斯最喜爱的是诗歌。他之所以勉强同意到商行工作，除了父命难违之外，可能还有这样的打算：既然受到巴门青年热烈仰慕的弗莱里格拉特既做店员，又做诗人，那他自己为什么不能这样呢？事实上，他早在少年时就尝试过写诗。现在，他在实际生活中接触到各种各样的矛盾：宗教与理性、封建专制与民主要求、大腹便便的有产阶级与骨瘦如柴的雇工，这些都触动着他青春的激情。他决心以诗歌、小说为武器，"把那些埋没在教堂和地牢的基石下、但在坚硬的地壳下敲击着、力求解放的精灵揭示出来。"[②]

在最初写作的《贝都英人》、《弗罗里达》、《刀枪不入的齐格弗里特》等诗篇中，恩格斯表达了对笼罩着德国土地的封建专制的不满和对自由的向往。昔日骄傲而自由的沙漠之子——贝都英人，现在为了挣钱而跳舞，无怪乎他们目光暗淡、默默无言，只有一个人歌声哀哀。勇敢的美洲印第安人，为了不做白人殖民者的奴隶，拿起武器为捍卫自由而战。年轻的王子齐格弗里特，不愿在父亲精心安排的城堡中享受富贵荣华，却自愿在荆棘丛生的自由之路上艰难前进。恩格斯借助齐格弗里特表达自己勇往直前地摆脱传统束缚，寻求真理和自由的决心：

> 你们可曾听到，给我骏马和宝剑！
> 那要什么头盔和铠甲？
> 岂用侍从卫队后拥前呼？
> 我要的只是勇敢的思想。
> 汹涌的山泉飞泻而下，
> 喧腾地穿越山间林谷，

---

① 恩格斯：《现代文学生活》。《马克思恩格斯全集》第41卷第74页。
② 恩格斯：《致格雷培》（1839年11月13—20日）。《马克思恩格斯全集》第41卷第535页。

　　松树在它面前轰然倒下，
　　它却独自开拓前进的道路。
　　我愿像这股山泉，
　　为自己冲出一条道路勇往直前。①

　　《黄昏》是恩格斯这个时期诗歌的精品。在这首诗中，诗人满腔激情地为
自由而歌唱。他指出在封建专制制度统治下，祖国大地一片黑暗：

　　忧伤的月儿凝视着原野，
　　灰雾覆盖着丘陵，
　　疲惫的大地在雾中沉睡不醒，
　　我们虽然睁着眼睛，
　　仍像盲人一样摸索途径。

　　但是，茫茫黑夜有尽头，太阳一定要升起，旧世界必将化为废墟。正如
雪莱所说："明天一定会到来！"诗人对祖国的前途充满希望，相信人民革命
的洪流，一定会冲过密集的长矛，推翻暴政，消灭暴君，光芒四射的旭日，
即将从东方升起：

　　那时，不仅在我们撒种的地方
　　初生的蓓蕾竞相开放，
　　整个大地都变成花园，
　　万紫千红吐露芬芳。
　　苍翠的草木把山河面貌改变，
　　和平的棕榈给北国换上新颜，
　　爱情的玫瑰把冰冻的原野修饰打扮；
　　橡树加快步伐迈向明朗的南方，
　　挥舞树枝当棍棒，把暴君砸烂，
　　谁使不幸的国家重享和平，

―――――――――

　　① 恩格斯：《致格雷培》（1839 年 4 月 23 日左右）。《马克思恩格斯全集》第 41 卷第 468—469
页。

它就给谁戴上自己的叶片。

芦荟到处茁壮成长，

人民的精神就像它一样坚强。

尽管自由之酒格外浓烈，但恩格斯强调要"牢牢扣住物质永远不放"！人们不仅要推翻暴君，争得思想自由、生活自由和斗争自由，而且要在旭日东升时分享物质的果实：

那时候，大船乘风破浪，

不是为财主运载储存的财货，

不是为商人运载致富的商品，

只是运载幸福和自由的美果。①

风格就是人。恩格斯虽然年轻时曾在诗歌上施展过自己的才能，也曾幻想过诗人的桂冠，有时还打算用诗歌为自己建造一座闪烁着璀璨的青春之光的荣誉纪念碑；但他认为自己的诗歌水平和创作诗歌的能力并不高，为此作了严格的自我批评。② 他的主要成就是在学术理论方面。对他来说，诗歌不过是一种"愉快的补充"。

六　初露锋芒的奥斯渥特

从1839年春天开始，在《德意志电讯》、《德国科学和艺术年鉴》以及《雅典神殿》、《知识界晨报》、《知识界午夜报》等报刊上，登载了多篇署名弗里德里希·奥斯渥特（或弗·奥、弗里希·奥）的论文和诗歌。这个默默无闻的作者，针对当时社会政治生活中的重大问题，发表了许多十分深刻的见解，引起了社会的重视。很少有人知道，奥斯渥特是恩格斯的笔名。

恩格斯第一篇政论文《乌培河谷来信》于1839年3月刊载在青年德意志的机关报《德意志电讯》上。该文通过大量实际材料，揭露了资本主义制度的剥削罪恶和虔诚主义的伪善面目。恩格斯指出，在乌培河谷这个德国资本

---

① 恩格斯：《黄昏》。《马克思恩格斯全集》第49卷第106—113页。

② 参阅恩格斯《致格雷培》。《马克思恩格斯全集》第41卷第418页。

主义最发达的地方，资本主义弊病也最为触目惊心。工厂工人工资低微，劳动条件恶劣，普遍处于可怕的贫困境地，"只消过上三年这样的生活，就会在肉体上和精神上把他们葬送掉，五个人就会有三个人因肺结核死去。"① 手工业和家庭工业被大机器工业所排挤，手工工人的生活更为困苦，单干织工从早到晚蹲在自己家里，躬腰曲背地坐在织机旁劳动十几个小时。没有固定工资收入的搬运工人，只能栖身于草棚、马厩和楼梯间。吸吮工人血汗的工厂主生活舒适，轻松愉快。工厂制度带来的资产阶级与雇佣工人的尖锐对立，在乌培河谷表现得十分明显。

宗教虔诚主义是资本主义剥削的辩护士。圣经宣扬人们不能按照自己的意愿期望和创造幸福，只能把一切希望寄托在上帝的恩赐。但能够得到上帝青睐的只是为数极少的人。因此，少数人过着幸福生活，其余的人永远受苦，是天经地义的事情。很显然，这种说教完全迎合少数剥削者的需要。恩格斯指出，工厂主中对待工人最坏的就是虔诚派教徒，他们千方百计降低工人工资，据说这还是为了工人的利益，使工人不致酗酒。

粗暴而丑恶的虔诚主义，渗透了乌培河谷精神生活的各个方面，愚弄和毒害着各个阶层人民的思想意识。作为虔诚主义真正中心的爱北斐特宗教改革协会，还在搞中世纪式的审判异教徒活动。但是，时代在前进，无论虔诚主义的活动多么猖獗，旧蒙昧主义的断崖绝对抵挡不住时代前进的巨流，"沙石一定会被水流卷走，断崖一定会轰然倒塌。"②

《乌培河谷来信》在巴门和爱北斐特引起很大轰动。刊载这篇论文的《德意志电讯》很快被抢购一空。人们争相传阅，谁也没有猜到这篇如此激烈地鞭挞了资本主义和虔诚主义文章的作者，竟出身于巴门有名望的工厂主家庭。被文章的锋芒深深刺痛的乌培河谷资产者，竭力替自己的丑行辩解，指责作者歪曲事实。但这是徒劳的，作者长期住在巴门和爱北斐特，具备十分有利的条件去仔细观察各阶层的生活。文中列举的事实有根有据，不容否认。

恩格斯的政论文，越来越把锋芒指向德国封建专制制度，具有日益坚定的革命民主主义立场。在《恩斯特·莫里茨·阿伦特》中，他针对封建君主滥施暴政、为所欲为的情况，明确指出"统治者和被统治者之间的关系……

---

① 恩格斯：《乌培河谷来信》。《马克思恩格斯全集》第1卷第498页。
② 同上书，第508页。

首先应当在法律上确立起来。首先是法律，尔后才是公道！"只有通过法律的形式，才能限制君主的权力。恩格斯对国家四分五裂的现状也很不满，认为在这种情况下，"整个国家十分必需的奋发有为的精神又被它的各个部分所吞噬，整个德国的利益分裂为许许多多的地方利益。结果，德国便不可能奠定……国家生活的基础。"因此，他坚持这样的要求："废除一切等级，建立一个伟大的、统一的、平等的公民国家！"① 这是当时革命民主主义者的共同要求，是德国民主改革的纲领。

实现德国民主革命的任务，必须依靠人民群众的斗争。恩格斯对这一点的认识十分清楚。因此，他努力用历史的事例，用德意志民族反对拿破仑侵略的爱国主义精神来激励人民。他说，反抗异族斗争的最重大成果，不是摆脱外国的统治，不是已经获得的"自由"，而是斗争本身。群众不等君主最仁慈的恩准就武装起来，成了国家权力的源泉，成了享有主权的人民。这就是最高的成就。为了进行新的斗争，必须铭记历史上的战斗，振奋人民的精神。

阿伦特等老一辈爱国主义者在反抗异族侵略的斗争中所起的作用必须肯定，但德国贵族竭力宣扬的狭隘民族主义——条顿狂则必须坚决批判。这种狭隘民族主义力图使德国摆脱一切外来的政治、精神和道德的影响，首先是摆脱法国资产阶级民主革命的影响。他们对法国发泄了满腔的怒火，把法国革命的伟大成果讥讽为"法国式的花招"、"法国式的诈骗"，而对德国的一切则盲目肯定，自我炫耀。按照这种观点，整个世界是为德国人创造的，德国人自己早已达到发展的最高阶段。很显然，这种以民族主义形式出现的思潮，实际上是为了维护封建专制制度，反对资产阶级民主革命。

同条顿狂相对立的世界主义思想也受到恩格斯的批判。他指出，世界主义的自由主义否认民族差别，企图缔造一个联合的人类，实际上是宗教博爱主义的翻版。一个民族必须保持自己的优良传统，决不应该盲目模仿外国。必须把外国人的荒诞不经的习俗和时髦风尚，把一切多余的外国词汇，统统赶回它们的老窝去；再也不要做外国人愚弄的傻瓜。②

自从解放战争以来，德国出现几个卓越非凡的人物。他们走出充满混乱思想的迷宫，找到通向真正自由的道路。黑格尔是一个很有思想的哲学家。

---

① 恩格斯：《恩斯特·莫里茨·阿伦特》。《马克思恩格斯全集》第 41 卷第 153—155 页。

② 参阅恩格斯《恩斯特·莫里茨·阿伦特》。《马克思恩格斯全集》第 41 卷第 160 页。

他那深奥难懂的理论，为了抨击现存事物的实际情况而剑拔弩张。政治实践家白尔尼，浑身都是生命，浑身都是力量，他撕下了条顿狂的徒有虚名的华丽外壳，无情揭露了只有软弱无力的虔诚愿望的世界主义的真面目，热情号召德国人民为争取自由而斗争。恩格斯认为，这两个并驾齐驱又相辅相成的人物，对德国精神发展作出了意义重大的贡献。在争取自由的斗争中，既要学习黑格尔哲学理论，又要发扬白尔尼斗争精神，把科学与生活、哲学与政治、思想与行动结合起来。

恩格斯特别寄希望于德国青年一代。他说，德国青年"向往更多的行动自由，更饱满、更充沛的生命力，希望那流着德意志心血的世界历史大动脉有更猛烈的悸动"①。德国的命运，取决于青年人崇高奔放的激情。作为国家的希望，德国青年要振奋精神，以齐格弗里特为榜样，在反对封建专制制度的斗争中贡献自己的力量。"只要我们还年轻，还富有火热的力量，我们就要为自由而斗争。"②

七   同乌培河谷的信仰决裂

在不来梅期间，恩格斯经历了深刻的思想斗争，摆脱从家庭、学校和社会所受到的宗教影响，逐渐成为无神论者，并对圣经和宗教进行了批判。

在家乡乌培河谷的时候，恩格斯受到严格的宗教教育。在幼小的心灵中，装了不少上帝赐福、基督救难之类的东西。17岁时，他按照当时的习俗在教堂行了坚信礼，还写了一首赞美诗，颂扬那个"驱走了邪恶"、"捍卫了幸福"的虚无的上帝！但是，他从来就不是一个虔诚主义者，不盲从圣经和传教士的说教。

到不来梅后，恩格斯开始对乌培河谷时期的信仰产生怀疑。在科学与宗教的尖锐矛盾中，他相信科学，为摆脱宗教的束缚进行了十分激烈的内心斗争。1839年7月，他写信给当时在柏林研究神学的朋友格雷培，在反驳格雷培对信仰宗教的辩护时写道："当然，你在你的信仰中就像躺在温暖的被窝里那么舒适，你不了解我们这些人为了解决有无上帝这个问题而不得不进行的斗争；你不了解一个人随着最初的怀疑而开始感觉到的那种负担即旧信仰的

---

① 恩格斯：《恩斯特·莫里茨·阿伦特》，《马克思恩格斯全集》第41卷第144页。

② 恩格斯：《伊默曼的〈回忆录〉》，《马克思恩格斯全集》第41卷第176页。

负担是何等沉重，当时他必须决定对旧信仰是维护还是反对，是承担它还是将它抛弃。"① 经过一段思想斗争和探索，他最终抛弃了旧的信仰。

首先，促使恩格斯抛弃乌培河谷信仰的原因，是现实生活的教育。无论乌培河谷还是不来梅，到处盛行着虔诚主义。那些有钱有势的达官巨贾，都以拯救世人的上帝的奴仆、真正的虔诚主义者的面目出现，但这并不妨碍他们对广大人民群众进行残酷的剥削和压迫。乌培河谷的工厂主，一方面每周两次风雨无阻地上教堂，表明自己多么虔诚；一方面却肆无忌惮地榨取工人的血汗，连年幼的孩童也不放过。虔诚主义成了他们掩盖剥削罪恶的假面具。这些活生生的事实，引起恩格斯的愤怒和深思。他逐渐认识到，基督教本质上就是为少数人的利益服务的，所谓拯救人类的说教，完全是欺人之谈。他对准备当牧师的朋友格雷培说："当人们把正统的福音基督教称作爱的宗教时，我觉得这是莫大的讽刺。按照你们基督教的说法，人类有十分之九是会永远不幸的，只有十分之一会得到幸福。弗里茨，难道这一点能表明上帝的无穷无尽的爱吗？你想想，要是上帝的爱仅此而已，他会显得多么渺小啊？"正是现实生活的教育，使恩格斯逐渐对宗教发生怀疑，以致最终与宗教决裂。

其次，恩格斯抛弃乌培河谷信仰，是反对封建专制斗争的需要。当时宗教是德国反动统治制度的精神支柱，封建暴君为了维护专制制度，便利用宗教，"使大多数人处于愚昧状态"②；因此，要反对世俗的上帝，就必须剥去他们头上的灵光圈；要摆脱警察女神的怀抱，就必须抛弃圣经和传教士的说教。德国革命民主派哲学家，已经为此作出了榜样。恩格斯已看出德国被封建专制的锁链紧紧捆住，他对这个绞杀自由的黑暗制度痛恨万分。只有戳穿宗教迷信的骗局，才能撕掉统治阶级的伪善面纱，还其狰狞凶恶的本来面目。因此，随着恩格斯在政治上走向革命民主主义，与宗教决裂是不可避免的。

最后，在探求真理的道路上不断前进，使恩格斯完全抛弃乌培河谷信仰。在不来梅，恩格斯大量阅读科学著作，孜孜不倦地寻求真理。虽然他自幼受到教堂、主日学和家庭灌输要永远最盲目地、无条件地相信圣经，相信圣经教义和教会教义的思想，但他获得的科学知识越多，越感到由许多作者写的

---

① 恩格斯：《致格雷培》(1839 年 7 月 12—27 日)。《马克思恩格斯全集》第 41 卷第 511 页。

② 恩格斯：《致格雷培》(1839 年 10 月 29 日)。《马克思恩格斯全集》第 41 卷第 534 页。

许多片断组成的圣经内容矛盾重重，"圣经的作者有多少，矛盾就有多少"。因此，决不能对圣经盲目信仰。他对科学服从宗教甚至为维护宗教而牺牲科学的言行十分气愤。他说："如果某个地质学家讲，地球和化石证明了曾经发过一次洪水，这就会被引用；但是如果另一个地质学家发现这些化石属于不同龄期，并证明在不同时期和不同地区都发过洪水，那么，地质学就会遭到谴责。这样做难道正当吗？"① 当他听到有个传教士还在宣传地球是不动的，太阳围绕地球旋转这个早已被科学驳倒的谬论时，怒不可遏地指出，宣扬这类货色，简直是可耻！② 为了驳斥这种愚昧的谬论，他于 1840 年翻译发表了西班牙诗人曼努埃尔的《咏印刷术的发明》，歌颂为真理而献身的科学巨人哥白尼、伽利略和牛顿，指出人类的智慧早已冲破宗教的禁锢，环绕宇宙展翅飞翔：

> 哥白尼飞上星光灿烂的苍穹，
> 那儿曾一度充满稠密的以太，
> 他透过无垠的太空，
> 观察那把光明带给我们的最耀眼的星球。
> 伽利略感觉到地球在脚下转动，
> 惊慌失措的罗马，
> 却把他投入牢笼。
> 但地球一如既往地飞行，不知疲劳，
> 在无边的宇宙大海中漂浮，
> 光辉灿烂的诸天体同它一起，
> 在火光中不停地飞翔。
> 这时又来了牛顿的敏捷精灵，
> 紧跟着它们，
> 他指出他描绘的运动永远循环不停。③

恩格斯越来越认识到，凡被科学推翻了的东西，在生活中不应该继续存

---

① 恩格斯：《致格雷培》（1839 年 6 月 15 日）。《马克思恩格斯全集》第 41 卷第 503 页。

② 参阅恩格斯《致格雷培》（1839 年 4 月〔28 日左右〕—30 日）。《马克思恩格斯全集》第 41 卷第 492 页。

③ 恩格斯译：《咏印刷术的发明》。《马克思恩格斯全集》第 41 卷第 45—46 页。

在。既然摩西创世史和上帝的存在都不能在任何地方得到证实，那么，就不应该继续相信圣经的字面意义和维护上帝的直接影响。

在恩格斯批判宗教、抛弃乌培河谷的信仰中，大卫·施特劳斯的《耶稣传》起了重大作用。当恩格斯内心正在为摆脱宗教的束缚而苦闷时，读到施特劳斯于 1835 年发表的《耶稣传》，十分欣喜地从这部著作中吸取了批判宗教、揭示圣经真正来源的深刻思想，解决了长期苦苦思索的有无上帝的问题，从而根本上动摇了乌培河谷的信仰。他以胜利者的喜悦心情写信告诉在宗教问题上与他进行激烈辩论的格雷培说："小伙子，你现在就听我说，我目前是一个热心的施特劳斯主义者了。你们这就来吧，现在我可有了武器，有了盾牌和盔甲，现在我有把握了；你们就来吧，别看你们有神学，我也能把你们打得落花流水，使你们不知该往哪儿逃。真的，威廉……大卫·施特劳斯像一位年轻的神一样出现了……他把乱七八糟的东西都暴露在光天化日之下——Adios 宗教信仰！——它原来就像海绵一样漏洞百出。"① 从此，恩格斯抛弃了乌培河谷的信仰，挣脱了宗教这个禁锢人们精神发展的锁链。

八　大胆非议现存制度

在不来梅期间，恩格斯越来越对反动的德国封建专制制度和国家四分五裂的状况感到不满，以青年人的勇敢精神大胆非议现存制度，决心为建立一个统一的民主的国家而奋斗。

那个时候，德国被一条条锁链紧紧捆住。一切法律和国家机关的活动，都是为了牺牲贫民的利益而优待贵族，追求一成不变的专制制度。贵族统治、书报检查、警察专横，在德意志土地上到处盛行。"你思考的时候，有警察；你讲话的时候，有警察；你走路、骑马、旅行的时候，也有警察。"暴政剥夺了人民的自由，漫漫黑夜笼罩着大地河川：

> 黑夜里，我独自驱车，
> 行驰在我们熟悉的德意志国土上，
> 这里到处都被强权压制，

---

① 恩格斯：《致格雷培》（1839 年 10 月 8 日）。《马克思恩格斯全集》第 41 卷第 522 页。

人们胸中燃烧着怒火万丈——

因为历尽艰辛赢得的梦寐以求的自由，
又被剥夺，
那些恶毒的舌头，
正当众把它辱骂。

浓雾笼罩着远方的草原，
白杨静静地沉睡在路旁，
偶尔被习习微风吹醒，
随即又深深进入梦乡。

夜空明澈，新月如镰，
像达摩克利斯的利剑，
高悬在黑沉沉的首都上空，
圣怒远震四方，不可阻挡。

恶狗一群在车后窜跳，
按照敕令狺狺狂叫。
它们不正像首都的那帮文痞？
因嗅出我的自由精神而焦躁。①

　　在封建专制制度下，劳动人民遭到最残酷的压迫和剥削。特别是没有摆脱农奴地位的农民，还必须忍受世代相传的人身依附关系和世袭法庭专横暴戾的统治。有的人不得不背井离乡，漂洋过海，到国外谋生。当恩格斯在不来梅港口看到这些即将离开祖国，有着诚实开朗而毫不虚伪的面孔和坚强有力的双手的农民时，心情十分沉重。②

　　现实的教育，进步报刊的影响，使恩格斯心潮澎湃，夜不能眠。当祖国人民蒙受灾难的时候，自己怎么办呢？答案是清楚的，必须以民间传说中的

---

① 恩格斯：《夜行》。《马克思恩格斯全集》第 41 卷第 161—162 页。
② 参阅恩格斯《不来梅通讯》。《马克思恩格斯全集》第 41 卷第 118—119 页。

英雄齐格弗里特为榜样，反抗一切旧的势力。他大声疾呼："我们要走出去，跨入自由的天地，冲决谨小慎微的束缚，为夺取生活的桂冠，为有所作为而奋斗。"①

当直接战斗还未打响时，恩格斯努力宣传进步思想，振奋群众精神。他冒着很大危险，把许多遭禁的书籍，如白尔尼的《吞食法国人的人》、《巴黎来信》、费奈迭的《普鲁士和普鲁士制度》等输入普鲁士境内。

恩格斯以争取自由的伟大战士白尔尼为榜样，用笔杆作武器，向封建专制制度发射威力强大的排炮。他指出，所有身居王位的国君都是反动的。在1816—1830年这个时期，各国王室都对人民犯下了骇人听闻的罪行。几乎当时掌握统治权的每个国君，无论是笃信宗教的法国国王查理十世，阴险的西班牙国王斐迪南七世，只会签署死刑判决书的奥地利的弗兰茨，血洗葡萄牙的唐·米格尔，俄国的杀父犯亚历山大以及不愧为他弟弟的尼古拉，都应该处以死刑。普鲁士国王威廉第三更是一个残杀人民的坏透了的恶棍。对这些反动家伙决不应该存在任何天真的幻想。他们决不会替人民做好事，"只有国君被人民打了耳光而脑袋嗡嗡响时，只有他的宫殿的窗户被革命的鹅卵石砸得粉碎时，我才能期待国君做些好事。"②

写于1839年的《德意志的七月的日子》一诗中，恩格斯预言法国七月革命的风暴将在德国重演，人民推翻暴君的斗争即将兴起，国君的宝座已经摇动：

> 狂风卷起千堆浪，暴风雨袭来，狂烈凶猛！
> 怒海波涛如人立，小舟逐浪，起伏颤动。
> 旋风从莱茵河呼啸而来，把乌云聚集在天空，
> 它摧裂橡树，扬起尘柱，推波助澜澎湃奔腾。
> 我在颠簸的小舟中不由得想到你们——德意志各邦君主！
> 忍辱负重的人民曾经肩负着你们高踞的黄金宝座，
> 胜利地走遍祖国大地，赶走了冒险的征服者；
> 就在那时，你们胆大妄为，你们背弃了一切诺言。
> 现在，暴风雨从法兰西向我们袭来，人民群众此伏彼起，

---

① 恩格斯：《齐格弗里特的故乡》。《马克思恩格斯全集》第41卷第142页。
② 恩格斯：《致格雷培》（1839年12月9日）。《马克思恩格斯全集》第41卷第550页。

你们的宝座和小舟在暴风雨中飘摇，你们的权杖即将落地。①

　　暴君的统治决不会自动垮台，统一的、民主的国家决不会自动到来。人民的自由、幸福只有通过斗争才能实现。作为坚强的革命民主主义战士，恩格斯指出，要抛弃感伤的小曲，用响亮的军号吹起猎取暴君的号音，要挥舞利剑，冲向雷雨和风暴；要以战斗的胜利，迎接东升的旭日。虽然黎明前的黑暗最浓最稠，濒临垮台的反动派最残酷凶狠；但恩格斯看到人民群众奋起的力量，坚信夜幕低垂、恶犬狂叫的时候已经不长：

　　　　瞧，东方正在破晓，清晨即将来临，
　　　　它委派启明星做先行。
　　　　自由的钟声把世人催醒，
　　　　钟声预告：不是暴风雨，是欢乐的和平！

　　　　精神之树以巨臂般的粗根，
　　　　把旧时代的残余鞭成齑粉，
　　　　然后，为各国人民的繁荣，
　　　　把美丽的鲜花撒遍大地！②

九　普鲁士王国炮手和柏林大学旁听生

　　1841 年 9 月底，恩格斯到柏林服兵役，亲身体验普鲁士王国的兵营生活。

　　在此以前，恩格斯于这年 3 月底，离开不来梅后，回到阔别两年多的故乡巴门，发觉这里的一切依然如故，生活单调呆板。他除了偶尔与弟弟们练习击剑、访问同学之外，整天埋头读书。

　　为了调剂枯燥的生活，还为了忘却一次失恋的悲伤，恩格斯于同年 5 月到瑞士和意大利旅行，漫游伦巴底。他经过缺乏生气、毫无特色的巴塞尔，攀登重峦叠嶂、云雾缭绕、盛夏季节仍然白雪皑皑的阿尔卑斯山，乘

---

　　① 恩格斯：《德意志的七月的日子》。《马克思恩格斯全集》第 41 卷第 513 页。
　　② 恩格斯：《夜行》。《马克思恩格斯全集》第 41 卷第 162 页。

船游览大自然的幽静王国——瓦伦施泰特湖，登上俯瞰苏黎世湖的雨特利峰。面对青山环抱、绿林似海的大自然，个人的悲伤和痛苦涌上了心头，"还有什么样的悲痛比一切个人痛苦中最高尚、最崇高的痛苦即爱情的痛苦更有权利向美丽的大自然倾诉呢？"① 但悲伤是短暂的。当他站在 16 世纪骑士起义参加者胡登的墓前，听着湖中的绿浪拍打英雄的陵墓时，犹如听到远处传来的兵戈相击声和战斗呐喊声，充满斗争激情的新生活正在向他招手。

从伦巴底旅游回来后，恩格斯在巴门度过整个夏天。9 月底赴柏林，进入近卫炮兵旅第 12 步兵连，不久提升为炮手。服役 6 周后，他在兵营附近租了一间楼房，布置了一个雅致、舒适的住处。

恩格斯对普鲁士王国等级森严、枯燥乏味的兵营生活十分厌烦。他写信告诉妹妹玛丽亚，有一次他由于临时取消在宫廷广场的阅兵式而感到高兴。他还往往借故不去执行那些无聊的任务，特别是不愿每隔 4 周到教堂做礼拜。轮到上教堂时，他常常溜掉。但他对军事训练却很感兴趣。服役期满时，他得到"品德和执勤均表现优异"② 的评语。比评语远为重要的是，一年的军事学习，使他掌握了今后革命斗争有用的军事知识，并且引起了他对军事科学的兴趣。后来他深入研究军事科学和军事史，成为无产阶级最杰出的军事理论家。

柏林是具有悠久历史的古老城市。恩格斯利用紧张的军事操练的空隙，漫步柏林街头，仔细欣赏随处可见的名胜古迹，了解历史的变迁。柏林又是普鲁士的首都，集中着各种政治派别、政治观点的代表人物，思想政治领域的斗争尖锐复杂，为恩格斯仔细观察和参加争夺德国舆论统治权和政治统治权的斗争提供十分有利的条件。

柏林最著名的地方——柏林大学，是德国学术活动的中心，也是争夺德国舆论统治权和政治统治权的重要阵地。这里有许多著名的教授，代表着各种不同的政治和学术派别，"任何大学都没有像它那样屹立于当代的思想运动之中并且像它那样使自己成为思想斗争的舞台。"③

为了了解各种派别的政治和学术观点，对当代的各种倾向进行比较，21

---

① 恩格斯：《漫游伦巴底》。《马克思恩格斯全集》第 41 卷第 188 页。
② 《恩格斯的品行证书》。《马克思恩格斯全集》第 41 卷（附录）第 694 页。
③ 恩格斯：《一个旁听生的日记》。《马克思恩格斯全集》第 41 卷第 298 页。

岁的志愿兵恩格斯以旁听生身份走进柏林大学的讲堂，听一些著名教授的讲课。

这时，正好德国著名哲学家谢林到柏林大学讲学。我们知道，40年代初期，德国资产阶级民主革命运动重新高涨。斗争主要是在哲学领域进行。黑格尔的左派学生们，力图从导师的理论中作出革命的结论。为了压制正在兴起的资产阶级民主革命运动，对付领导着"向旧世界的宗教、思想、政治开火的理论家大军"① 的青年黑格尔派，普鲁士政府把老朽的谢林请到柏林大学，以便"降伏黑格尔哲学这条喷吐不信神的火焰和晦涩难解的烟雾的凶龙。"②

1841年11月15日，柏林大学第六讲堂座无虚席。人数众多的不同社会地位、不同民族、不同信仰的代表聚集一堂。人们使用德语、法语、英语、匈牙利语、波兰语、俄语、现代希腊语和土耳其语交谈，人声嘈杂。在许多大学名流、科学大师、年迈的博士、自成一派的大人物和胡须花白的高级军官中间，坐着一位兴致勃勃的年轻志愿兵，这就是恩格斯。讲台上，谢林正在口若悬河地讲授他的启示哲学。恩格斯用心听讲，仔细地做着记录。当谢林肆无忌惮地对自己青年时代的老友、杜宾根神学院的同窗黑格尔大加攻击的时候，恩格斯下定决心，"要替伟大的死者应战"。③ 颇有威望的老教授做梦也想不到，几个星期后，正是这个不被人们注意的旁听生（也许是讲堂里最年轻的听众），对他的讲演批驳得体无完肤，向他提出严厉的挑战。

恩格斯还听了黑格尔的学生马尔海奈凯教授反对谢林的讲演。当讲到谢林等人对黑格尔的攻击时，马尔海奈凯态度冷静而略带讽刺地指出："不错，现在谁也不会自认为如此才疏学浅，以致不能反驳黑格尔及其哲学……可是所期望的这种反驳现在还没有，而且，只要不是平心静气地对黑格尔进行科学探讨，而是采取激怒、仇视、忌妒，总而言之采取狂热的态度，只要有人认为有了诺斯替教派和幻想就足以把哲学思想从它的宝座上推下来，所期望的这种反驳就不会有。这种反驳的首要条件当然是正确地理解对手，看来，黑格尔在这里的某些论敌好像是和巨人搏斗的侏儒，或者像那位更加著名的、同风车搏斗的骑士。"④ 同挤满讲堂里的听众一

① 马克思：《普鲁士状况》。《马克思恩格斯全集》第12卷第727页。
② 恩格斯：《谢林和启示》。《马克思恩格斯全集》第41卷第209页。
③ 恩格斯：《谢林论黑格尔》。《马克思恩格斯全集》第41卷第201页。
④ 转引自恩格斯《一个旁听生的日记》。《马克思恩格斯全集》第41卷第300页。

起，恩格斯对马尔海奈凯教授报以热烈的欢呼，并且十分赞赏这位身材结实、相貌严肃的教授的讲课艺术。恩格斯写道：马尔海奈凯讲课时，"举止落落大方，没有那种埋头念讲稿的学究气，也没有戏剧性的、故作姿态的手势；他的态度像年轻人那样豪爽，目光专注地望着听众；他讲得很平静，庄重，慢条斯理而又流畅通达，平铺直叙而又极富有深刻的思想，这些思想一个接着一个涌出来，后一个比前一个更能准确地击中目标。马尔海奈凯在讲台上以其充满信心、坚定不移、尊严庄重，同时也以自己的整个气质所焕发的自由思想而令人肃然起敬。"[1]

柏林大学严肃的学术探讨，活跃的辩论气氛，为争夺德国统治权而进行的激烈搏斗，扩大了恩格斯的视野，激励着他的战斗精神，促使他拔出热情之剑，教训老朽的谢林。

十　批判基督的哲学家谢林

谢林在柏林大学讲授《启示哲学》后不到一个月，被谢林的反动谬论深深激怒的恩格斯，在《每日电讯》上发表了第一篇批判文章《谢林论黑格尔》；1842 年春天，他又分别在莱比锡和柏林出版两本专著：《谢林和启示——批判反动派扼杀自由哲学的最新企图》、《谢林——基督哲学家，或世俗智慧变为上帝智慧》。这个勇敢、坚定、才华横溢的年轻人，用锋利无比的天才之剑，指向哲学界的庞然大物谢林。

弗里德里希·威廉·谢林是德国古典哲学的代表人物，客观唯心主义者。早年他推崇自由与法治思想，宣传辩证自然哲学，起过一定的进步作用。随着欧洲复辟势力的胜利，他转向封建专制制度，成为科学的敌人、宗教的拥护者、基督的哲学家。当 19 世纪 40 年代德国资产阶级民主革命运动兴起的时候，谢林以哲学为幌子，攻击黑格尔，攻击力图从黑格尔哲学中作出无神论和革命结论的青年黑格尔派，为普鲁士王朝的反动政治需要服务。正如马克思所说："谢林的哲学——就是在哲学幌子下的普鲁士政治。"[2] 因此，批判谢林，反击谢林对黑格尔和青年黑格尔派的进攻，就是间接地反对封建专制制度，反对普鲁士王朝。恩格斯批判谢林的论著，正是为了反对普鲁士王

① 恩格斯：《一个旁听生的日记》，《马克思恩格斯全集》第 41 卷第 299 页。
② 马克思：《马克思恩格斯全集》第 27 卷第 445 页。

朝的政治需要。

　　第一，恩格斯指出，谢林对待黑格尔和黑格尔哲学的态度是十分卑劣的。

　　谢林和黑格尔是青年时代的好友，杜宾根神学院的同窗。后来两人分道扬镳。现在，黑格尔已在十年前去世，谢林却以曾经是黑格尔的知音和密友的身份，对黑格尔大加攻击，对黑格尔体系作出死刑判决。谢林说：黑格尔根本没有自己的体系，他只不过是从我的思想中拾取残羹剩饭以勉强维持其生存而已；在我研究高尚的部分即实证哲学的时候，他却沉湎于不高尚的部分即否定哲学；由于我无暇顾及，他便承担起完成和整理否定哲学的工作，并且因为我竟托付他做这件事而感到无限荣幸；他毕竟在伟大思想家的行列中还占有一席地位……尽管如此，他仍然一无所获，因为他妄图把半个哲学变成一个完整的哲学。谢林不仅攻击黑格尔，而且歪曲了19世纪以来德国哲学的发展。他首先把黑格尔、甘斯、费尔巴哈、施特劳斯、卢格和《德国年鉴》全都说成是依附于他的，然后用一种仅仅有利于他自己的夸张手法把这个时期德国哲学的发展描绘成精神的自我放纵，充满误解的珍品，一连串无益的谬误。

　　谢林对黑格尔的卑劣态度，激起恩格斯的愤慨。恩格斯指出，黑格尔是一个独立的、勇敢的思想家。他不仅在显示自己是天才的那个领域里，而且在没有显示出自己是天才的那些领域里，都超越了自己的时代。他虽然已经离开人世，却比任何时候都更有生气地活在他的学生中间。他所创立的学说，在他逝世后得到更广泛的传播，更为人们所理解，推动着人们去认真探讨一切既同科学也同实践有关的迫切问题。谢林对黑格尔的侮辱，迎合了反动派的政治需要，并通过牺牲朋友来抬高自己的身价。这种卑劣的利己主义决不能原谅。谢林为此目的而歪曲19世纪以来德国哲学的全部发展，更加令人难以容忍。"如果谢林要求我们这个世纪把从事劳动和创造性活动的四十年，把牺牲了最珍贵的利益和最神圣的传统而进行思考的四十年当做白费时光和错误倾向一笔勾销，而这样做只不过是为了表明谢林并没有虚度这四十年，那么这就未免做得太过分了。如果谢林把黑格尔归入伟大思想家的行列，恰恰是他实质上要借此把黑格尔排除于这个行列之外，把他看做自己的创造物、自己的仆役，这听起来就不只是一种讽刺了。最后，如果谢林把凡是经他认可的黑格尔的东西，都说成是自己的财产，甚至说成是自己的血肉之血肉，这岂不是一种思想贪婪，岂不是一种卑劣行为——对这种人所共知的低级趣味怎么说好呢?"①

第二,恩格斯指出,普鲁士王朝抬出谢林这位哲学界的救世主来担负最终铲除黑格尔哲学、降伏青年黑格尔派的任务,是完全失败了。

当谢林以救世主身份登上柏林大学第六讲堂那个装潢蹩脚的木头宝座时,反动派对他寄予多大希望!当他一本正经地宣告对基督的信仰业绩和启示奇迹时,反动派营垒里报以多么热烈的喝彩声!甚至有人扬言,预料在1842年复活节以前,黑格尔主义将崩溃,无神论者和非基督教徒将统统死光。但结果怎样呢?谢林是否已经击中目标?在谢林的启示哲学面前,整个黑格尔体系的大厦是否已经付之一炬?黑格尔主义者是否忙着抢救一切还能抢救的东西?没有!这样的事情根本没有发生。堕落为基督哲学家的谢林,已经丧失了昔日的勇气和帕拉斯类型的光辉思想,"除了想象以外没有任何能力,除了虚荣以外没有任何力量,除了鸦片以外没有任何刺激剂,除了容易激动的女性感受力以外没有任何器官了。"②谢林已经力不从心。他不仅不能铲除黑格尔哲学,而且使黑格尔哲学更有生气。同反动派的愿望相反,"黑格尔哲学仍然活在讲坛上、文献中,活在青年中间。它知道,迄今为止对它的一切攻击,无损于它的一根毫毛,它镇定自若地继续沿着自己内在发展的道路前进。它的敌人日益愤怒和加紧活动,这就证明,它对国民的影响正在迅速增长,而谢林则使几乎所有的听众都感到不满意。"③

第三,恩格斯指出,"当黑格尔的思想创造能力表现得越来越充沛旺盛、生气勃勃和活跃主动时,谢林……已陷入筋疲力尽的状态。"④

作为德国古典哲学的代表人物,谢林早年在哲学领域里曾经名噪一时。他在自然哲学中提出自然界辩证统一的原则和对立斗争的思想;在历史哲学中对封建专制制度作了一定的批判,指出"这种制度的景象实在最卑鄙而令人愤慨,在这种制度下,占统治地位的不是法律,而是组织者的意志和专制……所有这一切都不能不激起那种把法视为神圣的人的义愤"⑤。但这种观点已成过去。晚年时,他沉浸在神话和神智学的幻境中,认为世界以上帝为来源,又以上帝为归宿,主张把信仰和知识、哲学和启示结合起来,力图使

---

① 恩格斯:《谢林论黑格尔》。《马克思恩格斯全集》第41卷第203页。
② 马克思:《致路·费尔巴哈》(1843年10月3日)。《马克思恩格斯全集》第27卷第445页。
③ 恩格斯:《谢林和启示》。《马克思恩格斯全集》第41卷第209—210页。
④ 同上书,第215页。
⑤ 转引自孰尼克等主编《哲学史》第2卷第68页,三联书店1961年版。

哲学成为神学的婢女。事实证明，三十年来他不仅没有随着时代前进，而且
在科学和政治上都倒退了。这个在柏林大学宣讲启示哲学的老朽的谢林，同
他年轻时代的形象判若两人。他早已丧失了昔日的勇气、雄辩和光辉思想，
只好借助魔法从不可追溯的存在的无底深渊把上帝召唤出来，然后随意创造
出一个虚无缥缈的世界。他成了地地道道的基督哲学家。历史是多么无情。
谁能预见，当年曾与黑格尔共同战斗的谢林，现在竟然"背起自己的十字架
跟随基督"！① 前后不连贯的观点，随心所欲的理论，武断的见解，东拉西
扯、杂乱无章和漏洞百出的语言，构成了谢林体系的大厦。听完谢林的讲演，
人们只能感到惋惜。曾经在他思潮起伏的头脑中产生过的光辉思想消失了，
曾经在他身上燃烧着的青春之火熄灭了，正在发酵的葡萄汁还没来得及酿成
醇厚的葡萄酒就变成了酸醋，"这艘具有大无畏气概的、愉快地破浪前进的海
船调转了船头，驶进了信仰的浅水港，它的龙骨猛地扎入沙土，到现在还搁
浅在那里。它现在就待在那儿，没有人能认为这破旧的残骸就是当年那艘船
旗飘扬、满风鼓帆地在海上行驶的海船。船帆早已化为灰烬，桅杆也已折断，
海浪涌进裂开的大缝，龙骨日复一日地在沙土中越陷越深。"② 这就是谢林在
柏林大学的讲演留给人们的印象。

　　第四，恩格斯指出，谢林的启示哲学，迎合了"普鲁士国王的需要"。③

　　普鲁士是个基督教君主专制的国家。基督教是维护封建专制制度的思想支
柱。德国革命民主派人士，以黑格尔哲学为武器，从批判基督教出发，矛头指
向封建专制制度。青年黑格尔派的许多著作，如费尔巴哈的《基督教的本质》、
施特劳斯的《教义学》、布·鲍威尔的《对黑格尔、无神论者和反基督教者的
末日审判的号声》等，对宗教作了尖锐的批判。基督教的全部原则以及凡是被
称为宗教的东西，都在理性的无情批判下崩溃了。以基督教为思想支柱的普鲁
士专制制度动摇了。预感到人民风暴即将来临的普鲁士王朝，在加强对人民的
暴力压制的同时，把制止革命的希望寄托在救世主谢林身上，确信他是铲除黑
格尔哲学，战胜青年黑格尔派的最适合人物，幻想通过他的"救世的力量"、
"革除不信神的咒语"维护根基动摇的反动统治。谢林启示哲学的反动本质就
在于此。但这个企图已在实践面前完全破灭。

---

　　① 恩格斯：《谢林——基督哲学家》.《马克思恩格斯全集》第41卷第270页。
　　② 恩格斯：《谢林和启示》.《马克思恩格斯全集》第41卷第269页。
　　③ 同上书，第269页。

　　恩格斯深深懂得保卫大师的茔墓不受侮辱的重大意义。为了维护真理，为了继承德国古典哲学的珍贵成果，为了反击普鲁士封建专制王朝对革命民主派的进攻，为了迎接即将来临的革命风暴，年轻的恩格斯满怀战斗激情地写道："我们将血战一场，我们将无所畏惧地直视敌人冷酷的眼睛并且战斗到生命的最后一息！难道你们没有看见我们的旗帜在群山之巅飘扬吗？难道你们没有看见我们的同志的刀剑在闪闪发光，没有看见他们战盔的翎毛在悠悠颤动！他们的队伍从四面八方开来，在号角声中，他们唱着战歌从谷地，从群山向我们涌来。伟大的决胜的日子，各族人民战斗的日子来临了，胜利必将属于我们！"①

　　《谢林论黑格尔》、《谢林和启示》、《谢林——基督的哲学家》这三部笔锋锐利的论著，立即在社会上引起很大的轰动。卢格在《德意志年鉴》上发表评论，认为《谢林和启示》是了不起的作品；极端保守的柏林《福音派教会报》，也不得不承认这些论著击中了正统派的要害。由于第一篇文章是用弗·奥斯渥特的笔名发表的，后两部著作出版时又没有署名，人们对作者猜测纷纷。有人以为是《每日电讯》的主编谷兹科夫，有人以为是著名政论家卢格，有人以为是俄国流亡革命家巴枯宁，几乎没有人想到，这些把自称为学术大王的谢林驳得体无完肤、威信扫地的论著，竟然出自一个年仅 21 岁的哲学新兵之手。卢格自己也以为作者必然是一位"名家"、"博士"。他在自己主编的《德意志年鉴》上发表赞扬《谢林和启示》的书评，并写信询问"博士"先生为什么不把这本小册子寄给《德意志年鉴》发表。恩格斯在回信中说："您的信经过多次转递之后我才收到。为什么我不把《谢林和启示》寄给《年鉴》？（1）因为我打算写成一本五六印张的书，只是在同出版商谈判时，才不得不把篇幅限制到三个半印张；（2）因为《年鉴》直到那时对谢林还总是有些客气；（3）因为这里有人劝我不要再在杂志上攻击谢林，而最好是立即写本小册子来反驳他。《谢林——基督的哲学家》也是我写的。""此外，我决不是博士，而且永远也不可能成为博士；我只是一个商人和普鲁士王国的一个炮兵；因此请您不要对我用这样的头衔。"②

　　虽然恩格斯的论著获得很大成功，在社会上有着很大影响，但他清醒地

---

　　①　恩格斯：《谢林和启示》。《马克思恩格斯全集》第 41 卷第 269 页。
　　②　恩格斯：《致阿·卢格》（1842 年 6 月 15 日）。《马克思恩格斯全集》第 27 卷第 427—428页。

认识到，自己的知识还很有限，需要学习和掌握的东西还很多。因此决定在一段时间里完全放弃写作活动，以便集中精力进行学习。他对卢格说："我还年轻，又是个哲学的自学者。为了使自己有一个信念，并且在必要时捍卫它，我所学的已经够了，但是要能有效地真正做到这一点，却是不够的。人们将会对我提出更多的要求，这是因为我是一个'兜售哲学的人'，不能靠博士文凭取得谈论哲学的权利。……迄今为止，我的写作活动，从主观上说纯粹是一些尝试，认为尝试的结果一定能告诉我，我的天赋是否允许我有成效地促进进步事业，是否允许我实际地参加当代的运动。我对尝试的结果已经可以表示满意了；现在我认为自己的义务是，通过研究（我要以更大的兴趣继续进行研究）去越来越多地掌握那些不是先天赋予一个人的东西。"①

十一　黑格尔哲学和博士俱乐部

恩格斯批判谢林时，是以黑格尔哲学信徒的身份出现的。研究黑格尔哲学，参加青年黑格尔派博士俱乐部的活动，同青年黑格尔派的成员共同进行反对宗教和专制的斗争，是恩格斯革命历程的重要阶段。

黑格尔是德国古典哲学的主要代表。他集以往哲学发展的大成，创立了一个庞大的客观唯心主义哲学体系。他认为精神是第一性的，自然界是第二性的；在自然界和人类社会存在之前就已经存在的"宇宙精神"或"绝对观念"是一切事物的源泉，自然的、社会的以及人的思维现象，都是"绝对观念"的表现。在黑格尔哲学中，也包含着辩证法这个"合理的内核"。他是哲学史上第一个全面地、有意识地叙述辩证法一般运动形式的哲学家，第一次"把整个自然的、历史的和精神的世界描写为一个过程，即把它描写为处在不断的运动、变化、转变和发展中，并企图揭示这种运动和发展的内在联系"②。这是他的巨大功绩。不过他的辩证法是唯心的辩证法。

在政治上，黑格尔是保守的。他认为普鲁士国家是世界历史发展的顶峰。在这个"理性的楷模"的国家里，一切问题都可以不通过革命而逐渐解决。他在《法哲学》的序言中所提出的著名原理，"凡是合乎理性的东西

---

① 恩格斯：《致阿·卢格》（1842年7月26日）。《马克思恩格斯全集》第27卷第431—432页。
② 恩格斯：《反杜林论》。《马克思恩格斯选集》第3卷第63页。

都是现实的，凡是现实的东西都是合乎理性的"，① 可以被用来为普鲁士专制制度的一切反动措施作辩护。由于黑格尔哲学有利于普鲁士统治阶级，因而受到国家的支持，被尊为国家哲学，对德国精神生活和政治生活发生强烈的影响。

但是，黑格尔的辩证法，本质上是革命的。黑格尔哲学的真实意义，在于"它永远结束了以为人的思维和行动的一切结果具有最终性质的看法"②。他关于合理性和现实性的论述，包含着革命的思想。因为，"按照黑格尔的思维方法的一切规则，凡是现实的都是合理的这个命题，就变为另一个命题：凡是现存的，都是应当灭亡的。"③ 德国革命民主派利用黑格尔辩证法的革命性质，作为反对普鲁士封建专制制度的武器。

恩格斯研究黑格尔哲学，参加青年黑格尔派的活动以前，曾经接触过青年德意志派。在不来梅时，他开始与青年德意志派的机关刊物《每日电讯》建立联系，为这个刊物撰写了许多出色的政论文章。但他对青年德意志派这个思想上不成熟、政治上不坚定的小资产阶级文学团体持批判态度，指出这一伙人"想把我们的时代改造成为一个具有'各种精神状态和各种微妙的相互关系'的时代，换句话说，就是：我们有什么就胡乱涂几笔，为了把篇幅填满，我们就描写一些不存在的事物，并把这称为'精神状态'，或者我们东拉西扯地说一通，而美其名曰'微妙的相互关系'"④。

恩格斯政治上成长为革命民主主义者，思想上接受黑格尔辩证法后，便与青年德意志派割断了联系。1842 年 12 月，《每日电讯》主编谷兹科夫在一封信中写道："遗憾的是，把奥斯渥特引进著作界的这个不幸的功劳是属于我的。几年以前，一个名叫恩格斯的店员，从不来梅给我寄来关于乌培河谷的通讯。我修改了这些文章，删掉了过分尖刻的人身攻击部分，把它们发表出来。此后他又寄来一些别的文章，我不得不经常给他改写。突然间他对我的修改提出抗议，开始研究起黑格尔来，把奥斯渥特这个名字据为己有，给其他的刊物去写稿了……"⑤ 这封信虽然充满着偏见，但却从侧面说明导致恩

---

① 黑格尔：《法哲学原理》（序言）第 11 页。

② 恩格斯：《路德维希·费尔巴哈和德国古典哲学的终结》。《马克思恩格斯全集》第 21 卷第 307 页。

③ 同上。

④ 恩格斯：《致格雷培》（1839 年 1 月 20 日）。《马克思恩格斯全集》第 41 卷第 444 页。

⑤ 谷兹科夫：《致荣克》（1842 年 12 月 8 日）。转引自科尔纽《马克思恩格斯传》第 3 卷第 285—286 页，三联书店版。

格斯与《每日电讯》决裂的原因。当谷兹科夫企图限制和束缚政治上越来越坚定，思想上越来越成熟的恩格斯，删掉恩格斯文章中针对封建反动派和宗教虔诚主义的"尖刻"内容，甚至用小资产阶级畏首畏尾的模糊观点"改写"恩格斯鲜明、锋利、击中要害的文稿时，分裂是不可避免的。

19世纪40年代初期，"'青年德意志'已经成为过去，青年黑格尔派出现了。"[1] 后者代表德国新兴资产阶级的利益，领导着"向旧世界的宗教、思想、政治开火的理论家大军"[2]。当老年黑格尔派抓住黑格尔唯心主义体系不放的时候，青年黑格尔派正在按照资产阶级的需要利用黑格尔哲学，力图从黑格尔哲学中作出反对基督教和封建专制制度的革命结论。

1839年初，恩格斯在不来梅开始研究青年黑格尔派的著作。最早对恩格斯发生重大影响的，是施特劳斯的《耶稣传》。它帮助恩格斯摆脱乌培河谷信仰，促使恩格斯对黑格尔哲学发生兴趣。此后不久，恩格斯开始钻研黑格尔哲学著作。1839年11月，他写信告诉友人，自己正"处于要成为黑格尔主义者的时刻"[3]。他像当时为数不多的年轻革命者一样，冒着风险走进黑格尔哲学的迷宫，发现了深藏在沉默的山底的熠熠生辉的珍宝，感到无限的幸福。他满怀激情地写道："当黑格尔这位最了不起的哲学家的神的观念，十九世纪最宏伟的思想，第一次呈现在我面前的时候，一阵幸福的战栗在我身上掠过，宛如从晴空飘来的一阵清新的海风吹拂在我身上；思辨哲学的深邃，宛如无底的大海展现在我面前，使那穷根究底的视线，怎么也无法从海上移开。"[4] 在已经分裂的黑格尔派中，恩格斯态度鲜明地拥护青年黑格尔派，反对老年黑格尔派。他指出，谁也不像黑格尔那些保守的学生们那样多地损害了黑格尔；只有少数人，即青年黑格尔派的思想家，才无愧于自己的导师。

年轻的恩格斯不仅孜孜不倦地研究黑格尔著作，吸取其中精华，而且为维护大师的荣誉而战斗。针对不学无术的贵族思想家莱奥、舒巴特对黑格尔哲学粗暴的攻击和谩骂，他严正地指出："任何人都有权参加科学争论，只要他具备这方面的知识（莱奥具备这种知识吗？）……谁要攻击黑格尔学派，他

---

① 恩格斯：《评亚历山大·荣克的〈德国现代文学讲义〉》。《马克思恩格斯全集》第1卷第521页。

② 马克思：《普鲁士状况》。《马克思恩格斯全集》第12卷第727页。

③ 恩格斯：《致格雷培》（1839年11月13—20日）。《马克思恩格斯全集》第41卷第500页。

④ 恩格斯：《风景》。《马克思恩格斯全集》第41卷第96页。

本人就必须是黑格尔这样的人物，并且创立一门新的哲学来代替这个学派。……希尔施贝格的舒巴特对黑格尔主义的政治方面的攻击，难道不正像教堂司事对哈雷狮的牧师信条念'阿门'一样吗？这个哈雷狮当然不能否认它那猫的本性。"① 当谢林在柏林大学攻击黑格尔哲学时，恩格斯在青年黑格尔派中第一个挺身而出，捍卫大师的荣誉。

　　柏林是青年黑格尔派的活动中心。恩格斯到柏林后，积极参加青年黑格尔派博士俱乐部的活动，结识了著名的青年黑格尔派理论家布鲁诺·鲍威尔、麦克斯·施蒂纳、弗里德里希·科本以及埃德加尔·鲍威尔、爱德华·梅因、路德维希·布尔等。博士俱乐部的成员，十分赏识热情奔放、勤奋好学、思路敏捷、笔锋锐利的年轻志愿兵，热烈赞扬他批判谢林的战斗檄文。当时这些青年黑格尔分子是批判神学、批判宗教、批判反动国君的激进分子。恩格斯与埃德加尔·鲍威尔合写的《横遭灾祸但又奇迹般地得救的圣经，或信仰的胜利》诗篇中，用基督徒的语气，对这群参加"魔鬼会议"的渎神者作了生动的描写：

　　　　这位是科本，戴着一副大眼镜，阔步向前。
　　　　他本应向隅而坐，卢格却用无情的手
　　　　点燃他胸中邪恶的火焰。
　　　　他腰佩一柄锈蚀的长剑，
　　　　不断摇来晃去，
　　　　像小鬼拖条尾巴。
　　　　他戴着肩章，举着喇叭，
　　　　让大家，连那些在遥远地方的人们，
　　　　都能听见渴求知识的勇敢青年的呼声。
　　　　接踵而至的是梅因！他引起欧洲的注意，
　　　　——他是恶魔的希望，
　　　　他在娘肚子里就研究过伏尔泰的思想。
　　　　这个恶棍率领着一帮黄口小儿，自己的外甥。
　　　　他曾任意地把他们勾引，

① 恩格斯：《致格雷培》（1839年5月24日至6月15日）。《马克思恩格斯全集》第41卷第498—499页。

现在又和他们向下飞行，
飞进好客的地狱大门。
……
这是不是生性残忍的埃德加尔·鲍威尔？
是的，是他！茸毛盖满他这个恶人的嘴脸，
虽然年纪轻轻，却老谋深算，诡计多端。
蓝色的燕尾服挡不住他丑恶的灵魂，
华丽的装束掩盖不了他是个好斗的长裤汉。
……
施蒂纳来了，一个打破清规戒律的凶恶敌人。
今天他喝啤酒，明天就会大叫：拿血来饮！
只要有谁高喊自己的口号：打倒国王，
他立刻就会补上：也打倒法律。
……
布鲁诺已等候在那边，
他疯狂地挥舞着一本著作，
这本著作将把圣经一举全歼。
他那瘦削的身躯穿着绿色的礼服，
表明他是复仇女神的亲属。

在《信仰的胜利》中，也少不了奥斯渥特—恩格斯。他穿着胡椒色的长裤，怀着胡椒般辛辣的心，在"魔鬼会议"的参加者中十分引人注目：

不论何时何地，他都坚决而凶狠。
他只拨弄一种乐器，这就是断头台，
他只喜欢一种曲子，这就是抒情短调，
他只有一种叠句，这就是：
组织起你们的队伍！拿起武器，公民们！

恩格斯在柏林的时候，马克思已经离开这里。两位革命导师错过了会面的机会。但从人们的介绍和谈论中，恩格斯对马克思的革命品质、战斗精神和渊博学识，有着深刻的印象。在《信仰的胜利》中，他对这位未曾见面的战友作了这样的描述：

是谁……风暴似地疾行？

是面色黝黑的特利尔之子，一个血气方刚的怪人。

他不是在走，而是在跑，他是在风驰电掣地飞奔。

他满腔愤怒地举起双臂，

仿佛要把广阔的天幕扯到地上。

不知疲倦的力士紧握双拳，

宛若凶神附身，不停地乱跑狂奔！①

　　青年黑格尔派虽然在资产阶级民主革命运动的初期起过一定的进步作用，但是德国资产阶级的软弱性和反动性，在这个代表资产阶级的派别身上有着鲜明的表现。他们在哲学上坚持唯心主义，宣扬"精神创造众生"；在政治上美化普鲁士王朝，散布对新上台的普鲁士国王威廉第四的幻想，鼓吹与封建统治阶级妥协。正当德国资产阶级革命日益迫近的时候，青年黑格尔派却动摇、倒退。因此，恩格斯参加青年黑格尔派的活动不久，就与他们发生分歧。

　　促使恩格斯与青年黑格尔派发生分歧的原因，是他这时已逐渐摆脱黑格尔唯心主义，转向唯物主义。在柏林的时候，他积极研究哲学，大量阅读18世纪法国唯物主义者的著作。1841年，德国古典哲学的杰出代表、唯物主义哲学家路德维希·费尔巴哈的主要著作《基督教的本质》出版了。恩格斯认真研读了这部著作，受到深刻的影响。费尔巴哈指出，自然界是不依赖任何哲学而存在的；在自然界和人之外不存在任何东西；不是上帝创造人，而是人按照自己的形象创造上帝；上帝不过是人的本质的虚幻的反映，上帝的本质就是人的本质。这些深刻的见解，拨开了笼罩着黑格尔唯心主义的迷雾，使恩格斯大受教益。他说，这部著作的问世，"宛若光辉的、自由的古希腊意识从东方的晨曦中脱颖而出，一个新的黎明、一个世界历史的黎明正在出现。太阳升起了。……我们从沉睡中醒来，压在我们胸口的梦魇消失了，我们揉揉眼睛，惊奇地环顾四周，一切都改变了。在此以前一直同我们格格不入的

---

　　① 恩格斯：《横遭灾祸但又奇迹般地得救的圣经，或信仰的胜利》。《马克思恩格斯全集》第41卷第361—364页。

世界，像幽灵一样以它隐蔽的力量使我们担惊受怕的自然界——现在同我们是多么亲密，多么接近啊！在我们看来曾经像监狱一样的世界，现在显露了真实的形态，犹如我们大家——富人和穷人、贵族和平民都可以出入的宏伟的王宫。"① 许多年以后，恩格斯在回忆这段历史时写道："这部书的解放作用，只有亲身体验过的人才能想象得到。那时大家都很兴奋，我们一时都成为费尔巴哈派了。"② 从此，恩格斯从黑格尔唯心主义转向唯物主义，同仍然坚持唯心主义的青年黑格尔派分道扬镳。

作为坚定的革命民主主义者，恩格斯与青年黑格尔派在政治上的分歧也越来越明显。在写于 1842 年 10 月的《普鲁士国王弗里德里希——威廉四世》一文中，恩格斯指出，冰冷的普鲁士官僚国家、监督制度、开动着的国家机器貌似强大，其实都不稳固、没根基；人民反对贵族特权，但贵族特权却得到国王的保护，人民痛恨教会盘剥，要求政教分离，但国王却顽强地力图重新把基督教直接灌输到国家里去，按照圣经道德的戒条制定国家法律；人民要求出版自由和代议制，难道反动派能长期压制吗？一旦争得这两样东西，普鲁士下一步将怎样发展呢？毫无疑问，下一步的发展将像上一世纪法国发生的情况一样，用革命的风暴推倒封建王朝。在这里，恩格斯十分明确地揭示了反对封建专制制度的必然性。这篇刚劲有力、击中要害的文章，远胜于青年黑格尔派那些不着边际和软弱无力的空洞议论。

恩格斯于 1842 年 10 月服役期满离开柏林，结束了革命活动的第一阶段。迎接这位 22 岁年轻人的是更加波澜壮阔的新生活和意义重大的新战斗。

---

① 恩格斯：《谢林和启示》。《马克思恩格斯全集》第 41 卷第 266 页。
② 恩格斯：《路德维希·费尔巴哈和德国古典哲学的终结》。《马克思恩格斯选集》第 4 卷第 218 页。

第二章　共产主义战士的成长

一　一个在势力和财富上
无与匹敌的帝国

1842 年 11 月底，恩格斯从德国巴门来到英国曼彻斯特。在英国生活的两年，是恩格斯革命历程的转折点。正是在这里，他完成了从唯心主义到唯物主义、从革命民主主义到共产主义的转变，成长为共产主义战士。

英国是当时资本主义最发达的国家，贸易、航运和工业在世界首屈一指，没有一个国家在势力和财富上可以与它相匹敌。

早在 15 世纪 70 年代，英国开始进行资本原始积累。当时英国的地主阶级和新兴资产阶级，利用国家暴力，利用集中的、组织的社会力量，野蛮地剥夺小生产者的生产资料，为资本主义经济的发展，提供了大量货币资本和自由劳动力。

17 世纪中叶，英国资产阶级通过革命取得国家政权。18 世纪下半叶，英国发生了产业革命。资本主义在经过简单协作、工场手工业阶段后，进入了大机器工业阶段。19 世纪 30—50 年代，英国工业获得长足的发展。从 1840—1850 年，蒸汽机总能力从 60 万马力增加到 129 万马力，即增加了 1 倍以上；从 1836—1848 年，铁路长度从 251 公里增加到 8203 公里，即增加了 30 倍以上。这时，英国工业产量占世界工业产量一半，成为"世界工厂"。

英国的工业集中在伦敦、曼彻斯特、格拉斯哥等几个大城市。当时伦敦已有居民 350 万人，曼彻斯特有 40 万人，格拉斯哥有 30 万人。资本主义发展所造成的灾难，在英国，尤其是在工业发达的大城市，表现得特别明显和突出。活着就是为了赚钱的资产阶级，对无产阶级进行着极端残酷的剥削和压迫。随着英国资本主义的发展和机器的资本主义使用，资产阶级对无产阶级的剥削和压迫有增无减。

资产阶级为了榨取更多的剩余价值，便尽量延长劳动时间。在资本主义工厂中，工人每天劳动时间长达 12—14 小时，有的部门和企业甚至长达 16—18 小时。许多工人为了维持生活，不得不几天几夜连续劳动，吃饭和睡觉的时间都被剥夺。

资产阶级为了榨取更多的剩余价值，还不断提高劳动强度。他们通过增加工人管理机器的台数、加速机器的运转等方法，迫使工人在规定的劳动时间内付出更多的脑力和体力。例如从 1815—1844 年，英国纺纱机的伸张次数增加近两倍，工人的劳动强度也相应增加。

资产阶级为了榨取更多的剩余价值，还大量使用廉价的童工和女工。1839 年，在英国产业工人中，年龄在 18 岁以下的童工和成年女工合计占全部工人的 3/4。在普遍使用童工和女工的情况下，劳动者家族中的一切成员，都成为资本家直接的剥削对象。这样，"那种为资本家利益的强制劳动，不但把儿童游戏的地位剥夺了，并且把道德界限内，如家族自身，在家庭范围内自由劳动的地位剥夺了。"①

资产阶级为了榨取更多的剩余价值，强迫工人在极端恶劣的条件下从事繁重的劳动，童工、女工也不例外。如在煤矿中，十几岁的童工在狭窄的坑道里，蜷曲着身子，用笨重的十字镐凿煤，有的则在腰间皮带上系上链条，四肢爬行，拉拽煤车。

英国宪章运动的领袖和杰出诗人艾内斯特·琼斯在《工厂城》一诗中，对资本主义工厂制度作了深刻的揭露：

> 工厂放出可怕的火焰，
> 　它胸中怀着密封的地狱；
> 伊特那的怒火已经消散，
> 　活人的火山却还喷着。
>
> 男人，女人，儿童在做工，
> 　被锁在狭小阴暗的地牢；

---

① 马克思：《资本论》第 1 卷第 477 页，人民出版社 1953 年版。

当今的刑台——车轮飞动，
　生命之线飞快地断掉。

天上的星星看着也发怔，
　烟雾弥漫，机器怒吼；
这城市就像热锅沸腾，
　煮沸的毒水横溢四流。

在那发臭的围墙里面，
　生命与死亡纠成一团；
工人和工人肩并着肩，
　血肉与钢铁进行殊死战。

车轮发出沉闷的噪音，
　厂里的空气沉重又闷人；
力量在哀鸣，工人在呻吟，
　还有人们绝望的叹息声。

尘土飞舞在他们的周围，
　那苍白、干裂、发热的嘴唇；
梭子不停地穿去又穿来，
　苦工葬送了短促的生命。

半裸的童工浑身打战，
　空气炎热，心头冰冷；
成年人萎缩的肌肉发颤，
　听那机器可怖的吼声。

女工们痛苦的心灵狂跳，
　想到孩子们受折磨真苦恼；
那财神伸出红色的魔掌，
　把她们天生的智慧灭掉。

> 听啊，这不见血的屠宰场，
>
> 　不时传来绝望的哀号：
>
> 　"啊，给我一滴水喝吧！
>
> 　啊，让我透口气就好！……"①

在资本主义的压榨下，工人阶级的生活条件日益恶化。英国工人每周平均工资，从1802—1833年，由29先令降低为5先令，即降低了80％以上。工人们经常挨饿受冻，过着非人的生活。在伦敦一个工人区里，"全区在十个当家人当中，很难找到一个除了工作服外还有其他衣服的人，而且工作服也是破破烂烂的；他们中有许多人，除了这些破烂衣服，晚上就没有什么可以盖的，他们的床铺也只是装着麦秸或刨花的麻袋。"②

资产阶级的压迫和剥削，激起广大工人的反抗。起初是单个工人的自发斗争，捣毁机器；接着是工人的秘密结社，彼此支持；从20年代开始，工人阶级争取提高工资、缩短工时、改善劳动条件的斗争此起彼伏，不断扩大。有组织的罢工经常发生，"原因有时是厂主降低工资，有时是厂主拒绝提高工资，有时是工厂雇用工贼，有时是厂主拒绝废除打骂或恶劣的制度，有时是工厂采用新机器或无数其他的原因。"③

这就是恩格斯踏上英国国土时亲眼见到的情况。虽然他在巴门已对资本主义工厂制度有了初步认识，但是英国的所见所闻仍然使他深为震惊。于是他决心对这个国家进行深入的了解和研究。

二　走进英国生活的深处

恩格斯到曼彻斯特后，进入他父亲与人合股经营的欧门—恩格斯棉纺厂办事处工作。像在不来梅一样，他对经商毫无兴趣。唯一使他感兴趣的是"走进英国生活的深处"，④了解这个资本主义典型国家的真情实况，认识现状，展望未来。

---

① 艾内斯特·琼斯：《工厂城》。《英国宪章派诗选》第91—92页。

② 恩格斯：《英国工人阶级状况》。《马克思恩格斯全集》第2卷第309页。

③ 同上书，第512页。

④ 恩格斯：《英国对国内危机的看法》。《马克思恩格斯全集》第2卷第544页。

　　曼彻斯特为恩格斯提供了仔细观察英国各阶层生活的有利条件。作为英国第二大工业城市，这里是英国工业及其所造成的严重恶果的典型，也是"最坚强的工会的所在地，是宪章运动的中心，是社会主义者最多的地方"①。

　　住在英国的 21 个月里，恩格斯除了例行公事地到办事处上班外，"抛弃了社交活动和宴会，抛弃了资产阶级的葡萄牙红葡萄酒和香槟酒，把自己的空闲时间几乎都用来和普通的工人交往。"② 他走遍工人住宅区肮脏而弯曲的胡同和小巷，深入工人栖身的恶劣而潮湿的小屋，观察他们的日常生活，了解他们的痛苦和快乐，研究他们的要求和希望。

　　经过深入的调查，恩格斯获得了大量揭露资本主义工厂制度罪恶的实际材料。他指出，资本主义工厂制度，是伪善的隐蔽的奴隶制。农奴的主人是野蛮人，他把农奴看做牲口；工人的老板是文明人，他把工人看做机器。农奴的生存有封建的社会制度作保障，自由的工人没有任何保障，比农奴的情况更坏。资本家这个没有心肝的国王，在邪恶的王国布满死亡。他用劳动折磨人的肉体，他把人们活的灵魂杀光。

　　恩格斯既看到怵目惊心的苦难折磨着无产者，也看到不满情绪随着无产者本身的成长而产生和增长。工人们正在觉醒，日益扩大的不满情绪正在把人们组织起来，为反对专杀白奴的魔王而进行的斗争烈火正在燃烧。父亲们止住痛哭的眼泪，母亲们不再作垂死的呻吟：

　　　　快打倒国王，刽子手国王！
　　　　千百万的工人，起来，前进！
　　　　我们把他的手紧紧捆绑，
　　　　趁他还没吞灭全国人民。③

　　恩格斯在曼彻斯特生活期间，正值英国宪章运动高涨时期。1838 年 5 月，伦敦工人协会公布争取普选权的六项要求，即凡年满 21 岁的成年男子都有普选权；议会每年改选一次；当选议员支给薪俸；实行秘密投票，平均分配选举区域和代表；废除议员候选人的财产资格限制。1840 年成立宪章派全

---

①　恩格斯：《英国工人阶级状况》.《马克思恩格斯全集》第 2 卷第 529 页。
②　恩格斯：《致大不列颠工人阶级》.《马克思恩格斯全集》第 2 卷第 273 页。
③　米德：《蒸汽王》. 转引自恩格斯《英国工人阶级状况》.《马克思恩格斯全集》第 2 卷第 472 页。

国协会。从 1838—1842 年，宪章运动达到顶点，几十万人参加宪章运动的集会。生活在宪章运动中心的恩格斯，积极参加宪章派的活动，与宪章派机关报《北极星报》建立联系，同宪章派领导人哈尼、李奇等人密切交往。他敏锐地认识到，"宪章主义是工人反抗资产阶级的集中表现"，"在宪章主义旗帜下起来反对资产阶级的是整个工人阶级，他们首先向资产阶级的政权进攻，向资产阶级用来保护自己的这道法律围墙进攻。"①

　　恩格斯参加宪章派活动的同时，也十分重视英国的社会主义运动。他认为，欧洲三个文明大国——英、法、德国，都已得出这样的结论：在集体所有制基础上改变社会结构的革命已经急不可待，不可避免。各国社会主义者迫切需要互相了解，互相支持。为此，他同英国欧文派社会主义建立了联系。为了让英国社会主义者了解大陆社会主义学说和运动的情况，他特意为欧文派机关报《新道德世界》撰写了《大陆上社会改革运动的进展》，详尽地介绍法国的圣西门主义、傅立叶主义、巴贝夫共产主义、卡贝的伊加利亚共产主义，勒鲁、乔治·桑、拉梅耐、蒲鲁东等人的学说，德国和瑞士流行的魏特林共产主义等，对各种空想理论的成就和缺陷，作了中肯的评论。值得注意的是，在这篇文章中，恩格斯第一次提到马克思等人（当然也包括他自己）。从 1842 年秋天开始，已经认识到只实行政治变革是不够的，必须实行以废除私有制，建立集体所有制为基础的社会革命，开始从革命民主主义转向共产主义。②

　　到英国不久，恩格斯同住在这里的德国共产主义者建立联系。当时伦敦是德国共产主义者创立的正义者同盟的中心之一。同盟团结和组织了流亡国外的德国手工业工人，传播魏特林等空想共产主义理论，讨论各种政治的和社会的问题。

　　虽然恩格斯非常关心和积极参加工人组织的活动，但也像马克思一样，没有加入任何一个组织。例如，他拒绝沙佩尔要他加入正义者同盟的建议，不参与同盟的内部事务。因为他不同意作为同盟指导思想的魏特林平均主义的共产主义理论。他说：平均主义"想把世界变成工人公社，把文明中间一切精致的东西——科学、美术等等，都当做有害的、危险的东西，当做贵族式的奢侈品来消灭掉；这是一种偏见，是他们完全不懂历史和政治经济学的

---

　　①　恩格斯：《英国工人阶级状况》。《马克思恩格斯全集》第 2 卷第 516 页。
　　②　参阅恩格斯《大陆上社会改革运动的进展》。《马克思恩格斯全集》第 1 卷第 590—591 页。

必然结果"①。这段批判法国平均主义的话，对魏特林主义同样适用。当时在恩格斯的思想里，一种崭新的共产主义——科学社会主义正在形成。

在英国期间，恩格斯结识了许多工人运动活动家。这个热情奔放、性格开朗、思想敏锐的年轻人，给人们留下了深刻的印象。

德国无产阶级诗人格奥尔格·维尔特是恩格斯的亲密朋友。1843 年，维尔特作为一家德国公司的经纪人来到英国布莱得弗德，很快与恩格斯建立了友谊。一有空闲，他就乘车到曼彻斯特拜访恩格斯，"一同快乐地度过了许多个星期天"。② 主要是在恩格斯的影响下，维尔特深刻认识到资本主义制度下工人阶级的苦难，写了许多揭露资本主义罪恶的诗篇，并且逐渐接受科学社会主义，成为共产主义战士。1845 年 7 月 19 日，他写信告诉母亲：自己"已经属于一贫如洗的共产党人"。他对恩格斯非常敬重，认为恩格斯"真正是一个才智超群的非凡的人物。他日日夜夜集中精力为劳动者阶级谋福利"。③ 他们的真挚友谊终生不渝。

恩格斯也同宪章运动著名活动家朱利安·哈尼建立了深厚的友谊。许多年以后，哈尼回忆与恩格斯初次见面的情景时写道："1843 年的时候，恩格斯从布莱得弗德来到里子，上《北极星报》编辑部去找过我。他个子很高，少年英俊，长着一副年轻得几乎像孩子一样的面孔。虽然他出身和受教育都在德国，但是当时已说得一口流利的英语。他告诉我说他常常读《北极星报》，对宪章运动非常关心。"④ 哈尼说，虽然恩格斯学识渊博，但毫不自高自大或盛气凌人。他非常好客，总是面带笑容，永远乐观。他的那种蓬勃的朝气感染了周围的人们。

正义者同盟领导成员卡尔·沙佩尔、亨利希·鲍威尔、约瑟夫·莫尔，是恩格斯遇到的第一批德国革命无产者。1843 年，恩格斯在伦敦认识这三个"真正的人"。身材魁梧、果断刚毅、时刻准备牺牲生活幸福以至生命的沙佩尔；活泼、灵敏而诙谐，在矮小的身体里蕴藏着机警和果断的鲍威尔；天生的外交家，在毅力和决心方面不亚于他的两个同志，而在智慧上胜过他们的莫尔，给年轻的恩格斯留下了终生难忘的良好印象。⑤

---

① 恩格斯：《大陆上社会改革运动的进展》。《马克思恩格斯全集》第 1 卷第 580 页。

② 恩格斯：《格奥尔格·维尔特》。《马克思恩格斯全集》第 21 卷第 6 页。

③ 维尔特：《给母亲的信的片断》。《回忆马克思恩格斯》第 218—219 页。

④ 哈尼：《关于恩格斯》。《回忆马克思恩格斯》第 216 页。

⑤ 参阅恩格斯《关于共产主义者同盟的历史》。《马克思恩格斯选集》第 4 卷第 188—189 页。

在曼彻斯特，恩格斯遇到爱尔兰女工玛丽·白恩士。这个"以她的整个心灵"[①] 眷恋着恩格斯的年轻姑娘，天真淳朴，善良机智，对资本主义工厂制度的罪恶和英国资产阶级对爱尔兰民族的暴行有着切身的体会。她痛恨压迫自己民族的英国统治者，憎恶榨取工人血汗的资本家。在她的陪同和帮助下，恩格斯经常深入曼彻斯特工人住宅区进行调查访问，结识了许多普通工人，了解工人生活中的许多详细情节。正是同玛丽的友谊，增强了恩格斯与工人阶级相结合、专心致志地研究工人阶级状况的决心。

深入了解工人阶级的生活，参加工人阶级的斗争和活动，同工人阶级相结合，是恩格斯从革命民主主义转到共产主义的主要原因。正是在曼彻斯特这个工人运动的中心，恩格斯真正认识了无产阶级的特性及其伟大历史使命，从此坚定不移地投身于工人阶级的解放事业。

三   钻研英国历史和民族特性的成果

在英国期间，恩格斯认真研究英国的历史和现状，实地观察各阶层的生活和相互关系，掌握了有关英国历史和英国民族特性的本质，特别是英国阶级斗争的大量材料。透过眼前的事物和现象，深入探讨资本主义制度的内在规律和必然联系，更加坚定地站到工人阶级的立场上。

经历了资产阶级革命和产业革命，具有发达的贸易、航运和工业，以自由制度和议会民主相标榜的英国状况怎样呢？这是欧洲大陆各国人民，尤其是处在资产阶级民主革命前夜的德国人民很想了解的。由于英国在社会关系方面超过欧洲其他国家，这里发生的事情对其他国家很有意义；因此，恩格斯把向欧洲大陆报道英国状况当做自己的重要任务。他为《莱茵报》、《德法年鉴》和巴黎《前进报》等报刊撰写的有关英国的论文，从这个国家的状况中论述了许多具有重大意义的问题：

第一，资本主义把人们的一切关系归结为商品货币关系。

恩格斯指出，产业革命使英国整个经济生活和各种关系发生了根本的变化。迅速发展起来的生产力，新创造出来的社会财富，本来应该为全人类服务，但由于私有制作祟，却为少数富有的资本家所独占，成为他们奴役群众的工具。在这个社会里，人与人的一切关系，都被归结为商品货币关系。现

①　恩格斯：《致卡·马克思》（1863 年 1 月 7 日）。《马克思恩格斯全集》第 30 卷第 308 页。

金交易成为人们之间唯一的纽带，金钱成了世界的统治者；"人已经不再是人的奴隶，而变成了物的奴隶；人们的关系被彻底歪曲；现代生意经世界的奴隶制（这是一种最完善、最发达而普遍的买卖制度）比封建时代的农奴制更加违反人性和无所不包；卖淫比初夜权更不道德、更粗野。"① 寄生的土地贵族还在继续做坏事，实业贵族则是一伙工业强盗和工业海盗，生活关系一团混乱，一切人反对一切人的战争，人数众多的工人阶级忍受着难以忍受的压迫和贫困，异常不满和痛恨旧的社会制度，"到处是紊乱不堪，没有秩序，无政府状态，旧的社会联系瓦解，到处是精神空虚，没有思想和实力衰亡。"② 英国的状况就是这样。

第二，金钱贵族是英国真正的统治者。

英国社会的阶级构成和统治力量与产业革命前大不相同。以工资为生的无产阶级已经形成和不断壮大，财富迅速增加的资产阶级上升到了真正贵族的地位，土地贵族仍寄生在社会的肌体中。土地贵族、金钱贵族和雇佣工人，是英国社会的三大阶级。那么，谁在统治英国呢？名义上，英国实行君主立宪制，国王是最高元首，由贵族组成的上院是仅次于国王的第二个国家权力。实际上，英国国王是统而不治的人物，王权已经等于零；上院不过是退休的政界人物的养老院，议员的活动是毫无意义的空洞形式，下院和内阁操纵一切，全部漫长的立法过程纯粹是一场滑稽戏。真正统治英国的是财产。财产使贵族能左右农业区和小城市的代表选举，使商人和厂主能影响大城市和部分小城市的代表选举，并使二者能通过行贿加强自己的势力，"既然财产和通过财产而取得的势力构成资产阶级的本质，既然贵族在选举中利用自己财产的势力，因之他不是以贵族的身份出现而是和资产阶级站在同等的地位，可见实际上整个资产阶级的势力要比贵族的势力强大得多，可见真正进行统治的是资产阶级。"③

第三，一贫如洗的无产阶级有着远大的前途。

无论贵族还是资产者，整个英国上层阶级已委靡不振。由产业革命引起的生产力的发展和财富的增长，使上层阶级能够轻而易举地得到一切，过着养尊处优的生活。"土地贵族终日打猎，金钱贵族天天记账，顶多也只是看看

---

① 恩格斯：《英国状况。十八世纪》。《马克思恩格斯全集》第 1 卷第 664 页。

② 恩格斯：《英国状况。评托马斯·卡莱尔的〈过去和现在〉》。《马克思恩格斯全集》第 1 卷第641 页。

③ 恩格斯：《英国状况。英国宪法》。《马克思恩格斯全集》第 1 卷第 687—688 页。

乏味的颓废的书来充实一下自己的悠闲生活。"① 他们已经日暮途穷，没有希望。

同上层阶级相反，英国无产阶级有着远大前途。他们是产业革命的产物，也是产业革命的受害者。工厂制度把他们集中起来，极端贫困引起他们对旧制度的强烈不满，反对资本家的共同要求使他们逐渐形成一股巨大的力量。更为可贵的是，他们有理想、有抱负，许多人孜孜不倦的学习。他们对地质学、天文学及其他科学的知识比某些有教养的德国资产者还要多。恩格斯在曼彻斯特时，经常参加工人们的讲演会和讨论会，倾听普通工人在大厅里十分内行地做政治、宗教和科学等方面的专题报告，深深为他们那种渴求知识、探讨学问的精神所感动。他满怀激情地写道：英国工人是真正值得尊敬的人，将来拯救英国的正是他们，"他们没有偏见，他们还有力量从事伟大的民族事业，他们还有前途"。② 在这里，已经表明恩格斯对无产阶级的伟大历史使命有了初步的认识。

第四，物质利益是英国党派斗争的基础。

英国的表面形势非常复杂。保护关税和自由贸易的争论，宪章运动的兴起，各种激进的、中庸的、保守的派别的活动和互相争斗，统治阶级代表人物竞相以工人利益的维护者自居。所有这些，如果只注意眼前事物和表面现象，往往会迷惑不解。恩格斯透过表面现象对当时英国各党派的性质和相互关系作了精辟的分析。他指出，英国各个政党都有与它相应的社会阶层和阶级，代表着不同的物质利益。英国有三大党，即土地贵族的托利党，金钱贵族的辉格党和工人阶级的宪章派。托利党按其性质和历史发展来说，是一个纯粹中世纪式的反动透顶的党；辉格党以商人和厂主为核心，其中大部分人构成了所谓中层等级；正在形成中的宪章派，是工人集体意识的表现，从无产者当中吸取自己的力量。③ 这些党派的主张和活动，都代表着一定阶级的物质利益。在土地贵族的托利党和金钱贵族的辉格党之间，从来没有原则的斗争，"只有物质利益的冲突"。④ 他们对谷物法的态度，正是各自为本阶级私利的集中表现。

---

① 恩格斯：《英国状况。评托马斯·卡莱尔〈过去和现在〉》。《马克思恩格斯全集》第 1 卷第 627 页。

② 同上书，第 628 页。

③ 参阅恩格斯《各个政党的立场》。《马克思恩格斯全集》第 1 卷第 552 页。

④ 恩格斯：《各个政党的立场》。《马克思恩格斯全集》第 1 卷第 547 页。

第五，伟大变革的征兆已在英国明显地表现出来。

英国会不会发生革命？恩格斯几乎一踏上英国的国土就提出这个问题。目光短浅的人根本否认发生革命的可能性。恩格斯深入分析了英国社会状况，揭示在这个表面繁荣的社会中蕴藏着的深刻矛盾。从物质利益的角度来看，工业发展使有产者财富迅速增长，无产者赤贫如洗，勉强度日。连倾向托利党的思想家卡莱尔也不得不承认，"我国一再取得成就的工业到现在还没有取得任何成就，生活在无限财富中间的人民却死于饥饿，住在黄金屋里和围在谷仓中间的人民，没有一个人生活得到保障和满足"。① 1842年，英格兰和威尔士共有穷人 143 万人，其中 22 万被收容在习艺所；爱尔兰穷人的数字高达 230 万人。资产阶级国家不管他们，甚至把他们一脚踢开；饥饿是什么滋味，是苦是甜，对国家是无关痛痒的。商人和厂主只顾发财致富，更是不管他们的死活。极端的贫困和非人的生活，迫使这个国家人数最多的工人阶级在革命和饿死之间二者择一。从政治的角度来看，举世皆知的英国自由，完全是骗人的假象。封建势力原封未动；法律所规定的出版、集会、结社的自由，不过是富人的特权；所谓不偏不倚的陪审团根本是胡说；继续保留下来的令人愤慨的酷刑，把人变成禽兽的苦役流刑和单独监禁，说明这个国家仍然"完全浸沉在中世纪野蛮境地"。② 难道这样的局面能够长久维持下去？难道一千条冠冕堂皇的理由能够抹杀深刻的矛盾？难道革命根本不可能发生？

恩格斯指出，英国发生革命是不可避免的。伟大变革的征兆也许从来没有像当时英国所表现的那样明显，那样突出。与法国和德国不同，英国将要发生的不是政治革命和哲学革命，而是消灭私有制和建立集体所有制的社会革命。这是一场比其他任何革命更深刻更广泛的真正的革命，"人类知识和人类生活关系中的任何领域，哪怕是最生僻的领域，无不对社会革命有所影响，同时也无不在这种革命的影响下发生某些变化"。社会革命所建立的将不是同君主制和封建制对立的资产阶级民主制，而是同资产阶级和财产相对立的社会民主制。恩格斯预言，社会革命的时机即将到来。正如金钱贵族战胜门阀贵族一样，工人民主派一定会战胜金钱贵族。恩格斯的预言虽然没有实现，但这种对革命的向往和大无畏精神，却是十分可贵的。

---

① 恩格斯：《国内危机》。《马克思恩格斯全集》第 1 卷第 547 页。

② 同上。

恩格斯指出，英国无产者的社会革命，不可能用和平方式进行。指导宪章派的合法革命的思想，已被实践证明是不可能实现的。"'合法革命'把一切都搞糟了"，"只有通过暴力消灭现有的反常关系，根本推翻门阀贵族和工业贵族，才能改善无产者的物质状况"。[①]

恩格斯寄希望于英国工人和社会主义者，认为虽然当时宪章派正在形成，社会主义力量还很薄弱，但他们是英国唯一有前途的党。他们反对资本主义制度的实践经验，对欧洲各国工人阶级的斗争也有重大意义。

四　批判经济学范畴的天才大纲

恩格斯深深感到，为了透彻了解现实，掌握未来，在政治和理论斗争中发挥更大作用，自己的知识远远不够。因此，他决心进行系统的理论研究，吸取人类优秀的文化遗产。在曼彻斯特的时候，他孜孜不倦地研究哲学、研究空想社会主义理论，特别是研究政治经济学。这是促使他完成从革命民主主义到共产主义、从唯心主义到唯物主义转变的重要原因。

德国古典哲学，是恩格斯理论研究的重要内容。他不满足于在不来梅和柏林的学习，继续研读黑格尔、费尔巴哈的著作，用工人运动的实践进行检验，批判地对待它们的研究成果，既吸收了费尔巴哈哲学中的唯物主义基本内核，又继承了黑格尔哲学中辩证法思想的合理内核，为创立唯物主义辩证法积累了丰富的思想资料。

以圣西门、傅立叶、欧文为代表的伟大空想社会主义者的理论，引起恩格斯极大的兴趣。自从来到英国，走进英国生活的深处，使恩格斯对资本主义制度的剥削实质有了更深刻的了解，从根本上动摇了他对资产阶级政治解放的认识。当马克思在《德法年鉴》上批判政治解放即资产阶级革命，提出为人类解放即无产阶级革命而奋斗时，恩格斯也认识到资本主义的虚伪性和历史过渡性，日益把注意力转移到共产主义方面。他说，资产阶级"民主制和任何其他一种政体一样，最终总要破产，因为伪善是不能持久的，其中隐藏的矛盾必然要暴露出来，要么是真正的奴隶制，即赤裸裸的专制制度，要么是真正的自由和平等，即共产主义"。[②] 这个时候，他大量阅读英、法、德

---

①　恩格斯：《国内危机》。《马克思恩格斯全集》第 1 卷第 550—551 页。

②　恩格斯：《大陆上社会改革运动的进展》。《马克思恩格斯全集》第 1 卷第 576 页。

等国社会主义和共产主义的论著，了解空想社会主义的思想和主张，参加一些社会主义的集会和活动，对各个社会主义派别作了初步的评论。

恩格斯认为，圣西门是一个大力主张社会改革的人。他对资本主义的批判，特别是对未来共产主义社会的描绘，闪烁着天才的光芒。但是，他的全部学说，"都笼罩了一层不可理解的神秘主义的云雾，因此，起初也许还能引起人们的注意，可是最终便不能不使人大失所望。他的经济学说也不是无懈可击的；他们公社的每个社员分得的产品，首先是以他的工作量，其次是以他所表现的才能决定的。德国共和主义者白尔尼正确批驳了这一点，他认为才能不该给以报酬，而应看做先天的优越条件；因此为了恢复平等，必须从有才能的人应得的产品中间扣除一部分"。恩格斯说："圣西门很像一颗闪烁的流星，在引起思想界的注意之后，就从社会的地平线上消灭了。"①

恩格斯对傅立叶的理论作了充分的肯定，同时也指出这个理论不彻底的地方。他写道："正是傅立叶第一个确立了社会哲学的伟大原理，这就是：因为每个人天生就爱好或者喜欢某种劳动，所以这些个人爱好的全部总和就必然会形成一种能满足整个社会需要的力量。从这个原理可以得出下面一个结论：如果每个人的爱好都能得到满足，每个人都能做自己愿意做的事情，那么，即使没有现代社会制度所采取的那种强制手段，也同样可以满足一切人的需要……接着他确立了劳动和享受的同一性，指出现代社会制度把二者分裂开来，把劳动变成痛苦的事情，把欢乐变成大部分劳动者享受不到的东西，是极端不合理的。然后他又指出，在合理的制度下，当每个人都能根据自己的兴趣工作的时候，劳动就能恢复它的本来面目，成为一种享受。"② 恩格斯指出，傅立叶不主张废除私有制，这是他的理论中一个非常不彻底的地方。在傅立叶的协作社中，仍然存在富人和穷人，资本家和工人。这就表明，"原来在关于协作和自由劳动的一切漂亮理论的后面，在慷慨激昂地反对经商、反对自私自利和反对竞争的连篇累牍的长篇言论后面，实际上还是旧的经过改良的竞争制度，比较开明的囚禁穷人的巴士底狱！"③

英国欧文派社会主义不仅以其理论主张，而且以其实际活动吸引了恩格斯的注意。在曼彻斯特的时候，恩格斯参加欧文派的一些集会，为欧文

---

① 恩格斯：《大陆上社会改革运动的进展》。《马克思恩格斯全集》第 1 卷第 577 页。
② 同上书，第 578 页。
③ 同上书，第 579 页。

派机关报《新道德世界》撰稿。他认为，欧文有着渊博的知识，为教育英国工人做了许多事情。但是欧文不加区别地把婚姻、宗教和财产作为人类社会一切祸害的唯一根源，则是不对的；欧文派的一些活动，也缺乏严肃的革命内容。

恩格斯不仅深入研究英、法等国社会主义和共产主义论著，而且用英国工人阶级实践斗争的经验进行批判的审查。他发现，虽然空想社会主义的优秀代表们对资本主义制度作了尖锐的批判，对未来社会作了天才的描绘，但是都缺乏对物质资料的生产活动和人们的经济关系进行透彻的研究，因而既不了解人类社会发展的规律和资本主义制度的本质，更不了解无产阶级的伟大历史使命。恩格斯从自己的亲身体验中深刻认识到，要了解资本主义制度的本质和运动规律，了解资本主义社会的阶级关系、阶级斗争和无产阶级革命的必然性，就必须深入研究各个阶级的物质利益关系，研究构成阶级斗争基础的经济事实。当时，他已经"异常清晰地观察到，迄今为止在历史著作中根本不起作用或者只引起极小作用的经济事实，至少在现代世界中是一个决定性的历史力量；这些经济事实形成了现代阶级对立所由产生的基础；这些阶级对立，在它们因大工业而得到充分发展的国家里，因而特别是在英国，又是政党形成的基础，党派斗争的基础，因而也是全部政治历史的基础"①。

为了了解经济事实，恩格斯开始对政治经济学进行系统、深入的研究，阅读了资产阶级经济学家亚当·斯密、斯图亚特、詹姆斯·穆勒、李嘉图、马尔萨斯、萨伊等人的著作，于 1843 年底至 1844 年 1 月写了《政治经济学批判大纲》。这部著作在马克思主义史上第一次从社会主义立场出发考察资本主义经济制度，阐述了许多重要的问题：

第一，资产阶级经济学是"私经济学"。

《政治经济学批判大纲》对资产阶级经济学作了深刻的批判，指出无论重商主义还是自由主义经济学家，都是为资本主义私有制而存在。虽然它们冒充代表全体人民的利益，但它们都是为资产阶级利益服务，本质上是"私经济学"。资产阶级政治经济学的产生，是商业扩展的自然结果。重商主义作为早期的资产阶级经济学，最初以额角上打着最丑恶的自私自利烙印的货币主义形态出现。他们是一些彼此对立的守财奴。

---

① 恩格斯：《关于共产主义同盟的历史》。《马克思恩格斯选集》第 4 卷第 192 页。

重商主义的真正原则是贸易差额论。同早期的货币主义比较起来，贸易差额论不再主张以粗俗幼稚的方式搜刮金钱，而主张通过贸易顺差的办法使国家增加现金。为了达到这个目的，他们积极鼓吹商品加炮舰政策，强迫别国缔结不平等的通商条约，不惜为此而使用武力，引起战争。由此可见，这种重商主义"实质上还是和从前一样，贪财和自私。这些战争也表明了：贸易和掠夺一样，是以拳头为后盾的；人们只要认为哪些条约是最有利可图，他们便会昧着良心使用诡计或暴力来把它们订成"①。

18世纪英国的产业革命，也使政治经济学发生革命。自由主义经济学即资产阶级古典经济学，作为一门完整的发财致富的学说代替了重商主义这个简陋的非科学的生意经。亚当·斯密的《国富论》为自由贸易学说奠定了基础；大卫·李嘉图把它发展到"不可逾越的界限"。他们都企图以隐蔽的、伪善的形式掩盖私有制的矛盾，根本没有想到提出私有制的不合理性和消灭私有制的问题。因此，以亚当·斯密的《国富论》为基础的自由主义经济学，"也同样是伪善、矛盾和不道德的。这种伪善、矛盾和不道德目前在一切领域中和自由的人性处于对立的地位"②。但是，它毕竟是一个进步。因为它探索了私有制的各种规律，摧毁了重商主义体系，打破了重商主义对贸易往来的束缚，从而使社会生产力发展起来，使资本主义私有制的各种矛盾更加尖锐地暴露出来。其结果，必将使私有制瓦解。这是不以资产阶级经济学家的意志为转移，也是他们所不知道的："他不知道，他的全部利己的辩论只不过构成人类整个进步的链条中的一环而已。他不知道，他瓦解一切私人利益，只不过是替我们这个世纪面临的大变革……开辟道路而已。"③这是他们凭借书本知识做梦也想不到的。

恩格斯指出："距离我们时代越近的经济学家越不老实。时代每前进一步，要把政治经济学保持在时代的水平上，诡辩术也必须高一步。"④这是对资产阶级经济学的深刻揭露，完全符合资产阶级经济学的发展趋势。随着资本主义的发展，无产阶级与资产阶级的矛盾日益尖锐，资产阶级经济学的辩护性越来越明显。重商主义盛行的时候，在资产阶级与无产阶级之间还存在一个封建贵族阶级，当时资产阶级还能够以反封建的斗争来缓和与无产阶级

---

① 恩格斯：《政治经济学批判大纲》。《马克思恩格斯全集》第1卷第597页。
② 同上书，第598页。
③ 同上书，第603页。
④ 同上书，第599页。

的矛盾；当资产阶级战胜封建贵族，它与无产阶级的矛盾上升到主要地位，因此自由主义经济学家不得不采取更加伪善、更加隐蔽的形式，例如宣扬劳资利益一致等等来欺骗工人。阶级斗争的进一步发展，无产阶级以独立的力量登上政治舞台，资产阶级经济学也日益庸俗化。萨伊、马尔萨斯等人的理论，已经毫无科学性，完全堕落为歪心恶意的资产阶级辩护士。恩格斯的论述，一针见血地揭示了资本主义经济学反科学的性质。

第二，资本主义私有制的发展必然引起社会革命。

《政治经济学批判大纲》对资本主义私有制进行尖锐的批判，指出私有制是资本主义社会的利益冲突和各种矛盾的根源；只有消灭私有制，才能解决资本主义所固有的矛盾。

生产资料私有制已有几千年的历史，资本主义私有制也已存在几百年。资产阶级经济学家把私有制看做永恒的现象，把资本主义制度看做永恒的制度。许多社会主义者和小资产阶级经济学家则对资本主义私有制采取批判态度，谴责它所造成的灾难后果。但是，他们用来与私有制相对立的公平、正义、道德、人性等等，既不能阐明私有制产生的原因及其危害，也不能论证消灭私有制的必然性和途径。恩格斯与他们根本不同，他不是从抽象的道德说教出发，而是从资本主义经济事实出发，对私有制进行了深入的分析和批判。

恩格斯指出，资本主义社会的竞争、自由贸易、劳动与资本的分离、工人阶级的贫困、像彗星一样有规律出现的经济危机，都是资本主义私有制的必然结果。在资本主义私有制下，资本家和工人的分裂日益加剧。资本不过是积累起来的劳动。如果离开了劳动，资本就什么也不是。但劳动的产物却被资本家占有，并以工资的形式与劳动对立起来，遭受残酷剥削的工人阶级只能在最困难的条件下生活，"因为工人要生活就得工作，而土地所有者可以靠地租过活，资本家可以靠利息过活，万不得已时，也可以靠资本或资本化了的土地来生活。因此，工人所得的仅仅是最必需的东西，仅仅是一些生活资料，而大部分产品则为资本和土地所瓜分。"①

资本主义的地租、利润、工资等等范畴都打上了私有制的烙印。如果消灭私有制，地租就可以恢复它的本来面目，即与花费等量劳动在面积相同的土地上而获得不同收益的土地相关，利润也不再是资本家的剥削收入，而被

---

① 恩格斯：《政治经济学批判大纲》。《马克思恩格斯全集》第 1 卷第 622 页。

用来作为衡量生产费用的砝码；工资的真正意义，即劳动对于确定物品的生产费用的意义就会清楚地显示出来。在这里，恩格斯对地租、利润、工资等范畴的论述，虽然还未达到成熟的马克思主义政治经济学的水平，但他把这些范畴与资本主义私有制直接联系起来，进一步论述了消灭私有制的必要性，有着重大的科学意义。

竞争是私有制的必然现象，是资产阶级经济学的主要范畴。资产阶级经济学家十分赞赏自由竞争制度，认为在自由竞争条件下，供求规律自发地调节着社会的经济活动，不会出现生产过剩的危机。恩格斯以资本主义经济危机周期发生的事实，彻底驳斥了这种谬论。他说，商业危机像过去的大瘟疫一样按期来临，平均每隔五年到七年发生一次，"而且一定是一次比一次更普遍，因而也一次比一次更严重。"① 只有消灭资本主义私有制，才能消灭资本主义竞争和生产无政府状态，消灭产生经济危机的根源。

资本主义私有制的发展，必然引起消灭私有制的社会革命，这是不以资产阶级经济学家的意志为转移的客观规律。由于经济危机周期发生，危机的后果越来越严重，小生产者大量破产，专靠劳动为生的阶级人数剧增，亟待就业的队伍日益扩大，这一切不可避免地加剧了无产阶级与资产阶级的矛盾，因而社会革命必然要到来。

第三，马尔萨斯人口论是卑鄙下流的学说。

《政治经济学批判大纲》对英国资产阶级庸俗经济学家马尔萨斯的人口理论作了尖锐的驳斥。为了维护资本主义私有制，麻痹无产阶级的战斗意志，马尔萨斯胡说什么"人口生来就有一种超过它所支配的生活资料的倾向"，并且编造所谓生活资料按算术级数增长，人口数量按几何级数增长的谬论，把资本主义社会工人阶级的贫穷和灾难统统说成是由人口增殖所造成。很显然，这种谬论迎合了资产阶级和英国寡头政府的需要，得到他们的喝彩。恩格斯指出，资本主义社会工人阶级贫困、失业等等现象的根源在于资本主义私有制。正是在资本主义私有制下，才会出现整个国家因财富过多、商品过剩而备尝痛苦。只有消灭资本主义私有制，才能结束这种人类堕落的现象。马尔萨斯编造的人口论，完全是骗人的鬼话。

所谓生活资料按算术级数增长而人口数量按几何级数增长，是没有根据的，因为它完全忽视科学的发展。"但是科学的进步和人口的增长一样，是永

---

① 恩格斯：《政治经济学批判大纲》。《马克思恩格斯全集》第 1 卷第 614 页。

无止境的；在最普通的情况下，科学也是按几何级数增长的。"①

被马尔萨斯的谬论激怒的恩格斯，十分愤慨地指出，这个所谓理论，完全是"卑鄙下流的学说"，是"对自然和人类的恶毒的诬蔑"。在马尔萨斯所鼓吹的解决人口过剩的主张中，"经济学家的不道德已经登峰造极"。②

第四，价值是生产费用对效用的关系。

《政治经济学批判大纲》在批判资产阶级经济学家价值理论的基础上，深入探讨了价值理论问题。

商品价值是政治经济学的重要范畴。英国经济学家麦克库洛赫、李嘉图和法国经济学家萨伊曾围绕价值的本质进行了长期的争论。麦克库洛赫和李嘉图认为，价值是由生产费用决定的；萨伊则认为，价值是由物品的效用决定的。恩格斯指出，争论双方都排除了竞争的作用，因而不可能说明价值的形成和本质。如果没有竞争，价值怎么能够由生产费用决定呢？一旦竞争被放在一边，也就没有任何保证使生产者恰恰按照他的生产费用来出卖商品。如果没有竞争，就谈不上物品效用的大小，因而无法以效用来确定价值。同时，争论双方都只看到一个方面而忽视了另一个方面，因而都有片面性。

恩格斯指出，"价值是生产费用对效用的关系"。③ 他说，"价值首先是用来解决某种物品是否应该生产的问题，即这种物品的效用是否能抵偿生产费用的问题。只有在这个问题解决了之后才能谈得上运用价值来进行交换的问题，如果两种物品的生产费用相等，那么效用就是确定它的比较价值的决定性因素。"④ 在价值决定上，必须把竞争考虑进来。在竞争的情况下，无论效用或生产费用都已经不是它的本来面目，"它带来的效用要取决于时机、时尚和庸人的癖好，它带来的生产费用则随着供和求的偶然的对比关系而上下波动。"⑤ 这时，恩格斯虽然已经看出价格与价值的背离，但还未能理解市场价格的上下波动正是价值借以实现的形成。

按照恩格斯的意见，上述价值定义在资本主义私有制下并不适用；只有在消灭了私有制的共产主义社会才是适用的。到那时，竞争已为竞赛所代替，生产费用和效用都不会因竞争而变形。后来，恩格斯在论述共产主义社会实

① 恩格斯：《政治经济学批判大纲》，《马克思恩格斯全集》第1卷第621页。
② 同上书，第618页。
③ 同上书，第605页。
④ 同上。
⑤ 同上书，第606页。

行计划经济的必然性时再次指出，共产主义社会"在决定生产问题时，上述的对效用和劳动花费的衡量，正是政治经济学的价值概念在共产主义社会所能余留的全部东西，这一点我在1844年已经说过了……但是，可以看到，这一见解的科学论证，只是由于马克思的《资本论》才成为可能"①。

第五，共产主义社会具备了对劳动进行直接的、自觉的控制的必然性。

《政治经济学批判大纲》还从唯物主义出发，对未来共产主义社会作了一些天才的论述。他认为，在未来的社会中，存在于私有制度下的竞争消灭了。社会那时应当考虑的是："靠它所掌握的资料能够生产些什么，并根据这种生产力和广大消费者之间的关系来确定，应该把生产提高多少或缩减多少，应该允许生产或限制生产多少奢侈品。"② 这个观点具有重要意义。1868年1月8日，马克思在致恩格斯的信中，再次肯定了它的正确性。马克思写道：实际上，没有一种社会形态能够阻止社会所支配的劳动时间以这种或那种方式调整生产。在公有制下，这种调整是通过社会对自己的劳动时间所进行的直接的、自觉的控制来实现的。③ 恩格斯在《反杜林论》中也再次肯定在未来社会中，按照生产资料，特别是劳动力来安排生产计划的必然性。

《政治经济学批判大纲》和恩格斯另一篇论文《英国状况》，发表于马克思主编的《德法年鉴》第1—2期合刊号上。贯穿这两篇文章的观点，表明恩格斯已经完成从唯心主义到唯物主义，从革命民主主义到共产主义的转变过程。马克思对《政治经济学批判大纲》十分重视，认真研读全文，详细摘录要点，认为它是"批判经济学范畴的天才大纲"，这篇文章对于促使马克思决心研究经济学，起了重要的作用。

毋庸讳言，作为第一部马克思主义经济学著作，《政治经济学批判大纲》理论观点还不够成熟，一些提法也不够准确。因此，当1871年李卜克内西提议重印这篇文章时，恩格斯认为它"仅仅具有历史文件的意义"，不宜重新印行。④ 1884年，当叶甫盖尼娅·帕普利茨提出愿意把它译成俄文出版时，恩格斯也没有同意。他说："虽然我至今对自己的这第一本社会科学方面的著作还有点自豪，但是我清楚地知道，它现在已经完全陈旧了，不仅缺点很多，

① 恩格斯：《反杜林论》。《马克思恩格斯选集》第3卷第349页。
② 恩格斯：《政治经济学批判大纲》。《马克思恩格斯全集》第1卷第615页。
③ 参阅马克思《致弗·恩格斯》（1868年1月8日）。《马克思恩格斯全集》第32卷第12页。
④ 参阅恩格斯《致威·李卜克内西》（1871年4月13日）。《马克思恩格斯全集》第33卷第209页。

而且错误也很多。我担心，它引起的误解会比带来的好处多。"①

列宁指出："判断历史的功绩，不是根据历史活动家没有提供现代所要求的东西，而是根据他们比他们的前辈提供了新的东西。"②《政治经济学批判大纲》开创了从社会主义立场研究经济学的新局面，奠定了马克思主义政治经济学发展道路上的第一块里程碑，具有不可磨灭的伟大意义。

五　血气方刚的特利尔之子

1844 年 8 月，恩格斯从英国回德国途中，访问了法国首都巴黎。巴黎是具有光荣革命传统的城市，从 18 世纪末法国资产阶级革命以来一直是欧洲革命的中心，无产阶级与资产阶级的斗争十分激烈。这个城市也是当时流行的各种社会主义和共产主义理论的策源地，聚集着许多社会主义学派和工人运动活动家。恩格斯到巴黎的目的，是为了接触巴黎各阶层人民群众，实地考察法国阶级斗争的情况；也是为了广泛联系各派社会主义者，促进各国"共产主义弟兄"彼此接近、互相了解。但他此行最主要的目的，则是为了拜访他早已十分仰慕并且已经建立了书信往来的马克思。

比恩格斯大两岁的卡尔·马克思，于 1818 年 5 月 5 日诞生在德国普鲁士邦莱茵省特利尔城一个犹太律师家庭。父亲亨利希·马克思学识渊博，品格纯洁，具有资产阶级民主思想，熟悉法国启蒙思想家的著作。马克思少年时候，父亲经常向他讲述这些著作的内容，使他从小就受到资产阶级启蒙思想的熏陶。

1830—1835 年，马克思就读于特利尔高级中学。少年马克思天资聪慧，勤奋好学，成绩优良。中学毕业前夕，他写了一篇题为《青年在选择职业时的考虑》的作文，认为在选择职业时仅仅从利己主义原则出发的人，决不能成为伟大人物，也不能得到真正幸福。一个人只有决心为人类服务，为人类最大多数的幸福而工作，才是高尚的人，才能得到真正的幸福，才具有不可摧毁的精神力量。

中学毕业后，马克思怀着探索真理、掌握科学和艺术的决心进入波恩大学，次年转到柏林大学。他学习的专业是法律，但他把主要精力放在哲学上，

① 恩格斯：《致叶·帕普利茨》（1884 年 6 月 26 日）。《马克思恩格斯全集》第 36 卷第 172 页。
② 《列宁全集》第 2 卷第 150 页。

而把法律当做附属修业。他"专攻哲学",一方面是适应革命斗争的需要,因为当时反对封建专制制度的斗争,主要是在哲学领域中进行;另一方面也是为了建立正确的世界观和方法论,以便深入研究法律和其他科学。

在柏林大学读书的时候,马克思开始研究黑格尔哲学,参加黑格尔派博士俱乐部的活动,同青年黑格尔派的著名人物布鲁诺·鲍威尔、卡尔·科本等建立联系。这个时期,他大量阅读黑格尔的著作,深入到黑格尔哲学的大厦中,在那里发现了闪烁着天才光芒的辩证法,内心无比激动,决心紧紧抓住被发现的东西。1841年春,他写成毕业论文《德谟克利特和伊壁鸠鲁自然哲学的差异》,获耶拿大学哲学博士学位。论文表明他对黑格尔哲学有着精湛的研究,在学术思想上已经比黑格尔哲学和青年黑格尔派大大前进了。

大学毕业后,马克思原来打算发表《博士论文》,在波恩大学任教,同布·鲍威尔共同编辑《无神论文库》,但由于普鲁士国王威廉第四登上王位后,反动统治加强,一些进步学者被迫离开大学,鲍威尔也被解除波恩大学教授的职务,这使马克思不得不放弃在大学任教的计划,于是,他把"批判的热情"转到新闻界,参加刚刚创建的莱茵地区资产阶级激进派机关报《莱茵报》的工作,决心以报刊为武器,对封建专制制度进行斗争。

马克思在新闻战线上的革命活动,是从反对普鲁士书报检查制度、争取出版自由开始的。1842年,他先后写成《评普鲁士最近的书报检查令》和《评莱茵省议会关于出版自由和公布等级会议记录的辩论》两文,尖锐抨击了普鲁士政府于1841年底颁布的新书报检查令。马克思指出,新书报检查令是虚伪而反动的。它一方面声称"坚决反对加于写作活动的各种无理的限制"、"承认公正而善意的政论是重要的而且必需的";另一方面却对写作活动规定了种种的限制,要求人们在写作时必须"严肃和谦虚",严禁发表"有害倾向"的作品。马克思指出,所谓"严肃和谦虚",就是不许人们去探讨和发现真理,不许人们用自己的风格写作,这是对作家的无理限制。对于这个扼杀一切进步出版物的制度不需要放宽或改变,而需要根本废除。马克思也反对资产阶级把出版自由降低为行业自由的主张,认为这是在未保护之前先行扼杀的一种对自由的保护。如果把出版自由降低为行业自由,把出版物当做挣钱的手段,这样的出版物,即使摆脱书报检查的束缚,也决不是自由的。因此,"出版的最主要的自由就在于不要成为一种行业。"①

---

① 马克思:《马克思恩格斯全集》第1卷第87页。

在《莱茵报》发表的论文中，马克思还坚决捍卫"政治上和社会上备受压迫的贫苦群众的利益"。当时，德国正处在资本原始积累阶段，地主阶级对森林、草地和从前由农民公共使用的土地进行大规模掠夺。农民为了反对掠夺，便到处砍伐林木。第六届莱茵省议会就所谓"林木盗窃"问题进行激烈的辩论。马克思根据会议记录，严厉谴责林木占有者贪图私利的阶级本性和剥削阶级国家维护剥削者利益的反动实质，指出等级国家不过是大私有者统治和掠夺人民的工具，私人利益就是国家机关的灵魂，一切国家机关不过是大私有者的耳、目、手、足，为大私有者的利益探听、窥视、估价、守护、逮捕和奔波。正是研究"林木盗窃"和摩塞尔河农民的处境，推动他由纯粹政治转向研究经济关系，并从而走向社会主义。

从1842年8月15日起，马克思正式担任《莱茵报》主编。他主持编辑部期间，报纸的革命民主倾向日益浓厚，在社会上的影响不断扩大。他在报上发表的论文，矛头指向普鲁士封建专制制度，表明自己是一个坚定的革命民主主义者。

1843年3月17日，普鲁士反动政府查封了《莱茵报》，马克思利用这个时机从社会舞台退回书房。6月19日，他与燕妮在克罗茨纳赫结婚，并在这里住了几个月，进行广泛的研究，得出这样一个十分重要的结论："法的关系正像国家形式一样，既不能从它们本身来理解，也不能从所谓人类精神的一般发展来理解，相反，它们根源于物质的生活关系，这种物质的生活关系的总和，黑格尔按照十八世纪的英国人和法国人的先例，称之为'市民社会'，而对市民社会的解剖应该到政治经济学中去寻求。"[①]

1843年10月，马克思偕夫人燕妮来到法国巴黎。在这里，他参加了工人运动，并且认真研究历史，研究无产阶级运动的经验，思想认识和政治立场发生了根本的转变。1844年2月他在自己主编的《德法年鉴》上发表的《论犹太人问题》、《黑格尔法哲学批判导言》等文章中，论述了以解放全人类为目标的社会主义革命的必要性和无产阶级的伟大历史使命，要求先进哲学和无产阶级革命结合起来，强调对资本主义社会进行武器的批判。这就表明，他已经完成从唯心主义到唯物主义、从革命民主主义到共产主义的伟大转变，成为一个真正的共产主义者。

恩格斯到巴黎拜访马克思以前，在1842年11月已经与马克思见过面。

---

① 马克思：《〈政治经济学批判〉序言》。《马克思恩格斯选集》第2卷第82页。

当时马克思正在反对柏林"自由人"集团，而恩格斯当时却同"自由人"往来，是"自由人"机关报《艺文》杂志的编辑。因此，第一次会面时，两人的态度都很冷淡，没有建立亲密的关系。许多年以后，恩格斯回忆这段往事时写道：1842 年 10 月以前，马克思在波恩；我在 9 月底或 10 月初从柏林归途中顺路访问了编辑部（指《莱茵报》编辑部——引者），据我记忆，当时在那里的只有英·赫斯和曾任《爱北斐特日报》（好像当时它是别的名称）编辑的腊韦博士；我记得鲁滕堡当时已经被逐，不过这一点我没有把握。11 月底我赴英国途中又一次顺路到编辑部去时，遇见了马克思，这就是我们十分冷淡的第一次会面。马克思当时正在反对鲍威尔兄弟，即反对把《莱茵报》搞成主要是神学宣传和无神论等工具，而不作为一个进行政治性争论和活动的工具；他还反对埃德加尔·鲍威尔的清谈共产主义，这种共产主义仅仅以'极端行动'的愿望作为基础，并且随后不久就被埃德加尔的其他听起来颇为激烈的言辞所代替。因为当时我同鲍威尔兄弟有书信来往，所以被视为他们的盟友，并且由于他们的缘故，当时对马克思抱怀疑态度。

1844 年 8 月，恩格斯在巴黎拜访了马克思。这一次情况完全不同。当时，他们两人通过不同途径都已经完成从唯心主义到唯物主义、从革命民主主义到共产主义的转变。在《德法年鉴》上发表的文章中，两人也已经互相了解彼此的观点。马克思十分赞赏恩格斯的《政治经济学批判大纲》；恩格斯对马克思关于资产阶级革命的局限性和无产阶级解放全人类的伟大历史使命的论述有着深刻的印象。他们在巴黎会见时，经过短暂的交谈，发现在政治和理论问题上的观点完全一致。这次伟大的会见，奠定了两位革命导师终生的友谊，开创了国际共产主义运动的新篇章。正如列宁所说："古老的传说中有各种非常动人的友谊的故事。欧洲无产阶级可以说，它的科学是由两位学者和战士创造的，他们的关系超过了古人关于人类友谊的一切最动人的传说。"[①]

六　第一部共同的著作:《神圣家族》

马克思、恩格斯在巴黎会面时，详细讨论了青年黑格尔派的理论观点和政治态度，认为这个派别已经成为共产主义的最危险的敌人，必须对他们进

---

① 列宁:《论马克思恩格斯》第 42 页。

行坚决的批判和斗争。于是他们共同撰写了一部重要的论战性著作：《神圣家族，或对批判的批判所作的批判》。

以布鲁诺·鲍威尔等人为代表的青年黑格尔派，是从黑格尔哲学解体过程中产生的一个极端的哲学派别。它曾经"对一切宗教信仰给予严酷的批评，使基督教的古老建筑根本动摇，同时又提出了德国人从未听到过的大胆的政治原则，并且企图恢复第一次法国革命时期的已故的英雄们的应有的荣誉"，[①] 在反对封建斗争中起过一定的作用。但是，作为德国新兴资产阶级的代表，这个派别反映了德国资产阶级的两重性：既反对封建制度，又害怕工人阶级。1842 年以后，特别是 1844 年西里西亚纺织工人起义以后，随着德国工人运动的发展，它从政治激进主义转向保守主义，甚至走向反动。在理论上，它坚持唯心主义，胡说"精神创造众生"，鼓吹英雄创造历史，否认人民群众是历史的主人；提倡理论脱离实际，反对哲学与革命实践活动相结合；美化普鲁士王朝，吹捧封建统治阶级；宣扬无政府主义思想，强调个人高于一切；诬蔑工人阶级，反对共产主义，主张对工人阶级进行"暴力制服"，等等。

19 世纪 30 年代末 40 年代初，马克思、恩格斯曾经参加过青年黑格尔派反对封建专制制度和批判宗教的斗争。但不久就与鲍威尔等人发生分歧。随着马克思、恩格斯从唯心主义转向唯物主义、从革命民主主义转向共产主义，分歧越来越大。1843 年 12 月，鲍威尔为了对抗马克思在巴黎创办的主张彻底改造旧社会的定期刊物《德法年鉴》，在柏林沙洛顿堡出版《文学总汇报》（月刊）。这家刊物宣扬一整套荒谬而反动的论点，所有文章的中心是"精神"和"群众"的对立。他们认为自己是历史上唯一的积极因素，极力贬低无产阶级和广大人民群众的作用；鼓吹"不偏不倚"、"置身于一切党派之外"的超党派态度，反对革命理论与工人运动相结合。

马克思、恩格斯对青年黑格尔分子理论上的堕落十分愤慨，决定对他们进行严厉的批判，帮助广大读者"识破思辨哲学的幻想"。[②] 在巴黎相聚的时候，他们深入分析青年黑格尔派的性质、历史作用和对工人运动的危害性，共同研究批判内容，拟定批判提纲。恩格斯大约用十天时间写完自己分担的章节，马克思则用了几个月时间进行写作。1845 年 2 月，马克思、恩格斯的

---

①　恩格斯：《德国的革命和反革命》。《马克思恩格斯全集》第 8 卷第 16 页。
②　马克思、恩格斯：《神圣家族》。《马克思恩格斯全集》第 2 卷第 7 页。

第一部共同著作《神圣家族》正式出版。

　　主要由马克思执笔写成的《神圣家族》，内容十分丰富，"写得非常精彩"。在与青年黑格尔派论战时进一步发挥了在《德法年鉴》上初次论述的关于无产阶级伟大历史使命的光辉思想。针对青年黑格尔派的谬论，该书强调指出：历史活动是群众的事业，历史的创造者不是少数英雄人物，而是广大人民群众；随着社会革命越广泛、越深入，作为这个革命的名副其实参加者的广大人民群众的自觉性将不断提高，对历史发展的推动作用也将越来越大。由资本主义大工业产生的工人阶级具有优秀的品质，他们的生活条件和劳动条件，资产阶级社会的整个结构，无可辩驳地说明了，推翻资本主义私有制，建立共产主义新社会的伟大使命，已经历史地落在他们身上。无产阶级只有解放全人类才能彻底解放自己。无产阶级的解放，也就是人类从剥削制度下彻底解放出来。

　　由恩格斯执笔写成的部分篇幅不大，着重批判青年黑格尔派歪曲资本主义发展的历史和现实，驳斥他们对工人阶级的诬蔑。

　　恩格斯指出，自称通晓"英国的迫切问题"的青年黑格尔派，却对英国资本主义的历史和实践胡言乱语。他们不仅完全歪曲英国产业革命的真正历史发展，而且抹杀了资本主义制度给工人阶级造成的灾难。实际上，工厂劳动是极端折磨人的，并且引起各种特殊的疾病；而青年黑格尔分子却说："过分的紧张不会妨碍劳动，因为出力的是机器。"实际上，工人与资本家是利益根本对立的两个阶级，而青年黑格尔分子却"把厂主和工厂工人混为群众的一团"。①　他们反对宪章派这个反映工人阶级政治要求的组织，主张建立"工厂党"。事实清楚地表明，青年黑格尔分子的胡言乱语，完全是为了替资本主义制度作辩护。

　　恩格斯指出：被无产阶级运动"吓得心惊胆跳"的青年黑格尔分子，对无产阶级采取"深恶痛绝"的敌对态度。这在埃德加尔·鲍威尔的《弗·特利斯坦的〈工人联合会〉》一文中表现得最为露骨。埃德加尔在评论法国社会主义者特利斯坦"工人创造一切，生产一切，但是他们既没有权利，又没有财产，简单地说，一无所有"的观点时写道："为了创造一切，就需要某种比工人的意识更强有力的意识。……工人什么东西也没有创造，所以也就一无所有；他们之所以什么都没有创造，是因为他们的工作始终是为了满足他们

---

①　马克思、恩格斯：《神对家族》。《马克思恩格斯全集》第 2 卷第 15 页。

自己的需要的某种单一的东西，是平凡的工作。"恩格斯愤慨地说：埃德加尔的观点"简直就是疯话"。① 在唯心主义者看来，精神的活动才是创造活动，由于工人创造的是可以感触到的、具体的、物质的东西，所以是"无"，只有他们的精神活动、思想创造才是"一切"！事实正好相反。在人类历史上，工人阶级和广大劳动人民不仅创造了物质财富，而且创造了精神财富。其实，真正什么也没有创造的，正是"批判的批判"即青年黑格尔派这些空谈家。他们仅仅能够玩弄一些抽象的公式，但"公式除了公式便什么也没有"。由此可见，"批判的批判什么都没有创造，工人才创造一切，甚至就以他们的精神创造来说，也会使整个批判感到羞愧。英国和法国的工人就很好地证明了这一点。工人甚至创造了人，批判家却永远是不通人性的人……"② 工人阶级一无所有，决不是因为他们什么都没有创造，而是被资产阶级残酷剥削的结果。青年黑格尔分子对工人阶级的诬蔑，充分暴露了他们为资本主义剥削制度作辩护的反动面目。

恩格斯指出，青年黑格尔派热衷于所谓纯粹的，即抽象的理论批判，反对实实在在的实践，表明他们深深陷于唯心主义的泥坑中。他说，法国和英国的共产主义，不仅对资本主义进行理论批判，而且贯穿着实践，"他们的共产主义是这样一种社会主义，在这里面他们提出了鲜明的实际措施，这里面不仅体现着他们的思维，并且更主要的是体现着他们的实践活动。因此，他们的批判是对现存社会的生动的现实的批判，是对'颓废'原因的认识"。③

《神圣家族》这部"每一个字都有意义"④ 的著作，为唯物主义的社会主义奠定了基础，具有极其重要的意义。

七　向人们宣传新的学说

1844 年夏天，恩格斯回到阔别两年的故乡，十分惊奇地发现这里已经发生了巨大的变化。几年以前，这里的人们几乎从未听说过社会主义和共产主义。时隔两年，社会主义和共产主义已在社会各个阶层广泛传播，每天都在

---

①　马克思、恩格斯：《神圣家族》。《马克思恩格斯全集》第 2 卷第 22 页。
②　同上。
③　同上书，第 198 页。
④　马克思：《致亨·伯恩施太因》(1844 年秋)。《马克思恩格斯全集》第 27 卷第 454 页。

占领更多的阵地。共产主义的支持者中有商人、厂主、律师、官吏、军官、医生、编辑、土地承租人等等。作为社会主义政党依靠力量的工人阶级也不再那样昏睡不醒。极端穷困、政治和社会的压迫、日益严重的失业激起了工人的强烈不满。1844 年 6 月西里西亚纺织工人起义发出了信号,波希米亚和萨克森的印花工人和铁路建筑工人、柏林的印花工人以及其他地区的产业工人纷纷响应。无产阶级运动已经以惊人的速度展开了。恩格斯对此十分高兴,立即向英国的同志通报了有关情况。

但是,恩格斯并不满足于表面的现象。经过细心观察,他发现当时的共产主义运动既缺乏无产阶级的阶级基础,又缺乏科学的理论指导。因此,他认为,必须采取各种办法,积极向渴望知道共产主义的人们,特别是向工人阶级宣传他和马克思刚刚创建的新学说,希望很快就在工人阶级中找到支持者。1844 年 10 月初,他写信对马克思说:我在科伦逗留了三天,我们在那里展开的巨大的宣传工作使我惊奇。那里的人们非常活跃,但也明显地表现出缺少必要的支柱。只要我们的原则还没有从以往的世界观和以往的历史中逻辑地和历史地作为二者的必然继续在几个著作中发挥出来,人们就仍然不会真正清醒,多数人都得盲目摸索。他强调指出,必须到群众中去,直接接触和影响群众。只有这样,我们才会很快取得优势。

于是,恩格斯同赫斯、克特根等人一起,在爱北斐特组织群众集会,进行共产主义宣传。1845 年 2 月 8 日和 15 日,他先后两次在爱北斐特共产主义集会上发表演说,批判资本主义制度,阐明共产主义代替资本主义的历史必然性。

恩格斯指出:资本主义是一个阶级对立的社会。在这里,人们的利益根本不同,每个资本家同其他一切资本家斗争,所有的资本家反对所有的工人,而工人群众也必然要反对资本家集团。这种一切人反对一切人的战争,这种到处都很混乱,到处都在剥削的现象就是现代资本主义社会的实质。

在资本主义社会里,资本越来越集中在少数资本家手中,而大多数人民却愈来愈贫困,在一小撮富翁和无数的穷人之间产生了尖锐的敌对现象。只要资本主义仍然存在,少数人发财,广大群众贫困的进程就无法制止,社会各阶级的敌对现象必然愈来愈尖锐。

生产与消费严重脱节,是资本主义的必然现象。在这个自由竞争的世界里,每个人都单枪匹马地冒着风险在那里生产和消费。他既不了解市场对某种产品的需要,又不知道竞争对手送了多少产品到市场上去,只能凭猜测进行生产；因而，生产与消费的矛盾，商业时时产生不景气的现象是不可避免的。资本主义工商业愈发达，这种不景气的现象也愈严重。

从 19 世纪 20 年代中期以来，资本主义经济危机每隔五六年重复一次。危机的直接结果是生产破坏、企业倒闭、工人失业，整个社会处于一片混乱之中。受害最深的无产阶级不满情绪日益强烈。当失业现象发展到一定程度，工人阶级无法生活下去时，一场反对有产阶级的社会革命就会爆发。

无产阶级所进行的社会革命，即消灭资本主义私有制的社会主义革命，与资产阶级反对封建制度的政治革命根本不同。恩格斯指出："社会革命是穷人反对富人的公开的战争。所有那些过去在历史上的冲突事件中表现得不显著的隐蔽的动力和原因，都会在这个斗争中明显而公开地显示出来，所以这个斗争无论如何要比以往的一切斗争更尖锐，更残酷。"①

在爱北斐特共产主义集会上，恩格斯"相当详细地论述了共产主义制度的现实性和优越性"。② 他说，即将到来的社会革命，必然是以共产主义原则的实现而告终，别的可能性是不会有的。只有共产主义才能彻底铲除私有财产这个存在于资本主义社会的匮乏和穷困、愚昧和罪恶的真正根源，根本改善工人阶级的状况。

恩格斯指出，建立在生产资料公有制原则上的共产主义社会，既不存在人与人利益的对立，也不存在生产与消费的脱节，更不会发生经济危机。在这个社会里，"无论生产和消费都很容易估计。既然知道每一个人平均需要多少物品；那就容易算出一定数量的人需要多少物品；既然那时生产已经不掌握在个别私人企业主手里，而是掌握在公社及其管理机构手里，那也就不难按照需求来调节生产了。"③

共产主义将彻底消除对劳动力的巨大浪费。由于社会直接进行产品分配，不需要大量多余的中间人插足于生产者和消费者之间。所有这些成千上万的中间人，现在是在直接损害公共福利，将来他们的双手就会解放出来参加有益的活动。由于彻底铲除了犯罪的根源，因而针对经常处于战争状态而设立的庞大而复杂的、消耗无数人力的行政机关和司法机关也将大大简化，参加社会生产的劳动力将会大大增加。此外，为剥削阶级服务的人数众多的仆役，

---

① 恩格斯：《在爱北斐特的演说》。《马克思恩格斯全集》第 2 卷第 624 页。
② 恩格斯：《共产主义在德国的迅速进展》。《马克思恩格斯全集》第 2 卷第 597 页。
③ 恩格斯：《在爱北斐特的演说》。《马克思恩格斯全集》第 2 卷第 605 页。

国家供养的大量常备军，由于竞争而造成的大批失业工人，在共产主义社会都将不复存在。所有这些，使社会劳动力得到充分的利用。

由共同利益结合起来的共产主义社会，不仅可以利用被浪费的劳动力，而且可以合理组织劳动力，把个别的力量联合成社会的集体力量。例如，用公寓式的集体宿舍代替单独建造的住宅，集中供热和照明，发展公共食堂等社会公共服务业，可以节省大量的人力物力，使人们更专心致志地完成自己的工作。所有这些，充分说明共产主义的巨大优越性。

在爱北斐特的演说中，可以看出当时恩格斯还受到欧文空想主义的一定影响，例如强调教育的作用，主张和平实现共产主义，赞赏建立共产主义移民区的计划等等。但恩格斯决不是空想主义者。他不是从道德的观点，而是从经济发展的规律论述了共产主义代替资本主义的必然性；他不是向富有阶级乞求，而是把工人阶级作为实现共产主义的堡垒和力量；他也没有幻想一夜之间实现共产主义，而是从实际出发，提出一些过渡措施。正如他自己所说："我们谈的不是不顾民族的意志立即实行财产共有，而是首先要确定目标和保证我们能够向这个目标迈进的办法和途径。"[1] 这表明他当时已远远高出于一切空想社会主义思想家之上。

一贯重视革命实践活动的恩格斯，由于能够在公众集会上进行宣传而十分高兴。正如他在给马克思的信中所说："当然，站在真正的活生生的人面前，直接地、具体地、公开地进行宣传，比起胡乱写一些令人讨厌的抽象文章、用自己'精神的眼睛'看着同样抽象的公众，是完全不同的两回事。"[2] 他的活动在乌培河谷发生深远的影响，受到社会各界人士和工人阶级的普遍注意。为此引起了反动政府的恐惧和不安。在举行了两次集会后，普鲁士内政大臣下令禁止举行类似集会，反动军警展开了不寻常的活动，监视恩格斯和其他进步人士，扬言要用武力来对付共产主义宣传。这一切，为恩格斯继续进行活动造成很大障碍，使他感到在巴门很难长期待下去。

家庭的原因也促使恩格斯决心离开巴门。不错，父亲为他安排的生活是恬静而舒适的。但正像他自己所说，这是最体面的庸人才要求的生活，与共产主义者是格格不入的。而且，父母亲还喋喋不休地劝说他去做生意，这更

---

① 恩格斯：《在爱北斐特的演说》。《马克思恩格斯全集》第 2 卷第 615—616 页。

② 恩格斯：《致卡·马克思》（1845 年 2 月 22—26 日，3 月 7 日）。《马克思恩格斯全集》第 27 卷第 24 页。

使他难以忍受。他写信对马克思说:"做生意太讨厌,巴门太讨厌,浪费时间也太讨厌,而特别浪费的是不仅要作资产者,而且还要作工厂主,即积极反对无产阶级的资产者。"① 他再也无法忍受下去。

八　对资产阶级的控诉书:《英国工人阶级状况》

恩格斯从巴黎回到故乡巴门后,除参加一些宣传共产主义的集会外,从1844 年秋天至 1845 年 3 月中旬,整理从英国实地调查和收集的材料,埋头钻研英国的报纸和书籍,撰写了一部"向全世界控诉英国资产阶级所犯下的大量杀人、抢劫以及其他种种罪行"②,论述工人阶级伟大历史作用的重要著作:《英国工人阶级状况》。

恩格斯说:"工人阶级的状况是当代一切社会运动的真正基础和出发点,因为它是我们目前社会一切灾难的最尖锐最露骨的表现。"③ 研究工人阶级状况,可以揭示资本主义社会两大阶级即无产阶级与资产阶级利益对立的实质,粉碎资产阶级学者所谓劳资利益一致的谬论;可以通过工人阶级非人生活的种种事实,揭露资本主义雇佣奴隶制的剥削罪恶,阐明推翻资本主义的必要性和必然性;可以从大工业为工人阶级造成的劳动和生活条件中,了解工人阶级的伟大历史使命,为科学社会主义提供可靠的根据。

通过细心观察社会生活,深入总结工人运动经验;认真钻研社会主义理论,恩格斯深刻认识到研究工人阶级状况的重要性。因此,他充分利用在曼彻斯特生活期间的一切有利条件,收集大量的文件和资料;积极投身于波澜壮阔的宪章运动,满腔热情地到工人阶级广大群众中去,与普通工人交朋友,亲身了解和体验他们的日常生活和斗争,痛苦和欢乐,希望和要求。《英国工人阶级状况》一书,就是他亲身观察和悉心研究的成果。他在致大不列颠工人阶级书中写道:"我曾经在你们当中生活过一个相当长的时期,对你们的状况有足够的了解。我非常认真地研究过你们的状况,研究过我所能弄到的各种官方的和非官方的文件,但是我并不以此为满足。我寻求的并不仅仅是和这个题目有关的抽象的知识,我愿意在你们的住宅中看到你们,观察你们的

① 恩格斯:《致卡·马克思》(1845 年 1 月 20 日)。《马克思恩格斯全集》第 27 卷第 21 页。
② 恩格斯:《致卡·马克思》(1844 年 11 月 19 日)。《马克思恩格斯全集》第 27 卷第 11 页。
③ 恩格斯:《英国工人阶级状况》。《马克思恩格斯全集》第 2 卷第 278 页。

日常生活，同你们谈谈你们的状况和你们的疾苦，亲眼看看你们为反抗你们的压迫者的社会的和政治的统治而进行的斗争。我是这样做了。我抛弃了社交活动和宴会，抛弃了资产阶级的葡萄牙红葡萄酒和香槟酒，把自己的空闲时间几乎都用来和普通的工人交往；对此我感到高兴和骄傲。"①

《英国工人阶级状况》从唯物主义历史观出发，考察了英国工人阶级的产生和发展。恩格斯指出，18世纪后期，英国出现了产业革命。纺织机和蒸汽机的发明，使纺织、煤矿、冶金、机械制造等生产部门发生了根本的变革。机器代替了手工工具，工厂代替了作坊，迅速发展起来的社会生产力改变了整个社会的阶级结构，把居民中间的一切差别归结为工人和资本家之间的对立。

工人阶级的诞生是产业革命最重要的结果。由产业革命造成的工人阶级，被剥夺了生产资料和生活资料。他们一贫如洗，只靠工资生活，没有任何财产，甚至连虚假的财产（例如一小块租来的土地）也没有，变成了真正的无产者。他们摆脱了人身依附，表面看来好像是"自由"的，可以自由出卖自己的劳动力。这完全是一种假象。正如恩格斯所说："好一个自由！无产者除了接受资产阶级向他们提出的条件或者饿死、冻死、赤身露体地到森林中的野兽那里去找一个藏身之处，就再没有任何选择的余地了。"②

恩格斯对工人阶级所受的压迫剥削和贫困境况作了十分具体而逼真的描述。他说，集中了大批工人阶级的大城市，一小撮强者即资本家握有一切，而大批弱者即穷人只能勉强活命。这些遭受残酷剥削的雇佣工人，衣、食、住等生活条件极其恶劣。每个城市都有许多贫民窟，那里街道肮脏，住宅简陋狭小，一家男女老幼挤住一屋，还有许多人无家可归，不得不在过道里和拱门下过夜，这同资产阶级豪华的大厦和别墅形成鲜明的对照。绝大多数工人穿得很坏，只穿粗布衣服，被人称做"粗布夹克"。饮食状况也和衣着一样。虽然英国大城市里什么好的食物都可买到，但工人只能购买质量最差的甚至腐烂的东西，挨饿是经常的现象。同生活条件一样，工人的劳动条件也极其恶劣，工伤事故不断发生。在工业城市中，"除了许多畸形者，还可以看到大批残废者：这个缺一只或半只胳膊，另一个人缺一只脚，第三个人少半

---

① 恩格斯：《英国工人阶级状况》。《马克思恩格斯全集》第2卷第273页。
② 同上书，第360页。

条腿；简直就好像是生活在一批从战争中归来的残废者里面一样。"① 童工女工的情况更惨。许多年龄不满十岁的孩子，每天工作时间长达 14—16 小时，不少幼小的生命被活活折磨而死。在贫民习艺所这个"穷人的巴士底狱"中，资产阶级犯下的罪行更是骇人听闻！

工人阶级的非人生活，是资本主义私有制的结果。恩格斯指出，由于工人一无所有，因而不得不由掌握生产资料的资本家任意摆布。资本主义生产过程中繁荣和危机的不断波动，使工人的生活状况更不稳定，更没有保障。资本主义积累所必然出现的产业后备军有时扩大，有时缩小，"这个后备军就构成英国的'过剩人口'，它在危机时期人数激增，而在繁荣和危机之间的时期人数也相当多。"② 资本主义使用机器不仅没有给工人带来好处，而且使他们的处境更糟。因为"机器上的每一种改进都抢走了工人的饭碗，而且这种改进愈大，工人的失业就愈多。因此，每一种改进都像商业危机一样给某一些工人带来严重的后果，即匮乏、贫困和犯罪"③。

资产阶级与无产阶级是两个根本对立的阶级。资产阶级贪得无厌，利欲熏心，金钱是他们衡量一切事物的唯一尺度。除了快快发财，他们认为没有别的幸福；除了金钱的损失，他们也不知道别的痛苦。他们把人与人之间的关系，完全变成赤裸裸的现金交易的关系。恩格斯说："我从来没有看到过一个阶级像英国资产阶级那样堕落，那样自私自利到不可救药的地步，那样腐朽，那样无力再前进一步。"④ 与这个为了自己的私利而剥削整个民族的资产阶级根本不同，遭受残酷剥削、过着非人生活的英国工人阶级，具有优秀的品质。"工人比起资产阶级来，说的是另一种习惯语，有另一套思想和观念，另一套习俗和道德原则，另一种宗教和政治。这是两种完全不同的人，他们彼此是这样的不同，就好像他们是属于不同的种族一样。"⑤

工人阶级不只是一个受苦的阶级，而且有着伟大的历史作用。它所处的那种低下的经济地位和非人的生活状况，必然推动着它去争取本身的最终解放。恩格斯指出，这些被当做牲口看待的工人，对当权的资产阶级怀着烈火般的憎恨。为了捍卫自己的人类尊严，为了改善自己的生活状况，他们必然

---

① 恩格斯：《英国工人阶级状况》。《马克思恩格斯全集》第 2 卷第 450 页。
② 同上书，第 369 页。
③ 同上书，第 421 页。
④ 同上书，第 564 页。
⑤ 同上书，第 410 页。

要进行反抗资产阶级的斗争；只有在反抗斗争中，才能充分表现自己的革命品质，显示自己最动人、最高贵、最合乎人情的特性。

工业发展开始后不久，工人对资产阶级的反抗就已经表现出来，并经过各个不同的阶段。最早、最原始的形式是个人单枪匹马地以盗窃来反抗。这种形式最没有效果。接着是捣毁机器，例如著名的"鲁德运动"。但这种形式既不触动资产阶级的社会基础，又只局限于个别地区和工厂，其结果往往以工人的失败而告终。在斗争实践中，工人们逐渐认识到，必须找出一种新的反抗形式。这就是建立工会、组织群众性罢工。19世纪30—40年代出现了声势浩大的宪章运动。恩格斯指出："宪章运动是工人反抗资产阶级的集中表现。在工会的活动和罢工中，这种反抗总是分散的；总是个别的工人或部分的工人同个别的资产者作斗争。即使斗争有时普遍化了，这多半也不是出于工人的自觉；当工人自觉地这样做的时候，这种自觉的基础就是宪章主义。在宪章主义旗帜下起来反对资产阶级的是整个工人阶级，他们首先向资产阶级的政权进攻，向资产阶级用来保护自己的这道法律围墙进攻。"①

恩格斯指出，社会革命的到来是不可避免的，"正如我们可以有把握地从已知的数学公理中得出新的定理一样，我们也可以有把握地从现存的经济关系和政治经济学的原理中得出社会革命即将到来的结论。"② 无产阶级与资产阶级利益的根本对立，通过多次的斗争和失败积累起来的经验教训，无可辩驳地表明，以消灭资本主义私有制为目的的社会主义革命必然到来，"现在已经间接地以个别小冲突的形式进行着穷人反对富人的战争，将在英国成为全面的和公开的战争。要想和平解决已经太晚了。阶级的分化日益尖锐，反抗的精神日益深入工人的心中，愤怒在加剧，个别的游击式的小冲突在扩展成较大的战斗和示威，不久的将来，一个小小的推动力就足以掀起翻天覆地的浪涛。"③

《英国工人阶级状况》是一部重要的经典著作，具有很高的科学价值。马克思对这一著作十分重视，在《资本论》中多次提到和引用其中的材料，给予极高的评价。他在论述英国资本家榨取剩余劳动的历史过程时写道："英国从大工业产生到1845年这段时期，我只在某些地方提到，详细情况，请阅读弗里德

---

① 恩格斯：《英国工人阶级状况》。《马克思恩格斯全集》第2卷第516页。
② 同上书，第624页。
③ 同上书，第587页。

里希·恩格斯的《英国工人阶级状况》（1845年莱比锡版）。1845年以后发表的工厂视察员报告、矿山视察员报告等等，都说明了恩格斯对资本主义生产方式的精神了解得多么深刻，把他的著作和过了18—20年以后才发表的童工调查委员会（1863—1867年）的官方报告稍加比较就可以看出，他对工人阶级状况的详细入微的描写是多么令人惊叹。"① 马克思在1863年4月写信告诉恩格斯，《英国工人阶级状况》的主要内容，连细节都已经被1844年以后的发表所证实了。他说："这本书写得多么清新、热情和富于大胆的预料，丝毫没有学术上和科学上的疑虑！连认为明天或后天就会亲眼看到历史结果的那种幻想，也给了整个作品以热情和乐观的色彩。"②

　　1892年，恩格斯在重印这部著作时所写的序言中指出：本书无论在优点和缺点方面都带有作者青年时代的痕迹，"但是当我重读这本青年时期的著作时，发现它并没有什么使我脸红的地方。"③ 虽然将近半个世纪以来，英国资本主义已大大发展，资产阶级的剥削手段和剥削方式也发生某些变化，但是"下面这件重大的事实愈来愈明显了，工人阶级处境悲惨的原因不应当到……小的欺压现象中去寻找，而应当到资本主义制度本身中去寻找"④。恩格斯也明确地指出，这本书作为科学社会主义胚胎发展的一个阶段，"在哲学、经济和政治方面的总的理论观点，和我现在的观点决不是完全一致的。"⑤ 书中许多地方，不可避免地还带有科学社会主义来源之一的德国古典哲学的痕迹，有些预言也没有言中。但这丝毫不会降低本书的重大意义。值得惊奇的是，他的预言竟然有那么多已经实现；贯彻本书的基本思想，即无产阶级历史作用的思想，已经被一百多年来的革命实践证明完全正确。正如列宁所说："在恩格斯以前有很多人描写过无产阶级的痛苦，并且指出了帮助无产阶级的必要性。但是，恩格斯第一个说明了无产阶级不只是一个受苦的阶级，说明了正是它所处的那种低贱的经济地位，无可遏止地推动它前进，使它去争取本身的最终解放。而战斗中的无产阶级是能够自己帮助自己的。工人阶级的政治运动必然会使工人们认识到，他们除了社会主义以外，

　　① 马克思：《资本论》第1卷。《马克思恩格斯全集》第23卷第268页。
　　② 马克思：《致弗·恩格斯》（1863年4月）。《马克思恩格斯全集》第30卷第339页。
　　③ 恩格斯：《英国工人阶级状况》（1892年德文第二版序言）。《马克思恩格斯全集》第22卷第367页。
　　④ 同上书，第370页。
　　⑤ 同上书，第372页。

再没有别的出路。另一方面，社会主义只有成为工人阶级的政治斗争的目标时，才会成为一种力量，这就是恩格斯的关于英国工人阶级状况的一书的基本思想。现在，这些思想已为全体能思考的和正在进行斗争的无产阶级所领会。"①

九　清算从前的哲学信仰

1845 年 4 月，恩格斯从巴门来到比利时的布鲁塞尔。大约在两个月前，马克思被法国政府驱逐出巴黎，已先期到达布鲁塞尔。不久，爱尔兰女工玛丽·白恩士也来到这里，恩格斯与白恩士在这里结婚，建立了美满的家庭。从 1845 年秋天开始，马克思、恩格斯共同撰写另一部重要著作《德意志意识形态》，清算从前的哲学信仰，总结理论研究的成果，制定唯物主义历史观的基本原理。

当时，马克思正在继续研究经济学，为写作《政治和政治经济学批判》一书积累材料；恩格斯已经发表两部经济学论著，对经济学问题也有浓厚兴趣。这两位志同道合的朋友，为了深入考察英国这个典型的资本主义国家的经济情况，收集有关经济学方面的实际资料和学术资料，于 1845 年 7 月 12 日至 8 月 21 日，一起到英国访问。恩格斯拜访了伦敦和曼彻斯特的老朋友，并介绍马克思与英国宪章派领导人哈尼、正义者同盟领导人沙佩尔等相识。在伦敦访问时，马克思、恩格斯于 8 月 10 日参加了一次国际民主会议。恩格斯在会上提议建立一个国际性革命组织。他认为，真正的无产阶级政党必须以各民族的兄弟友爱，来对抗资产阶级赤裸裸的民族利己主义和自由贸易派伪善的自私自利的世界主义。每个国家的资产阶级都有自己的特殊利益，无法越出民族的范围。只有各国无产阶级才能在共产主义旗帜下真正结成兄弟。全世界无产者有着共同的利益、共同的敌人、面临着同样的斗争。所有无产者生来就没有民族偏见。因此，"只有无产者才能够消灭各民族的隔离状态，只有觉醒的无产阶级才能够建立各民族的兄弟友爱。"② 在这里，已经包含着后来成为国际无产阶级战斗口号的"全世界无产者，联合起来！"的思想萌芽。他的建议得到与会人士的热烈赞同。9 月 22 日，这个定名为"民

① 列宁：《弗里德里希·恩格斯》。《论马克思恩格斯》第 38—39 页。
② 恩格斯：《在伦敦举行的各族人民庆祝大会》。《马克思恩格斯全集》第 2 卷第 666 页。

主派兄弟会"的国际组织在伦敦正式成立。无产阶级分子在其中起主导作用。

从英国回来以后,马克思、恩格斯没有继续从事经济学研究。他们认为,在发表经济学论著以前,首先研究他们的见解与德国哲学思想体系的见解之间的对立,批判流行的哲学学说和社会主义理论具有更重要的意义。因此,从 1845 年秋天开始,他们共同撰写一部论战性的巨著《德意志意识形态》。

促使马克思、恩格斯放下其他工作,集中力量撰写这部著作的原因:首先,是为了批判阻挡工人运动发展的无政府主义和真正社会主义。1844 年 11 月,青年黑格尔分子麦克斯·施蒂纳出版了《唯一者及其所有物》;1845 年秋,布·鲍威尔和施蒂纳又在《维干德季刊》第 3 期上发表了一系列文章,宣扬思辨唯心主义、无政府主义和极端利己主义。同时,"真正社会主义"者格律恩、库尔曼、皮特曼等人出版了《法兰西和比利时的社会运动》、《新世界或人间的精神王国》、《莱茵社会改革年鉴》第 1 卷等著作,鼓吹阶级调和、反对阶级斗争等谬论。如果不彻底批驳这些反动思潮,就必然会在社会上造成思想混乱,阻碍刚刚兴起的工人运动和即将来临的资产阶级民主革命运动的新高潮。

其次,是为了清算自己从前的哲学信仰,与唯心主义历史观划清界限。当时,费尔巴哈发表文章,散布唯心主义历史观,宣称自己是共产主义者。在马克思、恩格斯思想转变过程中,费尔巴哈曾经对他们发生过重要影响。恩格斯说过,费尔巴哈在某些方面是黑格尔哲学和我们的观点之间的中间环节,在我们那个狂风暴雨时期,费尔巴哈给我们的影响比黑格尔以后其他任何哲学家都大。但是,马克思、恩格斯从来都不赞成费尔巴哈"过多地强调自然而过少地强调政治"[①] 的观点。当他们彻底摆脱唯心主义,创立唯物主义历史观的时候,有必要对自己从前的哲学信仰进行全面的清算。

最后,也是为了向工人阶级和先进人士系统地宣传他们刚刚形成的唯物主义历史观。当时,他们俩人已经深入到政治运动中;他们的理论已经在知识分子阶层,特别在德国西部的知识分子中获得一些人的拥护;他们已经同有组织的无产阶级建立了联系,因此,他们有义务科学地论证自己的唯物主义和共产主义观点,使欧洲的无产阶级,首先是德国的无产阶级相信这些观点的正确性。

---

① 马克思:《致阿·卢格》(1843 年 2 月 13 日)。《马克思恩格斯全集》第 27 卷第 443 页。

从 1845 年 11 月起，马克思、恩格斯夜以继日地从事《德意志意识形态》的写作。哈尼于 1846 年 3 月 30 日给恩格斯的信，生动地说明了他们当时工作的紧张情况。哈尼写道："当我告诉我的妻子说你们两人为创作一个非常哲学化的体系一直工作到清晨三四点钟的时候，她声称，这样的体系对她不适用，倘若她在布鲁塞尔，她就在你们的妻子中间发动'政变'。"哈尼强调指出："我的妻子并不是反对组织革命，只是希望按照缩短工作日的体系来进行这件工作。"他们虽然工作紧张，但却非常愉快。当他们不仅发现各自的观点完全一致，而且在讨论中互相补充，使新的世界观更加完整和严密的时候；当他们找到表达自己的科学发现的最适当形式的时候，当他们抓住莱比锡宗教会议的僧侣们的无知愚蠢、前后矛盾的言论痛加批驳的时候，他们是多么快意。有时甚至在深更半夜情不自禁地哈哈大笑，使得家里其他人不得入睡。许多年后恩格斯回忆道："我们那时都是大胆的小伙子，海涅的诗篇同我们的散文相比，不过是天真的儿戏而已。"① 他们的工作进展很快，到 1846 年 4 月，这部篇幅达 50 印张的巨著已经基本完成。

《德意志意识形态》共分两卷。第一卷《对费尔巴哈、布·鲍威尔和施蒂纳所代表的现代德国哲学的批判》，共分三章：其中第一章《费尔巴哈唯物主义观点和唯心主义观点的对立》，第二、三章《莱比锡的宗教会议》，分别批判费尔巴哈、鲍威尔和施蒂纳的观点。第二卷《对各色各样先知所代表的法国社会主义的批判》，现在保存下来的只有第一、四、五章，分别批判泽米希、马特伊、格律恩、库尔曼等真正社会主义者的观点。这部著作在批判各种错误观点的同时，阐发了一系列唯物主义历史观的重要原理，是唯物主义历史观第一次系统和科学的表达，内容十分丰富。

在《德意志意识形态》中，马克思、恩格斯深刻地批判了费尔巴哈的唯心主义历史观，指出费尔巴哈在研究自然时是唯物主义的，但在研究历史时却不是这样，"当费尔巴哈是一个唯物主义者的时候，历史在他的视野之外；当他去探讨历史的时候，他决不是一个唯物主义者。在他那里，唯物主义和历史是彼此完全脱离的。"②

费尔巴哈深刻批判宗教，把神学归结为人学，这是他的历史贡献。但是，他对人的本质的认识是错误的。他不是把人的本质归结为社会关系的总和，

---

①　恩格斯：《致劳·拉法格》。《马克思恩格斯全集》第 27 卷第 33 页。
②　马克思、恩格斯：《德意志意识形态》。《马克思恩格斯全集》第 3 卷第 51 页。

而是从抽象的人出发，把人的本质理解为"类"，理解为一种内在的、无声的、把许多人纯粹自然地联系起来的共同性。在他那里，人与人之间除了存在爱与友情，而且是被理论化了的爱与友情之外，没有其他的关系。这种用脱离一切经济关系的抽象的"人"、人性和人本主义代替对不同社会制度、不同经济关系下人们的相互关系的分析，完全抹杀了私有制度下阶级剥削和阶级对立的事实，否定了阶级斗争在历史发展中的作用，掩盖了资本主义的剥削实质；因此，"正是在共产主义的唯物主义者看到改造工业和社会制度的必要性和条件的地方，他却重新陷入唯心主义。"①

费尔巴哈宣称自己是共产主义者，其实他与共产主义者毫无共同之处。他的所谓"共产主义"不是来自实践，而是来自理论演变。他所致力宣传的人与人之间互相需要、互相依赖、永远相亲相爱的说教，抹杀资本主义社会的阶级矛盾和阶级斗争。但共产主义者认为，在阶级社会里，阶级斗争是历史发展的动力；要实现共产主义，就必须进行反对资产阶级的斗争，推翻资产阶级的统治。因此，"对实践的唯物主义者，即共产主义者说来，全部问题都在于使现存世界革命化，实际地反对和改变事物的现状。"②

批判青年黑格尔派的内容，占了《德意志意识形态》2/3 的篇幅。马克思、恩格斯指出，青年黑格尔派理论家们写了大量著作，讲了许多"震撼世界"的词句，但他们是最大的保守分子。他们虽然宣称自己反对社会压迫和政治压迫，但他们认为只要消灭社会压迫和政治压迫的思想意识，这些实际存在的压迫就会烟消云散。因此，在他们看来，对反动统治制度不必通过革命斗争加以摧毁，只要进行理论批判就行了。他们所要求的不是改变反动统治的现实，而是改变意识。马克思、恩格斯一针见血地指出："这种改变意识的要求，归根到底就是要求用另一种方式来解释现存的东西，也就是说，通过另外的解释来承认现存的东西。"③

马克思、恩格斯把批判的矛头指向施蒂纳的《唯一者及其所有物》。在这部书中，施蒂纳从"自我意识"出发，以"我"为中心，把"我"变成"唯一者"，认为"我是高于一切的！"这样，他就把青年黑格尔派的主观唯心主义发展到登峰造极的地步。为了宣扬这种极端的个人主义，他随心所欲地编造历史，

---

① 马克思、恩格斯：《德意志意识形态》。《马克思恩格斯全集》第 3 卷第 51 页。
② 同上书，第 48 页。
③ 同上书，第 22 页。

认为人类的发展如同个人的发展一样，是一个不断地"自我发现"的过程，它经历着童年、青年、成年三个阶段。马克思、恩格斯指出，施蒂纳关于人生阶段的全部虚构，不过是对黑格尔哲学的拙劣翻版，并把黑格尔的辩证法庸俗化。他的所谓人的"自我发现"，完全颠倒了思维与存在的关系，用纯粹的意识关系代替现实的关系。但意识关系是由物质关系决定的。撇开物质条件的变化孤立地谈论意识关系的变化，不仅不能说明意识关系变化的原因，更不能说明人类社会不同发展阶段的性质和人们之间的现实关系。

施蒂纳把人的本质归结为利己主义，胡说什么古代人是唯实主义利己主义，中世纪的人是唯心主义利己主义，现代人是真正的利己主义。他认为，这个具有纯粹利己主义的人，既要排除自然对他的统治，又要摆脱任何精神的束缚；既不承认真理，也不承认道德；既不承认教条和原则，也不承认责任和义务；既反对任何形式的国家权力，也反对社会权力对个人的约束。这是资产阶级极端的个人主义和彻头彻尾的无政府主义。马克思、恩格斯对这种谬论进行了尖锐的批判，指出，任何个人都不能离开社会的一定关系而存在，"一个人的发展取决于和他直接或间接进行交往的其他一切人的发展；彼此发生关系的个人的世世代代是相互联系的，后代的肉体的存在是由他们的前代决定的，后代继承前代积累起来的生产力和交往形式，这就决定了他们这一代的相互关系。总之，我们可以看到，发展不断地进行着，单个人的历史决不能脱离他以前的或同时代的个人的历史，而是由这种历史决定的。"针对施蒂纳的无政府主义，马克思、恩格斯指出："国家是否存在，这也不是他们的意志所能决定的。例如，只要生产力还没有发展到足以使竞争成为多余的东西，因而还这样或那样地不断产生竞争，那么，尽管被统治阶级有消灭竞争、消灭国家和法律的'意志'，然而它们所想的毕竟是一种不可能的事。"

施蒂纳标榜自己反对资本主义，但他也仇视共产主义。他认为，共产主义不能满足利己主义的要求，妨碍了人们发财致富。对他来说，共产主义简直不可理解。他反对消灭私有财产，胡说剥夺资本家财产是对人的第二次掠夺。针对这种谬论，马克思、恩格斯明确指出："对资产者认为'个人的'东西，共产主义毫无疑问是加以'掠夺'的。"

马克思、恩格斯对费尔巴哈和青年黑格尔派的批判，标志着他们已经与代表资产阶级和小资产阶级的旧哲学彻底决裂，以新世界观创始人的身份登上历史舞台。

十　批判以各色各样先知为代表的
真正社会主义

　　在《德意志意识形态》的第二卷中，马克思、恩格斯对真正社会主义作了彻底的批判。现在保存下来的第一、四、五章，分别批判了真正社会主义者泽米希、马特伊、格律恩、库尔曼等人的观点。1847年初，恩格斯又写了一份题为《真正的社会主义者》的手稿，批判了这个派别在博爱的银河里浮现出来的各个支流。

　　真正社会主义是19世纪40年代在德国出现的一种小资产阶级社会主义，是法国社会主义与德国哲学的混合物，或者说，是用德国哲学语言翻译过来的，被歪曲了的法国社会主义，这一派别的主要成员是一些"萎靡和堕落"的政治家、记者和诗人。他们利用各种报刊，如赫斯主编的《社会明镜》、吕宁主编的《威斯特伐利亚汽船》、皮特曼主编的《莱茵社会政治年鉴》、克利盖主编的美国《人民论坛报》、格律恩控制的《特利尔日报》等，散布很多错误和反动的观点。如：反对阶级斗争，宣扬"爱"就是一切，认为共产主义就是爱的表现，只要人们相亲相爱，共产主义就能到来；美化小私有制，诅咒资本主义，开历史的倒车，阻挡资本主义在德国的发展，敌视资产阶级民主革命，维护德国封建统治制度；反对革命斗争，宣扬和平改良主义；鼓吹狭隘民族主义，把德意志民族标榜为模范民族等。

　　总之，"这种德国的'绝对的社会主义'真是可怜得怕人。稍微谈谈现在大家都乐于挂在嘴上的'人性'，稍微谈谈这种人性或者宁可说是兽性的'实现'，按照蒲鲁东那样……稍微谈一下财产，稍微为无产阶级悲叹几声，稍微谈一下劳动组织，多少组织几个改善下层阶级人民状况的可怜团体，而实际上对于政治经济学却茫然无知，这种'社会主义'整个就归结为这几点。而这种社会主义，由于自己在理论领域中没有党性，由于自己的'思想绝对平静'而丧失了最后一滴血、最后一点精神和力量。可是人们却想用这些空话使德国革命，去推动无产阶级并促使群众去思考和行动！"①

　　真正的社会主义出现以后，在德国一部分知识分子、小资产阶级和手工

---

　　①　恩格斯：《"傅立叶论商业的片断"的前言和结束语》。《马克思恩格斯全集》第2卷第659页。

工人中迅速传播开来。当时德国存在人数众多的小资产阶级。他们既害怕资本主义工业的发展破坏了传统的生活方式，又害怕无产阶级革命的潮流淹没了自己的私有财产，于是希望找到一条既能避免资本主义的发展，又能避免无产阶级革命的出路。真正社会主义正好反映了他们的要求和愿望。于是这一派的理论就在德国广泛流行起来。

马克思、恩格斯十分了解真正社会主义对德国民主革命和共产主义运动的危害性。虽然他们相信这一小撮空谈家断送不了共产主义运动，革命斗争的实践将会彻底揭穿他们的欺骗作用和反动面目；但是由于这一派的思潮已经严重危害了正在日益高涨的德国人民反对封建专制制度的民主革命运动，严重影响了科学社会主义的传播和创建无产阶级革命政党的工作，因此，从1845年开始，马克思、恩格斯对这个派别进行了坚决的批判和斗争。

1845年底，恩格斯在《"傅立叶论商业的片断"的前言和结束语》中，对真正社会主义的实质和内容作了深刻的揭露，指出真正社会主义者是一批用轻视前辈和空谈哲理的办法来掩饰自己落后的投机分子，"这些人把在法英两国已经陈腐了的论点翻译成黑格尔逻辑的语言，就认为自己创造了奇迹；而现在他们就把这种新的智慧当做某种前所未有的东西，当做'真正的德国的理论'献之于世，以便将来可以尽情地诬蔑目光短浅的法国人和英国人的'拙劣的实践'和'可笑的'社会体系。"[1] 在《德意志意识形态》和其他论著中，马克思、恩格斯对真正的社会主义进行了系统深入的批判。

首先，马克思、恩格斯深刻地批判了真正的社会主义力图保存宗法的小资产阶级关系，反对德国资本主义发展的观点。马克思、恩格斯从唯物主义历史观出发，认为资本主义的发展是合乎社会发展规律的必然现象。无产阶级揭露资本主义的剥削罪恶，不是为了倒退到小私有制，而是为了消灭资本主义私有制，建立生产资料公有制。真正的社会主义不是从无产阶级立场出发，而是从小资产阶级立场出发来反对资本主义。他们千方百计美化小私有制，认为只有在小私有制条件下，人们才能过幸福的生活。这种观点不仅根本行不通，而且是反动的。因为人数众多的小资产阶级，是德国封建制度存在的基础；因此，"保全这个小资产阶级，那无异就是保全德国的现存制度。"[2]

---

①　恩格斯：《"傅立叶论商业的片断"的前言和结束语》。《马克思恩格斯全集》第2卷第654页。

②　马克思、恩格斯：《共产党宣言》。《马克思恩格斯全集》第4卷第497页。

其次，马克思、恩格斯尖锐地批判了真正的社会主义反对德国资产阶级民主革命，维护德国封建统治制度的谬论。马克思、恩格斯指出，资产阶级是无产阶级自然的敌人，无产阶级当然要反对资产阶级。问题在于，当时德国是一个经济政治落后的国家，社会的主要矛盾还不是无产阶级与资产阶级的矛盾，而是包括资产阶级在内的广大人民群众与封建专制制度的矛盾。在这种情况下，德国无产阶级及其政党决不应该置身于资产阶级民主革命之外，更不应该把斗争的主要锋芒从封建统治阶级转向资产阶级。必须清醒地认识到，"如果说资产阶级是我们的自然敌人，只有把这个敌人打倒我们的党才能取得政权，那么德国的现状就是我们的更大的敌人，因为它横在我们和资产阶级之间，妨碍我们打击资产阶级。因此，我们决不置身于反对德国现状的广大群众之外。"① 真正的社会主义者泽米希号召无产阶级"永远不要参加政治革命"，永远不要推翻"现存政权"，实际上就是为了维护德国的封建统治制度。由此可见，这些貌似革命的人物，不过是德国各邦反动政府反对民主革命运动的工具。

再次，马克思、恩格斯严厉地批判了真正社会主义反对阶级斗争，宣扬阶级调和的论调。真正的社会主义从费尔巴哈人道主义出发，抹杀阶级社会中人们的阶级区别，大谈所谓"纯粹的、抽象的人"。泽米希说："共产主义和社会主义归根到底都消融在人道主义中了，在人道主义中一切关于名称的争论都解决了。为什么要分什么共产主义者和社会主义者呢？我们都是人。"他们用爱的说教来反对阶级斗争，妄图把无产阶级引上阶级调和、脱离革命的道路。马克思、恩格斯指出：人的本质是一切社会关系的总和。自从人类进入阶级社会以来，每个人都属于一定的阶级，都作为一定阶级的成员而存在，根本没有也不可能有抽象的、超阶级的人。在阶级社会里，剥削阶级与被剥削阶级的利益根本对立，不存在什么各个阶级"共同的人性"。针对真正的社会主义用"我们都是人"来掩盖人们的阶级对立的谬论，马克思、恩格斯讽刺地写道：既然人与人的区别没有什么意义，那么，人与其他物体的区别又有什么意义呢？"为什么要分什么人、兽、植物、石头呢？我们都是物体！"② 共产主义决不能通过各阶级彼此相亲相爱来实现。"对实践的唯物主义者，即共产主义者来说，

---

① 马克思、恩格斯：《德意志意识形态》。《马克思恩格斯全集》第 3 卷第 551 页。
② 同上。

全部问题都在于使现存世界革命化，实际地反对和改变事物的状况。"①

复次，马克思、恩格斯批判了真正的社会主义反对暴力革命，主张和平改良的谬论。因为任何剥削阶级都不会自动退出历史舞台。无论资产阶级民主革命还是无产阶级社会主义革命，都不可能把希望寄托在统治阶级的善心上，也不能够仅仅使用批判的武器，必须看到，整个剥削阶级制度是一股强大的物质力量。物质的力量只能用物质来摧毁，批判的武器不能代替武器的批判。真正的社会主义反对暴力革命，目的是为了麻痹无产阶级和广大人民群众的革命意志，维护一切剥削者的利益。马克思、恩格斯在批判库尔曼反对暴力革命的谬论时写道："他把已经在所有文明国家中成为严峻的社会变革的先驱者的现实社会运动，变为安逸的、和平的改变，变为宁静的、舒适的生活，在这样的生活中世界上的一切有产者和统治者可以高枕无忧了。"②

最后，马克思、恩格斯严肃地批判了真正的社会主义者把德意志民族标榜为模范民族、把德国市侩推崇备至的狭隘民族主义观点，指出"这种傲慢的和无限的民族妄自尊大是同极卑贱的、商人的和小手工业者的活动相符的。如果民族的狭隘性一般是令人厌恶的，那么在德国，这种狭隘性就更加令人作呕。"③

经过马克思、恩格斯彻底的批判和坚决斗争，广大群众越来越认清了真正社会主义理论的反动实质。随着资产阶级民主革命运动和工人运动的日益高涨，真正社会主义的理论在现实斗争中完全破产。

十一　制定唯物主义历史观的基本原理

《德意志意识形态》一书的最大成就，是第一次全面系统地阐述了唯物主义历史观的基本原理，标志着马克思、恩格斯制定唯物主义历史观的工作初步完成，"这种历史观就在于从直接生活的物质生产出发来考察现实的生产过程，并把与该生产方式相联系的、它所产生的交往形式，即各个不同阶段上的市民社会，理解为整个历史的基础，然后必须在国家生活的范围内描述市民社会的活动，同时从市民社会出发来阐明各种不同的理论产物和意识形式，

---

① 马克思、恩格斯：《德意志意识形态》，《马克思恩格斯全集》第 3 卷第 48 页。
② 同上书，第 639 页。
③ 同上书，第 555 页。

如宗教、哲学、道德等等，并在这个基础上追溯它们产生的过程。"①

社会存在决定社会意识，是唯物主义历史观的最重要原理。马克思、恩格斯指出："意识在任何时候都只能是被意识了的存在"，②"不是意识决定生活，而是生活决定意识。"③ 这就是说，在社会存在与社会意识的关系中，社会存在是第一性的，社会意识是第二性的。社会意识是社会存在的产物。无论正确或错误的意识，都是现实生活的反映。

物质生活资料的生产和再生产，是人类社会生存和发展的基础。马克思、恩格斯指出，人类第一个历史活动，就是进行物质生活资料的生产。人们为了生活，为了创造历史，首先必须有食物、衣服、住房等物质生活资料。这些物质生活资料只有通过人们的生产活动才能得到。因此，生产活动是人类最基本的实践活动。马克思、恩格斯与费尔巴哈论战时指出：连续不断的生产活动，"是整个现存感性世界的非常深刻的基础，只要它哪怕只停顿一年，费尔巴哈就会看到，不仅在自然界将发生巨大的变化，而且整个人类世界以及他（费尔巴哈）的直观能力，甚至他本身的存在也就没有了。"④ 正是物质资料的生产活动，使人类与动物区分开来。人类通过自己的生产活动，既改变自然界，也改造人类自身。

一切历史冲突都根源于生产力与生产关系之间的矛盾。在《德意志意识形态》中，马克思、恩格斯第一次阐述了生产力与生产关系（交往形式）的辩证规律。他们指出，人们的生产活动，既表现为人与自然的关系，又表现为人与人之间的关系。作为人与自然关系的生产力，决定着人与人之间的关系即生产关系。生产力发展到一定阶段，就与现存的生产关系发生矛盾，于是就必然要爆发革命。由于新的生产关系适合生产力的性质，因而促进生产力的发展；随着生产力的继续发展，生产关系又逐渐成为生产力发展的桎梏，因而必然爆发新的社会革命。各个阶级之间的冲突，各种各样的思想斗争和政治斗争，无一不是由生产力与生产关系的矛盾所制约。在人类历史上，与生产力性质相适应，曾经经历过部落所有制、奴隶主所有制、封建的或等级的所有制、资本主义所有制几个阶段。各种所有制的出现，都具有必然性，又都具有过渡性。历史上没有一成不变的生产关系和社会制度。同历史上其

---

① 马克思、恩格斯：《德意志意识形态》。《马克思恩格斯全集》第 3 卷第 42—43 页。
② 同上书，第 29 页。
③ 同上书，第 30 页。
④ 同上书，第 50 页。

他社会制度一样，资本主义也是一种暂时的过渡的社会制度。社会生产力的发展，已经为消灭资本主义、用共产主义生产关系代替资本主义生产关系创造了物质条件。

在《德意志意识形态》中，马克思、恩格斯阐明了经济基础与上层建筑的关系，揭示了国家的阶级实质。他们指出，社会生产关系是生产力借以运动的形式，又是构成各个时期国家制度和意识形态等上层建筑的基础，经济基础决定上层建筑，"思想、观念，意识的生产最初是直接与人们的物质活动，与人们的物质交往，与现实生活的语言交织在一起的。观念、思维、人们的精神交往在这里还是人们物质关系的直接产物。表现在某一民族的政治、法律、道德、宗教、形而上学等的语言中的精神生产也是这样。"① 作为上层建筑主要形式的国家，表面看来仿佛是公共利益的代表，实际上却是统治阶级的各个个人借以实现其共同利益的形式，是阶级统治的工具。在资本主义社会，国家决不是"超阶级"的，而是"资产者为了在国内外相互保障自己的财产和利益所必然要采取的一种组织形式"②。

根据生产力与生产关系矛盾运动规律，资本主义的灭亡和共产主义的胜利是历史发展的必然趋势。资本主义社会的生产力和生产关系已经发展到这样的程度，以致它们在私有制的统治下竟成了破坏力量，同时阶级对立也达到极点。只有推翻资本主义制度，才能为生产力的发展开辟道路。资本主义还造就了无产阶级这样一个能够承担社会一切重负的阶级，从这个阶级中产生出必须实行根本变革的意识，即共产主义意识。无产阶级的共产主义革命不仅要消灭雇佣劳动，而且要消灭任何阶级的统治和消灭阶级的存在。这是根本不同于以前任何革命的最彻底的革命。

为了推翻资本主义，实现共产主义的目的，无产阶级必须夺取政权。马克思、恩格斯写道："……每一个力图取得统治的阶级，如果它的统治就像无产阶级的统治那样，预定要消灭整个旧的社会形态和一切统治，都必须首先夺取政权。"③ 这个思想十分可贵，从这里已经可以看出无产阶级专政学说的萌芽。

马克思、恩格斯还概括地指出了未来共产主义的基本特征。与以往的空

---

① 马克思、恩格斯：《德意志意识形态》。《马克思恩格斯全集》第 3 卷第 29 页。
② 同上书，第 70 页。
③ 同上书，第 38 页。

想社会主义者不同，他们没有去描绘未来社会的详情细节，而只是根据对社会经济关系的深刻分析，对未来社会作出合乎逻辑的预见。他们认为，在共产主义社会中，将消灭生产资料私有制，代之以社会共同占有生产资料；阶级将要消灭，国家也将消亡；城乡之间、脑力劳动与体力劳动之间的对立已不复存在，人们再也不受旧分工的束缚，劳动将成为真正自主的活动，每个人的才能和天资将会得到充分和全面的发展。他们特别强调指出，实现共产主义绝对必需的前提是生产力的巨大增长和高度发展，"如果没有这种发展，那就只会有贫穷的普遍化；而在极端贫穷的情况下，就必须重新开始争取必需品的斗争，也就是说，全部陈腐的东西又要死灰复燃。"① 这些论述多么深刻！

唯物主义历史观是马克思主义创始人的第一个伟大发现。这个伟大发现第一次把人们对社会历史的认识奠定在真实的基础之上，使关于社会的认识变为真正的科学。恩格斯总是非常谦虚地说，这个伟大发现应该归功于马克思。事实上，恩格斯也有不可磨灭的功绩。同马克思一样，他也是这个伟大理论的发现者和创建者。

《德意志意识形态》在马克思、恩格斯生前没有出版。由于这部著作既具有高度的科学性，又具有强烈的革命性，很不容易找到一个甘冒风险的出版家。原来威斯特伐利亚两位自称是共产主义者的企业家迈耶尔和雷姆佩尔答应提供出版经费，但当他们了解著作的内容后就完全改变态度，拒绝给予资金帮助。对马克思、恩格斯来说，既然已经达到为自己弄清问题这个主要目的，也就"情愿让原稿留给老鼠的牙齿去批判了"。②

幸好，这部珍贵的手稿并没有完全被老鼠的牙齿批判掉。马克思逝世后，恩格斯整理遗物时发现这部手稿基本完好。他曾经打算整理出版，由于种种原因未能实现，直到 1932 年才在苏联首次全文发表。这时距离该书写成已经86 年。

十二　布鲁塞尔共产主义通讯委员会

马克思、恩格斯完成了从革命民主主义到共产主义的转变以后，就把创

---

① 马克思、恩格斯：《德意志意识形态》。《马克思恩格斯全集》第 3 卷第 39 页。
② 马克思：《〈政治经济学批判〉序言》。《马克思恩格斯选集》第 2 卷第 84 页。

建无产阶级政党的任务提到首要地位。恩格斯认为，"要使无产阶级在决定关头强大到足以取得胜利，无产阶级就必须（马克思和我从1847年以来就坚持这种立场）：组成一个不同于其他所有政党并与他们对立的特殊政党，一个自觉的阶级政党。"① 于是，他们于1846年初在布鲁塞尔建立共产主义通讯委员会，从思想上、理论上、组织上为建党作准备。

布鲁塞尔共产主义通讯委员会是一个具有国际性质的无产阶级组织。马克思、恩格斯创建这个组织的目的，是为了在各国共产主义和工人团体之间建立联系，克服工人运动中组织涣散状态；宣传科学社会主义，使工人运动在正确理论基础上统一起来；教育工人运动的积极分子，并把其中最革命、最先进的人物团结在自己周围，培养一批革命的核心力量，为创建无产阶级政党准备条件。

在马克思、恩格斯直接领导下，布鲁塞尔共产主义通讯委员会开展多方面的活动，与德国许多城市以及英国、法国、荷兰、丹麦等国的社会主义组织建立联系，交换情况，研究斗争策略，指导各地工人运动和民主运动的发展。

为了传播科学社会主义，使工人运动在正确的理论基础上团结起来，布鲁塞尔共产主义通讯委员会对各种冒牌社会主义进行了严肃的批判和斗争。当时，魏特林平均共产主义在欧洲工人运动中影响较大。工人出身的威廉·魏特林在《和谐与自由的保证》等著作中，对资本主义制度作了一定的揭露和批判，在德国早期工人运动中有着一定的贡献。但是，魏特林平均共产主义是德国手工业工人落后思想的反映。他所主张和宣传的绝对平等观念是空想和荒谬的。在政治上，他不顾德国当时的客观条件，反对无产阶级参加和支持资产阶级民主革命。1845年底，马克思邀请魏特林到布鲁塞尔，对他进行十分耐心的帮助和教育。但魏特林妄自尊大，拒绝马克思的帮助，继续坚持错误的观点。因此，马克思、恩格斯在1848年3月30日布鲁塞尔共产主义通讯委员会会议上对他的理论和活动作了严厉的批判。恩格斯主持会议，马克思作了重要发言，指出魏特林顽固坚持、拼命鼓吹的理论同传教士们所玩弄的那些空谈无耻的把戏没有什么区别，它不能给群众以任何可靠的、深思熟虑的行动依据，而是在欺骗群众；它不能拯救受苦受难的人们，而只会把他们引向最终的毁灭。马克思、恩格斯对魏特林的批判，得到英、法等国

---

① 恩格斯：《致特利尔》（1889年12月18日）。《马克思恩格斯全集》第37卷第321页。

工人组织的支持，大大削弱了魏特林主义对工人运动的影响。

1846年5月11日，布鲁塞尔共产主义通讯委员会举行特别会议；批判真正的社会主义者克利盖在美国的活动。海尔曼·克利盖在美国刊行的《人民论坛报》上，鼓吹一种以爱为基础的共产主义，把具有世界历史意义的革命运动仅仅归结为"爱和恨，共产主义和利己主义"。他还与"青年美国"进行联系，把资产阶级改良运动说成是共产主义。他主张通过废除地租，分给每个公民一小块土地的办法来实现共产主义。很显然，这是与共产主义背道而驰的。

布鲁塞尔共产主义通讯委员会严厉批判了克利盖在美国的言行，通过了由马克思、恩格斯起草的《反克利盖的通告》，指出克利盖在《人民论坛报》上所宣传的倾向不是共产主义的；他用以宣传这种倾向的幼稚而夸大的形式，大大地损害了共产主义政党在欧洲和美洲的声誉，他以"共产主义"的名义所鼓吹的那些荒诞的伤感主义的梦呓如果被工人接受，就会削弱他们的革命意志；他把"爱"捧到至高无上的地位，似乎世界上没有比"爱"更高的东西。但世界上没有抽象的爱，只有具体的爱，实现共产主义决不是"一视同仁地把爱施舍给一切人"、"用爱把一切人团结起来"，而必须通过无产阶级对资产阶级的革命斗争。

马克思、恩格斯指出：无产阶级不应该附和资产阶级改良主义运动。虽然美国民族改革派运动有其历史的合理性，但它并不是共产主义运动，而纯粹是一种资产阶级运动。克利盖不是把这个运动看做无产阶级运动在一定条件下的必要的初步形式，而把它看做"一切运动的最终的最高目的"。① 这显然是十分荒唐的。

共产主义要求彻底消灭生产资料私有制，但克利盖却对小私有制大加美化，这是与共产主义格格不入的。马克思、恩格斯指出，以为只要把每个人都变为拥有一小块"不可让渡"的土地的小私有者，就可以解决一切的社会矛盾，人类就将过着幸福的生活，这是纯粹的幻想。这种主张决不是共产主义工人的愿望，而是那些破产的农民、手工业者和小店主的愿望。但是，"这种梦想就像把一切人变成帝王和教皇一样，既无法实现，也不是共产主义的。"②

---

① 马克思、恩格斯：《反克利盖的通告》．《马克思恩格斯全集》第4卷第11页。
② 同上书，第12页。

《反克利盖的通告》彻底揭露了克利盖在美国活动的实质，进一步批判了真正社会主义关于爱的说教，阐明了无产阶级对待资产阶级改良主义运动的原则立场，是一份具有重要意义的文献。《通告》发表后，克利盖不仅没有认识自己的错误，而且发表文章，为自己的错误辩护，并对马克思、恩格斯进行攻击。恩格斯在巴黎看到这些文章后，立即写信对马克思说："这样愚蠢可笑的东西我还从来没有碰见过。……应该回答克利盖和施特劳宾人的宣言，让他们清楚地看一看：他们否认曾经说过遭到我们谴责的话，而同时又在回答中再次重复他们所否认的蠢话。我还认为，正是那位充满高尚道德激情并且对我们的嘲笑满怀愤懑的克利盖，应该好好地教训一下。"[1] 不久马克思起草了反对克利盖的第二篇通告，可惜这篇文章至今仍未找到。

1846 年 8 月，恩格斯受布鲁塞尔共产主义通讯委员会的委派，到巴黎宣传科学社会主义，帮助那里的德国共产主义者反对在正义者同盟巴黎支部中占优势的真正社会主义分子，成立一个与布鲁塞尔通讯委员会保持经常联系的团体。

恩格斯到巴黎时，当地的德国手工业工人和正义者同盟内部的思想十分混乱。真正社会主义者格律恩关于人性的空谈和格律恩化的蒲鲁东学说有相当大的影响，直接间接地对人们起着一种可怕的松懈意志的作用。同盟巴黎支部领导人艾韦贝克虽然与格律恩作过一定的思想斗争，但他用来教育工人的也是一种混乱不堪的政治经济学，或者是用人道主义来解释《德法年鉴》。

为了帮助工人们摆脱真正社会主义和蒲鲁东主义的影响，恩格斯广泛接触工人，对他们进行耐心细致的思想工作，通过批判格律恩的错误观点逐步把工人争取过来。当时，格律恩在工人中大肆宣传蒲鲁东的拯救世界的宏伟计划：用无产阶级的储金开办工厂和作坊，使所有无产者都有工作做，使资产者手中的资本丧失支配劳动和获取利润的权力，以此消灭资本主义剥削。恩格斯花了三个晚上，参加工人们的讨论，向工人们说明，这个异想天开的计划完全是一件"超出一切范围的荒唐事"。[2] 当无产者一贫如洗，口袋里连晚上在酒铺聚会时喝酒用的零钱都没有的时候，却想用他们的储金暂时购买整整一个美丽的法国，以后也许还要购买其余的世界！"这样一个卓越的计划

---

[1]　恩格斯：《致卡·马克思》（1846 年 10 月 18 日）。《马克思恩格斯全集》第 27 卷第 67—68 页。

[2]　同上书，第 57 页。

真是从来没有人想到过，而且，既然打算表演这样的戏法，那么用月亮的银光立刻铸出五法郎硬币，岂不是更简捷得多吗？"① 恩格斯指出，在蒲鲁东的万应灵药中找到了新生命力的格律恩的真正的社会主义，根本是反对无产阶级的、小资产阶级的和庸人的东西；无产阶级决不应该沉湎于不切实际的幻想，而必须用暴力革命的手段去消灭资本主义。讨论开始时，蒲鲁东的谬论在工人中还有相当的市场，差不多所有的人都反对恩格斯。经过恩格斯耐心的说服教育，大多数工人清醒过来，格律恩分子陷于孤立的境地。

恩格斯还花费很多时间，向工人们进行共产主义教育，使他们对共产主义有个明确的认识。当时，为了反击格律恩分子在一些工人面前攻击共产主义，恩格斯指出：在继续讨论问题之前必须先表决，我们在这里是不是以共产主义者的身份来集会的；如果是，那就决不容许格律恩分子肆无忌惮地攻击共产主义；如果不是，那他以后就不要再参加这样的集会。当人们向恩格斯提出"共产主义究竟是什么"的问题时，他明确地指出："共产主义者的宗旨……如下：(1) 维护同资产者利益相反的无产者的利益；(2) 用消灭私有制而代之以财产公有的手段来实现这一点；(3) 除了进行暴力的民主的革命以外，不承认有实现这些目的的其他手段。"② 这个定义是针对当时争论的问题提出的。它用财产公有反对了真正社会主义者和蒲鲁东主义者美化私有制、企图保留私人财产的主张；它强调必须进行暴力的民主的革命，既反对各种各样的和平改良方案，又反对依靠少数人进行密谋暴动的做法；它十分简单而明确，没有任何东西可以让格律恩分子作为借口来离题发挥和回避对所提出的问题进行投票表决。表决的结果是：以十三票对两票宣布集会是遵守上述定义的共产主义集会。格律恩分子遭到彻底的失败。1846 年 10 月 23 日，恩格斯向布鲁塞尔共产主义通讯委员会报告：巴黎之行的任务已经完成，"最主要的是，以前使我不得不和这些人斗争的各种争执问题现在都解决了；格律恩的主要支持者和门徒艾泽曼老爷子已经被赶跑，其余的人对群众的影响也完全扫清了，我提出的反对他们的议案获得了一致的通过。"③

恩格斯在巴黎的活动，引起了警察当局的注意。他们监视恩格斯参加的集会，派出密探对他跟踪盯梢，还打算把他驱逐出境。这使恩格斯不得不暂

---

① 恩格斯：《致卡·马克思》(1846 年 9 月 18 日)。《马克思恩格斯全集》第 27 卷第 58 页。
② 恩格斯：《致布鲁塞尔共产主义通讯委员会》(1846 年 10 月 23 日)。《马克思恩格斯全集》第 27 卷第 71 页。
③ 同上书，第 69 页。

时停止参加一些活动。他利用这段时间阅读有关丹麦、瑞典、挪威、冰岛等北欧国家状况的书籍，研究刚刚出版的蒲鲁东的《经济矛盾的体系，或贫困的哲学》，写作《真正的社会主义者》、《诗歌和散文中的德国社会主义》，进一步为创建无产阶级政党作准备。

十三　创建共产主义者同盟

1847 年初，马克思、恩格斯接受邀请，加入正义者同盟，肩负起把这个德国手工业者半密谋、半宣传性的组织改造为无产阶级政党的重大任务。

1836 年在巴黎成立的正义者同盟，长期受到魏特林平均共产主义的影响，主张用密谋方式推翻剥削阶级统治，建立"共产主义"。1839 年 5 月，同盟参加布朗基领导的四季社在巴黎发动的起义。起义失败后许多盟员和领导人逃亡英国，伦敦成为同盟领导机关的所在地。自从活动中心转移到伦敦后，由于受到马克思、恩格斯的影响，通过参加英国工人运动，吸收各国先进工人加入组织，总结革命失败的教训等等，同盟内部开始发生变化，不少盟员逐渐摆脱魏特林平均共产主义影响，逐渐接受科学社会主义理论。以杰出的工人运动活动家卡尔·沙佩尔、约瑟夫·莫尔、亨利希·鲍威尔为代表的同盟领导人，在促使这个组织接受马克思、恩格斯的学说，按照科学社会主义进行改造中起了重大作用。

早在 1843—1844 年，沙佩尔、鲍威尔、莫尔在英国结识恩格斯，不久经恩格斯介绍又结识了马克思。通过布鲁塞尔共产主义通讯委员会的活动，特别是通过马克思、恩格斯批判魏特林平均共产主义、蒲鲁东主义和真正社会主义的斗争，他们逐渐认识到马克思、恩格斯学说的正确性。1846 年 6 月 22 日，马克思、恩格斯提出召开共产主义者代表大会的建议，得到他们的热烈响应和支持，认为"这是使我们的宣传取得力量和一致的唯一途径"。他们日益深信，只有用马克思、恩格斯的学说对同盟进行彻底改造，才能使它真正成为带领无产阶级进行战斗的组织。于是，同盟中央于 1847 年 1 月 20 日派遣莫尔为特使，先后到布鲁塞尔和巴黎拜访马克思、恩格斯，邀请他们俩人参加同盟组织，领导同盟的改组工作。

在此以前，马克思、恩格斯曾经谢绝了邀请他们入盟的建议。因为他们不同意在同盟中流行的平均共产主义理论和密谋活动的方式。这次经过莫尔的说明，使他们确信同盟领导人的思想观点已经发生重大转变，用科学社会主义改组同盟的条件已经成熟。在这种情况下，他们接受了入盟的邀请。

正义者同盟中央得到马克思、恩格斯的支持后，于 1847 年 6 月 2 日至 9 日在伦敦召开同盟第一次代表大会。恩格斯代表巴黎组织，威·沃尔夫代表布鲁塞尔组织出席大会，马克思则因经济困难未能参加。他在大会开幕前不久写信对恩格斯说："我不能去伦敦了。经济情况不允许我去。有你们两个人在那里，也就够了。"大会期间，恩格斯多次发言阐述科学社会主义原理，主持许多重要文献的起草和审定工作，起了极其重大的作用。

代表大会的一项成果，是把正义者同盟改名为共产主义者同盟。这一意义重大的决定，鲜明地反映了这个组织的无产阶级性质。我们知道，当时社会主义是指那些信奉各种空想学说的分子和各种各样的社会庸医，他们都站在工人运动以外，是资产阶级的运动。而共产主义则是工人阶级的运动。同盟在发给各地支部关于第一次代表大会的报告书中详细说明更改名称的意义，指出："旧的名称是在特殊的情况下，并考虑到一些特殊的事件才采用的，这些事件与同盟的当前目的不再有任何关系。因此这个名称已不合时宜，丝毫不能表达我们的意愿。许多人要正义，即要他们称为正义的东西，但他们并不因此就是共产主义者。而我们的特点不在于我们一般地要正义——每个人都能宣称自己要正义——而在于我们向现存的社会制度和私有制进攻，在于我们要财产公有，在于我们是共产主义者。因此，对我们同盟来说，要有一个合适的名称。共产主义者同盟这个名称，对我们来说是最合适的，因为它'能表明我们实际是什么人'。"①

大会根据恩格斯的提议，用"全世界无产者，联合起来"的新口号，代替原来阶级观点模糊的"人人皆兄弟"的旧口号。这是代表大会另一个重要成果。新口号充分体现了无产阶级共同的世界观、共同的阶级利益、共同的奋斗目标和无产阶级革命的国际性。从此，这个响彻云霄的口号成了全世界无产阶级团结战斗的誓言。1890 年 5 月 1 日第一次集会庆祝国际劳动节的时候，恩格斯在回忆国际共产主义运动的光辉历程时十分自豪地写道："'全世界无产者，联合起来！'——当四十二年前我们在巴黎革命即无产阶级带着本身要求参加的第一次革命的前夜向世界上发出这个号召时，响应者还寥寥无几，可是，1864 年 9 月 28 日，大多数西欧国家中的无产者已经联合成为流

---

① 《共产主义者同盟第一次代表大会致同盟盟员的通告信》。《马克思恩格斯全集》第 42 卷第 431 页。

芳百世的国际工人协会了。固然，国际本身只存在了九年，但它所创立的全世界无产者永久的联合依然存在，并且比先前任何时候更加强固……今天的情景定会使全世界的资本家和地主知道，全世界的无产者现在已经真正联合起来了。"①

大会通过由恩格斯参加起草的《共产主义者同盟章程》（草案）。其中第一条指出："同盟的目的：通过传播财产公有的理论并尽快地求其实现，使人类得到解放。"② 这一条虽然带有空想共产主义的思想痕迹，但它表明了无产阶级消灭私有制，建立公有制，实现共产主义——人类彻底解放的要求。

新章程以民主集中制代替原来宗派的密谋的组织原则。章程规定，同盟分为支部、区部、中央委员会。代表大会是同盟的立法机关。两次代表大会之间，由代表大会选出的中央委员会领导同盟工作。各级委员会由选举产生。如果选举人认为担任公职的人员执行职务的情况不能令人满意，可随时撤换。这就使各级领导人员置于盟员的监督之下，堵塞了任何人凌驾于盟员和组织之上实行独裁的道路。新章程删去了接受盟员的复杂的、神秘主义的仪式，要求入盟的人必须履行以下诺言：相信财产公有是真理；自愿加入为实现财产公有而建立的强有力的同盟；始终不渝地用言语和行动来传播财产公有的原则并促其实现；对同盟的存在及其一切事情保守机密；服从同盟的决议。章程还规定了必要的纪律，对于行为不端或违反同盟原则的人，视情节轻重令其离盟或开除出盟。

大会热烈讨论了同盟纲领。恩格斯向到会代表详细地阐述了他与马克思创立的科学社会主义理论，为大会起草了一份包括二十二个问题的《共产主义信条草案》。在这份文件中，恩格斯分析了资本主义社会的基本特征，指出由产业革命推动的资本主义的发展，使阶级关系发生根本的变化，两个新的阶级逐渐并吞所有其他阶级。这两个阶级就是：一、大资本家阶级，他们在所有先进国家里几乎独占了生活资料和生产资料；二、无财产者阶级，他们仅仅为了换得生活资料，不得不把自己的劳动（力）出卖给资产阶级。与奴隶和农奴不同，无产者不是某个主人的奴隶，而是整个资产阶级的奴隶。恩格斯指出，共产主义者的目的是，把社会组织成这样：使社会的每个成员都

① 恩格斯：《〈共产党宣言〉1890年德文版序言》。《马克思恩格斯选集》第1卷第244—245页。
② 《共产主义者同盟章程》。《马克思恩格斯全集》第42卷第419页。

能完全自由地发展和发挥他的全部才能和力量；为了达到这个目的，必须废除私有财产，代之以财产公有；这种财产公有必须"建立在因发展工业、农业、贸易和殖民而产生的大量的生产力和生活资料的基础之上，建立在因使用机器、化学方法和其他辅助手段而使生产力和生活资料无限增长的可能性的基础之上。"① 恩格斯强调指出，革命不是随心所欲制造出来的，共产主义不能通过任何密谋来实现；但我们也看到，世界上几乎所有国家的有产阶级都用暴力压制无产阶级，因此，无产阶级必须采取革命的方式来捍卫自己的解放事业。

经过热烈讨论，许多代表赞同恩格斯的观点。鉴于公开宣布同盟原则的意义重大，代表大会认为必须十分慎重，不应操之过急。因此决定把《共产主义信条草案》发给各级地方组织进行讨论、修改、补充，使其具有更高的科学性和稳定性。

共产主义者同盟第一次代表大会取得了重大成就，但同盟改组工作才刚刚开始。代表大会以后，为巩固大会成果，扩大同盟影响，马克思、恩格斯做了大量工作。1847 年 8 月 5 日，布鲁塞尔成立同盟支部和区部，马克思当选为区部主席。同时，马克思、恩格斯还争取和掌握了《德意志——布鲁塞尔报》，利用这份每周出版两期的德文报纸作为宣传共产主义的工具。新成立的同盟中央委员会也积极开展工作。他们向各地组织寄发《通告信》和有关文件，通报代表大会的成果；派出特使到一些国家传达大会精神，帮助各地组织开展工作；出版《共产主义杂志》试刊号，向盟员进行共产主义教育；加强与地方组织的联系，组织盟员讨论同盟章程和《共产主义信条草案》，等等。经过同盟中央的努力，各地组织逐步健全，工作有所开展。但是，同盟改组工作也遇到很大阻力。一些地方组织思想混乱，许多人仍未摆脱魏特林主义、真正社会主义和蒲鲁东主义等冒牌社会主义的思想影响，对科学社会主义一无所知；一些地方组织反对代表大会决议，对同盟中央提出的要求不予理睬，等等。在这种情况下，迫切需要召开一次新的代表大会，统一盟员思想，巩固同盟组织，扩大第一次代表大会的成果。

同盟中央的领导人认识到，要克服组织内部的思想混乱，要制定一个科学的纲领，要建立一个真正的无产阶级政党，必须依靠马克思、恩格斯。他们从《英国工人阶级状况》、《哲学的贫困》等著作中，从恩格斯在第一次代

---

① 恩格斯：《共产主义信条草案》。《马克思恩格斯全集》第 42 卷第 373 页。

表大会的活动中，从马克思直接领导的布鲁塞尔支部和区部的工作中，充分了解马克思、恩格斯理论观点的正确和组织工作的坚强有力。因此迫切希望马克思、恩格斯亲自参加大会。

1847 年 11 月 29 日，共产主义者同盟第二次代表大会在伦敦开幕。马克思、恩格斯亲自出席大会。恩格斯当选为大会秘书，并与马克思一起在大会上就科学社会主义原理作了精彩的发言。经过长时间的辩论，马克思、恩格斯的学说得到来自各国的工人代表们的拥护，"所有的分歧和怀疑终于都消除了，一致通过了新原则"。① 大会委托马克思、恩格斯起草一份公开发表的共产主义宣言。

根据各地盟员讨论的情况，大会修改和通过同盟章程。其中第一条以更加准确的文字表达了同盟的目的："推翻资产阶级政权，建立无产阶级统治，消灭旧的以阶级对抗为基础的资产阶级社会和建立没有阶级、没有私有制的新社会。"②

恩格斯在大会上的活动，给人们留下深刻的印象。当时第一次见到恩格斯的列斯纳写道："恩格斯身材魁梧匀称，举止敏捷稳健，谈吐简洁有力，气概英武，好像军人一样。他是一个非常乐观的人。他的诙谐都非常中肯。凡是和他接触的人，立刻就会得到一种印象：这是一个天赋极高的人。"③

经过两次代表大会，共产主义者同盟建立和巩固起来了。这是第一个按照科学社会主义理论建立起来的无产阶级政党。虽然当时同盟人数不多，但却有着马克思、恩格斯这样杰出的领袖和由他们亲自起草的纲领。同盟的建立，开创了国际共产主义运动的新篇章，具有划时代的意义。

十四　《共产主义原理》和《共产党宣言》

共产主义者同盟第二次代表大会在听取了马克思、恩格斯关于科学社会主义的详细论证之后，赞同和接受他们的学说，委托他们起草"一个准备公布的周详的理论和实践的党纲"。④ 由他们撰写并于 1848 年 2 月发表的《共产党宣

---

① 恩格斯：《关于共产主义者同盟的历史》。《马克思恩格斯全集》第 21 卷第 252 页。

② 《共产主义者同盟章程》。《马克思恩格斯全集》第 4 卷第 572 页。

③ 列斯纳：《一个工人对弗里德里希·恩格斯的回忆》。《回忆马克思恩格斯》第 125 页。

④ 马克思、恩格斯：《〈共产党宣言〉1872 年德文版序言》。《马克思恩格斯选集》第 1 卷第 228 页。

言》，是国际共产主义运动第一个战斗纲领，标志着马克思主义的诞生。

制定科学的党纲，向全世界公开申明党的理论和策略，对于第一个无产阶级政党来说，具有极其重大的意义。早在第一次代表大会召开以前，同盟领导人就感到有必要制定一个简明的共产主义信条。为此要求盟员认真讨论以下问题：（一）什么是共产主义？共产主义者所向往的是什么？（二）什么是社会主义？社会主义者所向往的是什么？（三）用什么方法可以最迅速而可靠地实现集体的生活方式？

马克思、恩格斯十分重视制定党纲的工作。恩格斯在第一次代表大会上提出《共产主义信条草案》以后，认真听取大会代表和各地盟员提出的意见，继续研究共产主义革命的理论问题。代表大会闭幕后不久，同盟中央领导人沙佩尔提出一个有着浓厚的空想色彩的党纲草案。真正的社会主义者赫斯提出一个思想混乱的修正稿，力图抵制马克思主义，重新用真正社会主义思想控制同盟组织。为了提高盟员的思想觉悟，肃清真正社会主义对同盟的影响，恩格斯花了许多时间，在同盟巴黎区部会议上逐点驳斥赫斯的修正稿。1847 年 10 月 25—26 日，他写信告诉马克思："对莫泽斯（即赫斯——引者）我开了一个很厉害的玩笑（此事请保密），他的确写成了一篇绝妙的教义问答修正稿。而我在上星期五的区部会议上对这篇稿子按问题逐个进行了分析，我还没有来得及谈到一半，大家就表示满意了。在没有任何反对的情况下，委托我摹拟一篇新的教义问答在本星期五的区部会议上进行讨论，并且要背着各支部直接寄往伦敦。"① 恩格斯接受巴黎区部的委托，用大约一周时间写成了《共产主义原理》。在同盟第二次代表大会开幕前夕，他把《原理》的内容要点写信告诉马克思："我开头写什么是共产主义，随即转到无产阶级——它产生的历史，它和以前的劳动者的区别，无产阶级和资产阶级之间的对立的发展，危机，结论。其中也谈到各种次要问题，最后谈到了共产主义者的党的政策中应当公开说明的那些内容。"② 由于事情关系到同盟指导思想的问题，恩格斯与马克思在赴伦敦参加代表大会的途中，在奥斯坦德会面，对党纲和其他重大问题进行详细的商讨，取得了完全一致的意见。

《共产主义原理》是继《共产主义信条草案》之后，恩格斯草拟的共产主

---

① 恩格斯：《致卡·马克思》（1847 年 10 月 25—26 日）。《马克思恩格斯全集》第 27 卷第 114 页。

② 恩格斯：《致卡·马克思》（1847 年 11 月 23—24 日）。《马克思恩格斯全集》第 27 卷第 123 页。

义者同盟纲领的第二个稿本。《原理》是在《信条》的基础上写成的。《信条》提出的 22 个问题，有一半在《原理》中保留下来，其中有些问题保留了原来的答案，有些问题则进行了改写和补充。同《信条》比较，《原理》增加了许多重要的问题，内容更加丰富，叙述更加准确，结构更加谨严。

恩格斯指出："共产主义是关于无产阶级解放的条件的学说。""社会制度中的任何变化，所有制关系中的每一次变革，都是同旧的所有制关系不再相适应的新生产力发展的必然结果。"① 资本主义私有制是手工工场和大工业发展最初阶段的必然的所有制形式。但大工业和自由竞争的发展，生产与消费之间发生尖锐的矛盾，每隔五年至七年就要发生一次经济危机。这就表明，资本主义私有制已经变成大工业的枷锁。

通过产业革命发展起来的大工业及其所引起的生产无限扩大的可能性，为消灭资本主义私有制提供了充分的条件。这就是："第一，有了资本和规模空前的生产力，并且具备了能在短时期内无限提高生产力的手段；第二，生产力集中在少数资产者手里，而广大的人民群众却愈来愈多地变成了无产者，并且资产者的财富愈是增加，无产者的境遇就愈加悲惨和难以忍受；第三，这种强大的容易增长的生产力的发展，已经大大超出了私有制和资产阶级的范围，以致经常引起社会制度极其剧烈的震动。因此，废除私有制不仅可能，而且完全必要。"②

无产阶级革命是消灭资本主义私有制的必由之路。大工业的发展，一方面使无产阶级的力量迅速壮大，另一方面又使无产阶级的不满情绪不断增长。经济危机给工人带来可怕的灾难，激起普遍的革命义愤。只有消灭旧的社会制度，建立新的社会制度，才能彻底铲除一切贫困和灾难。共产主义者不反对用和平的办法废除私有制。但是，当无产阶级的发展受到统治阶级强力的压制时，共产主义者就必须用实际行动来捍卫无产阶级的事业。

共产主义革命能不能在单独某个国家内发生呢？恩格斯认为不能。他说："共产主义革命将不仅是一个国家的革命，而将在一切文明国家里，即至少在英国、美国、法国、德国同时发生。"③ 因为当时无产阶级的力量还比较薄弱，只有各国无产阶级联合起来，共同对付资产阶级，才能取得革命的胜利；

---

① 恩格斯：《共产主义原理》。《马克思恩格斯全集》第 4 卷第 357、365 页。
② 同上书，第 366 页。
③ 同上书，第 369 页。

如果各国革命不能同时发生，单独某个国家爆发革命，就会遭到国际资产阶级的联合镇压而失败。由此可见，这个观点在资本主义处于上升时期是完全正确的。

恩格斯对未来共产主义社会作了科学的概括和描述。他说：废除了私有制的共产主义社会，将消灭私有制所造成的一切有害后果，代替它的是社会全体成员共同使用全部生产工具，由共同联合体有计划地尽量利用生产力；把生产发展到能够满足全体成员需要的规模；消灭牺牲一些人的利益来满足另一些人的需要的情况；消灭阶级和阶级对立，通过消除旧的分工，进行生产教育、变换工种等等，使社会全体成员的才能得到全面发展。

《共产主义原理》与《共产主义信条草案》比较，不仅内容更加丰富，而且理论上更加成熟。例如《信条草案》在回答"用什么方法才能实现从目前状况到财产公有的过渡？"时说："实行财产公有的第一个基本条件是通过民主的国家制度达到无产阶级的政治解放。"[①] 在《原理》中，对这个问题的回答是："首先无产阶级革命将建立民主制度，从而直接或间接地建立无产阶级的政治统治。"[②] 用"政治统治"代替"政治解放"，具有极其深刻的意义。所谓政治解放，是指资产阶级民主革命。虽然无产阶级可以从这个革命的成果中获得民主权利，但却不能保证实现消灭私有制的任务。所谓政治统治，即无产阶级直接掌握国家领导权。只有实现政治统治，才能消灭私有制，建立共产主义新社会。从这里我们可以看到马克思主义在国家问题上的一个最卓越最重要的思想，即无产阶级专政思想的萌芽。

在《共产主义原理》中，恩格斯把共产主义与无产阶级解放事业联系起来，把实现共产主义与进行无产阶级的阶级运动联系起来，并从资本主义物质生产条件说明无产阶级与资产阶级的对立，共产主义革命的必然性，无产阶级在消灭私有制、创建新社会中的作用，从而与空想社会主义划清了界限。

与当时广为流行的布朗基主义和无政府主义思潮不同，恩格斯强调革命不能随心所欲地制造，任何密谋都不但无益而且有害。废除资本主义私有制，不是一下子就能实现的。只有生产力扩大到为建立公有制所必需的程度之后，私有制才能废除。

---

① 恩格斯：《共产主义信条草案》。《马克思恩格斯全集》第 42 卷第 379 页。
② 恩格斯：《共产主义原理》。《马克思恩格斯全集》第 4 卷第 367 页。

　　恩格斯对《共产主义原理》采取的教义问答形式不太满意，认为这种形式不适合党纲的要求，因而没有提交代表大会讨论。但《原理》阐述的一切基本原则都是正确的，而且写得非常生动而明确。它清楚地表明，"把马克思和恩格斯两个人的名字作为现代社会主义创始人的名字并列在一起是很正当的。"①

　　《共产主义原理》为《共产党宣言》作了准备。当共产主义者同盟第二次代表大会委托马克思、恩格斯起草党纲时，他们在伦敦就开始研究写作方案。1847 年 12 月，两人先后回到布鲁塞尔，进一步研究《宣言》的内容、结构和表达方式，拟定《宣言》大纲。12 月底恩格斯赴巴黎。马克思大约用一个月时间写完《共产党宣言》这部伟大著作。在写作过程中，他充分利用《共产主义原理》，并且按照恩格斯的意见，采用宣言的形式而不是传统的教义问答的形式来阐述新原则。

　　《共产党宣言》的基本思想是包括社会生活在内的彻底唯物主义，其主要内容是："人类的全部历史（从土地公有的原始氏族社会解体以来）都是阶级斗争的历史，即剥削阶级和被剥削阶级之间、统治阶级和被压迫阶级之间斗争的历史；这个阶级斗争的历史包括有一系列发展阶段，现在已经达到这样一个阶段，即被剥削被压迫的阶级（无产阶级），如果不同时使整个社会一劳永逸地摆脱任何剥削、压迫以及阶级划分和阶级斗争，就不能使自己从进行剥削和统治的那个阶级（资产阶级）的控制下解放出来。"② 恩格斯非常谦虚地说，构成《宣言》核心的这个基本原理是由马克思创立的。

　　马克思、恩格斯运用唯物主义历史观分析了人类社会发展规律，指出阶级斗争是阶级社会发展的动力。自由民和奴隶、贵族和平民、地主和农奴，行会师傅和帮工，总之，压迫者和被压迫者，始终处于相互对抗的地位，不断进行有时隐蔽、有时公开的斗争。代替封建社会出现的资本主义社会，既没有消灭阶级，也没有消灭阶级对立和阶级斗争，不过使阶级关系简单化。整个社会分裂为两大敌对的阵营：资产阶级和无产阶级。资产阶级在历史上曾经起过非常革命的作用。但是它不仅锻造了置自身于死地的武器，而且造就了运用这个武器来反对自己的阶级力量。无产阶级对资产阶级的斗争，同历史上一切被压迫阶级反对压迫阶级的斗争一样，推动着社会的前进。

---

①　列宁：《马克思恩格斯通信集》。《列宁全集》第 19 卷第 562 页。

②　恩格斯：《〈共产党宣言〉1888 年英文版序言》。《马克思恩格斯选集》第 1 卷第 237 页。

　　人类社会是从低级阶段向高级阶段发展的。在封建制度解体的基础上诞生的资本主义社会，它所造成的生产力比过去世世代代总共造成的生产力还要大、还要多。这是历史的进步。但资本主义同以往一切社会制度一样，并不是永恒的社会制度，而是人类历史发展过程的一个阶段。随着社会生产力的发展，资本主义生产关系与生产力的矛盾日益尖锐，经济危机的周期重演，表明资产阶级已经没有能力驾驭这一庞大的生产力，没有办法支配自己用符咒呼唤出来的魔鬼。资本主义不能消灭危机，它用来克服危机的一切办法只能为更全面、更猛烈的危机准备条件。只有用社会主义代替资本主义私有制，才能解决生产社会化与生产资料私人占有制这个资本主义的基本矛盾，消除造成社会混乱的经济危机。由此可见，资产阶级用来推翻封建制度的武器，现在却对准资产阶级自己了。"资产阶级的灭亡和无产阶级的胜利同样是不可避免的。"①

　　随着资本主义的发展而不断壮大的无产阶级，肩负推翻资本主义旧制度和建立没有剥削、没有阶级的社会主义、共产主义新制度的伟大历史使命。无产阶级是最彻底的革命阶级。他们本身没有什么必须保护的东西。只有彻底废除私有制，摧毁压在自己头上的全部上层建筑，才能使自身获得解放。《宣言》庄严宣布：共产党人认为隐瞒自己的观点和意图是可鄙的事情。他们的目的，只有用暴力推翻资本主义社会制度才能达到；"让那些统治阶级在共产主义革命面前颤抖吧。无产者在这个革命中失去的只是自己颈上的锁链。而他们所能获得的却是整个世界。"②

　　无产阶级必须夺取政权，建立无产阶级专政，才能完成自己的伟大历史使命。《宣言》指出，工人革命的第一步就是无产阶级变成为统治阶级。1872年，马克思、恩格斯总结了巴黎公社的经验，强调指出："公社已经证明：工人阶级不能简单地掌握现成的国家机器，并运用它来达到自己的目的。"③ 必须彻底打碎资产阶级的国家机器，在建立无产阶级专政以后，"运用自己的政治统治，一步一步地夺取资产阶级所有的全部资本，把一切生产工具集中在国家手里，即集中在已组织成为统治阶级的无产阶级手里，并且尽可能更快

　　① 马克思、恩格斯：《共产党宣言》。《马克思恩格斯全集》第 4 卷第 479 页。

　　② 同上书，第 504 页。

　　③ 马克思、恩格斯：《〈共产党宣言〉1872 年德文版序言》。《马克思恩格斯选集》第 1 卷第 229 页。

地增加生产力的总量。"① 这就是说，无产阶级不仅要夺取国家政权，镇压剥削者的反抗，剥夺资产阶级的生产资料，而且要大力发展生产力，创造极其丰富的社会产品，为最终消灭阶级，实现共产主义创造条件。

在反对资产阶级、创建共产主义新社会的斗争中，无产阶级必须组成一个自觉的阶级政党。共产党人没有任何同整个无产阶级利益不同的利益。他们的理论可以用一句话概括："消灭私有制。"他们的最近目的是使无产阶级形成为阶级，推翻资产阶级的统治，由无产阶级夺取政权；最终目的是消灭阶级和阶级差别，同传统的所有制关系和传统的观念实行最彻底的决裂，建立一个生产力高度发展，以生产资料公有制为基础，在自己的旗帜上写着"各尽所能，按需分配"的共产主义社会。

消灭资产阶级，实现共产主义的伟大理想，必须依靠无产阶级的国际团结。无产阶级反对资产阶级的斗争，从形式上来看，是在民族国家的范围内进行的；但从内容来看，则是国际性的。各国无产阶级有着共同的敌人、共同的命运、共同的斗争目标。无产阶级的国际联合，是战胜互相勾结的国际资产阶级、获得自身解放的首要条件之一。"全世界无产者，联合起来！"

《共产党宣言》的手稿于1847年底寄到伦敦，第一版于法国二月革命的时候问世。《宣言》初版没有署名。1851年第一个英译本在宪章派杂志《红色共和党人》上发表时，编者在序言中第一次提到作者的名字。从此马克思、恩格斯的名字与《宣言》紧密连在一起。

《共产党宣言》问世以来，被译成世界各国文字，得到广泛传播。正如恩格斯所说："在全部社会主义文献中，《共产党宣言》是传播最广和最带国际性的著作，是从西伯利亚起到加利福尼亚止的千百万工人公认的共同纲领。"②

---

① 马克思、恩格斯：《共产党宣言》。《马克思恩格斯选集》第1卷第272页。
② 恩格斯：《〈共产党直言〉1888年英文版序言》。《马克思恩格斯选集》第1卷第236页。

第三章　革命民主派的灵魂

一　民主派的时代来到了

1848 年初，马克思、恩格斯刚刚把《共产党宣言》送到伦敦付印，欧洲各国就爆发了波澜壮阔的资产阶级民主革命运动。1 月 12 日意大利巴勒摩起义，揭开革命运动的序幕；2 月 25 日巴黎工人推翻路易·菲力浦王朝，建立法兰西第二共和国，震撼了整个欧洲；接着奥地利、普鲁士、捷克、匈牙利发生革命。整个欧洲沸腾起来了。

二月革命爆发前，法国阶级斗争十分激烈，革命一触即发。恩格斯根据自己在巴黎的亲身观察，深深感到，通过 1830 年革命取得统治权的法国资产阶级"已经彻底地老朽'无用'"[1]，正在逐渐走向灭亡。它限制出版自由，取消人民集会结社的权利，颁布各种各样的特别法来压制工人运动。但有着丰富斗争经验的巴黎工人决不进行毫无准备的起义。他们非常沉着地等待时机，积蓄力量，准备进行一次远比 1830 年"更为彻底、更为激烈的革命"。[2] 恩格斯深信，一旦阶级斗争尖锐化，人民和政府之间的冲突不可避免，法国工人就会拿起武器，从巴士底广场突破一切障碍直向土伊勒里宫前进。

革命前夕，鼠目寸光的资产阶级由于在欧洲各国到处取得战绩而得意忘形，俨然不可一世，对革命民主主义者和共产主义者采取傲慢的态度，以为他们的胜利就会最后改变世界面貌。他们高兴得太早了。恩格斯指出，资产阶级革命的胜利，只是为共产主义者开辟道路。因为，"资产者的背后到处都有无产阶级，他们有时同意资产者的愿望及资产者的部分幻想，像在意大利和瑞士那样；有时保持沉默、行动谨慎，却逐步地准备推翻资产者，像在法国和德国

---

① 恩格斯：《基佐的穷途末日·法国资产阶级的现状》。《马克思恩格斯全集》第 4 卷第 205 页。
② 恩格斯：《法国的改革运动》。《马克思恩格斯全集》第 4 卷第 401 页。

那样；有时他们公开起义反对占统治地位的资产阶级，像在英国和美国那样。"① 恩格斯强调指出：资产阶级取得反对君主专制和贵族僧侣斗争的胜利后，只能提心吊胆地享几年福，然后很快会被无产阶级打倒。不过，无产阶级从自己的阶级利益出发，对资产阶级反封建斗争还是支持的。因此，"资产者大人先生们，勇敢地继续你们的战斗吧！现在我们需要你们，我们在某些地方甚至需要你们的统治。你们应该替我们扫清前进道路上的中世纪残余和君主专制。你们应该消灭宗法制，实行中央集权，把比较贫穷的阶级变成真正的无产者——我们的新战士。你们应该通过你们的工厂和商业联系为我们建立解放无产阶级所需要的物质基础。为了奖励这一点，你们可以在王宫中欢宴，娶艳丽的公主为妻，可是别忘了'刽子手就站在门前'。"②

恩格斯是在布鲁塞尔听到法国二月革命的消息的。在此之前，他由于在巴黎德国手工业者 1847 年除夕联欢会上发表演说，被法国基佐政府驱逐出境，于 1848 年 1 月 31 日到达布鲁塞尔。2 月 25 日晚，整个布鲁塞尔处在不安和激动之中。恩格斯像所有的人一样，十分焦急地等待从巴黎来的最新消息。深夜 12 点半，到站的列车带来巴黎人民推翻路易·菲力浦王朝的喜讯。"共和国万岁！"的口号响遍全城。恩格斯为巴黎无产阶级的辉煌成就而高兴，立即奋笔疾书："我们的时代，民主派的时代来到了。在土伊勒里宫和皇家之宫燃起的火焰，是无产阶级的朝霞。现在，资产阶级的统治到处都要崩溃，被推翻。"③ 恩格斯指出："由于这次革命获得胜利，法国的无产阶级又成了欧洲运动的领袖。荣誉和光荣属于巴黎的工人们！"④ 资产阶级已经完成了自己的使命。今后的斗争，再也不是一部分资产阶级同另一部分资产阶级相对峙，而是无产阶级同资产阶级相对峙了。

二月革命震撼了整个世界，法兰西共和国的胜利是全欧洲民主派的胜利。恩格斯预言，欧洲其他国家，首先是德国，必将步法国的后尘。德国的资产者和小市民由于害怕无产阶级而表现出胆怯、犹豫和动摇。但是如果德国封建统治者把自己最大的希望寄托在资产者和小市民害怕行动的心理上，他们就大错而特错了。德国革命是不可避免的。挑起革命重担的不是胆怯的德国庸人，而是日益壮大的无产者，"他们将起来彻底结束肮脏的和摇摇欲坠的德

---

① 恩格斯：《1847 年的运动》。《马克思恩格斯全集》第 4 卷第 514—515 页。
② 同上书，第 515 页。
③ 恩格斯：《巴黎的革命》。《马克思恩格斯全集》第 4 卷第 548 页。
④ 同上。

国当局的统治，而通过激进的革命来恢复德国的荣誉"。①

　　从德国传来的消息证实了恩格斯的预言。1848 年 3 月初，德国各地发生群众性示威。3 月 9 日，恩格斯写信告诉已经到达巴黎的马克思："德国别处的消息很好。在拿骚，是一次成功的革命；在慕尼黑，大学生、艺术家和工人正在进行认真的起义；在加塞尔，革命一触即发；在柏林，是极度的恐慌和动摇；在整个西德意志，已宣布出版自由和建立国民自卫军。目前这样已经足够了。"

　　"就让弗里德里希·威廉四世仍然顽固下去吧！那时一切都赢得了，过几个月就会发生德国革命。看他敢牢牢抓住自己的封建形式不放！不过鬼才知道这个可笑而疯狂的家伙会干出什么来。"②

　　1848 年 3 月 13 日，奥地利首都维也纳爆发武装起义，推翻反动政府，奥皇被迫罢免反动首相梅特涅。3 月 18 日，柏林武装群众与反动军警发生冲突，包围王宫，迫使国王威廉第四下令撤军停战，任命大资产阶级代表康普豪森、汉泽曼组织内阁。人民革命的风暴，沉重地打击了各国封建反动势力。

　　面对风起云涌的人民革命运动，恩格斯精神振奋。从 1848 年初至 1849 年夏天，他满腔热忱地奔波于比、法、德、瑞等国，为打倒封建反动势力而冲锋陷阵，成了德国和全欧革命民主派的灵魂。

二　从布鲁塞尔到巴黎

　　二月革命爆发时，马克思、恩格斯都在布鲁塞尔。当时，比利时也出现革命危机，资产阶级准备发起争取共和国的运动。整个布鲁塞尔都在窃窃私语：国王利奥波特必须下台，只有共和国才能拯救国家。

　　为了转移人民视线，小小的比利时王国统治者竭力煽动狭隘民族主义感情，挑拨比利时人与侨居布鲁塞尔的外国人的关系，用逮捕、抄家、驱逐等等极端暴虐的方式对待德国民主主义者。2 月 28 日，马克思、恩格斯的亲密战友威廉·沃尔夫在布鲁塞尔被捕并被毒打，翌日被驱逐出境，而驱逐令竟

---

　　①　恩格斯：《三个新宪法》。《马克思恩格斯全集》第 4 卷第 533 页。
　　②　恩格斯：《致卡·马克思》（1848 年 3 月 8—9 日）。《马克思恩格斯全集》第 27 卷第 132—133 页。

是在他被捕前签署的。3 月 3 日下午 5 时，比利时政府限令马克思 24 小时内离开国境。深夜一点钟，警察搜查了马克思住所，以所谓"身份证不妥"为借口把他逮捕。马克思夫人去找著名律师、布鲁塞尔国际民主协会主席（马克思是这个团体的副主席）采取必要措施。当她回到家门时，警察竟然以"游荡罪"逮捕了她，极其粗暴无礼地把她与一群流浪女人关在一起。这些令人发指的卑劣行径，遭到比利时广大公众的强烈抗议，迫使当局于第二天释放了他们。当他们从狱中出来时，24 小时的期限已满，只好匆匆离开布鲁塞尔。

恩格斯料定比利时当局早晚会对他采取措施。3 月 5 日，他写信对英国宪章派机关报《北极星报》编辑说："我时刻都在等待着驱逐出境的命令，如果没有更坏的遭遇的话，因为谁也不能预料这个俄国式的比利时政府还会采取什么手段。我已作好准备，驱逐令什么时候下来都行。"①

即使没有驱逐令，恩格斯也已决定离开布鲁塞尔，到巴黎参加由马克思主持的共产主义者同盟中央委员会的工作。

当时，共产主义者同盟诞生不久，人数不多。同盟在德国大约有三十个小组和支部，在许多地方还有个别盟员，在国外领导着一些公开的工人教育协会。但是，"这个不大的战斗队，却拥有一个大家都乐于服从的第一流领袖马克思，并且赖有他才具备了一个至今还保留其全部意义的原则性的和策略性的纲领——'共产党宣言'。"②

由于法国爆发革命，设在伦敦的共产主义者同盟中央委员会决定将自己的职权交给马克思领导的布鲁塞尔区部委员会，以便就近指导欧洲大陆的革命运动。这个决定传到布鲁塞尔时，当地已实行戒严，不可能将盟员尤其是德国盟员加以联合；同盟领导人不是已被逮捕或被驱逐，就是随时都有被驱逐的可能；而巴黎是整个革命运动的中心；因此，布鲁塞尔中央委员会在 3 月 3 日作出决定：解散布鲁塞尔中央委员会，把中央委员会迁到巴黎；授权马克思在目前独自实现中央对同盟一切事务的领导；委托马克思亲自选择人员在巴黎成立新的中央委员会。

马克思于 3 月 5 日到达巴黎，3 月 8 日召开同盟巴黎支部会议，决定建立德国工人俱乐部；3 月 11 日在巴黎组成共产主义者同盟中央委员会。马克

---

① 恩格斯：《给〈北极星〉编辑的信》。《马克思恩格斯全集》第 4 卷第 553—554 页。
② 恩格斯：《关于共产主义者同盟的历史》。《马克思恩格斯全集》第 21 卷第 17 页。

思当选为中央委员会主席，恩格斯当选为中央委员。

1848 年 3 月 21 日，恩格斯从布鲁塞尔来到巴黎，立即参加共产主义者同盟中央委员会的活动。由于德国出现大好的革命形势，他打算只在巴黎短暂停留。

当时，马克思、恩格斯特别关心德国的运动。这不仅因为德国是他们的祖国，更重要的是他们认为德国资产阶级革命是无产阶级革命的前奏。资产阶级准备推翻政府，无产阶级则准备随后再推翻资产阶级。他们在《共产党宣言》中就已经表达了这样的观点："共产党人现在把自己的主要注意力集中在德国，是因为德国正处在资产阶级革命的前夜，是因为德国将在整个欧洲文明更进步的条件下，具有比 17 世纪的英国和 18 世纪的法国更发达得多的无产阶级去实现这个变革。所以，德国的资产阶级革命一定要成为无产阶级革命的直接序幕。"[①]

在巴黎短暂停留期间，马克思、恩格斯共同分析德国的形势，认为 3 月 18 日的革命是一个不彻底的革命，只是长期革命运动的开端；"革命的结果，一方面是人民有了武装，获得了结社的权利，实际上争得了主权；另一方面是保存了君主政体，成立了康普豪森—汉泽曼内阁，即代表大资产阶级的政府。

这样，革命就有了两种必然会背道而驰的结果。人民胜利了；他们获得了无疑是具有民主性质的自由，但是直接的统治权并没有转到他们的手中，而落入了大资产阶级的手中。

总而言之，革命没有进行到底。人民让大资产阶级的代表去组阁，可是这些大资产阶级的代表却建议和旧普鲁士的贵族、官僚结成同盟。"[②]

根据德国的现状，无产阶级必须表明自己的态度，提出把革命进行到底的纲领和策略。为此，马克思、恩格斯写了《共产党在德国的要求》。这个反映德国无产阶级在资产阶级民主革命中的具体政治、经济要求的重要文件，经共产主义者同盟中央委员会讨论通过，由全体中央委员署名发表，在德国广为流传。

同所有历史文献一样，《共产党在德国的要求》是一定历史时期的产物。它所提出的建立统一国家、实现政治民主、废除封建义务、改善人民生活的

---

① 马克思、恩格斯：《共产党宣言》。《马克思恩格斯全集》第 4 卷第 503—504 页。
② 恩格斯：《柏林关于革命的辩论》。《马克思恩格斯全集》第 5 卷第 72—73 页。

措施，反映了形势的需要，为人民群众指出了奋斗的目标。

《共产党在德国的要求》是以《共产党宣言》为依据的。两个文件贯穿着一个思想：德国资产阶级革命将成为无产阶级革命的直接序幕。从总的趋势来说，这个观点是正确的。因为资产阶级革命扫清了发展资本主义的障碍，为无产阶级革命准备了物质条件；资产阶级革命消灭了中世纪的残余，使无产阶级与资产阶级的对立和斗争成为整个社会依以旋转的轴心；因而，资产阶级反对封建制度的胜利，就是无产阶级反对资本主义制度的开始。但是，从当时的具体情况来看，无论德国或欧洲其他国家，社会经济发展状况还没有达到消灭资本主义制度的程度。很显然，这个观点过高估计了无产阶级革命的可能性，因而是不妥当的。差不多半个世纪后，恩格斯在总结这段时期革命的经验教训时指出："历史表明，我们以及所有和我们有同样想法的人，都是不对的。历史清楚地表明，当时欧洲大陆经济发展的状况还远没有成熟到可以铲除资本主义生产方式的程度；历史用经济革命证明了这一点，这个经济革命自1848年起席卷了整个欧洲大陆，在法国、奥地利、匈牙利、波兰以及最近在俄国初次真正确立了大工业，并且把德国变成了一个真正第一流的工业国——这一切都是在资本主义的基础上发生的，因此这个基础在1848年还具有很大的扩展能力。"[①] 恩格斯从客观实践出发，深刻总结历史经验，认真纠正不妥当的观点，这种实事求是的精神，为我们树立了光辉的榜样。

当共产主义者同盟中央委员会通过《共产党在德国的要求》，把这份文献拿到准备回国参加革命的德国工人中进行讨论的时候，住在巴黎的小资产阶级民主派海尔维格、伯恩施太德等人正在组织义勇军团，准备用输出革命的办法解放德国。他们的活动得到法国临时政府的支持。赖德律·洛兰和拉马丁之流的资产阶级政客，对各国革命工人怀着先天的恐惧心理，十分愿意资助工人们离开巴黎。

马克思、恩格斯坚决反对海尔维格等人把革命当做儿戏的冒险计划，认为当德国已经发生人民起义的时候侵入德国，从外面强行输入革命，实际上将对革命起着破坏作用。因此，他们说服工人不要参加义勇军团，动员工人单个地返回德国，分散到全国各地参加和领导运动。他们用这种办法送回德国的三四百名工人（其中多数是共产主义者同盟盟员）在德国革命中起了很

①　恩格斯：《〈法兰西阶级斗争〉导言》。《马克思恩格斯全集》第22卷第597—598页。

大的作用。海尔维格的义勇军团则遭到可耻的失败。

三 回到革命高潮中的德国

1848年4月5日或6日，恩格斯与马克思、德朗克一起，从巴黎动身返回德国。7日到达德国城市美因茨，11日到达莱茵省首府科伦，投入轰轰烈烈的德国革命运动。无论在《新莱茵报》编辑部，在敌人的法庭和硝烟弥漫的战场，恩格斯都表现出高度的革命热情、坚定的原则立场、卓越的斗争艺术和英勇的献身精神。

恩格斯是在革命高潮中回到德国的。3月18日柏林人民的武装起义，迫使国王下令撤军停战、召开国民议会、制定宪法、改组政府。广大人民群众欢欣鼓舞，精神振奋。高等贵族、反动军人和上层资产阶级却怀着切齿的仇恨伺机反扑。阶级斗争的形势十分紧张。

科伦是莱茵地区最大的工业城市，无产阶级力量比较集中，也是资产阶级民主派活动的中心；由于受到法国资产阶级革命的影响，享有比其他德国城市更多的出版自由。因此，马克思、恩格斯决定以科伦为基地，领导德国民主革命运动。

马克思、恩格斯认为，从当时德国的实际情况出发，无产阶级政党还不能把自己的特殊要求提到首要地位，而必须以革命民主派的旗帜进行活动，与资产阶级、小资产阶级结成反对封建专制制度的联盟。恩格斯后来回忆这段历史时说："如果我们当时不愿意这样做，不愿意站在已经存在的、最先进的、实际上是无产阶级的那一端去参加运动并推动运动前进，那我们就会只好在某一偏僻地方的小报上宣传共产主义，只好创立一个小小的宗派而不是创立一个巨大的行动党了。但我们已经不适于做沙漠中的布道者：我们对空想主义者研究得太清楚了，而我们制定的纲领也不是为的这个。"[1] 当然，这个民主派到处强调自己特殊的无产阶级性质，在政治行动上与小资产阶级民主派有着以下主要区别："第一，对于法国的运动的评价不同，民主派攻击巴黎的极端派，而无产阶级的革命者却保护他们；第二，无产阶级党宣布必须建立一个统一的、不可分割的德意志共和国，而民主派中最最激进的人也只敢把联邦共和国作为自己渴望的对象；第三，无产阶级党在一切场合都表现

---

[1] 恩格斯：《马克思和〈新莱茵报〉》。《马克思恩格斯全集》第21卷第19—20页。

了革命的勇气和行动的决心，而这却是以小资产阶级为首并主要由他们领导的党永远不会有的。"①

　　共产主义者同盟的许多盟员在德国各地运动中成了最积极、最活跃的分子，起了重大的作用，"是革命年代里推动工人阶级走向阶级自觉的力量。"②但是，由于形势的变化，同盟的组织不能担负起革命的领导责任；而且，由于有了更有效的途径来实现自己的目的，同盟的活动自行中断了。③

　　马克思、恩格斯认真分析了当时的形势，认为创办一家大型日报，是指导革命运动的最好形式。报纸的最大好处，就是可以公开表明自己的政治观点，指导各地盟员进行活动，保持与广大人民群众生动活泼的联系。因此，他们决定在科伦创办《新莱茵报》。

　　办报的计划确定后，恩格斯立即回故乡巴门筹集资金。那时无产阶级生活贫困，没有可能为报纸提供经费。资产阶级则把共产主义者当做最危险的敌人，不肯出资办报。恩格斯写信告诉马克思："很遗憾，认股的事，在这里很少希望。……我费了不少唇舌，使用了各种各样的外交手腕，仍然是不肯定的答复。……问题的实质是，在这里甚至连激进的资产者都把我们看成是他们的未来的主要敌人，不愿意把武器交到我们手里，因为我们很快会把它掉转过来反对他们自己。"恩格斯说，从他父亲那里也弄不到一点钱，老弗里德里希"宁愿叫我们吃一千颗子弹，也不会送给我们一千塔勒"。④经过恩格斯多方努力，一共为报纸推销 14 股，每股 50 塔勒。他自己也从生活费中挤出几百塔勒作为办报经费。其他地方筹到的资金也很有限。马克思克服了无数困难，并把自己得到的一笔遗产几乎全部献了出来，才使报纸得以出版。

　　恩格斯说："在每一个党、特别是工人党的生活中，第一张日报的出版总是意味着大大地向前迈进了一步！这是它至少在报刊方面能够以同等的武器同自己的敌人作斗争的第一个阵地。"⑤1848 年 6 月 1 日在科伦出版的《新莱茵报》，作为第一份革命工人政党的机关报，是革命年代德国最著名的报纸。

――――――――――

　　① 恩格斯：《德国的革命和反革命》。《马克思恩格斯选集》第 1 卷第 535 页。

　　② 梅林：《〈揭露科伦共产党人案件〉一书序言》。转引自米哈依洛夫《共产主义者同盟》第 76 页。

　　③ 参阅马克思《福格特先生》。《克思恩格斯全集》第 14 卷第 165 页。

　　④ 恩格斯：《致卡·马克思》(1848 年 4 月 25 日)。《马克思恩格斯全集》第 27 卷第 142 页。

　　⑤ 恩格斯：《就〈工人报〉改为日报一事给奥地利工人的贺信》。《马克思恩格斯全集》第 22 卷第 590 页。

该报以民主派机关报的身份活跃在德国革命舞台上，但这个民主派在各个具体场合，都强调了自己特殊的无产阶级性质。它的政治纲领有两个要点：建立统一的、不可分割的德意志民主共和国，对欧洲反动势力的主要支柱——沙皇俄国进行一场普遍的战争。

总编辑马克思是《新莱茵报》的灵魂和无可争辩的领袖。5 月 20 日到科伦参加编辑部工作的恩格斯是马克思的主要助手。恩格斯十分钦佩马克思的洞察力和坚定立场，马克思非常赞赏恩格斯的智慧和才能，经常对其他同志说："他是一部真正的百科全书，不管在白天还是黑夜，不管是头脑清醒还是喝醉酒，在任何时候他的工作能力都很强，写作和思索都极快。"他们两人互相支持、密切配合，共同分析形势，撰写最重要的社论和文章。马克思外出时恩格斯就代理总编辑工作。除马克思、恩格斯外，编辑部其他成员有：负责国内新闻栏的共产主义者同盟活动家威廉·沃尔夫；担任小品文栏编辑的德国无产阶级第一个诗人格奥尔格·维尔特；政论家恩斯特·德朗克；著名民主派诗人斐迪南·弗莱里格拉特等。由马克思、恩格斯亲自领导的这个坚强的战斗集体，在革命年代发挥了重要的作用。

四　像榴弹一样打击敌人的论文

恩格斯说："我生平曾经有两次荣幸地为报纸撰稿而完全得到了出版工作中一般所能有的两个最有利的条件：第一，绝对的出版自由，第二，深信你的听众正是你想要同他们说话的人。"头一次是 1848—1849 年革命时期为《新莱茵报》撰稿；另一次是三十年后为《社会民主党人报》撰稿。他说：在革命时期"从事办日报的工作是一种乐趣。你会亲眼看到每一个字的作用，看到文章怎样真正像榴弹一样地打击敌人，看到打出去的炮弹怎样爆炸"[1]。

在《新莱茵报》出刊的将近一年时间里，恩格斯为报纸写了大量社论、文章和通讯，充分利用自由环境中的每一天，用笔杆作武器，向封建反动势力和大资产阶级的背叛行为开火，支援欧洲各国被压迫阶级和被压迫民族的斗争，为各国革命运动指出了前进的方向。这个时期他在《新莱茵报》上发表的文章，同马克思是很难分开的。许多文章由他们两人共同研究写作，发

---

[1]　恩格斯：《给〈社会民主党人报〉的告别信》。《马克思恩格斯全集》第 22 卷第 89 页。

表时没有署名；有些文章虽然署着各自的名字，实际也是共同研究的成果，反映了两人的观点。

怎样认识三月革命后的德国形势？怎样把革命引向深入？这是摆在德国人民面前，特别是革命民主派面前的重要任务。获得政权的资产阶级认为革命已经结束，急于与反动势力进行妥协。小资产阶级民主派满足于已经取得的胜利，缺乏把革命进行到底的决心和勇气。无产阶级必须表明自己的态度。6月中旬，恩格斯在《新莱茵报》上发表一组文章，对这个重大问题作了正确的回答。恩格斯指出：三月革命的结果，一方面人民有了武装，获得了结社的权利，实际上争得了主权；另一方面保存了君主政体，成立了代表大资产阶级的政府。这就是说，人民胜利了，但直接统治权并没有转到他们手中，而落入了大资产阶级手中。总而言之，革命没有进行到底。通过人民流血牺牲而取得政权的大资产阶级，由于害怕人民，害怕工人，害怕民主，与旧普鲁士贵族、官僚结成同盟。因此，必须明确认识：这是"一个不彻底的革命"。^① 恩格斯根据反动势力日益嚣张的事实，向德国人民敲起了警钟："善良的德国人呵，你又遭到了这样的命运！你以为你完成了革命吗？错了！你以为你推翻了警察的国家吗？错了！你以为通过三月街垒向你飞来的自由结社的权利、出版自由、武装全民以及其他种种高调，现在已经有可能兑现了吗？错了，完全错了！"^② 巴士底狱还没有攻下来！必须把革命进行到底！

争取国家统一，是1848年德国民主革命的首要任务。在《新莱茵报》上，马克思、恩格斯反复阐明，建立统一的、不可分割的德意志共和国，是社会发展的客观需要，与无产阶级的利益密切相关。当国家四分五裂的时候，不仅资产阶级的发展受到严重阻碍，无产阶级也不能成长为一支强大的力量。但国家统一不能依靠颁布命令的办法，而只能依靠革命运动来实现。为了实现国家统一，必须与各邦反动势力——官僚、军阀、贵族、僧侣进行斗争，首先必须反对奥地利和普鲁士这两个德国反动势力的主要支柱。正如恩格斯所说，只有德国各个所谓的列强的崩溃，首先是奥地利和普鲁士不再继续存在，才能产生德国的统一。为了把民主革命进行到底，《新莱茵报》与三月革命后执掌政权的资产阶级进行了坚决的斗争。恩格斯指出，在普鲁士这个组

---

① 恩格斯：《柏林关于革命的辩论》。《马克思恩格斯全集》第5卷第73页。

② 恩格斯：《斯图加特和海得尔堡俱乐部被封》。《马克思恩格斯全集》第5卷第267页。

织得很好的官僚等级制度的绝对权力多年以来一直占统治地位的国家，革命胜利后比任何地方都更需要彻底更换文武官员。但以康普豪森、汉泽曼为代表的资产阶级内阁却公开维护反动王朝的利益，把整套旧官僚国家机构原封不动地保存下来。在旧官僚制度与新秩序之间，他们以"调停人"的身份出现，实际上把国家权力置于反动分子之手。他们不仅没有对反动分子进行强有力的专政，而且与反动势力进行妥协，结成同盟，背叛民主革命，为反动势力卷土重来准备了条件。

恩格斯一开始就密切注意三月革命后召开的法兰克福联邦议会和柏林国民议会的活动，他在《新莱茵报》上发表的第一篇文章就从无产阶级和革命民主派的立场阐明了议会的任务：第一，大声而公开地宣布德国人民在维也纳和柏林起义中已经夺得的主权；第二，在人民主权的基础上制定德国宪法，消除德国现存制度中一切与人民主权的原则相抵触的东西。议会必须采取必要的措施，"以便粉碎反动派的一切偷袭，巩固议会的革命基础，保护革命所夺得的人民主权不受任何侵犯。"① 但是，无论法兰克福议会还是柏林议会，都不过是一些无聊政客的清谈俱乐部。议会本来应该为国家统一和人民主权作出贡献，但实际上除了发表一些夸夸其谈的言论，通过一些无人理睬的决议以外，对实际革命运动毫无作用。议会本来应该处处以专政的办法反对腐朽政府的反动企图，可是它没有这样做，却眼睁睁地让反动军队到处横行霸道，欺压人民。这样的议会，"连革命的回声也够不上，更不用说是革命运动的中央机关了。"② 因此，决不应该对议会存在幻想。那些犯了议会痴呆症的议员，实际上成了反动势力欺骗人民的工具。

当巴黎发生六月革命的时候，《新莱茵报》是德国和欧洲高举无产阶级旗帜，坚决支持巴黎工人的唯一报纸。马克思、恩格斯的论文，给予工人阶级以极大的鼓舞。在革命过程中，恩格斯密切注视巴黎形势的发展，深刻阐明起义的性质和特点，指出这是无产阶级与资产阶级第一次大交锋，是比任何一次革命都要伟大的革命。整个社会真正分为两大敌对阵营。在这场你死我活、空前残酷的斗争面前，二月革命时期那种富有诗意的、充满迷人的幻想和诱人的谎言的团结一致消逝得无影无踪了。漠不关心的态度不再存在。每

---

① 恩格斯：《法兰克福议会》。《马克思恩格斯全集》第5卷第14页。
② 马克思、恩格斯：《法兰克福激进民主党和法兰克福左派的纲领》。《马克思恩格斯全集》第5卷第47页。

一个能够拿起武器的人不是站在街垒的这边战斗，就是站在街垒的那边战斗。

恩格斯逐日分析军事形势的变化。巴黎无产者的英雄气概、组织迅速、计划周密和同心同德使他赞叹不已。他在概括六月革命第一天的战况时写道："这是巴黎革命史上无与伦比的日子。巴黎工人孤军同武装的资产阶级、同别动队、同新组织起来的共和国近卫军、同常备军各兵种作战。他们无比英勇地坚持战斗。"① 当巴黎硝烟弥漫，革命刚刚被残酷镇压下去时，恩格斯详尽地分析了起义的经过，再次指出，在整个战斗过程中，"巴黎工人作战多么英勇，多么齐心，多么有纪律，多么有军事素养。"② 他们虽然失败了，许多优秀的战士英勇牺牲了。但历史将给他们以特殊的地位，把他们看做无产阶级第一次决战的牺牲者。

在六月革命中，无产阶级的英勇与敌人的残暴都是空前的。恩格斯无比愤怒地向全世界揭露了法国资产阶级对起义工人的刻骨仇恨和残酷镇压。他们像杀戮野兽一样地屠杀工人，无论在国民自卫军队伍和国民议会中，对起义工人没有一句同情和睦的话，相反的，只有狂暴的憎恨和冷酷的敌意。资产阶级是完全有意识地要把工人斩尽杀绝。他们的反革命暴行，彻底戳穿了所谓"博爱"的谎言。6 月 25 日晚间，当巴黎资产阶级张灯结彩庆祝胜利，而无产阶级却在呻吟和流血的时候，这个"博爱"便在巴黎所有的窗户面前烧毁了。

巴黎无产者被击败了。资产阶级刽子手卡芬雅克依据强大的优势兵力和采取残酷的镇压手段获得了胜利。但是引起革命的问题根本没有解决。六月革命表明，既然 4 万巴黎工人在同 4 倍于自己的敌人的斗争中能够取得如此重大的胜利，那么如果全体巴黎工人、全体法国工人齐心协力地一致行动起来，该有什么样的成就啊！

《新莱茵报》是欧洲各被压迫民族的辩护人。在 1848—1849 年风起云涌的民族独立运动中，马克思、恩格斯高举无产阶级国际主义旗帜，坚决反对欧洲列强对各弱小民族的侵略、掠夺和奴役，热烈支持波兰、匈牙利、意大利、捷克人民的斗争。恩格斯指出，民族矛盾是由各国统治阶级，主要是由强国统治阶级造成的。这些在国内压迫人民的统治者，为了延长专制政权的

---

① 恩格斯：《6 月 23 日》。《马克思恩格斯全集》第 5 卷第 141 页。
② 恩格斯：《六月革命（巴黎起义的经过）》。《马克思恩格斯全集》第 5 卷第 175 页。

寿命，唆使各民族互相残杀，利用一个民族压迫另一个民族。① 剥削阶级的对内政策与对外政策是一致的。他们既对外压迫其他民族，又对内剥夺人民的民主权利。无产阶级要坚决抛弃剥削阶级所煽动的民族主义情绪。恩格斯在《德国的对外政策》中指出，实现德国民主革命与支援其他国家民族独立运动的任务有着密切的联系。一个压迫其他民族的民族，本身决不能得到自由；德国将来自由的程度要看它给予毗邻民族的自由的多少而定。德国人民必须清醒地认识到：毗邻民族的自由是他们本身自由的保障。因此，德国人民要把坚决支援被压迫民族的斗争作为自己的神圣任务。

恩格斯对波兰民族独立运动十分重视。曾经三次被俄国、普鲁士和奥地利瓜分的波兰，为获得民族独立进行了长期的斗争。恩格斯认为波兰的运动对整个欧洲特别是德国革命有着重大关系，建立民主的波兰是建立民主德国的首要条件。恩格斯说："只要我们还在帮助压迫波兰，只要我们还把波兰的一部分拴在德国身上，我们自己就仍然要受俄国和俄国政策的束缚，我们在国内就不能彻底摆脱宗法封建的专制政体。"②

意大利人民为把国家从奥地利残酷压迫下解放出来的斗争精神，得到恩格斯高度的评价。他深刻总结了意大利解放斗争失败的原因，指出以撒丁国王查理—阿尔门特为代表的意大利贵族是葬送意大利解放运动的罪魁，告诫意大利人民决不要把解放事业托付给任何一位君主。为了获得解放，意大利人民应当尽快地抛弃那些自命为"解放者"的反动君主及其体制。他预言反动派的胜利是暂时的，革命将再次发生。

在二月革命影响下，匈牙利人民摆脱了奥地利的统治，建立了自己的政府，取消了政治特权，废除了封建义务。但是，奥地利统治者不甘心自己的失败。当它恢复了元气，集结了力量以后，就对匈牙利发动军事进攻。路德维希·科苏特领导人民进行武装反抗，于是进行了一场革命与反革命的战争。恩格斯十分敬佩英雄豪迈的匈牙利人民，指出"在 1793 年以后，在 1848 年的革命运动中，一个被占优势的反革命包围的民族敢于用革命的激情来对抗怯懦的反革命的狂暴，用红色恐怖来对抗白色恐怖，这还是第一次"③。他关于匈牙利战争进程的论述经常得到证实，因而大家都猜测这些文章是由匈牙

---

① 参阅恩格斯《德国的对外政策》。《马克思恩格斯全集》第 5 卷第 177—179 页。
② 恩格斯：《法兰克福关于波兰问题的辩论》。《马克思恩格斯全集》第 5 卷第 391 页。
③ 恩格斯：《匈牙利的战争》。《马克思恩格斯全集》第 6 卷第 193 页。

利军队某个高级指挥官撰写的。①

《新莱茵报》在许多文章中，大力宣传对俄战争的意义。恩格斯指出，沙皇俄国是欧洲反动势力的支柱，是德国统一的主要障碍。因此，"对俄国作战就是真正同我们过去可耻的一切进行彻底的公开的决裂，就是真正解放和统一德国，在封建制度的废墟上以及在昙花一现的资产阶级统治的基地上建立民主制度。"②

沙皇俄国不仅对内实行黑暗的农奴制度，而且为了扩张领土，竭力宣传泛斯拉夫主义，妄图建立一个由俄国统治的从厄尔士山脉和喀尔巴阡山脉直到黑海、爱琴海和亚得里亚海的斯拉夫国家。恩格斯指出，由彼得堡内阁发明的泛斯拉夫主义，按其基本倾向来说是反动的。它企图按照斯拉夫民族特征的抽象性质和所谓的斯拉夫语把各个处在文明发展极不相同阶段、利益极为对立的民族联合起来，实际上是要使工业和文明发达的地区退回到落后状态，使沙皇反动制度扩张到更大范围。这是违背社会发展的要求和各国人民利益的，"所以，泛斯拉夫主义的统一，不是纯粹的幻想，就是俄国的鞭子。"③

恩格斯对所有的敌人——进行密谋的君主国、权奸、贵族、极右派的《十字报》，对革命创造的新偶像都采取极端鄙视的态度，进行辛辣的嘲笑和讽刺。这些论述精辟、文字生动、击中要害的论文，在革命运动中发挥了巨大的作用，是无产阶级政论文章的卓越范例。

五　"我们准备为德国而战"

1848—1849 年革命时期，恩格斯不仅是用笔杆战斗的政治家，而且是群众运动的组织者。特别是在 1848 年秋天革命与反革命的激烈搏斗中，他为动员和组织群众反击日益猖獗的反革命势力发挥了极其重要的作用。

三月革命以后，德国反动势力曾经一度遭到打击。随着巴黎无产阶级六月革命的失败，德国旧封建官僚政党开始积极行动，反动军队趾高气扬，反革命势力重新集结起来对付革命。到了秋初，各政党间的关系已极其尖锐而

---

① 参阅威·李卜克内西《一个革命士兵的回忆》第 187 页。
② 恩格斯：《法兰克福关于波兰问题的辩论》。《马克思恩格斯全集》第 5 卷第 392 页。
③ 恩格斯：《匈牙利的战争》。《马克思恩格斯全集》第 6 卷第 201 页。

紧张，一场严重的冲突已成为不可避免。

斗争是从普鲁士与丹麦签订休战协定开始的。在 1848 年初革命高潮中，什列斯维希和霍尔施坦的德国人举行武装起义，反对丹麦的统治，建立临时政府，获得了一定的民主权利。普鲁士政府虽然表面上派兵援助什列斯维希和霍尔施坦，但却在战争中抓住一切机会出卖革命军队，故意让丹麦人在这支军队被分散或分开的时候把它消灭。9 月初，普鲁士政府擅自与丹麦缔结休战协定，消灭这两个公国通过斗争建立起来的革命政府和民主制宪议会，把它们交给丹麦人去统治。

德国人民坚决反对休战协定。恩格斯在《新莱茵报》发表文章，指出休战协定对德国来说是奇耻大辱，"不仅什列斯维希-霍尔施坦而且全德（除了旧普鲁士各省以外）都因这个可耻的休战协定义愤填膺。"① 《新莱茵报》连续发表恩格斯撰写的《和丹麦的休战》、《丹麦和普鲁士的休战》等文章，号召人民起来为反对休战协定而斗争。科伦人民积极响应《新莱茵报》的号召，于 9 月 7 日举行有 3000 人参加的群众大会，通过了要求法兰克福国民议会否决休战协定的呼吁书。

在此同时，柏林发生内阁与议会的冲突。普鲁士反动势力不甘心于三月革命所遭受的打击，不断进行反扑。鉴于一些反动军官对革命采取敌视态度，8 月 9 日，柏林制宪议会通过决议，要求陆军大臣命令反对立宪制度的军官辞职。汉泽曼内阁拒绝执行议会决议而垮台。9 月 7 日，内阁垮台的消息一经发表，柏林全城沸腾，人们情绪激昂，成群结队到议会大厦表示支持。国王威廉第四却违背立宪制度，阴谋解散议会，成立由反动分子参加的新政府。渴望巴黎的六月事件在柏林街头重演的普鲁士反动势力公开向人民进攻了。

马克思、恩格斯对柏林冲突十分重视，认为解散议会意味着政变。如果议会取得胜利，三月革命的成果将得到巩固；"如果国王取得胜利，组成了普鲁士亲王内阁，那么议会将被解散，结社的权利将被取消，报刊就会受到压制，就会颁布关于选举资格的法律……所有这些都是受到军事独裁、大炮和刺刀保护的"。②

9 月中旬，整个德国充满危机。恩格斯全力以赴地投身群众运动，组织

---

① 恩格斯：《和丹麦的休战》。《马克思恩格斯全集》第 5 卷第 458 页。
② 马克思：《危机和反革命》。《马克思恩格斯全集》第 5 卷第 473 页。

群众大会，发表革命演说，号召人民用自己的决心、勇气和行动，粉碎反动势力的进攻。9 月 13 日，他与《新莱茵报》编辑部其他同志一起，组织和参加了在弗兰肯广场举行的科伦群众大会，在这个有 5000—6000 人参加的大会上发表演说。大会选举了由 30 人组成的安全委员会，"作为科伦城在目前的合法政权机关中没有代表的那一部分居民的组织"。马克思、恩格斯当选为安全委员会委员。同时当选的《新莱茵报》编辑还有威廉·沃尔夫、亨利希·毕尔格尔斯和恩斯特·德朗克。选出安全委员会后，恩格斯向大会提出了致柏林制宪议会呼吁书，得到全场几千人的热烈赞同和通过。呼吁书支持制宪议会的决议，指出国王新任命的贝凯拉特内阁不能保证议会决议的执行，甚至有可能解散议会。针对这种形势，呼吁书写道：

"人民选出来协商君民之间的宪法事宜的议会，不能因单方面的行动而解散，因为这样做就意味着王权不是和议会平行，而是凌驾于议会之上：

因此，解散议会就是政变；——

我们要求：

在有人企图解散议会的时候，议员们能够执行自己的职务，即使在刺刀威胁下也不要擅离职守。"[1]

弗兰肯广场群众大会后，恩格斯深入发动各阶层人民群众，组织城市工人与近郊农民建立联系，努力把运动扩大到莱茵省其他城市。

9 月 17 日，恩格斯参加在科伦以北沃林根附近举行的一次规模更大的群众集会。参加集会的除科伦的群众外，还有来自约伊斯、杜塞尔多夫、克雷弗尔德、希特多夫、弗雷亨和莱因多夫的代表团。人们不顾警察设置的种种障碍，不顾反动军队把大炮对准科伦城的威胁，从陆路、水路汇集到大会会场。卡尔·沙佩尔当选为大会主席，恩格斯当选为大会秘书。根据恩格斯的提议，大会通过了以下决定："如果普鲁士和德国由于普鲁士政府反对国民议会和中央政权的决议而发生冲突，我们准备为德国而战，直到流尽最后一滴血。"[2]

正在这个时候，传来了法兰克福国民议会通过普鲁士与丹麦休战协议的消息。法兰克福资产阶级的代表公开背叛了人民。议会批准休战协

---

① 《民众大会和安全委员会》。《马克思恩格斯全集》第 5 卷（附录）第 591—592 页。
② 《沃林根民众大会》。《马克思恩格斯全集》第 5 卷（附录）第 596 页。

定，就是"给自己和由它所建立的所谓中央政权宣判了死刑。"① 广大群众无比愤慨，法兰克福爆发了流血的起义，人民用生命来捍卫德国的荣誉。

恩格斯早就估计到德国资产阶级的代表可能与容克贵族妥协，"宁愿含羞忍辱，宁愿做普鲁士的奴隶，也不愿意在欧洲进行革命战争。"② 因此，法兰克福国民议会的叛卖行径没有使他感到意外，只是证实了他的看法："德国的荣誉操在坏人的手中。"

9 月 20 日，恩格斯在科伦民众大会上报告了法兰克福起义的经过。根据恩格斯的报告，大会作出如下声明："1. 法兰克福的所谓国民议会的议员，除了向人民声明准备退出该会的以外，都是人民的叛徒"；"2. 法兰克福街垒战战士为祖国建立了巨大的功勋。"③ 在恩格斯带领下，与会群众向法兰克福起义者欢呼致敬。

当然，恩格斯非常清楚地了解，由于反革命势力占据绝对优势，勇敢的法兰克福起义者不可能取得胜利。因为当前爆发的每一次起义，都直接威胁着资产阶级的政治地位，间接威胁着它的社会地位，因而不仅遭到由资产阶级所掌握的有组织的官僚军事国家的反对，而且遭到武装的资产阶级的反对。总之，"社会上其他一切组织完善和武装齐全的阶级都起来反对没有组织的和武装很差的人民。"这就是人民起义接二连三地遭到失败的重要原因。

恩格斯预言，随着起义的失败，反革命会变得愈益蛮横无耻。它会宣布戒严，取消出版自由，封闭俱乐部和禁止人民集会，使人民处于奴隶的地位。但反动统治是不会长久的。无产阶级解放的时刻必将到来。

不出恩格斯所料，反动派镇压了法兰克福起义以后，就指控恩格斯和威廉·沃尔夫、亨利希·毕尔格尔斯、约瑟夫·莫尔、卡尔·沙佩尔等人"阴谋进行颠覆活动"。9 月 26 日，科伦宣布戒严，《新莱茵报》被禁止出版。9 月 30 日警察搜查了恩格斯住宅。10 月 3 日，国家检察官黑克尔发布通缉恩格斯的命令。但这一切都是徒劳的。在科伦戒严时，恩格斯已经离开普鲁士前往比利时。

---

① 恩格斯：《休战协定的批准》《马克思恩格斯全集》第 5 卷第 482—592 页。
② 恩格斯：《和丹麦的休战》。《马克思恩格斯全集》第 5 卷第 459 页。
③ 《科伦民众大会关于法兰克福起义的决议》。《马克思恩格斯全集》第 5 卷（附录）第 597 页。

六　流亡法国和瑞士

恩格斯被迫离开科伦后到达布鲁塞尔。比利时这个"模范国家"的反动政府不许他在那里停留，于 10 月 4 日把他逮捕并驱逐出境。他于 10 月 5 日到达巴黎，过了几天从巴黎徒步旅行到瑞士。

二月革命前后，恩格斯曾经两度到过巴黎。现在旧地重游，百感交集。他十分钦佩善于像最讲究的雅典享乐主义者那样地生活，又善于像最勇敢的斯巴达人那样地战斗和献身的巴黎人民。二月革命后，他亲眼目睹巴黎人民陶醉在共和国蜜月中。经过六月革命，巴黎已发生翻天覆地的变化。在这场空前残酷的阶级搏斗中，巴黎血流成河。资产阶级刽子手卡芬雅克的手榴弹把巴黎人民不可遏止的欢乐轰得烟消云散。马赛曲和进军曲的歌声沉寂了。工人们没有面包，没有武器，咬紧牙关，把仇恨藏在心里。大街上到处是警察和密探。恩格斯感慨地说："巴黎已经死了，这已经不是巴黎了。"① 这里不能久留，必须尽快离开。

恩格斯决定到瑞士去。由于身边的钱不多，只好徒步走完大约 500 公里的路程。沿途到处是葡萄园、各具特色的葡萄酒和采集葡萄的欢乐的人们。他尽情欣赏法国农村的绮丽风光，享受法国农民的盛情款待。

对恩格斯来说，经过科伦将近半年的紧张斗争，变换一下生活环境，在恬静的大自然中漫游，是很有好处的。更主要的是，这次漫长的徒步旅行，给他提供了一个深入农民群众，了解农民情绪，探索法国前途的良好机会。恩格斯发现，法国农民被束缚在一小块土地上，从事单调而紧张的劳动，过着与世隔绝的生活，因而目光短浅，对正在发生的伟大历史运动的性质和目的一无所知。资产阶级正是利用农民的弱点，说什么工人想瓜分全部财产和全部土地，以此煽动他们反对工人。在农民的心目中，路易·波拿巴是他们的偶像。恩格斯说："所有同我谈过话的农民对路易·拿破仑的热情，竟和他们对巴黎的仇恨一样强烈。这两种狂热，以及对整个欧洲的动荡局面感到毫无意识和毫无理性的困惑，这就是法国农民的全部政治。"② 法国农民占全国选民的 2/3，因此农民的政治态度对法国政局的影响不可低估。

---

① 恩格斯：《从巴黎到伯尔尼》。《马克思恩格斯全集》第 5 卷第 552 页。
② 同上书，第 563 页。

几周时间与农民的接触，对农民生活的调查研究，使恩格斯深深感到，由于农民对城市、工业和商业的种种关系毫不了解，对政治盲目无知，用农民关系的尺度去衡量复杂的历史关系，必将对无产阶级革命产生重大的消极影响。从这里，他初步认识到农民问题的重要性。

1848 年 10 月 24 日，恩格斯到达瑞士日内瓦。过了几天到达洛桑，参加洛桑工人联合会的活动。不久又移居伯尔尼。他选择伯尔尼的原因是：（1）这里离德国边境很远，德国当局无法制造借口用种种要求来麻烦瑞士政府；（2）这里作为瑞士联邦的首都，为观察联邦共和国政治活动提供了最有利的条件。

到达瑞士后，恩格斯的首要事情是与马克思和家庭取得联系。那时寒冬将至，他身无分文，衣食困难，不得不写信向家里要钱。他的双亲对他从事革命活动十分不满，竭力劝说他不要与马克思来往，不要再参加《新莱茵报》的工作。母亲甚至听信一些流言飞语，写信对他说："《新莱茵报》编辑部已经宣布说，即使你回去他们也不再接受你参与工作了。……你现在可以看清楚，你的朋友都是些什么人，你从他们那里可以期望得到什么。"恩格斯根本不理睬这种毫无根据的谎言，完全信任自己的朋友。他从马克思的来信中得悉，《新莱茵报》停刊两周后已经复刊，一些资产者股东曾经要求把恩格斯和其他流亡在外的编辑辞退，但遭到马克思的断然拒绝。马克思告诉他："至于你们的编辑职务，我这样做了：（1）在第 1 号报上就立即指明，编辑委员会原有成员不变；（2）向愚蠢而反动的股东们声明：他们可以随意把你们不再看做编辑部人员，但我有权随意付出我所要给的稿费，所以，他们在金钱上将丝毫占不了便宜。"[①] 针对流传的一些无稽之谈，马克思明确对恩格斯说："我能把你丢开不管吗？哪怕是一会儿，那也是纯粹的幻想，你永远是我的最知心的朋友，正像我希望的我是你的最知心的朋友一样。"[②] 尽管马克思当时手头十分拮据，还是尽量给恩格斯寄去一些钱，帮助他解脱困境。两位最知心朋友互通情况后，立即着手进行工作。

根据马克思的要求，恩格斯的主要工作是撰写通讯和文章。短短两个月时间，他在《新莱茵报》上发表的文章达 30 多篇。论述了瑞士、法国、匈牙利等国许多重要的政治事件。

---

① 马克思：《致弗·恩格斯》（1848 年 11 月中）。《马克思恩格斯全集》第 27 卷第 147 页。

② 同上。

　　瑞士的政治状况，是德国人民关心的问题。当时一些小资产阶级民主派主张在德国通过联邦制实现国家统一，并把瑞士作为联邦制的"模范共和国"，"幻想从莱茵河彼岸把具有大大小小的联邦委员会、国民院联邦院等等的瑞士政治制度通盘搬来……把德国变成一个幅员广大的瑞士。"① 马克思、恩格斯反对这种主张，认为在德国当时的条件下，采取联邦制共和国的国家形式实际上是继续保持国家的分散落后状态。当恩格斯在洛桑的时候，马克思就写信建议他到瑞士首都伯尔尼，希望他利用这个难得的机会，"写文章抨击联邦共和国"。② 恩格斯到伯尔尼后，旁听了瑞士议会的辩论，接触了瑞士各阶层的群众，撰写了一系列有关瑞士状况的论文。

　　恩格斯指出，瑞士这个幅员只有几百平方英里，人口不过 250 万人的小国，却有着四种不同的语言，同时存在着文明发展的不同阶段，从最先进的机器工业到地地道道的畜牧生活。在伯尔尼国民院里，那些被派来讨论全民性共同事务的社会精英，却是一群形形色色的人物，其中有身穿巴黎时装、头发梳得整整齐齐的罗曼人；有彼此极为相像的、穿便服的军官；有穿节日服装的农民和寡头政治的代表。联邦政府虽然采取一些进步措施，但并不能消除各州地方局限性的特点。国民院和联邦院的活动表明，贯穿整个瑞士政治生活的是"无穷的分散性（这是联邦共和国的必然的历史产物）、难以描述的利益的互相交错，以及在这种情况下人们所奉为指南的各种动机的不可思议的混乱。"③

　　在瑞士这个"自由的"国家里，到处都表现出目光短浅，缺乏远见。议会辩论的是一些琐碎的日常小事，各个党派都故步自封。报刊的主要特点是粗暴无礼，肆无忌惮地进行人身攻击；除此之外，就是像各党派一样以故步自封为特点。即使最激进的报纸也不敢稍稍离开自己党派所规定的故步自封的纲领，不敢批评瑞士民族故步自封方面最故步自封的东西。不过，恩格斯也发现一些办得不错的报刊。例如，主张实行民主改革，在瑞士全境实现最大限度的集中、一有可能就放弃中立政策的激进派报纸《伯尔尼报》，就受到恩格斯的好评。恩格斯也充分肯定德国革命家约·菲·贝克尔主编的《进化报》（后改名为《革命报》），因为这家遭到资产者仇视的报纸，"号召大家一

---

① 恩格斯：《国民院》。《马克思恩格斯全集》第 6 卷第 98 页。
② 马克思：《致弗·恩格斯》（1848 年 11 月 29 日）。《马克思恩格斯全集》第 27 卷第 148 页。
③ 恩格斯：《联邦法院的选举》。《马克思恩格斯全集》第 6 卷第 42 页。

定要实现新的欧洲革命。"①

像欧洲其他国家一样,瑞士工人阶级是真正的革命力量。自从 40 年代初期以来,瑞士工人有了巨大的进步。随着劳动条件的恶化和瑞士政治上的民主化,特别是自从巴黎六月革命和维也纳十月起义这些重大的欧洲革命事件发生以来,"瑞士工人愈来愈多地参加了政治运动和社会主义运动。"② 他们同情巴黎六月起义的工人和维也纳起义的战士,渴望欧洲革命大风暴冲垮小小瑞士与世隔绝的状态。

恩格斯到瑞士后,很快就与瑞士工人建立联系,参加日趋活跃的工人运动。他在洛桑参加工人联合会。不久到伯尔尼,成了当时瑞士最大的工人组织——伯尔尼工人联合会会员。1848 年 12 月 9—11 日,他"作为一个为无产阶级利益而斗争的老战士",③ 代表洛桑工人联合会出席瑞士德国人联合会伯尔尼工人代表大会,在制定大会章程中发挥重大作用。章程第一条指出:"联合总会的目的是:以社会民主主义和共和主义精神教育联合总会会员,并采取任何合法手段,谋求社会民主主义和共和主义原则及制度得到德国人方面的承认,并促其实现。"④ 当时"社会民主主义"的目标是建立社会共和国,即不仅要争取资产阶级政治解放,而且要对社会进行改造,废除生产资料私有制。这是无产阶级的要求。

在伯尔尼代表大会上,恩格斯当选为瑞士德国工人联合会中央委员,担任中央委员会书记,积极参加这个新联合会的活动。代表大会闭幕不久,他受中央委员会委托,写信给斐维联合会,回答该组织提出的问题,通报代表大会的情况;要求该组织参加已经开始的瑞士工人的集中统一行动,遵守民主集中制的组织原则;指出为了实现联合,参加联合会的各个组织必须服从多数的决议,作出一定的让步,"没有相互间的让步,我们就永远什么事情也做不成。"⑤ 在此同时,他还以中央委员会名义写信给德国三月同盟理事会,决定与这个组织进行通讯联系;但由于三月同盟是小资产阶级组织,而瑞士德国工人联合会则"赞成民主社会共和国",因而不可能建立更密切的联系。

---

① 恩格斯:《瑞士报刊》。《马克思恩格斯全集》第 6 卷第 213 页。

② 恩格斯:《新的代表机构。瑞士运动的成绩》。《马克思恩格斯全集》第 6 卷第 12 页。

③ 《洛桑工人联合会给弗·恩格斯的委托书》。《马克思恩格斯全集》第 6 卷（附录）第 681 页。

④ 转引自《马列著作编译资料》第 18 期第 77 页。

⑤ 恩格斯:《致斐维联合会》(1848 年 12 月 25 日左右)。《马克思恩格斯全集》第 27 卷第 513 页。

这封信不仅表明了工人联合会的性质，而且使我们进一步了解恩格斯在联合会活动中所起的重大作用。

虽然恩格斯在瑞士决不是"无所事事"，但远离革命风暴的中心，却使他难以忍受。1849 年 1 月初，他写信告诉马克思，表示不愿在瑞士再待下去，"即使在科伦遭到审前羁押也比待在自由的瑞士好。"① 这时科伦的形势已恢复正常，被捕的危险已经过去。因此，他于 1 月中旬结束了三个多月的流亡生活，离开瑞士重返科伦。

七　在反动派的法庭上

恩格斯离开德国期间，反动势力的活动日益猖狂。9 月份德意志联邦军队镇压了法兰克福起义。不久维也纳十月起义遭到失败。由于封建反动势力在奥地利的胜利而大受鼓舞的普鲁士容克贵族立即发动政变。11 月 1 日，普鲁士国王改组政府，任命反动分子勃兰登堡伯爵组阁，用武力强行解散国民议会。柏林实行戒严，资产阶级市民自卫团奉命交出武器，民主团体和进步报纸被封闭。君主专制制度又在普鲁士恢复了统治。

恩格斯回到科伦后，于 1 月 26 日被法院传讯。当局找不到对他进行法律追究的借口，初审法官宣布不再对他在 1848 年 9 月的活动提出控诉。

但是反动派并未放弃对恩格斯的迫害。1849 年 2 月 7 日，他不得不以被告身份出席科伦陪审法庭。同时受到控告的还有马克思和《新莱茵报》发行人科尔夫。被控的罪名是在《新莱茵报》发表的一篇文章中侮辱科伦检察长和宪兵。

事实是：1848 年 7 月 5 日，《新莱茵报》发表了马克思、恩格斯写的《逮捕》，揭露司法当局非法逮捕进步人士的暴行，指责最高检察官魏茨费尔妄图取消三月革命的成果，取消俱乐部和出版自由的反动行径。文章的结尾这样写道：

"总之，办事内阁所办的事，中间派左翼内阁所办的事就是如此，它是一个向旧贵族、旧官僚、旧普鲁士的内阁过渡的内阁。只要汉泽曼先生扮演完过渡的角色，他就会被解职。

"而柏林的左派应该懂得，只要旧政权能占据一切真正有决定意义的阵

---

① 　恩格斯：《致卡·马克思》（1849 年 1 月 7—8 日）。《马克思恩格斯全集》第 27 卷第 151 页。

地，它是能够放心地让左派在议会里获得小小的胜利和拟定大大的宪法草案的。只要在议会外解除了 3 月 19 日革命的武装，它是会在议会里大胆地承认这一革命的。

"左派总有一天会相信，当它在议会里获得胜利的时候，它在实际上却遭到了失败。德国的发展或许也需要这种对比吧。

"办事内阁在原则上承认革命，是为了在实际上达到反革命的目的"。①

这篇文章的观点，已被德国形势的发展证明正确无误。但反动派却以此为借口，多次进行传讯。在 1849 年 2 月 7 日的公开宣判会上，马克思、恩格斯作了精彩的演说，对反动派进行了审判，"用他们自己的武器来打击他们"。②

马克思在法庭上指出："报刊按其使命来说，是社会的捍卫者，是针对当权者的孜孜不倦的揭露者，是无处不在的耳目，是热情维护自己自由的人民精神的千呼万应的喉舌。"③《新莱茵报》揭露反动政府的专横、暴虐、侵犯人权和肆意妄为，不过是履行了自己作为社会捍卫者和人民喉舌的职责。因此，对《新莱茵报》的控告完全没有理由；"帝国内阁在其起诉书中把《新莱茵报》称为一切'坏报刊'中最坏的报纸。我们则认为帝国政权是一切滑稽可笑的政权中最滑稽可笑的政权。"④

恩格斯在发言中把捍卫《新莱茵报》与捍卫出版自由联系起来。他说，检察机关控告《新莱茵报》的法律根据，是在实行书报检查制度时颁布的《刑法典》的一些条文。如果这些条文仍然有效，出版自由就会完全被取消。只要报刊敢于揭露官员的暴行，就要受到法庭的追究，甚至要被判刑、罚款和剥夺公民权。在这种情况下，报刊怎么能够履行保护公民不受官员逞凶肆虐之害的职责呢？三月革命使人民获得出版自由，情况发生了根本改变。旧的法律与新的社会政治情况之间存在着明显的矛盾。在这种情况下，陪审员是抱住旧法律不放，维护反动的书报检查制度呢？还是挺身而出，根据变化了的社会政治情况对旧法律作新的解释？很显然，后一种态度是唯一正确的态度。

恩格斯指出，《逮捕》一文不是把科伦发生的违法事件看做一个孤立现

---

① 马克思、恩格斯：《逮捕》。《马克思恩格斯全集》第 5 卷第 192—193 页。
② 马克思、恩格斯：《〈新莱茵报〉审判案》。《马克思恩格斯全集》第 6 卷第 265 页。
③ 同上书，第 275 页。
④ 马克思：《对〈新莱茵报〉提出的三个诉讼案》。《马克思恩格斯全集》第 6 卷第 71 页。

象，而是看做反动派在整个德国同时进行的突然袭击的链条的一环。文章没有局限于揭露科伦的宪兵和检察机关，而是力求揭露事情的本质，分析事情的根源。文章指出的论点，已经完全为形势的发展所证实，汉泽曼已被当做多余的人而解职；地地道道的"旧贵族、旧官僚、旧普鲁士的内阁"——普富尔内阁接替了汉泽曼内阁；当左派的势力在议会内增长起来的时候，革命已被解除了武装。文章的光辉预言"左派总有一天会相信，当它在议会里获得胜利的时候，它在实际上却遭到了失败"，已经一字不差地应验。这种被证实了的政治预言，是在整个德国同时也在科伦发生的暴行中得出的结果、总结、结论。

恩格斯对陪审员说：由于我们敢于揭露确凿的事实并从中作出正确的结论，便遭到当局的迫害。这就提出了一个尖锐的问题：究竟要不要维护出版自由？要不要维护三月革命的成果？"如果禁止报刊报道它所目睹的事情，如果报刊在每一个有分量的问题上都要等待法庭的判决，如果报刊不管事实是否真实，首先得问一问每个官员——从大臣到宪兵，——他们的荣誉或他们的尊严是否会由于所引用的事实而受到损伤，如果要把报刊置于二者择一的地位：或是歪曲事实，或是完全避而不谈，——那么，诸位先生，出版自由就会完结了。如果你们想这样做，那你们就宣判我们有罪吧！"①

在马克思、恩格斯的有力驳斥下，资产阶级法官和陪审员理屈词穷，狼狈不堪，不得不当场宣布他们无罪。当法官宣布这个决定时，法庭内外旁听审判的群众向马克思、恩格斯欢呼致敬，祝贺他们的胜利。老工人列斯纳回忆当年的情景时写道："当时我以关切的心情出席了那两次开庭（另一次是2月8日针对马克思的莱茵省民主主义区域委员会审判案——引者），亲眼看到、亲耳听到黑白反动派的对方占有极大的优势，我感到万分欣慰。甚至连敌人也掩饰不住对这两个人的敬佩！"②

1885年，恩格斯在《卡尔·马克思在科伦陪审法庭面前》一书序言中，说明当时他们在陪审法庭的演说，反映了1848—1849年革命时期无产阶级的革命策略。他写道：一个共产主义者，不得不在法庭上向资产阶级陪审员们说明，他所进行的，即他成为被告的这些事情，其实是陪审员先生们即资产阶级的事情。资产阶级一方面与反革命政府发生冲突，另一方面却审判革

---

① 马克思、恩格斯：《〈新莱茵报〉审判案》。《马克思恩格斯全集》第6卷第285页。

② 列斯纳：《一个工人对弗里德里希·恩格斯的回忆》。《智慧的明灯》第6页。

命的无产阶级，这是历史的讽刺，表明了普鲁士资产阶级的软弱无能和对革命的背叛。但无产阶级支持资产阶级反对封建专制制度，决不是为了资产阶级的利益，"问题是应当由谁来统治，是纠集在专制君主制周围的社会势力和国家势力——封建大地主、军队、官僚、僧侣——还是资产阶级？正在形成的无产阶级之所以关心这一斗争，仅仅因为它将由于资产阶级的胜利而获得本身发展的场地，将在它总有一天会战胜其他一切阶级的斗争舞台上占有一席之地。"① 恩格斯强调指出，当年他们在法庭上的演说，维护了革命的观点，抛弃了反动的法制基础。这是一个革命政党的责任。在反动统治制度下，一个革命政党，决不应该在实际上和精神上受现存的所谓法制的约束，决不应该承担使现存政治制度永世长存的义务。在这里，恩格斯以1848—1849年革命时期无产阶级的立场为例子，教育处于反社会党人法统治下的德国社会民主党人，鼓励他们要敢于与俾斯麦反动政府及其反动法制进行斗争。

八　高举红色旗帜光荣退却

在1849年春天和夏天德国革命与反革命的搏斗中，恩格斯进行了多方面的活动。

作为民主派的灵魂，恩格斯积极参加科伦民主联合会的工作。当时，科伦民主联合会与工人联合会是同心协力的。马克思、恩格斯和其他工人运动活动家参加了民主联合会，马克思还是莱茵省民主主义区域委员会领导成员，使这个团体在革命时期发挥了重要作用。2月25日，恩格斯参加科伦工人和民主派举办的纪念二月革命一周年的宴会，在这次有两三千人参加的盛大集会上举杯为正在进行民族解放斗争的意大利人和罗马共和国祝酒。为纪念柏林3月18日街垒战一周年，恩格斯参加另一次规模巨大的宴会，在参加者的热烈赞同下，为巴黎六月起义的战士干杯。整个集会充满革命的气氛，许多发言者强调工人阶级在革命中的作用，表示决心为实现红色共和国而奋斗。《新莱茵报》编辑弗莱里格拉特专门为大会撰写了一首铿锵有力的诗《起床号》，表达了人们的革命情绪：

①　恩格斯：《〈卡尔·马克思在科伦陪审法庭面前〉一书序言》。《马克思恩格斯全集》第21卷第234页。

新的起义！

全面的起义！

前进，前进！

前进，前进！

前进——直到生命的最后一息！

我们高举红色的旗帜！

同马克思一样，恩格斯时刻把"工人阶级的解放"作为自己的根本任务。1848 年 4 月初回国后，他与马克思一起亲自参加和领导了刚刚兴起的德国工人运动，组织了科伦工人联合会等工人团体。

革命初期，马克思、恩格斯发动工人阶级参加小资产阶级民主协会，为争取民主革命的胜利而奋斗。经过一年的斗争实践，一方面，工人阶级的觉悟大大提高了；另一方面，小资产阶级的动摇和妥协也充分暴露出来了。这时，成分庞杂的民主协会已经妨碍革命活动的开展，建立一个由单一成分组成的工人联合会的更为严密的组织已经成为迫切的需要。因此，马克思于 1849 年 4 月退出莱茵省民主主义区域委员会。根据马克思的指示，科伦工人联合会退出德国民主协会总会。原来计划在 5 月初举行莱茵省和威斯特伐利亚工人代表大会，6 月举行全德工人代表大会，由于反革命势力的进攻而未能实现。

随着革命与反革命的搏斗日益激烈，《新莱茵报》的语调也一期比一期更加猛烈而热情。那时"每一号报纸，每一个号外，都指出一场伟大战斗正在准备中，指出了在法国、意大利、德国和匈牙利各种对立的尖锐化。特别是四、五两月间出版的号外，都是号召人民准备战斗的"。[①]

普鲁士反动政府和德国各种反动势力，对《新莱茵报》抱着敌视态度。他们使用造谣诽谤、破坏捣乱、政治迫害等种种手段，不仅未能迫使《新莱茵报》驯服，而且它的态度更加坚决，在群众中的影响更加扩大。这样，反动政府只能拿出最后的王牌：把马克思当做"外国人"驱逐出境，以此迫使《新莱茵报》停刊。

1849 年 5 月 19 日，《新莱茵报》用红色油墨出版了最后一号。马克思、

---

① 　恩格斯：《马克思和〈新莱茵报〉》。《马克思恩格斯全集》第 21 卷第 25 页。

恩格斯以编辑部名义发表的《致科伦工人》庄严宣告："《新莱茵报》的编辑们在向你们告别的时候，对你们给予他们的同情表示衷心的感谢。无论何时何地，他们的最后一句话始终将是：工人阶级的解放！"①

《新莱茵报》编辑、民主派诗人弗莱里格拉特在最后一期报纸上发表著名的《告别诗》，以无畏的革命精神宣布：

> 别了，只是并非永别，
> 他们消灭不了我们的精神，兄弟们！
> 当钟声一响，生命复临，我还要生气
> 勃勃地回到你们身边！
> ……
> 用言语和武器参加战斗！

许多年以后，恩格斯在回忆当年的情景时写道：由于反动政府有整个军团作为后盾，《新莱茵报》不得不被迫停刊，"但我们退却时携带着自己的枪支和行装，奏着军乐，高举着印成红色的最后一号报纸的飘扬旗帜……"②

九　参加维护帝国宪法运动

《新莱茵报》停刊前后，恩格斯积极参加德国维护帝国宪法运动。在德国人民与反革命势力的最后几场大搏斗中，他不仅使用批判的武器，而且直接进行武器的批判，在爱北斐特和巴登的起义队伍中英勇战斗。

由法兰克福议会于 1849 年 3 月 28 日通过的德意志帝国宪法，继续保留君主政体，具有强烈的保守性。但宪法规定德意志是统一的国家，人民享有一定的民主自由权利，在一定程度上反映了人民群众的要求。在人民群众看来，只要是向统一德国迈进一步，哪怕是很小的一步，都是朝着消灭小邦割据局面和免除不堪忍受的苛捐杂税迈进一步，因而都是值得欢迎的。但帝国宪法却遭到德国各邦反革命势力的坚决抵制和反对。普鲁士政府指责这部宪法是万恶之源。威廉第四拒绝接受帝国皇位。人民的不满情绪急剧增长，反

---

① 马克思、恩格斯：《致科伦工人》。《马克思恩格斯全集》第 6 卷第 619 页。
② 恩格斯：《马克思和〈新莱茵报〉》。《马克思恩格斯全集》第 21 卷第 25 页。

动军队做好了镇压群众的准备。5月初，恩格斯就明确指出："整个德国正处在内战前夜。"①

维护帝国宪法的起义，首先在莱茵-威斯特伐利亚工业区爆发。爱北斐特、伊塞隆、佐林根等城市的工人建筑了街垒，拿起了武器，决心同专制制度进行殊死的战斗。

恩格斯密切注意形势的发展。5月10日，他从科伦前往爱北斐特，随身带去两箱子弹。到爱北斐特后，他给安全委员会作了关于科伦局势的报告，表示希望在军事方面对起义者有所帮助。安全委员会直属军事委员会立即委派他领导修筑防御工事的工作。第二天，又委托他自行斟酌安装大炮。

在爱北斐特期间，恩格斯积极参加起义部队的军事活动。他出席军事委员会各次会议，推荐米尔巴赫担任卫戍总司令，组织工兵连，改建许多街垒，拟订了新街垒的布置计划。鉴于当时的情况，恩格斯向安全委员会建议：第一，解除由资产者掌握的市民自卫团的武装，把他们的武器分发给工人；第二，从爱北斐特四周的"中立"区内设法弄到武器，继续扩大起义并有计划地组织整个地区的防御。只有采取这些措施，才能加强工人的战斗力，使运动重新蓬勃发展起来。

恩格斯在爱北斐特的活动，得到武装工人和志愿部队的信任。但爱北斐特资产者却万分恐惧，担心恩格斯会宣布成立红色共和国。安全委员会屈服于资产者的压力，于5月14日通过决议，请求恩格斯离开本城。被这个决议所激怒的武装工人和志愿部队战士强烈要求恩格斯留下来，并保证"用自己的生命来保护他"。恩格斯为了顾全大局，向工人和战士们做了说服工作，视察了郊区的防务后，离开了爱北斐特。

5月17日，《新莱茵报》发表文章，向爱北斐特的工人们表示深切的谢意，并且指出："让那些对我们的编辑表示如此深厚的情谊和如此依恋不舍之情的贝尔格和马尔克的工人记住，现在这个运动只是另一个更重要千百倍的运动的序幕，在那个运动中涉及的将是他们工人切身的利益。这一新的革命运动将是现在这个运动的结果，而只要这个新的运动一开始，恩格斯便会——这一点工人们可以相信！——像《新莱茵报》的所有其他编辑一样，立刻出现在战斗岗位上，那时世界上再也没有任何力量能使他离开这个岗

① 恩格斯：《他们要戒严》。《马克思恩格斯全集》第6卷第585页。

位了。"①

　　恩格斯在爱北斐特起义时期的活动，给同时代人留下深刻的印象。当时有位叫阿道夫·舒尔特斯的诗人写了一首幽默诗，对这位出身于资产者家庭的"浪子"的革命精神和勇敢行为作了风趣的描述：

> 这是弗里德里希·——先生：
> 　　儿子完全不像父亲！
> 　　教区里最虔诚的父亲，
> 　　却教育出一个"上帝所诅咒的人"。
> 起初他像非洲霍屯督族人那样，
> 　　恶意地亵渎我主上帝，
> 　　后来是一个十足的过激共和党人，
> 　　在城市把街垒筑起。
> 他出现在爱北斐特：
> 　　完全像丹东-罗伯斯比尔，
> 　　如果事情不是那样反常，
> 　　他也许会博得英雄的称誉。
> 早在学校的时候，
> 　　他就在顽童中最富有才气，
> 　　让上帝降福给老——先生吧，
> 　　为他有这样一个浪子。

　　恩格斯从爱北斐特回到科伦只有几天，《新莱茵报》被迫停刊。这时，德国一些地方发生维护帝国宪法的起义，编辑们分散到各个已经起义和将要起义的地方。恩格斯与马克思一起，于 5 月 20 日来到法兰克福。他们在与民主派议员的会见中强调指出，国民议会必须支持各地起义，把巴登-普法尔茨的起义军队调到法兰克福保卫议会。当然，这些大胆的主张是软弱动摇的小资产阶级民主派先生们所不能接受的。

　　5 月 23 日，马克思、恩格斯一起来到巴登首府卡尔斯卢厄。这里已经发生革命，成立临时政府，有着现成的军队、充足的军械库、组织完备的国家

---

　　① 恩格斯：《在爱北斐特的演说》。《马克思恩格斯全集》第 6 卷第 598—599 页。

机器、充实的国库以及几乎是万众一心的居民。为了使运动取得进一步进展，马克思、恩格斯向巴登临时政府首脑布伦坦诺等人建议：利用掌握在自己手中的武装力量，把运动急速发展到黑森-达姆施塔德、法兰克福、拿骚和维尔滕堡，从正规军中派出 8000—10000 人到法兰克福，捍卫国民议会，使起义具有全德性质；在起义军所占领的一切地区废除全部封建义务，以发动广大农民参加起义；建立统一的军事和财政管理机构，发行纸币，筹集必要的资金，等等。布伦坦诺及其临时政府没有接受马克思、恩格斯的建议。这些小资产阶级民主派人物，被轰轰烈烈的群众起义吓得心惊胆战，竭力把运动限制在小市民的范围以内，阻碍运动向前发展。

马克思、恩格斯在卡尔斯卢厄停留不久，就到普法尔茨，过了几天又到宾根。他们两人在这里分手。马克思受德国民主主义者中央委员会的委托前往巴黎，恩格斯继续留在德国参加运动，决心"在这个运动中占据《新莱茵报》唯一能占据的地位——士兵的地位"①。

在巴登-普法尔茨地区，群众情绪高涨，到处响彻年轻志愿兵们的歌声：

> 为了德意志共和国的繁荣，
> 必须把那 36 个王座推翻；
> 弟兄们，无情地将它们摧毁，
> 勇敢地挺起我们的胸膛，迎向子弹！
> 为共和国捐躯，
> 这是我们伟大而光荣的命运，这是我
> 们所选定的目的！

为了不放过取得军事经验的机会，为了《新莱茵报》的荣誉，恩格斯决定参加起义部队。当时共产主义者同盟盟员维利希领导的志愿部队驻扎在欧芬巴赫，恩格斯经过种种曲折，于 6 月 13 日来到部队驻地，做了维利希的副官。

起义部队的处境十分艰难，经常要与优势的敌人进行战斗。革命战士英勇作战，共产主义者同盟盟员起了模范作用。恩格斯说，在巴登-普法尔茨志愿部队里，"无论哪个党派也无法对无产阶级的党的任何成员提出丝毫的责

---

① 恩格斯：《德国维护帝国宪法的运动》。《马克思恩格斯全集》第 7 卷第 171—172 页。

难。最坚定的共产主义者也是最勇敢的士兵。"① 共产主义者同盟活动家约瑟夫·莫尔是这些无产者中最优秀的一个。他在一次激烈的战斗中英勇牺牲了。

恩格斯在前线除了完成许多重要的任务外，先后四次直接参加战斗。他在枪林弹雨的战场上积极奋战、大胆勇猛、沉着机智，受到战友们的热烈赞扬；"所有在战火中见过他的人，很久以后都还在谈论他那种非凡的镇静和漠视一切危险的气魄。"② 他自己却非常谦虚地说："备受赞扬的冲锋陷阵的勇敢是人们能够具备的最平常的品质。子弹飞鸣简直是微不足道的事情。"③

巴登-普法尔茨起义很快被镇压下去。遭到数倍敌人包围的起义部队被迫撤入瑞士境内。恩格斯和维利希志愿部队几百名战士一起，完成了掩护整个起义部队撤退的任务以后，于 7 月 12 日作为最后一支起义部队离开德国进入瑞士。至此，"整个德国，直到边陲之地，都又暂时地落入反革命之手。"④

1848—1849 年德国和欧洲的革命失败了。沉浸在胜利中的反动派对革命者进行残酷的报复。但反动派的胜利是暂时的，更加伟大的斗争还在后头！

---

① 恩格斯：《德国维护帝国宪法的运动》。《马克思恩格斯全集》第 7 卷第 219 页。
② 爱琳娜·马克思：《弗里德里希·恩格斯》。载《摩尔和将军》第 168 页。
③ 恩格斯：《致燕妮》（1849 年 7 月 25 日）。《马克思恩格斯全集》第 27 卷第 525 页。
④ 恩格斯：《德国维护帝国宪法的运动》。《马克思恩格斯全集》第 7 卷第 232 页。

第四章 当反革命高奏凯歌的时候

一 在异乡勉强生活下去

　　1849 年夏天，欧洲大陆各国革命运动被镇压下去了。大风暴以前的"过去当权者"，又成为"现在的当权者"。法兰克福议会被强行解散，维护帝国宪法运动遭到失败，罗马共和国被颠覆，匈牙利革命在奥地利反动派和沙皇俄国的军事干涉下被彻底打垮。反动统治笼罩着德国和整个欧洲，革命人民备受灾难。1849 年 9 月，由马克思等人签署的《救济德国政治流亡者的呼吁书》指出："目前，德国在进行军事镇压的极为混乱的情况下出现了'秩序和宁静'；在死神的隆隆炮火下变成烟雾弥漫的城市废墟上恢复了'财产和人身的不可侵犯性'；军事法庭来不及把一个又一个的'叛乱者'的头颅送入坟墓；监狱已经容纳不了所有的'叛国犯'，而唯一还存在的法律就是战地军事法庭的法律，在这样的时候，成千上万的德国人无家可归，流落国外。"[1]

　　恩格斯就是被迫流落国外的一员。巴登起义失败后，他作为最后一批撤离德国的人员，于 7 月 12 日进入瑞士境内，同流亡者队伍一起在窝州度过一个月的宿营生活；后来到了洛桑，开始回顾德国维护帝国宪法运动的过程，撰写一部"关于巴登-普法尔茨滑稽剧的可笑历史"。[2]

　　像所有流亡者一样，恩格斯的生活十分困难。但这丝毫没有影响他的乐观情绪。当时同他一起流亡瑞士的威廉·李卜克内西回忆道："1849 年盛夏，恩格斯从他的'驻地'洛桑到日内瓦看望我们。……他穿着一件蓝色的上衣，这使得他那挺直的、像普鲁士人那样强壮的身躯显得更加魁梧。快乐的、炯

---

　　①　《救济德国政治流亡者的呼吁书》。《马克思恩格斯全集》第 7 卷（附录）第 595 页。
　　②　恩格斯：《致约·魏德迈》（1849 年 8 月 25 日）。《马克思恩格斯全集》第 27 卷第 534 页。

炯有神的眼睛，响亮而愉快的嗓音，诙谐风趣的谈吐，完全是一个爽朗的、热情奔放的年轻人。"① 恩格斯有着敏锐的观察力和准确的判断力，在年轻流亡者中深受尊敬。

当恩格斯流亡瑞士时，马克思的处境也不好。6 月初他以德国民主派代表的身份来到巴黎，发现这里笼罩着一片阴沉的气氛，保皇主义的反动统治比基佐时代更加无耻。虽然他声明来巴黎的目的是为了从事科学研究，但反动政府仍然对他十分惧怕，不准他在巴黎居住，决定把他驱逐到疾病流行的摩尔比安省。马克思及时识破这个变相谋杀的阴谋，决定离开法国。

恩格斯十分关心马克思的处境，认为如果马克思在巴黎不安全，可以到瑞士。但马克思决定到伦敦去。他考虑到，在瑞士不能做什么事情，而且那里很快会被严密关闭起来，并不是安全的地方。更主要的是在伦敦有希望创办一份德文杂志，可以做许多事情。他要求恩格斯立即前往伦敦。

1849 年 8 月底，马克思从法国来到伦敦，从此开始了长期的流亡生活。同年 11 月 10 日，恩格斯历尽千辛万苦，从瑞士绕道意大利，由热那亚乘船来到英国首都。时隔半年，两位亲密的战友又重新欢聚，共同战斗。

马克思到伦敦后，经济非常困难。为了清偿《新莱茵报》的债务，他把刚刚得到的一笔数量可观的遗产全部用光。恩格斯来到伦敦时，也已身无分文。但是，他们首先想到的不是自己，而是帮助广大流亡者渡过难关。为此，他们组织和领导德国政治流亡者救济委员会。从 1849 年 9 月至 1850 年 9 月，通过救济委员会从物质上帮助了流亡伦敦的饥寒交迫的革命者，减轻了他们所受的苦难；从政治上团结他们，帮助他们摆脱小资产阶级民主派的影响，把其中的优秀分子吸引到共产主义方面来。马克思、恩格斯在救济工作中大公无私，以最公平合理的方式分配救济金，获得了人们的称赞和爱戴。

尽管革命者的处境极其困难，但"任何一个革命者都不会这样轻率、这样幼稚、这样胆小，竟在反革命高奏凯歌的时候背弃革命"。② 恩格斯刚刚离开硝烟弥漫的战场，立即转入一个新的阵地，重新组织分散的革命队伍，总结革命的经验教训，为未来的革命准备条件。

---

①　威廉·李卜克内西：《一个革命士兵的回忆》第 191 页。

②　马克思：《柏林〈国民报〉致初选人》。《马克思恩格斯全集》第 6 卷第 244 页。

二　《新莱茵报·政治经济评论》

恩格斯还在瑞士的时候，马克思就写信告诉他，准备出版一份定期的政治经济刊物，主要由他们两人撰稿。恩格斯到伦敦后，立即参加这份定名为《新莱茵报·政治经济评论》刊物的筹备工作。

创办党的理论刊物，是形势的需要。第一，一场席卷欧洲的革命风暴刚刚过去，很有必要分析历史的进程，从理论上说明进行斗争的各个阶级、各个政党的性质，总结革命的经验教训。第二，为了重建共产主义者同盟，必须以科学社会主义统一盟员思想，使全盟对于革命失败的原因、今后斗争的性质、任务和策略取得一致的认识，为未来的革命做好思想准备。第三，流亡伦敦的小资产阶级民主派还在大肆活动，必须揭露他们在革命紧要关头动摇、妥协、背叛的行为，回击他们对无产阶级政党及其领袖的诽谤，反对他们妄图引诱工人离开无产阶级革命立场的阴谋，坚持工人政党的独立性。因此，创办一份党的理论刊物是十分必要的。

《新莱茵报·政治经济评论》的创刊，得到德国革命者的热烈欢迎。同盟中央要求各地盟员尽最大努力支持自己的机关报，同盟一些地方组织发动盟员推销和散发刊物。1849 年 10 月 17 日，由同盟活动家魏德迈编辑的《西德意志报》在报道该刊即将出版的消息时写道："我们满怀信心地期望，所有主张社会民主主义派的全体成员都来支持自己的开天辟地的天才领袖所创办的这个事业。"

从 1850 年 3 月至 11 月，《新莱茵报·政治经济评论》共出版六期（其中5、6 期合刊）。杂志在伦敦编辑，在汉堡印刷出版。共产主义者同盟中央委员施拉姆担任经理，负责出版事务。大部分文章由马克思、恩格斯撰写。他们除了在刊物上发表《1848 年至 1850 年的法兰西阶级斗争》、《德国维护帝国宪法的运动》、《德国农民战争》等重要著作外，还共同撰写了三篇国际述评和一些《短论》、《书评》、《声明》等。共产主义者同盟活动家威廉·沃尔夫、埃卡留斯等人也积极为刊物撰文。

在《国际述评》中，马克思、恩格斯以唯物主义历史观论证了政治革命与经济状况的关系，指出，经济危机是引起革命的原因，经济繁荣则为反革命的胜利准备条件。在系统研究欧洲各国经济状况的基础上，他们于 1850 年秋天得出了一个重要的结论：1847 年的经济危机，是 1848 年革命的重要推动力；从 1849 年夏天开始的经济繁荣，又使欧洲不可能发生真正的革命。只有在现代生产力和资本主义生产关系这两个要素互相发生矛盾的时候，革命才能发生。根据这个结论，他们改正了几个月前关于"革命一触即发"的预言，批评了那些企图以道德上的愤懑和热情的宣言人为地创造革命的空谈家。但是，他们也决不为资本主义经济繁荣的表面现象所迷惑，明确指出新的危机的来临是不可避免的，因而新的革命也是不可避免的，那种对革命前途丧失信心的悲观论调是没有根据的。

马克思、恩格斯密切注视资本主义各国生产力的发展，认为通过社会革命，改革生产和交换的方式，可以创造出新的生产力；而生产力的发展。又必将为新的社会革命准备条件。他们十分中肯地指出了加利福尼亚金矿的发现对资本主义世界的重大意义。在评论 1850 年伦敦举行的工业博览会时指出，资本主义工业的发展，已经为新社会创造了物质基础："这个博览会是集中力量的令人信服的证明，现代大工业以这种集中的力量到处破坏民族的藩篱，逐渐消除生产、社会关系、各个民族的民族性方面的地方性特点。正当现代资产阶级关系已经在各方面遭到破坏的时候，展览会在一个不大的地方展出现代工业积累起来的全部生产力，这同时也就是展示在动荡不定的社会的深层已经创造了的和正在一天天创造的建设新社会的物质。……资产阶级庆祝它的这个伟大节日的时候，正是它的整个威严快要丧失，从而将非常明显地向它证明，它所创造的力量如何摆脱它的控制的时候。"[①] 这个观点，有力地驳斥了资产阶级学者所谓资本主义制度万古长存的谬论，有着极其重要的理论和现实意义。

同小资产阶级流亡者进行斗争，是《新莱茵报·政治经济评论》的重要任务。以马志尼为首的所谓欧洲民主派中央委员会，在自己的文件中，把 1848—1849 年革命失败的原因，归结为个别领袖的争权夺利和意见分歧，否定阶级斗争的客观事实，抹杀各个政党所代表的阶级利益；他们还竭力鼓吹各个阶级的自由、平等、联合、友爱，反对无产阶级有权表达自己的特殊利益和要求，宣扬私有财产神圣不可侵犯，鼓吹通过信贷改造社会。在《国际述评》中，马克思、恩格斯对这种否认阶级斗争，宣扬改良主义的谬论进行了严厉的批判，指出马志尼等小资产阶级流亡者的主张和建议，实际上是在调和一切政党利益这个十分庸俗而露骨的暧昧态度的幌子下，掩盖着仅仅一

---

① 马克思、恩格斯：《国际述评（三）》.《马克思恩格斯全集》第 7 卷第 503 页。

个政党——资产阶级政党的利益的统治。所谓通过信贷改造社会，不过是小资产者的幻想。事实上，信贷系统目前已经普及到财产的不可侵犯性所能容许的程度，而贷款本身归根结底也不过是资产阶级财产的一种形式。由此可见，马志尼之流的言论，"是专门直接欺骗最受压迫的阶级"。

　　使我们感到特别亲切的是，在《新莱茵报·政治经济评论》上，马克思、恩格斯还对中国革命寄予极大的希望。1850年，中国刚刚发生洪秀全领导的农民起义。马克思、恩格斯正确指出，起义是由于封建主义这个社会条件和帝国主义侵略所引起的社会危机造成的。他们严厉谴责用武力侵略中国的欧洲反动分子，十分同情赤贫如洗的中国人民，指出中国这个世界上最古老最巩固的帝国已经处于社会变革的前夕，预言中国革命必将胜利。如果我们欧洲的反动分子不久的将来逃奔亚洲，最后到达万里长城，到达最反动最保守的堡垒的大门，那么他们说不定就会看见这样的字样：

RÉPUBLIQUÉ CHINOISÉ

LIBERTÉ, EGALITÉ, FRATERNITÉ

$$\left[\begin{array}{l}\text{中华共和国}\\\text{自由，平等，博爱}\end{array}\right]^{①}$$

　　马克思、恩格斯还在《新莱茵报·政治经济评论》上发表许多书评，通过批判一些资产阶级学者的谬论，具体而深刻地阐明科学社会主义的许多原理。

　　经历了革命震动的资产阶级思想家，在事件发生后不久，力图用资产阶级观点说明革命发生的原因、性质，提出预防革命的灵丹妙药，英国资产阶级作家托马斯·卡莱尔就是其中的一个。他在1850年出版的《当代评论》中，发表了许多"纯粹是胡说八道"的言论，遭到马克思、恩格斯严厉的批判。

　　马克思、恩格斯指出，卡莱尔从资产阶级唯心主义观点出发，对1848年革命大肆诬蔑，发表了大量狂怒的胡言，但他对这场革命的性质和任务完全不了解。他把清除传统的封建残余、精简国家机构、实现资产阶级自由竞争、消灭资本与劳动的对立等这些性质完全不同的东西不分青红皂白地混为一谈。

---

　　① 马克思、恩格斯：《国际述评（一）》。《马克思恩格斯全集》第7卷第265页。

这就表明他自己对历史发展和周围事物的无知。

卡莱尔对人民群众要求解放的呼声深恶痛绝。他不仅反对民主革命，而且反对普遍民主和普选权。在他看来，只有少数贵人和贤人，才能发现永恒的自然规律，组成强有力的政府，对国家进行有效的治理。这样，他就完全否认了活生生的人民群众在历史发展中的作用，暴露了自己是一个彻头彻尾的反动分子。

从唯心主义历史观出发，卡莱尔认为整个历史过程是由永远不变的自然规律所决定。一切实际的阶级矛盾和阶级斗争，就是认识了永恒自然规律的贤人和贵人与不能认识自然规律的愚人和贱人的矛盾。因此，历史上产生的阶级差别是自然的差别，整个社会应该由贵人、贤人和智者来统治。马克思、恩格斯一针见血地指出，这种谬论完全是为了维护资本家阶级的统治，"当卡莱尔……用最激烈的词句对利己主义、自由竞争、人与人间封建关系的废除、供给与需求、听之任之、棉纱的生产、现金等一再地大肆攻击之后，我们现在才恍然大悟，所有这些诡诈的主要代表人物工业资产者不仅属于可敬的英雄和天才之列，甚至是他们中的最主要的组成部分，而在卡莱尔对资产阶级关系和思想的一切攻击中都隐藏着对资产者个人的歌颂。"①

资产阶级思想家卡莱尔毫不掩饰自己对劳动人民的憎恨。他要求建立一整套关于贵人和穷人的等级制度，从贵人中找出最高贵的人，从穷人找出"坏人中的坏人"加以绞杀。按照他的逻辑，所谓"坏人中的坏人"被杀之后，另外一个又会被作为"坏人中的坏人"处死。马克思、恩格斯讽刺地写道：如果按照天才的卡莱尔的办法类推下去，那么"最后就会轮到高贵的人，更高贵的人，结果就只剩下一个最高贵的人——卡莱尔，他是恶棍的迫害者，同时也是贵人的谋杀者，他连恶棍中的高贵的东西也消灭了；剩下的这个高贵人中最高贵的人，突然变成了恶棍中最卑贱的一个，他作为这样的人便必须绞死自己"②。当然，如果所有的人都已绞杀净尽，所谓永恒的自然规律也就最后"实现"了！

剥去卡莱尔的伪装，他的整套理论实质上都是为了维护资本主义的剥削制度。正如马克思、恩格斯所说："天才的卡莱尔和任何狱卒或穷人的监视人不同的地方只是他有正直的义愤和道德的意识，他盘剥穷人只是为了把他们

---

① 马克思、恩格斯：《书评》。《马克思恩格斯全集》第7卷第309页。
② 同上书，第311—312页。

提高到自己的水平。这里我们看到，爱发高论的天才怎样在他的救世义愤之下荒唐地维护甚至加深资产者的一切丑恶。"①

马克思、恩格斯指出，二月革命不仅使天才的卡莱尔失去了天才，而且所有资产阶级"天才人物"也已陷于没落。从法国历史学家基佐在 1850 年出版的《英国革命为什么会成功？英国革命史讨论》就可以看出，"即使 ancien r'egime〔旧制度〕下最聪明的人物，即使无论如何也不能不认为是天才历史学家的人，也被致命的二月事变弄得昏头昏脑，以致完全不能理解历史，甚至完全不能理解自己过去的行动。"②

1848 年革命前，基佐承认阶级斗争是历史发展的动力；而在革命后，他却认为阶级斗争是当前时代所不能忍受的灾祸和耻辱，革命是长期的癫狂和莫大的不幸，必须用国内各个阶级的和平代替阶级斗争。他用这种观点，来否认法国二月革命的必要性，反对巴黎工人的六月起义，维护资本主义统治的秩序，使阶级统治和对工人的奴役永世长存。从基佐的小册子里，人们可以看到这个天才人物的没落。

基佐对英国历史的解释完全是唯心主义的。在他看来，英国革命之所以比法国革命顺利，是因为：第一，浸透着宗教性质，没有抛弃过去的传统；第二，不是作为破坏力量而是作为保守力量出现。马克思、恩格斯批驳了这个观点，指出基佐根本不了解英国与法国革命时期经济状况和阶级关系的区别。马克思、恩格斯指出，英国革命之所以比较顺利，是因为"资产阶级与大部分大土地所有者之间建立了长期的联盟，而这种联盟使英国革命在本质上有别于用分散土地来消灭大土地所有制的法国革命"③。

基佐企图以美化英国君主立宪制来为二月革命前的法国政策辩护，认为立宪制在英国的确立，社会的阶级对立也就终止了。这是完全错误的。马克思、恩格斯指出，正是随着君主立宪制的确立，在英国才开始了资本主义的巨大发展；凡是基佐认为充满平静安宁、田园诗意的地方，实际上正在展开极为尖锐的冲突和极为深刻的变革。英国社会的阶级矛盾达到了任何国家所未有的尖锐程度。在这里，拥有无比财富和生产力的资产阶级正遭到其力量和集中程度同样是无比的无产阶级的反对。

---

① 马克思、恩格斯：《书评》。《马克思恩格斯全集》第 7 卷第 311 页。
② 同上书，第 247 页。
③ 同上书，第 251 页。

当基佐无法用政治上的空谈来解释历史现象时，便乞灵于宗教的空谈和上帝的武装干涉。这又再次证明了，在阶级矛盾尖锐化的条件下，国王要滚蛋，资产阶级天才人物也要滚蛋！

在《评艾米尔·德·日拉丹〈社会主义和捐税〉》一文中，马克思、恩格斯对资产阶级社会主义理论作了深刻的批判。同其他资产阶级理论家一样，日拉丹为了维护资本主义制度，反对日益尖锐的无产阶级与资产阶级的斗争，鼓吹用改革税收制度来消除资本主义的弊病，建立"酷似人们所想象的人间天堂那样的制度"。

马克思、恩格斯指出：捐税并不是资本主义经济最主要的方面，捐税改革最多只能在一些次要方面改变资本主义的分配关系，但丝毫不能动摇这些关系的基础。一切有关捐税改革的讨论，其目的都是为了使资产阶级关系万古长存，使工人阶级永远处于奴隶地位。所谓捐税改革，并不是包医百病的万应药方，而是大资产阶级发财致富的手段。不管是开征新税还是取消旧税，都不会增加工人工资，而只会增加资本的利润；都不会减轻农民、手工业者和小店主的负担，而只会使大资产者在竞争中处于更有利地位。

日拉丹主张通过捐税改革，把国家变为保险公司，以消除资本主义制度的一切阴暗面，从而废除国家。这是错误的。马克思、恩格斯指出，捐税改革不能消灭资本主义制度的弊病，更不会废除国家。资产阶级所谓废除国家，在资产阶级国家里，就是要把国家权力降低到北美的国家权力的水平；在封建国家里，就是要废除封建制度，建立一般资产阶级国家；在德国，不是隐藏着畏怯地逃避直接斗争的行为，就是隐藏着瞎吹资产阶级自由，再不然就是隐藏着一些资产者对一切国家形式表示冷淡的态度。但是，"共产党人认为，废除国家的意思只能是废除阶级的必然结果，而随着阶级的废除，自然就没有必要用一个阶级的有组织的力量去统治其他阶级了。"① 因此。当资本主义关系仍然存在，社会仍然分裂为无产阶级和资产阶级的时候。企图以废除捐税去废除国家，这是十足的谬论。

总之，日拉丹的全部主张，都是为了预防"发生革命"。从这里充分暴露了资产阶级社会主义的反动性。

在另一篇《书评》中，马克思、恩格斯对当时欧洲大陆流行的密谋组织和密谋活动作了尖锐的批判，指出那些自封为革命家的密谋分子对革命理论

---

① 马克思、恩格斯：《书评》。《马克思恩格斯全集》第 7 卷第 321 页。

一窍不通，既不了解革命的条件，又不愿从事具体的革命工作，而是把革命当做儿戏。这些密谋分子要做的事情，"恰恰是要超越革命发展的进程，人为地制造革命危机，使革命成为毫不具备革命条件的即兴诗。"① 马克思、恩格斯指出，密谋分子不是革命无产阶级的代表，而是流氓无产阶级的代表。这些人生活动荡不定，经常混迹于各种可疑的人物之中，往往成为反动警察收买利用的对象，对革命起着十分有害的作用。马克思、恩格斯不仅在理论上批判了密谋活动，而且在实际斗争中坚决与密谋分子划清界限，在组织上与密谋分子割断联系。

　　《新莱茵报·政治经济评论》出刊时间很短，但却在无产阶级革命家和革命民主派人士中发生了深远的影响。1850 年 5 月 2 日，维尔特写信对马克思说："到目前为止，我已收到三期《评论》，我对这三期杂志非常满意。真的，我向你们表示祝贺。"过了几天，弗莱里格拉特在给马克思、恩格斯的信中写道："据我所知，《评论》的前三期深受欢迎，其中有些文章非常精彩。"威廉·沃尔夫从瑞士传来了对杂志的高度评价。他写信告诉恩格斯："我直接或间接地听到了对《新莱茵报·评论》的评价，感到十分痛快。尽管柏林的刀笔吏施泰因、布拉斯之流对马克思的文章百般挑剔，这些文章仍然被公认为杰出的作品，有的人是由衷地赞许，有的人是不得不承认。"

　　《新莱茵报·政治经济评论》出刊半年以后，由于资金困难，书商被德国政府所收买，把业务方面的事情搞得十分糟糕等原因，无法继续存在下去。马克思、恩格斯曾经争取把《评论》改为季刊，也未能实现。《评论》虽然存在的时间不长，但正如马克思夫人燕妮所说，它所取得的成就是巨大的。特别是《评论》首次发表的马克思的《1848 年至 1850 年的法兰西阶级斗争》，恩格斯的《德国维护帝国宪法的运动》和《德国农民战争》等闻名于世的杰出著作，使这份刊物具有不朽的价值。

三　德国维护帝国宪法运动的回顾和总结

　　《新莱茵报·政治经济评论》第 2 期发表了恩格斯的重要著作《德国维护帝国宪法的运动》。在这部根据耳闻目睹的东西写成的著作中，他详尽地分析了德国各阶级的状况及其在维护帝国宪法运动中的作用，阐述了这场斗争的

---

① 马克思、恩格斯：《书评》。《马克思恩格斯全集》第 7 卷第 321 页。

性质和起义的过程，总结了丰富的政治军事斗争的经验，是一部意义重大的、辉煌的历史杰作。

当恩格斯刚刚离开枪林弹雨的战场，一幕幕战斗的场面历历在目，对参加运动的人物记忆犹新，由剧烈的搏斗引起的内心激动还未平静下来的时候，马克思就向他提出一个要求："你现在有极好的机会就巴登-普法尔茨革命写一部历史或一篇抨击性文章。如果没有你参加这次战争，我们是不能就这种滑稽戏提出我们的看法的。你在这样做的时候可以很好地表达《新莱茵报》对民主派的总的态度。我确信这种著作会有价值。"① 根据马克思的建议，恩格斯在瑞士期间开始为《德国维护帝国宪法的运动》一书收集材料。

诚如恩格斯所说，由于所有材料既不完备又非常混乱，由于参加者的口述材料几乎都不可靠，由于已经出版的有关这次斗争的著作的作者都怀有纯粹的个人目的；而且，由于许多运动的参加者身处反动派的统治下，为了他们的安全，在叙述有关斗争时必须采取十分谨慎的态度。这些都给写作带来一定的困难。但是，作为运动的直接参加者和经常与最高司令部保持密切联系的人，恩格斯有机会看到许多事情，懂得许多事情，掌握大量几乎不为人所知的某些肮脏勾当的新材料；更重要的是，他有着足够的批判能力，不会赞成平庸的极端共和主义者的幻想，能够看透民主派首领们用大话掩盖起来的怯懦。所有这些，使他能够在 1850 年初写出一部说明整个运动性质的著作。

恩格斯指出，德国维护帝国宪法运动表明了广大人民群众对封建暴君的极度憎恨，积极参加运动。但是小资产阶级却十分软弱和动摇。它是被迫走上起义道路的。如果事情完全是它决定的话，它未必敢于进行非法的武装斗争，未必会借助火枪和石块来代替所谓的精神武器。这不仅是德国的，而且也是英、法等国小资产阶级的通病。1830 年以来的历史表明，"这个阶级在它还没有觉察出任何危险的时候，总是吹牛，爱讲漂亮话，有时甚至在口头上坚持最极端的立场；可是一旦面临小小的危险，它便胆小如鼠、谨小慎微、躲躲闪闪；一旦其他的阶级郑重其事地响应和参加由它所发起的运动，它就显得惊恐万状、顾虑重重、摇摆不定；一旦事情发展到手执武器进行斗争的地步，它为了保存自己的小资产阶级的生存条件，就预备出卖整个运

---

① 马克思：《致弗·恩格斯》（1849 年 8 月 1 日）。《马克思恩格斯全集》第 27 卷第 156—157 页。

动，最后，由于它的不坚决，一旦反动派取得胜利，它总是特别受欺骗和受凌辱。"①

在德国资本主义最发达的莱茵省，大资产阶级在开始时曾企图领导运动。但德国资产阶级比英法资产阶级怯懦得多。即使在莱茵省这个大资产阶级拥有强大经济力量的地方，当武装起义发生时，大资产阶级也像遭到五雷轰顶似的吓破了胆，很快就投向封建反动派。大资产阶级中的进步派别，运动初期曾依附小资产阶级；但只要有真正决战的可能，它便会张皇失措地退出斗争的舞台。

无产阶级是德国维护帝国宪法运动的中坚力量。它促使这个运动目标更明确、行动更有力，而且尽一切可能去掌握运动；它目光远大，决不肯被"民主派"先生们所利用；它在运动的紧要关头勇敢地拿起武器，承担了全部的战争重担。所有这些优秀品质，集中地体现在无产阶级政党及其成员身上。在巴登-普法尔茨起义部队里，无产阶级党的力量相当强大，"这个党敢于对一切其他党派这样说，无论哪个党派也无法对无产阶级的党的任何成员提出丝毫的责难。最坚定的共产主义者也是最勇敢的兵士。"②

恩格斯严厉谴责小资产阶级民主派首领布伦坦诺等人的背叛行为。在巴登起义时，布伦坦诺一开始就想法子拖住运动，出卖起义。他们不是大胆地组织人民群众，把起义的力量集中起来，通过废除封建义务来发动农民参加运动，而是尽力限制运动，尽可能使一切都转回到旧轨道上来，尽快使国家失去革命的面貌。为了达到这个反动目的，他们在政治上、军事上采取了一系列背叛革命的措施。当然，这不能用个人的品质来说明。布伦坦诺及其同伙是巴登小资产阶级的典型，代表着巴登小资产阶级的要求。这个阶级决没有彻底革命的勇气。它的最高理想就是建立一个瑞士联邦共和国式的世外桃源："渺小的、清心寡欲的人们有其小小的活动场所；以范围略加扩大了的市镇，即'州'组成一个国家；工业规模小，停滞不动，其基础是手工劳动，因而使社会状况也就同样停滞不动和萎靡不振；贫富悬殊不大，到处全是小康和中等状况；没有君主，没有皇室费，没有常备军，没有多少赋税，没有积极干预历史的活动，没有外交——只有地方上琐碎的街谈巷议和 enfami lie〔家庭的〕小小纠纷等这类的内政；没有大工业，没有铁路，没有世界贸易，

① 恩格斯：《德国维护帝国宪法的运动》。《马克思恩格斯全集》第 7 卷第 130 页。
② 同上书，第 219 页。

没有百万富翁和无产者之间的社会冲突，但是却有着一种充满虔诚笃信和君子之风的幽静而舒适的生活，适应于知足常乐的人们的要求不高的生活，在历史上无声无息的生活……"① 当发生真正的阶级斗争时，市伦坦诺之流便胆战心惊。特别是当无产阶级参加了运动，政权有可能转入无产阶级手里，私有财产的存在受到威胁时，更是惊慌失措。为了保护私有财产以及被他们视为美妙的一切东西，他们必然要背叛和出卖革命。

亲身参加爱北斐特和巴登—普法尔茨起义的恩格斯，掌握了大量第一手资料，因而有可能具体而生动地叙述武装起义的过程和历次战斗的场面，深刻地总结武装起义的经验教训，探索革命战争的规律。恩格斯反复强调下列几点的重要性：

第一，武装起义必须选择有利时机。从维护帝国宪法运动来说，起义时机是成熟的。当时国内各地群情激奋，反革命实行进攻，军阀、官僚和贵族愈来愈横行无忌，内阁中老牌自由派经常不断地干着叛卖的勾当，各邦君主背信弃义的事件一个紧接一个。反革命以迅速的步伐迫近，革命力量发展更快。巴登起义一开始就得到现成的军队、充足的军械库、组织完备的国家机器、充实的国库以及人民群众的热情拥护。从国际形势来说，法国议会斗争十分尖锐，一次大规模人民运动正在迫近；罗马共和国成功地进行了防御，反击了法国干涉者的军队；匈牙利革命军队以不可阻挡之势向前猛进，奥军被赶过了发格河和莱达河；在维也纳，人们等待着匈牙利革命军的炮声；沙皇俄国出兵干涉匈牙利，有可能把匈牙利的斗争变为欧洲的斗争。所有这些，都说明武装起义的时机已经成熟。因此，早在5月初，恩格斯就要求法兰克福议会用武力维护帝国宪法，"不惜宣布内战"。②

第二，武装起义要集中优势兵力，攻击敌人防御薄弱的地区。在爱北斐特起义时，恩格斯根据革命力量与反革命力量的具体情况，提出如下建议：一、在敌人重兵把守的要塞和城市，应该避免任何无益的发动；二、在莱茵河左岸的小城市、工业区和农村，敌军力量相当强大，起义军可能被包围，因此只能进行佯攻，以牵制敌军主力；三、应该把可以调动的力量投入莱茵河右岸地区，这里地形复杂、人口稠密，为武装起义提供了良好条件。

第三，武装起义必须得到广大群众的拥护，才能坚持下去。为此，就要

① 恩格斯：《德国维护帝国宪法的运动》.《马克思恩格斯全集》第7卷第161页。
② 恩格斯：《普鲁士给法兰克福诸君的耳光》.《马克思恩格斯全集》第6卷第550页。

实行有利于群众的政策，例如废除封建义务，直接进攻用来进行抵押贷款和抵押高利贷的活动的私人财产，使广大农民免除高利贷的盘剥，等等。只有这样，起义才能得到农民的支持。

第四，起义者必须拥有一定的武器装备和给养。在爱北斐特起义时，恩格斯就建议立即解除资产阶级的市民自卫团的武装，把武器分给工人；用强制课税的办法为武装工人提供给养，从"中立"地区设法弄到武器。这是扩大起义队伍，增强起义力量所不可缺少的。

第五，军事领导权要掌握在忠于革命和有指挥能力的人手中。巴登-普法尔茨起义时，军事领导权被一批非常无能的人所掌握，司令官施奈德毫无能耐，军官们纸上谈兵，幻想用奇迹战胜敌人。在起义部队里，每个初出茅庐的尉官，每个腰佩马刀的莽汉，每个事务人员都在对着普法尔茨的地图皱眉苦思，希望能发现一个战略上的灵丹妙药。不难想象，这会导致怎样滑稽可笑的后果。恩格斯说，在这场斗争中，除少数人外，军事领袖们不是叛徒就是愚蠢的、粗鄙的、怯懦的个人野心家。因此，"在下一次革命风暴中，凡是只能把曾任黑克尔军队的将军或维护帝国宪法运动的军官算作自己唯一的功绩的人，完全应该请他们立即退出去。"[1]

第六，要注意战争艺术，既要有勇敢精神，又不做无谓牺牲。恩格斯说，"我发现备受赞扬的冲锋陷阵的勇敢是人们能够具备的最平常的品质。子弹飞鸣简直是微不足道的小事情；在整个战役中，虽然发现不少胆怯的行为，但我并没有看到多少人在战斗中畏缩不前。而'蛮勇举动'却不知有多少！"[2]这种蛮勇举动是应该避免的。

德国维护帝国宪法运动不可避免地失败了，但恩格斯认为，运动还是取得了重要的成果。第一，它使局势简单化了。由于资产阶级、小资产阶级已背叛革命，今后或者是封建官僚君主制专政，或者是通过真正的革命建立无产阶级的全面统治。第二，运动的失败说明小资产阶级民主派已经不能领导民主革命。只有无产阶级才能担当资产阶级民主革命的领导责任。这次运动的经验对无产阶级是极其宝贵的。在未来的革命中，无产阶级必须把领导权牢牢掌握在自己手里。

最后，恩格斯指出，一幕流血的滑稽剧已经结束，愚蠢和叛卖行为使它

---

① 恩格斯：《德国维护帝国宪法的运动》。《马克思恩格斯全集》第 7 卷第 234 页。
② 恩格斯：《致燕·马克思》(1849 年 7 月 25 日)。《马克思恩格斯全集》第 27 卷第 525 页。

最后遭到失败。嗜血成性的反革命势力的残酷镇压使运动得到悲剧性的结局。恩格斯愤怒谴责普鲁士反动派令人发指的罪行，无情鞭挞对运动的失败负有罪责的叛徒，热烈歌颂为革命献身的志士，满怀激情地写道："在行军中，在战场上不止一次地惊慌失措的战士们在拉施塔特监狱的牢房里就义时却很英勇从容。他们之中没有一个人求饶，也没有一个人发抖。"人民将永远记住血的教训，他们"不会忘记拉施塔特的执行枪决的刑场和监禁囚徒的牢房；他们不会忘记那些下达这些令人发指的命令的统治者，同时也不会忘记那些因自己的怯懦而导致这样恶果的叛徒——卡尔斯卢厄的和法兰克福的所有布伦坦诺之流的人物"①。

四　研究德国农民战争的启示

1850 年夏天，恩格斯完成另一部重要著作《德国农民战争》。这部刊载于《新莱茵报·政治经济评论》第 5、6 期合刊号上的著作，利用进步历史学家威廉·齐美尔曼《德国农民战争史》的材料，通过分析 300 年前一次伟大农民战争，论述了 1848—1849 年革命时期同样碰到的许多重要问题。

恩格斯指出，1525 年德国农民战争所反对的敌人，大部分也是 1848 年革命的对象。他运用唯物主义历史观，对 16 世纪初期德国的社会经济状况和错综复杂的阶级矛盾进行深入的分析，说明德国工业在 14 世纪和 15 世纪虽然有了显著进步，但 16 世纪时无论工业或农业仍然十分落后。在封建农奴制度下，农民遭受种种可怕的压迫和剥削。压在他们头上的是整个社会阶层：诸侯、官吏、贵族、僧侣、城市贵族和市民。他们被当做牛马，甚至比牛马还不如，除了以绝大部分时间在主人田庄上劳动外，剩下来归自己支配的劳动时间的所得还必须用来缴纳什一税、地租、杂捐、赋税、战争税、本邦税、帝国税等等。主人可以任意打死农民，用"割鼻"、"挖眼"、"车裂"、"火焚"等毒刑折磨他们。这种情况，必然引起农民的反抗和斗争。

封建统治阶级对农民的压迫和剥削，往往披上一层神圣的外衣。教育也渗透着神学的性质。要反对封建制度，就必须反对教会统治。正如恩格斯所

---

① 恩格斯：《德国维护帝国宪法的运动》。《马克思恩格斯全集》第 7 卷第 235 页。

说，宗教战争实质上是有着十分明确物质利益的阶级斗争。如果说这许多次阶级斗争是在宗教的标志下进行的，如果说各阶级的利益、需要和要求都还隐蔽在宗教的外衣之下，这只能用时代的条件来解释。① 由此可见，把这场激烈的阶级搏斗归结为"神学上的争论"是完全错误的。

《德国农民战争》用大量事实说明，以路德为代表的市民反对派，在伟大农民战争中扮演的角色，与他们的后代门徒资产阶级立宪派在1848—1849年扮演的角色完全相同。中世纪市民要求廉价的教会，19世纪资产阶级要求廉价的政府。路德在从事活动的最初阶段曾经发表了激烈的革命言论，号召人们"运用百般武器来讨伐教皇和僧侣"，但是当革命的烈火在德国大地上燃烧起来的时候，这位托庇于萨克森选帝侯保护之下的维登堡名教授，这位一鸣惊人声势显赫的伟大人物却背叛了下层人民，倒向贵族和诸侯。1848年自由派资产阶级也是如此。革命前夕，他们还自命为社会主义者和共和主义者，热衷于工人阶级解放事业。当革命高潮到来时，他们立即与反动派妥协，出卖人民。由此可见，"路德在1517年到1525年这几年间所经历的转变，恰恰就是现代德国君主立宪派从1846年到1849年所经历的转变，恰恰就是一切资产阶级党派经历的转变。资产阶级党派总是在领导运动时，一转眼就被站在它背后的平民党派或无产阶级党派抛到后面去了。"② 历史清楚地表明，"1848年和1849年到处叛变的那些阶级和那些阶级中的某些集团，其实早在1525年就已经是叛徒了，不过当时是在较低的发展阶段而已。"③ 16世纪市民阶级和19世纪资产阶级的背叛，是造成德国两次强大人民运动失败的主要原因。

如果说，市民反对派是资产阶级立宪派的前身，那么平民革命家闵采尔却是无产阶级的萌芽的代表人物。他攻击宗教的一切主要论点，否认圣经是正确无误的启示，认为天堂非在彼岸，地狱根本不存在，信徒的使命就是要在地上建立天国。他要求消灭阶级差别，消灭私有财产，消灭高高在上统治人民的国家政权，实行最完全的平等，用武器去推翻和消灭阻碍在世上建立天国的诸侯和贵族。这个被恩格斯称为接近于共产主义的纲领，"与其说是当时平民要求的总汇，不如说是对当时平民中刚刚开始发展的无产阶级因素的

① 参阅恩格斯《德国农民战争》。《马克思恩格斯全集》第7卷第400页。
② 恩格斯：《德国农民战争》。《马克思恩格斯全集》第7卷第406页。
③ 同上书，第385页。

解放条件的天才预见。"① 当然，要实现他的理想，无论当时的运动或整个的世纪，条件都还不成熟。他所代表的阶级刚刚形成，根本没有能力去推翻和改造整个社会；他所幻想的社会变革，不仅由于缺乏必要的物质条件而根本不能实现，而且当时的物质条件正好准备着发展资本主义这个和他所梦想的社会制度恰好相反、贫富更加对立的社会。尽管如此，他的理想和计划，仍然使后代惊叹不已。

1525 年农民战争的目标：清除封建统治和实现国家统一，仍然是 1848 年德国革命的任务。300 年来，德国社会经济状况的发展变化十分缓慢。国家的分裂，根深蒂固的封建统治，是德意志民族落后于欧洲其他文明民族的重要原因。16 世纪农民战争未能完成这个任务，1848 年革命也以失败告终。但是，社会的矛盾没有解决，引起革命的原因仍然存在。因此，反封建的斗争必须继续进行。

在《德国农民战争》中，恩格斯十分强调 1525 年和 1848 年两次德国革命给人们提供的经验教训。其中特别突出的是：第一，必须建立集中统一的国家，反对地方狭隘性。无论 1525 年或 1848 年，参加革命的阶级的地方狭隘性，严重束缚着运动的发展，妨碍革命目标的实现。因此，"谁要是在 1525 年和 1848 年两次德国革命及其结局之后还会梦呓联邦共和国，那么他没有别的去处，只配送到疯人院里去。"② 第二，农民必须与工人联合起来。两次德国革命表明，市民反对派及其后代门徒资产阶级立宪派是革命的叛徒，而农民自己又没有能力单独担负革命的任务，只有与工人阶级紧密联合，才能从封建主义的桎梏下解放出来，也才能彻底摆脱资本主义和一切剥削阶级的统治。贯穿《德国农民战争》全书的关于工农联盟的思想，有着巨大的革命意义。第三，必须揭露资产阶级伪装同情劳动人民的甜言蜜语，粉碎他们争夺群众，把革命引入歧途的阴谋。所有这些，对德国革命是十分有益的。

恩格斯也明确指出，虽然 1525 年和 1848 年的革命非常类似，它们却有本质的区别。1525 年，与处在萌芽状态的资本主义经济相适应，现代无产阶级也处在萌芽状态；1848 年，资本主义经济不仅在英、法等国建立了牢固的基础，在德国也有很大发展；同资本主义的发展相适应，现代无产阶级已经

---

① 恩格斯：《德国农民战争》。《马克思恩格斯全集》第 7 卷第 414 页。
② 同上书，第 482 页。

成为一支强大的力量。1525 年的革命是一次德国地方事件；1848 年德国革命却是伟大的欧洲事件的一部分，它不仅反对封建主义，而且要把民主革命进行到底，为无产阶级社会主义革命创造条件。1525 年革命失败后，农民继续遭受了 300 年的封建统治；1848 年革命虽然失败，但站在胜利了的封建贵族背后的是大资产阶级，而站在大资产阶级背后的是无产阶级。无论封建贵族或大资产阶级的统治都不会长久。

恩格斯写作《德国农民战争》的一个重要目的，是为了发扬德意志民族的革命传统。1848 年革命失败后，到处出现了消沉情绪。在这种情况下，回顾德国伟大的农民战争，把闵采尔等优秀农民革命家顽强而坚韧的形象重新展示于德国人民面前，是很合时宜的。为此，恩格斯以大量篇幅，十分详尽地叙述了农民们前仆后继、英勇战斗、流血牺牲的可歌可泣事迹，热情歌颂闵采尔等农民领袖"以生平的大无畏精神从容就义"[1] 的革命品质，高度赞扬遭受无数磨难而坚持斗争的南德农民，十分激动地写道："南德的农民，坚忍不拔，从 1493 年起，密谋造反，历时 30 年之久，把他们因驻地分散而造成的种种困难都一一克服，并在无数次溃散，失败，首领被杀之后，总是再接再厉重整旗鼓，直到最后大规模起义的机会到来——这样顽强坚忍，实在令人敬佩。"[2]

五　把分散的革命力量重新组织起来

在 1848—1849 年革命时期，共产主义者同盟胜利地经受了考验。虽然同盟作为一个组织的活动已经自行中断，但许多盟员积极参加了运动，无论在报纸上、街垒中和战场上，他们都站在唯一坚决的阶级即无产阶级的最前列。同盟的纲领《共产党宣言》以及《共产党在德国的要求》等文件所阐述的无产阶级革命理论和策略，已被实践证明完全正确。1849 年夏天，革命遭受了失败。马克思、恩格斯认为失败是暂时的，新的革命高潮即将到来；因而他们到达伦敦后，立即进行恢复同盟的工作，努力把分散的革命力量重新组织起来。

还在 1848 年冬天，沙佩尔、莫尔、鲍威尔、埃卡留斯等人在伦敦建立

---

[1]　恩格斯：《德国农民战争》。《马克思恩格斯全集》第 7 卷第 472 页。

[2]　同上书，第 425 页。

了共产主义者同盟新的中央委员会，修改了同盟章程，用"建立统一的不可分割的社会共和国"这个含糊的要求代替同盟第二次代表大会正式通过的盟章中关于"推翻资产阶级政权，建立无产阶级统治，消灭旧的以阶级对抗为基础的资产阶级社会和建立没有阶级、没有私有制的新社会"的明确目的。1849年春，沙佩尔、莫尔等先后回到德国，进行重建同盟的尝试。马克思、恩格斯认为当时重建同盟的条件还不成熟，修改后的同盟章程"原则性的条款软弱无力"，① 不能接受。重建工作没有取得任何积极成果。

1849年底以前，共产主义者同盟的活动陷于停顿。在运动中，一些盟员光荣牺牲，许多盟员被捕入狱；有的人脱离运动，有的人由于地址变动和其他原因与组织失去联系；还有不少地方组织和盟员认为，秘密结社的时代已经过去，现在只要进行公开活动就行了，因而削弱以致断绝与同盟中央的联系。同盟这个从前坚强的组织大大削弱了。

经过1848—1849年革命斗争考验的许多优秀盟员，迫切要求改变组织涣散状况。同盟积极活动家列斯纳在1849年11月5日写信给鲍威尔，向他报告科伦支部的工作，询问有关同盟组织的情况，要求同盟中央给予必要的指示。他说："我是根据这里支部的委托给你写信的。我们问您，同盟是否还存在？它是否还要改组？请尽快写信通知我们，好让我们知道我们的处境如何，以及我们应当做什么。我们还在定期聚会，我们是按照在我们看来最适合于当前情况的做法而行动的。此外，每周我们都召开十人到十二人的小组会，我们把在同盟中工作最努力的、最优秀的盟员派去参加。当同盟重新巩固起来的时候，我们很快就会找到所有我们需要的人。不过，我们认为，您那里或许有了一个新的组织，或者这个组织正在建立中，这样，我们很快地便会得到详细的说明了。"②

马克思、恩格斯到伦敦后，很快着手改组同盟。1849年9月，马克思在伦敦重建同盟中央委员会。当时还在瑞士的恩格斯被选为中央委员。他在11月到伦敦后，立即投入改组同盟的工作。参加中央委员会的还有鲍威尔、埃卡留斯、普芬德、维利希和施拉姆等人；沙佩尔在1850年夏天到伦敦后也被选进中央委员会。

---

① 《1850年9月15日的中央委员会会议》。《马克思恩格斯全集》第8卷（附录）第636页。
② 转引自康捷尔编《马克思恩格斯和第一批无产阶级革命家》第144页。

　　为了使工人政党尽量有组织地、尽量一致地和尽量独立地行动起来，马克思、恩格斯认为必须从理论上认真总结 1848—1849 年革命的经验教训，统一盟员的思想。为此，他们在 1850 年春创办了《新莱茵报·政治经济评论》，起草了《中央委员会告共产主义者同盟书》，为改组同盟做了大量工作。

　　马克思、恩格斯在 1850 年 3 月底起草的第一个《中央委员会告共产主义者同盟书》（以下简称《告同盟书》）中，分析了同盟的状况，阐述了革命的形势和任务，提出了无产阶级党在即将来临的革命中的策略，是一份极其重要的文件。

　　《告同盟书》用唯物主义历史观分析了德国革命的性质。马克思、恩格斯指出，1848—1849 年的革命，由于资产阶级的背叛和小资产阶级的动摇妥协而失败。革命的任务一个也没有完成。即将来临的革命仍然是资产阶级民主革命，而不是无产阶级社会主义革命。实现国家统一仍然是革命的首要任务。无产阶级必须坚持建立统一的、不可分割的共和国，反对以地方自治的联邦制代替中央集权制，因为革命活动只有在集中的条件下才能发挥自己的全部力量。虽然工人阶级不可能提出纯粹共产主义的措施，但是应当迫使取得胜利的资产阶级尽可能多地触动资产阶级社会各个方面的制度，为未来社会主义革命创造条件。

　　为了制定无产阶级革命策略，必须了解德国社会各个阶级的状况及其对待革命的态度。《告同盟书》指出，德国资产阶级虽有反封建的要求，但却极端敌视无产阶级；在革命运动中，他们宁愿与封建反动势力结成联盟，而不愿依靠人民的力量；只要一旦掌握政权，他们就会利用这个政权来反对工人，迫使工人回到从前被迫害的地位。德国小资产阶级希望建立资产阶级民主共和国，消灭农村封建制度，消除大资本对小资本的压迫；但他们并不要求改变资产阶级剥削，只企图在保持资产阶级剥削制度的基础上进行一些改良；只要实现上述要求，他们便赶快结束革命，害怕由于革命继续前进而影响他们的地位；总之，他们根本不愿为革命无产者的利益而变革整个社会，只是想使现存社会尽可能让他们感到满意和舒服。德国无产阶级不以完成民主革命为满足，决心"不间断地进行革命，直到把大大小小的有产阶级的统治都消灭掉，直到无产阶级夺得国家政权，直至无产者的联合不仅在一个国家内而且在世界一切占统治地位的国家内都发展到使这些国家的无产者之间的竞争停止，至少是直到那些有决定意义的生产力集中到了无产者手里的时候为止。对我们说来，问题不在于改变私有制，而在于消灭私有制，不在于掩盖阶级矛盾，而在于消灭阶级，不在于改良现存社会，而在于建立新社会"①。

无产阶级必须吸取 1848—1849 年的经验教训，不应该充当资产阶级民主派随声附和的合唱队，不要再像 1848 年那样受资产阶级利用和做资产阶级尾巴，而必须"认清自己的阶级利益，尽快地采取自己独立政党的立场，一时一刻也不要……离开无产阶级政党保持独立组织的道路"②。根据德国当时的条件，无产阶级必须有秘密的和公开的组织。同盟的地方组织必须建立不受资产阶级影响的公开的工人联合会，使自己每一个支部变成工人联合会的中心和核心。

在资产阶级民主革命中，无产阶级与资产阶级结成同盟是必要的。但是《告同盟书》强调指出，无产阶级必须处处坚持自己独立的阶级利益，提出特殊的政治要求，建立工人政府，拥有和保持自己的武装力量，组成独立的无产阶级近卫军，对于解除工人武装的企图予以武装回击。

《告同盟书》提醒全体盟员，农村是无产阶级与资产阶级激烈争夺的场所。资产阶级力图在消灭封建制度后扶植农村资本主义势力，把农村变成私有制的巩固基地。无产阶级为了自己和广大农民的利益，必须坚决反对资产阶级在农村发展资本主义的意图，要求把没收下来的封建地产变为国家财产，变成工人农场，由联合起来的农村无产阶级利用大规模农业的一切优点进行耕种。这样，在资产阶级所有制关系发生动摇的情况下，就能为公有制原则提供巩固的基础。

马克思、恩格斯指出，无产阶级为了达到自己的最后胜利，必须认清自己的阶级利益，采取独立政党的立场。为实现共产主义伟大目标的无产阶级决不允许丧失无产阶级的革命原则，决不能够在革命的征途中停滞下来，决不应该为一时的胜利所迷惑，而必须把革命推向前进。无产阶级的战斗口号是：不断革命！

1850 年 3 月底，共产主义者同盟中央委员会通过了《告同盟书》，并派出特使携带这个文件分赴德国和瑞士，进行改组和重建同盟的工作。作为同盟中央委员的恩格斯，积极与各地同盟组织，与流亡瑞士的盟员德斯特尔、

---

① 马克思、恩格斯：《中央委员会告共产主义者同盟书》。《马克思恩格斯全集》第 7 卷第 292 页。

② 同上书，第 299 页。

美因茨盟员施土姆普弗，以及正在法、德和瑞士视察工作的同盟特使德朗克建立联系。经过几个月努力，一度陷于停顿的同盟组织又恢复了活动。

1850年6月，马克思、恩格斯起草了第二个《中央委员会告共产主义者同盟书》，详尽报道同盟各地组织的活动情况，号召盟员抓紧时机加紧活动，迎接新的革命高潮。

马克思、恩格斯指出，由于同盟的影响不断扩大，各色各样的政治投机家企图滥用同盟的名义去干与同盟的性质完全相背以致直接对立的任务，或者用掩盖真相等方法引诱盟员离开组织，参加成分极其复杂的联合会；或者建立新的工人政党以分散工人阶级的力量。对于这些投机家必须保持警惕，敬而远之。工人阶级政党在一定条件下可以利用其他政党和党派来达到自己的目的，但是决不应当放弃自己的独立组织而隶属任何其他政党。

马克思、恩格斯指出，为了完成革命的任务，必须广泛团结工人和农民群众，参加和领导群众组织。他们认为同盟地方组织和盟员积极参加和影响工人组织、农民组织、雇农组织以及其他组织，具有重大意义。各地都应该努力做到这一点。根据当时情况，他们提出成立第二种更为广泛的盟员组织，吸收那些忠实于革命、但还不了解无产阶级共产主义革命任务的人参加，以壮大革命力量，提高人们的共产主义认识。

马克思、恩格斯估计，"新的革命一触即发"。[1] 因而他们不仅要求在德国加紧活动，而且十分重视无产阶级国际联系。《告同盟书》向盟员通报，中央委员会已经同法国、英国和匈牙利最革命的政党建立了联盟。

1850年4月中旬，马克思、恩格斯和维利希代表共产主义者同盟中央委员会，哈尼代表英国宪章主义革命派，维迪尔、亚当代表法国布朗基派签署了世界革命共产主义者协会的协议。这个文件第一条指出："协会的宗旨是推翻一切特权阶级，使这些阶级受无产阶级专政的统治，为此采取的方法是支持不断的革命，直到人类社会制度的最后形式——共产主义得到实现为止。"[2] 这是在国际工人运动史上使用"无产阶级专政"的第一个正式文件，具有极其重要的意义。协议第二条要求"协会必须使共产主义革命政党的一

---

① 马克思、恩格斯：《中央委员会告共产主义者同盟书》。《马克思恩格斯全集》第7卷第366页。

② 《世界革命共产主义者协会》。《马克思恩格斯全集》第7卷（附录）第605页。

切派别加强团结合作，按照共和主义的友爱的原则来消除民族分立。"这一条强调了无产阶级国际团结的必要性。从协定的整个精神可以看出，马克思、恩格斯的科学社会主义理论取得了重大的胜利。在此同时，协议中也存在某些不确切或不妥当的措词，例如"推翻一切特权"、"共和主义的友爱原则"，等等。这是为了实现各派的联盟而作出的必要妥协。

当然，马克思、恩格斯对布朗基派的理论和活动十分了解，认为他们并不是真正的共产主义者。恩格斯说：他们自命为共产主义者，"是因为他们以为，只要他们愿意跳过各个中间站和各种妥协，那就万事大吉了，只要——他们确信如此——一日内'干起来'，政权落到他们手中，那么后天'就会实行共产主义'。因此，如果这不能立刻办到，那他们也就不是共产主义者了。"①不久马克思、恩格斯就与布朗基派割断了联系。

马克思、恩格斯对英国宪章主义革命派也十分熟悉。哈尼在反对宪章运动右翼领袖奥康瑙尔的斗争中，曾经请求马克思、恩格斯给予帮助。1849年3月28日，哈尼写信对恩格斯说："我需要你的兄弟般的支援的时候到了，大概，很快就要到了。所以，我很想知道，我是否能够在必要的时候指靠你。"根据他的要求，马克思、恩格斯支持了他们的斗争。1850年2月，恩格斯还为哈尼创办的《民主评论》写了《10小时工作制问题》，鼓励英国工人阶级不要满足于资本家的小恩小惠，而要"勇敢地立即开始斗争，争取无产阶级的政治和社会的统治地位"。②不久，在共产主义者同盟的内部斗争中，哈尼采取错误的立场，与马克思、恩格斯的关系疏远了。宪章主义革命派的另一个领袖琼斯，则继续与马克思、恩格斯保持亲密关系。

历史的发展表明，当时马克思、恩格斯关于新的革命很快就会到来的估计是不正确的。几个月后，他们通过深入研究欧洲各国经济状况，改正了自己的看法，认为革命暂时不能发生。这种从实际出发，实事求是地对待革命事业的态度，多么令人钦佩。列宁在谈到马克思、恩格斯关于革命即将到来的预言后来没有实现的情况时写道："但是，不断提高全世界无产阶级，使他们超出渺小的、平庸的、芝麻大的任务的水平的革命思想的巨人所犯的这类错误，比起那些歌唱、哀号、呼吁和赞美关于革命的空虚、革命斗争的徒劳、反革命的立宪日子的美妙的官僚自由主义的庸俗智慧要高尚、伟大千倍，在

① 恩格斯：《流亡者文献》。《马克思恩格斯全集》第18卷第585—586页。
② 恩格斯：《10小时工作制问题》。《马克思恩格斯全集》第7卷第275页。

历史上要珍贵、真实千倍！"①

六　同维利希、沙佩尔集团斗争

　　当马克思、恩格斯改组共产主义者同盟的工作大有进展，同盟组织在德国和欧洲其他国家逐渐恢复活动的时候，维利希、沙佩尔等少数人在一系列重大问题上背离了无产阶级革命原则。从1850年8月开始，以马克思、恩格斯为首的中央委员会多数派对他们进行了严肃的斗争。

　　马克思、恩格斯与维利希、沙佩尔等人的分歧，明显地表现在对形势的估计上。不错，革命失败后不久，马克思、恩格斯曾经认为欧洲大陆和英国会很快发生经济危机，从而爆发新的革命。在1850年3月发表的《国际述评（一）》中，他们认为，英国的经济危机可能发生在春末，最迟不过七八月，"危机将是现代英国革命的开端"。② 在随后发表的《国际述评（二）》中，他们对大陆各国作了同样的估计，认为危机和革命一并产生的现象愈来愈不可避免。③ 实践证明，这个估计并不正确，但在当时却难以避免。这一方面是由于事变刚刚过去，既缺乏必要的经济资料，又缺乏必要的时间对引起政治事件的经济状况进行彻底的研究，"不言而喻，这种对经济状况（所研究的一切过程的真正基础）中同时发生的种种变化的不可避免的忽略，一定要成为产生错误的源泉。"④ 另一方面，由于法国从1789年以来在欧洲历史上起了主要作用，人们关于革命运动的条件和进程的观念，都受到法国经验的影响。巴黎六月革命及其在整个欧洲引起的震动，等等，使人们有理由认为，伟大的决战已经开始，其结局只能是无产阶级的最终胜利。但是，马克思、恩格斯是彻底的唯物主义者，他们在1850年夏天系统深入地研究了各国经济发展史和经济现状的大量资料，认为欧洲经济繁荣时期已经到来，最近的将来不可能发生真正的革命。同马克思、恩格斯的正确观点相反，维利希、沙佩尔等人否认革命是由一定的经济原因引起的，而是可以由少数人的意志和愿望"创造"出来的。他们不顾当时资本主义经济繁荣的时代已经

---

　　① 《列宁全集》第12卷第337—338页。
　　② 马克思、恩格斯：《国际述评（一）》。《马克思恩格斯全集》第7卷第262页。
　　③ 参阅马克思、恩格斯《国际述评（二）》。《马克思恩格斯全集》第7卷第346页。
　　④ 恩格斯：《卡·马克思〈1848年至1850年的法兰西阶级斗争〉一书导言》。《马克思恩格斯全集》第22卷第592页。

到来，革命暂时不能发生的事实，硬要人为地去掀起革命高潮，制造革命形势。

由于对形势的看法根本不同，马克思、恩格斯与维利希、沙佩尔等人在党的任务和策略上也有严重分歧。马克思、恩格斯认为，既然革命的条件还不成熟，无产阶级还不能夺取政权，就应该充分利用这段时间，积蓄力量，提高自己改变现存条件和进行统治的能力。为此，必须进行刻苦的学习。马克思、恩格斯及其拥护者李卜克内西、埃卡留斯、施拉姆等都把学习作为头等重要的任务。"学习！学习！再学习！"这是在新的形势下马克思、恩格斯对无产阶级革命者提出的至高无上的要求。恩格斯告诉魏德迈："一般说来，马克思派学习是相当刻苦的，当你看到流亡者间还有些蠢驴，到处猎取一些新词句，因而最后把自己弄得糊里糊涂的时候，我们党的优越性绝对地和相对地增长就显而易见了。"① 维利希、沙佩尔这些蠢驴，完全不理解党的任务和策略转变的重大意义。他们把革命当作儿戏，主张采取冒险的行动，在条件还不具备的情况下发动起义，夺取政权。他们对工人说：我们必须马上夺取政权，要不然我们就躺下睡大觉；"问题在于，是我们自己动手去砍掉别人的脑袋，还是让人家来砍我们的脑袋"。② 他们的革命空谈和冒险活动，危及实际的运动，为反动派帮了忙。

在未来革命的性质上，马克思、恩格斯与维利希、沙佩尔等人的看法也完全不同。马克思、恩格斯认为，将来如果发生革命，也不可能具有社会主义性质，不会导致无产阶级取得政权。假若在时机不成熟时政权落到自己手中，就会使自己陷入最糟不过的境地。维利希、沙佩尔等人"不赞成那种认为资产阶级将会在德国掌握政权……的说法"，认为德国新的革命将具有无产阶级性质，工人阶级必将掌握政权。这种观点完全是主观唯心主义，脱离客观实际的。

无产阶级政党必须保持自己的独立性。这是马克思、恩格斯总结1848年革命所得出的重要结论。在《中央委员会告共产主义者同盟书》和一系列论著中，马克思、恩格斯反复强调这一观点。鉴于当时流亡伦敦的小资产阶级民主派以革命的名义招摇撞骗，在无产阶级队伍中制造混乱，马克思、恩格斯坚决主张必须与他们划清界限。但维利希、沙佩尔等人却把他们当做"自

---

① 恩格斯：《致约·魏德迈》（1853年4月12日）。《马克思恩格斯全集》第28卷第588页。

② 《1850年9月15日的中央委员会会议》。《马克思恩格斯全集》第7卷第619页。

己人"，不仅与他们往来密切，并且同他们一起，诬蔑马克思、恩格斯是"反动分子"、"靠笔杆活动的人"。

上述情况表明，维利希、沙佩尔集团已经背离了《共产党宣言》的原则立场，背离了无产阶级的根本利益，背离了同盟中央在两次《告同盟书》中所确定的正确路线。马克思、恩格斯曾经对他们进行耐心的帮助和教育，希望他们改正错误，继续为革命事业做出贡献。但他们一意孤行，拒绝了马克思、恩格斯的正确意见。在这种情况下，马克思、恩格斯决定采取必要的组织措施。

1850 年 9 月 15 日，共产主义者同盟中央委员会举行非常会议。出席会议的有中央委员会多数派委员马克思、恩格斯、施拉姆、普芬德、鲍威尔、埃卡留斯；少数派委员沙佩尔、维利希、列曼，弗伦克尔因事缺席。恩格斯担任会议秘书。马克思主持会议并作了重要发言，批判了维利希、沙佩尔集团的错误观点，指出他们实际上不是无产阶级的代表，而是小资产阶级的代表。

根据同盟章程，本来马克思、恩格斯完全可以把少数派作为不同意同盟原则的人开除出去；但他们考虑到，虽然少数派目前发表的观点是反共产主义的，至多是社会民主主义的，但就其信仰来说，这些人还是共产主义者，因此没有采取开除的措施。为了避免同盟的分裂，马克思提出三点意见：（一）中央委员会从伦敦迁到科伦，其职权在会议结束后立即移交给科伦区域委员会；（二）废除现行的同盟章程，责成新的中央委员会草拟新盟章；（三）在伦敦组织两个彼此不发生关系的区部，其唯一联系是双方都属于同盟，都与同一个中央委员会通信。恩格斯和多数中央委员赞成并通过上述决议，维利希、列曼中途退席，沙佩尔在表决时弃权。

马克思、恩格斯虽然与维利希、沙佩尔集团发生原则分歧，但还是希望同盟不要分裂。维利希、沙佩尔集团却大搞分裂活动。沙佩尔常常说："要分裂——就分裂吧。"在 9 月 15 日会议上，他再次提出："不如组织两个同盟，完全决裂。"会后不久，由他们控制的同盟伦敦区部通过决议，诬蔑马克思、恩格斯"力图……把同盟变成为个人统治的工具"，竟然把马克思、恩格斯及其拥护者开除出同盟。少数派的所作所为，破坏了同盟的统一，导致了同盟的分裂。

鉴于维利希、沙佩尔集团的分裂活动，马克思、恩格斯及其拥护者于 1850 年 9 月 17 日声明退出伦敦德意志工人教育协会；过了几天，又退出伦敦社会民主主义流亡者委员会。至此，马克思、恩格斯与维利希、沙佩尔集团在各个组织上彻底决裂了。

科伦共产主义者拥护马克思、恩格斯的立场。由同盟科伦区域委员会组成的新中央委员会，制定了新盟章，在《告同盟书》中批判了维利希、沙佩尔集团的错误，指出他们"虽然自以为代表无产阶级的利益，实际上，为他们的全部活动和他们同法国人、波兰人和匈牙利人一起发表的宣言所证明了的，是小资产阶级民主派利益的代表，因而他们只是口头上的革命派，当然不是事实上的革命派"①。由于维利希、沙佩尔等人拒绝执行科伦中央委员会决议，于 1850 年 11 月被开除出盟。

马克思、恩格斯与维利希、沙佩尔集团的斗争，得到许多无产阶级革命家的拥护。同盟法兰克福区部领导人魏德迈写信对马克思说："迁移中央委员会是你们所能够采取的最好的决定。这里全都赞成。"在瑞士的威廉·沃尔夫也写信给恩格斯，认为维利希不是一个真正的共产主义者，分裂是必然的。

历史证明马克思、恩格斯的观点完全正确。后来沙佩尔终于承认了错误，与马克思、恩格斯恢复了友谊。

七　声援科伦共产党人

1851 年 5 月 10 日，普鲁士反动政府在莱比锡逮捕了共产主义者同盟特使诺特荣克，不久又逮捕了共产主义者同盟中央委员勒泽尔、毕尔格尔斯、丹尼尔斯等人，制造了震动欧洲的科伦共产党人审判案。恩格斯与马克思一起，为粉碎普鲁士政府的阴谋，声援科伦被捕的共产党人，维护无产阶级政党的革命原则进行了坚决的斗争。

科伦共产党人审判案，是普鲁士反动政府蓄谋已久的卑鄙阴谋。1848—1849 年革命失败后，普鲁士政府为了进一步迫害马克思、恩格斯和其他德国革命者，在国内外加紧进行特务活动，甚至不惜使用各种卑劣手段。1850 年11 月 11 日，国王威廉第四写信给首相曼托伊费尔说："……我产生了一个不

---

① 科伦中央委员会《告同盟书》不加区别地指责两派都破坏了盟章，这是错误的。马克思认为它是一个"形式上多少有些荒唐和内容上不大令人愉快的文件"。《马克思恩格斯全集》第 27 卷第 296页。

便大声明言的念头。这就是：能够创建一个解放阴谋，并使普鲁士公众看一出理当渴望已久的戏，即一个阴谋破获并且（首先）受到惩办……我认为，这个念头是有用的，并且认为它的立即实现有巨大意义。"根据国王的指示，警察头子施梯伯派遣暗探四处活动，伺机打击革命力量。

科伦共产党人审判案，不仅是针对被捕的科伦共产党人，也是针对住在英国的马克思、恩格斯的。普鲁士政府在其驻英使馆中成立了由警探格莱夫领导的特务小组，混进同盟组织，伪造革命文件，监视马克思、恩格斯的活动。无论他们乘公共马车或进咖啡馆，都有特务尾随其后，跟踪盯梢。有时特务化装成"革命者"，向他们提出各种各样荒谬的建议，妄图达到其不可告人的目的。当然，这一切都是枉费心机。正如马克思、恩格斯所说："我们见惯了时常碰到的普鲁士使馆的鬼鬼祟祟的官员……我们听惯了这些（agents pva-acatenu）〔挑拨者〕的疯狂的长篇大论和恶毒的建议，我们知道怎样对付他们。普鲁士使馆注意我们，我们并不觉得奇怪，——我们能受到它的注意，很引以为豪。"① 科伦共产党人被捕后，反动政府更是把马克思当做莫须有的"德法密谋"的"罪魁祸首"。整个案件成了马克思、恩格斯与普鲁士反动政府的斗争。德国的逮捕开始后，马克思立即写信把有关情况通知恩格斯，建议他做好准备，妥善收藏有关信件，对付可能发生的搜查住宅的情况。

必须指出，维利希、沙佩尔集团的活动，客观上为普鲁士政府制造科伦共产党人审判案帮了忙。德国的逮捕刚刚发生，马克思就指出："警察对特使等等采取这些措施，我们认为完全是由于伦敦的蠢驴们的哀叫所造成的。这些风箱们知道，他们既没有阴谋造反，也没有追求任何现实的目标，在德国也没有一个组织支持自己。他们只愿作出危险的样子，给报纸的磨车供料。因此，这些无赖是在阻碍和危害现实的运动，并使警察找到踪迹。"②

普鲁士反动政府为了迫害马克思、恩格斯和被捕科伦共产党人，败坏无产阶级政党的声誉，采用盗窃档案、伪造"原本记录"、捏造"德法密谋"等等无耻勾当，以"图谋叛国罪"对十一位科伦共产党人进行审判。审前扣押长达一年半，开庭时间一个月。在这期间，恩格斯协助马克思，收集大量揭

---

① 马克思、恩格斯：《伦敦的普鲁士密探》，《马克思恩格斯全集》第 7 卷第 371 页。
② 马克思：《致弗·恩格斯》（1851 年 5 月 28 日），《马克思恩格斯全集》第 27 卷第 288 页。

穿普鲁士政府的阴谋、为被捕共产党人辩护的材料；他还利用自己广泛的商务往来，维持马克思与被告辩护律师之间的联系，使许多揭露反动政府阴谋的证据源源不断地送到辩护律师贝姆巴赫手中。

尽管普鲁士反动政府使用一切卑鄙手段都未能得到科伦共产党人"图谋叛国"的罪证，但是，"宣判被告们无罪就无异于宣判政府当局有罪"。① 因此，政府不顾一切法律准则，蛮横无理地判处毕尔格尔斯、列斯纳、勒泽尔、贝克尔、赖夫、奥托、诺特莱克七人三年至六年徒刑。丹尼尔斯虽被宣告无罪，但由于长期的监狱折磨，出狱后不久就病逝了。

科伦案件宣判后，马克思发表一部重要著作《揭露科伦共产党人案件》；恩格斯与马克思一起发表了《关于最近的科伦案件的最后声明》，并为《纽约每日论坛报》撰写《最近的科伦案件》。这些著作和文件，在深刻揭露普鲁士反动政府迫害革命者罪行的同时，进一步阐述了无产阶级政党的性质。

恩格斯指出，普鲁士政府指控共产主义者同盟是图谋推翻现存政府的阴谋家组织，根本歪曲了无产阶级政党的性质。由于各国政府废除人民的集会权和结社权，使无产阶级政党不得不进行秘密活动。但它既不是一个密谋组织，也不是以推翻现存政府为目的。它抱有更远大、更崇高的目的。在它看来，推翻现存政府只不过是即将来临的伟大斗争的过渡阶段，当前的任务是团结无产阶级，秘密传播共产主义思想，为最后决战准备条件。"这一决战或迟或早将必然在欧洲不仅永远消灭'暴君'、'专制君主'和'王位追求者'的统治，而且永远消灭无比强大的极端可怕的权力、资本对劳动的支配权。"② 共产党人从来不抱这样的幻想，似乎任何时候都可以随心所欲地进行革命。他们认为，阶级间的社会对抗是一切政治斗争的基础。1848—1849 年革命表明，无产阶级不能在推翻封建统治制度以后直接掌握政权，而必须让小资产阶级民主派去当政，然后才通过不断斗争建立自己的政权和消灭雇佣奴隶制。因此，共产党人的秘密组织不能抱有推翻德国现存各邦政府的直接目的。共产党人采用秘密方式传播共产主义思想，与阴谋活动毫无共同之处。因此，普鲁士反动政府没有任何理由可以把共产主义者同盟作为阴谋家组织加以治罪。

恩格斯列举大量事实，揭露普鲁士反动政府为了达到迫害无产阶级政党

---

① 恩格斯：《最近的科伦案件》。《马克思恩格斯全集》第 8 卷第 450 页。
② 同上。

及其活动家的目的，不惜进行各种卑鄙的勾当。他们用来作为"罪证"的所谓《伦敦共产主义协会的原本记录》，就是无耻捏造的典型。这本出自警探格莱夫、弗略里和希尔施之手的虚构阴谋家组织的虚构中央委员会的虚构会议的虚构报告，内容荒唐。没有一个名字是确实的，没有一个姓是真有的；洗礼时本来命名为威廉的人，在这里被改名为路德维希或卡尔；有些人明明住在英国其他城市，却被说成在伦敦发表演说；一个刚会写字的工人竟成了记录之一，并以记录身份签了名；更荒唐的是："他们所有的人发表意见时都被迫一律用也许是普鲁士警察派出所的语言，但决不用多半是由在本国享有盛名的著作家组成的那个协会的语言发表意见。"① 这种捏造是如此漏洞百出，以至于警察头子施梯伯都不得不认为它是一个"倒霉的本子"。警察当局每一种无耻勾当被揭穿之后，又会干出五六种新的无耻勾当。

普鲁士反动政府虽然未能拿出曾经大肆渲染的所谓闻所未闻的阴谋的确凿材料，但总算物色了一批从来没有在莱茵省露过面的陪审员：其中有 6 个是反动贵族，4 个是金融贵族的代表，2 个是高级官员。恩格斯指出，这些十足的反动分子在思想上仇视共产主义，在政治上受到很大压力。因此，他们完全不顾事实，判处被告有罪。这个"特权阶级的等级法庭"完全是对手无寸铁的无产阶级的阶级报复。正如马克思所说："莱茵的贵族和莱茵的资产阶级用自己的判决：'有罪'来应和法国资产阶级在 12 月 2 日以后所发出的狂吠：'只有盗贼还能拯救财产；只有违背誓言还能拯救宗教；只有私生子还能拯救家庭；只有混乱还能拯救秩序！'"② 如果说，在科伦案件中，普鲁士反动政府彻底破坏了刑法典的一切法律，那么，莱茵的贵族和资产阶级则彻底出卖了灵魂。

失去人身自由的科伦共产党人，在反动派的监狱中受尽了种种折磨。马克思、恩格斯十分同情他们的处境，公开发表声明，揭露反动政府破坏法律的行为。他们指出：在审前扣押的整整十八个月中，"我们的朋友们一直被单独监禁着，在那里，什么事情也不许他们干，甚至连书都不许他们看，病了也得不到必要的治疗，就是得到了治疗，那也是已经病入膏肓，无法医治了。"③ 他们希望通过舆论的力量，制止反动政府的暴行。

① 恩格斯：《最近的科伦案件》。《马克思恩格斯全集》第 8 卷第 454 页。

② 马克思：《揭露科伦共产党人案件》。《马克思恩格斯全集》第 8 卷第 535 页。

③ 马克思、恩格斯：《关于最近的科伦案件的最后声明》。《马克思恩格斯全集》第 8 卷第 445 页。

科伦共产党人案件判决后，为了帮助被判罪者及其家属，马克思、恩格斯及其拥护者成立了救济委员会，在德、美等国工人中进行募捐。要求每个有觉悟的工人，都来救济那些由于坚持进步立场并为之进行英勇顽强的斗争而不幸落到敌人手中的人们，关怀他们无依无靠的家属，以此减轻他们的困难，表明无产阶级的团结，反对反动政府的迫害。

随着科伦案件的结束，德国工人运动进入了一个新的阶段。形势已经发生了变化，共产主义者同盟已经完成了自己的历史任务。1852 年 11 月 17 日，共产主义者同盟解散了。两天以后，马克思写信告诉恩格斯："星期三这里的同盟根据我的建议自动解散了，并宣布同盟还在大陆上继续存在是不合时宜的。"① 作为第一个无产阶级政党，共产主义同盟的活动是卓有成效的。在马克思、恩格斯的直接领导下，它经受了急风暴雨的革命斗争的考验，反击了势力强大的反动派的进攻和迫害，战胜了同盟内部的分裂主义活动，坚持了《共产党宣言》的无产阶级革命原则，开创了国际共产主义运动史上灿烂辉煌的篇章。

---

① 马克思:《致弗·恩格斯》(1852 年 11 月 19 日)。《马克思恩格斯全集》第 28 卷第 197 页。

第五章　不让该死的生意
占去一切时间

一　"埃及幽囚"的生活

1850 年 11 月，恩格斯不得不离开伦敦，到曼彻斯特的欧门–恩格斯公司从事经商，开始了长达二十年"埃及幽囚"的生活。

恩格斯对经商并不陌生。40 年代初，他曾经在不来梅、曼彻斯特的商行充当练习生和办事员，早已体验了这种整天与资产阶级打交道的无聊生活。50 年代初，欧洲资本主义经济进入繁荣发展的"黄金时代"，刚刚遭受失败的革命运动处于低潮，流落异国他乡的革命者无依无靠，生活艰难。同所有流亡者一样，恩格斯也不得不整天为食宿发愁。这时马克思正在集中精力研究经济理论，没有固定收入，一家数口陷于可怕的贫困之中。为了"不至于被迫过行乞的民主派生活，"[①] 为了从经济上帮助马克思一家，保证马克思能够专心致志地完成《资本论》这项党的最紧迫、最重要的工作，恩格斯被迫再度到曼彻斯特从事"该死的生意"。

欧门–恩格斯公司是恩格斯的父亲与欧门合伙的企业。老恩格斯把儿子安排在这家公司工作，有着双重的目的：其一，可以了解公司的经营和财务情况，监督欧门的业务活动，保护自己的利益；其二，企图把恩格斯束缚在公司工作上，使恩格斯远离战斗的阵地和革命的战友，逐渐成为像自己一样有地位的资产者。但是恩格斯却另有考虑。他只把商行作为暂时的栖身之地，根本没有长期经商的打算。他认为，欧洲平静的形势不可能持久不变，各阶级的搏斗必将重新到来。他时刻准备着以战士的身份投身于革命的洪流。因此，开头几年，他只是作为老恩格斯的代表参加企业工作，不愿在公司内部

---

① 　恩格斯：《致卡·马克思》（1851 年 1 月 25 日）。《马克思恩格斯全集》第 27 卷第 185 页。

担任负有工作责任和领取薪金的正式职务。

恩格斯在公司的工作相当劳累。每天上午十点至下午七八点都在办事处，处理信件，洽谈生意，检查样品，接送货物。他经常写信向马克思诉苦说，整天埋头在办事处，晚上七八点钟以前休想有什么空闲时间。主持公司业务的欧门是一个地道的资产者，对恩格斯处处刁难，延长工作时间，想方设法用阴谋诡计企图把他撵走。恩格斯不得不浪费许多时间同欧门争吵。1857 年春，他写信告诉马克思："今年夏天我们将另作安排，或者就会垮台。我打算这样安排：十点到五点或六点上班，然后就离开，让一切都见鬼去。"①

虽然工作十分繁忙，但恩格斯得到的薪金却很微薄。刚到公司时，他没有固定薪金，每年由他父亲支付大约 200 英镑的交际费和生活费。1852 年以后，每年从公司得到 100 英镑和 5％的红利。从 50 年代中期起，随着他在公司地位的提高，分红比例提高到 7.5％，每年大约收入 500 英镑。1860 年起分红比例提高到 10％，每年收入大约 1000 英镑。只是到了这个时候，他的收入才能保证自己和马克思一家过比较像样的生活。

恩格斯长期在资本家企业中工作，后来还曾经成为公司合伙人。当时这样做是完全必要的。因为只有走这一条路，才能粉碎资本主义社会用饥饿的手段迫害马克思一家的阴谋，支援马克思完成《资本论》这部旷古未有的伟大著作。当恩格斯被迫充当"棉花大王"的时候，他是在一个特殊的岗位上同资本主义制度作斗争，是为了无产阶级的根本利益而作出极大的自我牺牲。许多年后，恩格斯在回顾这一情况时写道："……一个人自己可以当一个不错的交易所经纪人，同时又是社会主义者，并因此仇恨和蔑视交易所经纪人阶级。难道我什么时候会想到要为我曾经当过工厂股东这件事进行辩解吗？要是有人想要在这方面责难我，那他就会遭到惨重的失败。如果我有把握明天在交易所赚它一百万，从而能使欧洲和美洲的党得到大批经费，我马上就会到交易所去。"②

在二十年的漫长岁月里，恩格斯作为曼彻斯特一家著名公司的职员和社会主义者，不得不过双重生活。一方面，他在办事处和交易所中，必须与各

---

① 恩格斯：《致卡·马克思》（1857 年 3 月 11 日）。《马克思恩格斯全集》第 29 卷第 104 页。

② 恩格斯：《致爱·伯恩施坦》（1883 年 2 月 27 日至 3 月 1 日）。《马克思恩格斯全集》第 35 卷第 445 页。

色各样的上流社会人物敷衍应酬。在这种场合，为了适应英国社会的习惯，他往往以风度翩翩的绅士和精明干练的生意人的面貌出现。另一方面，当他回到自己的住处，致力于研究工作，或者同革命的同志和朋友在一起时，他是一位热诚的社会主义者，严肃的思想家，谈笑风生、平易近人的同志。他时刻警惕着，决不受资产阶级思想意识的侵蚀，永远保持无产阶级的优秀品质。

经商工作虽然浪费了恩格斯极其宝贵的时间和精力，但也不是毫无补偿。由于从事实际经营活动，使他能够深入资本主义的生产过程和流通过程，了解资本主义企业经营管理活动和资本主义经济运动的许多详情细节，获得研究资本主义经济制度和阶级关系的大量第一手资料。这些不仅对他自己的研究工作用处极大，而且对马克思创作《资本论》也有很大帮助。"实践家"恩格斯提供的材料，对马克思的创作是十分宝贵的。同时，长期的商业工作，养成了他埋头苦干、讲究效率的作风，提高了他的工作能力。他曾经说过，商业是培养管理人员的学校，"我用六个办事员组织一个管理部门，可以比用六十个高级官吏和官方学家所组织的要精干实用一千倍。"①

恩格斯开始经商时就下定决心，决不让该死的生意占去一切时间。为此，他总是千方百计摆脱商业事务，充分利用每一分钟从事学习、研究和写作。在曼彻斯特经商期间，他认真研究哲学和经济学、历史学和军事科学，广泛涉猎自然科学的许多领域，对文学艺术也有浓厚的兴趣，经常参加曼彻斯特文艺学术协会的活动，并且还是席勒基金会的理事。

为了直接研究各国的历史、社会和经济情况，指导各国的革命运动，恩格斯特别重视研究各国语言，十分爱好比较语言学。他不仅能够熟练地使用英、法、西、意、葡等许多现代语言，而且掌握古希腊语、古爱尔兰语等古代语言；不仅通晓许多欧洲方言，而且花很多精力研究东方语言。正如拉法格所说："他是真正通晓多种语言的人，不仅懂得多种标准语，而且懂得像冰岛语那样的方言，以及像普罗凡斯语和卡塔卢尼亚语那样的古老语言。他的语言知识远不是皮毛的。在西班牙和葡萄牙，我看到过他给那里的同志们的信。他们认为，这些信的西班牙文和葡萄牙文写得极漂亮，我还知道他也用意大利文写信。而用这样三种如此相似的亲属语写东西而不互相混淆，这非

---

① 恩格斯：《致卡·马克思》（1851 年 7 月 20 日左右）。《马克思恩格斯全集》第 27 卷第 307 页。

常困难。"① 后来他担任国际工人协会总委员会委员和西、意、葡、丹等国通讯书记时,这些丰富的语言知识发挥了很大的作用。

在曼彻斯特的时候,也像在其他时期一样,没有一种知识是恩格斯不感兴趣的。他酷爱学习,努力吸取一切书本的和实际的知识。许多接触过他的同时代人异口同声地说,他是一个头脑清晰灵活而又知识极其渊博的人。同他多年交往的奥地利社会民主党创始人维克多·阿德勒说:"他博学多才,见多识广。他有高深的哲学造诣,他不仅掌握了经济学的知识,而且掌握了广泛的历史知识,尤其是比较语言学和自然科学的知识。同时他还有现代商人和工厂主的全部实际本领。他经常自嘲说,他一生中从没有经过任何考试。然而这个人是多么善于学习啊!"②

二　对军事艺术发生浓厚兴趣

1848—1849 年的革命实践,使恩格斯对军事艺术发生浓厚的兴趣。从 50 年代开始,他先是在伦敦,后来又在曼彻斯特,对战争历史和军事科学进行系统深入的研究,创立了马克思主义军事科学。

恩格斯研究军事科学,是无产阶级革命事业的需要。他深深感到,无产阶级反对资产阶级的斗争,比历史上任何革命斗争都更加深刻、更加艰巨。如果说,在人类历史的每一个转折关头,没有暴力,没有坚定不移的无情手段,历史上任何事情都是不会成功的;那么,无产阶级推翻资产阶级,消灭最后一个剥削制度的斗争,就更加需要使用无情的革命暴力。因此,工人阶级应该拥有自己的武装,应该在决战关头能够运用革命暴力对付反革命暴力,应该掌握一般军事理论和武装起义的艺术,应该制定能够组织千百万群众向敌人冲锋陷阵的军事纲领。这是促使恩格斯研究军事艺术的主要原因。

19 世纪中叶接连发生的许多重大战争,引起了恩格斯的极大关注。1848 年巴黎工人的六月起义,1849 年德国的维护帝国宪法运动和匈牙利战争,需要从理论上加以总结和概括。1853—1856 年的克里木战争、1857—1859 年的殖民地战争和印度起义、1859 年的意大利战争、1861—1865 年的美国南北战

① 拉法格:《致尼·弗·丹尼尔逊》(1889 年 12 月 14 日)。《马克思恩格斯全集》第 37 卷第 530 页。

② 维·阿德勒:《弗里德里希·恩格斯》。《智慧的明灯》第 125 页。

争、1866 年的普奥战争、1870—1871 年的普法战争，等等，要求无产阶级及其政党采取正确的对策。这也是促使恩格斯研究军事艺术的重要原因。还必须看到，50 年代初期聚集在伦敦的德国政治流亡者中，有一些人是参加巴登起义的旧军官。他们以军事专家自居，企图引诱工人阶级按照他们的冒险计划进行毫无意义的武装发动。为了反对他们危害革命的冒险计划，粉碎他们在部分工人中的影响，也促使恩格斯研究军事科学。他在 1851 年 5 月 23 日写信对马克思说：维利希·席梅尔普芬尼希、济格尔等旧军官的活动表明，"我所能做的事情，最好莫过于继续研究军事问题，以便在'平民'中至少有一个人能在理论方面同他们进行较量。我无论如何要使这些蠢驴们无法用空话压倒我。"①

恩格斯年轻时曾经在普鲁士军队中服役，1849 年又在巴登起义部队中实际参加和指挥四次战斗，出色地完成了各项军事任务。年轻时的军事生活和战场经历，为他后来学习和研究军事科学提供了实践的基础。

从 50 年代开始，恩格斯以极端勤奋的精神和惊人的毅力系统地学习军事科学知识。他收集了大量军事科学文献，系统研究了战争史和军事史、基本战术、筑城原理、野战工事、军事工程、桥梁构筑、军队组织和军事教育、不同兵种的特点和相互关系、各种武器的结构和使用方法等等。他十分强调系统学习，首先掌握基本知识，在此基础上熟悉最重要的军事理论著作。他说："自学往往是空话，如果不是系统的钻研，那就得不到任何重大成就。"②当时，他在曼彻斯特所能找到的军事文献残缺不全。马克思便从伦敦给他寄来有关资料和书目索引。后来他得到科伦一位旧军官的丰富藏书，为军事研究提供必要的资料。在研究每个具体战史的时候，他十分重视细节的精确性，认为这是正确了解和评价军事历史事实必不可少的条件。他说："在写战史方面，如果没有关于兵力、给养和装备情况的各种材料，就想加以论述，那是最容易出笑话的。"③根据不完全统计，恩格斯为了学习和研究军事科学，先后阅读过 100 位作者的 250 部著作。这种孜孜不倦的学习精神，使他在较短时间内获得了丰富的专门知识。

在研究军事问题时，恩格斯非常重视战争的实际进程。他给自己提出

---

① 恩格斯：《致卡·马克思》(1851 年 5 月 23 日)。《马克思恩格斯全集》第 27 卷第 284 页。
② 恩格斯：《致约·魏德迈》(1851 年 6 月 9 日)。《马克思恩格斯全集》第 27 卷第 576 页。
③ 恩格斯：《致卡·马克思》(1851 年 4 月 3 日)。《马克思恩格斯全集》第 27 卷第 249 页。

这样的要求:"对我来说重要的是了解实际的、确实存在的东西,而不是一些无人承认的天才们的体系或臆造物。"① 对于当时发生的历次重大战争,他都详细地了解战争发生的原因、双方的兵力、战斗部署和优劣势、军事统帅的指挥才能和士兵的素质等等。由于他掌握了大量资料,并且善于运用唯物主义历史观进行科学的分析,因而他对战争进程的判断有根有据,令人信服。

作为无产阶级军事科学奠基人,恩格斯一生撰写了大量军事著作。据不完全统计,他给我们留下的重要军事文章和散见于一般政论性著作与书信中有关军事问题的论述总共约 150 万字,占他全部著作的 1/5 以上。此外他还与马克思合写了几十篇军事文章。如果加上这一部分,军事著作在他全部著作中所占的比重还要大。

恩格斯对马克思主义军事科学的贡献是多方面的。同资产阶级军事学家相反,他不是把军队看做超阶级的工具,把战争看做各种偶然情况的凑合和某些杰出人物随心所欲的行动。他运用唯物主义历史观的原理,指出战争是同阶级和国家相联系的。只要存在利益对立的阶级,战争就不会熄灭。而要进行战争,就必须建立军队。他说:"军队是国家为了进攻或防御而维持的有组织的武装集团。"② 军队的性质由它执行的阶级使命所决定。资产阶级的军队是寡头统治集团的政策工具,是以实行寡头政治的对外政策和反动的对内政策为目的的。

一个国家军队的结构、战斗力和作战方法,同该国的社会制度和经济发展水平有着密切联系。恩格斯说,军队的全部组织和作战方法以及作战的胜负,取决于物质的即经济的条件,取决于人和武器这两种材料。人在战争中的作用必须充分肯定,"枪自己是不会动的,需要有勇敢的心和强有力的手来使用它们"。③ 但是,也决不能忽视军事手段的作用。如果说,在生产上不发明创造新的生产工具便不能成倍地提高劳动生产率,那么,"在军事学术上也不能利用旧的手段去达到新的结果。只有创造新的、更有威力的手段,才能达到新的、更伟大的结果。每个在战史上因采用新的办法而创造了新纪元的伟大的将领,不是新的物质手段的发明者,便是以正确的方法运用他以前所

① 恩格斯:《致约·魏德迈》(1851 年 6 月 19 日)。《马克思恩格斯全集》第 27 卷第 577 页。
② 恩格斯:《军队》。《马克思恩格斯全集》第 14 卷第 5 页。
③ 恩格斯:《德国战争短评(五)》。《马克思恩格斯全集》第 16 卷第 211 页。

发明的新器材的第一人。"①

不同阶级的军队，无论组织结构和作战方法都有自己的特点。为寡头统治服务的资产阶级军队的特点是众多性和运动性。资产阶级出钱，农民当兵，使这支军队拥有庞大的规模。现代交通工具和通信手段的发展，又为运动性提供了可能。这支军队的作战体系、作战方法就是以此为基础建立起来的。同样，随着无产阶级走上政治舞台，开展为自身的解放而斗争，它在军事上也将有自己的表现，并将创造出自己特殊的、新的作战方法。为争取独立而斗争的弱小民族，不应该进行资产阶级式的、规规矩矩的战争，不应该仅限于用一般的作战方法。恩格斯指出："群众起义，革命战争，到处组织游击队——这才是小民族制胜大民族，不够强大的军队抵抗比较强大和组织良好的军队的唯一方法。"②

恩格斯说，"起义也正如战争或其他各种艺术一样，是一种艺术。"③ 在战争中，永远需要勇敢地面对敌人，而进攻者总是处于有利地位。在决定性的关键，不计成败地孤注一掷是十分必要的。1848 年巴黎的六月起义和维也纳起义表明，经过顽强战斗后的失败，对人民头脑的革命化起着巨大的作用。英勇的巴黎工人和维也纳人民虽败犹荣。

早在 1849 年，恩格斯关于匈牙利战争的论文，获得了很大的成功。由于这些文章的内容经常得到证实，因而人们猜测它们是出于匈牙利军队某高级指挥官之手。④ 在以后的年代，他对许多重要战争和战役的评述，十分准确而中肯。

恩格斯的军事才能，很快得到社会舆论的公认。无论在克里木战争、意大利战争、普奥战争或普法战争期间，他的军事论文都十分出色，许多预言得到辉煌的证实。马克思对自己战友的军事才能十分叹服，相信如果发生什么军事事件，完全可以指望"曼彻斯特的陆军部"会立即给予指示。许多亲近的同志和朋友，对恩格斯"料事如神，随机应变，通观全局，明察秋毫，沉着冷静，当机立断"⑤ 的军事艺术十分钦佩。恩格斯的军事科学著作，是

---

① 恩格斯：《1852 年神圣同盟对法战争的可能性与展望》。《马克思恩格斯全集》第 7 卷第 565 页。

② 恩格斯：《皮蒙特军队的失败》。《马克思恩格斯全集》第 6 卷第 461 页。

③ 恩格斯：《德国的革命和反革命》。《马克思恩格斯全集》第 8 卷第 102 页。

④ 参阅马克思《致弗·恩格斯》(1853 年 8 月 10 日)。《马克思恩格斯全集》第 28 卷第 299 页。

⑤ 李卜克内西：《一个革命士兵的回忆》，第 189 页。

无产阶级极其珍贵的理论财富。

三　研究重大历史事件的杰作： 《德国的革命和反革命》

　　恩格斯迁居曼彻斯特的时候，欧洲大陆革命剧的第一幕已经闭幕，第二幕还未开始。这就使他获得了一个机会来总结革命的经验教训。这件工作，无论从当时革命斗争的实际需要看，还是从历史的观点看，都有极重要的意义。为此，恩格斯于 1851 年 8 月至 1852 年 9 月写了一部杰出的历史著作：《德国的革命和反革命》，根据确凿的事实，阐述 1848—1849 年德国革命的主要事件和主要转折，探讨革命必然爆发和必然失败的原因，分析各个社会阶级、政治集团的不同利益和相互关系，为德国人民指出继续斗争的方向。

　　撰写《德国的革命和反革命》一书的想法，最初是马克思提出的。1851年 8 月，马克思接受了《纽约每日论坛报》编辑德纳的邀请，担任该报经常撰稿人。在欧洲陷于反动黑暗的年代里，能够利用《纽约每日论坛报》这份发行广泛的民主报纸宣传革命观点，无疑有着重要的意义。同时，这项工作可以为马克思提供经常性的收入，也是"谋生的迫切需要"。[①] 但是，由于马克思正在紧张地从事经济理论研究，不可能抽出较多时间为报刊撰文；而且那时马克思的英文程度还不高，难于直接用英文撰稿。因此只好向恩格斯求援。1851 年 8 月 8 日，马克思写信对恩格斯说：《纽约每日论坛报》愿意出稿费邀请我作撰稿人，"如果你能用英文写一篇关于德国局势的文章，在星期五早晨（8 月 15 日）以前寄给我，那将是一个良好的开端。"[②] 恩格斯很快复信表示愿意承担，不过要求马克思进一步说明：文章应该写成什么样子，如何写？是随便写一篇单篇呢，还是要写一组文章？马克思的回答非常简单，只是要求写关于 1848 年以来的德国状况，"文章要写得俏皮而不拘束，因为这些先生们在外国栏中是非常大胆的。"[③] 根据马克思的要求，恩格斯立即着手工作。8 月 21 日，寄出了《德国的革命和反革命》的第一篇。以后又陆续写了 18 篇。这组当时用马克思的名字发表的稿子，全部出自恩格斯的手笔。

---

①　马克思：《〈政治经济学批判〉序言》。《马克思恩格斯全集》第 13 卷第 10 页。

②　马克思：《致弗·恩格斯》（1851 年 8 月 8 日）。《马克思恩格斯全集》第 27 卷第 316 页。

③　马克思：《致弗·恩格斯》（1851 年 8 月 14 日）。《马克思恩格斯全集》第 27 卷第 332 页。

恩格斯指出，任何地方发生革命的震动，总是有一种社会要求为其背景。1848 年德国革命的爆发，有着深刻的社会经济原因。革命爆发时，德国在政治上四分五裂，国家被三十六个意图和癖好互相矛盾的君主所任意分割；封建贵族享有政治特权，封建土地所有制差不多到处居于统治地位，财富不断增长的资产阶级不堪忍受封建的束缚，要求更快地扩展工业和贸易；人数众多的城市小手工业者和小商人在社会上处于举足轻重的地位，由于经济地位极不稳固，他们的政治态度也动摇不定；分为不同部分的农民阶级分散于广大地区，很难达到大多数意见一致，但农民中的小自由农、封建佃农和农业工人，在革命进程中是会一个跟着一个参加进来的；德国工人阶级在社会和政治的发展方面落后于英国和法国的工人，然而在一些工业发达的区域，已经形成了一个强有力的核心，1844 年西里西亚和波希米亚的工人起义标志着无产阶级运动的开始。总之，德国社会充满着深刻的矛盾，各个阶级的关系错综复杂，包括资产阶级在内的广大人民群众对封建专制统治强烈不满。由于这些因素，最小的冲突也要引起严重的革命，"资产阶级准备推翻政府，无产阶级则准备随后再推翻资产阶级，而就在这样的时候，政府却顽固地沿着那条必然要引起冲突的道路走去。1848 年初，德国已处在革命的前夜，即使没有法国二月革命的促进，这次革命也是一定要爆发的。"①

革命是历史的火车头。由各种阶级矛盾的激化所引起的革命，决定历史发展的方面，加速历史发展的进程。只有革命，才能充分发挥人民群众的积极性和主动精神，冲击和摧毁压在被压迫人民头上的枷锁，检验一切政党、政治人物的理论观点和政治主张，"正是旧的复杂的社会机构中的这种迅速而剧烈的阶级对抗的发展，使革命成为社会进步和政治进步的强大发动机；正是新的党派的这种不断地产生和迅速地成长，它们一个接替一个掌握政权，使一个民族在这种剧烈的震动时期五年就走完在普通环境下一百年还走不完的途程。"②

参加革命的群众是由利益各不相同的成分组成的。在德国，革命整个说来受资产阶级领导。恩格斯指出，德国资产阶级软弱无力、害怕工人农民，因而在维也纳和柏林起义后，不是把革命向前推进，而是急于与被推翻的封建制度的拥护者订立联盟。旧的制度被原封未动地保留下来，所有文武官员

---

① 恩格斯：《德国的革命和反革命》。《马克思恩格斯全集》第 8 卷第 24 页。
② 同上书，第 38 页。

一个未动，资产阶级阁员们很愿意同国王保持最亲善的关系，用王位作为防范"无政府状态"的屏障。德国资产阶级不仅联合反动派反对工人阶级，而且在革命后立即反对他们最早的、最不可少的同盟者——农民。这样，在经过流血冲突和军事屠杀之后，封建制度便在昨天还在反封建的资产阶级手下恢复了。资产阶级对自己最好的同盟者的可耻背叛，遭到历史的谴责和惩罚。这是罪有应得。

在维也纳和柏林的人民胜利之后产生的法兰克福国民议会，背叛了人民的意志。恩格斯指出，人民希望议会解决德国统一和废除封建专制制度的问题，但这个自称是体现了德国思想和学术的精髓的会议，从存在的第一天起就对最轻微的人民运动怀着无限的恐惧。它宣称自己是伟大的主权民族的唯一合法代表，却从来没有企图也没有力量使别人承认自己的要求。议会的辩论没有任何实际结果，甚至没有任何理论价值，只不过重复一些陈腐不堪和无聊乏味的老生常谈；议会泰斗们所说的每一句话，报刊上早已刊登过一千次，而且比他们说得要好一千倍。这个自称为德国新的中央政权的机构，根本没有实现人们久已渴望的德国的统一。它没有废除一个君主，没有加强德国各个分散的省份之间的联系，没有费一点力量去摧毁各国的关税壁垒，甚至没有打算去废除在普鲁士到处妨碍内河航行的苛税。这个可悲的议会，后来不光彩地消失了。正如恩格斯所说，这个议会的作用是把1820—1848年间一切有名的大人物统统集中在政治舞台上，然后又把他们彻底葬送，"资产阶级期待奇迹，但是却给自己和自己的代表挣来了耻辱。工商业资本家阶级在德国遭受的失败，比在任何其他国家都惨重。……政治自由主义——资产阶级的统治（不管是采取君主政体还是共和政体的形式），在德国永远不可能实现了。"①

根据自己的亲身经历，恩格斯再次精辟地论述了德国维护帝国宪法的运动，严厉批判了领导巴登起义的小资产阶级民主派政客，指责他们的软弱无力、动摇不定、指挥失当、组织涣散，导致了运动的失败；热情歌颂了革命军队的英勇顽强精神，特别是参加起义的城市工人的革命气概。恩格斯指出，在战争中，永远需要勇敢地面对敌人。顽强奋战后的失败和轻易获得的胜利具有同样的革命意义。德国维护帝国宪法运动失败了，但是"它让敌人看到，四倍的兵力还是不足以把它击溃，十万正规军与两万起义者接触时，他们在

①　恩格斯：《德国的革命和反革命》.《马克思恩格斯全集》第8卷第114页。

军事上不能不对这两万人怀着巨大的敬意，就像他们面对的是拿破仑的老近卫军一样"。[1]

欧洲大陆各国的革命已先后被反革命势力镇压下去，很难想象出还有什么失败能比欧洲大陆各个革命党在全线各个据点所遭受的失败更为惨重的了。但恩格斯对革命前途充满信心。他认为由于引起革命的矛盾根本没有解决，革命必然还会发生。为了争取社会的和政治的统治，英国资产阶级不是经过了四十八年，而法国资产阶级不是经过了四十年空前的斗争吗？资产阶级不正是在复辟了的帝制以为自己的地位比任何时候都巩固的时刻才最接近自己的胜利的吗？因此，如果我们被打败，我们就要再从头干起，直到取得最后的胜利。

《德国的革命和反革命》是马克思主义的杰作。本书各篇文章在《纽约每日论坛报》连载时，受到编辑和读者的欢迎。恩格斯逝世后，马克思的幼女爱琳娜于 1896 年出版本书的英文单行本，同年出版了德文译本，后来又译成许多国家的文字，在世界各国广泛流传。

四　反对流亡中的大人物

恩格斯迁居曼彻斯特后，继续与马克思密切联系，并肩战斗，在反对流亡伦敦的小资产阶级民主派分子的斗争中发挥了重大作用。

19 世纪 50 年代初期，聚集在伦敦，被马克思、恩格斯讽刺地称作"流亡中的大人物"的小资产阶级民主派分子，是一堆"法兰克福议会、柏林国民议会和下院的前议员，巴登战役中的英雄，表演了帝国宪法这出喜剧的泰斗们，没有读者的作家，民主俱乐部里和代表大会上的空谈家，第十流的报刊作家等等人物组成的混合体"。[2] 他们对理论一窍不通，硬要凭借主观想象制造革命，用荒谬可笑的冒险行为欺世盗名；他们把流亡变成营业或官职，到处招摇撞骗，乞求施舍，败坏革命者的声誉；他们攻击和诽谤马克思、恩格斯等无产阶级革命家，拉拢在革命的紧要关头缺乏自制能力的人们，引诱无产阶级离开独立发展的道路。马克思、恩格斯不得不花费很大精力，同他们进行坚决的斗争。

---

① 恩格斯：《德国的革命和反革命》。《马克思恩格斯全集》第 8 卷第 109 页。
② 马克思、恩格斯：《流亡中的大人物》。《马克思恩格斯全集》第 8 卷第 300 页。

从 1850 年秋天开始，马克思、恩格斯在共产主义者同盟中央委员会和伦敦德国工人教育协会的会议上，在给各国盟员和政治活动家的书信中，特别是在他们于 1852 年 5—6 月间合写的《流亡中的大人物》中，对于金开尔、卢格、维利希、司徒卢威等流亡分子空虚的精神世界，荒谬的哲学观点，摇摆不定的政治态度，争名夺利的可鄙行径，作了无情的揭露、辛辣的讽刺和深刻的批判。

马克思、恩格斯指出，流亡中的大人物的活动，对革命的危害性极大。他们不顾当时资本主义经济再度繁荣，革命已经处于低潮的客观条件，硬要凭借主观想象制造革命。在他们看来，搞革命就像修铁路一样，只要有钱，要铁路就可以有铁路，要革命就可以有革命。他们玩弄各种无聊的把戏，组织什么流亡政府、欧洲委员会、中央委员会、国民委员会，发表庄严堂皇的文告。这种把革命当做儿戏的冒险活动，既反映了他们唯心主义的世界观，也暴露了他们卑劣的权力欲，并且"给了政府以它所希望的借口，使它得以在德国逮捕许多人，在全国各地镇压一切运动，并且利用伦敦的可怜的草人……来吓唬德国的小市民"①，这就清楚地表明，流亡中的大人物，实际上成了反动政府镇压革命群众的帮凶，迎合了反动政府的政治需要。

流亡中的大人物都是一些不学无术而又自命不凡的家伙。马克思、恩格斯指出，以金开尔、卢格、维利希、司徒卢威为代表的流亡中的大人物，不认真研究革命问题，不从事实际的革命工作，唯一的本领就是胡吹瞎扯、夸夸其谈、钩心斗角、争权夺利，整天在"杯中乐融融、烟雾腾腾起"的酒店政治中神气十足地议论所谓国家大事和革命勋业，为了虚无缥缈的政府职位而争吵不休，把卑鄙无耻当做最高的美德，把毫无原则当做最高的信仰，把废话连篇和无所作为当做创造世界历史的伟大动力。这堆人类渣滓愈是没有能力完成任何实际工作，就愈是需要热烈地从事不切实际的、毫无益处的活动，非常夸张地宣布想象的活动情况、想象的政党、想象的战斗和想象的利益。他们愈是没有能力真正唤起新的革命，就愈是不得不在想象中考虑未来革命的可能性，老早就分好了政府位置，并且预尝了当权的滋味。这就充分暴露了他们丑恶的灵魂。

从 1851 年开始，流亡中的大人物分裂为两个对立的集团：以金开尔为首的流亡者俱乐部和以卢格为首的鼓动者协会。他们在欧洲和北美的德文报刊

---

① 马克思、恩格斯：《流亡中的大人物》。《马克思恩格斯全集》第 8 卷第 361 页。

上展开了热闹非凡的唇枪舌剑。马克思、恩格斯无情地揭露和嘲笑这伙争名夺利之徒的无耻行径，指出在他们看来无比伟大的互相倾轧不过是一场老鼠与青蛙之战：

> 谁使这架小小的竖琴发出响声？
> 那是我吸取振奋人心的词汇的泉源，
> 为的是我能够用鲜明的色彩，
> 来描写世界上从未见过的战斗。
> 同命运注定要我歌唱的这次战斗相比，
> 一切以往的战斗都只是大宴会上的花朵：
> 因为一切有不可思议的勇敢精神的人，
> 都在这次光荣的战斗中拔剑相斗。

马克思、恩格斯指出，这伙互相争斗的英雄，其实都是一丘之貉，没有本质不同。他们的争吵，不过是为了在彼此的攻击中显示自己的重要性；"他们热烈希望的只有一件事——使德国国内显现出一片死寂的沉静，好让他们的声音在这片死寂的沉静中显得更响亮；使公众的觉悟水平极度地降低，好让甚至像他们这样的人也可以成为出类拔萃的伟人。"①

马克思、恩格斯集中力量批判了在流亡者中大肆活动、对革命事业危害极大的金开尔、卢格、维利希、司徒卢威等人，把他们的丑恶灵魂暴露在光天化日之下，肃清他们在公众中的影响。

马克思、恩格斯指出，被德国庸人捧上了天的"英雄"金开尔，实际是一个出卖革命事业的叛徒。这个装腔作势、多愁善感的无聊诗人，投机成性、利欲熏心、毫无气节。他在巴登起义中被俘以后，立即背叛革命，向普鲁士反动政府屈膝投降，在军事法庭上公开声明自己不是革命者，大肆吹捧"普鲁士亲王殿下"，表示对反动统治者忠心耿耿。特别可耻的是，他竟然出卖被俘的前普鲁士士兵，指责他们用"在为祖国服务时可能获得的军事知识来反对祖国"。他还向法庭提供革命党的计划，但声明自己与这些计划毫不相干，乞求敌人的饶恕。对于这样一个无耻的叛徒，在德国不仅没有遭到谴责，反而博得普遍的赞扬和同情，成为庸人心目中的"伟大的蒙难者"。马

---

① 马克思、恩格斯：《流亡中的大人物》，《马克思恩格斯全集》第 8 卷第 361 页。

克思、恩格斯一针见血地指出：金开尔之所以伟大并不是由于他所做的一切，而是由于他没有做的那一切；并不是由于坚强和反抗，而是由于软弱和恭顺。

阿尔诺德·卢格是玩弄阴谋诡计的老手。流亡伦敦初期，他编造谎言，无中生有地对马克思、恩格斯进行诽谤。马克思、恩格斯指出，早在40年代中期就敌视无产阶级的卢格，是一个不学无术的学者，把剽窃当做"最高智慧"和"正直写作"的作家；他由于无知而做了蠢事，却能毫无愧色地把蠢事当做独特的创作来夸耀；他经常陷入不可解脱的矛盾，却能心安理得地用荒唐的借口替自己摆脱困境；在理论家面前，他为了掩盖自己思维方面的弱点而装扮成埋头实际的人；在实践家面前，他又把自己在实践方面的无能和有始无终装扮成理论思想上的最高成就；他把小市民的庸俗习气当成美德，把丑恶的利己主义捧为自我牺牲的榜样，把怯懦描绘成最大的勇敢，把卑鄙变成了高尚，而粗鲁放纵的举止则被说成是坦率和心情舒畅的表现。总之，"一条把哲学中、民主中、首先是空话中的一切矛盾奇妙地混合在一起的阴沟，一个一身集中了一切道德上的缺陷、一切卑鄙下贱的品质、既狡猾又愚蠢、既贪婪又迟钝、既奴性十足又傲慢不逊、既虚伪又像一个被解放的农奴、像一个村夫一样朴实的人、庸人和空想家、无神论者和空话的信仰者、绝对的不学无术者兼绝对的哲学家"，① 这就是卢格的形象。

奥古斯特·维利希是一个颇为特殊的人物。马克思、恩格斯指出，同其他流亡中的大人物比较起来，维利希无疑有着值得夸耀的历史。他率领的志愿部队在德国维护帝国宪法运动中英勇战斗，使他获得一定的声誉。自从流亡伦敦后，他与小资产阶级民主派流亡者勾勾搭搭，在无产阶级队伍中散布小资产阶级的毒菌；他用革命的空谈代替对形势的客观分析，制定了一个又一个荒谬绝伦的冒险计划；他大搞阴谋，制造分裂，瓦解共产主义者同盟。总之，这是一个以坚强的性格来掩盖自己欺骗行为的伪君子，也是一个进行小战斗和搞小阴谋活动的"英雄"。

在马克思、恩格斯笔下，司徒卢威也遭到无情的鞭挞。小资产阶级政客、巴登临时政府成员司徒卢威在自己的杰作《告德国流亡者》中，号召建立德国流亡者中央局，以此对抗马克思、恩格斯领导的社会民主主义流亡者救济委员会。马克思、恩格斯指出，自命不凡的司徒卢威，是思想僵化、愚蠢不

---

① 马克思、恩格斯：《流亡中的大人物》。《马克思恩格斯全集》第8卷第310页。

堪的反动文人；他为了在自己的同胞中显得出类拔萃，不择手段地时而充当预言家，时而充当投机家，时而充当修脚师，把最离奇古怪的工作变成自己的主要职业，甚至醉心于面相术、骨相学等荒诞无稽的东西。流亡伦敦期间，他宣布自己发现了人类的六大祸害：君主、贵族、官僚、常备军、钱袋和臭虫！马克思、恩格斯讽刺地写道：发现这些"祸害"的司徒卢威先生对这些祸害不仅不痛恨，反而与它们非常友好。虽然君主是祸害之首，他却心安理得地领取了下台君主卡尔公爵一笔相当可观的酬金；虽然贵族被列为重要祸害，但他在任何社交场合，总不忘记自己"男爵"的贵族头衔；虽然他充当官僚的时间不长，但却千方百计为自己的钱袋增光。这个庸俗无聊的家伙，其实就是第六个祸害——臭虫！

《流亡中的大人物》一书的手稿完成后，马克思曾经委托给一个自愿效劳的匈牙利流亡者班迪亚在德国出版。后来发现这个人是警察局的暗探。于是马克思在报上对此人作了公开揭露。这份手稿在马克思、恩格斯生前没有发表，但手稿中的许多思想，已经贯穿在他们当时发表的一些论文和给朋友的书信中，在反对小资产阶级民主派流亡者的活动中起了重要作用。

五　政治上和学术上的朋友

在曼彻斯特，恩格斯基本上过着离群独居的生活。这是由当时的客观形势造成的。经过1848—1849年激烈的阶级搏斗，一些同志牺牲了；一些同志流落他乡，很难聚会；一些人把流亡当做营生，庸俗无聊，争吵不休；一些人心灰意冷，远离运动，虽生犹死。这种种情况，使性格热情开朗的恩格斯决心做一个"真正的独身者"。这样做，既可以避免出于礼貌而不得不花费大量时间进行应酬，也可以摆脱流亡者之间的各种纠纷和争吵，还可以不必承担那些不可救药的蠢材们所干的种种冒险活动的责任，并且可以挤出更多的时间从事学习和研究。他到曼彻斯特不久，就写信对马克思说："我们现在终于再次——长时期以来第一次——有机会表明，我们不需要任何名誉，不需要任何国家的任何政党的任何支持，我们的立场不取决于这类小事情。从现在起，我们只对我们自己负责。"[①]

当然恩格斯决不是一个隐士。尽管商行的琐碎事务占去他大部分时间，

---

① 　恩格斯：《致卡·马克思》（1851年2月13日）。《马克思恩格斯全集》第27卷第210页。

他仍然以莱茵人的欢乐性格，一有空暇就到郊外狩猎、跑马，参加文学艺术俱乐部的活动。这个时期，他除了与马克思保持频繁的通信联系外，还与为数不多的政治上和学术上的朋友经常往来。

前共产主义者同盟中央委员、《新莱茵报》编辑威廉·沃尔夫是恩格斯在曼彻斯特的亲密朋友。他比恩格斯大十一岁，1869 年 6 月 21 日诞生于德国西里西亚一个世袭的农奴家庭，从小就为封建领主服劳役。1829 年他考上布勒斯劳大学，毕业后在家乡当家庭教师和新闻记者，经常在报刊上发表文章，揭露封建官吏、庄园主和工厂主的罪行，批判基督教这个德国封建专制制度的思想支柱的反动性和虚伪性。他知识渊博，性格幽默。有一次他在报上刊登一首从旧诗集中选出的忏悔词，辛辣地讽刺和嘲笑宗教虔诚主义者：

> 我的确是一头畜生，
> 我真是一个卑贱的罪人。
> 我全身浸透了罪过，
> 就像浸透大葱味的俄国人。
> 主耶稣呀，请你抓住我这狗的耳朵，
> 扔给我一根仁慈的骨头，
> 把我这有罪的蠢驴，
> 扔到你那仁慈的天国。

1846 年 4 月底，恩格斯在布鲁塞尔与沃尔夫初次见面，从此成了亲密的同志和战友。许多年后，恩格斯生动地描写了这次难忘会晤的情况。恩格斯说，沃尔夫身材矮小，体格健壮，既善良而又沉着坚定，一副德国东部农民的样子，"第一眼看到他，我们并没有料想到，这个外表并不出众的人，竟是一个十分难得的人物。没过几天，我们就同这位新的流亡伙伴建立了诚挚的友谊，而且我们相信，我们结交的不是一个平凡的人。他在古典学校里受到良好培养的才智，他那丰富的幽默，他对艰深理论问题的清楚理解，他对人民群众的一切压迫者的强烈憎恨，他那刚毅而又沉着的气质，很快就展现了出来。但是，只有在斗争中，在胜利和失败的时候，在顺利和不利的时刻，经过多年的共同活动和友好交往，我们才能充分认识到他那坚忍不拔的性格，他那无可怀疑的绝对忠诚，他那对敌、对友、对己都同样严格的、始终如一的责任感。"① 1847 年，威廉·沃尔夫同马克思、恩格斯一起，对正义者同盟进行改组，创建共产主义者同盟，担任共产主义者同盟中央委员。

1848—1849 年，威廉·沃尔夫积极参加革命运动，发挥了重大的作用。他是马克思主编的《新莱茵报》的编辑，负责国内新闻栏。他那坚定的无产阶级革命立场，孜孜不倦的勤恳作风和严肃认真的工作态度，使他获得同志们的充分信赖。他在报上连续发表的反对封建专制制度的论文《西里西亚的十亿》，用具体生动的事实深刻揭露了德国容克地主的罪行，批判资产阶级的妥协投降，获得很大成功。许多地方的农民团体把文章秘密翻印，广为散发，在农民运动中起了很大作用。恩格斯说，《新莱茵报》刊登过许多令人激愤的文章，但是像沃尔夫这一组文章那样受人欢迎的，为数并不多。

革命失败后，威廉·沃尔夫流亡英国；从 1853 年 9 月起，在曼彻斯特定居。恩格斯说，"在许多年内，沃尔夫是我在曼彻斯特的唯一的同志；我们几乎天天见面，我在那里又经常有机会赞赏他对当前事件的几乎本能的、准确的判断。"② 经恩格斯介绍，沃尔夫谋得私人教师的工作。他为人直爽，忠于职守，和蔼可亲，获得人们的尊重。当他于 1864 年 5 月 9 日因病逝世时，马克思、恩格斯为失去这位"勇敢的忠实的高尚的先锋战士"而万分悲痛。

在曼彻斯特的头几年，有时到恩格斯家里来做客的还有诗人格奥尔格·维尔特。恩格斯同维尔特是在 1843 年认识的，从此两人结成莫逆之交。维尔特长期生活在英国工人群众中。他的许多诗作，深刻地描绘了资本主义社会劳动人民受压迫受奴役的状况；在万恶的资本主义社会里，工人们必须不停地为资本家干活，繁重的劳动没有尽头。

> 干吧！一直干到血液冲击着血管，
> 干吧！一直干到筋骨发出破碎的声音，
> 干吧！一直干到鬓角汗水淋淋，
> 干吧！你生来就是个干活的命！
>
> 干吧！一直干到你神智昏迷，

---

① 恩格斯：《威廉·沃尔夫》。《马克思恩格斯全集》第 19 卷第 63 页。
② 同上书，第 105 页。

干吧！一直干到你力气耗尽，

当你的尸骨在坟墓里放定，

你就会得到安宁。①

维尔特在 1848 年革命高潮中担任《新莱茵报》编辑，这是他一生最光辉的时期。他负责小品文栏，经常以诗歌、散文、随笔、讽刺小品等文学形式，为报纸增添光彩。他的散文尖锐而有力，政论深刻而生动，讽刺小品有趣而锋利。他用出色的笔调，刻画了柏林国民议会里那些"不被承认的天才"和德国小市民"怨天尤人"、"无病呻吟"的丑态；嘲笑那个"没有牙齿、没有头发、没有肉、没有血、没有声音、没有头脑、无所事事、没有意志、没有热情"的废物——德国资产阶级；热情讴歌为革命而英勇战斗的劳动人民。他在这期间发表的主要著作《著名的骑士施纳普汉斯基的生平事迹》，尖锐地讽刺了反动政客、容克地主的代表李希诺夫斯基公爵，使这个骗子、懦夫、保皇党人声名狼藉。恩格斯对维尔特的评价很高，认为他是"德国无产阶级第一个和最重要的诗人。"② 他的社会主义的和政治的诗作，在独创性、幽默感方面，尤其在火一般的热情方面，大大超过著名民主派诗人弗莱里格拉特。在革命失败后的艰难岁月里，维尔特不得不为谋生的需要远涉重洋，东奔西走。他走遍了南美和中美的大部分地方，骑马越过帕姆斯草原，登上秦布拉索峰，在加利福尼亚度过不少时光。每次从海外归来，他都要拜访恩格斯，在一起天南海北地畅谈一番。恩格斯说："听他谈话很有趣。他见得多，经历多，观察也多；他现在虽然没有写小品文，但却在口述它们；这样，听的人还得到一个好处，可以看见他生动的模仿和面部表情，听到充满热情的笑声。"③

1856 年 7 月，维尔特不幸在海地逝世。马克思得到他的死讯后十分悲痛，认为这是"一个不可弥补的损失"。④ 二十七年后，恩格斯在德国《社会民主党人报》上发表《格奥尔格·维尔特》一文，介绍了维尔特的生平，表达了对他的深切悼念。

从 60 年代初开始，恩格斯结识了住在曼彻斯特的德国著名化学家卡尔·

---

① 《维尔特诗选》第 30 页。

② 恩格斯：《格奥尔格·维尔特》。《马克思恩格斯全集》第 21 卷第 7 页。

③ 恩格斯：《致斐·拉萨尔》（1855 年 11 月 8 日）。《马克思恩格斯全集》第 28 卷第 633 页。

④ 马克思：《致约·魏德迈》（1859 年 2 月 1 日）。《马克思恩格斯全集》第 29 卷第 550 页。

肖莱马，很快就与这位共产主义科学家建立了亲密的友谊。肖莱马生于 1834 年，比恩格斯小十四岁。这位著名的欧门斯学院教授在有机化学领域有许多重大的发现，在理论化学方面也有深刻的研究。十分难能可贵的是，他不仅热爱科学，而且怀着极大的兴趣关心各国工人运动。他是国际工人协会最早的会员之一，也是德国社会民主党忠诚的党员。尽管他在学术界声望很高，但始终保持谦虚的美德。恩格斯赞叹道："这是一个世界上最谦虚的人，因为他的谦虚是建立在他对自己的意义的正确认识上的。"①

在曼彻斯特时，肖莱马经常拜访恩格斯。那时恩格斯对包括化学在内的各种自然科学知识很感兴趣。同肖莱马的友谊，无疑有助于他掌握化学领域的专门知识，了解化学的最新发展情况。肖莱马虽然已经是成熟的共产主义者，但他十分需要从马克思、恩格斯方面接受共产主义信念的经济学上的论证。

恩格斯迁居伦敦后，继续与肖莱马就自然科学问题和党的事务进行频繁的通信。每逢假期，肖莱马除了有时回德国外，总是到伦敦马克思和恩格斯家里做客。1888 年，肖莱马与恩格斯一起畅游北美；1890 年一起到挪威旅行；1891 年夏天又一起到威特岛避暑。他们的友谊终生不渝。1892 年 6 月 27 日，肖莱马在曼彻斯特逝世。恩格斯代表德国党的执行委员会在这位忠实的朋友和党的同志的坟前献了花圈。7 月 3 日，恩格斯在《前进报》上发表悼文，对自己战友的学术贡献和政治品质作了高度评价。

赛姆·穆尔也是恩格斯在曼彻斯特时期为数不多的朋友之一。他于 1863 年在曼彻斯特认识恩格斯时，还是一个刚从剑桥三一学院毕业的二十五岁的青年人。他们很快就成了知心朋友。许多年后，穆尔在回忆与恩格斯的交往时写道："每一次和他谈话都能使我学到许多东西。他的知识非常渊博，对人十分亲切真诚。"②

恩格斯对穆尔的聪明才智十分赏识。60 年代中期，马克思正在紧张地从事《资本论》创作，打算在《资本论》第 1 卷德文版出书时，着手把这部巨著译成英文。恩格斯向马克思推荐穆尔担任翻译工作。穆尔也十分乐意从事这项任务。为此，他除了努力掌握德语外，还精心钻研《资本论》和马克思的其他著作。1868 年初，恩格斯以十分满意的心情写信对马克思说："赛

---

① 恩格斯：《卡尔·肖莱马》。《马克思恩格斯全集》第 22 卷第 365 页。
② 转引自李卜克内西《在恩格斯的灵柩前》。《我景仰的人》第 190 页。

姆·穆尔是你的书的最热心的读者，他确实已经认认真真地读完六百多页，并且还在孜孜不倦地往下攻读哩。"① 过了些日子，恩格斯又写信告诉马克思：穆尔正在热心研究 1859 年出版的《政治经济学批判》，"他对一切理解得很好。他完全领会了货币理论等等当中的辩证的东西。"② 马克思去世后，穆尔在恩格斯帮助下，承担了《资本论》第 1 卷大部分的翻译任务。他工作严谨，翻译准确，得到恩格斯的好评。

把恩格斯与穆尔联系在一起的，除了他们共同的政治信仰外，还有许多共同的研究领域。穆尔是有才干的数学家、地质学家和植物学家，对英国政治经济情况十分熟悉，还是一个经验丰富的律师。恩格斯对他十分信赖，委托他作为自己遗嘱执行人之一。

除了以上几位以外，恩格斯在曼彻斯特的同志和朋友中，还有英国宪章运动领袖厄内斯特·琼斯，德国医生爱德华·龚佩尔特等人。他们都与恩格斯有着深厚的友谊。恩格斯热情坦率、诚恳待人的高尚品格和渊博的知识、幽默乐观的性格，获得了所有认识他的朋友们的尊敬。

在曼彻斯特，恩格斯还有一个温暖的家庭。他的妻子玛丽·白恩士是一个热情淳朴的爱尔兰女工，对爱尔兰民族的不幸遭遇有着亲身的体会。由于共同的政治信仰和深厚的感情，家庭生活十分幸福。作为亲密战友和生活伴侣，玛丽在恩格斯的生活中占有重要地位。1863 年 1 月玛丽不幸突然逝世，悲恸万分的恩格斯写信对老朋友马克思说："我仅余的一点青春已经同她一起埋葬掉了。"③

玛丽去世后，她的妹妹莉希与恩格斯日益接近，由于互相倾慕而产生了永恒的爱情。不久，莉希成了恩格斯的第二位夫人。她比恩格斯小七岁。同自己的姐姐一样，她不仅热情聪慧，而且具有坚定的阶级本能和反抗民族压迫的意识。恩格斯对这位地地道道爱尔兰血统的无产者十分敬重。他说，莉希"对本阶级的天赋的热爱，对我是无比珍贵的，在关键时刻，这种感情给我的支持，比起'有教养的'、'多愁善感的'资产阶级小姐的细腻和小聪明可能给予的总要多些"④。无论在曼彻斯特或伦敦，莉希夫人总是给予朋友们亲切的接待和热情周到的照料，获得了人们的普遍赞扬。正是这个互相体贴

① 恩格斯：《致卡·马克思》（1868 年 3 月 19 日）。《马克思恩格斯全集》第 32 卷第 49 页。
② 恩格斯：《致卡·马克思》（1869 年 1 月 29 日）。《马克思恩格斯全集》第 32 卷第 236 页。
③ 恩格斯：《致卡·马克思》（1863 年 1 月 26 日）。《马克思恩格斯全集》第 30 卷第 314 页。
④ 恩格斯：《致尤·倍倍尔》（1892 年 3 月 8 日）。《马克思恩格斯全集》第 38 卷第 299 页。

的美满家庭，使恩格斯得到了极大的慰藉，吸取了坚持斗争的力量。

六　关注欧美各国的民族民主革命运动

恩格斯虽然身在商行，但他的思想无时无刻不在关心欧美各国的政治经济形势。德国和意大利的统一、法国路易·波拿巴王朝的反动统治、沙皇俄国的侵略野心、波兰和爱尔兰的民族独立运动、美国的南北战争等等，都是他经常关心的重大问题。

1859 年 4 月，法皇路易·波拿巴伪装同情在奥地利统治下的意大利，联合意大利的撒丁王国发动对奥战争。战争开始前，恩格斯就打算写一部著作，马克思立即表示赞同，认为这是一个很好的主意，"应当立即动手，因为在这里时间就是一切"。[①] 3 月初，恩格斯写完《波河与莱茵河》，全面分析了战争双方的政治军事状况，进行战争的目的和无产阶级的态度。

恩格斯指出，路易·波拿巴所谓解放意大利，完全是骗人的。法国决不会容许一个统一的、独立的意大利存在。波拿巴发动战争的目的，是为了侵占意大利领土，"以法国霸权代替奥地利霸权"。[②] 同时，也是为了巩固自己在国内的反动统治。如果不是看到自己军队中日益增长的不满情绪和法国人民带有威胁性的态度，它是不会进行战争的。

无产阶级必须反对波拿巴法国的霸权野心，但这决不是为了维护奥地利在意大利的统治地位。恰恰相反，无产阶级坚决反对奥地利在意大利的统治和暴行，坚决反对"把占领别国领土和镇压别国民族当做自己力量的源泉"[③]。恩格斯令人信服地说明，我们主张反对波拿巴法国，是因为当时波拿巴法国和沙皇俄国是欧洲民主派的主要敌人和德国统一的主要国际障碍。挫败波拿巴法国，就有可能引起法国革命，打击与法国勾结的沙皇俄国，促进德国革命力量的发展。

当意大利战争爆发时，恩格斯满怀信心地希望，战争将彻底清除普鲁士和奥地利的反动政府和一切反动势力，增强无产阶级（政）党的力量和影响，使德国在革命的基础上统一起来。他说：在由战争造成的"这样一个危机中，

---

① 马克思：《致弗·恩格斯》（1859 年 2 月 25 日）。《马克思恩格斯全集》第 29 卷第 383 页。

② 恩格斯：《萨瓦·尼斯和莱茵》。《马克思恩格斯全集》第 13 卷第 642 页。

③ 恩格斯：《波河与莱茵河》。《马克思恩格斯全集》第 13 卷第 281 页。

一切现存的势力都必然要灭亡，一切政党都必然要一个跟一个地覆灭……在这样一个斗争中，必然出现一个时刻，那时只有最不顾一切的、最坚决的党才能拯救民族。"①

意大利战争与德国统一有着密切关系。恩格斯说，德国人民必须支持意大利人民争取民族统一的斗争，只有一个独立的、统一的意大利，才符合德国的利益。同时，德国人民必须"关心使自己在本国内成为统一的和强大的"。② 当时奥地利与普鲁士正在激烈争夺德意志领导权。奥地利幻想着在它的统治下形成一个联邦制的"中欧大国"，在短期内争得陆上和海上的世界霸权，开辟历史的新纪元。恩格斯引用海涅的诗句，对这种根本不能实现的梦想作了辛辣的讽刺：

> 法国人和俄国人占有了陆地，
> 海洋是属于英国人的，
> 只有在梦想的空中王国里，
> 德国人的威力是无可争辩的。③

同奥地利反动派一样，普鲁士反动派也企图在自己统治下实现德国统一。因而它在战争中伪装中立，以调停大国的面目出现，暗中支持波拿巴法国。马克思、恩格斯严厉谴责普鲁士的态度，指出它避免参加战争的目的无非是想"用诈骗的手段去贴现德国霸权的期票"。④

恩格斯不仅分析了意大利战争的政治背景和政治前途，而且详尽地剖析了战争的军事方面，批判了"中欧大国"鼓吹者所宣扬的"应当在波河上保卫莱茵河"这一"自然疆界论"。恩格斯认为，如果以本国防卫的需要为理由要求占领别国领土，这就会使国际关系陷于混乱，为侵略和战争制造借口。他说，在战争前夜和战争中，双方通常都力图占领每一个可以威胁敌人和挫伤敌人的有利阵地，而不从道德原则方面去考虑这样做是否合乎永恒的正义或者民族原则。那时各方都只顾维护自己的私利。但是，如果把"自然疆界"作为处理国与国之间关系的原则，那就是错误的。

----

① 恩格斯：《致斐·拉萨尔》（1859 年 5 月 18 日）。《马克思恩格斯全集》第 29 卷第 587 页。
② 恩格斯：《波河与莱茵河》。《马克思恩格斯全集》第 13 卷第 281 页。
③ 恩格斯：《波河与莱茵河》。《马克思恩格斯全集》第 13 卷第 251 页。
④ 马克思：*QULD PRO QUO*。《马克思恩格斯全集》第 13 卷第 510 页。

马克思高度评价《波河与莱茵河》一书，认为本书无论对军事问题还是政治问题的阐述都非常出色。果然，本书出版后在德国引起了轰动，许多报刊纷纷给予好评。

1860年初，恩格斯出版了另一本小册子《萨瓦·尼斯和莱茵》，继续从无产阶级国际主义立场出发阐述民族斗争的任务，指出为了实现意大利和德国的统一，就必须反对波拿巴法国、沙皇俄国和欧洲其他反动王朝。德国人民不仅要用策略，而且要用刀剑来粉碎沙皇俄国的侮辱和威胁。恩格斯寄希望于俄国革命，认为正在进行的被奴役的农民阶级与统治阶级之间如火如荼的斗争，动摇着俄国对外政策的整个体系；由政府与贵族共同大力促成的农业和工业的发展，已经达到了使现存的社会关系不能再继续下去的程度；随着从彼得大帝到尼古拉一世的俄国的垮台，它的对外政策也将遭到毁灭。奋起反对沙皇制度的俄国农奴是欧洲无产阶级的同盟者。①

恩格斯也密切关注和全力支持1863年波兰人民反对沙皇压迫的起义。他认为，重建一个自由独立的波兰，对于削弱俄国沙皇制度，推动欧洲各国民主运动的发展，通过民主方法实现德国统一，都具有十分重要的意义；"要是波兰的事情结局不好，那在我们面前显然就会出现数年残酷的反动时期，因为那时信奉正教的沙皇又将成为神圣同盟的首脑。"② 在恩格斯的积极参与下，马克思写了《支援波兰的呼吁书》。他们还计划写一部题为《德国与波兰。因1863年波兰起义所作的军事政治考察》的专著，阐述在三次瓜分波兰以前、瓜分波兰以后和1841年以后俄国对西方和南方的军事地位，恢复波兰后俄国和德国的地位等问题。为此收集了大量材料。后来这个计划没有完成。

恩格斯也十分关心1861—1865年的美国南北战争。他同马克思一起，坚决站在反对奴隶制的北方人民一边。他们认为，18世纪末美国独立战争为欧洲资产阶级开拓了一个上升、发展的时代，反对奴隶制的南北战争则为欧洲无产阶级鸣起了警钟。恩格斯在一系列论文中，深入论述了这次战争的政治背景和军事进程。他认为，废除黑人奴隶制是整个战争的关键。北部各州只有采取革命的方法，动员更多的人民群众到自己方面，才能获得战争的胜利。

---

① 参阅恩格斯《萨瓦、尼斯与莱茵》。《马克思恩格斯全集》第13卷第679—680页。
② 恩格斯：《致卡·马克思》（1863年2月17日）。《马克思恩格斯全集》第30卷第325页。

他认为，这次战争是"战争史上无与伦比的一个壮观"。① 当时各种军事活动的方式和进程，对于欧洲的观察家来说，是全新的事物。他同马克思一起，领导欧洲各国工人阶级积极声援北美人民的斗争，粉碎英法政府企图进行反革命武装干涉的阴谋。正是在工人阶级的压力下，英、法等国反动政府才不敢挑起战争。正如马克思所说："使西欧避免了在大西洋彼岸永久保持和推广奴隶制进行可耻的十字军征讨冒险的，并不是统治阶级的智慧，而是英国工人阶级对于他们那种罪恶的疯狂行为所进行的英勇反抗。"②

60年代中期，恩格斯十分同情和支持爱尔兰人民反抗英国统治的斗争。恩格斯的夫人莉希是一个热情的爱尔兰爱国者。与莉希的共同生活，使恩格斯能够更好地了解几百年来英国对爱尔兰的殖民统治所造成的灾难和爱尔兰民族的解放要求。他十分同情爱尔兰人民，竭力引导爱尔兰秘密团体芬尼亚社摆脱密谋策略、走上群众斗争的正确道路。他夫人同爱尔兰革命者保持密切的联系，十分熟悉他们的一切秘密活动。有一个时期，他们的家成了一些芬尼亚社社员的避难所。③

七　严密监视拉萨尔的活动

恩格斯身在英国，对德国工人运动仍然非常关心。在五六十年代艰难岁月里，他一方面通过各种途径保持与德国工人的联系，对他们进行科学社会主义教育；另一方面经常警惕和揭露容克地主和资产阶级破坏工人运动的阴谋，严密监视德国工人运动中机会主义代表，"普鲁士王国政府的社会主义者"拉萨尔的活动，同拉萨尔进行坚决的斗争。

斐迪南·拉萨尔于1825年4月11日诞生于德国布勒斯劳一个犹太资产阶级家庭，少年时期在莱比锡学习经商，1841年进入布勒斯劳大学，后来转学到柏林大学，学习古典艺术、语言学和哲学，梦想有朝一日"伸手去取王冠"。大学毕业后，他在柏林充当律师。从1846年起，以代理哈茨费尔特伯爵夫人离婚案闻名。在这桩声名狼藉的案件中，他荒谬地把贵族家庭的内部纠纷，渲染为所谓处于"无产者"地位的伯爵夫人反对权贵的斗争，先后花

---

① 马克思、恩格斯：《美国内战》。《马克思恩格斯全集》第15卷第513页。

② 马克思：《国际工人协会成立宣言》。《马克思恩格斯全集》第16卷第14页。

③ 参阅拉法格《忆恩格斯》。《摩尔和将军》第117页。

了八年时间，在三十六个法院打官司，"采用了最无耻的手段，并且和最无耻的人勾结在一起"，[1] 为哈茨费尔特伯爵夫人争得三十万塔勒的巨额财产。从此，他依靠伯爵夫人的津贴过活。

在 1848 年革命高潮中，拉萨尔一度投机革命，混入杜塞尔多夫民主派。革命失败后他悲观失望，宣布自己决心远离政治运动，只醉心于"情欲和私事"。这是欺人之谈。其实，他离开革命运动后，投身于地主资产阶级的政治运动。为了迎合统治阶级的需要，他先后抛出几部著作：《爱非斯的晦涩哲人赫拉克利特的哲学》（1857 年）、历史剧《弗兰茨·冯·济金根》（1859 年）、《意大利战争和普鲁士的任务。民主派的主张》（1859 年）、《既得权利体系》（1861 年）、《公开复信——致莱比锡工人代表大会中央委员会》（1863 年）、《工人读本》（1863 年）、《工人和科学》（1863 年）、《巴师复—舒尔茨—德里奇先生，经济的尤利安；或者：资本与劳动》（1864 年），等等。在这些论著中，他宣扬唯心主义，散布超阶级的国家观，鼓吹对普鲁士封建专制制度的"忠顺信仰"；提出"铁的工资规律"，维护资本主义雇佣奴隶制度；反对无产阶级用革命手段推翻资本主义统治，主张通过国家帮助的合作社实现社会主义；污蔑农民和其他小资产阶级是"反动的一帮"，反对和破坏工农联盟；宣扬分配决定论，把社会主义描写为公平分配的王国；拥护大普鲁士主义，主张通过王朝战争，由普鲁士自上而下地统一德国等，系统地提出了一套机会主义理论和纲领。

在政治上，拉萨尔投靠普鲁士反动统治者俾斯麦。从 1863—1864 年，他与俾斯麦频繁来往，多次密谈，为俾斯麦瓦解工人运动，实现铁血政策效劳。

还在 50 年代中期，马克思、恩格斯就了解拉萨尔在德国的活动情况。1856 年 2 月底，杜塞尔多夫的工人代表勒维到伦敦拜访马克思，向马克思提供拉萨尔经常以党的名义去搞肮脏勾当的材料。马克思立即向恩格斯通报了有关情况，并且指出，拉萨尔"是一个十分危险的人物"，"他在搞私人阴谋方面是毫无顾忌的"。[2] 恩格斯完全同意马克思的看法。他补充说，拉萨尔总是"打算以党作幌子利用一切人以达到自己的私人目的。其次，力图挤入上流社会，得到显赫的地位……所有这一切都只能使人们必须对他进行严密的

---

① 马克思：《致弗·恩格斯》（1860 年 2 月 9 日）。《马克思恩格斯全集》第 30 卷第 33—34 页。

② 马克思：《致弗·恩格斯》（1856 年 3 月 5 日）。《马克思恩格斯全集》第 29 卷第 29 页。

监视"。恩格斯强调指出:"我们中间没有一个人曾经相信过拉萨尔。"①　为了批判拉萨尔的错误言行,肃清拉萨尔主义在德国工人运动中的影响,恩格斯与马克思一起,做了大量的工作。

在许多书信中,马克思、恩格斯批判了拉萨尔的唯心主义理论观点。1858年1月,马克思看到拉萨尔的《爱菲斯的晦涩哲人赫拉克利特的哲学》后指出,这部著作是用黑格尔唯心主义观点写成的幼稚而拙劣的作品,"每句话都是错误,但都是用惊人的自负的口气说出来的。"②　恩格斯完全赞同马克思的意见,认为拉萨尔的观点"实在太轻率了"。③　不久,马克思、恩格斯又对拉萨尔的历史剧《弗兰茨·冯·济金根》作了严厉的批判,指出这部著作美化了封建骑士等级,贬低了农民战争的意义。恩格斯写到:由于剧本把农民运动放到次要地位,所以既不能对贵族运动作正确的描写,也不能揭示贵族运动失败的原因。事实上,贵族运动是由于不可能同农民结成联盟而失败的,"当贵族想取得国民运动的领导权的时候,国民大众即农民,就起来反对他们的领导,于是他们就不可避免地要垮台。"④　在《既得权利体系》中,拉萨尔抄袭黑格尔唯心主义法哲学和历史哲学,认为法权规范不是从社会的生产关系中产生,而是由"意志"产生。这是完全错误的。正如恩格斯所说:由于拉萨尔"不是从罗马人的社会关系中,而是从意志的'思辨概念'中引申出罗马的法权规范,从而得出了……完全违反历史的论断。"⑤

在德国统一问题上,拉萨尔的主张也遭到马克思、恩格斯的严厉批判。马克思、恩格斯认为,德国统一问题,是资产阶级民主革命的主要问题。他们主张通过人民革命的方法,推翻各邦反动王朝,自下而上地实现统一的目标。拉萨尔却站在容克地主的立场上,主张通过王朝战争,把德国融化于普鲁士。1859年,他在《意大利战争和普鲁士的任务》一书中,公开鼓吹建立以普鲁士为首的德意志帝国,认为这是"唯一的、伟大的、符合德意志民族也符合普鲁士人的利益的态度"。马克思看到这本小册子后十分愤慨,指出这些观点"决不是我的观点,也不是在英国的我的党内朋友的观点"。⑥

---

①　恩格斯:《致卡·马克思》(1856年3月7日)。《马克思恩格斯全集》第29卷第32—33页。

②　马克思:《致弗·恩格斯》(1858年2月1日)。《马克思恩格斯全集》第29卷第264页。

③　恩格斯:《致卡·马克思》(1858年2月8日)。《马克思恩格斯全集》第29卷第265页。

④　恩格斯:《致斐·拉萨尔》(1859年5月18日)。《马克思恩格斯全集》第29卷第585页。

⑤　恩格斯:《家庭私有制和国家的起源》。《马克思恩格斯全集》第21卷第201页。

⑥　马克思:《致斐·拉萨尔》(1861年6月10日)。《马克思恩格斯全集》第29卷第590页。

从 60 年代开始，拉萨尔与俾斯麦勾结，吹捧俾斯麦是"明智的政治家"，多次向俾斯麦乞求普选权，不惜联合俾斯麦的贵族党反对资产阶级进步党，一再表示支持俾斯麦的铁血政策。1864 年 4 月，在普鲁士与丹麦争夺什列斯维希—霍尔斯坦的战争时期，他当面向俾斯麦表示："我把合并什列斯维希—霍尔斯坦一事放在我的纲领中。"俾斯麦对此非常满意，立即回答："您的纲领的这一点大概是会实现的。"当时马克思、恩格斯虽然对拉萨尔与俾斯麦勾结的情况一无所知，但他们从拉萨尔一系列的言行中，从德国反动报刊对拉萨尔的大肆赞扬中，从反动政府给予拉萨尔异乎寻常的特权中，已经看出拉萨尔实际上投靠了反动派。1863 年 6 月 11 日，即在拉萨尔与俾斯麦第一次会面后一个月，恩格斯就写信对马克思说，拉萨尔"简直是在为俾斯麦效劳……他现在不仅受《奥格斯堡报》的庇护，而且受《十字报》的庇护。"①

拉萨尔自称是"马克思的学生"。1861 年，他向马克思建议创办一份工人报纸，由他与马克思担任总编辑。马克思问他："恩格斯怎么样?"他回答说："三个如果不算多，恩格斯也可以做总编辑，不过你们两人不能有比我更多的投票权，否则我每次都要失败的。"马克思、恩格斯没有同意他的建议。由于他向俾斯麦献媚，因此马克思、恩格斯"不希望同他的整个鼓动有什么共同之处。"②

60 年代德国工人运动重新兴起。拉萨尔趁机混入工人运动，窃取全德工人联合会主席的职务，在工人运动中大肆鼓吹和推销"普选权"、"国家帮助"等机会主义货色。马克思、恩格斯十分讨厌他在德国所做的一些事情和丑闻，向工人阶级反复说明："认为'普鲁士国家'会实行直接的社会主义干涉，那是荒谬的。"③

1864 年 8 月 31 日，拉萨尔为了争夺一个女人，在瑞士与一个罗马尼亚贵族青年决斗，受伤致死。9 月 3 日，恩格斯从马克思那里得到这个消息，他立即回信对马克思说："且不论拉萨尔在品性上、在著作上、在学术上究竟是个什么样的人，但是他在政治上无疑是德国最重要的人物之一，对我们来说，目前他是一个很不可靠的朋友，在将来是一个相当肯定的敌人。"④

---

① 恩格斯:《致卡·马克思》(1863 年 6 月 11 日)。《马克思恩格斯全集》第 30 卷第 351 页。
② 恩格斯:《致约·魏德迈》(1864 年 11 月 24 日)。《马克思恩格斯全集》第 31 卷第 429 页。
③ 马克思:《致路·库格曼》(1865 年 2 月 23 日)。《马克思恩格斯全集》第 31 卷第 454 页。
④ 恩格斯:《致卡·马克思》(1864 年 9 月 4 日)。《马克思恩格斯全集》第 30 卷第 419 页。

拉萨尔死后，马克思、恩格斯继续与拉萨尔的信徒进行斗争。1891 年，恩格斯为了肃清关于拉萨尔的神话，揭示马克思与拉萨尔之间的真正关系，在发表《哥达纲领批判》的同时，对拉萨尔的一生作了全面的评价，指出"无论把拉萨尔对运动的功绩评价得多么高，他在运动中的历史作用仍然具有两重性。同社会主义者拉萨尔形影不离的是蛊惑家拉萨尔。透过鼓动者和组织者拉萨尔，到处显露出一个办理过哈茨费尔特诉讼案的律师面孔：在手法上还是那样无耻，还是那样极力把一些面目不清和卖身求荣的人拉在自己周围，并把他们当做单纯的工具加以利用，然后一脚踢开。1862 年前，他实际上是一个具有强烈的波拿巴主义倾向的，典型普鲁士式的庸俗民主主义者……由于纯粹个人的原因，他突然改变了方针并开始了他的鼓动工作。过了还不到两年，他就开始要求工人站到王权方面来反对资产阶级，并且同性格和他相近的俾斯麦勾结在一起，如果他不是侥幸恰在那时被打死，那就一定会在实际上背叛运动"①。

---

① 恩格斯：《致卡·考茨基》（1891 年 2 月 23 日）。《马克思恩格斯全集》第 38 卷第 37—38 页。

第六章 共同从事一个合伙的事业

一 伟大友谊的榜样

马克思、恩格斯从 1844 年在巴黎会面以后建立的深厚友谊，经过 1848—1849 年革命斗争的严峻考验而更加牢不可破。政治和理论观点的完全一致，为他们的友谊奠定了牢固的基础。在从事无产阶级解放斗争这个"合伙的事业"中，他们始终互相支持、紧密合作，既分享斗争胜利的喜悦，也分担革命失败所带来的灾难。他们的亲密关系，是革命友谊的光辉榜样。

无论从事政治斗争或理论研究，两位革命导师都具有崇高的品质、卓越的才智、坚强的毅力和伟大的献身精神。虽然他们都在自己的岗位上对革命事业作出了无与伦比的贡献，但恩格斯总是谦虚地说，马克思是第一提琴手，能够在四十年时间里同马克思并肩战斗，是他一生最大的幸福。

在共同的事业中，两位革命导师作了有计划的分工。马克思主要从事经济理论研究，恩格斯则把精力放在军事学、语言学和自然科学等方面。但他们总是密切合作，协调一致。凡是重大的政治和理论问题，他们都要共同讨论，取得一致的看法。

由于谋生的需要，两位亲密的战友在长达二十年的时间里，被迫分居于不同城市，"不能同生活，同工作，同谈笑"。① 但他们也有自己的补偿方法。这就是从不间断的通信。在曼彻斯特与伦敦之间，书信往来十分频繁，有时是一天一封或一天数封，或者是每周一封。当马克思遭受贫困的熬煎，情况极坏的时候，恩格斯的来信，对他是极大的慰藉，使他勇气倍

---

① 马克思：《致弗·恩格斯》（1853 年 12 月 14 日）。《马克思恩格斯全集》第 28 卷第 314 页。

增，精神振奋。① 有一次，通信中断了几周。焦急不安的马克思写信问恩格斯："你是在哭还是在笑，是在睡觉还是醒着？最近三个星期，我往曼彻斯特寄了各种各样的信，却没有收到一封回信。"② 只要情况允许，他们就争取在一起欢聚几天，共同讨论问题，互相倾诉衷肠。马克思、恩格斯相互之间的通信，研究了当时许多重大的经济、政治、军事和外交问题；探讨了哲学、经济学、历史学和各种自然科学理论；评论了许多重要的历史事件和历史人物。现在保存下来的一千多封书信，是马克思主义宝库的珍品。

长期的分离虽然给他们的思想交流造成很多困难，但决不能阻挡他们共同从事紧张的精神劳动。这个时期他们的许多论著，有的是共同拟订提纲，研究内容，一起完成的。例如《流亡中的大人物》是他们两人于1852年5—6月间在曼彻斯特共同撰写的。有的是内容确定以后，由两人分别完成的。例如《揭露科伦共产党人案件》由马克思执笔，《波河与莱茵河》则由恩格斯撰写。有的是两人共同写作的。他们还互相为自己朋友的论著提供资料，撰写部分内容。马克思撰写论战性著作《福格特先生》时，恩格斯积极提供有关共产主义者同盟的历史资料，并为该书添写一些关于军事战略问题的评论。

为了保证马克思集中精力从事经济理论研究工作，恩格斯主动承担撰写报刊论文的任务。1851年8月，马克思接受英国资产阶级进步报纸《纽约每日论坛报》的邀请，担任该报驻英国通讯员。这个工作对马克思是十分必要的。一方面，他可以通过这份在美国销路很广、影响很大的民主报纸，发表自己对于各种重大政治、经济事件的评论，冲破欧洲资产阶级的思想封锁；另一方面，也可以取得一定的收入，解决"谋生的迫切需要"。③ 恩格斯赞同这个计划。但当时马克思正在紧张地从事经济学研究工作，只好请恩格斯代为撰文。8月8日，他写信对恩格斯说："如果你能用英文写一篇关于德国局势的文章，在星期五早晨（8月15日）以前寄给我，即将是一个良好的开端。"④ 恩格斯这时也十分忙碌。但为了帮助马克思，还是把任务答应下来，并且很快寄出连载论文《德国的革命与

---

① 参阅马克思《致弗·恩格斯》（1857年3月18日）。《马克思恩格斯全集》第29卷第108页。

② 马克思：《致弗·恩格斯》（1857年2月24日）。《马克思恩格斯全集》第29卷第102页。

③ 马克思：《〈政治经济学批判〉序言》。《马克思恩格斯全集》第13卷第10页。

④ 马克思：《致弗·恩格斯》（1851年8月8日）。《马克思恩格斯全集》第27卷第316页。

反革命》的第一篇。这组由马克思署名共包括 19 篇的论文，全部出自恩格斯的手笔。当时无论编者和读者都以为作者就是马克思。直到马克思、恩格斯的通信发表后，文章的真正作者才为世人所知。除了这组著名论文外，马克思在这家报纸上发表的论文中，大约有一百多篇是由恩格斯撰写的。

50 年代初期，马克思还未掌握英语；他自己为《纽约每日论坛报》撰写的文章，需要请恩格斯翻译。许多个夜晚，恩格斯都花费在翻译工作上。1852 年 10 月 4 日，他写信对马克思说："要替你翻译全篇文章，我的身体不行。我是今天早晨收到文章的。整天在办事处，脑袋都忙昏了。今天晚上七八点喝完茶才把这篇东西读了一遍。然后动手翻译。现在是十一点半，我译到文章自然分段的地方，并把译好的这一部分寄给你，十二点文章必须送到邮局。因此，你将收到我尽自己力量所能做到的一切。"① 两个星期后，他又写信告诉马克思："寄上一篇为德纳写的文章，这篇东西不能在别的地方断开。如果今天晚上我能整个译完，我将稍迟一点把其余部分付邮。现在把这一篇寄出，是为了使你至少及时收到一点东西。"② 后来马克思练习用英文写作，恩格斯又细心地加以指导，帮助修改润色，为此付出了大量的劳动。

恩格斯除了帮助马克思完成必不可少的政论文章之外，也有自己专门的研究领域。这个时期，他主要研究军事、语言等学科，为此需要马克思从大英博物馆和其他方面帮助收集一些资料。马克思十分乐意为朋友做任何事情。他得知恩格斯的要求后，立即放下手头工作，到图书馆查阅和摘抄资料。1852 年 8 月，当他了解恩格斯想认真钻研军事学时，立即给他开了一张有关军事科学专门著作的书目。不久，他又为恩格斯到图书馆查阅 1848 年以来的奥地利《军事杂志》、普鲁士《军事周刊》、柏林《国防报》以及其他军事杂志。1856 年 2 月，他为正在研究斯拉夫语言和文学的恩格斯寄去《伊戈尔远征记》、《斯拉夫学》、《公元五世纪末以来德意志和斯拉夫人的世界斗争》的详细摘要，还从刚刚出版的英国议会和外交部的蓝皮书《关于在土耳其亚洲部分的战事、卡尔斯的保卫和投降的文件》，摘抄许多内容，帮助恩格斯透彻了解克里木战争的问题。

---

① 恩格斯：《致卡·马克思》（1852 年 10 月 14 日）。《马克思恩格斯全集》第 28 卷第 157 页。
② 恩格斯：《致卡·马克思》（1852 年 10 月 28 日）。《马克思恩格斯全集》第 28 卷第 176 页。

马克思和恩格斯不仅在事业上密切合作，而且在生活上互相关心。当马克思或其家人生病时，恩格斯总是非常不安，想方设法为他们创造治疗的条件。恩格斯身体不好时，马克思也十分关切。1857 年夏天，恩格斯由于劳累过度而病倒。马克思为恩格斯的健康十分担心，写信对自己的朋友说："你可以相信，不管我们如何不幸，我和我妻子……对你最近健康状况的消息比我们自己的事更为关切。我对你的病有好转感到非常高兴，可是想到你又要上办事处，而且就在这个星期，真是使人担忧。要知道，从你病的整个过程来看，你应该已经看出，你的身体需要巩固、休息和暂时摆脱办事处的一切杂务。你必须尽快地去海滨。……希望你会严肃对待此事，放弃那种从药物到办事处和从办事处到药物的错误的老办法。如果你继续固执，那是不可原谅的。"[①]

在极端困难的 50 年代，马克思家庭屡遭不幸，苦难的生活先后夺去他四个儿女的生命。1855 年 4 月，八岁的儿子埃德加尔病逝，使他遭受沉重打击。他无限悲痛地写信告诉老朋友："亲爱的孩子曾使家中充满生气，是家中的灵魂，他死后，家中自然完全空虚了，冷清了。简直无法形容，我们怎能没有这个孩子。我已经遭受过各种不幸，但是只有现在我才懂得什么是真正的不幸。我感到自己完全支持不住了。"他说："在这些日子里，我之所以能忍受这一切可怕的痛苦，是因为时刻想念着你，想念着你的友谊，时刻希望我们两人还要在世间共同做一些有意义的事情。"[②] 为了减轻马克思夫妇的痛苦，恩格斯盛情邀请他们到曼彻斯特，在自己的精心照料下度过困难的日子。

资产阶级社会妄图用饥饿的威胁迫使马克思放下武器。一些资产阶级报刊拒绝刊登他的论文，出版社拒绝出版他的著作，甚至想谋求一个铁路职员的工作都不能实现。贫困简直要把马克思一家置于死地。1852 年 2 月 27 日，他写信告诉恩格斯："一个星期以来，我已达到非常痛快的地步：因为外衣进了当铺，我不能再出门，因为不让赊账，我不能再吃肉。所有这一切都算不了什么，不过我担心这种困境总有一天会弄得出丑。"[③] 同年 9 月 8 日，他又写信告诉恩格斯："我的妻子病了，小燕妮病了，琳蘅患一种神经热。医生，

---

①　马克思：《致弗·恩格斯》（1857 年 7 月 14 日）。《马克思恩格斯全集》第 29 卷第 146 页。

②　马克思：《致弗·恩格斯》（1855 年 4 月 12 日）。《马克思恩格斯全集》第 28 卷第 442 页。

③　马克思：《致弗·恩格斯》（1852 年 2 月 27 日）。《马克思恩格斯全集》第 28 卷第 28 页。

我过去不能请，现在也不能请，因为没有买药的钱。八至十天以来，家里吃的是面包和土豆，今天是否能够弄到这些，还成问题。"① 几年以后，他的经济情况不仅没有好转，而且更恶化了。1858 年 7 月 15 日，他再次写信向恩格斯诉说自己困难的处境："我在泥沼中已经挣扎了八个星期，而且，由于一大堆家务琐事毁灭了我的才智，破坏了我的工作能力，使我极端愤怒；像这样的泥沼，甚至是我最凶恶的敌人，我也不希望他在其中跋涉。"②

　　为了维持马克思一家的生活，使马克思能够专心致志地研究经济学，恩格斯自愿从事"该死的生意"。从 50 年代开始，他不间断地从经济上支援马克思。起初，他不过是一个普通的办事员，薪金收入微薄，完全靠自己的节俭，才能挤出一点钱寄给马克思。后来他的收入稍微增加，寄给马克思的数目也越来越多，使马克思一家不致挨饿。正如列宁所说："如果不是恩格斯经常在经济上舍己援助，马克思不但不能写成《资本论》，而且定会死于贫困。"③

　　马克思深深为恩格斯的伟大牺牲精神所感动，同时也感到十分不安，不止一次地在给自己朋友的信中写道："坦白地向你说，我的良心经常像被梦魇压着一样感到沉重，因为你的卓越才能主要是为了我才浪费在经商上面，才让它们荒废，而且还要分担我的一切琐碎的忧患。"④ 他多次对恩格斯说：每当想到要"榨取"自己的朋友，总是很过意不去。但恩格斯认为这是互相帮助，理所当然，"完全不在于谁在某个时候是'榨取者'或'被榨取者'，这种角色是会再调换的。"⑤

　　应该看到，恩格斯对马克思的无私援助，远远超出个人友谊的范围。他们两人都非常清楚地认识到，他们所从事的是无产阶级的共同事业。对恩格斯来说，帮助马克思是为了保护党的最伟大的思想家，保证他能够为党完成最重要的科学著作；对马克思来说，接受恩格斯的援助，也是为了共同事业的需要。梅林十分正确地指出："只是根据这一点，恩格斯才作出自己的牺牲，而马克思才接受他的牺牲。作出这样的牺牲和接受这样的牺牲，都同样

①　马克思：《致弗·恩格斯》（1852 年 9 月 8 日）。《马克思恩格斯全集》第 28 卷第 126 页。

②　马克思：《致弗·恩格斯》（1858 年 7 月 15 日）。《马克思恩格斯全集》第 29 卷第 330 页。

③　列宁：《卡·马克思》。《论马克思恩格斯》第 4 页。

④　马克思：《致弗·恩格斯》（1867 年 5 月 7 日）。《马克思恩格斯全集》第 31 卷第 301 页。

⑤　恩格斯：《致卡·马克思》（1862 年 8 月 8 日）。《马克思恩格斯全集》第 30 卷第 273—274 页。

需要崇高的精神。"①

二　深入探讨经济学问题

政治经济学是马克思、恩格斯共同探讨的一个重要领域。恩格斯研究经济学比马克思稍为早些；同恩格斯的交往，是促使马克思下决心研究经济学的重要原因。

从1843年开始，马克思就把研究经济学作为自己的主要任务。50年代流亡伦敦以后，他过着真正的"离群独居"的生活，专心致志地从事由于参加实际革命斗争而中断的经济学研究工作。当时伦敦作为最典型的资本主义城市，是研究资本主义社会最合适的地方；刚刚建立的大英博物馆图书部，珍藏着丰富的政治经济学文献资料；随着加利福尼亚和澳大利亚金矿的发现，资本主义进入一个新的发展阶段。所有这些，为马克思的经济学研究工作提供十分有利的条件。

整个50年代和60年代中期，是马克思经济学研究的决定性阶段。这个时期，恩格斯与马克思不断交换意见，共同探讨经济学问题，参与马克思经济学体系的创建工作。

马克思在推翻资产阶级经济理论，创建无产阶级经济学体系过程中碰到的许多重大问题，总是预先同恩格斯商量，取得共同的认识，使理论更臻完善。1851年初，他们研究了地租问题。马克思写信告诉恩格斯，李嘉图把地租理论建立在土地肥力递减规律的基础上，其论点处处都和历史相矛盾。因为科学和工业的进步，正在使农业劳动生产率提高；"在这里，主要问题仍然是使地租规律和整个农业的生产率的提高相符合；只有这样，才能解释历史事实，另一方面，也才能驳倒马尔萨斯关于不仅劳动力日益衰退而土质也日益恶化的理论。"② 恩格斯完全同意马克思的观点。他说，李嘉图关于土地肥力随着人口的增长而递减的理论，完全忽视了农业的进步，是难以令人信服的。早在1844年《政治经济学批判大纲》中，他已用科学耕作法的成就批驳过土地肥力递减论，不过那时还缺乏系统的论述。他为马克思已经彻底弄清问题而高兴，半开玩笑地对自己的朋友说："毫无疑问，你对问题的

---

① 梅林：《马克思传》，人民出版社1972年版，第297页。
② 马克思：《致弗·恩格斯》（1851年1月7日）。《马克思恩格斯〈资本论〉书信集》第29页。

解决是正确的，这使你有进一步的理由获得地租问题经济学家的称号。如果世间还有公理和正义的话，那么至少一年的全部地租现在应该归于你，这是你有权要求的最低数目。"① 恩格斯对新地租理论表示满意，使马克思十分欣慰。

过了几天，马克思又把自己研究货币流通理论的成果告诉恩格斯。他认为，流通中的货币量是由资本主义生产的规模和国内商业的扩大决定的。只有在业务迅速发展，需要更多的流通手段来进行这些业务的情况下，货币流通才会增加。因此，货币流通的增加归根到底是投资增长的结果，而不是相反。恩格斯反复思考和仔细研究了马克思的观点，认为"这个问题本身是完全正确的，并且对于把复杂的流通理论变为简单明了的基本原理大有帮助"。② 他还对马克思的意见作了若干补充和修改。他认为经济萧条初期，没有发生银行降低汇兑率的情况，因为银行完全用不着这样做；当萧条正在发展的时期，银行一定要根据萧条增长的程度提高金条对存款的比例，以免陷入困难的境地；通货数量的减少虽然是在严重萧条的情况下才显著地表现出来，但是整个来说，这个过程从萧条一开始就发生了。恩格斯强调，这些意见只涉及说明的方式，问题本身则是完全正确的。

恩格斯生活在英国第二大工业城市，从事实际经济工作。同马克思比较，他有更多机会了解资本主义经济运动的具体过程。他对许多问题的亲身感受和深入了解，为马克思的经济研究工作提供了十分重要的第一手材料。50 年代初期，马克思、恩格斯对资本主义再生产周期的变动非常关注。他们认为，经济危机和社会革命有着密切的联系。经济危机是引起革命的原因，经济繁荣则为反革命的胜利准备条件，"没有商业危机就不会有重大的革命事件"。③ 但是，"新的革命的来临正像新的危机的来临一样，是不可避免的"。④ 1851 年 7 月 30 日，恩格斯以欣喜的心情写信告诉马克思，今年世界棉花大丰收，但却出现棉织品营业萎缩的征兆，市场处于混乱状态，

---

① 恩格斯：《致卡·马克思》（〔1851 年〕1 月 29 日）。《马克思恩格斯〈资本论〉书信集》第 31—32 页。

② 恩格斯：《致卡·马克思》（1851 年 7 月 30 日）。《马克思恩格斯〈资本论〉书信集》第 39 页。

③ 马克思：《致斐·弗莱里格拉特》（1851 年 12 月 27 日）。《马克思恩格斯全集》第 27 卷第 620 页。

④ 马克思、恩格斯：《国际述评》。《马克思恩格斯全集》第 7 卷第 264 页。

"如果市场的崩溃和这样大的丰收碰到一起，那就热闹了。"① 同年 10 月 15 日，他再次告诉马克思：目前存在着种种征兆，这是再也无可怀疑的了，已经可以预见到甚至有把握地说，大陆上明年春季的动荡将和非常严重的危机同时到来。② 他说，如果市场的萎缩继续发展下去，那么几周以内就可看到末日的开始。遗憾的是，事情没有按照预料那样发展。到 1851 年初，恩格斯已经看出经济萎缩是短暂的，世界市场正在扩大，危机已经推迟。他向马克思通报了有关情况。马克思完全同意他的看法。接到恩格斯的信不久，他写信告诉魏德迈：英国以至大陆的巨大的商业和工业的状况比任何时候都好……危机可能推迟到 1853 年。然而危机一旦爆发，就会是非常厉害的。

尽管危机没有在 1853 年爆发，资本主义世界经济的繁荣一直继续到 1857 年夏天；但危机是资本主义基本矛盾的必然产物，迟早总是要发生的。1856 年 4 月，恩格斯根据对资本主义经济运动的深入研究，根据已经暴露出来的种种迹象，敏锐地看出一次大规模的危机即将来临。4 月 14 日，他写信告诉马克思："当我们听到其支线通往北京等地的伊尔库茨克大铁路的消息时，我们就该收拾行李了。这一次的崩溃是前所未闻的；一切因素都已具备；激烈紧张，广泛普遍，一切有产的和统治的社会阶层都牵涉进去。"③ 果然，1857 年秋天，盼望已久的资本主义世界性经济危机终于发生。

为危机的到来而精神振奋的马克思写信要求恩格斯，尽量多寄些报刊和有关材料。恩格斯满足了这个要求。1857 年 11 月 15 日，他在给马克思的信中，详细论述危机发展的新特点，介绍一些国家市场和交易所的新情况，附上棉花价格变动的图表，认为正在出现的慢性危机，可以唤醒处于昏睡状态的群众，"这样，无产阶级在进行打击时就能做得更好，更加熟练，更加协调"；④ 同马克思一样，危机使他心情愉快，"最近七年来，资产阶级的污秽毕竟多少沾了一些在我身上，现在，这些污秽被冲洗掉了，我又变成另一个

---

　　① 恩格斯：《致卡·马克思》（1851 年 7 月 30 日）。《马克思恩格斯〈资本论〉书信集》第 44 页。

　　② 同上。

　　③ 恩格斯：《致卡·马克思》（1851 年 10 月 15 日）。《马克思恩格斯〈资本论〉书信集》第 61 页。

　　④ 恩格斯：《致卡·马克思》（1857 年 11 月 15 日）。《马克思恩格斯〈资本论〉书信集》第 103 页。

人了。危机将像海水浴一样对我的身体有好处，我现在已经感觉到这一点了。"① 恩格斯提供的有关危机的资料以及他对危机的分析，在马克思这个时期为《纽约每日论坛报》所写的文章和《1857—1858 年手稿》中都得到了反映。

在研究经济学问题时，马克思经常需要了解资本主义企业经济活动的详情细节，获得一些能够准确解释理论问题的实际材料，这在当时公开出版的理论著作中是找不到的。因此他经常写信向"实践家"恩格斯请教。恩格斯每次都给以满意的答复，有时还附上详细的计算。例如，1851 年 3 月 31 日，他写信问恩格斯：商人、工厂主等等怎样计算他们自己消耗的那一部分利润？这些钱是否也是从银行家那里取，还是怎样取？恩格斯告诉他："商人作为一个公司，作为一个利润获得者，和同一个商人作为消费者——这在商业中是两个完全不同的互相敌对的人。商人作为公司，可以叫做资本账目或相应地叫做盈亏账目。商人作为吃、喝、住和生产子女的人，可以叫做家庭费用账目。资本账目把从商业领域转移到私人腰包的每一分钱记入家庭费用账目的借方，因为家庭费用账目只有'借方'，没有'贷方'，从而是公司的最坏的负债者，所以到年终时，家庭费用账目的借方总额就将构成纯亏损，并从利润中扣除。"② 1858 年 1 月，马克思又写信问恩格斯：资本周转在不同企业里有何差别，对利润和价格有何影响？机器设备更新一次需要多少时间？拜比吉认为大多数机器设备平均五年更新一次的说法对不对？恩格斯就这些问题作了详尽的答复，指出拜比吉的断言是荒谬的，在英国没有一个企业每隔五年更新一次机器设备。他认为，一般说来，设备更新的时间大体上是十三年。如果机器的主要原理没有被新的发明所排挤，那么只要更换磨损部分就行了，而不必更新整个设备。在这封信中，恩格斯实际上已经简要地论述了物质磨损和精神磨损，以及资本主义采用新机器的界限等问题。③ 马克思十分感谢恩格斯的说明，接着又提出一些新问题。例如，在一般工厂的营业中，流动资本在原料和工资上是如何分配的？平均有多少流动资本存进银行？又有一

---

① 恩格斯：《致卡·马克思》(1857 年 11 月 15 日)。《马克思恩格斯〈资本论〉书信集》第 105 页。

② 恩格斯：《致卡·马克思》(1851 年 4 月 3 日)。《马克思恩格斯〈资本论〉书信集》第 41—42 页。

③ 恩格斯：《致卡·马克思》(1858 年 3 月 4 日)。《马克思恩格斯〈资本论〉书信集》第 126—127 页。

次，他要求恩格斯提供工厂里各个工种工人数量比例的资料；过了不久又希望了解关于意大利簿记的细节等等。这些问题都得到恩格斯十分内行的回答。马克思高度评价恩格斯对经济问题的深刻见解，充分利用了恩格斯提供的实际材料。

这期间，马克思、恩格斯的通信十分频繁。依靠通信讨论问题，不仅使我们能够具体而生动地了解他们经济观点的形成过程，而且保留了珍贵的资料。当然，对于研究经济学这样内容复杂的科学，却有很大的局限。许多问题，特别是一些十分重要的问题，只有当面讨论，才能彻底解决。因此，有时马克思就亲自到曼彻斯特拜访恩格斯，有时则邀请恩格斯在百忙中到伦敦来。1862年8月，马克思在地租理论、利润理论等问题上有很大突破，解决了平均利润率的形成问题，极想听取恩格斯的意见。8月20日马克思写信给恩格斯，邀请他来伦敦。但恩格斯由于"工作极多"未能赴伦敦。12月5日至13日，马克思专程到曼彻斯特恩格斯家做客。毫无疑问，研究马克思在经济学上的新发现，是他们讨论的主要内容。

无可争辩的事实说明，恩格斯不仅从经济上支援马克思完成《资本论》这部科学巨著的写作；更重要的是，他自始至终参与了马克思经济理论体系的创建。《资本论》中许多理论观点的形成，浸透着恩格斯的智慧，倾注了恩格斯的心血。

三　向无产阶级推荐一部
出类拔萃的科学著作

1859年6月，马克思的重要经济学著作《政治经济学批判》在德国出版。为了打破资产阶级沉默的阴谋，恩格斯于同年8月发表《卡·马克思〈政治经济学批判〉》一文，向广大读者介绍了这部科学著作的内容和意义。

《政治经济学批判》包括《序言》和《商品》、《货币、或简单流通》两章，是马克思预定完成的六个分册中第一分册《资本一般》的一部分。《序言》极其深刻和精练地概括了历史唯物主义的基本内容，指出生产力决定生产关系、经济基础决定上层建筑、社会存在决定社会意识的基本原理和阶级社会里社会革命的不可避免性。只要进一步发挥这个唯物主义论点，并且把它运用于资本主义社会的实际斗争中，"一个伟大的，一切时代中最伟大的革命远景就会立即展现在我们的面前。"① 《商品》和《货币》两章，第一次对科学的劳动价值理论作了全面系统的论述，为剩余价值理论打下坚实的基础。因此，虽然从策略考虑，这一分册没有接触资本这个核心问题，但马克思完全有根据地把它题为《资本一般》，表明它是即将到来的真正战斗的直接序幕。这部以其严格的科学性和无情的批判精神而出类拔萃的著作，沉重地打击了资本主义制度和资产阶级经济学，给予战斗的无产阶级以反对资本主义的锐利武器，为党取得了科学上的胜利。

《政治经济学批判》出版后，受到先进工人的热烈欢迎。但资产阶级却用"沉默的阴谋"加以抵制。在马克思主义者中，也不是人人都认识它的伟大意义。马克思、恩格斯的老朋友李卜克内西就对别人说：从来没有一本书使他这样失望过。马克思在德国的许多朋友，虽然表示拥护他的学说，赞扬《政治经济学批判》的成就，但却"不愿意稍微费点力气在他们可以利用的杂志上发表一篇书评，或者哪怕是内容简介。"②

在这种情况下，恩格斯亲自动笔写了一篇内容丰富的书评，于 1859 年 8 月 6 日和 20 日发表在伦敦德文《人民报》上。它在向工人阶级推荐马克思的科学著作的同时，十分深刻地论述了政治经济学史的许多重要问题。

恩格斯指出，德国是一个出思想家的民族；但是在政治经济学方面，它大大落后于英国和法国。在资产阶级古典经济学中，没有一个德国人的名字，因为德国缺乏发展这门科学的发达的资产阶级关系。当"陈腐可笑的中世纪残余……还束缚着德国资产阶级的物质发展，当还需要同这种残余进行斗争的时候，就不可能有德国的政治经济学。"③ 1848 年以后，德国资本主义经济迅速发展。从经济条件来说，它已具备产生资产阶级经济学的前提。但是，这时无产阶级已经登上历史舞台；阶级斗争的现实已经不容许在资产阶级视野之内进行公正无私的经济学研究。适应德国资产阶级需要而产生的庸俗经济学，"为了眼前的声誉，拿自己的科学作卖淫的勾当，背弃了科学的古典大师……高谈协调，而纠缠在最平庸的矛盾中。"④ 这就是它们的特点。无论保护关税派还是自由贸易派，主张虽有不同，但它们的理论都来源于外国；前

---

① 恩格斯：《卡·马克思〈政治经济学批判〉》，《马克思恩格斯全集》第 13 卷第 526—527 页。

② 马克思：《致路·库格曼》（1862 年 12 月 28 日），《马克思恩格斯全集》第 30 卷第 638 页。

③ 恩格斯：《卡·马克思〈政治经济学批判〉》，《马克思恩格斯全集》第 13 卷第 525 页。

④ 恩格斯：《卡·马克思〈资本论〉第 1 卷书评——为〈未来报〉作》，《马克思恩格斯全集》第 16 卷第 233 页。

者抄袭了大陆体系创立者法国人费里埃，后者则怀着幼稚而自私的信仰重复英国自由贸易派的论据。

德国社会特殊的历史发展，虽然排除了资产阶级政治经济学取得任何独创成就的可能性，但是却为无产阶级政治经济学的诞生提供了充分的条件。德国资本主义经济的迅速发展，使资本主义生产关系和生产力的矛盾急剧暴露出来；封建残余的大量存在，使无产阶级身受双重压迫和剥削；大工业的劳动锻炼，交通的发达，工作环境的经常变换，提高了无产阶级的革命自觉性。正是在这样的历史条件下，1847 年，德国无产阶级政党——共产主义者同盟出现了。与此同时，适应无产阶级革命斗争的需要，科学的、独立的、德国的经济学，即无产阶级政治经济学诞生了。德国是无产阶级政治经济学的故乡。如果说在资产阶级著名经济学家中没有一个德国人的名字，那么，无产阶级政治经济学却是由德国人马克思创建的。

《政治经济学批判》是马克思多年研究的初步成果。马克思发现唯物主义历史观，并运用它来研究资本主义生产关系，揭示资本主义经济的运动规律。19 世纪 50 年代末，马克思完成了对资产阶级政治经济学的批判工作，单独制定政治经济学的核心问题——剩余价值理论，确立了无产阶级政治经济学理论体系。《政治经济学批判》就是马克思政治经济学研究的"重要成果"。这部著作的出版，标志着马克思已经彻底完成了经济学的科学变革。

《政治经济学批判》"决不是对经济学的个别章节作零碎的批判，决不是对经济学的某些争论问题作孤立的研究。相反，它一开始就以系统地概括经济学的全部复杂内容，并且在联系中阐述资产阶级生产和资产阶级交换的规律为目的。既然经济学家无非是这些规律的解释者和辩护人，那么，这种阐述同时也就是对全部经济学文献的批判"[①]。这一段话，深刻地阐明了马克思主义政治经济学的革命的批判的本质，阐明了批判资本主义制度和批判资产阶级经济学的一致性，阐明了马克思在政治经济学上完成的伟大变革和《政治经济学批判》的重要意义。

制定唯物主义辩证法，是马克思的伟大科学功绩。马克思从事政治经济学研究时，碰到了这样两种研究方法，即黑格尔唯心主义辩证法和形而上学唯物主义方法。在人类认识史上，黑格尔是第一个想证明历史中有一种发展、

---

① 恩格斯：《卡·马克思〈政治经济学批判〉》。《马克思恩格斯全集》第 13 卷第 529 页。

有一种内在联系的人；黑格尔辩证法毕竟是"一切现有逻辑材料中至少可以加以利用的唯一材料"。虽然黑格尔辩证法的形式是抽象和唯心的，但它却有巨大的历史感作基础，这是其他唯心主义哲学所不具备的。只要对黑格尔辩证法进行批判的改造，扬弃其错误的因素，吸取其合理的内核，就能够为唯物主义辩证法提供"直接的理论前提"。马克思是唯一能够担当起这样一件工作的人。他综合了人类认识史的积极的成果，剥去了黑格尔辩证法的唯心主义外壳，批判地吸取其中合理的因素，并把这一合理的思想应用到对客观事物的研究上，创立了唯物主义辩证法，"在人类认识史上起了一个空前的大革命"。

《政治经济学批判》是马克思运用唯物主义辩证法研究客观事物的一个光辉范例。从分析商品出发研究政治经济学，是逻辑的研究方法的具体运用。商品是资本主义经济的细胞。马克思从分析商品开始，创立了科学的劳动价值理论，为剩余价值理论奠定了牢固的基础。这是研究资本主义这个最复杂的社会形态的最复杂的经济关系的唯一正确途径。逻辑的研究方法最适用于政治经济学的研究。同历史的研究方法比较起来，它可以摆脱许多无关紧要的材料，绕过一些偶然起作用的干扰因素，撇开具体的历史形式，使思想发展过程更加连贯。但是，逻辑方法与历史方法基本上是一致的。历史从哪里开始，思想进程也应当从哪里开始，而思想进程的进一步发展不过是历史过程在抽象的、理论上前后一贯的形式上的反映；这种反映是经过修正的，然而是按照现实的历史过程本身的规律修正的，这时，每一个要素可以在它完全成熟而具有典范形式的发展点上加以考察。

恩格斯原来打算在另一篇论文中说明《政治经济学批判》的经济学内容，由于《人民报》停刊，这个计划没有实现。但从已经发表的文章中可以看到，他已经基本上完成了介绍《政治经济学批判》，特别是介绍这部著作的"方法问题和内容上新的东西"这个重大的任务。

四 为《资本论》日夜操心

1867 年 9 月 14 日，马克思的伟大著作、工人阶级的理论圣经《资本论》第 1 卷在德国出版。这是马克思主义发展史上划时代的重大事件。在《资本论》的创作和出版过程中，恩格斯日夜操心，倾注了大量心血。

马克思在 1845 年曾经打算把自己的经济研究成果以《政治和政治经济学

批判》为名出版，后来由于种种原因未能实现；1859 年出版的《政治经济学
批判》，是这部著作第一分册《资本一般》的前两章；在继续写作《资本一
般》的过程中，他改变原来计划，决定把这部巨著以《资本论》为名公之于
世。1860 年 2 月 3 日，他在给恩格斯的信中，第一次使用《资本论》这个新
的名称。1862 年 12 月 28 日，在给库格曼的信中，进一步说明该书"将以
《资本论》为标题单独出版，而《政治经济学批判》这个名称只作为副标
题"。① 整个著作分为以下四个部分：第一，资本的生产过程；第二，资本的
流通过程；第三，总过程的各种形式；第四，剩余价值理论史。后来《资本
论》就是按照这四个部分划分四卷出版的。

　　《资本论》是一个完整的艺术品。马克思是在精心撰写三份完整的手
稿，透彻解决了所有重要的问题，充分研究了全书的结构和表述复杂理论
的科学形式以后，才考虑整理出版第 1 卷的。从 1866 年 1 月 1 日起，他开
始整理第 1 卷付印稿。工作进展十分迅速。同年 11 月中，寄出手稿第一部
分。1867 年 4 月 10 日，他亲自带着手稿从伦敦来到德国汉堡，把稿子交给
出版商。

　　1867 年 8 月 16 日深夜，马克思校完《资本论》第 1 卷最后一个印张，
无比激动地写信给恩格斯："这样，这一卷完成了。其所以能够如此，我只
有感谢你！没有你为我作的牺牲，我是决不可能完成这三卷书的巨大工作
的。我满怀感激的心情拥抱你！"②

　　马克思对恩格斯的感激之情，发自内心的深处。在创作《资本论》的漫
长岁月里，恩格斯与马克思共命运、同辛劳。他除了参与《资本论》理论体
系的形成外，时刻关心《资本论》的命运和写作出版的情况，帮助马克思解
决各种各样的困难和问题，给予马克思极大的支持、鼓励和促进。

　　早在 1844 年秋天，恩格斯已经了解马克思为写作《政治和政治经济学批
判》收集了大量材料，写信对他说："你要设法赶快把你所收集的材料发表出
来。早就是这样做的时候了。"③

　　1851 年 4 月，恩格斯从马克思来信中得知"再有大约五个星期……就
可以把这整个的经济学的玩意儿干完"的时候，为老朋友的成就感到高兴，

①　马克思：《致路·库格曼》（1862 年 12 月 28 日）。《马克思恩格斯〈资本论〉书信集》第 170 页。
②　恩格斯：《致卡·马克思》（1844 年 10 月初）。《马克思恩格斯〈资本论〉书信集》第 1 页。
③　恩格斯：《致卡·马克思》（1851 年 4 月 3 日）。《马克思恩格斯〈资本论〉书信集》第 43 页。

十分关心地问："你打算出版的两卷六十印张的书同出版商交涉得怎样？"①
当马克思出版了《政治经济学批判》第一分册以后，恩格斯一再要求他把
写作第二分册作为头等重要的事情，劝告他不要由于过分谨严而拖延这部
科学著作的出版。恩格斯直截了当地对他说：尽快出版一些科学著作，是
关系到党在公众中威望的重大问题；因此，"对你自己的著作哪怕就稍微马
虎一次也好，对于那些糟糕的读者来说，这已经是太好了。主要的是要把
东西写完出版；你所看到的缺陷，蠢驴们是不会发现的，不然，暴风雨时
期到来，在你还没有完成《资本一般》之前就不得不把整个工作中断，那
你怎么办呢？我清楚地知道对你有妨碍的一切困难；但我也清楚地知道，
拖延的主要原因一直是你过于谨严。"② 恩格斯的看法完全正确。尽管他多
次催促，马克思还是坚持极端谨严的态度。因此完稿时间又一再拖延。直
到 1867 年 4 月初，《资本论》第 1 卷才全部整理完毕。恩格斯得知这个消息
后欣喜异常，不禁欢呼起来。他充分认识到，这部著作的出版，必然会产
生很大效果，为党获得科学上的胜利；同时，也会为自己的战友展现令人
鼓舞的前景。他对马克思说："我一直认为，使你长期来呕尽心血的这本该
死的书，是你的一切不幸的主要根源，如果不把这个担子抛掉，你就永远
不会而且也不能脱出困境。……现在，你摆脱这个梦魇后，会感到自己像
换了一个人一样，特别是这个世界，只要你一重新投身进去，也就会感到
它已经不像过去那样黑暗。"③

在《资本论》第 1 卷排印过程中，马克思随时给恩格斯寄去清样，请恩
格斯把要求、批评、问题等等都写到清样上，认为这对他是十分重要的。恩
格斯极其认真地看完清样，对马克思在科学上取得的辉煌成就赞赏不已，写
信对他说："我祝贺你，只是由于你把错综复杂的经济问题放在应有的地位和
正确的联系之中，因此完满地使这些问题变得简单和相当清楚。我还祝贺你，
实际上出色地叙述了劳动和资本的关系，这个问题在这里第一次得到充分而
又互相联系的叙述。看到你掌握了工艺术语，我也感到很满意，这样做对你
来说一定有许多困难，因此曾引起我的各种各样的担心。"④ 恩格斯指出，

① 恩格斯：《致卡·马克思》（1851 年 4 月 11 日）。《马克思恩格斯全集》第 27 卷第 252 页。
② 恩格斯：《致卡·马克思》（1860 年 1 月 31 日）。《马克思恩格斯全集》第 30 卷第 15 页。
③ 恩格斯：《致卡·马克思》（1867 年 4 月 27 日）。《马克思恩格斯全集》第 31 卷第 295—296 页。
④ 恩格斯：《致卡·马克思》（1867 年 8 月 23 日）。《马克思恩格斯〈资本论〉书信集》第 223—
224 页。

《资本论》与 1859 年出版的《政治经济学批判》比较起来，在辩证发展的明确性上前进了一大步。关于货币转化为资本和剩余价值的生产等章，就叙述和内容来说都十分精彩，是最光辉的两章。整个理论部分十分出色，剥夺者被剥夺的概括非常精辟。在这部严整的科学著作面前，资产阶级经济学者找不到他们可以突破的任何一个弱点。恩格斯的赞赏，对马克思来说，"比世界上其他人可能作出的任何评价都更为重要。"①

恩格斯也细心研究了全书的结构、内容和表达方式，提出了一些修改意见。他看了大部分手稿后，认为内容虽然十分出色，但外部结构却存在一些缺陷。这部篇幅达 50 印张的巨著，第一版时才分为六章，不便于读者了解和掌握。于是，他写信向马克思提出意见："你怎么会把书的外部结构弄成现在这个样子！第四章大约占了二百页，才只分四个部分，这四部分的标题是用普通字体加空排印的，很难找到。此外，思想进程经常被说明打断，而且所说明之点从未在说明的结尾加以总括，以致经常从一点的说明直接进入另一点的叙述。这使人非常疲倦，在没有密切注意的情况下，甚至会使人感到混乱。在这里题目分得更细一些，主要部分更强调一些是绝对合适的。"② 他还认为，价值形式这一节，内容十分抽象，又没有多分一些小节和多加一些小标题，对于不懂辩证法的读者来说有一定的困难。他建议把这一节再分成若干简短的小节，用特有的标题来突出每一个辩证的转变，并且尽可能把所有附带说明和例证用特殊字体标明出来。这样对广大读者来说就容易理解得多了。有些地方，恩格斯直接在清样上作了修改。马克思非常重视恩格斯的意见，遵照恩格斯的建议，专门写了一个关于价值形式的附录，并把附录的提纲抄寄恩格斯。

在《资本论》第 1 卷中，马克思多次引用恩格斯《英国工人阶级状况》一书的内容，提到"曼彻斯特一位工厂主"提供的非常精确的材料。他十分希望恩格斯在他的主要著作中不只是作为引证者，而是直接以合著者的身份出现。虽然恩格斯没有接受这个建议，也没有以合著者的身份与马克思共同署名，但他为《资本论》所作的贡献是不可磨灭的。

---

① 马克思：《致弗·恩格斯》（1867 年 6 月 22 日）。《马克思恩格斯〈资本论〉书信集》第 215 页。

② 恩格斯：《致卡·马克思》（1867 年 8 月 23 日）。《马克思恩格斯〈资本论〉书信集》第 224 页。

五　打破"沉默的阴谋"

《资本论》是射向地主资产阶级的最厉害的炮弹，必然要引起他们的敌视。这部著作即将出版时，恩格斯就担心它有可能被认为触犯普鲁士刑法典第 100 条："挑拨国家臣民互相仇恨或鄙视"而遭到禁止和没收；"幸而书中'上演的'可说几乎全是英国的事情"，普鲁士政府没能找到禁止出版的借口。① 但资产阶级学者毕竟是"相当聪明"的。在这部伟大的科学巨著面前，他们找不到可以突破的任何一个弱点，于是便使用了曾经在八年前对付《政治经济学批判》的那一套"行之有效的老办法——沉默的阴谋"，企图以此阻止它的传播。为了打破"沉默的阴谋"，迫使资产阶级学者开口，扩大《资本论》的影响，恩格斯亲自撰写书评，做了大量工作。

还在《资本论》出版前夕，恩格斯已经认真考虑了对付资产阶级的办法。1867 年 9 月 12 日，他写信问马克思："你认为，为了推动事情，我是否需要从资产阶级的观点对书进行抨击？"② 马克思对这个策略十分赞赏，认为这是"最好的作战方法"。③ 马克思、恩格斯一致认为，当时最迫切的任务是使人们来谈论这本书，使孚赫、米哈埃利斯、罗雪尔和劳这班资产阶级庸俗经济学者不得不发表意见；为此"应当尽量设法在一切报纸上发表文章，不管这些报纸是政治性的，还是其他性质的，只要他们肯发表就行，既要有长篇书评，也有短篇书评，主要是要多要经常"。④ 总之，"整个事情就在于'制造轰动'；这比文章怎样写或写得如何有内容更重要。"⑤

恩格斯清楚地认识到，在德国的马克思的拥护者们，包括十分热情的汉诺威医生库格曼在内，必须花费许多时间，才能消化《资本论》的内容。如果等待他们消化后再写文章，时间就错过了。为了及时发出书评，唯一的办

---

① 参阅恩格斯《致卡·马克思》（1867 年 9 月 1 日）。《马克思恩格斯〈资本论〉书信集》第 232 页。

② 恩格斯：《致卡·马克思》（1867 年 9 月 12 日）。《马克思恩格斯〈资本论〉书信集》第 233 页。

③ 马克思：《致弗·恩格斯》（1867 年 9 月 12 日）。《马克思恩格斯〈资本论〉书信集》第 233 页。

④ 恩格斯：《卡·马克思〈资本论〉第 1 卷书评——为〈未来报〉作》。《马克思恩格斯全集》第 16 卷第 232—233 页。

⑤ 恩格斯：《致卡·马克思》（1867 年 10 月 13 日）。《马克思恩格斯全集》第 31 卷第 366 页。

法就是亲自动手。于是，他从 1867 年 10 月至 1868 年 5 月，先后写出了九篇书评，其中七篇通过李卜克内西、库格曼和恩格斯的远亲济贝尔等人在报刊上发表。

撰写《资本论》书评不是容易的事情。特别是要就同一本书写多篇评论，同时每一篇都要有一点新东西，而且要写得使人看不出所有这些评论都是出自一人之手，更不容易。但恩格斯具有极高的写作艺术，十分善于用"像蛇一样灵巧"的手法，因而写出的书评内容深刻，生动活泼，既宣传了《资本论》的重要思想，又适应了不同报刊的具体要求，达到了发表的目的。例如他为资产阶级民主派报纸《未来报》写的书评，针对该报反对国家分裂，主张发展资本主义工商业的情况写道：德国这个出思想家的民族，在政治经济学方面的贡献很少，这对于每个德国人都是可悲的事实；政治经济学在这里是一个在科学上谁也不感兴趣的领域，"这是我们国家分散状态的过错，是我们可惜还这样不发达的工业的过错，还是在这个科学部门内我们传统的对外国的依赖的过错？""在这种情况下，读到像我们所评论的这本书是十分愉快的"。① 在为南德意志民主派机关报《观察家报》撰写的书评中，恩格斯根据这家报纸主张德国统一，憎恶普鲁士容克贵族统治的政治倾向，明确指出，本书是一个普鲁士人在流亡中而不是在普鲁士写成的，书中明白指出了占有土地的容克阶级的多余性；"对书中的倾向无论抱什么态度，我们还是认为有权说：它是属于那种使德国精神获得荣誉之列的。值得注意的是，虽然作者也是普鲁士人，可是是莱茵省的普鲁士人，而莱茵省的普鲁士人不久之前还爱把自己叫做'不得已的普鲁士人'；而且作者在最近几十年内是在远离普鲁士的放逐中度过的。普鲁士本身早已不再是任何科学首倡的国土，特别是在历史、政治或社会领域中，这种首倡在那里是不可能的"。② 恩格斯正是用这种貌似客观的态度，一方面巧妙地宣传了《资本论》的主要内容，批判了普鲁士反动王朝；一方面又欺骗了《观察家报》主编、福格特的朋友迈尔，使他没有理由不发表这样的书评。

《维尔滕堡工商业报》是德意志中部工厂主的机关报。恩格斯为这家周报撰写的书评强调指出，《资本论》值得注意的地方，完全不是作者在序言中就

---

① 恩格斯：《卡·马克思〈资本论〉第 1 卷书评——为〈未来报〉作》。《马克思恩格斯全集》第 16 卷第 1233 页。

② 恩格斯：《卡·马克思〈资本论〉第 1 卷书评——为〈观察家报〉作》。《马克思恩格斯全集》第 16 卷第 254 页。

已经公开表示出来的特殊的社会主义倾向，而是其中包含着非常有价值的科学研究和实际材料。书中详尽论述的现代工业发展史的基本特征对德国工厂主是十分必要的知识；书中关于英国工厂立法的历史，对德国工厂主也十分有用；因此，我们号召我们的工厂主不要害怕本书的倾向，特别是本书的这一部分要认真研究，无疑地，你们迟早一定会面临这同一个问题的。① 正是运用这种巧妙的方法，居然使工厂主的机关报发表了推荐《资本论》这部宣告资本主义必然灭亡的科学巨著的书评。

恩格斯的书评，在打破沉默的阴谋，促使人们谈论《资本论》的同时，还从各个方面论述了这部伟大著作的重大意义和主要内容，帮助工人阶级和进步人士更好地理解全书的基本思想。

《书评》指出，《资本论》是工人阶级理论的圣经，"自从地球上有资本家和工人以来，没有一本书像……这本书那样，对于工人具有如此重要的意义。资本和劳动的关系，是我们现代全部社会体系所依以旋转的轴心，这种关系在这里第一次作了科学的说明，而这种说明之透彻和精辟，只有一个德国人才能做得到。欧文、圣西门、傅立叶的著作是有价值的，并且将来也是有价值的，可是要攀登最高点把现代社会关系的全部领域看得明白而且一览无遗，就像一个观察者站在最高的山巅观赏下面的山景那样，这只有待诸一个德国人。"② 这个人就是马克思。他与一切资产阶级学者相反，不是把资本主义看做永恒的社会制度，而是看做历史的过渡的社会制度；不是把资本主义的经济规律看做在任何社会都起作用的一般规律，而是看做只在资本主义条件下起作用的特殊规律；不是把政治经济学的原理看做永远有效的真理，而是看做一定历史发展的结果。他以无可争辩的罕见的博学，在与整个经济科学的联系中，考察了资本与劳动的全部关系，揭示了资本主义社会的经济运动规律，得出了资本主义生产方式必然灭亡的结论。因此，无产阶级政党的活动家，工人阶级的广大群众，完全可以把这部著作看做一个武库，从这个武库中取得反对资本主义的最重要的论据。

《书评》指出，剩余价值理论是贯穿这部 50 印张的学术著作的中心点。《资本论》详尽论述了资本主义社会劳动力成为商品和剩余价值的生产过程，

---

① 恩格斯：《卡·马克思〈资本论〉第 1 卷书评——为〈维尔滕堡工商业报〉作》。《马克思恩格斯全集》第 16 卷第 259 页。

② 恩格斯：《卡·马克思〈资本论〉第 1 卷书评——为〈民主周报〉作》。《马克思恩格斯全集》第 16 卷第 263 页。

指出任何剩余价值都是由雇佣工人的无偿劳动创造的；资本主义社会的银行家、商人、工厂主和大土地占有者的全部资本，不外是工人阶级积累起来的无偿劳动；社会上一切不劳动的分子，都是依靠这种无偿劳动维持生活。资本主义的社会制度，建立在这种无偿劳动之上。特别值得指出的是，《资本论》令人信服地证明，"与资本的积聚和积累同时并进地发生了工人过剩人口的积累，而这两个过程归根到底一方面造成了社会变革的必要，另一方面造成了社会变革的可能。"① 因此从经济上考察，资本主义社会"孕育着另一个更高时社会形态"。②

《书评》指出，《资本论》为科学社会主义奠定了理论基础，具有伟大的意义。在此以前的各种社会主义理论，包括圣西门、傅立叶、欧文的空想社会主义，蒲鲁东的小资产阶级社会主义和拉萨尔的普鲁士王国的社会主义，都不了解资本主义剥削实质和资本主义运动规律。他们有的对资本主义制度作了尖锐的批判，有的开出各种各样的灵丹妙药，企图医治资本主义的痼疾，但都不能给社会主义奠定科学的基础，为工人阶级提供有力的武器。这个任务是由《资本论》解决的。恩格斯说："……社会主义的基本原理归结为一点：在现代社会中工人并没有得到他的劳动产品的全部价值。这个原理像红线一样地贯穿着所评论的这本书全部，只是在这里它比以前表达得远为明确，更彻底地贯彻到它的一切结论中，更紧密地与政治经济学的基本原理联系起来"；③ 因此，它"为社会主义的意图，奠定直到现在为止无论傅立叶和蒲鲁东。亦无论拉萨尔，都不能为它奠定的基础"④。

《书评》指出，《资本论》是一部十分出色的、具有最严格的科学性和高度学术性的著作。作者不仅公开表明自己的社会主义倾向，而且以无比严肃认真的科学态度从事研究和写作。全书所论述的重要而复杂的问题，勇敢而大胆的结论，都是以完全科学的形式呈献出来的。巧妙的辩证结构，讽刺而有趣的文字表达，取自最可靠来源的极有价值的历史材料和统计材料，使本

---

① 恩格斯：《卡·马克思〈资本论〉第1卷书评——为〈莱茵报〉作》。《马克思恩格斯全集》第16卷第238页。

② 恩格斯：《卡·马克思〈资本论〉第1卷书评——为〈观察家报〉作》。《马克思恩格斯全集》第16卷第255页。

③ 恩格斯：《卡·马克思〈资本论〉第1卷书评——为〈杜塞尔多夫日报〉作》。《马克思恩格斯全集》第16卷第244页。

④ 恩格斯：《卡·马克思〈资本论〉第1卷书评——为〈爱北斐特日报〉作》。《马克思恩格斯全集》第16卷第242页。

书不仅在学术内容上，而且在表现形式上，都远远高出于同时代一切作品之上。特别值得称道的是，本书的理论观点，决不是作者的主观臆断，而是对客观实际的总结和概括，作者"没有一个地方以事实去迁就自己的理论，相反地，他力图把自己的理论表现为事实的结果"①。

《书评》一再向资产阶级学者挑战，指出对《资本论》采取"高贵的沉默"是可耻的。恩格斯直截了当地写道：德国御用经济学家在某种程度上都属于庸俗经济学；他们为了眼前的利益，拿自己的科学作卖淫的勾当，背弃了科学的古典大师；马克思在谈到他们时所用的那种声色俱厉的语调，不可否认是有理由的；让这本书给他们的严厉教训，促使他们从昏睡中醒来。恩格斯说：《资本论》对资产阶级经济学作了彻底的批判，人们期待科学界人士作出认真的回答，起来保卫他们那些在这里被从根本上驳斥的经济理论；"应该期望像罗雪尔、劳、麦克斯·维尔特等人不要放过机会保卫到现在为止公认的政治经济学的正确性，来反对这个无疑地不能轻视的新的进攻"②。

恩格斯除了自己撰写书评外，还积极组织其他人士为报刊撰文"造成轰动"。为此，他写信给美国工人运动活动家迈耶尔，希望通过他的活动，引起美国的德文报刊和工人们对《资本论》的注意。他指示汉诺威的库格曼医生通过各种关系，采用各种形式在德国报刊发表书评，"不论是肯定的或否定的，不论是文章、通讯或刊登在最后一版的给编辑部的信"都十分有用。总之，要在包括反动报纸在内的欧洲报纸上尽可能同时刊登这些文章，迫使孚赫、罗雪尔之流不得不发表意见。在恩格斯的组织和帮助下，库格曼、卡尔·济贝尔等人先后在报刊上发表了多篇有关《资本论》的书评，做了许多有益的工作。一些研究者认为，在济贝尔发表的五篇书评中，有四篇出自恩格斯的手笔。③

真理的光辉阻挡不住。经过马克思、恩格斯的努力和许多工人运动活动家的宣传，《资本论》逐渐传播到广大工人群众中去。不久，资产阶级经济学家也被迫发表意见。1867年末，柏林大学讲师欧根·杜林第一个在报上发表

① 恩格斯：《卡·马克思〈资本论〉第1卷书评——为〈维尔滕堡工商业报〉作》。《马克思恩格斯全集》第16卷第257页。
② 恩格斯：《卡·马克思〈资本论〉第1卷书评——为〈爱北斐特日报〉作》。《马克思恩格斯全集》第16卷第242页。
③ 参阅［日］约良知力《〈资本论〉第1卷出版后在德国的反响》。《〈资本论〉研究资料和动态》第4期第196页。

攻击《资本论》的短评。虽然文章错误百出，不怀好意，但马克思认为，"我应当感谢这个人，因为他毕竟是谈论我的书的第一个专家。"此后，资产阶级庸俗经济学家孚赫、卡尔·施特拉斯堡、克尼斯等人被迫开口，发泄自己的怒气。资产阶级沉默的阴谋被打破了。

第七章 捍卫第一国际和巴黎公社的革命家

一 第一国际最早的会员

恩格斯说:"当欧洲工人阶级又强大到足以重新对统治阶级政权发动进攻的时候,产生了国际工人协会。"①他作为这个组织最早的会员,积极协助担任国际领导工作的马克思广泛开展活动,对国际事业的发展作出重大的贡献。

国际工人协会(第一国际)的诞生,是资本主义社会阶级对立进一步尖锐的反映。1848—1849年革命失败后,欧美资本主义迅速发展。50—60年代,许多国家的工业生产取得决定性成就。从1857—1866年,采煤增长率,美国为126%,德国为104%,法国为61%,英国为57%;炼铁增长率,美国为15%,德国为99%,法国为27%,英国为32%。机器、棉布和其他商品也有大幅度增长。1847—1866年,世界铁路长度从2.5万多公里扩展至15.7万多公里,其他交通工具也有很大发展,国际交往更加方便,国际贸易成倍增长。在资本主义经济蓬勃发展的同时,工人阶级广大群众的生活日益下降,阶级对立更加尖锐。马克思在《国际工人协会成立宣言》中指出:"不论是机器的改进,科学在生产上的应用,交通工具的改良,新的殖民地的开辟,向外移民,扩大市场,自由贸易,或者是所有这一切加在一起,都不能消除劳动群众的贫困;在现代这种邪恶的基础上,劳动生产力的任何新的发展,都不可避免地要加深社会对比和加深社会对抗。"②

第一国际的诞生,是欧美工人运动重新高涨的结果。1857年世界经济危

---

① 恩格斯:《〈共产党宣言〉1890年德文版序言》。《马克思恩格斯全集》第22卷第64页。
② 马克思:《国际工人协会成立宣言》。《马克思恩格斯全集》第16卷第9—10页。

机，1859 年意大利、德国争取民族统一的斗争，1861—1865 年美国南北战争，1863 年波兰人民反抗沙俄统治的民族起义，中国太平天国革命和印度人民反英起义等民族民主运动的发展，推动着欧美工人运动从低潮走向高潮。1857 年 7 月，伦敦建筑工人举行大罢工，打破了 1848 年革命失败后欧洲工人运动长期沉寂的局面，加强了英国工人队伍的团结。50 年代末，法国工人运动重新活跃。1863 年，在巴黎、马赛等地出现许多工人联合会，进行一系列罢工斗争，迫使波拿巴政府废除禁止工人集会、结社和罢工的反动法令。德国工人摆脱了资产阶级的影响和控制，于 1863 年建立了全德工人联合会、德国工人协会联合会等组织。欧洲其他国家和美国，也先后建立了工人团体，开展了有组织的活动和罢工斗争。由于资产阶级往往采取从外国输入廉价劳动力的办法来破坏本国工人的罢工斗争，资本主义国家往往采取联合行动镇压国内外革命运动，工人阶级在实际斗争中，越来越认识到国际联合的重要性。正如恩格斯所说：当时笼罩着整个欧洲的压迫，要求刚刚复苏的工人运动实现统一和抛开一切内部争论，"把无产阶级共同的世界性的利益摆到首要地位。"①

第一国际的诞生，也是马克思、恩格斯长期工作的结果。早在 1848 年，马克思、恩格斯就发出了"全世界无产者，联合起来！"的伟大号召，组织和领导了共产主义者同盟。在反动统治的年代里，马克思、恩格斯一方面孜孜不倦地从事《资本论》等革命理论创作，为工人运动提供锐利的思想理论武器；另一方面通过各种方式教育和影响广大工人群众，培养工人运动先进分子，为建立第一国际创造了必要的思想和组织条件。第一国际许多著名活动家，如李卜克内西、埃卡留斯、列斯纳、普芬德、罗赫纳等，都是在马克思、恩格斯直接教育下成长起来的。

创建国际工人协会的工作，在 1863 年就已开始。这年 7 月 22 日，英国工人为了抗议沙皇俄国镇压波兰起义，声援波兰人民的正义斗争，在伦敦举行群众大会。法国工人代表也参加了这次会议。7 月 23 日，英、法两国工人代表就建立无产阶级国际组织问题达成协议，成立了筹备委员会。11 月 10 日，英国工人大会通过《致法国工人》的呼吁书，倡议召开有各国工人代表参加的国际会议，建立各国人民之间的团结。法国工人热烈欢

---

①　恩格斯：《致阿·佐尔格》（1874 年 9 月［12—17 日］）。《马克思恩格斯全集》第 33 卷第 643 页。

迎英国工人的倡议。他们在《致英国兄弟》的答辞中写道："我们必须联合起来，给后果严重的制度设置不可克服的障碍……只有联合起来才能得救！"

1864年9月28日，伦敦圣马丁教堂热闹非凡，这里正在举行国际工人大会。除英国工人代表外，参加大会的有居住在英国的德、意、波、爱尔兰等国工人代表，专程从法国来的法国工人代表以及一些小资产阶级民主派人士。大会决定成立国际工人协会，选出由各国工人代表参加的中央委员会（后来改称总委员会）。

马克思参加了在圣马丁教堂举行的国际工人协会成立大会。自从共产主义者同盟解散以来，马克思时常收到请他参加各种各样团体成立大会的请帖。他对这些脱离群众、脱离真正革命运动的流亡者活动，通常都谢绝参加。这次的情况不同。他清楚地看到，欧美工人运动正在重新高涨，参加大会的是伦敦和巴黎拥有真正实力的工人代表，新成立的国际工人协会将在团结教育工人、组织劳动者反对资本家的斗争中发挥重大作用。因此，他打破向来谢绝这类邀请的惯例，以德国工人代表的身份亲自出席大会，并帮助德国工人埃卡留斯准备在大会的发言稿。虽然当时参加大会的人很多，但只有他一个人"清楚地懂得正在发生什么和应该建立什么"。[1] 他自从在成立大会上当选为总委员会委员以后，一直担任这个职务，是每届总委员会的灵魂。国际工人协会所有纲领性文件，几乎都出自他的手笔。叙述他在国际工人协会中的活动，就等于编写这个协会本身的历史。

国际工人协会成立时，恩格斯正在丹麦旅行。11月初，恩格斯刚刚到曼彻斯特，就收到马克思一封长信，通报有关国际工人协会成立大会的情况、总委员会的组成和会后的活动等"许多重要事情"。马克思写道：9月28日的群众大会，参加的人很多，"会场上挤得使人透不过气来（因为工人阶级现在显然重新开始觉醒了）……会上决定成立'国际工人协会'，它的总委员会设在伦敦，'联系'德国、意大利、法国和英国的工人团体。……大会选举了一个临时委员会，其中奥哲尔、克里默代表英国；沃尔弗少校、方塔纳和其他一些意大利人代表意大利；勒·吕贝等人代表法国；埃卡留斯和我代表德国。委员会有权任意吸收新的成员。""目前一切都进行得很顺利。我参加了委员会的第一次会议。会议选举了一个小委员会（也有我在内）起草原则宣

---

① 恩格斯：《马克思，亨利希·卡尔》。《马克思恩格斯全集》第22卷第398页。

言和临时章程。"①

　　恩格斯获悉国际工人协会已经建立，十分高兴。他完全赞同马克思的态度，认为参加协会是很有意义的。因为在协会中，"我们又同那些至少是代表自己阶级的人发生了联系，这毕竟是好的；归根到底，这是一件主要的事情。"根据马克思来信谈到的情况，他十分正确地指出，由于协会的成分复杂，"一旦问题提得稍微明确一点，这个新协会就会立即分裂成为理论方面的资产阶级分子和理论方面的无产阶级分子。"② 同马克思一样，他成了新协会最早的会员。

　　第一国际成立初期，恩格斯住在曼彻斯特，不能参加总委员会的工作。因此，他主要是作为马克思的顾问和助手，协助马克思领导协会。

　　虽然恩格斯没有正式担任总委员会的职务，但他从马克思的来信中，十分了解第一国际的活动、总委员会的工作和内部发生的分歧。他经常根据马克思的要求为协会的工作出谋划策，帮助马克思撰写重要的文件，支持总委员会出版一份自己的报纸，为协会在短时期内不声不响地占领了很大的地盘而高兴。1865年3月，他写信告诉侨居美国的老战友魏德迈："国际协会工作很有进展，巴黎的情况特别好，但是伦敦也并不差。在瑞士和意大利，工作都很顺利。只有德国的拉萨尔派搞不好，目前就更不用说了。不过……情况已有决定性转变。"③

　　在筹备1866年国际日内瓦代表大会期间，曾有人提议大会延期举行。马克思征询恩格斯的意见。恩格斯认为延期不会有很大好处，"归根到底，任何这样的表示在一定意义上——至少在我们的心目中——总是一种耻辱。"④ 马克思立即赞同他的意见，决定尽力促使大会如期举行。

　　有一次，马克思写信告诉恩格斯，在伦敦的法国人支部中的小资产阶级分子和布鲁塞尔的蒲鲁东主义者正在进行反对国际协会的阴谋，真正的争论中心是波兰问题。他请恩格斯给予帮助，在报刊上撰文论述无产阶级在波兰问题上的立场。应马克思的要求，恩格斯很快写成一组论文：《工人阶级同波兰有什么关系？》指出国际工人协会在波兰问题上的立场："抵抗俄国对欧洲的威胁——恢复波兰！"阐明国际协会的立场与

---

①　马克思：《致弗·恩格斯》（1864年11月4日）.《马克思恩格斯全集》第31卷第12—15页。

②　恩格斯：《致卡·马克思》（1864年11月7日）.《马克思恩格斯全集》第31卷第19页。

③　恩格斯：《致约·魏德迈》（1865年3月10日）.《马克思恩格斯全集》第31卷第367页。

④　恩格斯：《致卡·马克思》（1866年4月10日）.《马克思恩格斯全集》第31卷第207页。

波拿巴主义的民族原则毫无共同之处，揭露"蒲鲁东主义者充当被压迫的波兰的审判官"的反动面目，大大支持了总委员会反对蒲鲁东主义的斗争。

在处理国际工人协会许多重大问题上，恩格斯的意见受到马克思高度的重视。1868 年 11 月，贝克尔把巴枯宁派的《国际社会主义民主同盟的纲领和章程》寄给总委员会，要求接纳国际社会主义民主同盟加入国际。马克思把有关文件寄给恩格斯，征询他的意见。恩格斯明确指出：国际不能赞同这种欺骗行为，"否则，就会有两个总委员会，甚至两个代表大会；这是国中之国，而设在伦敦的实际的总委员会和设在日内瓦的即'理想主义'总委员会之间，从第一分钟起，就会发生冲突。正如不能有两个总委员会一样，在国际内也不能有两个国际的（按任务说）组织。"[1] 马克思完全赞同恩格斯的看法。根据马克思的提议，总委员会拒绝接纳国际社会主义民主同盟加入国际工人协会。

恩格斯十分重视随着资本主义工业发展而进一步加剧的劳动与资本矛盾的尖锐化以及由此引起的更加激烈的阶级斗争，密切关注各国工人阶级的罢工运动，坚决与资本家破坏罢工的行为作斗争。1866 年 5 月 1 日，他写信告诉马克思，英国企业主从德国运来一批缝纫工人，利用他们充当罢工的破坏者；请求国际工人协会采取必要措施，反对继续把大批德国工人运到英国。当天晚上，总委员会讨论了这个问题。马克思受总委员会委托，在德国报刊上发表《警告》，指出德国工人应该维护本阶级的共同利益，决不应该在资本反对劳动的斗争中充当资本的顺从的雇佣兵。马克思、恩格斯的活动，极大地支持了各国工人的罢工斗争。

恩格斯深入研究英、法、德等国的工人运动，密切注视英国工联主义、法国蒲鲁东主义、德国拉萨尔主义以及在瑞士、西班牙、意大利出现的巴枯宁主义等机会主义的活动，同各国工人运动活动家进行广泛的联系，给予他们的工作以正确的指导和有力的支持。

所有这一切工作，需要耗费大量的精力。恩格斯不无感慨地说："运动的新高涨实在使我非常辛苦。真是要命！为了营业整天要通信；为了党和出版人等等，晚上还要写到一两点钟。"[2]

---

[1]　恩格斯：《致卡·马克思》（1868 年 12 月 18 日）。《马克思恩格斯全集》第 32 卷第 220 页。

[2]　恩格斯：《致卡·马克思》（1865 年 3 月 11 日）。《马克思恩格斯全集》第 31 卷第 98 页。

二　清除拉萨尔的遗臭

国际工人协会成立不久，在许多国家的影响迅速增长，但在德国却遭到拉萨尔派的抵制。为了扩大国际协会的影响，为了准备创建德国工人政党的思想条件，为了捍卫1846—1851年无产阶级著作界代表们所坚持的观点——既反对封建反动派，又反对进步党资产阶级，恩格斯做了大量的工作，发表了《普鲁士军事问题和德国工人政党》等重要论著。

国际工人协会成立时，拉萨尔已经死去，但拉萨尔的信徒仍然把持全德工人联合会。他们竭力反对和阻挠德国工人加入国际协会，在《社会民主党人报》上开展反对国际协会的诽谤运动，企图削弱国际工人协会在德国的影响。马克思愤慨地说："只要这种拉萨尔主义的脏东西在德国还占上风，国际协会在那里就没有地位。"① 因此，清除拉萨尔的遗臭，是摆在德国工人政党面前的重要任务，首先是摆在马克思、恩格斯面前的重要任务。

恩格斯最善于利用敌人的工具来打击敌人。1865年初，他在拉萨尔派机关报《社会民主党人报》上撰文，批判拉萨尔派只反对自由资产阶级及其政党——进步党，而不反对容克地主的反动立场。在寄给这家报纸的一首丹麦民歌《提德曼老爷》中，他热烈赞扬与封建贵族进行斗争的农民，暗示《社会民主党人报》的读者必须同顽固不化的容克地主作斗争。歌词简朴有力、寓意深刻：

　　　　清晨——天色刚刚发亮，——
　　　　提德曼老爷就在卧室里穿衣裳，
　　　　他穿了一件漂亮的衬衣。
　　　　　　南哈尔德人喜欢这样。

　　　　他穿了一件漂亮的衬衣，
　　　　又披上绿色的丝绸外衣，
　　　　再系好山羊皮靴的带子，
　　　　　　南哈尔德人喜欢这样。

① 马克思：《致弗·恩格斯》（1865年2月13日）。《马克思恩格斯全集》第31卷第73页。

再系好山羊皮靴的带子，
又扣紧镀金的马刺，
他高傲地到南哈尔德去出席司法会议，
　　南哈尔德人喜欢这样。

他高傲地到南哈尔德去出席司法会议，
一进会场就向自由农讨税，
每张犁要缴黑麦七斗，
　　南哈尔德人喜欢这样。

每张犁要缴黑麦七斗，
每四猪要缴一头还得是肥的，
这就激怒了一位老人，
　　南哈尔德人喜欢这样。

这就激怒了一位老人，
"我们谁也缴不出这样多捐税，
要缴，咱们先得算算账"——
　　南哈尔德人喜欢这样。

"要缴，咱们先得算算账，
任何人都不准离开会场！
南哈尔德人，紧紧地围起来！"
　　南哈尔德人喜欢这样。

"南哈尔德人，紧紧地围起来！
不要让提德曼活着跑掉！"
老人第一个上去给了他一拳，——
　　南哈尔德人喜欢这样。

老人第一个上去给了他一拳，

　　提德曼老爷猛地栽了一个跟头，

　　提德曼老爷躺在那里血流满地。

　　　　南哈尔德人喜欢这样。

　　提德曼老爷血流满地，

　　而犁耙自由地在黑土上走来走去，

　　猪也自由地在森林里吃东西。

　　　　南哈尔德人喜欢这样。

　　在发表这首民歌时，恩格斯向受到拉萨尔主义影响的工人们明确指出诗歌的现实意义，指出反对封建贵族，是德国工人阶级及其政党的重要任务。

　　恩格斯同马克思一起答应为拉萨尔派机关报《社会民主党人报》撰稿，有一个不可缺少的条件，就是该报至少要像反对资产阶级进步党人那样勇敢地反对俾斯麦政府和封建专制政党。该报主编施韦泽是一个不可救药的拉萨尔分子。他违背办报初期向马克思、恩格斯所作的保证，除了在报上变本加厉地宣传对拉萨尔的迷信、攻击国际工人协会以外，一有机会就向俾斯麦献媚。1865年1月，他在报上连续发表五篇题为《俾斯麦内阁》的社论，狂热吹捧俾斯麦的"铁血政策"，认为这个政策"把普鲁士历史的光荣传统从长期睡眠中唤醒"，要求俾斯麦"在所走的道路上继续前进"，把这个反动政策"贯彻到底"。马克思、恩格斯对施韦泽的态度十分气愤。鉴于《社会民主党人报》愈来愈俾斯麦化，马克思、恩格斯于1865年2月23日发表声明，今后不再为该报撰稿，断绝同该报的一切关系。

　　当时，德国出现政府与议会的"制宪冲突"。政府要求改组军队、增加军费以加强自己的力量，资产阶级控制的议会持反对态度。这是封建贵族与资产阶级争夺德国领导权的斗争。随着冲突日益剧烈，双方都向无产阶级寻求支持。拉萨尔派公开倒向封建贵族，在工人阶级中造成很大混乱。因此，公开阐述无产阶级对待资产阶级和封建贵族的态度，"对两者同时给予迎头痛击"，是引导德国工人运动走上正确道路的迫切需要。1865年1月底，当李卜克内西请求恩格斯就此问题写篇文章时，马克思立即表示支持。恩格斯接受这个建议，并且完全赞同马克思的意见，抨击政府（包括以前的和现在的）要同抨击进步党人一样尖锐。仅仅用十天左右的时间（而且只是在晚上！）就写完了篇幅达三个半印张的《普鲁士军事问题和德国工人政党》。

在《普鲁士军事问题和德国工人政党》中，恩格斯阐明了无产阶级特殊的阶级地位，指出，现代无产阶级是伟大工业革命的产物。1848 年以来，随着德国资本主义的发展，无产阶级也发展壮大，逐渐成为一种力量，受到社会各阶层的重视。在腐朽的封建贵族阶级与资产阶级的斗争中，双方都企图获得无产阶级的支持；但是，无产阶级已经意识到自己特殊的阶级地位、特殊的阶级利益、特殊的独立的未来，决不做任何阶级的附庸。无产阶级对待普鲁士军事问题和其他问题的态度，无论与封建贵族还是资产阶级，都有根本的区别。由于工人政党站在直接冲突之外，因此它有可能科学地、历史地、解剖式地讨论这些问题。他深入分析了普鲁士军事制度，认为军事问题本身，让它按自然的进程发展就行，工人政党不必加以干预。但是，总有一天，工人政党也要掌握武装，进行自己的"军队改组"。

恩格斯详尽阐述了德国工人政党对待封建贵族和资产阶级的态度，捍卫了 1846—1851 年无产阶级著作界代表们所坚持的观点。他写道，在腐朽的旧社会的残余同资产阶级的斗争中，双方都向无产阶级寻求支持。资产者是直接剥削无产阶级的社会阶级，是无产阶级天生的敌人。德国资产阶级曾经在 1848 年背叛了与他们一道反对封建贵族的无产阶级；他们害怕无产阶级最小的独立运动超过害怕封建贵族和官僚制度；他们宁愿用奴役换取平静，而不愿看到哪怕只是争取自由的斗争的前景。无产阶级与资产阶级的利益是根本对立的。但是，在德国当时的情况下，在完全现代化的资本家和工人当中，还有一批非常令人吃惊的活生生的太古生物：封建老爷、领主裁判权、土容克地主、体罚、参政官、地方官、行会制度等等。在争夺政权的斗争中，所有这些太古生物都联合起来反对资产阶级，妄想开历史的倒车。这是荒唐和反动的。资产阶级的历史任务，是借助现代化的劳动工具发展一切生产部门，消灭封建生产和封建关系的一切残余，从而把整个社会归结为资本家与工人的单纯对抗。这是符合历史发展趋势的。德国阶级斗争的形势表明："反动派的每个胜利都会阻碍社会的发展并且必然推迟工人的胜利。相反，资产阶级对反动派的每个胜利在一定程度上同时也是工人的胜利，有助于彻底推翻资本家的统治，能使工人战胜资产阶级的日子更快地到来。"① 因此，在一定条件下，无产阶级可以与资产阶级结成反对封建贵族的暂时联盟。

---

① 恩格斯：《普鲁士军事问题和德国工人政党》。《马克思恩格斯全集》第 16 卷第 78 页。

　　恩格斯指出，拉萨尔分子鼓吹工人阶级与封建贵族结成联盟，通过普选权取得政权，纯粹是无稽之谈。反动派能够让工人阶级真正参加政权吗？根本不能。第一，在现代历史上，无论英国还是法国，没有一个反动政府这样做过；第二，在普鲁士当前的斗争中，反动政府正是要把全部实权集中在自己手里，难道政府剥夺资产阶级权力的目的是为了把这种权力赠送给无产阶级吗？至于说到直接的普选权，那么，它对无产阶级来说不是武器，而是陷阱。本来，在德国这样的封建专制国家中，议会不过是装饰品，一切实际权力都掌握在宫廷、军队和官吏手中。还应该看到，由于存在着组织严密的官僚制度，由于没有任何集会、结社的自由，由于报刊遭受严格控制，还由于人数比城市工人多两倍的农村无产阶级还没有卷入运动，他们仍然是封建贵族阶级手中的一个无意识的工具，在这种情况下，无产阶级决不能通过普选权得到丝毫成功。工人政党必须清醒地认识到，目前德国整个工人运动仅仅是被容忍着。一旦工人运动发展到危及政府，就必然要遭到残酷镇压。因此，无产阶级"对反动派的虚伪的献媚要这样回答：'我们将手端着枪去接受你的礼物，我们的枪冲着前方。'"①

　　无产阶级与资产阶级都是新时代的产儿，都力求清除旧时代遗留下来的渣滓。资产阶级从反动派那里夺来的每一个成果，归根到底对工人阶级是有利的。因此，在资产阶级还忠于自己时，无产阶级支持它同一切反动分子进行斗争。但是无产阶级必须时刻警惕资产阶级的背叛。工人阶级要推动资产阶级进步党真正的进步，促使它制定和执行一个激进的纲领，无情地抨击它的每个不彻底的步骤和弱点，随时随地同它的背叛行为进行坚决的斗争。

　　面对德国错综复杂的阶级搏斗，工人阶级必须建立与资产阶级根本不同的独立政党。无论在任何情况下，工人政党都决不能充当资产阶级的尾巴。它必须以独立的姿态出现，保持并发展自己的组织来同资产阶级政党相对抗；它将在一切问题上提醒资产阶级，工人的阶级利益同资本家的阶级利益是直接对立的；它只能像一种力量同另一种力量那样同资产阶级进行谈判，坚持自己的阶级利益和阶级原则。德国工人政党将通过自己独立的政治活动，"保证自己有一个受人尊敬的地位，向各个工人解释他们的阶级利益，并且在最近一次革命风暴到来时——这些风暴现在像商业危机、像春分和秋分时的风

---

　　①　恩格斯：《普鲁士军事问题和德国工人政党》。《马克思恩格斯全集》第16卷第87页。

暴一样有规律地重复着——准备好采取行动。"①

马克思对《普鲁士军事问题和德国工人政党》一书评价极高，认为这篇东西写得很好，必须及时出版；并且对恩格斯自然而然地表现出来的快速工作的本领感到由衷的高兴。这本小册子于 2 月底在汉堡正式出版，立即在有觉悟的工人中产生了强烈的影响。它不仅在清除拉萨尔遗臭中发挥了重大作用，而且为德国工人政党提供了完整的行动纲领和指导方针，是德国工人运动史上重要的理论文献。

三 从埃及的幽禁中逃出来

1869 年 7 月 1 日，恩格斯辞去在曼彻斯特"欧门-恩格斯公司"的职务，结束了长达二十年的"鬼商业"，从"埃及幽禁中"逃了出来。这是他一生经历中的重大事件。

50 年代初，恩格斯刚刚到这家公司工作时，不过是个普通办事员。从 60 年代初开始，他成为合伙人，在公司的地位有所提高，工资和红利有所增加，担负的任务也更加繁重。根据他与公司老板欧门签订的协议，他必须"把全部时间和精力"用于公司的业务工作。

长期以来，恩格斯为了从经济上支援马克思，帮助马克思完成《资本论》的创作，不得不忍受巨大的牺牲，从事商业。他经常抱怨唯利是图的老板的刻薄和刁难，抱怨无穷无尽的业务洽谈、来往信件和收支账目消耗了宝贵的时光，担心由于这种无聊的生活而影响自己从事理论创造和思想工作的能力，早就希望结束这种埃及幽囚的生活。1867 年 4 月，他写信告诉马克思，已经到了认真解决问题的时候了。他说："再过两年我和猪猡哥特弗利德的合同就要满期，根据目前这里的情况来看，我们两人都不见得希望延长它；甚至分裂更早发生也不是不可能的。果然这样，我就要彻底抛弃商业；因为如果现在还独自创业，那就是说，要极其辛勤地操劳五六年而得不到什么显著的结果，然后要再干五六年才能收获前五年的果实。这会把我彻底毁掉的。我最渴望不过的事情，就是摆脱这个鬼商业，它占去了一切时间，使我的精神完全沮丧了。只要我还在经商，我就什么也不能干；尤其是我当上老板之后，负的责任更大，情况也就更糟了。如果不是为了增加收入，我真想再当办事

---

① 恩格斯：《普鲁士军事问题和德国工人政党》。《马克思恩格斯全集》第 16 卷第 90 页。

员。无论如何，再过几年我的商业生活就要结束。"①

在结束商业工作以前，恩格斯认为必须切实安排好马克思一家的生活。他考虑到，随着商业工作的结束，收入就会大大减少，那时能否继续在经济上帮助马克思，使马克思一家的生活不致受到影响。1868 年秋天，当他与哥·欧门开始进行谈判时，便写信询问马克思：（1）你需要多少钱才能还清全部债务？（2）你平时的正常开支，每年三百五十英镑是否够用？根据他与欧门初步谈判的情况，欧门将付给他一笔"赎买"金，因而使他有可能保证在五六年内每年寄给马克思三百五十英镑，在紧急情况下甚至还能多一些。他要求马克思尽量十分准确地答复上述两个问题，以便确定下一步的行动。②马克思收到这封信十分感动，立即写信表示：每年三百五十英镑完全够用，"只要彻底摆脱债务，就能把家务安排得井井有条。"③

经过长期谈判，恩格斯与哥·欧门签署结束在欧门-恩格斯公司工作的协议。欧门一次付给恩格斯一千七百五十英镑补偿金，恩格斯则答应五年内不创办与欧门竞争的新企业，并让欧门继续使用欧门-恩格斯公司的字号。恩格斯对谈判的结果基本满意。他写信告诉友人库格曼："按照我原来的估计，从订契约时起我就指望在它满期时可以通过正当的商业积攒一笔钱，尽管在此地看来为数很小，但我可以靠它来生活，从而和商业永远告别。这个打算固然没有完全实现，但是经过和我的股东的几次谈判……我仍旧达到了我所期望的目的。"④

1869 年 6 月 30 日，多年的愿望就要实现，苦刑式的工作就要结束，恩格斯多么高兴！当时在他家做客的爱琳娜后来回忆道："我永远不会忘记，那天早晨当他穿上皮靴最后一次到营业所去的时候，他是多么高兴地喊着：'最后一次了！'""几小时以后，我们站在大门口等他回来，只见他从门前的一小片田野里走过来挥舞着手杖，容光焕发地唱着歌。然后我们像过节一样大吃一顿，喝香槟酒，陶醉在幸福中。"⑤ 次日（7 月 1 日），恩格斯怀着无比兴奋的心情对"亲爱的摩尔"说："好啊！从今天起再不搞可爱的商业了，我是一

---

① 恩格斯：《致卡·马克思》（1867 年 4 月 27 日）。《马克思恩格斯全集》第 31 卷第 29 页。

② 参阅恩格斯《致卡·马克思》（1868 年 11 月 29 日）。《马克思恩格斯全集》第 32 卷第 201 页。

③ 参阅马克思《致弗·恩格斯》（1867 年 11 月 30 日）。《马克思恩格斯全集》第 32 卷第 203 页。

④ 恩格斯：《致格·库格曼》（1869 年 7 月 10 日）。《马克思恩格斯全集》第 32 卷第 608 页。

⑤ 爱琳娜：《弗·恩格斯》。《回忆马克思恩格斯》第 208 页。

个自由的人。"马克思为庆贺老朋友逃出埃及的幽囚而喝了"不该喝的一小杯"。同一天,恩格斯满怀喜悦地写信告诉年迈的母亲说:"我刚刚获得的自由使我高兴极了。从昨天起,我已经完全变成另一个人了,年轻了十岁。今天早晨,我没有到那阴郁的城市里去,而是趁天气晴朗在田野里漫步了几个小时。我的房间布置得很舒适,可以打开窗户,不必担心到处煤烟尘垢了,窗台上摆着花卉,屋前长着一些树木,坐在这样的房间里的写字台前,同坐在货栈里我那间只能看到天井的阴暗房间里,工作起来完全不同了。"①

　　整个 7 月份,恩格斯还必须处理与欧门的财务关系。直至 8 月 10 日,才办完全部签字手续,彻底摆脱一切有关商业的事务。几个月的紧张、忙乱结束了。

　　性格开朗的恩格斯,由于获得了自由而更加兴高采烈。他一向非常喜欢远途旅游。60 年代后半期,他曾从南欧到北欧,游历了意大利、瑞士、瑞典、丹麦等国家,大大丰富了自己关于这些国家的知识。1869 年 8 月中旬,他决定同夫人莉希和马克思的小女儿爱琳娜(杜西)到爱尔兰旅行,欣赏爱尔兰美丽的岛国风光,研究爱尔兰的历史、地理、风俗民情和经济政治情况。马克思对这个计划十分赞成,认为"欣赏一番'被判罪的'爱尔兰的真面目"② 是很有意义的。9 月 6 日至 23 日,恩格斯一行访问了爱尔兰首府都柏林、威克洛克山区、基拉尼、科克等地方。这里的气候比英格兰好得多。英格兰阴沉沉的天空,整日不停的濛濛细雨,使人心情抑郁;而爱尔兰空气清新,不是倾盆大雨,就是晴空万里。即使在深秋多雨季节,也不像英格兰那样阴雨连绵。爱尔兰的居民也和当地的天气一样,性格比较鲜明,在他们的脸上看不到忧郁的表情。③ 在爱尔兰访问的日子,恩格斯过得十分愉快。当然,他也见到许多令人气愤的现象。英国对爱尔兰长期的殖民统治,使这个气候温和、雨量充沛、自然条件十分优越的岛国人口锐减、一片荒凉。在这里,"到处是战时状态。皇家爱尔兰团的士兵挂着猎刀,有时腰插手枪,手持警棍,分成一支支的小部队在各处走来走去;在都柏林,看到一个骑炮连直穿市中心而过,这种情况我在英格兰从来没有见过,并且到处都是

---

　　① 恩格斯:《致爱·恩格斯》(1869 年 7 月 1 日)。《马克思恩格斯全集》第 32 卷,1975 年版,第 606 页。

　　② 马克思:《致弗·恩格斯》(1869 年 8 月 18 日)。《马克思恩格斯全集》第 22 卷第 347 页。

　　③ 参阅恩格斯《爱尔兰史》。《马克思恩格斯全集》第 16 卷第 541 页。

士兵。"①

　　这次到爱尔兰旅游，大大增强了恩格斯对爱尔兰问题的关心和对爱尔兰人民的同情。他早就打算写一部爱尔兰史，以便用具体的事实揭露英国地主资产阶级对爱尔兰的残酷统治和对爱尔兰民族犯下的罪行，批判英国资产阶级学者在爱尔兰问题上的种族主义和沙文主义态度，揭示"如果一个民族奴役其他民族，那对它自己来说该是多么的不幸"②的真理。回到曼彻斯特后，他大量收集有关爱尔兰的历史、地理、经济、文学、法律、考古等方面的论著。他为研究爱尔兰历史所开列的书目，现在保存下来的达 150 种以上。1869 年最后几个月和 1870 年上半年这段时间，他所写的关于爱尔兰问题的笔记，多达 15 本，此外还有许多剪报、札记、单页片断等等。为了研究爱尔兰的史料，他学习了古爱尔兰语。1870 年 5 月，他根据研究中积累的材料，正式动笔撰写《爱尔兰史》。计划要写的著作为四大部分：（一）自然条件；（二）古代的爱尔兰；（三）英国的征服；（四）英国的统治。可惜，这部著作只写完第一部分。由于当时发生的一些重大政治事件，没有来得及完成第二部分便停了下来。从保留下来的材料看，他对后两部分已作了深入的研究，基本观点也已考虑成熟。

　　像以往多年形成的惯例一样，恩格斯与马克思仍然主要通过频繁的信件往来互通情报，交换信息。但这对亲密朋友分居两地的情况很快就要结束。1870 年初，恩格斯兴致勃勃地写信告诉马克思："我今年夏末迁居伦敦，现在已经决定了。莉希说，她想离开曼彻斯特，越早越好。"③这个消息使马克思全家欢腾。多少年来，马克思多么希望有朝一日能够与自己的亲密朋友朝夕相处，谈古论今，切磋学问。马克思夫人燕妮更是"多少次暗自盼望"恩格斯搬来。因为最近几年，马克思工作过度疲劳，从不关心自己越来越差的身体。燕妮为此万分焦急。她知道，只有恩格斯才能使马克思的生活方式稍有改变。为了安排恩格斯迁到伦敦后的生活，燕妮四处奔走。7 月中旬，找到一个理想的住处，地址是瑞琴特公园路 122 号。燕妮立即把好消息写信告诉恩格斯："我找到一所房子，它坐落在非常美丽和方便的地方，因此得到我们大家一致的好评。燕妮和杜西是同我一道去的，两人都觉得好极了。房子

　　①　恩格斯：《致卡·马克思》（1869 年 10 月 24 日）。《马克思恩格斯全集》第 32 卷第 358 页。
　　②　同上。
　　③　恩格斯：《致卡·马克思》（1870 年 2 月 22 日）。《马克思恩格斯全集》第 32 卷第 438 页。

周围的环境很好，内部设备很完善，我想您未必能找到更好的房子，我相信它会使您的夫人很满意。它实在是太敞亮，太令人喜欢了。几乎用不着走出屋子就可以呼吸到新鲜空气和看到成千上万的人。"① 特别重要的是，该屋距离马克思寓所很近，步行 15 分钟就可到达。恩格斯完全同意燕妮的意见，并于同年 1870 年 9 月 20 日把全家从曼彻斯特搬到伦敦新居。

1870—1883 年这段时间，无论对马克思或恩格斯都是十分珍贵的。这些年里，他们俩人几乎天天见面。经常是恩格斯到梅特兰公园路马克思家里，有时马克思也到恩格斯寓所。两个朋友常常一道出去散步，也常常留在家中共同工作。他们在一起的情形，给年轻的爱琳娜留下了终生难忘的印象。爱琳娜后来回忆到，在那些日子里，两位朋友往往在马克思的书房里走来走去，"两人各沿屋子的一边，走到屋角就转过身来，他们的鞋跟在地板上磨出了一些坑洼。他们在这里讨论了许多大多数人解决不了的问题。他们时常两人一前一后地走来走去，半晌不发一言。有的时候又各自说自己所想的一套，直到半小时后大家都停了下来，相互承认双方所想的问题毫无共同之处，于是两人就放声大笑起来。"②

星期日，好客的恩格斯家里热闹非凡。这一天，不只是马克思一家经常到他那里，各国社会主义者也都把瑞琴特公园路 122 号当做自己的麦加城。恩格斯精通欧洲各国语言，能用对方国家的语言同每个人交谈。他那终生不变的热情、欢乐和富有幽默的性格，给所有访问者以不可磨灭的印象。

恩格斯是多么的高兴！在满座嘉宾中间，他以莱茵人特有的豪爽风度谈笑风生、开怀畅饮！

四　无产阶级对待普法战争的态度

当恩格斯准备举家迁往伦敦的时候，爆发了震撼欧洲的普法战争。瞬息万变的战争局势，需要两位革命导师经常交换意见，及时作出判断，具体指导德、法等国工人阶级应付各种突如其来的新情况。因此，迁居的时机十分合适。

---

① 燕·马克思：《致弗·恩格斯》（1870 年 7 月 12 日）。《马克思恩格斯全集》第 32 卷（附录）第 701—702 页。

② 爱·马克思：《弗里德里希·恩格斯》。《回忆马克思恩格斯》第 208 页。

　　普法战争是由 1870 年 7 月 19 日法皇路易·波拿巴向普鲁士宣战开始的。战争开始前夕，西欧局势紧张，战云密布。马克思、恩格斯十分关注德法两国的政治军事动向和工人阶级的反战活动。战争刚刚爆发，马克思于 7 月 23 日发表了经总委员会一致通过的《国际工人协会总委员会关于普法战争的第一篇宣言》，深刻分析了战争的原因，指出这场战争是德法两国反动王朝制度的产物；战争是波拿巴首先发动的，法国是侵略者，法国无产阶级必须坚决反对这场侵略战争；战争第一阶段德国处于防御地位，德国无产阶级应该把战争严格限制在民族防御的范围，坚决防止和反对德国反动派把防御战争转变为反对法国人民的战争。马克思号召德法两国工人阶级坚持无产阶级国际主义原则，反对两国统治阶级民族沙文主义的叫嚣，不做统治阶级"民族仇恨"的牺牲品。他坚信，不管这场战争的结局如何，全世界工人的联合终究会拒绝一切战争。

　　普法战争充分暴露了法兰西第二帝国的腐朽和无能。战争开始不久，法军节节溃败。9 月 1 日法军在色当投降，法皇路易·波拿巴被俘。9 月 4 日，巴黎爆发起义，推翻了第二帝国，建立了法兰西第三共和国。从此，普法战争的性质发生了根本变化。9 月 9 日，总委员会一致通过马克思起草的《国际工人协会总委员会关于普法战争的第二篇宣言》。马克思指出，随着法军投降和普军侵入法境，交战双方战争的性质发生了变化。在德国方面，战争已失去纯粹防御性质而变为反对法国人民的战争；相反，现在法国所进行的战争则具有防御性质。在新的形势下，德国工人阶级应当坚决反对普军侵占法国领土，要求德国政府承认法兰西共和国并订立光荣的和约。法国工人阶级既要反对德国侵略，又要摆脱资本主义奴役，镇静而且坚决地利用共和国的自由所提供的机会，去加强自己阶级的组织。

　　马克思关于普法战争的两篇宣言，由总委员会全体委员署名发表。虽然恩格斯不是总委员会委员，没有在《宣言》上签名，但《宣言》的观点，是他与马克思共同讨论的，完全反映了他对战争的看法。战争初期，他在给马克思的信中就明确指出：这场战争从法国方面来说，具有波拿巴主义的侵略性质；从德国方面来说，具有反对侵略的民族战争的性质。战争的结局如何，对德法两国工人运动都将发生深远的影响。如果德国被打败，波拿巴主义就会有若干年的巩固，为恢复民族生存而斗争的德国根本不可能有独立的工人运动。相反，如果法国被打败，波拿巴主义就要破产，德国工人阶级将由于实现国家统一而在全国规模上组织起来，法国工人也将获得比在波拿巴主义统治下更为自由的活动场所。恩格斯预见到波拿巴法国必败的结局，指出由于二十年的波拿巴主义统治，法国人心极为涣散，在这次战争中充分表现出了没落帝国的精神，当隆隆的炮声把事情的真相揭示出来时，从大臣到公务员，从元帅到列兵，从皇帝到他的擦鞋工，所有的人都陷于一片惊慌之中。①

普法战争把欧洲大陆工人运动的重心从法国移到德国，所以德国工人阶级肩负着更大的责任。为了指导德国工人在普法战争期间的行动，根据当时的具体情况，恩格斯提出了五条策略原则：

（一）参加民族运动，只要这一运动是保卫德国的；

（二）强调德国民族利益和普鲁士王朝利益之间的区别；

（三）反对并侵吞亚尔萨斯和洛林的一切企图；

（四）一等到巴黎由一个共和主义的、非沙文主义的政府掌握政权，就力争同它光荣谋和；

（五）不断强调德国工人利益同法国工人利益的一致性，他们过去不赞成战争，现在也不互相交战。②

当法军败局已定，普鲁士掌权的武人奸党、大学教授、市民阶级和啤酒店小政客进行狂热的沙文主义叫嚣，要求吞并法国亚尔萨斯、洛林的时候，马克思、恩格斯致函德国社会民主工党委员会，逐点批驳反动派提出的论据，强调与法国缔结光荣的和约对欧洲各国人民意义重大。因为，"如果他们同法国缔结光荣的和约，那么，这场战争就会把欧洲从俄国人的独裁下解放出来，就会使普鲁士融于德国之中，就会使欧洲大陆的西部获得和平发展，最后，它还会促进俄国社会革命的爆发。"③

在马克思、恩格斯的教育和指导下，德国社会民主工党领导人李卜克内西、倍倍尔在整个普法战争期间采取了正确的立场，抵制了民族沙文主义的压力，坚持了无产阶级国际主义原则。1870 年 7 月 21 日，身为议员的李卜克内西和倍倍尔在议会讨论战争预算时弃权。马克思、恩格斯对他们的态度十分满意，指出他们非常出色的表现，再次说明了"只有工人阶级才是能够

---

① 恩格斯：《致卡·马克思》(1870 年 8 月 8 日)。《马克思恩格斯全集》第 33 卷第 34 页。

② 恩格斯：《致卡·马克思》(1870 年 8 月 15 日)。参阅《马克思恩格斯全集》第 33 卷第 42—43 页。

③ 马克思、恩格斯：《给社会民主工党委员会的信》。《马克思恩格斯全集》第 17 卷第 282 页。

对抗民族狂潮的积极力量"。① 法军投降后，战争性质发生变化。德国社会民主工党响应国际工人协会的号召，揭露德国反动派进行侵略战争的罪行，坚决要求承认法兰西共和国，与法国缔结光荣的和约。李卜克内西、倍倍尔面对反动派的威胁、恫吓和迫害，临危不惧，坚持原则，英勇斗争，表现了大无畏的革命精神。当恩格斯得知他们两人被捕的消息时，立即写信给李卜克内西夫人，高度评价他们的斗争，指出："公开而坚定地捍卫我们的观点并非一件小事，他们两人在国会的英勇行为使我们这里所有的人都感到非常高兴。……德国工人在这次战争中表现得如此卓有远见和坚韧不拔，使他们一跃而成为欧洲工人运动的先驱……这使我们感到何等的自豪。"②

普法战争期间，恩格斯由于在《派尔-麦尔新闻》上发表许多篇精辟的《战争短评》而"被公认为伦敦的头号军事权威"。战争爆发次日，《派尔-麦尔新闻》邀请马克思以军事记者身份到普鲁士，撰写有关战争的论文。马克思认为，在这个欧洲动荡的紧要关头，如果能够利用报纸宣传无产阶级的观点和策略，影响各国工人和广大阶层的群众，对国际工人运动是大有好处的。不过他认为，对军事问题有深刻研究的恩格斯更适于担任这项工作。他在邀请恩格斯为该报撰文时指出，尽管该报有各种各样的缺点，但也有优点：(1) 在有威望的报纸当中，它是唯一对俄国采取某种反对立场的报纸，这在战争进程中会有重要意义；(2) 作为一家贵族报纸，它在所有俱乐部，特别是军事俱乐部中起着主导作用；(3) 它是伦敦唯一没有被收买的报纸。恩格斯很快同意为该报撰稿。根据当时的情况，他没有必要以记者身份到普鲁士大本营。因为除了普鲁士警察当局设置的障碍外，在那里不如在英国更能得到准确的材料，更有条件用批判的眼光看待战争的进程。

从 1870 年 7 月底至 1871 年 2 月 19 日，恩格斯一共在《派尔-麦尔新闻》上发表《战争短评》五十九篇。这些无产阶级军事科学的珍品，是运用历史唯物主义研究军事问题的典范。当然，《战争短评》决不仅仅评论军事问题，而且考察了交战双方的阶级关系和政治状况。这些文章与国际工人协会关于普法战争的《宣言》密切联系，从不同方面宣传了国际工人协会在战争不同阶段的策略。

---

① 马克思：《致弗·恩格斯》(1870 年 8 月 3 日)。《马克思恩格斯全集》第 33 卷第 27 页。

② 恩格斯：《致娜·李卜克内西》(1870 年 12 月 19 日)。《马克思恩格斯全集》第 33 卷第 171 页。

　　恩格斯十分细心地研究了两国军队的编制、装备、战略和战术，认真分析从各方面得到的有关军队调动、布防、作战和后勤补给等方面的情报，以惊人的准确性判定双方军队运动的方向、正在进行的战斗的性质及其对整个战局的影响。战争开始不久，法军首先入侵德境，人们以为法国可能获胜。恩格斯精确分析了双方投入战争的兵力，认为德军至多比法军迟两三天就将做好进攻准备，并力图开始进攻；尽管需要经过多次激战，但德军进攻部队一定能够击溃波拿巴派来迎战的全部军队。[①] 他的预测很快被战争进程所证实。法国统帅麦克马洪的军队在色当投降前一个星期，恩格斯不仅已经预见到法军可能被迫投降，而且还大致指出了投降的地点。他的预测是如此准确，使最内行的军事专家都惊叹不已。

　　一个国家军队的状况与战斗的素质，取决于社会制度和政治制度。恩格斯从这个唯物主义观点出发，分析了普法两国的社会制度和政治制度及其对军事机构的影响，预见到法军必败的结局。他写道，贪污行贿、腐朽透顶的波拿巴制度，是使法军丧失战斗力的根本原因。在波拿巴制度下，"军队的组织到处都显得不适用了。一个高尚而勇敢的民族眼看着自己为了自卫而作的一切努力白费，这是因为二十年来它听凭一群冒险家主宰它的命运，而这些冒险家已经把行政机关、政府、陆军、海军，实际上把整个法国都变成了他们牟取暴利的源泉。"[②] 由此可见，第二帝国的军队是由于第二帝国本身的性质而遭受失败的。

　　在分析普鲁士的军队组织时，恩格斯指出，这支军队比法军组织严密、训练有素，统率军队的将领也比无能的波拿巴将军具有更高的军事指挥才能。但这支军队也是寡头政治的工具，带有反人民的性质。如果说，在战争第一阶段，德军反抗波拿巴的入侵具有正当的理由；那么，当法军已经投降，波拿巴已经被俘，继续进行反对法国人民的战争就必须遭到谴责。在《战争短评》中，恩格斯无情揭露了普鲁士指挥部采取残忍的作战方法，疯狂袭击斯特拉斯堡、放火烧毁法国村庄、野蛮屠杀武装反抗侵略的法国人民的罪行，指出德军在法国的所作所为，决不是如那些民族沙文主义者所说是爱国行为，而是不折不扣的"强盗行为和可耻的凶杀行为"。[③]

---

①　参阅恩格斯《战争短评（二）》。《马克思恩格斯全集》第17卷第20页。

②　恩格斯：《战争短评（十四）》。《马克思恩格斯全集》第17卷第83页。

③　恩格斯：《法国境内的战斗》。《马克思恩格斯全集》第17卷第180页。

　　还在第二帝国垮台前夕，恩格斯已经预见到普鲁士的掠夺野心。色当战役后，普鲁士的掠夺意图暴露无遗。恩格斯十分同情拿起武器反抗侵略者的法国人民，非常关心加强法国国防、建立新的军队和组织游击斗争的问题，鼓励英勇的法兰西人民为维护民族尊严而战，指出"人民战争的浪潮不断消耗着敌人兵力，将把一支最大的军队逐渐地损坏和零敲碎打地摧毁。"①

　　恩格斯关于普法战争的短评，在伦敦引起了极大的轰动。他似乎生来就是一位军事家，具有优秀军事家的全部素质：料事如神、随机应变、通观全局、明察秋毫、沉着冷静、当机立断。他的这些军事文章被许多报刊大量转载、引用、抄袭，甚至英国最有影响的《泰晤士报》也把从《派尔-麦尔新闻》上剽窃来的东西献给自己的读者。马克思完全正确地指出，《战争短评》是英国报刊上"唯一出色的文章"。② 马克思夫人写信告诉恩格斯："您可能想象不到，您的这些文章在这里多么轰动一时啊！这些文章写得如此惊人地清晰明了，使我不能不把您称作小毛奇。"③ 由于这些出色的文章，从此恩格斯在朋友们中间获得了"将军"的绰号。正如他的老朋友李卜克内西所说："如果恩格斯在世时再有一次革命，他一定是我们军队的胜利的组织者、军事思想家。"④

五　同巴黎公社革命者共命运

　　1871 年 3 月 18 日，巴黎工人举行了震撼世界的武装起义，建立了具有伟大意义的巴黎公社。恩格斯作为国际工人协会总委员会委员，坚定地支持巴黎公社革命者的斗争，为建立无产阶级专政的第一个尝试作出了卓越的贡献。

　　巴黎公社是法国阶级斗争尖锐化的产物，是巴黎工人英勇斗争的丰硕成果。普法战争期间，巴黎工人以极大的坚毅精神忍受了 131 天被围的艰苦生活，同资产阶级投降卖国活动进行了激烈的斗争。当梯也尔政府在 1871 年 1 月 28 日同普鲁士签订停战协定，公开卖国投降的时候，巴黎工人不甘屈辱，

---

　　① 恩格斯：《战争短评（三十一）》。《马克思恩格斯全集》第 17 卷第 204 页。

　　② 马克思：《致弗·恩格斯》（1870 年 8 月 30 日）。《马克思恩格斯全集》第 33 卷第 51 页。

　　③ 燕妮·马克思：《致弗·恩格斯》（1870 年 8 月 10 日）。转引自《马克思恩格斯全集》第 33 卷第 655 页。

　　④ 李卜克内西：《忆恩格斯》。《我景仰的人》第 165 页。

坚持抗敌，保持自己的全部武装，迫使普鲁士侵略军不敢轻举妄动。许多年后，恩格斯十分自豪地写道，当时巴黎的工人竟使一支使帝国一切军团放下了武器的军队对他们表示这样的尊敬。跑到这里来向革命策源地进行报复的普鲁士容克们，竟不得不在这个武装的革命面前恭恭敬敬地停下来，向它敬礼！

梯也尔反动政府对武装的巴黎工人恨之入骨。3 月 13 日，梯也尔下令解除工人武装，夺取工人的大炮，一手挑起了内战。巴黎工人以高度的灵活性、无比的历史主动精神和大无畏的革命气概发动武装起义，推翻资产阶级反动政权，成立工人革命政府。伟大的巴黎公社诞生了。

恩格斯指出，巴黎公社是国际工人协会的精神产儿。虽然国际工人协会没有动一个指头去促使公社诞生，但国际工人协会的思想教育了法国工人阶级，国际的活动推动着法国工人运动的发展，国际工人协会的会员是公社最积极、最刚毅、最有见识和富于自我牺牲精神的成员。以马克思、恩格斯为代表的国际工人协会总委员会热烈赞扬巴黎无产阶级的伟大创举，给予巴黎公社以极大的支持。当时担任总委员会委员的恩格斯，在总委员会会议上多次发言，详细介绍巴黎工人的斗争，论述巴黎公社的性质，动员各国工人支援公社的事业。

巴黎起义的第三天，恩格斯在国际工人协会总委员会会议上作了关于巴黎起义的报道，驳斥反动派对巴黎工人的造谣诽谤，指出巴黎工人保卫自己筹款置备的大炮是完全合理的，说明巴黎起义得到广泛的支持，军队士兵也倒向人民方面。恩格斯根据来自巴黎的可靠消息说：现在城市掌握在人民的手里；没有转到人民方面来的军队被调往凡尔赛去了；中央委员会的委员没有一个是名人，但是他们在工人阶级中间却很出名。委员会里有四个国际会员。起义如果能使普鲁士人站在斗争之外，成功的机会就增多了。[①]

恩格斯通过各种渠道，同巴黎公社革命者建立联系，从各种报刊上广泛收集有关公社的消息和文告，十分了解公社的活动。他高度评价公社的政治经济措施，充分肯定公社革命的无产阶级性质，热情赞扬公社在极端困难的条件下所取得的成就，认为公社的一切措施虽然只是一个开端，但有些决议“直接有利于工人阶级，并且在某种程度上深深刺入了旧社会制度的内脏。”[②] 同马克

---

① 《恩格斯关于巴黎三月十八日革命的发言记录》。参阅《马克思恩格斯全集》第 17 卷第 668 页。
② 恩格斯：《〈法兰西内战〉一书导言》。《马克思恩格斯全集》第 22 卷第 223 页。

思一样，他也指出公社领导在一系列重大问题上犯了错误。例如，公社不敢没收法兰西银行，就是严重的失策。

恩格斯十分赞扬巴黎公社的国际主义精神。在公社战士中，除了法国人外，还有波兰人、匈牙利人、俄国人。波兰革命家东布罗夫斯基、符卢勃列夫斯基，匈牙利革命家弗兰克尔等，还当选为公社委员，担任公社军事和经济等重要领导职务。公社从诞生时起，就公开宣布自己忠于无产阶级国际主义原则。恩格斯对此十分满意，认为这是它"向一切资产阶级沙文主义表现的勇敢挑战。"[①]

公社委员内部的分歧和摩擦，引起马克思、恩格斯的严重关注。他们清醒地认识到，公社委员中真正掌握科学社会主义理论的人为数不多。多数派是布朗基的信徒，他们不过凭着革命的无产阶级的本能才是社会主义者；少数派是国际工人协会会员，他们多半信奉蒲鲁东主义。但是在实践中，他们的措施往往是正确的。例如废除面包工人夜工，禁止工厂罚款，没收停业工厂和作坊并将其交给工人团体等，都是合乎科学社会主义精神的措施。公社的活动表明，"无论是蒲鲁东主义者或布朗基主义者，都按照历史的讽刺，做出了恰恰与他们学派的信条相反的事情。"[②] 马克思、恩格斯提醒公社革命者要注意团结，在大敌当前的情况下不要在琐碎事务和个人争执上纠缠不休。

为了维护公社的革命声誉，国际总委员会一方面必须粉碎资产阶级报刊的造谣诽谤；另一方面必须与自己队伍中的叛徒作斗争。以巴黎工人代表身份当选为法国国民议会议员的托伦，在巴黎公社成立后仍然留在凡尔赛议会中，拒绝执行公社关于工人议员应当同这个反革命议会决裂的要求。恩格斯对此十分气愤。他在 4 月 25 日看到国际工人协会巴黎联合会委员会关于开除托伦的决议后，当天晚上就向总委员会建议批准这个决议。明确指出，国际工人协会的每一个法国委员无疑地应该站在巴黎公社的队伍中，而不应该留在篡夺权力的和反革命的凡尔赛议会中；托伦拒不执行公社的要求，用最卑鄙的方式背叛了工人阶级的事业，必须从国际的队伍中清除出去。总委员会一致同意恩格斯的意见，通过了相应的决议。公社失败后，

---

① 恩格斯：《巴黎公社二十一周年给法国工人的贺信》。《马克思恩格斯全集》第 22 卷第 331 页。

② 恩格斯：《〈法兰西内战〉一书导言》。《马克思恩格斯全集》第 22 卷第 225 页。

总委员会委员、英国工联代表奥哲尔和鲁克拉夫特在资产阶级报刊上发表声明,反对《法兰西内战》,攻击总委员会。恩格斯对这两个在紧要关头背叛无产阶级的工人贵族深恶痛绝,坚决主张把他们开除出总委员会。

从 4 月份开始,巴黎的形势一天天紧张。精通军事科学的恩格斯认为公社没有及时向凡尔赛进军,是一个重大的战略错误。4 月 11 日,恩格斯在总委员会会议上批评公社领导人忙于选举而失去有利战机。他说:"向凡尔赛进军,应当是在凡尔赛力量还薄弱的时候,可是这个有利的时机被错过了,看来现在凡尔赛占了优势并在逼迫巴黎人。……巴黎人正在失去土地,几乎无望地消耗弹药,吃光自己的储备粮。"① 5 月初,恩格斯对公社面临的危急形势深感忧虑。5 月 9 日,他在总委员会会议上介绍了巴黎军事斗争的状况,赞扬了巴黎工人顽强战斗的精神,指出巴黎的街垒中将"出现前所未有的战斗。这些街垒将第一次用枪炮和组织正规的军队来防卫。"② 5 月中旬,马克思从可靠来源获悉凡尔赛反动政府与俾斯麦秘密勾结,达成让凡尔赛军队通过德军防线的口头协议,立即将这一重要的情况通知公社委员弗兰克尔和瓦尔兰。恩格斯估计德军允许凡尔赛军队从北部进攻巴黎,建议公社加强蒙马特尔高地一带的军队防御。马克思通过一个德国商人,将恩格斯的建议转告公社领导人。可惜公社未能完全贯彻执行马克思、恩格斯的建议。

经过 72 天的激烈搏斗,巴黎公社终于被反革命镇压下去。马克思、恩格斯对英勇的巴黎革命者团结战斗、不怕牺牲的革命精神给予极高的评价,指出"巴黎全体人民——男人、妇女和儿童——在凡尔赛人攻进城内以后还战斗了一个星期的那种自我牺牲的英雄气概,反映出他们事业的伟大。"③ 工人的巴黎及其公社将永远作为新社会的光辉先驱受人敬仰,为世界第一个无产阶级专政而战斗的英烈们已永远铭记在工人阶级伟大的心坎里。

残暴成性的资产阶级对战败的巴黎工人进行惨无人道的血腥镇压。梯也尔这批维护"秩序"的嗜血恶狗把巴黎变成了一个魔窟。街道血流成河,尸积如山,十万优秀工人横遭迫害和杀戮。极度恐怖笼罩着整个城市。这种恐怖统治反映了统治者的胆怯心虚。正如恩格斯所说:"我们通常把恐怖统治理解为造成恐怖的那些人的统治,实际上恰恰相反,这是本身感到恐惧的那些

---

① 《恩格斯关于巴黎公社的发言记录》。《马克思恩格斯全集》第 17 卷第 671 页。
② 同上书,第 675 页。
③ 马克思:《法兰西内战》。《马克思恩格斯全集》第 17 卷第 377 页。

人的统治。恐怖多半都是无济于事的残暴行为，都是那些心怀恐惧的人为了安慰自己而干出来的。"①

当巴黎硝烟弥漫、战斗刚刚结束的时候，5 月 30 日，马克思就在国际工人协会总委员会宣读了题为《法兰西内战》的国际工人协会致欧洲和美国全体会员的宣言，对公社作了一个极其深刻的、准确的、出色而起积极作用的革命估价，分析了公社产生的历史前提，阐述了公社革命的进程，回击了阶级敌人对公社的造谣诽谤，总结了"工人阶级不能简单地掌握现成的国家机器，并运用它来达到自己的目的"② 这个具有伟大历史意义的经验。自从伦敦有史以来，还没有一件公之于世的文献，像《法兰西内战》那样，产生如此强烈的影响。恩格斯完全赞同马克思的观点，同总委员会全体委员一起，在这个伟大文献上签名，并且立即把这个伟大文献译成德文，在德国广为流传。二十年后，恩格斯为《法兰西内战》一书写了导言，再次论述了巴黎公社的性质、意义及其采取的措施，庄严宣布：巴黎公社就是无产阶级专政。在 1892 年 3 月 17 日《巴黎公社二十一周年给法国工人的贺信》中，恩格斯满怀深情地写道："让资产者去庆祝他们的 7 月 14 日或 9 月 22 日吧。无产阶级的节日将到处永远都是 3 月 18 日。"③

巴黎公社失败后，恩格斯以极大热忱参加营救公社革命者的活动，从经济上援助大量流亡伦敦的公社社员。在 6 月 27 日总委员会会议上，恩格斯建议总委员会设立流亡者救济基金。他自己带头为救济基金捐款。7 月，恩格斯参加由总委员会设立的公社流亡者救济委员会的工作，积极为流亡者募集经费，帮助流亡者寻找工作。从下面这份恩格斯亲笔写的札记中，我们可以看到他是如何认真和周到地为公社流亡者谋取职业的：

"罗伯特·哈普尔，尤尼奥尔寓克勒肯威尔街红狮子 76（?）号。能立即安置一位雕版师——他稍通法语。需询问尤尼奥尔。

科列——排字工，已三次记下名字，好像是稍通英语，不过，看来这方面并非必需，因为要用法文排字。

茹·柯普芝（法国人），在德勒纳德（?）那里工作，托登楠大院路 11 号。两个青铜匠——一人是作字模的金属雕刻师，另一人是画师、绘图员、

---

① 恩格斯：《致卡·马克思》（1870 年 9 月 4 日）。《马克思恩格斯全集》第 33 卷第 56 页。

② 马克思：《法兰西内战》。《马克思恩格斯全集》第 17 卷第 355 页。

③ 恩格斯：《巴黎公社二十一周年给法国工人的贺信》。《马克思恩格斯全集》第 22 卷第 331 页。

铸模工，两人均技艺湛良。

此二人现已派往北明翰，收入不错。"①

像马克思家一样，恩格斯的家给巴黎公社流亡者以极大的温暖。许多公社的优秀战士，在这里受到十分殷勤好客的接待和无微不至的照顾，使他们终生难忘。1878年10月，公社著名军事统帅符卢勃列夫斯基写信对恩格斯说："在我流亡伦敦期间，您的家和马克思的家成了我唯一的、真正充满友情的避难所，在这里你们对我多么友爱和仁慈……"此后许多年，恩格斯一直关怀着公社革命者的生活。1895年，当他得知符卢勃列夫斯基贫病交加，生活困难时，立即写信给法国工人党领导人拉法格，要求给这位公社英雄按时寄去养老金。他严肃地指出："这事有关法国社会主义的荣誉，如果让公社的最后一位将军饿死，法国社会主义今后再不能把1871年的公社算在自己的名下了。"②

无论法国、英国或德国的资产阶级及其报刊，都怀着对巴黎公社的刻骨仇恨编造谎言，把公社革命者描绘成杀人放火的坏人。他们对马克思、恩格斯更是攻击诽谤，无所不用其极。社会上各种流言飞语，也影响到恩格斯的家庭。年迈的母亲从家乡来信责备恩格斯，抱怨马克思对恩格斯起了不好的影响。恩格斯在回信中，向母亲揭露了资产阶级报刊闭口不谈真实情况，指责凡尔赛匪徒杀戮手无寸铁的男人、妇女和儿童的罪行，阐明资产阶级报刊关于公社的报道都是极端无耻的谎言。他提请母亲回忆自己亲身经历的事件。多少年来，人们总是费尽心机地诽谤革命者。拿破仑第一统治时期的道德协会会员，1817年和1831年反对政府的知识分子，1848年反封建的民主主义者，都曾被诽谤为真正的吃人生番。事实证明，这些完全是出自卑鄙的迫害狂。恩格斯写道："亲爱的妈妈，我希望你在报纸上读到关于这些捏造的罪行时，会记起这些，这样你对1871年的人们也就会怀有好感。"在谈到自己对待巴黎公社的态度时，恩格斯理直气壮地坚持自己的立场。他对母亲说："我丝毫没有改变将近三十年来所持的观点，这你是知道的。假如事实需要我这样做，我就不仅会保卫它，而且在其他方面也会履行自己的义务，对此你也不应该觉得突然。我要是不这样做，你倒应该为我感到羞愧。即使马克思不

---

① 恩格斯：《关于为公社流亡者谋职的札记》。转引自巴赫主编《第一国际和巴黎公社（文件资料）》上册，第129页。

② 恩格斯：《致保·拉法格》（1895年1月13日）。《马克思恩格斯全集》第39卷第364页。

在这里或者甚至根本没有他，情况也不会有丝毫改变。所以，归罪于他是很不公平的。并且我还记得，从前马克思的亲属曾经断言，似乎是我把他带坏了。"①

答复了母亲的责难，恩格斯又全力以赴地投入了国际的事业。

六　积极参加总委员会的工作

恩格斯迁入伦敦新居的当天晚上，马克思向国际总委员会建议增选他为委员。两周以后，他被选进总委员会，先后担任总委员会财务委员会成员和比利时、意大利、西班牙、葡萄牙、丹麦通讯书记等许多重要领导职务，积极参加总委员会的活动。他那经过长期革命斗争锻炼的对无产阶级事业的绝对忠诚，极其丰富的理论知识和实践经验，通晓欧洲多种语言的卓越才能，刚毅果断的性格，讲究效率的作风，受到总委员会成员和各国工人运动活动家的尊敬，在总委员会中起着重大的作用。

支援法国人民的斗争，是恩格斯担任总委员会委员以后的一项重要工作。当时，法国人民刚刚推翻了法兰西第二帝国，建立了第三共和国。恩格斯大力支持在英国开展承认法兰西共和国的运动。因为虽然法兰西共和国政府掌握在一批反革命的资产阶级代表手中，但是在普鲁士入侵的情况下，如果英国承认年轻的共和国，有利于动员人民抗击普军侵略，提高法国与俾斯麦谈判的地位，争取实现《国际工人协会总委员会关于普法战争第二篇宣言》中提出的缔结光荣和约的要求。除了在社会上开展多方面活动外，恩格斯还在总委员会中进行坚决的斗争，迫使英国工联首领们不得不勉强同意支持保卫法兰西共和国的群众运动。同时，恩格斯密切注视保卫法兰西共和国运动中资产阶级激进派的活动。这些资产阶级激进分子提出一个由英国出兵援助法国的冒险性要求，企图以此迷惑群众，夺取运动领导权。针对这种情况，恩格斯在总委员会指出："英国不仅不能有效地干预欧洲大陆发生的事件，而且本身也不能抵御欧洲大陆的军事专制制度。"② 马克思也告诫工人，要警惕资产阶级和小资产阶级控制工人运动的

---

① 恩格斯：《致爱·恩格斯》（1871 年 10 月 21 日）。《马克思恩格斯全集》第 33 卷第 308 页。

② 恩格斯：《总委员会关于英国工人阶级在普法战争现阶段的立场的决议草案》。《马克思恩格斯全集》第 17 卷第 302 页。

危险。他说："我完全相信，如果工人们坚持自己的立场，不让小资产阶级崇尚空谈的演说家插手，那么工人们就会取得成功。"①

恩格斯作为总委员会中比利时、西班牙、意大利、葡萄牙等国通讯书记，经常与这些国家的国际组织和工人运动活动家进行通信，接待来访，指导他们的工作。1872年2月，他在致国际西班牙联合会委员会的指示信中，详细通报了国际工人运动的情况，特别强调工人阶级建立独立政党的必要性。他对西班牙领导人说：各地的经验证明，要使工人摆脱资产阶级政党的支配，"最好的办法就是在每一个国家里建立无产阶级的政党，这个政党要有它自己的政策，这种政策将同其他政党的政策显然不同，因为它必须表现出工人阶级解放的条件。这种政策的细节可以根据每一个国家的特殊情况而有所不同；但是，因为劳动和资本之间的基本关系到处都一样，有产阶级对被剥削阶级的政治统治这一事实到处都存在，所以无产阶级政策的原则和目的就总是一样的"。② 这个重要思想，不久在国际伦敦代表会议上为大多数代表所接受。

支援各国工人的罢工斗争，是总委员会的经常任务。恩格斯为此做了大量工作。1871年3月，安特卫普雪茄烟工人反对企业主解散工会和解雇工人，爆发了大罢工。恩格斯从国际比利时和荷兰支部组织者克楠的来信中得知罢工的消息后，立即在总委员会会议上要求大力支持罢工工人。根据他的提议，总委员会决定呼吁英国工联向罢工工人提供援助。他还亲自在德国《人民国家报》上撰文，要求不让企业主从德国招募工人到安特卫普去。各国工人响应总委员会号召，给予罢工工人很大的支持，使罢工坚持了半年并取得胜利。

恩格斯参加总委员会工作后，同马克思一起，对混进国际工人协会的巴枯宁主义者进行坚决的斗争。

巴枯宁主义的首领米海依尔·巴枯宁（1814—1876）出身于俄国贵族家庭，早年参加1848年革命。后来被捕入狱，成了叛徒。1857年被沙俄政府流放到西伯利亚，四年后从流放地逃亡，取道日本、美国，不久返回欧洲，隐瞒了背叛革命的历史，重新钻入工人运动。后来他跑到意大利、瑞士等国，在破产小生产者和流氓无产者队伍中混了几年，形成一套无政府主义思想和

---

① 转引自巴赫主编《第一国际》第2卷第15页。

② 恩格斯：《致国际工人协会西班牙联合会委员会》。《马克思恩格斯全集》第17卷第304页。

理论，建立一个无政府主义的宗派团体，在国际工人协会中进行破坏活动，阴谋篡夺工人运动领导权。

巴枯宁是社会理论领域中一个最无知的人，但他却以宗教奠基者的姿态出现，拼凑了一个混乱而荒谬的理论。其主要内容是：第一，反对一切国家，反对无产阶级专政。他认为，国家是产生私有制和阶级的根源，只要消灭国家，就能消灭私有制；一切专政都是绝对坏的东西，应该仇视专政、执政主义和权威主义；无产阶级专政是"世界上最沉重、最令人难堪的、最令人屈辱的管理"。第二，反对工人阶级的政治斗争，拒绝任何政治运动。他认为，任何政治运动都是反动的；工人阶级不应组成政党，不应以任何借口过问政治，不应建立工会，不应举行罢工；工人阶级如果进行争取政治权利的斗争，就是承认资产阶级国家，就会延缓资本主义制度的灭亡。第三，鼓吹依靠流氓无产阶级，破坏"一切的一切"。他在《革命问答》中宣布，要摧毁腐朽的社会大厦，执行无情的破坏计划，"最彻底、最迅速地破坏国家的、等级制的、所谓文明的世界的信念"，"毫不犹豫地消灭这个世界的地位、关系或任何人"。这个破坏一切的任务，要由流氓无产者来完成。在他看来，"强盗就是英雄、保卫者、人民的复仇者；是国家以及国家所确立的任何社会制度和公民制度的不可调和的敌人；是同整个官吏贵族的文明和官方神甫的文明进行生死斗争的战士"。第四，主张废除继承权，鼓吹"各阶级平等"。他认为，只要废除继承权，就可以消灭私有财产，实现各阶级的平等，以至于消灭国家。第五，反对任何权威，宣传绝对自由。他认为，任何权威都是违反人性的，不管它"是叫做教会、君主国、立宪国、资产阶级共和国或者甚至是革命专政，都不重要。我们把他们一律……加以仇视和反对"。他说，在未来社会里，不存在任何权威，无政府状态将代替国家和一切社会组织。第六，吹捧俄国沙皇，宣扬反动的泛斯拉夫主义，主张各斯拉夫民族"完全放弃自己的国家权力"，建立由"最伟大的、最受爱戴的、最强有力的沙皇"领导下的"自由的、全斯拉夫族的联邦。"他的这套理论，反映了破产的小生产者的绝望情绪，同有觉悟的工人阶级格格不入。

如果说巴枯宁在理论上一窍不通，那么他在搞阴谋勾当方面却是颇为能干的。他一方面表示拥护马克思的学说，另一方面又搞了许多阴谋活动反对马克思，破坏国际工人运动。因此，从1868年底开始，马克思、恩格斯与巴枯宁主义进行了长期的斗争，伦敦代表会议就是马克思、恩格斯反对巴枯宁主义的一次重要会议。

1871年9月举行的国际伦敦代表会议，是恩格斯第一次参加国际工人协会召开的国际会议。从会议的筹备、召开到起草文件，倾注着恩格斯的大量心血。特别是会议通过的具有重大意义的《关于工人阶级的政治行动》的决议，是恩格斯与马克思共同努力的成果。

恩格斯清醒地认识到，由于巴黎公社刚刚失败，不可能举行一年一度的国际代表大会，只能举行一次国际会议。1871年7月25日，他在第一国际总委员会上发言，建议"在9月的第三个星期日在伦敦召开协会的秘密代表大会"。恩格斯在解释这个建议时指出，由于普法战争所造成的情况，在法国，召开代表大会是不可能的；在德国，任何一个敢于参加代表大会的人，都有被投进监狱的危险；在西班牙，协会正遭到迫害；比利时没有任何自由；瑞士由于协会会员发生分裂，不可能成为国际会议的东道主。只有伦敦是最合适的地点。而且，只有秘密代表会议，才能制定具有约束力的政策。总委员会通过了恩格斯的建议。

伦敦代表会议面临着重大的任务。第一，巴黎公社被镇压以后，各国反动派对工人阶级的迫害加剧了。梯也尔和哥尔查科夫、俾斯麦和博伊斯特、维克多·艾曼努尔和教皇、西班牙和比利时，在反对国际的十字军中携手合作；旧世界的一切势力：军事法庭和民事法庭、警察和报刊、地主和资本家，都争相把国际作为攻击的目标。总之，"在整个大陆上，恐怕没有一个地方不在千方百计地使这个它们望而生畏的伟大的工人兄弟同盟处于不受法律保护的地位"[1]。在这种情况下，迫切需要制定对付反动派的革命策略。第二，巴黎公社大大增强了国际的威望，一大批新的工人加入国际，使这个组织的成分更加复杂。加强对会员的教育，特别是把巴黎公社的经验教训和巴黎工人的革命精神灌输到工人的头脑中，提高他们的无产阶级觉悟，也是十分迫切的任务。第三，国际工人协会内部思想分歧很大，有共产主义者、蒲鲁东主义者、欧文主义者、宪章主义者、巴枯宁主义者等等，如何使这些意见分歧不致破坏协会的统一和稳定，关系到发挥国际组织战斗力的问题。第四，当时特别面临着反对巴枯宁主义的斗争。在国际内部，巴枯宁分子进行大量的破坏活动。巴塞尔代表大会后，巴枯宁分子猖狂反对总委员会，制造瑞士罗曼语区国际组织的分裂，以所谓"废除国家"的荒谬借口破坏1870年里昂工

---

① 恩格斯：《桑维耳耶代表大会和国际》。《马克思恩格斯全集》第17卷第516页。

人起义，指责巴黎工人的斗争，制造损害国际声誉的涅恰也夫事件，组织秘密的社会主义民主同盟，妄图以自己荒谬的理论强加给国际，大搞分裂国际的宗派活动。在意大利、瑞士、西班牙等国，巴枯宁主义有较大影响。伦敦代表会议担负着直接关系到国际的前途和命运的反对巴枯宁主义的任务。

会议召开前，恩格斯做了大量准备工作。他作为总委员会委员和西班牙、意大利通讯书记，受总委员会委托，向国际意大利支部和西班牙支部的领导人卡菲埃罗等写了许多信件，阐明国际工人协会的原则，揭露无政府主义的活动，指导他们向无政府主义进行斗争。

恩格斯指出，成立国际工人协会的目的，是要成为追求共同目标即追求工人阶级的保护、发展和彻底解放的各国工人团体进行联络和合作的中心。虽然参加协会的人员思想和理论观点不同，但他们都必须竭力谋求工人阶级的彻底解放。鉴于巴枯宁派的国际社会主义民主同盟的纲领同国际工人协会这个总的方向相抵触，并且企图把该组织变成国际工人协会的"国中之国"，因此总委员会拒绝接纳这个组织作为一个分部加入国际，这是完全正确的。

实现工人阶级的彻底解放，必须进行政治斗争。恩格斯指出，我们要摆脱土地所有者和资本家，掌握包括土地、工具、机器、原料等在内的一切生产资料，用农业工人和工业工人的阶级联合来代替土地所有者和资本家的地位，消灭阶级的不平等；为了彻底做到这一点，最根本的条件是无产阶级的政治统治。因此，巴枯宁派宣传工人阶级放弃政治是荒谬的。

国际成立初期，各派政治力量企图把他们的思想与理论强加给工人阶级。意大利阴谋家马志尼就妄想篡夺国际领导权。当他的阴谋破产后，便竭力攻击马克思，指责马克思具有"破坏性的头脑"和"不容异己的性格"。像马志尼一样，巴枯宁分子也把攻击的矛头指向马克思。恩格斯向意大利工人运动领导人指出，马志尼从来都对无产阶级采取敌视态度。每当无产阶级举行起义时，他疯狂地进行攻击；起义失败后，他就向资产阶级告发无产者，"如果马志尼称我们的朋友马克思是一个具有'破坏性的头脑，不容异己的性格'，等等的人，那么我只能对您说，马克思的破坏性的'权力'和'不容异己的性格'保证了我们协会七年来的统一，为了使国际获得今天的光荣地位，他所做的事比任何人都多。"①

---

① 　恩格斯：《致卡·卡菲埃罗》（1871 年 7 月 28 日）。《马克思恩格斯全集》第 33 卷第 269 页。

国际伦敦代表会议于 1871 年 9 月 17 日开幕。马克思代表德国、恩格斯代表意大利出席会议。参加会议的共有正式代表 21 人，列席代表 10 人。会议的主要议题是"关于工人阶级的政治行动问题"，恩格斯就这个问题作了重要发言，严厉抨击巴枯宁主义者鼓吹绝对放弃政治的谬论，指出，主张放弃政治的一切报纸都在从事政治，主张放弃政治的人也在从事政治，问题是从事工人阶级政治还是从事资产阶级政治。鼓吹工人放弃政治，实际上是把工人推进资产阶级政治家的怀抱。巴黎公社就是工人阶级的政治行动。在已经有了巴黎公社的范例以后仍然主张放弃政治，更是荒谬的。工人阶级的政治行动是关系到自身彻底解放的大事。难道我们不应该利用资本主义制度为我们提供的那些手段来反对这个制度吗？恩格斯向到会代表说："我们要消灭阶级。用什么手段才能达到这个目的呢？——无产阶级的政治统治。而当这一点已经最明显不过的时候，竟有人要我们不干预政治！所有鼓吹放弃政治的人都自命为革命家，甚至是杰出的革命家。但是，革命是政治的最高行动；谁要想革命，谁就必须也承认准备革命和教育工人进行革命的手段，即承认政治行动，没有政治行动，工人总是在战斗后的第二天就会受到法夫尔和皮阿之流的愚弄。应当从事的政治是工人的政治；工人的政党不应当成为某一个资产阶级政党的尾巴，而应当成为一个独立的政党，它有自己的目的和自己的政策。"[①] 马克思完全支持恩格斯的发言。他指出，巴枯宁分子鼓吹工人阶级放弃政治行动，迎合了各国反动统治者的利益。从工人阶级立场看，在议会中有工人代表并不是一件无足轻重的事。如果工人代表都能像李卜克内西和倍倍尔那样，利用议会的讲台，让全世界倾听工人的意见，就会为我们的原则建立巨大的威信。因此，每一个被选进议会的人，都是对政府的一次胜利。[②] 不过马克思补充说，选出的必须是真正的人，而不是托伦之流。

经过激烈的争论，伦敦代表会议通过由马克思、恩格斯起草的决议，重申国际工人协会《成立宣言》的原则："夺取政权已成为工人阶级的伟大使命"，号召工人阶级建立独立的工人政党，积极进行反对资产阶级的政治行动。决议指出：

"工人阶级在它反对有产阶级联合权力的斗争中，只有组织成为与有产阶

---

① 恩格斯：《关于工人阶级的政治行动》.《马克思恩格斯全集》第 17 卷第 449 页。

② 《马克思关于工人阶级的政治行动的发言记录》.《马克思恩格斯全集》第 17 卷第 696 页。

级建立的一切旧政党相对立的独立政党，才能成为一个阶级来行动；

工人阶级这样组织成为政党是必要的，为的是要保证社会革命获得胜利和实现这一革命的最终目标——消灭阶级"[1]。

为了开展广泛的政治行动，在马克思、恩格斯倡议下，会议确认工会的作用，要求加强各国工会的联系；建立农村支部，吸引农业工人参加工业无产阶级的运动；成立女工组织，等等。通过这些措施，密切国际与广大工农劳动群众的联系，加强国际在反对资本的政治斗争中的力量。

伦敦代表会议通过的反对宗派主义的决议，也具有重大意义。当时，巴枯宁分子为了逃避检查和揭发，表面上宣布解散社会主义民主同盟，但又用社会主义无神论派、社会主义宣传和行动支部等各种名称混入国际组织。为了打击巴枯宁派和其他小资产阶级分立主义派别的活动，马克思、恩格斯提出，今后每个国家的中央委员会一律定名为联合会委员会，并冠以该国的国名（如西班牙联合会委员会等）；所有地方分部、支部、小组及其委员会，一律定名为国际工人协会分部、支部、小组和委员会，并冠以该地地名；各级组织，都不得再用宗派的名称来执行与协会共同目标不符的特殊任务。马克思、恩格斯在解释这个决议时写到：无产阶级反对资产阶级斗争的第一阶段，带有宗派运动的性质。这在运动的初期是必然的。如果说宗派在开始出现时曾经有过一定的进步作用，那么，"当它们一旦被运动所超过，就会变成一种障碍；那时宗派就成为反动的了"[2]。伦敦代表会议反对宗派主义的决议，重申了国际的真正性质，对于维护国际工人协会的统一，反对巴枯宁等分立主义活动，具有重要意义。

根据马克思、恩格斯的建议，伦敦代表会议还通过关于瑞士冲突的决议，指出国际瑞士罗曼语区的分裂，是由巴枯宁分子制造的。会议还通过决议，重申国际工人协会与巴枯宁分子涅恰也夫在俄国的诈骗和暗杀活动毫无关系。伦敦代表会议的各项决议，特别是关于工人阶级的政治行动、关于瑞士冲突、关于涅恰也夫案件的决议，击中了巴枯宁组织的心脏，从而使巴枯宁的阴谋活动遭到了严重的挫折。

---

[1]   马克思、恩格斯：《1871年9月17日至23日在伦敦举行的国际工人协会代表会议的决议》。《马克思恩格斯全集》第17卷第455页。

[2]   马克思、恩格斯：《所谓国际内部的分裂》。《马克思恩格斯全集》第18卷第39页。

七　欧美无产阶级对巴枯宁主义的审判

伦敦代表会议以后，马克思、恩格斯与巴枯宁主义的斗争更加激烈。在这场直接关系到国际工人协会的前途和命运的搏斗中，恩格斯与马克思并肩战斗，密切合作，发挥了极其重大的作用。

伦敦会议关于工人阶级政治行动等决议，引起巴枯宁分子的强烈不满。于是他们加紧进行反对马克思和总委员会的活动。1871 年 11 月，一些巴枯宁分子在瑞士桑维耳耶举行代表大会，通过致国际会员书，公开指责伦敦代表会议的决议违背国际章程；诬蔑总委员会是"阴谋的策源地"、"俾斯麦所操纵的德国人委员会"；鼓吹无政府主义，主张把总委员会变成没有任何权威的"简单统计通讯局"；要求立即召开国际非常代表大会撤换总委员会，撤销伦敦会议决议。巴枯宁分子把桑维耳耶通告寄给各地国际组织，并且在资产阶级报纸上公开发表。巴枯宁还亲自出马，到处争取人们支持桑维耳耶通告。

巴枯宁分子的分裂活动，在国际工人运动中造成极恶劣的影响，迫使马克思、恩格斯不得不加以反击。1872 年 1 月 2 日，恩格斯写信对李卜克内西说，巴枯宁分子的疯狂行动已经到了无以复加的地步，是应该采取行动的时候了。第二天，恩格斯寄去一篇批判巴枯宁主义的重要论文《桑维耳耶代表大会和国际》，指示李卜克内西立即发表。

恩格斯指出，正当旧社会的一切势力联合起来用暴力手段破坏国际，而团结一致比任何其他时候都更加重要的时候，巴枯宁主义者却明目张胆地制造分裂，迎合了各国反动派的需要。怪不得他们的活动受到一切反动势力的喝彩和支持。正如当时一家工人报纸所说："即使您不是被收买的暗探，无论如何有一点也是很清楚的，就是无论哪一个被收买的暗探也不能比您造成更大的危害。"

恩格斯指出，巴枯宁分子主张取消党的纪律，取消集中的领导，把总委员会变成简单的统计通讯局，实际上就是剥夺工人阶级进行斗争的武器。但是，这样做意味着什么，德国工人阶级在实践斗争中体会最深。没有任何党的纪律，没有任何力量在一点的集中，没有任何斗争的武器，这决不是担负着推翻资本主义统治、建立未来新社会的无产阶级的组织，而是那些畏缩胆怯的早期基督教徒的组织。恩格斯尖锐地指出，宣扬放弃斗争的人，简直是在胡说八道，"如果有人向我说，权威和中央集权是任何情况下的两种应当诅咒的东西，那么我就认为，说这种话的人，要么不知道什么叫革命，要么不过是口头革命派。"①

恩格斯指出，巴枯宁分子要求取消纪律和权威，反对扩大总委员会的职权，完全是一种阴谋手段。在国际巴塞尔代表大会上，他们错误估计形势，以为能够在总委员会中获得多数，取得领导权，因而热烈拥护扩大总委员会权限的决议；而现在完全是另外一回事了！夺取总委员会领导权的阴谋已彻底破产，于是他们便大肆反对总委员会。这就充分暴露了他们的野心。

恩格斯指出，从巴黎公社以来，凡是没有遭受反动政府暴力阻挠的地方，国际工人协会都取得巨大成就。但是巴枯宁分子控制的瑞士汝拉联合会，虽然具备充分发展的条件，却日益衰落和瓦解。这就用活生生的事实告诉人们，实行巴枯宁的做法，必然使事业遭受失败。"可是正当他们自己在我们面前展现出他们遭受失败的悲惨情景的时候，正当他们发出这种无力的和绝望的哀号的时候，他们竟要求我们强迫国际离开它所遵循的使它变成现在这个样子的道路，竟要求我们使国际走上那条使汝拉联合会从比较兴盛落到完全瓦解的道路！"② 这是国际无产阶级所绝对不能容许的。

为了向全世界无产阶级揭露巴枯宁无政府主义者的真正面目，为了反对巴枯宁分子分裂国际的宗派活动，马克思、恩格斯于1872年1—3月写了《所谓国际内部的分裂》的内部通告，经总委员会通过，分发给国际工人协会的所有联合会。

马克思、恩格斯详细揭露巴枯宁阴谋组织国际社会主义民主同盟破坏活动的历史，指出这个组织秉承巴枯宁的旨意钻进国际工人协会的唯一目的，是要利用国际作为一种手段，以便以一种秘密科学的献身者的身份出现在工人群众面前，这门科学的顶点就是巴枯宁的谬论："各阶级在经济和社会方面的平等。"当他们"把国际改造过来"的目的不能实现时，便疯狂进行破坏国际，反对总委员会的活动。他们的活动得到一切国家的冒牌社会改革家们的支持。在英国，支持他们的有资产阶级共和派；在意大利，支持他们的是一

---

① 恩格斯：《致卡·特尔察吉》（1872年1月14—15日）。《马克思恩格斯全集》第33卷第376页。

② 恩格斯：《桑维耳耶代表大会和国际》。《马克思恩格斯全集》第17卷第522页。

些无神论的修士修女，即所谓有自由思想的教条主义者；在德国，支持他们的是拉萨尔派，即俾斯麦派社会主义者；此外，全部自由主义和警察的报刊都公开与他们站在一起。这就是他们的"不容置疑的成就"！

国际社会主义民主同盟的纲领，完全违背国际工人协会的章程。所谓"力求实现各阶级在政治、经济和社会方面的平等"，其实就是资产阶级社会主义者所拼命鼓吹的资本和劳动的协调。马克思、恩格斯指出："不是各阶级的平等——这是谬论，实际上是做不到的——相反的是消灭阶级，这才是无产阶级运动的真正秘密，也是国际工人协会的伟大目标。"①

巴枯宁分子大肆鼓吹把总委员会变成简单的统计通讯局，实际上是要解除国际的武装。马克思、恩格斯指出，无产阶级的阶级组织，如果没有集中统一的领导，没有必须严格遵守的纪律，没有强有力的执行机构，就不能与占优势的反动势力作斗争，不能实现伟大的历史任务，不能保持自己的无产阶级性质；"那时不仅可能产生警察的或者敌对的支部，而且游民宗派分子和资产阶级慈善家也可能钻进协会而歪曲它的性质，这些分子在代表大会上就会以数量上的优势压倒工人。"② 巴枯宁分子宣扬这些胡说八道的谬论，却自命为唯一的真正的革命者，这简直是卑鄙。

巴枯宁派的活动清楚表明，它是第一个在工人阶级内部出现的秘密阴谋组织。其目的不是摧毁资本主义剥削制度，是要摧毁为反对这个制度而进行坚毅斗争的工人团体。对于这个由各种冒牌改革家和骗子手组成的宗派组织，必须彻底揭穿它，消灭它的力量。因此，马克思、恩格斯决定在1872 年国际代表大会（海牙代表大会）上，对巴枯宁主义进行"最沉重的打击"。③

海牙代表大会前，国际工人协会所属各国组织和广大会员群众，热烈响应马克思、恩格斯的号召，同巴枯宁分子进行坚决的斗争。在国际西班牙联合会委员会中，斗争最为激烈。几年来，巴枯宁及其追随者莫拉哥等人以西班牙联合会委员会为据点，策划各种反对总委员会的活动。马克思、恩格斯直接写信给西班牙各支部，向广大群众揭露巴枯宁分子的阴谋活动。1872 年8 月，马克思、恩格斯派遣总委员会委员保尔·拉法格到马德里，授予他"全

①　马克思、恩格斯：《所谓国际内部的分裂》。《马克思恩格斯全集》第18卷第15页。

②　同上书，第40页。

③　恩格斯：《致阿·库诺》（1872 年7 月5 日）。《马克思恩格斯全集》第33卷第499页。

权处理整个西班牙的问题”的权力。恩格斯对他在西班牙的活动作了如下指示：“按照我们章程，您同每一个协会成员一样，有权建立新的支部。十分重要的是，一旦发生分裂，即使现有的整个组织（连同全部财产）都去投靠巴枯宁的阵营，那我们也要在西班牙保留一个立足点。那时，我们只能依靠您一个人了。因此，您要尽一切可能在各地同那些在这种形势下对我们有用的人建立联系。”① 在马克思、恩格斯亲自指导下，西班牙先进工人组成国际工人协会新马德里委员会。巴枯宁分子的处境越来越孤立。他们的宗派活动，在 1872 年 4 月举行的萨拉哥沙代表大会上遭到了失败。这个事实再次证明：“在西班牙也像在任何其他国家一样，只要诉诸工人阶级坚定不移的健全理智，就可以粉碎虚伪的改组派和冒牌预言家的骗局和宗派主义的阴谋诡计。”②

马克思、恩格斯预见到海牙代表大会将进行决定国际命运的激烈斗争。因此在代表大会前系统地搜集国际社会主义民主同盟的材料。1872 年 4—5 月间，恩格斯从拉法格、梅萨、吴亭和协会其他活动家那里得到许多文件，证实在国际工人协会内部存在着一个巴枯宁的秘密组织。1872 年 7 月 5 日，恩格斯向总委员会报告巴枯宁阴谋集团在瑞士、意大利、西班牙等国的活动，建议把巴枯宁秘密组织的成员开除出国际。7 月 24 日，恩格斯以总委员会西班牙通讯书记身份写信给西班牙联合会委员会，要求他们把社会主义民主同盟的阴谋活动报告总委员会。恩格斯早已了解，这个为巴枯宁分子所掌握的西班牙联合会委员会，决不会起来揭露巴枯宁阴谋组织的活动。因此他警告说：“如果总委员会收不到作出确实的和最后的答复的回信，它将被迫不仅在西班牙国内，而且也在西班牙国外宣布，你们违反了共同章程的精神和文字，并且为了一个不仅与国际背道而驰，而且敌视国际的秘密团体的利益而背叛了国际。”③ 8 月 5 日，恩格斯向总委员会提出一份《告国际工人协会全体会员书》，指出巴枯宁的秘密同盟是存在于协会内部的“寄生组织”；宣布西班牙联合会委员会没有严格遵照国际西班牙会员们所赋予它的权力行事，反而成了一个不仅与国际背道而驰，甚至是敌视国际的机构，从而背叛了国际工人协会；指出巴枯宁及其秘密同盟的活动，是反对无产阶级运动的阴谋；建议海牙代表大会把这个组织全体成员开除出国际。这篇通告像一枚炸弹，引

---

① 恩格斯：《致保·拉法格》（1871 年 11 月 25 日）。《马克思恩格斯全集》第 33 卷第 351 页。

② 《弗·恩格斯关于萨拉哥沙代表大会的发言记录》。《马克思恩格斯全集》第 18 卷第 719—720 页。

③ 恩格斯：《致国际工人协会西班牙各支部》。《马克思恩格斯全集》第 18 卷第 137 页。

起了巴枯宁主义者极大的惊慌。

在迎接即将到来的伟大斗争中，恩格斯进行了特别紧张的活动。当时，他不仅是西班牙、意大利的通讯书记，实际上还是丹麦的通讯书记。除了同这些国家的国际协会活动家拉法格、梅萨、莫拉、诺布雷-弗朗萨、皮奥、盖列夫、米赫尔森、巴尔涅科夫等人通讯外，还同德、法、美等国许多工人运动活动家保持密切联系，动员和组织各国革命家参加代表大会，以便在力量对比上占优势，粉碎巴枯宁分子篡夺大会领导权的阴谋。

1872 年 9 月 2 日，具有伟大历史意义的国际工人协会海牙代表大会正式开幕。恩格斯代表布勒斯劳支部和美国第六支部出席大会。马克思代表总委员会出席大会并作总结报告。马克思指出，国际工人协会已经取得辉煌胜利，成为摧毁欧洲反动势力的巨大力量。为了消灭这个伟大组织，各国反动势力正在组织反对国际的战争。除了各国政府合力谋划的一切镇压措施外，文明世界还发动了一场诽谤战争。强加于国际的各种无中生有的事件，对国际的"秘密"的揭露，无耻伪造的公文和私函，耸人听闻的电讯等等，妄图置国际于死地。这场用诽谤来进行的战争，就其战场的规模和各色参战人物的齐心协力程度来说，在历史上都是无与伦比的。面对各国反动派的联合进攻，工人阶级必须更紧密地团结在总委员会周围，"加强旨在解放劳动和消灭民族纠纷的协会的战斗组织。"① 与会大多数代表热烈赞同马克思的报告。

在组织问题上，拥护总委员会的代表与巴枯宁分子进行激烈斗争。巴枯宁分子吉约姆提出否定一切权威的原则，反对总委员会拥有权威性权力，认为总委员会不应该成为"伟大身躯的头脑"，要求取消总委员会。吉约姆等巴枯宁分子的观点，遭到与会马克思主义者的彻底驳斥。拉法格深刻论述了总委员会的作用，论证了这个机构存在的必要性，指出，"如果我们没有什么总委员会，那么，我们必须立刻把它建立起来。"美国代表佐尔格指出，总委员会无论过去、现在、将来都应当是整个无产阶级斗争的组织中心；"如果说总委员会不是统帅，那么它无论如何还是一个调兵遣将的总司令部。如果吉约姆希望国际工人协会是无头的，那么他就把国际工人协会降低到了低等动物的水平。我们则希望它不光有一个头，而且有一个大脑发达的头，如果敌人开炮的话，我们决不会只用霰弹回击的。"

---

① 马克思：《总委员会向在海牙举行的国际工人协会第五次年度代表大会的报告》。《马克思恩格斯全集》第 18 卷第 152 页。

　　大会在讨论章程时，批驳了巴枯宁派放弃政治斗争的谬论，在章程中补充了伦敦代表会议关于工人阶级政治行动的决议，再次声明，工人阶级必须建立自己的独立政党，党的最终目的是消灭阶级；为了达到消灭阶级的目的，夺取政权已成为无产阶级的伟大使命。这是代表大会的重大成果。关于夺取政权的手段，决议指出，"必须考虑到各国的制度、风俗和传统。"① 从当时的情况看，在欧洲大陆的大多数国家中，暴力应当是革命的杠杆；为了最终建立劳动的统治，总有一天必须采用暴力。但是，也不能排斥有些国家可能采用和平手段达到自己的目的。

　　海牙代表大会是对欧洲无产阶级叛徒巴枯宁主义的审判会。大会不仅批判了巴枯宁的理论和纲领，而且以大量事实揭露了巴枯宁阴谋组织的活动。恩格斯代表总委员会在会上作了《关于社会主义民主同盟的报告》，详细揭露巴枯宁的秘密组织国际社会主义民主同盟欺骗总委员会、从事阴谋破坏活动的事实和手法，指出同盟"不是竭力使国际服从它的统治，就是竭力破坏国际，因此，它是一个敌视国际的团体"② 。根据马克思、恩格斯的建议，大会通过开除巴枯宁和吉约姆的决议。

　　马克思、恩格斯向大会提议，把总委员会从伦敦迁至纽约。恩格斯在说明这个提案的理由时指出，提出这个问题，经过长时间的深思熟虑。总委员会驻在伦敦已经八年，需要变换一个地方，以免出现僵化现象；伦敦党内矛盾重重，总委员会成员之间存在严重分歧，变换驻地可以使总委员会摆脱无休止的争论。马克思、恩格斯由于科学研究的迫切需要，决定不再担任总委员会领导职务。如果总委员会仍然留在伦敦，布朗基主义者和英国工联分子将起决定作用，国际有可能由于布朗基分子的冒险行动而遭到破坏，也有可能被英国工联分子出卖给资产阶级；只有把总委员会迁离伦敦，才能避免危险的后果。从当时的条件来看，纽约是最合适的地点。恩格斯说："在纽约我们的文件是会安全的，在那里我们有一个强大的新的组织，在那里我们的党比任何其他地方都更具有真正的国际性质。"③ 大会通过马克思、恩格斯的提案，决定把总委员会驻地迁至纽约，选举美国和国际工人运动活动家阿·佐尔格为国际工人协会总委员会总书记。实践证明，马克思、恩格斯的意见是

---

　　① 马克思：《关于海牙代表大会》。《马克思恩格斯全集》第 18 卷第 179 页。

　　② 恩格斯：《代表总委员会向海牙代表大会提出的关于社会主义民主同盟的报告》。《马克思恩格斯全集》第 18 卷第 164 页。

　　③ 《弗·恩格斯关于总委员会驻在地的发言记录》。《马克思恩格斯全集》第 18 卷第 731 页。

完全正确的。

海牙代表大会后，国际工人协会已经完成了自己的历史任务。1876 年，国际工人协会在纽约宣布解散。在此以前，恩格斯满怀信心地写信对佐尔格说："下一个国际——在马克思的著作产生了多年的影响之后——将是纯粹共产主义的国际，而且将直截了当地树立起我们的原则。"[①]

八　继续清算无政府主义

海牙代表大会以后，马克思主义与巴枯宁主义的斗争并没有结束。为了继续清算巴枯宁主义，肃清巴枯宁主义的影响，恩格斯做了大量的工作，写了许多重要的论著。

根据海牙代表大会决定公布的报告和文件，马克思、恩格斯在拉法格的参与下，于 1873 年 4—7 月写成一部重要著作《社会主义民主同盟和国际工人协会》，全面揭露和批判了巴枯宁主义的理论、活动和策略，系统总结了与巴枯宁主义斗争的经验。

在《社会主义民主同盟和国际工人协会》中，马克思、恩格斯根据来自许多国家的确切材料，包括巴枯宁派各种秘密的和公开的文件，向全世界工人阶级揭露了巴枯宁分子的阴谋诡计和欺骗勾当，阐述了社会主义民主同盟这个秘密的、教阶制的、独裁统治的阴谋组织的性质、目的以及它在瑞士、西班牙、意大利、俄国和法国从事反对国际的破坏活动，指出了这个巴枯宁的阴谋工具，"是一个戴着最极端的无政府主义的假面具的，目的是要打击那些不接受它的教条和领导的革命者而不是要打击各国现存政府的团体。这个由某一个资产阶级代表大会的少数派建立的团体，混入了工人阶级国际组织的队伍，企图先夺取这个组织的领导权，如果这个计划不能实现，就力图破坏这个组织。这个团体蛮横无理地用它自己的宗派主义纲领和自己的狭隘思想来偷换我们协会的广泛的纲领和伟大的意向；……在我们的队伍中挑起了一场公开的战争。这个团体为了达到自己的目的，不择任何手段，不顾任何信义；造谣、诬蔑、恫吓、暗杀——所有这一切同样都是它惯用的伎俩。最后，这个团体在俄国完全窃取了国际的地位，并且在国际的名义的掩饰下犯

---

① 恩格斯：《致阿·佐尔格》（1874 年 9 月 12—17 日）。《马克思恩格斯全集》第 33 卷第 644 页。

刑事罪，进行诈骗、谋杀……"①

　　马克思、恩格斯指出，巴枯宁所谓反权威主义、支部自治、自由联邦等等无政府主义谬论，完全适应各国反动派破坏国际的需要，同时也是巴枯宁实现自己独裁统治的一种手段。巴枯宁所需求的，只是一个由一百名"革命思想"的特权代表人物组成的秘密组织，一个自己任命自己的、在永恒的"公民B"即巴枯宁统帅下组成的御用的总参谋部。他们必须对巴枯宁盲目服从。正是巴枯宁在自己的阴谋组织中实行最严厉的教阶制和独裁统治。

　　巴枯宁分子虽然披着"革命"的伪装，但却不能掩盖这个阴谋集团的本质。他们把出身于上等社会阶层的堕落分子的一切卑鄙龌龊的行为都宣布为超革命的善行美德；腐蚀工人出身的不坚定分子，迎合他们的落后思想，引诱他们脱离群众，驱使他们进行阴谋和欺骗活动；瞎吹秘密团体的规模如何庞大，力量如何雄厚，预言革命如何必不可免，等等欺骗青年，从金钱方面剥削他们；用刑事犯罪的手段来代替工人为争取自身解放而进行的经济斗争和政治斗争。这些就是这个由巴枯宁一手操纵、由反动分子支配、由奸细密探组成的受过严格训练的巴枯宁分子的主要特点。

　　自从巴枯宁阴谋集团出现后，各国工人阶级就对它进行斗争。马克思、恩格斯回顾了斗争的历程，总结了反对阴谋集团的经验，十分深刻地指出："要对付这一切阴谋诡计，只有一个办法，然而是具有毁灭性的办法，这就是把它彻底公开。把这些阴谋诡计彻头彻尾地加以揭穿，就会使它们失去任何力量。"②

　　巴枯宁分子在1873年夏季西班牙起义中的表现，为恩格斯提供了批判巴枯宁主义的生动材料。在这次由于议会选举而引起的事件中，信奉"放弃政治"的西班牙巴枯宁组织宣布：国际作为一个组织，根本不应该从事政治活动；但是国际的会员可以由自己负责去任意行动，并且可以参加他们认为适当的任何党派。恩格斯通过分析这个政治破产的声明以及巴枯宁分子的实际表现指出：巴枯宁主义者一遇到严重的革命形势就不得不抛弃自己以前的全部纲领。首先，他们牺牲了必须放弃政治活动，特别是放弃参加选举的学说；其次，他们也牺牲了关于无政府状态和消灭国家的学说，反而试图建立许多

---

　　① 马克思、恩格斯：《社会主义民主同盟和国际工人协会》。《马克思恩格斯全集》第18卷第371页。

　　② 同上书，第372页。

新的小国家；再次，他们自己参加了显然是纯资产阶级的运动；最后，他们破坏自己刚刚宣布的"成立革命政府是对工人阶级的欺骗和背叛"的原则，泰然自若地出席各城市政府委员会的会议，成为被资产阶级所利用的软弱无力的少数派。所有这些背弃原则的行为，都是以最怯懦、最虚伪的形式和昧着良心做出来的。由此可见，"一旦要采取实际行动，巴枯宁主义者的极端革命的叫喊，不是变为安抚，就是变为一开始就没有前途的起义，或者变为同极其可耻的在政治上利用工人并用拳脚来对待工人的资产阶级政党的合流。"①

鉴于巴枯宁主义者发动一场反对权威的真正的十字军征讨，恩格斯认为有必要对权威问题进行深入的研究。为此，他于 1873 年 12 月在意大利《1874 年共和国年鉴》发表《论权威》一文，从理论上透彻地批判了巴枯宁主义的反权威谬论。

恩格斯指出，无政府主义者宣布权威原则是绝对坏的东西，而把自治原则说成是绝对好的东西。这种观点十分荒谬，在社会生活中，在工业、农业、交通运输业这些构成现代资产阶级基础的经济关系中，人们的分散活动正在愈来愈为联合活动所代替。没有权威，怎么能够组织这些联合活动呢？

在未来社会——消灭了资本家，工人阶级集体占有生产资料的社会里，难道就不需要权威原则了吗？绝对不是。恩格斯指出，庞大的工厂、复杂的机器、相互依赖的生产和流通过程，没有权威是不行的。如果没有权威，大工厂怎么进行生产？第一趟开出的列车会发生什么事情？轮船怎样能够在汪洋大海中航行？如果不是从幻想，而是从现实出发，我们就会看到："一方面是一定的权威，不管它是怎样造成的；另一方面是一定的服从。这两者，不管社会组织怎样，在产品的生产和流通赖以进行的物质条件下，都是我们所必需的。"② 不仅如此，随着工农业的发展，分工的扩大，生产和流通的物质条件日益复杂化，权威的范围也必然日益扩大，想消灭大工业中的权威，就等于想消灭工业本身。想消灭权威，就等于想消灭生产和流通的物质条件和一切的社会生活。由此可见，经济生活中需要权威，是由社会分工和生产社会化所决定的。在不同的社会，这种权威不会消灭，只是改变自己的形式。

---

① 恩格斯：《行动中的巴枯宁主义者》．《马克思恩格斯全集》第 18 卷第 530 页。
② 恩格斯：《论权威》．《马克思恩格斯全集》第 18 卷第 343 页。

　　反权威主义者要求把废除权威作为社会革命的第一个行动。这也是绝对不能同意的。社会主义者认为，经过推翻资本主义的社会革命，政治国家和政治权威将要消失，社会职能将失去政治性质，而变为维护社会利益的简单的管理职能。但是，首先，这必须在推翻剥削阶级的政治统治和社会关系之后，而不能在那些产生政治权威和政治国家的社会关系废除以前；其次，政治权威是一个逐渐消失的过程，而不是通过一个行动、一纸命令所能废除的；最后，在这个过程没有完成以前，革命的权威不仅不能取消，而且需要加强。因为没有革命的权威就不能消灭反革命的权威，不能镇压剥削阶级的反抗。恩格斯问道：反权威主义先生们，你们见过革命没有？"革命无疑是天下最权威的东西。革命就是一部分人用枪杆、刺刀、大炮，即用非常权威的手段强迫另一部分人接受自己的意志。获得胜利的政党如果不愿意失去自己努力争得的成果，就必须凭借它的武器对反动派造成的恐惧，来维持自己的统治。要是巴黎公社不依靠对付资产阶级的武装人民这个权威，它能支持一天以上吗？反过来说，难道我们没有理由责备公社把这个权威用得太少了吗？"①

　　恩格斯最后指出，所谓反权威主义，在理论上是荒谬的，在政治上是反动的。如果反权威主义者自己不知所云，那他们就是在散布糊涂观点；如果他们知道反权威意味着什么，那他们就是在背叛无产阶级运动。二者必居其一。而且，在这两种情况下，他们都是为反动派效劳。

　　马克思、恩格斯对巴枯宁无政府主义的批判和斗争，沉重地打击了巴枯宁及其同伙，提高了无产阶级的觉悟，激发了无产阶级进行政治斗争的积极性。根据海牙代表大会《关于章程的决议》，各国工人阶级开展了建立独立的工人政党的活动，标志着国际工人运动走上一个新的发展阶段。

---

　　① 恩格斯：《论权威》。《马克思恩格斯全集》第 18 卷第 344 页。

第八章　一部真正的百科全书

一　工人阶级需要理论武装

从 19 世纪 70 年代开始，欧洲各国进入相对稳定的和平发展时期。通过 50—60 年代资产阶级民族民主革命运动，欧洲许多国家进一步扫除了资本主义发展的障碍，生产力获得了迅速的发展。从 1871—1890 年，英国煤产量从 1.17 亿吨增至 2.25 亿吨，铁产量从 660 万吨增至 900 万吨，钢产量从 30 万吨增至 490 万吨。德国的发展更为迅速。同一时期，它的煤产量从 3790 万吨增至 1.49 亿吨，铁产量从 150 万吨增至 850 万吨，钢产量从 25 万吨增至 660 万吨。从世界范围看，冶金工业、动力工业有了新的突破，贝塞麦、马丁、汤麦斯炼钢法开始广泛应用，效能更高的蒸汽涡轮机和内燃机代替了旧式蒸汽机，推动着机器工业的发展。新兴的化学工业和电气工业的出现，人造染料、炸药、电话、电灯、电车、无线电报等的发明，极大地改变了社会生产和生活的面貌。随着生产力的发展，自由竞争的资本主义逐步向垄断资本主义过渡。

在这个重要的历史转变时期，工人阶级迫切需要马克思主义的理论武装。

第一，随着工业的发展，城市人口激增，大批农民涌进工厂企业，工人阶级队伍迅速壮大。这批刚刚参加工人队伍的农民，由于长期闭塞的农村生活和狭小的生产条件而形成的根深蒂固的小生产意识，与工人阶级的地位和肩负的历史使命是格格不入的。为了改造他们的思想，提高他们的无产阶级觉悟，迫切需要对他们进行马克思主义的基本理论教育。

第二，巴黎公社以后，国际工人运动进入一个新的历史时期。资本主义开始衰落，无产阶级正在为推翻资本主义的决战准备条件。东方各国还没有成熟到实现资产阶级革命的程度，西方资本主义发达国家则进入了未来改革时代的"和平"准备阶段。与1848—1871年革命风暴时期不同,这个时期的特点是带有"和平"性质而没有发生革命。为了使工人阶级保持旺盛的革命斗志,为了清除和反对资产阶级在"和平"时期对无产阶级的思想侵蚀,为了给无产阶级推翻资产阶级的决战作好思想准备,也迫切需要对无产阶级进行马克思主义的理论武装。

第三,第一国际解散后,欧美各国面临建立群众性无产阶级政党的任务。德国无产阶级政党建立于1869年。从70年代开始,先后建立无产阶级政党的国家有荷兰(1870年)、丹麦(1871年)、美国(1877年)、捷克(1878年)、法国(1879年)以及意大利、比利时、挪威、奥地利、瑞士和瑞典等,俄国和英国也成立了社会主义组织。与此同时,职工会、工人教育协会、合作社等群众性工人团体大量出现,工人报刊迅速增加。为了给各国无产阶级政党奠定科学社会主义的理论基础,使各国工人运动沿着第一国际和巴黎公社的革命道路继续前进,就必须在工人运动中广泛宣传马克思主义。

第四,在50—60年代国际工人运动中,马克思主义与各种冒牌社会主义进行激烈的斗争,取得重大的胜利。但蒲鲁东主义、拉萨尔主义、巴枯宁主义等冒牌社会主义在欧美工人运动中仍有一定影响。在德国,一方面,拉萨尔的普鲁士王国的社会主义还在工人中流传;另一方面,70年代出现的杜林主义又像传染病一样到处蔓延。因此,用马克思主义武装广大工人群众,是反对冒牌社会主义、坚持无产阶级阶级运动的迫切需要。

在同资产阶级思想和形形色色冒牌社会主义理论的斗争中,恩格斯发挥了卓越的作用。从70年代初期开始,他撰写了《论住宅问题》、《流亡者文献》、《论权威》、《给倍倍尔的信》等重要论著,批判了各种资产阶级和小资产阶级思想,宣传了马克思主义理论;特别是他于1876—1878年撰写和发表的《反杜林论》,在批判杜林主义谬论的同时,全面、系统地阐述了马克思主义三个组成部分,是一部伟大的马克思主义百科全书。

二　工人阶级对待住宅问题的态度

19世纪70年代初期,德国由于工业革命引起的住宅缺乏现象,具有急性病的形式。报刊上登满了讨论住宅问题的文章,各种社会庸医乘机而出。资产阶级改良主义者和小资产阶级社会主义者提出各种各样的关于住宅问题的解决办法，企图引诱无产阶级把注意力集中在资本主义生产方式所产生的一些比较小的、次要的祸害上，而不去触动资本主义私有制，不去进行推翻资本主义剥削制度的革命斗争。为了反驳资产阶级改良主义者和小资产阶级社会主义者的种种谬论，阐述无产阶级关于解决住宅问题的正确观点，恩格斯于1872年6月至1873年2月，先后在德国社会民主工党机关报《人民国家报》上发表了《蒲鲁东怎样解决住宅问题》、《资产阶级怎样解决住宅问题》、《再论蒲鲁东和住宅问题》三篇论文。1887年，恩格斯把上述三篇论文集为一册，以《论住宅问题》为书名在霍廷根-苏黎世出版。

促使恩格斯撰写这组论文的直接原因，是《人民国家报》1872年2—3月间转载蒲鲁东主义者、医学博士阿尔希尔·米希柏格匿名发表的六篇关于住宅问题的文章。当时，恩格斯看到党的机关报竟然刊登米希柏格露骨地宣扬蒲鲁东观点的奇文后，感到极为惊异，决定著文反驳。这些文章也是为了反击资产阶级改良主义者艾米尔·扎克斯博士在《各劳动阶级的居住条件及其改良》中所散布的资产阶级慈善主义观点。《论住宅问题》的主要内容如下：

第一，住宅缺乏是由资本主义生产方式造成的；只有用社会主义代替资本主义，才能从根本解决住宅缺乏现象。

恩格斯指出，住宅缺乏是资本主义工业迅速发展所造成的必然现象。像德国这样古老的文明国家，从工场手工业和小生产向大工业加速过渡的时期，通常也是住宅缺乏时期。一方面，大批农村人口突然被吸引到发展为工业中心的大城市来；另一方面，这些旧城市的布局已经不适合新的大工业城市的需要。当工人成群涌入城市的时候，工人住宅却在大批拆除。于是，住房严重缺乏，房租大幅度提高，每所房屋的住户更加拥挤，有些人简直无法找到住所。资本主义制度是住宅缺乏现象的根源。只有根本变革资本主义社会制度，才能消除住宅缺乏现象。

必须指出，住宅缺乏现象并不是资本主义生产方式的主要祸害，而是从这个生产方式中产生出来的无数比较小的、次要的祸害之一。资本主义的根本祸害是资本家凭借生产资料私有制剥削雇佣工人的剩余价值。工人阶级必须通过社会革命来消灭资本主义制度，消除资本家剥削工人这个根本祸害。资产阶级社会主义者闭口不谈资本家对工人的剥削，力图保全资本主义社会一切祸害的基础。他们提出的各种各样关于消除祸害的方案，其目的都是为了保障资本主义社会的生存。因此，决不应该把解决住宅问题，消除住宅缺乏现象作为无产阶级的根本任务；决不能够轻信资产阶级和小资产阶级社会主义者鼓吹的根本不触动资本主义剥削制度的所谓解决住宅问题的方案；决不可以像蒲鲁东一样把经济问题变为法律问题，像资产阶级社会主义者一样把经济问题变为道德问题，用改善住宅条件代替推翻资本主义的革命斗争。

解决城市住宅问题的根本办法是废除资本主义生产方式，消灭在资本主义社会弄到极端地步的城乡对立。无产阶级夺取政权以后，就会凭借现有的手段来同最难容忍的祸害作斗争。例如，把属于有产阶级的豪华住宅的一部分加以剥夺，并把其余部分征用来住人，这就有助于消除住宅缺乏的现象。从根本上说，以生产资料公有制为基础的社会主义社会，可以在全国范围内合理配置生产力，消灭城乡对立，改善城市布局，控制城市规模和发展速度，新建大批合乎人们健康需要和舒适生活的住宅，从而彻底解决住宅缺乏现象。

第二，资产阶级和小资产阶级社会主义者鼓吹工人对自己住宅的所有权是开历史倒车，维护资本家统治，使工人生活更加恶化。

资产阶级和小资产阶级提出五花八门的解决住宅问题的办法，其核心是工人对自己住宅的所有权。蒲鲁东主义者米希柏格装出一副同情无产者的面貌，哀叹工人被逐出自己的家园，要求通过赎买出租住宅，使每个工人都有"可以称为自己所有物的住所"。恩格斯指出，这种观点是反动的。工人被逐出自己的家园，这是他们获得精神解放的首要条件。因为"要创立现代革命阶级即无产阶级，就绝对必须割断把先前的工人束缚在土地上的脐带。除了织布机以外还有自己的小屋子、小菜园和小块土地的手工织工，虽然贫困已极并且遭受种种政治压迫，但仍然是一个无声无息、安于现状、'充满虔诚和尊敬心情的'人，他在富人、神甫、官吏面前脱帽致敬，彻头彻尾地渗透了奴隶精神。正是现代大工业把先前被束缚在土地上的工人变成了一个完全没有财产、摆脱一切历来的枷锁而被置于法外的无产者，——正是在这个经济革命造成的条件下才可能推翻剥削劳动阶级的最后一种形式，即资本主义生产形式"[①]。由此可见，蒲鲁东主义者所谓解决住宅问题的办法，实际上是要把世界历史的时针倒拨一百年，从而把现代工人又弄成像他们的曾祖父那样眼界狭隘、唯命是从的奴隶。这既是空想，也是反动。

同小资产阶级社会主义者一样，资产阶级改良主义者也主张工人应当成

---

① 恩格斯：《论住宅问题》。《马克思恩格斯选集》第 2 卷第 477 页。

为自己住宅的所有者。如果说，蒲鲁东主义者的主张是开历史的倒车，那么资产阶级改良主义者的主张则是为了资本家的利益。扎克斯说，只要工人能够获得自己住房的所有权，他就变成了有产阶级。这样一来，就能够"使得我们脚下燃烧的叫做社会问题的火山喷出烈焰的一切潜伏力量，即无产阶级的怨恨、憎恶……危险的错误思想……——都一定会像晨雾碰到朝阳那样消散"。这就十分清楚地说明，以慈善家面孔出现的扎克斯先生，其真实目的是"希望工人随着自己无产者地位的改变，即因获得房屋而引起的改变，也丧失自己的无产者的性质，再次像他们那些也有过自己房屋的祖先一样成为恭顺的奴仆"[①]。

工人成为自己住宅的所有者，不仅不会改善他们的处境，而且会使他们的生活更加恶化。恩格斯指出，工人占有小块土地和小宅子，是德国家庭工业得以存在的基础。这种家庭工业使工资低到可耻的地步。全家人从自己的菜园或小块土地上辛勤得来的东西，被资本家从压低工资中扣除了。由此可见，在比较早的历史阶段上，农业与工业结合、占有房屋，菜园和土地、稳定的住宅，曾经是工人较好生活的基础；而在大工业的统治下，它们不仅成了工人最沉重的枷锁，而且成了整个工人阶级最大的不幸，成了工资无比低于正常水平的基础，"无怪乎靠这样不正常地扣除工资过活和发财的资产阶级和小资产阶级，总是醉心于农村工业，醉心于工人占有住宅，认为推行新的家庭工业是救治一切农业灾难的唯一单方"[②]。

第三，把房屋承租人与房主的关系歪曲为资本家与工人的关系，用永恒公平代替客观经济规律，暴露了蒲鲁东主义对经济问题一窍不通。

蒲鲁东主义者米希柏格认为，"住宅承租人对房主的关系，完全和雇佣工人对资本家的关系一样"，房主有着"永恒的法权理由"，可以从承租人身上获得相当于建筑房屋实际费用"二倍、三倍、五倍、十倍和更多倍的补偿"。这些观点完全不对。

恩格斯指出，住宅承租人与房主的关系，是商品买卖关系，同资本家与工人的关系有着根本区别。首先，在资本家与工人的关系中，工人是以劳动力出卖者的身份出现，而在住宅租赁交易中，工人是作为住宅使用权的买主进行活动；其次，在资本家与工人的关系中，出卖劳动力的工人必须不仅再

---

① 恩格斯：《论住宅问题》。《马克思恩格斯选集》第2卷第501页。
② 同上书，第467页。

生产劳动力的价值，而且必须生产出在资本家阶级中间进行分配的剩余价值，从而增加了现有价值的总量，而在承租人与房主的关系中，房主不论从承租人那里索取多少，不过是已经生产出来的价值的转让，双方占有的价值总量不会变化；最后，在资本家与工人的关系中，工人的劳动产品总是被人勒索去一部分，而在承租人与房主之间，这种情况只是在房租超过住宅价值时才会出现。由此可见，"企图把承租人和出租人之间的关系与工人和资本家之间的关系等同起来，这是完全歪曲这种关系。"① 蒲鲁东主义者米希柏格歪曲这种关系的目的，是为了混淆无产阶级与小资产阶级的阶级界限，为他的所谓小资产者的利益具有"绝对的内在同一性"，否定无产阶级的阶级政策提供依据。

住宅租赁关系作为一种商品买卖关系，必须遵循调节一般商品交换的价值规律。房租的数量，首先要估计到整个房屋或房屋一部分的建造和维修费用，其次要估计到依住宅所处的位置而定的地皮价值，最后是当时住宅的供求关系。针对米希柏格以房租收入超过房屋建筑费用为依据，提出所谓"房屋一旦建造起来，就成为一种永恒的法权理由来获取一定部分的社会劳动"的谬论，恩格斯指出：这里完全暴露了蒲鲁东主义者对经济规律一窍不通。忽略了房租不仅应该每年抵消建筑房屋时所投资本的相当部分，而且应该补偿房屋建筑费用的利息、房屋修缮费用、滥账和欠账的平均额，以及由于住宅偶尔闲置而受的损失，等等；他忽略了房租还应该补偿地皮价值增长额的利息，因而房租有一部分是由地租构成的；他也没有觉察到，在这场交易中谈到的不是向房屋所有者购买房屋，而只是购买一定期限内的房屋使用权。对于这个并不困难的问题，他不是从经济方面去研究，而是大胆地从经济学领域跳到法律领域；"蒲鲁东的全部学说，都是建立在从经济现实向法律空话的这种救命的跳跃上的。每当勇敢的蒲鲁东看不出各种现象间的经济联系时——这是他在一切重大问题上都要遇到的情况，——他就逃到法权领域中去求助于永恒公平。"② 恩格斯关于确定房租数量的理论，对于社会主义制度下解决房租问题仍有指导意义。

第四，米希柏格关于住宅问题的观点，是蒲鲁东主义反动特性的表现。

恩格斯指出，蒲鲁东的信徒米希柏格哀叹工人被逐出家园，主张每个工

---

① 恩格斯：《论住宅问题》。《马克思恩格斯选集》第 2 卷第 474 页。
② 同上书，第 475 页。

人成为自己住宅的所有者，实际是要从资本主义倒退到小生产者的时代。这正是厌恶工业革命、反对用机器代替手工劳动、希望抛弃全部现代工业、主张回到旧日手工劳动状态的蒲鲁东主义反动特性的充分暴露。但是，如果蒲鲁东主义的反革命一旦真能实现，"我们就会丧失千分之九百九十九的生产力，整个人类就会陷于极可怕的奴隶劳动状态，饥饿就要成为一种常规。"①

革命的无产阶级认为，随着资本主义生产的发展，工人的物质状况总的来说是恶化了，但旧日那种培养奴隶精神的农村小工业"野蛮人"的生活绝对不值得眷恋。事情十分清楚，有自己洞穴的原始人，有自己土屋的澳洲人，有自己住处的印第安人，甚至有自己家园的农村织工，难道能够举行六月起义或建立巴黎公社吗？只有资本主义大工业，才能造就摆脱一切枷锁的无产阶级，才能实现消灭一切阶级剥削和一切阶级统治的伟大社会变革。同样十分清楚，只有工业革命，才能使人的劳动生产力高度发展，为消灭阶级差别、充分满足全体社会成员丰裕的消费和造成充实的储备提供物质条件。由此可见，妄图开历史倒车的蒲鲁东主义已经成了无产阶级革命的严重障碍。

蒲鲁东主义者口头上也反对资本主义，但是他们的主张，实际上却是为了维护资本主义。米希柏格认为城乡对立是自然产生、不能消灭的观点，就是为资本主义制度的存在作辩护。既然在他看来城乡对立是自然的，历史上产生的，消灭城乡对立是空想，那么消灭资本家和工人之间的对立同样也是一种空想，因为这种对立同样是"自然的"、"历史上产生的"。但是恩格斯指出："消灭城乡对立并不是空想，正如消除资本家与雇佣工人间的对立不是空想一样。"② 大量事实证明，无论消灭资本家与雇佣工人的对立，还是消灭城乡的对立，都具有极其实际的基础。

第五，必须彻底揭穿蒲鲁东主义的反动性，坚持无产阶级的阶级政策。

小资产阶级社会主义者米希柏格竭力宣扬社会上"真正中等阶级"的利益与无产阶级利益有着"绝对的内在同一性"，鼓吹不实行"阶级政策"，不力求实现"阶级统治"，妄图把无产阶级运动引上邪路。针对米希柏格的谬论，恩格斯明确指出：每个工人政党，都必须实行"阶级政策"，即工人阶级的政策。既然每个政党都力求取得在国家中的统治，所以工人政党也必然力

---

① 恩格斯：《论住宅问题》。《马克思恩格斯选集》第 2 卷第 480 页。

② 同上书，第 542 页。

求争得自己的统治，即工人阶级的"阶级统治"。"而且，每个真正的无产阶级政党，从英国宪章派起，总是把阶级政策，把无产阶级组织成为独立政党作为首要条件，把无产阶级专政作为斗争的最终目的。"①

恩格斯关于住宅问题的论文，彻底驳斥了资产阶级和小资产阶级社会主义者的反动观点，把住宅问题与推翻资本主义、通过无产阶级专政过渡到废除阶级联系起来，具有重大的理论和实践意义。这些论文在《人民国家报》发表后，受到工人群众的热烈欢迎。1873 年 3 月 25 日，威·李卜克内西写信对恩格斯说："每个明智的同志——这是大多数——肯定都会为你替《人民国家报》辛勤撰稿而向你深表谢意；你的文章在帮助我们克服危机和澄清思想方面起了非常重要的作用。"②

三　评《哥达纲领》

恩格斯在著文反对资产阶级思想家和蒲鲁东主义者的同时，还不得不进行反对拉萨尔主义的斗争，反对李卜克内西等人"拿原则做交易"的错误，批判爱森纳赫派与拉萨尔派为实现合并而拟定的、后来由哥达代表大会通过的纲领，即《哥达纲领》。

从 19 世纪 60 年代末开始，德国工人运动中存在两个根本对立的派别，即以马克思主义为理论基础的德国社会民主工党（爱森纳赫派）和拉萨尔主义的全德工人联合会。两派在理论、路线和政策上存在根本的分歧，进行了激烈的斗争。以倍倍尔、李卜克内西为代表的爱森纳赫派，在国内坚决反对俾斯麦反动统治，在普法战争和巴黎公社时期坚持无产阶级国际主义原则，因而在群众中享有很高威望，在国际上声誉卓著；以哈森克莱维尔、哈赛尔曼、特耳克等人为代表的拉萨尔派，执行了拉萨尔机会主义路线，暗中投靠俾斯麦反动政府，分裂工人运动，遭到广大群众唾弃。为了欺骗工人群众，维持其摇摇欲坠的宗派组织，拉萨尔派首领们于 1874 年秋提出与爱森纳赫派合并。李卜克内西轻信了他们的"团结"诺言，热衷于一时的"成功"，把统一看得高于一切。1875 年 2 月中旬，在拉萨尔派的压力下，他不惜牺牲马克

---

① 恩格斯：《论住宅问题》。《马克思恩格斯选集》第 2 卷第 529 页。

② 李卜克内西：《致弗·恩格斯》（1873 年 3 月 25 日）。引自《马列主义研究资料》第 3 期第 108 页。

思主义革命原则，与拉萨尔派首领哈赛尔曼共同炮制了一个浸透着拉萨尔机会主义的党纲草案（《哥达纲领草案》）。3 月 7 日，纲领同时在两派机关报上发表。李卜克内西明知这个纲领违背马克思主义革命原则，但他拒绝倍倍尔、白拉克等人的正确批评，并且劝说倍倍尔不要把分歧宣扬出去，以免影响合并。他还压制广大党员和工人对草案的不满情绪，不让在党内进行充分的讨论。1875 年 5 月，这个草案在两派合并的哥达代表大会上稍加修改后被通过，成为社会主义工人党的纲领（《哥达纲领》）。

马克思、恩格斯十分重视德国工人运动的团结和统一。特别是在普法战争和巴黎公社以后，欧洲工人运动的重心从法国转移到了德国；德国工人肩负着更加重大的任务，工人运动的团结和统一，具有更加重大的意义。但是他们坚决反对为了表面的团结而牺牲无产阶级革命原则。早在 1873 年 6 月 20 日，恩格斯在给倍倍尔的信中指出，无产阶级运动的暂时分裂，往往是不可避免的。这是因为，"无产阶级运动必然要经过各种发展阶段；在每一个阶段上都有一部分人停留下来，不再前进。"① 恩格斯警告说：决不要让拉萨尔分子"团结"的叫喊把自己弄糊涂了。必须清醒地认识到，那些口头上喊"团结"喊得最多的人，恰好是煽动分裂的罪魁。最大的宗派主义者、争论成性的家伙和恶徒，在一定的时机会比任何人都更响亮地叫喊团结。恩格斯针对李卜克内西等人把团结看得高于一切的思想，指出，决不应该目光短浅，贪求一时的成功而牺牲根本原则；相反，在政治斗争中，有时候"需要有勇气为了更重要的事情而牺牲一时的成功。"② 恩格斯建议，爱森纳赫派工作的重点，不应该放在争取拉萨尔派的首领上，而应该积极去影响还没有卷入运动的广大群众。要知道，"我们自己从荒地上争取到的每一个新生力量，要比十个总是把自己的错误倾向的病菌带到党内来的拉萨尔派倒戈分子更为宝贵。"③

可惜，恩格斯这些深思熟虑的意见，并没有受到爱森纳赫派领导人李卜克内西的重视。在合并和党纲这些关系全党命运和德国工人运动前途的重大问题上，李卜克内西竟然对马克思、恩格斯封锁消息。从两派正式谈判到发表《哥达纲领草案》这段时间，他给马克思、恩格斯写过三封信，竟然一字

---

① 恩格斯：《致奥·倍倍尔》（1873 年 6 月 20 日）。《马克思恩格斯全集》第 33 卷第 594 页。
② 同上书，第 592 页。
③ 同上书，第 591 页。

不谈合并和纲领的问题。当倍倍尔于 1875 年 2 月 23 日写信问恩格斯对合并采取什么态度时，恩格斯对此事毫无所知。当恩格斯大约于 3 月 10 日从报上看到纲领草案时，对这份纲领所表现的断然的退步非常吃惊，十分愤慨。爱森纳赫派另一位领导人白拉克对纲领也十分不满，认为它是"荒谬和糟糕的东西"，绝对不能接受。他写信对恩格斯说，在进行斗争之前，"我很希望知道，您和马克思对于这件事意见如何。你们的经验比我成熟，你们看得比我清楚。"①

　　为了揭穿拉萨尔派通过所谓合并来维护其宗派组织的阴谋，批判浸透着拉萨尔观点的《哥达纲领》，警告爱森纳赫派不要向拉萨尔派让步，恩格斯于 1875 年 3 月 18—28 日给倍倍尔写了一封著名的信，详尽阐述了他与马克思对待合并与纲领的态度。

　　恩格斯指出，拉萨尔派主动谋求和解，说明他们已陷入极端困难的境地。在此以前，李卜克内西等爱森纳赫派领导人，曾经多次向拉萨尔派主动建议消除分歧，实现统一。例如，1872 年党的美因茨代表大会通过决议，建议"不断作新试探同全德工人联合会取得原则上的合作"；同时，李卜克内西和倍倍尔发表声明，"准备支持召开两派的共同代表大会来商谈如何统一分歧点的建议。即使统一以至合并还不可能，那么至少必须拟定一个共同纲领并规定共同行动（在选举、鼓动等的时候）的活动方式。"② 所有这些都遭到拉萨尔派头目的无礼拒绝。他们傲慢地宣称：因为全德工人联合会是个绝对较好的组织，所以合并是不可考虑的。但是，由于推行机会主义路线，拉萨尔派的处境日益不妙。从 1874 年 5 月至 1875 年 5 月，全德工人联合会会员从 21600 人减至 13300 人，约减了 40%；在 1874 年秋季的议会选举中，他们又遭到失败。正是在这种困境下，他们才被迫一反过去的傲慢态度，主动要求合并。

　　两个根本对立派别的合并，是一场严重的斗争。恩格斯指出，两派的合并，必须坚持无产阶级革命原则。合并的第一个条件是，他们不再做宗派主义者，不再做拉萨尔派，放弃拉萨尔的宗派口号及其荒谬理论，基本接受爱森纳赫纲领。也就是说，合并只有在马克思主义原则基础上进行，才是有意义的。决不应该以牺牲原则为代价，追求表面的团结和统一。

---

① 白拉克：《致弗·恩格斯》（1875 年 3 月 25 日）。《马克思恩格斯和白拉克通信集》第 11 页。
② 倍倍尔：《我的一生》第 2 卷第 234 页。

一步实际运动比一沓纲领更重要，但一个新的纲领毕竟是在全世界面前树立的一面公开的旗帜，人们正是根据它来判定党的水平，因此党的纲领具有极大的重要性。但是《哥达纲领草案》十分糟糕，如果接受这个机会主义纲领，那就是倒退，就是向拉萨尔派投降。于是，恩格斯对《哥达纲领草案》作了详尽的批判。

恩格斯指出，纲领接受了拉萨尔"反动的一帮"这个荒谬的说法，这是对《共产党宣言》的粗暴歪曲。如果对工人阶级来说，农民和小资产阶级这些中间阶级，同资产阶级一起，都成了"反动的一帮"，德国社会民主工党怎么能同小资产阶级的人民党长期携手合作呢？党的《人民国家报》又怎么能从小资产阶级民主派的《法兰克福报》中吸取自己的几乎全部的政治内容呢？《哥达纲领》又怎么能列入整整七项同小资产阶级民主派相符合的政治要求呢？其实，所谓"反动的一帮"，不过是拉萨尔为了粉饰自己同专制主义者和封建主义者这些敌人结成的反资产阶级联盟的遁词，其目的是要搅乱阶级阵线，转移革命目标，把农民和其他小资产阶级推到反动阶级一边，使无产阶级在革命斗争中处于孤立无援的地位。

恩格斯指出，纲领完全抛弃了工人阶级的国际主义原则，这是完全不能容许的。早在《共产党宣言》中，马克思、恩格斯就强调无产阶级国际主义原则的重要性，认为各国无产阶级的联合行动是无产阶级获得解放的首要条件之一，并发出了"全世界无产者，联合起来！"的伟大号召。无产阶级革命就其形式来说是民族的，而就其内容来说则是国际的。恩格斯早在1847年就指出：既然各国工人的"利益是相同的，他们又有同样的敌人，那么他们就应当共同战斗，就应当以各民族的工人兄弟联盟来对抗各民族的资产阶级兄弟联盟"①。德国工人阶级有着光荣的国际主义传统，在普法战争和巴黎公社期间，他们采取了真正的国际主义态度，在欧洲工人运动中处于先导的地位。现在，当各国反动政府正在加紧镇压坚持国际主义原则的工人，而各国工人到处都在强调国际主义原则的时候，纲领却抄袭资产阶级和平和自由同盟的纲领，用什么"各民族的国际的兄弟联合"的希望代替无产阶级的阶级联合和德国工人应尽的国际职责，抛弃了自己曾经在最困难的情况下极其光荣地实行的无产阶级国际主义原则，这是不能容忍的背叛。

恩格斯指出：纲领接受了拉萨尔"铁的工资规律"，把一种陈腐不堪的经

---

① 恩格斯：《论波兰》。《马克思恩格斯全集》第4卷第411—412页。

济学观点强加在工人政党的头上，完全违反马克思主义经济学理论。根据拉萨尔自己的说法，所谓"铁的工资规律"就是："在劳动的供求的支配下……平均工资始终停留在一国人民为了维持生存和繁殖后代按照习惯所要求的必要的生活水平上。……实际日工资总是在它周围摆动，既不能长久地高于它，也不能长久地低于它。如果工资长期高于平均工资，工人生活得到改善，就会刺激人口的增长，从而使劳动力供过于求，迫使工资降到先前的水平；反之，如果工资长期低于平均工资，工人生活状况恶化，就会使人口减少，从而使劳动力市场供不应求，工资就会上升到原来的水平。"在拉萨尔看来，工人只能得到维持最低生活水平的工资，这样，拉萨尔就把工人工资低微和生活贫困的原因归结为人口的自然繁殖，而与雇佣劳动制度无关。这个错误论点，其论据是反动的马尔萨斯人口论，其目的是为了维护资本主义雇佣劳动制度。承认拉萨尔这个错误的论点及错误的论据，在理论上是一个倒退，因为"马克思在《资本论》里已经详细地证明，调节工资的各种规律是非常复杂的，随着情况的不同，时而这个规律占优势，时而那个规律占优势，所以它们绝对不是铁的，反而是很有弹性的，这个问题根本不可能像拉萨尔所想象的那样用三言两语来了结"①。

恩格斯指出，纲领把拉萨尔的"国家帮助"作为唯一的社会要求提出来，这对工人政党来说是不能容忍的自卑自贱。按照拉萨尔的主张，第一步是争取普选权，把工人选进议会；第二步是争取工人议员在议会中占多数席位，以便通过国家预算；第三步是用国家预算拨款帮助工人和农民，在工业和农业中广泛建立生产合作社，消灭雇佣劳动，建立社会主义。这完全是欺人之谈。正如马克思所说，以为"靠国家贷款能够建设一个新社会，就像能够建设一条铁路一样"②是荒谬的。其实，所谓"国家帮助"是拉萨尔从资产阶级共和主义者毕舍那里剽窃来的，毕舍提出这个要求的目的是为了对付社会主义者。拉萨尔把"国家帮助"看做医治一切社会病症的绝对正确的和唯一的良药写入纲领，抹杀了普鲁士国家的剥削阶级性质，背叛了《共产党宣言》关于"用暴力推翻全部现存的社会制度"的理论，从阶级运动的立场退到了宗派运动的立场。

---

① 恩格斯：《致奥·倍倍尔》（1875年3月18—28日）。《马克思恩格斯全集》第34卷第122页。

② 马克思：《对德国工人党纲领的几点意见》。《马克思恩格斯全集》第19卷第29页。

恩格斯指出，纲领根本没有谈到工会问题，这也是非常错误的。工会是工人阶级的阶级组织，它领导工人群众对资本家进行经常的斗争，教育和提高工人群众的阶级觉悟，为未来的阶级决战准备条件，无论在德国或其他国家都有重要的作用。在党的纲领中提到这种组织是绝对必要的。

纲领要求在德国建立自由的人民国家或"自由国家"。恩格斯对此作了十分精彩的批判，指出，"自由国家就是可以自由对待本国公民的国家，即具有专制政府的国家。……既然国家只是在斗争中，在革命中用来对敌人实行暴力镇压的一种暂时的机关，那么，说自由的人民国家，就纯粹是无稽之谈了！当无产阶级还需要国家的时候，它之所以需要国家，并不是为了自由，而是为了镇压自己的敌人，一到有可能谈自由的时候，国家本身就不再存在了。"① 很显然，使国家变成"自由"的，这决不是已经摆脱了狭隘的奴才思想的工人的目的，而是一种反对无产阶级专政的机会主义论调。

总之，整个纲领错误百出，差不多每一个字都应当加以批判。以这个十分糟糕的纲领为基础所实现的统一，拉萨尔派将会增强，德国工人政党将丧失自己的政治纯洁性。

恩格斯对待合并和纲领的态度，同马克思的态度完全一致。在恩格斯写信给倍倍尔之后不久，马克思于 1875 年 5 月初抱病写了著名的《哥达纲领批判》。在这篇出色的著作中，马克思通过对《哥达纲领》逐条分析，彻底批判了拉萨尔机会主义理论和路线，进一步阐明了无产阶级革命和无产阶级专政学说，第一次指出了共产主义发展两个阶段的理论及其产品分配原则，指出刚刚从资本主义社会产生出来的社会主义社会，在经济、道德和精神方面都带着它脱胎出来的那个旧社会的痕迹，因此个人消费品的分配只能实行按劳分配。

以李卜克内西为代表的爱森纳赫派领导人，热衷于表面的统一，无视马克思、恩格斯的严厉批评，竭力为自己的错误态度辩解。李卜克内西看到恩格斯给倍倍尔的信后，在 4 月 21 日写信对恩格斯说："当你如此粗暴地写信来的时候，我正好有时间，但自然没有兴趣回答；现在却没有时间了，所以只谈最必要的事。你的责怪是完全多余的。你所指出的纲领的一些缺点，毫无疑问是存在的，而且我们从一开始就是清楚的——但是，只要不想使合并

---

① 恩格斯：《致奥·倍倍尔》（1875 年 3 月 18—28 日）。《马克思恩格斯全集》第 34 卷第 123 页。

的协商破裂，这些缺点……就是不能避免的。"他还自我安慰地说："合并就是拉萨尔主义的死亡，是马克思的共产主义对拉萨尔的宗派主义的彻底胜利。"这完全是自欺欺人的说法。

李卜克内西等人不顾马克思、恩格斯的一再警告，在1875年5月底举行的哥达合并代表大会上拿原则做交易，仅仅略加改动，就通过了《哥达纲领》。在组织问题上，爱森纳赫派领导人也作了无原则让步。根据倍倍尔的建议，新建立的德国社会主义工人党中央执行委员会成员中，拉萨尔派占三名，爱森纳赫派只有两名。拉萨尔派头目哈森克莱维尔、哈特曼担任党的第一主席和第二主席，占据党中央主要领导地位。恩格斯气愤地指出，爱森纳赫派不仅接受了一个充满拉萨尔词句和口号的纲领，而且在党的领导机构中，"我们的人也不是享有平等权利的同盟者，而是战败者，并且从一开始就决定了要处于少数地位。"[1]

马克思、恩格斯对李卜克内西等人"拿原则做交易"的做法十分不满，原来打算发表声明，公开表态，但是由于纲领的遭遇比它应该有的遭遇要好些。"一方面，资产阶级愚蠢地把它当做一个革命的纲领加以攻击；另一方面，工人群众从革命的愿望出发，对纲领作了共产主义的解释，从其中领会出它本来应该有但实际却没有的东西。在这种情况下，马克思、恩格斯没有公开声明与这个纲领毫不相干。不久，德国反动政府颁布反社会党人法令，工人政党被迫转入地下，不可能公开讨论修改党纲问题。

19世纪90年代初，反社会党人法取消后，德国党内又重新进行党纲问题的讨论。1891年1月，恩格斯不顾李卜克内西等人的反对和阻挠，毅然在党中央理论刊物《新时代》上发表了马克思的《哥达纲领批判》，为反对拉萨尔机会主义，传播马克思主义作出了重大的贡献。

四　收拾无聊的杜林

1876—1878年，恩格斯撰写和发表了一部论战性巨著：《欧根·杜林先生在科学上完成的变革》（即《反杜林论》），在批判小资产阶级社会主义者杜林的谬论时，概括了自然科学和社会科学的最新成就，全面、系统地论述了

---

[1]　恩格斯：《致奥·倍倍尔》（1875年10月12日）。《马克思恩格斯全集》第34卷第151—152页。

马克思主义哲学、政治经济学和科学社会主义理论。这部马克思主义百科全书式的伟大著作，具有划时代的意义。

柏林大学私人讲师欧根·杜林是一个善于钻营的投机家。他把自己打扮成热心的社会主义者，有时在讲课和著作中对资本主义制度进行不痛不痒的批判，对巴黎公社活动家进行虚情假意的赞扬；但他又竭力投靠普鲁士反动统治者俾斯麦，在非常法时期积极参加反社会党人大合唱。杜林也是一个狂妄自大的无知之徒。60 年代中期，他开始著书立说。1875 年前后，他以社会主义的行家，同时兼社会主义改革家的面貌出现，连续出版《国民经济学和社会主义批判史》（1871 年）、《国民经济学和社会主义教程，兼论财政政策的基本问题》（1873 年）、《哲学教程——严格科学的世界观和生命形成》（1875 年）等著作，攻击马克思主义，扬言要在哲学、政治经济学和社会主义学说中实行全面"变革"。

在杜林整整三大卷著作中，充满着"高超的胡说"。他用恶毒的语言谩骂伟大革命导师马克思；对历史上曾经为人类文化发展作出贡献的科学家和思想家十分妒忌，全盘否定，胡说他们是"白痴"、"怪物"、"江湖骗子"，指责他们的著作是"无聊的蠢话"、"荒唐的老生常谈"、"神经错乱的产物"。他自吹自擂，恬不知耻地吹嘘自己是"一切时代最伟大的天才"，自己的理论是"最后的、终极的真理"。其实，他在哲学上是一个形而上学唯心主义者，在经济学上是资产阶级庸俗经济学者，在社会主义理论上是小资产阶级社会主义者。正如恩格斯所说："这个人用吹号打鼓来吹嘘自己的手艺和商品，不亚于最鄙俗的市场叫卖者"；他"竟敢把费希特、谢林和黑格尔这样的人叫做江湖骗子，他们当中最渺小的人和杜林先生比起来也还是巨人。"[①]

当杜林的谬论出笼时，德国工人政党在理论上还不成熟。1875 年爱森纳赫派与拉萨尔派实行无原则合并后，党内滋长了对机会主义的迁就情绪。虽然杜林的全部作品及其疯狂的妒忌心在科学上的价值并不比一个空蛋壳大，但是他的谬论却在党内和工人群众中迅速传播。以伯恩施坦、莫斯特、恩斯、弗里切等为代表的党内机会主义分子，对杜林的著作大加赞扬，成了狂热的杜林分子的代表。他们胡说，"杜林用比马克思的著作易懂得多的语言与形式来叙述社会主义"、"用其他任何人所不及的科学的激进主义补充了马克思，也可以说继续了马克思"；吹捧杜林是一个"卓越的思想家，为社会主义立下

① 恩格斯：《反杜林论》。《马克思恩格斯选集》第 3 卷第 185 页。

了非常特殊的功劳"。

杜林的流行病，也传染给了党内一些革命同志，甚至迷惑了党的一些左派领导人。倍倍尔就曾经匿名发表《一个新的"共产党人"》，吹捧杜林"用严谨的科学形式"教导人们"认识社会的运动规律及其后果"。他写道：杜林的"基本观点是完全正确的，我们完全赞同。因此，我们毫不犹豫地宣布：继马克思的《资本论》之后，杜林的最新著作属于经济学领域最近出现的优秀著作之列"。

在一段时期内，德国工人党的报刊上充斥着杜林的谬论。一些雇佣的煽动家和浅薄之徒跟着杜林大肆攻击马克思，妄图用谬误百出、荒唐之极的杜林主义代替科学社会主义。这种情况理所当然地引起广大党员和工人群众的严重不满。德国社会主义工人党左派领导人白拉克在给恩格斯的信中写道：柏林到处都有杜林的信徒，在有才干的同志中间，也不时听到赞扬杜林的话，因此，批判杜林的工作"必须马上动手，不然就太迟了"[①]。德国工人哲学家狄慈根说，杜林是"满嘴胡说八道的庸俗经济学糊涂虫"，经常把自己"拙劣的东西重复不知多少次"。党的著名活动家、《人民国家报》主编威廉·李卜克内西写信告诉恩格斯，杜林的谬论已在党的队伍中造成思想混乱，清算杜林是十分必要的。1875 年 2 月 1 日，李卜克内西对恩格斯说："你是否愿意写篇文章（严厉地）清算杜林？他在他的国民经济学批判史第二版中重复了他对马克思充满忌妒的全部愚蠢谰言。我在圣诞节前曾听到了此人的一次讲课：狂妄自大，咬牙切齿地忌妒马克思，无非是这类货色。他在我们许多人当中（特别是在柏林）影响很深，必须彻底收拾他。"此后，他又多次请求恩格斯："你必须下决心收拾杜林"，"急需在《人民国家报》刊登详细批判杜林的文章"，"请尽快和尽量彻底地批判杜林的著作"，"附上莫斯特的稿件，它将向你表明，甚至头脑清醒的人也会传染上杜林瘟疫；清算是必要的。"

李卜克内西的多次来信，使恩格斯和马克思注意到杜林之流的平庸思想在党内传播的危险性，也使他们感到彻底批判杜林的重要性。于是，恩格斯决定放下其他工作，收拾无聊的杜林。1876 年 5 月 24 日，他写信对马克思说："在德国，一批受雇佣的煽动家和浅薄之徒大肆咒骂我们党。……这些人以为，杜林对你进行了卑鄙的攻击，就使我们对他无可奈何，因为倘若我们

---

① 《马克思恩格斯和白拉克通信集》第 54—55 页。

讥笑他在理论上的无稽之谈，那就会显得是对他的人身攻击进行报复！结果是，杜林愈蛮横无理，我们就应该愈温顺谦让；……这件事把我气坏了，试问，难道不是认真考虑我们对待这些先生的态度的时候了吗?"① 恩格斯说：批判杜林的计划已经订好，"开始时我将纯客观地、似乎很认真地对待这些胡说，随着对他的荒谬和庸俗的揭露越来越深入，批判就变得越来越尖锐，最后给他一顿密如冰雹的打击。"② 马克思完全赞同恩格斯的意见和计划，认为决不能容许杜林分子利用诽谤、心地善良的浑厚和义愤填膺的友爱来阻碍批判的进行。

从 1876 年 5 月至 1878 年 7 月，在马克思支持下，恩格斯用两年时间，写成一部伟大著作《反杜林论》，于 1877 年 1 月起在德国工人政党机关报《人民国家报》上连载发表。这部著作在彻底批判杜林谬论的同时，充分阐述了马克思主义哲学、政治经济学和科学社会主义理论的基本内容，"因此消极的批判成了积极的批判；论战转变为马克思和我所主张的辩证方法和共产主义世界观的比较连贯的阐述，——而这一阐述包含了相当广泛的领域。"③

恩格斯《反杜林论》的发表，粉碎了杜林分子的猖狂进攻，捍卫了马克思主义理论，加强了德国工人政党的思想理论建设，受到广大党员和先进工人的热烈欢迎。在《反杜林论》发表以前就已读过这部著作的马克思认为，不仅普通工人，而且真正有科学知识的人，都可以从恩格斯的正面阐述中吸取许多东西。负责发表《反杜林论》的李卜克内西写信告诉马克思："恩格斯反杜林的文章真出色。"他还写信对恩格斯说："除了杜林分子写来的一些粗暴的信件……之外，没有任何反对你的文章的事，所有明白事理的人都很喜欢你的文章。"德国工人党著名理论家白拉克说：文章写得好极了，"我从中得到很大满足。"他建议，必须把《反杜林论》的内容用通俗易懂的形式灌输到广大群众中去。德国工人运动的老战士列斯纳写信告诉恩格斯："阅读你的文章，我感到真是从未有过的莫大享受……你的文章的最大好处毕竟是，这些文章可以一读再读，越读越有新的感受。"他建议把《反杜林论》译成法文和英文，使英法等国工人从中得到教益。

---

① 恩格斯：《致卡·马克思》（1876 年 5 月 24 日）。《马克思恩格斯全集》第 34 卷第 13—14 页。
② 恩格斯：《致卡·马克思》（1876 年 5 月 28 日）。《马克思恩格斯全集》第 34 卷第 19 页。
③ 恩格斯：《〈反杜林论〉三版序言》。《马克思恩格斯选集》第 3 卷第 49 页。

但是，由于恩格斯的文章击中了杜林主义的要害，使一些狂热的杜林分子暴跳如雷。他们要求发表《反杜林论》的《前进报》（原《人民国家报》）停止刊登这些文章。杜林分子莫斯特写信给《前进报》主编李卜克内西，认为"杜林是一个有创见的人，因此，他不应该受到《人民国家报》已经颇为经常地对他实行的那种虐待"。另一个杜林分子恩斯在杜林的支持下发表了题为《恩格斯对人的健全理智的谋杀，或马克思主义的社会主义在科学上的破产》的反动小册子，对恩格斯进行卑鄙的攻击。一些杜林分子无法反驳恩格斯《反杜林论》的科学内容，就攻击这些文章的形式太激烈。恩格斯就此写信对李卜克内西说："如果他们埋怨我的语调，那么，我希望你不要忘记反驳他们，向他们指出杜林先生对待马克思和他的其他先驱者的语调，而且特别要指出，我是在论证，而且是详细地论证，而杜林却简直是歪曲和辱骂自己的先驱者。"①

围绕发表《反杜林论》问题，德国党内马克思主义者和杜林分子在1877年5月举行的哥达代表大会上进行了激烈的斗争。莫斯特向大会提出："恩格斯最近几个月以来所发表的反对杜林的批判文章，丝毫不能引起《前进报》大多数读者的兴趣，甚至还引起了极大的愤慨，这类文章今后不能在中央机关报上发表。"李卜克内西坚决反对这个提案。他在代表大会上多次发言，驳斥杜林分子的谬论，理直气壮地声明：恩格斯的"文章是完全科学的，发表这些文章是必要的。承担思想领导的《前进报》，如果不发表科学性文章，那么，对党来说，它就失去了自己的作用；这些文章是写给先进的党员同志，再通过他们传播到群众当中去的。"他十分正确地指出："继马克思的《资本论》问世之后，这些反对杜林的论文是来自党内的意义重大的著作。从党的利益来看，这一著作是必要的。恩格斯做到了这一点，为此我们应当感谢他。"经过激烈的斗争，大会决定在《前进报》学术附刊上继续发表恩格斯的论文。杜林分子阻挠《反杜林论》发表的企图未能得逞。

《反杜林论》最初以一系列论文的形式在《前进报》上发表。1877年7月，该书第一编《欧根·杜林先生在科学中实行的变革。一、哲学》在莱比锡出版了单行本；1878年7月，该书第二、三编也以《欧根·杜林先生在科学中实行的变革。二、政治经济学·社会主义》为题出版了单行本。与此同时，恩格斯把三编汇集成书，写了序言，出了第一版；1886年出了第二版；

---

① 恩格斯：《致威·李卜克内西》（1877年1月9日）。《马克思恩格斯全集》第34卷第223页。

1894 年出了第三版。一百多年来，这部包含领域相当广泛，全面阐述马克思主义基本内容的伟大著作，已经成为各国先进工人必读的教科书，在国际工人运动中发挥了巨大的作用。

五　所谓"最后的、终极的真理"是什么货色？

在《反杜林论》第一编中，恩格斯批判了杜林大肆吹嘘的"最后的、终极的真理"，指出他的所谓"新"的哲学体系，不过是康德的先验主义和黑格尔的唯心主义的拙劣翻版。

恩格斯指出，杜林把原则作为哲学的出发点，暴露了其唯心主义的本质。按照杜林的说法，哲学分为三类：一般原则、自然界、人类社会。他认为，在自然界和人类社会出现以前，就存在着所谓"存在形式的基本原则"；自然界和人类社会就是这些原则的应用，并应与这些原则相符合。这就是说，原则在先，自然界和人类社会按照次序跟随在后。恩格斯指出，把原则作为出发点，从原则出发来构造现实世界，颠倒了物质和意识的关系，是唯心主义的观点。唯物主义认为，物质是第一性的，意识是第二性的，"原则不是研究的出发点，而是它的最终结果；这些原则不是被应用于自然界和人类历史，而是从它们中抽象出来的；不是自然界和人类去适应原则，而是原则只有在适合于自然界和历史的情况下才是正确的。这是对事物的唯一唯物主义的观点"[①]。恩格斯在论述思维与存在的关系时指出，思维和意识"都是人脑的产物，而人本身是自然界的产物，是在它们的环境中并且和这个环境一起发展起来的；不言而喻，人脑的产物，归根到底也即自然界的产物，并不同自然界的其他联系相矛盾，而是相适应的"[②]。

杜林炮制的"世界模式论"，也遭到恩格斯的严厉批判。按照杜林的观点，世界不是统一于物质，而是统一于存在；这个存在并不是客观的物质世界，而是离开物质世界而存在的抽象思维。在他看来，先有思维的统一，然后再从思维的统一中想象出，引申出世界的统一。他用逻辑的模式或范畴来构造客观的现实世界，颠倒了思维与存在、意识与物质的真正关系。恩格斯

---

①　恩格斯：《反杜林论》。《马克思恩格斯选集》第 3 卷第 74 页。

②　同上书，第 74—75 页。

指出，世界的统一性并不在于它的存在，"世界的真正的统一性是在于它的物质性。"① 各种各样、千差万别的事物和现象，无一不是物质的表现形态。意识、思维都是由物质派生的，它们不过是按照特殊方式组织起来的高级物质形态的产物。除了运动着的物质之外，世界上没有别的东西。恩格斯指出，杜林是在黑格尔的范畴模式论的笼子里谈论哲学。他的世界模式论是从黑格尔的《逻辑学》中抄袭来的，但他抛弃了黑格尔的辩证法，重复了黑格尔的唯心主义错误。

恩格斯还对杜林形而上学的时空观作了深刻的批判。杜林表面上承认世界的无限性，但认为世界在时间上有开端，在空间上有界限，而且充实在整个时间和空间之内的具体物可以确切计算，由一定的数的构成。这是十足的谬论。恩格斯指出，时间和空间是无限的、无止境的展开的过程。就是说，它们"没有一个方向是有终点的，不论是向前或向后，向上或向下，向左或向右。"② 从时间方面来说，它是无始无终，没有开端，没有终点；从空间方面来说，它大得无边无际，小得无穷无尽。时间和空间的无限性，并不否认每一具体事物的有限性。无限不是在有限之外，而是存在于无数的有限之中，是由无数有限构成的。正是无数在时间和空间上都有限的具体事物，构成了无限发展、无限广大的物质世界。杜林不仅宣扬形而上学的时空观，而且割裂时间、空间与物质的联系，认为物质可以离开时间和空间而存在。这是最大的荒唐。恩格斯指出，时间和空间是一切存在的基本形式。任何物质的存在，都必然要延续一定的时间，占有一定的空间。因此，时间、空间和运动着的物质是不可分的。物质只有在时间和空间之内才能运动。

接着，恩格斯从天体演化学、物理学、化学等方面，批判了杜林在物质和运动问题上的形而上学和机械论的观点，阐述了辩证唯物主义的运动观。杜林认为，宇宙原初处在一种"物质自身的等同状态"。那时，物质和机械力是统一的，物质即机械力，机械力即物质；统一的破坏，物质自身的等同状态就转化为运动状态。这就是说，物质可以是不运动的；而所谓运动，也只是机械运动。这也是十足的谬论。在批判杜林的错误时，恩格斯指出，物质和运动是不可分割的，运动是物质的存在方式，没有运动的物质和没有物

---

① 恩格斯：《反杜林论》。《马克思恩格斯选集》第 3 卷第 85 页。
② 同上书，第 89 页。

质的运动都是不可想象的。同物质一样，运动也是不依赖于人的意识的客观存在，既不能创造也不能消灭，只能转移。运动的形式是多种多样的，机械运动不过是物质运动的一种低级形式。除了机械运动，还有其他运动形式，例如化学运动、生命运动、思维运动等等。各种运动既互相区别，又互相联系；虽然一切运动都程度不同地包含着机械运动，但却不能千篇一律地归结为机械运动。宇宙间的一切物体在每一瞬间，总是处在这种或那种运动形式，或者同时处在几种运动形式之中。物体的任何静止都是暂时的、相对的，根本不存在绝对的静止和无条件的平衡。个别的运动趋向于平衡，总的运动又破坏平衡。一切事物都是在相对静止和显著变化的对立统一中运动和发展。

在生物的起源和进化问题上，恩格斯深刻地批判了杜林宣扬的庸俗进化论和唯心主义目的论。杜林认为，从无机界到有机界，从低级生物到高级生物一直到人，只有量的积累，没有质的飞跃；从无机界到有机界的转化，是合乎目的的举动，自然界不但具有"主观的自觉的思维"或"目的"，而且还具有"意志"！他信口开河，把分化、胚胎形态、物质循环管道、内在的点（心脏）看做生命的标志，把新陈代谢这个宇宙间的普遍规律当做"生命过程独具的特性"。恩格斯在批判杜林的庸俗进化论观点时指出："不管一切渐进性，从一种运动形式转变到另一种运动形式总是一种飞跃，一种决定性的转折。"[①] 机械运动到物理运动的转变，物理运动到化学运动的转变，普通化学反应到生命蛋白质的化学反应的转变，不管经历多少中间阶段，经过多少量变过程，但转变总是通过飞跃实现的，只是飞跃的形式、次数和显著程度各不相同而已。恩格斯指出，杜林借助"目的"的概念实现从无机界到有机界的转变，这也是从黑格尔那里抄来的。不过黑格尔在《逻辑学》中，对内在的目的和外部的目的作了严格的区别。"外在的目的"是人的自觉活动的目的，"内在的目的"则是指事物本身的必然性。杜林没有分清每种不同的目的，在论述化学反应到生命的转变时，把内在目的换成外在目的，大谈什么自然界的意志等等，实际上把上帝纳入了自然界。

恩格斯指出，杜林提出的四个互相矛盾的生命标志也是完全错误的。因为如果把分化作为生命的标志，整个原生生物都不是有生命的；如果以胚胎形态作为生命的标志，那么包括没有胚胎的单细胞有机体在内的一切有机体

---

① 　恩格斯：《反杜林论》。《马克思恩格斯选集》第3卷第105页。

都将被排斥在生命之外；如果认为物质循环需要通过特别的管道来实现才开始有生命，就必须把全部高级的腔肠动物从生物的名单中抹掉；如果认为内在的点（心脏）是生命的标志，全部的植物以及没有心脏或者有几个心脏的动物就必须从生物界一笔勾销。由此可见，杜林提出的四个互相矛盾的生命标志，不仅把整个植物界，而且把大约半个动物界都宣判永远死亡。这真是"彻底独创的结论和观点"！在批判杜林关于一般的生命定义时，恩格斯十分深刻地指出："生命是蛋白体的存在方式，这种存在方式本质上就在于这些蛋白体的化学组成部分的不断的自我更新。""无论在什么地方，只要我们遇到生命，我们就发现生命是和某种蛋白体相联系的，而且无论在什么地方，只要我们遇到不处于解体过程中的蛋白体，我们也无例外地发现生命现象。"① 恩格斯预言："如果化学有一天能够用人工方法制造蛋白质，那么这样的蛋白质就一定会显示出生命现象。"② 这个伟大预言已经被现代科学所证实。

　　杜林吹嘘自己的哲学是"终极真理"，宣称"真正的真理是根本不变的"。恩格斯驳斥了杜林的谬论，论述了思维的至上性和非至上性、相对真理和绝对真理的辩证关系。杜林认为，个人思维具有至上性，就是说，人的思维能够无条件的、完满无缺地认识无限的宇宙，具有"无条件的真理权"。恩格斯指出：人的思维是至上的，又是不至上的。它的认识能力是无限的，又是有限的。从整个人类的思维，即从无数亿过去、现在和未来的人的思维来说，是至上的、无限的；但从处在一定历史发展阶段的个别人的思维来说，则是非至上的、有限的。所谓根本不变的"终极真理"，不过是杜林的自我吹嘘。即使历史上的伟大的天才人物的思维，也决不是至上的。特别应该指出，"就一切可能来看，我们还差不多处在人类历史的开端，而将来会纠正我们的错误的后代，大概比我们有可能经常以极其轻视的态度纠正其认识错误的前代要多得多。"事物发展的辩证法告诉我们："思维的至上性是在一系列非常不至上地思维着的人们中实现的；拥有无条件的真理权的那种认识是在一系列相对的谬论中实现的；二者都只有通过人类生活的无限延续才能完全实现。"③

---

①　恩格斯：《反杜林论》。《马克思恩格斯选集》第 3 卷第 120—121 页。
②　同上书，第 122 页。
③　同上书，第 125—126 页。

　　恩格斯在批判杜林的"终极真理"时写道：真理和谬误，正如一切在两极对立中运动的逻辑范畴一样，只是在非常有限的领域内才具有绝对的意义。除了非常有限的领域，这种对立就是相对的，而且在一定条件下还会互相转化：真理变成谬误、谬误变成真理。恩格斯从科学发展史的实际过程出发，驳斥杜林的"最后的、终极的真理"的谬论，强调真理是不断发展的。在数学、天文学、物理学、化学等精密科学领域，即使承认某些成果是永恒真理，但决不是一切成果都如此。例如在数学中，"高等数学把初等数学的永恒真理看做已经被克服的观点，常常作出相反的判断，提出一些在初等数学家看来完全是胡说八道的命题。"[①] 在研究生物机体的科学中，每个问题也多半需要经过长时间的研究才逐步得到解决。例如为了正确确定血液循环这样一个简单的事实，大约经过了一千四百多年的漫长时间。在研究人类社会的历史科学中，永恒真理的情况更糟。因为人类社会的历史发展，情况的重复是例外而不是通例。因此，在这个科学领域里，谁想猎取最后的、终极的、根本不变的真理，是决不会有什么收获的。

　　在道德观方面，恩格斯批判了杜林宣扬的超历史、超阶级的永恒道德，论述了马克思主义关于道德的基本观点。按照杜林的说法，道德"有其恒久的原则和单纯的要素"。这些道德原则适用于一切时代。这也是纯粹的谬论。道德是一个历史范畴。在道德领域中，"最后的、终极的真理"是最稀少的。正如恩格斯所说："善恶观念从一个民族到另一个民族、从一个时代到另一个时代变更得这样厉害，以致它们常常是互相直接矛盾的。"[②] 从欧洲当时存在的三种道德，即封建道德、资产阶级道德、无产阶级道德来说，它们不仅互相矛盾，而且任何一种都不是终极真理，道德是一定社会经济状况的产物。在阶级社会里，每个阶级都有自己特殊的道德。人们总是自觉地或不自觉地从自己阶级地位所依据的实际关系中，从进行生产和交换的经济关系中，吸取自己的道德观念。由此可见，在阶级社会里，道德具有鲜明的阶级性，它或者为统治阶级的统治和利益辩护，或者当被压迫阶级变得足够强大时，代表被压迫者的未来利益，反抗不堪忍受的统治。只有不仅在消灭了阶级对立，而且在实际生活中也已经忘却了阶级对立的社会发展阶段上，才有可能产生超越阶级对立的道德。

---

　　① 恩格斯：《自然辩证法》。《马克思恩格斯选集》第 3 卷第 531 页。

　　② 恩格斯：《反杜林论》。《马克思恩格斯选集》第 3 卷第 132 页。

恩格斯对杜林攻击辩证法的谬论作了详尽的批驳，进一步阐明了辩证法的基本原理。针对杜林用孤立、静止、片面的观点看待世界，宣扬"事物中没有任何矛盾"的谬论，恩格斯指出："当我们把事物看做是静止而没有生命的，各自独立、相互并列或先后相继的时候，我们在事物中确实碰不到任何矛盾。……但是一当我们从事物的运动、变化、发展和相互作用方面去考察事物时，情形就完全不同了。在这里我们立刻陷入了矛盾。"[①] 恩格斯明确指出："运动本身就是矛盾。"[②] 这一著名原理，深刻揭示了矛盾的普遍性。在量与质互相转化、否定之否定等规律的基础上，恩格斯驳斥了杜林对《资本论》的攻击，用大量的事实说明，量变和质变是事物运动、变化、发展的两种形式，量变超过一定的限度就会改变事物的质。纯粹量的增多或减少，在一定的关节点上就引起质的飞跃。这是事物发展的普遍规律。恩格斯也列举大量事实，说明在动物界和植物界中，在地质学、数学、历史和哲学中，否定之否定的规律到处发生作用。

最后，恩格斯写道，杜林在《哲学教程》中吹嘘的"新的思维方式"、"彻底独创的结论和观点"和"创造体系的思想"，完全是无稽之谈。杜林是一个地地道道的江湖骗子，这个人在哲学上已经充分暴露了自己的无知和愚蠢，在经济学和社会主义理论上也是如此。

六　反驳杜林对《资本论》的攻击

在《反杜林论》中，恩格斯为了维护《资本论》的科学性，对杜林攻击《资本论》的谬论痛加驳斥。

《资本论》第 1 卷出版不久，杜林就在一家资产阶级刊物上发表文章，对这部伟大著作妄加评论，肆意攻击。他认为劳动价值论并非无可争议，劳动力价值由生产劳动力所需要的生活资料的价值决定这个观点不一定正确，并把资产阶级经济学家李嘉图的局限性强加在马克思身上。

马克思看到杜林的攻击文章后指出，这是一个极为傲慢无礼的家伙。他完全不懂《资本论》的科学内容，不了解《资本论》与以往政治经济学著作不同的崭新的东西。"他做了一件具有两重性的事情。首先，他出版

---

① 恩格斯：《反杜林论》。《马克思恩格斯选集》第 3 卷第 159 页。
② 同上书，第 160 页。

过一本（以凯里的观点为出发点）《国民经济学说批判基础》（约五百页）和一本新《自然辩证法》（反对黑格尔辩证法的）。我的书在这两方面都把他埋葬了。"① 这就是他迫不及待地公开攻击《资本论》的原因。

杜林在《国民经济学和社会经济学教程》等著作中，继续攻击《资本论》。在价值理论方面，他认为马克思的劳动价值论无非是一种普通的学说，其中关于简单劳动与复杂劳动的理论，是"有教养的阶级的传统的思维方式"，因为"在有教养的阶级看来，承认推小车者的劳动时间和建筑师的劳动时间本身在经济上完全等价，好像是一件非常奇怪的事情。"他集中攻击马克思的剩余价值理论，胡说这个理论不科学，是"轻率的意见"、"荒谬的观念"、"历史幻想和逻辑幻想的杂种"、"在严谨的国民经济学中引起混乱"等等。在《哲学教程》中，他指责《资本论》所运用的辩证方法，是"神秘的杂货摊"、"混乱而错误的观念"、"不成体统的思想和文字"等等。

杜林攻击《资本论》的种种谬论，遭到恩格斯的彻底批驳。恩格斯指出，价值理论是马克思政治经济学的重要理论。马克思首先独自研究了商品的价值，深入探讨了劳动决定商品价值的问题，指出简单劳动是决定价值的基础；在同一时间内，复杂劳动比简单劳动创造更多的价值。一小时复杂劳动的产品同一小时简单劳动的产品相比，其价值高出二倍或三倍。这种情况，在资本主义社会是经常进行的。马克思关于简单劳动与复杂劳动的理论，完全符合资本主义社会的实际情况，是资本主义社会每天都在发生的、任何人都否认不了的事实。马克思的分析是如此简单明晰，除了杜林之外，肯定不会有人感到"完全不清楚"。

恩格斯指出，杜林用来代替劳动价值论的所谓价值理论，是东拼西凑、矛盾百出的东西。他根本不懂得价值与价格的区别，把价格的变化看做价值本身的变化，把同一个价值所表现的几个不同的价格，看做是商品有同样多的不同的价值。在价值由什么决定的问题上，他竟然提出五种完全不同的、互相矛盾的价值概念，真是"丰富的选择、十足的混乱！"正如恩格斯所说：杜林"是把他的社会主义直接建立在最坏的庸俗经济学的学说之上的。他的社会主义和这种庸俗经济学具有同样的价值。二者存亡

---

① 马克思：《致路·库格曼》（1868 年 3 月 6 日）。《马克思恩格斯全集》第 32 卷第 525 页。

与共。"①。

　　剩余价值理论是《资本论》的核心。杜林对剩余价值理论的攻击，是毫无根据的。恩格斯指出，马克思在《资本论》中，深刻分析了货币转化为资本的过程，指出了在等价交换的条件下，剩余价值是怎样产生的。马克思的剩余价值理论，排除任何欺骗，任何暴力的任何干涉，用纯粹经济学的方法，解决了剩余价值的来源，戳穿了资本主义剥削的秘密，所以也就揭露了现代资本主义生产方式以及以它为基础的占有方式的结构，揭示了整个资本主义社会制度在其周围凝结起来的核心。"这个问题的解决是马克思著作的划时代的功绩。它使社会主义早先像资产阶级经济学者一样在深沉的黑暗中摸索的经济领域，得到了明亮的阳光的照耀。科学的社会主义就是从此开始，以此为中心发展起来的。"②

　　恩格斯指出，杜林指责剩余价值理论是所谓"轻率的意见"、"在政治经济学中引起混乱"，完全是无稽之谈。其实，真正引起混乱的，正是杜林自己。他把剩余价值与利润混为一谈；又把资本家的资本与奴隶主的财产混为一谈；一会儿说"资本是已经生产出来的生产资料"，一会儿又认为土地和其他自然资源是资本；时而说资本是一个历史阶段，时而又把一切阶级社会的地产都宣布为资本，但随后又加以否认。这就是杜林式的"谨慎的和真正谦虚的表现方法"的卓越范例！

　　恩格斯指出，杜林攻击剩余价值理论，目的是为了掩盖资本家对工人的剥削。按照杜林的观点，资本家的利润，不是资本家凭借生产资料在生产过程中榨取的剩余价值的转化形式，而是"暴力的产物"。这样一来，他就把问题从经济领域转移到政治领域，从而掩盖了利润的真正来源。恩格斯明确指出，暴力虽然可以夺取利润，但却不能生产利润，"在一无所有的地方，皇帝也和任何其他暴力一样，丧失了自己的权力"，③工人们清楚地知道，暴力仅仅保护剥削，但是并不引起剥削；资本和雇佣劳动的关系，才是工人受剥削的基础。这种关系是通过纯经济的途径而决不是通过暴力的途径产生的。

　　杜林疯狂攻击剩余价值理论，还有着不可告人的个人动机。恩格斯指出，

---

① 恩格斯：《反杜林论》。《马克思恩格斯选集》第 3 卷第 232—233 页。
② 同上书，第 243 页。
③ 同上书，第 256 页。

杜林一方面攻击剩余价值理论，一方面又在所谓"纯收益"、"财产租金"的名义下，偷偷地剽窃剩余价值理论，并把这个理论歪曲得面目全非。由此可见，他对剩余价值理论的攻击，"不过是一种军事计谋，狡猾手腕，借以掩盖他在《教程》中对马克思所作的粗暴剽窃"。①

杜林对《资本论》研究方法的攻击，采取了十分卑劣的手法。他先把一些荒谬的观点强加给马克思，然后装出一副"唯一正确"的面孔，对他自己捏造的观点进行"批判"。例如他说，从马克思的观点看来，"归根到底一切都是一个东西"。按照杜林的说法，好像在马克思看来，无论资本家还是雇佣工人，资本主义还是社会主义，"都是一个东西"。这真是骇人听闻的捏造。正如恩格斯所说："要说出怎么能做出这样简单的蠢事，只能设想，仅仅辩证法这个字眼就已经使他杜林先生陷入一种神经错乱而无能负责的状态，以致对他来说，由于某种错误和混乱的观念，无论他说的和做的是什么，归根到底'都是一个东西'!"②

恩格斯对杜林的批判，粉碎了杜林对《资本论》的攻击，捍卫了《资本论》的科学性。

七 社会主义从空想到科学的发展

作为一部马克思主义百科全书式的著作，《反杜林论》第三编论述了社会主义问题。1880年，恩格斯应法国社会主义运动领导人保尔·拉法格的请求，把《反杜林论》概论的一部分和第三编第一、二章汇集成册，以《空想社会主义和科学社会主义》为题单独出版。马克思认为，这是《反杜林论》理论部分中最重要的部分，是"科学社会主义的入门"。③

恩格斯指出，科学社会主义首先是对现代社会中资本家与雇佣工人之间的对立和生产中无政府状态进行考察的结果。但是同任何新的学说一样，它也必须从已有的思想材料出发。19世纪初期产生的三大空想社会主义者的学说，为科学社会主义提供了丰富的思想材料；"德国的理论上的社会主义永远不会忘记，它是依靠圣西门、傅立叶和欧文这三位思想家而确立起

---

① 恩格斯：《反杜林论》。《马克思恩格斯选集》第3卷第260页。
② 同上书，第163页。
③ 马克思：《弗·恩格斯的小册子〈社会主义从空想到科学的发展〉法文版导言》。《马克思恩格斯全集》第19卷第263页。

来的。"①

圣西门、傅立叶、欧文的空想社会主义学说，是在资本主义生产方式的内部矛盾以及资产阶级和无产阶级的对立已经暴露，但还很不发展的情况下产生的。恩格斯扼要剖析了英、法两国资产阶级革命后的社会状况，指出通过资产阶级革命，"理性的国家"和"理性的社会"已经建立。但是，这个理性的国家，不过是以资产阶级专政代替封建贵族专政的资产阶级国家，理性的社会不过是以资产阶级私有制代替封建地主私有制的资产阶级社会。不论新制度与旧制度比较如何合理，决不是绝对合乎理性的。在这个社会里，富有和贫穷的对立并没有在普遍的幸福中得到解决，反而更加尖锐了；工业在资本主义基础上的迅速发展，不仅没有改善劳动群众的处境，反而使他们的贫穷和困苦成了社会的生存条件。犯罪的次数一年比一年增加。封建罪恶虽然暂时被迫收敛，资产阶级罪恶却更加猖獗。商业日益变成欺诈。革命的箴言"博爱"在竞争的诡计和嫉妒中获得了实现。贿赂代替了暴力压迫，金钱代替了刀剑，成为社会权力的第一杠杆。道德堕落达到闻所未闻的程度。总之，同资产阶级启蒙学者的华美约言比起来，由"理性的胜利"建立起来的社会制度和政治制度，竟是一幅令人失望的讽刺画。劳动人民对资本主义制度极端不满。空想社会主义者就是最早表达这种不满的思想家。

空想社会主义学说反映了劳动人民要求摆脱资本主义制度和向往美好社会制度的愿望。但是，这时大工业在英国刚刚出现，在法国还完全没有；资本主义生产关系与生产力的矛盾还没有达到十分尖锐的地步。无产阶级刚刚作为新阶段的胚胎从无财产的群众中分离出来，完全无力采取独立的政治行动。既然解决资本主义社会问题的条件和社会力量还隐藏在不发达的经济关系中，所以解决这一社会问题的办法只有从头脑中产生出来。这种情况，决定了社会主义创始人关于未来社会制度的观点只能是空想的。历史清楚地表明："不成熟的理论，是和不成熟的资本主义生产状况、不成熟的阶级状况相适应的。"②

小资产阶级社会主义者杜林把自己打扮成"社会主义行家"，但对三大

① 恩格斯：《〈德国农民战争〉1870 年版序言的补充》。《马克思恩格斯全集》第 18 卷第 566 页。

② 恩格斯：《反杜林论》。《马克思恩格斯选集》第 3 卷第 299 页。

空想社会主义者的著作惊人的无知，对空想社会主义学说采取一概否定的态度。恩格斯与杜林的态度根本不同。他在批判杜林的同时分别论述了圣西门、傅立叶、欧文的著作和他们的主要观点，揭示出处处突破幻想的外壳而显露出来的天才的思想萌芽和天才思想，对空想社会主义学说作了历史的评价。

恩格斯认为，以圣西门、傅立叶、欧文为代表的空想社会主义者，对资本主义制度的批判是十分深刻的。圣西门指责资本主义是一个"黑白颠倒的世界"；在这个制度下，"无知、迷信、懒惰和穷奢极欲是社会上的大人先生们的本分，而有才能、省吃俭用和爱劳动的人们却受他们统治，只被他们当做工具使用；一句话……在各色各样的行业当中，都是没有才能的人统治着有才能的人，没有道德的人支配着善良的公民，大罪犯惩罚犯了小过错的人。"① 傅立叶无情地揭露了资产阶级世界在物质上和道德上的贫困，指出这个社会是"个人反对大众的普遍战争"。他把资本主义制度称作"奴隶制度"，把资本主义工厂叫做"工业牢狱"，把启蒙学者关于"理性王国"的华美约言同资本主义的残酷现实进行对比，说明劳动人民的命运甚至比不上蒙昧时代的人们。他愤慨地写道："请你们把贫穷工人家庭的命运同蒙昧人的命运作一比较吧，失业后受尽房东和债主逼迫的工人，历尽多少的烦恼之后流落为乞丐，于是把自己的溃疡、自己的赤裸裸身体和饿得衰弱不堪的儿女展露在街头，使你们的城市响彻了悲惨的怨声。"② 在资本主义社会里，野蛮时期任何一种以简单的方式干出来的罪恶，都采取了复杂的、暧昧的、两面的、虚伪的存在形式。资本主义工业和技术的进步，不仅没有改善劳动者的生活，反而使他们的处境恶化。欧文对资本主义制度的批判，直接触及生产资料私有制的问题。他说：资本主义社会的各种灾祸，其主要根源在于私有制。它使人们为了发财致富而疯狂斗争，使劳动者阶级遭受压迫和无法忍受的痛苦，使富人变成贪得无厌的衣冠禽兽。在以私有制为基础的资本主义社会里，"可以看到两种极端现象的反常结合，即知识与无知的结合，富贵与贫穷的结合，奢侈与忍辱受苦的结合。"③ 总之，"私有制使人变成魔鬼，使世界变成地狱。"④ 空想社会主义者

---

① 《圣西门选集》上卷，第 275 页。
② 《傅立叶选集》第 2 卷，第 8 页。
③ 《欧文选集》下卷，第 51 页。
④ 同上书，第 14 页。

对资本主义制度的批判，得到恩格斯的热烈赞扬。他在评论傅立叶时写道："我们在傅立叶那里就看到了他对现存社会制度所作的具有真正法国人的风趣、但并不因此显得不深刻的批判。傅立叶就资产阶级所说的话，就他们在革命前的狂热的预言者和革命后的被收买的奉承者所说的话，抓住了他们。他无情地揭露资产阶级世界在物质上和道德上的贫困，他不仅拿这种贫困和启蒙学者关于只为理性所统治的社会、关于能给一切人以幸福的文明、关于人类无限完善化的能力的诱人的约言作对比，而且也拿这种贫困和当时的资产阶级思想家的华丽的词句作对比；……他指出，和最响亮的词句相适应的到处都是最可怜的现实，他辛辣地嘲讽这种词句的无可挽救的破产。"①

英、法空想社会主义者对未来社会的描述，包含着许多积极的因素。恩格斯指出，圣西门具有天才的远大眼光。他对未来理想社会——实业制度的论述，包含着许多关于社会主义和共产主义的有价值的猜测和预见。例如他认为，在未来社会中，"一切人都要劳动"。社会不承认任何人不劳动的特权，游手好闲的寄生虫将被消除。国家的职能将从对人的管理转变为对物的管理，政治学就是关于生产的科学，其目的在于建立最有利于各种生产的事物秩序。恩格斯对这个思想给予很高的评价，指出："圣西门宣布政治是关于生产的科学，并且预言政治将完全为经济所包容。虽然经济状况是政治制度的基础这样的认识在这里仅仅以萌芽状态表现出来，但是对人的政治统治应当变成对物的管理和对生产过程的领导这种思想，即……废除国家的思想，已经明白地表达出来了。"② 傅立叶第一个表达了这样的思想：在任何社会中，妇女解放的程度是衡量普遍解放的天然尺度。在他的未来社会制度——和谐制度中，工业与农业、城市与乡村将结合为统一体，每个人可以根据自己的爱好经常变换工作，劳动将从沉重的负担变成一种愉快的享受。欧文不仅致力于共产主义宣传，而且以自己的全部财产在美洲进行了共产主义试验。试验失败后，他直接转向工人阶级，长期从事工人运动。当时英国有利于工人的一切运动，一切实际成就，都是和他的名字联系在一起的。

当然，空想社会主义也有很大的局限性和理论上的错误，特别是他们不

---

① 恩格斯：《反杜林论》。《马克思恩格斯选集》第 3 卷第 300 页。
② 同上书，第 299—300 页。

会阐明资本主义制度下雇佣奴隶制的本质，不会发现资本主义发展的规律，也不会找到能够成为新社会创造者的社会力量；但这是由他们生活的时代所决定的。恩格斯十分正确地指出："空想社会主义者之所以是空想主义者，正是因为在资本主义生产还很不发达的时代他们只能是这样。他们不得不从头脑中构思出新社会的轮廓，因为这些轮廓在旧社会本身中还没有普遍地、明显地表现出来；他们之所以限于为自己的新建筑的基本特征向理性求助，正是因为他们还不能求助于同时代的历史。"① 在空想社会主义出现以后差不多八十年，杜林一方面完全不顾历史条件，对空想社会主义学说采取全盘否定的态度，指责伟大的空想社会主义者们是"社会炼金术士"；另一方面又从自己至高无上的头脑和孕育着"最后真理"的理论中，构思出一套新的空想社会制度，这完全是反动。

在《反杜林论》中，恩格斯深刻地阐明了科学社会主义的理论基础。他在概括唯物主义历史观的基本思想时写到："以往的全部历史，除原始状态外，都是阶级斗争的历史；这些互相斗争的社会阶级在任何时候都是生产关系和交换关系的产物，一句话，都是自己时代的经济关系的产物；因而每一时代的社会经济结构形成现实基础，每一个历史时期由法律设施和政治设施以及宗教的、哲学的和其他的观点所构成的全部上层建筑，归根到底都是应由这个基础来说明的。"② 恩格斯指出，作为科学社会主义理论基础的唯物主义历史观是马克思发现的。马克思运用唯物史观研究资本主义，发现资本主义剥削剩余价值，揭破资本主义生产的秘密，使社会主义从空想变成了科学。因此，马克思是当之无愧的科学社会主义创始人。

恩格斯指出，科学社会主义的根源，深藏在经济的事实中。他详尽地分析了资本主义基本矛盾的产生和发展，论述了周期性经济危机的原因、特点和实质，揭示了资本主义必然灭亡、共产主义必然胜利的规律，阐明了无产阶级作为资本主义社会掘墓人和社会主义社会创造者的伟大历史使命。在无产阶级运动的理论表现——科学社会主义的指导下，无产阶级将胜利地完成解放世界的事业。

---

① 恩格斯：《反杜林论》。《马克思恩格斯选集》第 3 卷第 306 页。
② 恩格斯：《社会主义从空想到科学的发展》。《马克思恩格斯选集》第 3 卷第 423 页。

八　当人们第一次成为自然界
自觉和真正的主人的时候

　　恩格斯指出，现代无产阶级的历史使命，就是推翻资本主义社会，创建社会主义、共产主义社会，完成解放全人类的事业。在社会主义、共产主义社会中，人们能够支配和控制至今仍然统治着他们的生活条件，第一次成为自然界自觉的和真正的主人。这个与资本主义根本不同的新社会，具备以下几个基本特征：

　　第一，生产资料归社会占有。恩格斯指出，资本主义私有制已经成为社会生产力发展的桎梏；同时又造成了消灭资本主义的变革的力量。当无产阶级通过革命取得国家政权时，首要的任务就是以社会的名义把生产资料从私人资本家所有制变为国家财产。生产资料的社会占有，可以克服生产的人为障碍，消除明显的浪费和破坏，使生产力加速发展。在生产资料社会占有的条件下，"通过社会生产，不仅可能保证一切社会成员有富足的和一天比一天充裕的物质生活，而且还可能保证他们的体力和智力获得充分的自由的发展和运用。"

　　第二，有计划地调节社会生产。资本主义私有制造成了生产与需求的严重脱节，出现了周期性的混乱和崩溃。当联合起来的生产者共同占有生产资料，公开地和直接地占有已经发展到除了社会管理以外不适于任何其他管理的生产力的时候，生产的无政府状态就让位于按照全社会和每个成员的需要对生产进行有计划的调节。这时，社会总劳动在各个生产部门的分配，是根据对各种产品的需要确定的。生产出来的产品，再也不是奴役人们的盲目的力量，而是按照计划，"一方面由社会直接占有，作为维持和扩大生产的资料；另一方面由个人直接占有，作为生活和享乐的资料。"①

　　恩格斯当时设想，在社会主义公有制建立以后，商品生产将被消除。他说："社会一旦占有生产资料并且以直接社会化的形式把它们应用于生产，每一个人的劳动，无论其特殊用途是如何的不同，从一开始就成为直接的社会劳动。那时，一件产品中所包含的社会劳动量，可以不必首先采用迂回的途径加以确定；日常的经验就直接显示出这件产品平均需要多少数量的社会劳

---

　　① 恩格斯：《反杜林论》。《马克思恩格斯选集》第 3 卷第 319—322 页。

动"；因此，人们可以非常简单地处理生产与需要的关系，合理安排生产计划，"而不需要著名的'价值'插手其间。"① 这是马克思、恩格斯的共同观点。这个观点的提出，有其深刻的原因，首先，在历史上，除了原始社会末期处于萌芽状态的商品关系外，商品生产都是与私有制相联系。因此，马克思、恩格斯认为，商品多多少少是私人生产者的产品。在消灭了私有制，建立了公有制的条件下，商品生产也就失去其存在的经济基础。其次，在现实上，当时资本主义最发达的英国，无论城市和农村，都已普遍建立资本主义生产关系；无产阶级夺取国家政权后，可以通过剥夺城乡资产阶级生产资料，建立单一的全民所有制。马克思、恩格斯以英国的情况为依据，认为一旦社会占有生产资料时，人们的劳动就将成为直接的社会劳动，从而商品生产将被消除。最后，在工人运动中，小资产阶级社会主义者蒲鲁东和杜林，都大肆宣传反对资本主义，保留商品经济，企图通过保存商品经济来保存生产资料私有制，反对社会主义公有制。马克思、恩格斯关于社会主义社会商品生产将被消除的观点，也是为了反对蒲鲁东、杜林之流维护生产资料私有制的谬论。

十月革命以来的实践证明，社会主义社会必须继续存在和发展商品生产，而不能消除商品生产。特别是对于像我国这样原来经济落后，商品关系不发达，自然经济占优势的国家，无产阶级取得政权后，大力发展商品生产，有着十分重要的意义。

第三，消灭脑力劳动与体力劳动、城市与乡村的对立。杜林硬说，社会主义不能消灭旧的分工制度和城乡对立。恩格斯指出，当社会成为全部生产资料的主人的时候，生产资料奴役人们的状况将根本改变。旧的生产方式必须彻底变革，旧的分工也必须消灭。人们劳动的性质将发生根本的变化："一方面，任何个人都不能把自己在生产劳动这个人类生存的自然条件中所应参加的部分推到别人身上；另一方面，生产劳动给每一个人提供全面发展和表现自己全部的即体力的和脑力的能力的机会，这样，生产劳动就不再是奴役人的手段，而成了解放人的手段，因此，生产劳动就从一种负担变成一种快乐。"② 在社会化大生产的条件下，消灭旧分工已不再是毫无根据的幻想和虔诚的愿望，而且有着客观的可能。首先，随着生产力的发展，只要消除资本

---

① 恩格斯：《反杜林论》。《马克思恩格斯选集》第 3 卷第 348 页。

② 同上书，第 333 页。

主义生产方式所引起的破坏和浪费，实行普遍劳动的制度，每个人的劳动时间就可大大缩短。其次，大工业的技术基础是革命的。它要求工人的职能和劳动过程的社会结合发生变革，要求社会内部的分工发生革命，不断地把大量资本和大批工人从一个生产部门投到另一个生产部门。正是大工业的发展，要求用全面发展的个人来代替只能承担一种社会局部职能的局部个人。恩格斯确信，只要推翻资产阶级的统治，建立以生产资料公有制为基础的新社会，就能彻底消灭旧的分工，造就全面发展的一代生产者，"他们懂得整个工业生产的科学基础，而且其中每一个人都从头到尾地实际阅历过整整一系列生产部门，所以这样的社会将造成新的生产力。"①

　　杜林不仅认为无须废除旧的分工，而且认为城乡的分离"按事物的本性来说是不可避免的"。这实际上就是要继续保持生产资料对生产者的奴役状态。恩格斯指出，大工业的发展，已为消灭城乡分离提供了条件。从前不得不受到地方局限性制约的生产部门，随着工业的发展，交通运输工具的完善等等，已经有可能使工业在全国平衡分布。只是资本主义制度才使工业过分集中于大城市，使城乡对立更加尖锐。只要消灭资本主义，在生产资料公有制条件下，整个社会生产就可以按照统一的计划进行协调，按照最适合于经济发展的原则分布于全国。由此可见，消灭城市和乡村的分离，也不是什么空想。

　　第四，消灭阶级和阶级差别，国家将自行消亡。国家是阶级对立的产物。无论古代奴隶主国家，中世纪封建贵族国家和现代资产阶级国家，都是一个阶级压迫另一个阶级的工具。无产阶级推翻了资产阶级国家，消灭了阶级和阶级差别，从而使国家成为多余。恩格斯说，当不再有需要加以镇压的社会阶级的时候，当阶级统治和根源于生产无政府状态的生存斗争已被消除，由这些原因引起的冲突和极端行动也随着被消除的时候，就不再有什么需要镇压，也不再需要国家这种特殊的镇压力量了。因此，"国家真正作为整个社会的代表所采取的第一个行动，即以社会的名义占有生产资料，同时也是它作为国家所采取的最后一个独立行动。"那时，国家对社会关系的干预将成为多余的事情而自行停止，对人的统治将由对物的管理和对生产过程的领导所代替。国家自行消亡了。当然，这并不是说，无产阶级一旦推翻资产阶级统治，国家就会立即消灭。在从资本主义到共产主义的过渡时期，还需要有无产阶

---

　　①　恩格斯：《反杜林论》。《马克思恩格斯选集》第 3 卷第 335—336 页。

级专政的国家。但这已经是过渡性质的国家，已经不是原来意义上的国家。只有到了共产主义，才不需要国家，国家才随之消亡。

第五，人们完全自觉地自己创造自己的历史。从一定意义上说，在社会主义、共产主义到来以前，人类还没有最终摆脱动物的生存条件。人们不能掌握自己的命运，不能控制自己社会行动的规律。一旦社会占有生产资料，人类才从动物的生存条件进入真正人的生存条件。恩格斯写到，在社会主义、共产主义社会里，人们自己的社会行动的规律，这些直到现在都如同异己的、统治着人们的自然规律一样而与人们相对立的规律，就将被人们熟练地运用起来，因而将服从他们的统治。只是从这时起，人们才完全自觉地自己创造自己的历史。这是人类从必然王国向自由王国的飞跃。

第九章　以应有的方式使
摩尔永世长存

一　令人悲痛的事情终于发生

19 世纪 70 年代末，马克思的健康状况越来越差。由于多年过度的辛劳和贫困的生活，他的身体遭受严重摧残。神经炎、喉头炎、支气管炎、难以忍受的头痛和经常的失眠，使他几乎无法工作。接连发生的家庭不幸，加剧了病情的恶化。恩格斯经常为老朋友的健康担忧，想方设法劝慰他，帮助他安排适当的治疗环境。

1881 年 12 月 2 日，燕妮不幸逝世。身患重病的马克思悲痛万分。恩格斯比谁都了解，失去将近半个世纪以来"共患难，同辛劳，同斗争"的终身伴侣，对马克思是多么沉重的打击。在艰难的日子里，恩格斯总是与马克思在一起，分担马克思的痛苦。他负责料理燕妮的丧事，发表文章和悼词，对这位"无产阶级社会主义、革命社会主义的老战士"作了高度的评价，指出她"一生表现出了极其明确的批判智能，卓越的政治才干，充沛的精力，伟大的忘我精神"①，对工人阶级解放运动作出了重大的贡献；"这一切只有亲身经历的人才感受得到。但是我深信，那些巴黎公社流亡者的妻子们还会时常回忆起她，而我们也将时常为再也听不到她那大胆而合理的意见（大胆而不吹嘘，合理而丝毫不损尊严的意见）感到若有所失。"②

恩格斯特别关心马克思的身体健康。燕妮逝世后，他劝说和帮助安排马克思到法国、瑞士、阿尔及利亚、威特岛休养。1882 年秋，马克思的健康状况看来有所好转，但这只是一种假象。1883 年 1 月 11 日，燕妮·龙格突然

---

①　恩格斯：《在燕妮·马克思墓前的讲话》。《马克思恩格斯全集》第 19 卷第 223 页。

②　恩格斯：《燕妮·马克思（冯·威斯特华伦）》。《马克思恩格斯全集》第 19 卷第 221 页。

去世。马克思无力承受失去爱女的巨大打击，又病倒了。这时，恩格斯立即放下手头的工作，每天陪伴病危的战友，时刻担心不幸事情的发生。他写信告诉佐尔格："六个星期以来，每天早晨当我走到拐角的地方的时候，我总是怀着极度恐惧的心情看看窗帘是不是放下来了。"①

整个冬天，马克思的病情日益恶化。除了慢性气管炎、喉头炎以外，2月间又发现肺脓肿。药物已失去效用，他以坚韧的精神忍受着极大的痛苦，在生命的最后几个月里，食欲不振，消化不良，一天比一天消瘦下去。

1883 年 3 月 14 日下午 2 时 45 分，令人悲痛的事情终于发生。马克思坐在安乐椅上，平静而安详地长眠了。伟大的无产阶级革命导师与世长辞了，恩格斯失去了"相交四十年的最好的、最亲密的朋友"②。他悲痛万分，立即把这个不幸的消息通知各国工人运动活动家、社会主义报刊和马克思生前友好，并对马克思的伟大历史功绩作了高度的评价。

恩格斯指出，马克思是 19 世纪下半叶最伟大的革命家和思想家，他用强有力的思想哺育了两个半球的无产阶级运动，"我们之所以有今天，都应归功于他；现代运动当前所取得的一切成就，都应归功于他的理论和实践的活动；没有他，我们至今还会在黑暗中徘徊。"③

恩格斯指出，由于马克思的逝世，人类失去了一个天才的头脑，一个在当代所拥有的最重要的头脑，国际无产阶级遭受了严重的损失。他的广阔的眼界将同他一起长久地从舞台上消逝。无产阶级运动必将沿着自己的道路继续前进。但是各国工人阶级已经失去在紧要关头都自然地去请教的中心点，已经缺少曾经多次使运动避免在歧路上徘徊的那种沉着的、及时的、深思熟虑的指导。我们遇到的困难将会更多，运动的道路将会更加曲折。伟大导师的逝世所造成的损失是不可弥补的。

恩格斯指出，面临严重困难的革命无产阶级，必须沿着导师开辟的道路继续前进。迂回曲折的道路，暂时和局部的迷误，决不会使我们丧失勇气。我们要坚守革命岗位，克服前进道路上的一切障碍，最后的胜利属于我们。

3 月 17 日，葬礼在伦敦海格特公墓举行。马克思的战友、学生和亲属李

① 恩格斯：《致弗·阿·佐尔格》1883 年 3 月 15 日）。《马克思恩格斯全集》第 35 卷第 459 页。
② 恩格斯：《〈资本论〉第 1 卷第三版编者序》。《马克思恩格斯全集》第 23 卷第 30 页。
③ 恩格斯：《致威·李卜克内西》（1883 年 3 月 14 日）。《马克思恩格斯全集》第 35 卷第 457 页。

卜克内西、列斯纳、罗赫纳、龙格、拉法格、劳拉，杰出的自然科学家朗凯斯特、肖莱马等参加了葬礼。恩格斯主持葬礼并致悼词。他说，"马克思首先是一个革命家。以某种方式参加推翻资本主义社会及其所建立的国家制度的事业，参加赖有他才第一次意识到本身地位和要求、意识到本身解放条件的现代无产阶级的解放事业——这实际上就是他毕生的使命。斗争是他得心应手的事情。而他进行斗争的热烈、顽强和卓有成效，是很少见的。"①

作为最伟大的思想家，马克思发现了人类历史的发展规律，发现了资本主义生产方式和它所产生的资产阶级社会的特殊的运动规律。不仅如此，这个科学的巨匠在他所研究的包括数学在内的每一个领域，都有独到的发现。以他的名字命名的学说，在欧美无产阶级中得到越来越广泛的传播。他的逝世，对于欧美战斗着的无产阶级，对于历史科学，都是不可估量的损失。

为无产阶级革命事业奋斗终生的马克思，是资本主义社会最遭嫉恨和最受诬蔑的人，"各国政府——无论专制政府或共和政府——都驱逐他；资产者——无论保守派或极端民主派——都纷纷争先恐后地诽谤他，诅咒他。他对这一切毫不在意，把它们当做蛛丝一样轻轻抹去，只是在万分必要时才给以答复。现在他逝世了，在整个欧洲和美洲，从西伯利亚矿井到加利福尼亚，千百万革命战友无不对他表示尊敬、爱戴和悼念，而我敢大胆地说：他可能有过许多敌人，但未必有一个私敌。他的英名和事业将永垂不朽！"②

从德国赶来参加葬仪的共产主义同盟老战士威廉·李卜克内西致词说："马克思是属于无产阶级的。他的一生都献给全世界无产者了。全世界能够思考的、有思想的无产阶级都将对他表示感激和尊敬"，"我们蒙受了沉重的打击，但是我们决不会耽于悲痛。他并没有死。他活在无产阶级的心里，他活在无产阶级的思想里。他的英名将永垂不朽，他的学说将日益发扬光大！……敬爱的永生的朋友！我们一定沿着你所指出的道路前进，不达到目的决不罢休。这就是我们在你的灵前的誓言！"③

告别了亲爱的战友，恩格斯还有许多事情要做。当时，一些党内老同志考虑到马克思去世后恩格斯在伦敦十分孤独，曾经建议他迁居德国、瑞士或

---

① 恩格斯：《卡尔·马克思的葬仪》。《马克思恩格斯全集》第19卷第375页。
② 同上书，第376页。
③ 同上书，第378—379页。

欧洲大陆其他地方。恩格斯谢绝了同志们的好意，他认为，为了继续保持多年来从各国自愿在马克思书房里聚集起来的联系，他不应该离开伦敦。同时，只有在英国，才既没有被驱逐出境的危险，又不必为实际鼓动工作花去很多时间，而可以安安静静地继续从事理论研究。他毫无怨言地放下自己的科学研究工作，计划首先整理和出版《资本论》续卷，然后编写马克思传记、1843—1863年德国社会主义运动史和1864—1872年第一国际史。从此，整理和出版《资本论》续卷，重印马克思重要著作，以某种方式使"摩尔"永世长存，就成为恩格斯"最紧迫的任务"。①

二　校订《资本论》第 1 卷新版

马克思在世时，《资本论》第 1 卷德文出了两版。现在出版《资本论》第 1 卷新版的工作，义不容辞地落在恩格斯的身上。

还在 1881 年冬天，出版商迈斯纳就要求出《资本论》第 1 卷德文第三版。这个要求来得很不适时。一方面，当时马克思健康很差；另一方面，他想尽快完成第 2 卷，献给刚刚去世的燕妮。因此，马克思决定只作少量的修改和补充，等待将来条件许可时再作较大的修订，把第 1 卷原文大部分改写，把某些论点表达得更明确，把新的论点增添进去，补充新的历史材料和统计材料。可惜他未能完成付印准备工作就去世了。

马克思去世不久，恩格斯在清理遗物中发现一个准备第三版用的德文本，其中有些地方已作了改动，有些地方则标明应按照法文版的某章某节进行修改；同时还发现一个法文版，准确地标出新版应采用的地方。这些材料为恩格斯校订第三版提供了依据。

恩格斯为第三版做了大量工作：第一，许多章节马克思虽作过整理，但"整个理论部分几乎全部需要加工；"② 第二，《资本积累》那一篇，旧版的文体不够讲究，夹杂英文语气，有些地方不够明确，需要部分地根据马克思的

---

① 摩尔是马克思的绰号，"凡是了解摩尔的家庭生活和他在亲近朋友中的情况的人都知道，在那里人们都不叫他马克思，甚至也不叫他卡尔，而只叫他摩尔。……摩尔是他从大学时代起就有的绰号；在《新莱茵报》，人们也常常叫他摩尔。假使我对他用另一种称呼，他就会以为我们之间发生了什么需要和解的事情了"（恩格斯：《致弗·泰库诺》（1883 年 3 月 29 日）。《马克思恩格斯全集》第 35 卷第 464 页）。

② 恩格斯：《致弗·阿·佐尔格》（1883 年 6 月 29 日）。《马克思恩格斯全集》第 36 卷第 46 页。

批注本，部分地根据法文本做些修改；第三，交换价值和价值部分，需要根据马克思的修改稿加以补充；第四，文体方面也要做许多润色和订正。例如，法文本与德文本相比，有些地方过于简化，在按照法文本修改时，就需要进行加工。当然，恩格斯所作的改动，仅限于绝对必要的限度。凡是不能确定作者自己一定会修改的地方，他一个字也没有改。经过恩格斯校订的德文第三版，于1883年底在汉堡出版。

在此同时，出版《资本论》英译本的紧迫性，越来越明显了。早在《资本论》第1卷出版前，马克思就打算出一个英文版，并希望德文的校对和英文的翻译同时进行。他写信对恩格斯说："在英文翻译方面，我非依靠你的帮助不可。"① 后来，由于找不到合适的译者和出版者，出版英译本的愿望长期未能实现。马克思去世后，客观形势的发展，把这件事情提到重要地位。首先，《资本论》所作的结论，已"日益成为伟大的工人阶级运动的基本原则。不仅在德国和瑞士是这样，而且在法国、荷兰和比利时，甚至在意大利和西班牙也是这样；各国的工人阶级都越来越把这些结论看成是对自己的状况和自己的期望的最真切的表述。"② 在英国，资本主义经济陷入绝望的泥潭，失业人数不断增加，工人运动不断高涨，起来掌握自己命运的无产者十分需要倾听马克思的声音。其次，《资本论》中所阐述的理论，几年来为英美的定期刊物和现代著作经常提到，被攻击或辩护，被解释或歪曲，只有出版英译本，才能使广大读者从原著中直接了解《资本论》的内容。最后，当时英国已经出现一些粗制滥造，错误百出，歪曲原意的译文，因而出版一本由恩格斯亲自校订的准确译本，更加必要。

马克思逝世后不久，恩格斯就着手准备出版英译本。

他认为，《资本论》不是一本可以根据合同来翻译的书，而必须由卓越的翻译家翻译。③ 译者不仅要精通德文和英文，而且要精通政治经济学，还要知道一些德国人的生活；不仅要有愿望，有能力，而且要能坚定不移地干到底。根据这样的条件，英国律师赛姆·穆尔是最合适的译者。穆尔十分热情地接受翻译任务。他工作扎实，态度严肃，翻译认真，大部分译稿质量较高，得到恩格斯的好评。但穆尔的律师业务十分繁忙，翻译进度很慢；为了加快

---

① 马克思：《致弗·恩格斯》（1865年7月31日）。《马克思恩格斯全集》第31卷第136页。

② 恩格斯：《〈资本论〉第1卷英文版序言》。《马克思恩格斯全集》第23卷第36页。

③ 参阅恩格斯《不应该这样翻译马克思的著作》。《马克思恩格斯全集》第21卷第276页。

进度，恩格斯同意马克思的女婿艾威林博士担任部分翻译工作。爱琳娜则负责对《资本论》中引用并由马克思译成德文的英文著作和蓝皮书中的许多文句进行核对，恢复成英文。

整个翻译工作是在恩格斯指导下进行的。他担负全书最后审核的责任，为此付出大量的心血。他写信告诉劳拉："把《资本论》翻译成英文是一项非常艰巨的工作。先由他们翻译。然后我来审查译文并用铅笔写上我的意见。再把译稿退给他们。然后进行协商，解决有争论的问题。然后我得再通看一遍，从文体和技术角度检查一下，看是否准备好可以付印，同时还要检查一下杜西在英文原著中找到的引文是否正确。"[①]

在校订译稿时，恩格斯不仅审核译文是否准确，而且参照法文本和马克思于 1887 年准备英译本而写的修改意见，解决翻译中的疑难问题，使译文更加准确，表达更加清楚。

经过恩格斯三年多的辛勤劳动，人们盼望已久的《资本论》英译本于 1887 年 1 月在伦敦出版。从此英国广大劳动人民可以直接读到这部"工人阶级的圣经"。

1889 年 9 月，恩格斯开始准备《资本论》第 1 卷德文第四版。他给自己规定了这样的任务："尽可能把正文和注解最后确定下来。"[②] 为此，他再次对照法文版和马克思亲手写的笔记，补充了一些内容，作了一些说明性的注释。例如，在第七篇，马克思曾谈到一个生产部门中如果投入的全部资本已融合为一个单个资本时，集中便达到极限。恩格斯补充说："英美两国最新的'托拉斯'已经在为这一目标而奋斗，它们力图至少把一个生产部门的全部大企业联合成一个握有实际垄断权的大股份公司。"[③] 这个补充指出了资本主义发展中已经出现的具有重大意义的新变化，实际上已经看出自由资本主义正在向垄断资本主义过渡。此外他还对引文进行仔细校订，改正一些细小的不确切和疏忽的地方。经过恩格斯再次校订，《资本论》第 1 卷德文第四版于 1890 年下半年出版。这是马克思、恩格斯亲自出版的最后一个版本，也是第 1 卷最完善的版本。目前世界各国都根据这一版进行重印和翻译。

恩格斯在自己校订出版的《资本论》第 1 卷德文第三、四版和英文版中，

---

① 恩格斯：《致劳·拉法格》（1886 年 4 月 28 日）。《马克思恩格斯全集》第 36 卷第 464 页。

② 恩格斯：《〈资本论〉第 1 卷第四版序言》。《马克思恩格斯全集》第 23 卷第 38 页。

③ 恩格斯：《〈资本论〉第 1 卷第四版注》。《马克思恩格斯全集》第 23 卷第 688 页。

都写了《序言》，说明各版的整理、修改、校订的情况，阐述《资本论》对工人阶级运动的意义，反击资产阶级庸俗经济学者布伦坦诺之流对马克思的攻击，指出《资本论》中引证许多经济学家理论观点的目的是为了证实，"一种在发展过程中产生的经济思想，是什么地方，什么时候，什么人第一次明确地提出的。……这种工作在这样科学上是很必要的，这种科学的历史著作家们一直只是以怀有偏见、不学无术，追名逐利而著称。"①

校订和出版《资本论》第 1 卷新版，仅仅是恩格斯这个时期的一部分工作。这期间，他作为国际无产阶级的顾问，必须观察和了解各国运动的情况；回答实际斗争中提出的重大问题；为重印马克思和他自己的著作进行新的研究；完成《家庭、私有制和国家的起源》等科学著作；收集写作马克思传记的材料；更主要的是整理和出版《资本论》第 2、3 卷。由此可见，这个时期他的工作是多么繁重。

三　整理和出版《资本论》第 2 卷

马克思逝世后，恩格斯以无私的精神，全力以赴地整理和出版《资本论》续卷。这是恩格斯晚年最主要的工作。

由恩格斯整理和出版《资本论》续卷，是马克思的心愿。他在临终前曾嘱咐幼女爱琳娜，希望恩格斯根据《资本论》未完成的手稿，"做出点什么来。"② 当时，各国工人运动活动家和进步人士也十分关心《资本论》续卷的出版，认为只有恩格斯才能承担这一艰巨任务。马克思去世刚刚三天，倍倍尔就写信对恩格斯说："现在大家都关心的首先是这个问题，即，将怎样对待马克思未完成的著作《资本论》。法国的报纸已经报道，本地的报纸也在转载，说你将担负起完成这部著作的工作，大家都希望这样，并且也只有你一个人能够胜任。"③

的确，恩格斯是唯一胜任这件极其重要工作的人。第一，恩格斯最了解、最熟悉《资本论》的内容、观点和整个理论体系。因为马克思在写作《资本论》整个过程中，不断与他交换意见；许多复杂的理论问题和实际问题，都

---

① 恩格斯：《〈资本论〉第 1 卷第三版序言》。《马克思恩格斯全集》第 23 卷第 32 页。
② 恩格斯：《〈资本论〉第 2 卷序言》。《马克思恩格斯全集》第 24 卷第 9 页。
③ 倍倍尔：《致弗·恩格斯》（1883 年 3 月 11 日）。转引自《恩格斯在马克思主义政治经济学形成和发展方面的作用》第 269 页。

是同他一起讨论解决的。第二，恩格斯有着渊博的学问。《资本论》这样的巨著，涉及许多科学领域。整理这部著作，不仅需要在政治经济学方面有高度的学术修养，而且需要通晓欧洲各国语言文字、具备哲学、文学、历史学以及许多自然科学专门知识。恩格斯有渊博的知识，具备这个条件。第三，恩格斯是当时唯一能够辨认马克思笔迹的人。《资本论》手稿中潦草的笔迹，大量的缩写字句，有时马克思自己事后看起来都感到困难。只有恩格斯"才能辨认这种字迹、这些缩写的字以及整个缩写的句子"[1]。

从1883年3月中旬开始，恩格斯着手整理马克思的遗稿。3月25日，他写信告诉劳拉一个重要消息：从马克思的遗稿中找到一个大包，里面是《资本论》的手稿，共有对开纸500多页。4月2日，又写信告诉拉甫罗夫，找到《资本的流通》和《总过程的各种形式》的手稿，约有对开纸1000页。4月11日，他满有把握地告诉纽文胡斯说："无论如何，主要的东西已经有了。"[2] 这时他还来不及阅读全部手稿，不了解手稿已为出版准备到什么程度，也不知道需要做多大的修改和补充。

《资本论》第2卷研究了资本的流通过程，包括资本循环、资本周转和社会资本再生产三篇，其要点分别在于说明资本运动的连续性、资本运动的速度、资本运动的条件，进一步阐明资本主义生产关系的本质，揭示它的不可克服的深刻矛盾。

马克思在写作《资本论》第Ⅰ稿时，已经涉及资本流通过程的内容；在《资本论》第Ⅱ稿中，已经对资本的流通过程作了专门的研究。但《资本论》第2卷的写作主要是从1865年开始的。经过仔细搜集，恩格斯找到了马克思在不同时期写成的有关《资本论》第2卷的八份手稿。第Ⅰ—Ⅳ稿大约写于1865—1870年；第Ⅴ—Ⅷ稿大约写于1877—1881年。马克思为第2卷留下的亲笔材料证明[3]，他在"公布他的经济学方面的伟大发现以前，是以多么无比认真的态度，以多么严格的自我批评精神，力求使这些伟大发现达到最完善的程度。"[4]

---

① 恩格斯：《致彼·拉·拉甫罗夫》（1884年2月5日）。《马克思恩格斯全集》第36卷第102页。

② 恩格斯：《致斐·多·纽文胡斯》（1883年4月11日）。《马克思恩格斯全集》第36卷第7页。

③ 据一些研究者考证，第2卷的手稿除了马克思自己编号的8份以外，还有5份，篇幅最长为25页，最短为1页。参阅《马克思主义研究资料》1982年第2期第39页。

④ 恩格斯：《〈资本论〉第2卷序言》。《马克思恩格斯全集》第24卷第4页。

大约过了半年，恩格斯完全掌握和熟悉了第 2 卷手稿的内容，对这一卷给予极高的评价，认为它是"对资本家阶级内部发生的过程作了极其科学、非常精确的研究"，① "是异常出色的研究著作，人们从中将会第一次懂得什么是货币，什么是资本，以及其他许多东西。"② 但是，它毕竟是一部在十几年时间里断续写成的手稿，因此不可避免地带有手稿的不成熟性。例如，材料的主要部分虽然实质上大体完成，但文字没有经过推敲，用语措辞不够讲究；夹杂英法两种文字的术语，常常出现整句甚至整页的英文；有些部分作了详尽的论述，而另一些同样重要的部分只作提示；用作例解的事实材料搜集了，但几乎没有分类，更谈不上加工整理；有些章节的结尾，由于急着要转入下一章，往往只写下几个不连贯的句子，表示这里的叙述还不完全，等等。③

恩格斯十分清楚，整理和出版第 2 卷，是一件吃力的事情，需要花费许多劳动。但是他说："我喜欢这种劳动，因为我又和我的老朋友在一起了。"④整理这些珍贵的手稿，对他来说是最大的科学享受。

恩格斯在整理出版第 2 卷时，为自己确定了这样的原则："使本书既成为一部连贯的、尽可能完整的著作，又成为一部只是作者而不是编者的著作。"⑤ 这确实不是一件容易的事情，需要做大量的工作，有些地方还得"绞尽脑汁"。

首先，辨认笔迹。为了整理付印的稿子，第一步是要辨认笔迹，誊清手稿。做完这一步，真正的整理工作才能开始。除了恩格斯，没有其他人能够辨认这些手稿。开始时，恩格斯自己边辨认边誊清，1883 年 10 月，由于劳累过度而病倒。考虑到任务艰巨，身体不好，1884 年初，他请了一位秘书帮助抄写。每天从上午 10 时至下午 5 时，他躺在沙发上向秘书口授手稿，由秘书誊清；晚上他再对誊清稿进行加工。秘书埃森加尔滕工作勤奋，手稿整理进展顺利。

其次，选择文稿。第 2 卷的八份手稿中，第 I 稿和第 II 稿比较完整，其

---

①　恩格斯：《致卡·考茨基》（1883 年 9 月 18 日）。《马克思恩格斯全集》第 36 卷第 63 页。

②　恩格斯：《致卡·考茨基》（1884 年 6 月 21—22 日）。《马克思恩格斯全集》第 36 卷第 168 页。

③　恩格斯：《〈资本论〉第 2 卷序言》。《马克思恩格斯全集》第 24 卷第 3 页。

④　恩格斯：《致约·菲·贝克尔》（1883 年 5 月 22 日）。《马克思恩格斯全集》第 36 卷第 28 页。

⑤　恩格斯：《〈资本论〉第 2 卷序言》。《马克思恩格斯全集》第 24 卷第 3 页。

余各稿，都是在不同时期写成、带有片断性质的修订稿，没有一份是完整的。要从这许多份手稿中搞出一份定稿来，是一件十分吃力的事情。① 恩格斯细心地研究对比各份手稿的内容。由于晚年的文稿在理论上最为成熟，因此他决定以最后的文稿为根据，并参照以前的文稿。第一篇《资本形态变化及其循环》选自第Ⅴ、Ⅳ、Ⅶ、Ⅵ、Ⅱ稿和马克思 1877 年或 1878 年笔记本中一个长注；第二篇《资本周转》大部分选自第Ⅱ稿，一部分选自第Ⅳ稿；第三篇《社会总资本的再生产和流通》大部分选自第Ⅷ稿，一部分选自第Ⅱ稿。这两个手稿写作的时间相隔 11 年，从完全不同的方面考察社会再生产。恩格斯把两个手稿有机地连接起来。经过他的精心选择和安排，这些取自不同稿本的内容形成一部完整的著作。

再次，重新安排结构。马克思在第Ⅰ稿和第Ⅱ稿中，拟了两份关于《资本论》第 2 卷的计划，把全卷分成 3 章 11 节 17 小节。恩格斯基本上按照马克思分章的原则，把 3 章编成 3 篇，把 11 节扩编为 21 章，把 17 小节扩编为 45 小节。一些章、节的标题，也是由恩格斯根据正文的内容加上的。经过恩格斯的重新安排，结构更加严谨，层次更加分明，章节标题更加突出正文的内容。

复次，修改补充正文。马克思遗留的手稿，理论内容是异常精彩的；但由于它并不是为了供直接付印使用，而是作为进一步加工的材料，文字上未经反复推敲，往往是按照作者的原始思路直接记录下来，因而有些提法不够准确，有些表达不够清晰，有些内容比较繁杂，有些重点不够突出。这就要求恩格斯在手稿的基础上进行大量的改动。虽然恩格斯一再强调，他自己的任务"只是把这些手稿尽可能逐字地抄录下来；在文体上，仅仅改动了马克思自己也会改动的地方，只是在绝对必要而且意思不会引起怀疑的地方，才加进几句解释性的话和承上启下的字句。意思上只要略有疑难的句子，我就宁愿原封不动地编入。我所改写和插入的文句，总共还不到十个印刷页，而且只是形式上的改动。"② 事实上，他的改动决不仅仅限于"形式上"，改动的地方也不少。例如，第 3 篇第 20 章第 2 节社会生产的两大部类是由第Ⅱ稿和第Ⅷ稿编成的。在第Ⅱ稿中，马克思把消费资料称为第Ⅰ部类，生产资料称为第Ⅱ部类；在第Ⅷ稿中，马克思把生产资料称

---

① 参阅恩格斯《致劳·拉法格》（1883 年 5 月 22 日）。《马克思恩格斯全集》第 36 卷第 31 页。

② 恩格斯：《〈资本论〉第 2 卷序言》。《马克思恩格斯全集》第 24 卷第 3—4 页。

为第 I 部，消费资料称为第 II 部。恩格斯保留了第 II 稿中关于每一部类的定义，又按照第 VIII 稿调换了两大部类的次序；并把原稿中"社会年总产品"改为"社会总产品"，因为不仅年总产品可以分成两个部类，日产品、月产品，等等也可以分成两个部类。这就使内容更加准确。又如第 2 篇第 15 章，马克思对周转时间对预付资本量的影响作了非常复杂、不厌其烦的计算。恩格斯把计算大大简化。他在说明这样做的原因时写道：马克思把一件实际上并不怎么重要的事情看得过于重要了；而且，"马克思虽然精通代数，但他对数字计算，特别是对商业数字的计算，还不太熟练，尽管他在留下的一大包练习本中，亲自用许多例题演算商业上的各种计算方法。各种计算方法的知识，和商人日常的实际计算的习惯完全不是一回事，而他又如此纠缠在周转的计算中，以致除了有一些未完成的计算外，最后还出现了一些不正确的和互相矛盾的地方。在前面印的各个表格中，我只保存了最简单的和计算正确的部分。"① 同时，恩格斯还对正文作了若干增补，插入一些说明性的文字，增加一些注释。经过恩格斯的改动，文体更加精练，提法更加准确，表达更加清晰。

最后，编辑加工和文字润色。由于手稿本身的性质，编辑加工的工作量也是很大的。例如把大段的文字按照内容加以分段，把复杂的长句子改成简练的短句；调整一些词句和段落，使叙述更合逻辑；恢复各种缩写和符号的原意，删掉重复的内容；检验数据，核对引文出处；把夹杂着外文的句子改成德文，统一名词术语；增加一些脚注，编制必要的索引，等等。

恩格斯对第 2 卷的整理工作，始终采取十分严肃认真和谨慎负责的态度。从发现手稿到正式出书，他对文稿至少作了五次整理和修改（自己誊清和向秘书口授；口授后检查对照；选择和编排付印文稿；看清样；准备第二版）。虽然由恩格斯编辑出版的第 2 卷篇幅只相当于马克思遗留下来的手稿总篇幅的 1/3，但已经包括了马克思关于第 2 卷计划的全部内容。② 恩格斯所作的压缩和删节是绝对必要的。如果马克思自己准备付印，他无疑也会作这样的压缩和删节。恩格斯一再强调，马克思的每一个字都贵似金玉；如果不是绝对必要，他决不作任何改动。正是经过恩格斯的整理，才使 1885 年 7 月出版的

---

① 《资本论》第 2 卷。《马克思恩格斯全集》第 24 卷第 315 页。

② 恩格斯编辑第 2 卷时利用各份手稿的情况是：第 I、III 稿未被利用；第 II 稿利用三分之一；第 IV 稿利用大部分；第 V、VI、VII 稿几乎全部利用；第 VIII 稿利用了四分之三（参阅《马克思主义研究资料》1982 年第 2 期，第 40 页）。

《资本论》第 2 卷成为内容博大精深、逻辑严密、叙述连贯、文字流畅的科学著作。

第 2 卷整理完毕后，恩格斯于 1885 年 5 月 5 日（马克思生日）写了一篇序言，说明各篇手稿的情况和整理手稿的原则，反击了德国资产阶级庸俗经济学者洛贝尔图斯所谓马克思"剽窃"了他的理论的胡说，论述了古典经济学李嘉图学派在剩余价值问题上解决不了的问题和马克思创立剩余价值理论的伟大功绩，最后指出，"这个第 2 卷的卓越的研究，以及这种研究在至今几乎没有人进入的领域内所取得的崭新成果，仅仅是第 3 卷的内容的引言，而在第 3 卷，将阐明马克思对资本主义基础上的社会再生产过程的研究的最终结论。"①

四　整理和出版《资本论》第 3 卷

恩格斯在《资本论》第 2 卷的整理工作即将完成的时候，就已计划整理第 3 卷的工作。1885 年 2 月 22 日，他写信告诉施留特尔："《资本论》第 2 卷的最后部分明天寄出，后天我就开始搞第 3 卷。"② 当初他认为，整理第 3 卷只有技术性的困难，不需要花费过多时间，只需要几个月或一年就够了。但整理过程中遇到的困难，比原来想象的大得多。实际上，他不是用一年，而是大约用十年的时间，才完成这一卷的编辑和付印工作。

《资本论》第 3 卷，是这部伟大著作理论部分的完成。它揭示和说明了资本运动过程作为整体考察时所产生的各种具体形式：产业资本、商业资本、借贷资本、农业资本；研究剩余价值在各个剥削阶级集团之间的分配；解决曾经使李嘉图学派崩溃的难题——等量资本获得等量利润不仅不会违背价值规律，而且必须在价值规律的基础上加以说明。正如马克思所说："我们在本卷中将要阐明的资本的各种形式，同资本在社会表面上，在各种资本的互相作用中，在竞争中，以及在生产当事人自己的通常意识中所表现出来的形式，是一步一步地接近了。"

马克思在 1857—1858 年写作《资本论》第一稿时，已经研究了第 3 卷的有关内容。他在 1857 年 11 月中旬拟订的写作计划中就列了这样一项：资本

① 恩格斯：《〈资本论〉第 2 卷序言》。《马克思恩格斯全集》第 24 卷第 25 页。
② 恩格斯：《致海·施留特尔》（1885 年 2 月 22 日）。《马克思恩格斯全集》第 36 卷第 284 页。

"Ⅲ，个别性：（1）资本作为信用。（2）资本作为股份资本。（3）资本作为货币市场。"① 1859 年初，他在《政治经济学批判》第三章提纲草稿中，对"Ⅲ，资本和利润"这一部分，已经列出了 7 个项目。1863 年 1 月，他在〔《资本论》第一部分和第三部分计划草稿〕中列出，《资本和利润》应包括以下内容：

"（1）剩余价值转化为利润。不同于剩余价值率的利润率。

（2）利润转化为平均利润。一般利润率的形成。价值转化为生产价格。

（3）亚当·斯密和李嘉图关于利润和生产价格的理论。

（4）地租（价值和生产价格的区别的例解）。

（5）所谓李嘉图地租规律的历史。

（6）利润率下降的规律。亚·斯密、李嘉图、凯里。

（7）利润理论。

（问题：是不是还应该把西斯蒙第和马尔萨斯包括在《剩余价值理论》里？）

（8）利润分为产业利润和利息。商业资本。货币资本。

（9）收入及其源泉。这里也包括生产过程和分配过程之间的关系问题。

（10）资本主义生产过程中货币的回流运动。

（11）庸俗政治经济学。

（12）结论。资本和雇佣劳动。"②

在《资本论》第二稿，即包括 23 个笔记本的 1861—1863 年手稿中，马克思专门研究了第 3 卷的有关问题。其中笔记本第ⅩⅥ、ⅩⅦ本研究了剩余价值转化为利润和剩余价值率转化为利润率，利润率趋向下降的规律；第ⅩⅤ、ⅩⅦ、ⅩⅧ本研究了商业资本和商业利润；第Ⅹ、ⅩⅢ本研究了地租理论。从 1863 年 8 月至 1865 年底，马克思又创作一部新的手稿，即《资本论》第三稿，其中主要部分就是第 3 卷的有关内容。

恩格斯虽然经常与马克思讨论有关《资本论》的理论问题，参与《资本论》理论观点的形成；马克思也经常把写作《资本论》的进展情况告诉他；但在马克思生前，他没有看过第 3 卷的手稿，也不了解这一卷完成的程度。

① 马克思：《政治经济学批判（1857—1858 年草稿）》。《马克思恩格斯全集》第 46 卷（上）第 233 页。

② 马克思：《剩余价值理论》。《马克思恩格斯全集》第 26 卷（Ⅰ）第 447 页。

马克思逝世不久，他找到了篇幅达 1000 页的《资本的流通》和《总过程的各种形成》的手稿，不禁大为惊讶。当倍倍尔问，为什么连他也不知道《资本论》续卷的完成程度时；他回答说："很简单，要是我知道的话，就会使他日夜不得安生，直到此书写成并印出来为止。这一点，马克思比谁都知道得更清楚，但是他也知道，万不得已时（现在正是这样），手稿会由我根据他的精神出版的，这一点他跟杜西也谈过。"①

在整理第 2 卷过程中，恩格斯就开始阅读第 3 卷手稿。到 1885 年初，他已经完全掌握第 3 卷的内容，认为这是一部在理论上无与伦比的伟大著作。4 月 14 日，他写信告诉倍倍尔，第 3 卷 "是卓越的，出色的，这对整个旧经济学确实是一场闻所未闻的变革。只是由于这一点，我们的理论才具有不可摧毁的基础，我们才能在各条战线上胜利地发动起来。"② 4 月 23 日，他又对十分关心《资本论》第 3 卷的俄文译者丹尼尔逊说，第 3 卷 "是圆满完成全著的结束部分，甚至使第 1 卷相形见绌。……这个第 3 卷是我所读过的著作中最惊人的著作……最困难的问题这样容易地得到阐明和解决，简直像是做儿童游戏似的，并且整个体系具有一种新的简明的形式。"③ 他认为，这部光彩夺目的著作，是马克思为自己树立的纪念碑，"比别人能为他树立的任何纪念碑都更加宏伟。"④

最使恩格斯惊异的是，尽管马克思早在 60 年代初期已经写出第 3 卷的重要部分，60 年代中期已经完成全部手稿的写作，但由于他极端严肃认真的态度，在自认稿子没有彻底完善以前，决不肯公之于众。恩格斯研读了全部手稿后，十分感慨地说："一个人有了这么巨大的发现，实行了这么完全和彻底的科学革命，竟会把它们在自己身边搁置二十年之久，这几乎是不可想象的。"⑤

第 3 卷的编辑工作与第 2 卷有所不同。虽然这一卷理论上非常精彩，但毕竟是一个未加润色的初稿。因此，整理编辑工作比第 2 卷还要困难，需要花费的时间和精力还要多。但恩格斯十分喜欢这件工作，他说："在整理这部

---

①　恩格斯：《致奥·倍倍尔》（1883 年 8 月 30 日）。《马克思恩格斯全集》第 36 卷第 57 页。

②　恩格斯：《致奥·倍倍尔》（1885 年 4 月 4 日）。《马克思恩格斯全集》第 36 卷第 293 页。

③　恩格斯：《致尼·弗·丹尼尔逊》（1885 年 4 月 23 日）。《马克思恩格斯全集》第 36 卷第 299 页。

④　恩格斯：《致劳·拉法格》（1885 年 3 月 8 日）。《马克思恩格斯全集》第 36 卷第 286 页。

⑤　同上书，第 285 页。

书时，我感到好像他（指马克思——引者）还活着跟我在一起似的。"①

　　整理工作从 1885 年 2 月下旬开始。辨认笔迹、口授和誊清手稿的工作花了大半年时间。到 11 月中旬，这项工作才初步完成。接着便进入真正的整理阶段。

　　在篇幅达 70 印张的第 3 卷手稿中，马克思只划分为 7 章，各章都未分节。这对阅读和研究很不方便。恩格斯以马克思的分章为基础，依据手稿的内容，重新安排篇章结构，把手稿的 7 章分为 7 篇 52 章；有些内容较多，理论上又能分开的，章内再分若干节，并加上章节标题。经过这样重新安排，全书结构谨严、层次清楚，篇、章、节的内容重点突出，为阅读和研究这部伟大著作提供了极大方便。

　　为了把第 3 卷编成既是以手稿为依据，又是有条理的和尽可能完善的著作，恩格斯认真研究了全部手稿，按照正文的理论内容和叙述问题的逻辑顺序，修改了一些篇的标题，调整了一些章节的次序。例如手稿的第 1 章标题是《剩余价值转化为利润》；恩格斯改为《剩余价值转化为利润和剩余价值率转化为利润率》，这个标题更准确地反映正文的内容。手稿的这一部分开头全是关于剩余价值率和利润率的关系的数学计算；但是为了与前两卷相联系，也为了从理论上阐明剩余价值怎样转化为利润，剩余价值率怎样转化为利润率，则必须先研究资本主义的成本价格和利润。为此，恩格斯把分散在手稿各部分中有关成本价格和利润的论述集中起来，插入一些段落和文句，进行必要的加工，编成第 1 篇第 1 章，而把主要手稿的开头部分，以及马克思在 70 年代写的一个笔记本中的有关计算公式编成第 3 章。由于第 3 章是用数学方法说明剩余价值率与利润率的关系，恩格斯特请英国数学家、《资本论》英译者穆尔对笔记本的材料进行整理，作出摘要，根据摘要和主要手稿进行改写。经过这样的调整和改动，全书逻辑论证更加严密，叙述更有条理。

　　第 3 卷手稿中，有些章只有一个标题，未写具体内容，但问题又极为重要，因此，恩格斯只好亲自执笔加以补写。第 4 章《周转对利润率的影响》就是如此。马克思在标题下注明"这个因素，我们暂且放在一旁，因为它对利润率的影响，在后面的某一章中将专门予以研究。"显然，马克思是准备在修订手稿时补写的。后来这个计划未能实现，只好由恩格斯来完成。恩格斯

---

① 　恩格斯：《致劳·拉法格》（1885 年 3 月 8 日）。《马克思恩格斯全集》第 36 卷第 286 页。

根据《资本论》第 2 卷关于资本周转对剩余价值的影响的原理，指出"在资本百分比构成相等，剩余价值率相等，工作日相等的时候，两个资本的利润率和它们的周转时间成反比。"① 资本周转的时间越长，利润率就越低；资本周转的时间越短，利润率就越高。这是因为，资本周转时间缩短，一定量可变资本在一年时间内周转次数增加，榨取的剩余价值量也增加；利润率是剩余价值与预付总资本的比率，剩余价值量增加，利润率也必然提高。由此可见，"周转时间的缩短对剩余价值的生产，从而对利润的生产的直接影响，在于使可变资本部分由此提高效率。"② 经过恩格斯的补充，全书内容更加丰富，论述更加全面，理论上更加光彩夺目。

　　恩格斯说，第五篇的整理工作遇到真正的困难。这篇探讨了本卷理论上最复杂的"利润分为利息和企业主收入（生息资本）"的问题。马克思在写作这一篇手稿时，旧病复发并加重了，"因此，这一篇不但没有现成的草稿，甚至没有可以提供轮廓、以便加以充实的纲要，只不过是开了一个头，不少地方只是一堆未经整理的笔记、评述和摘录的资料。"③ 他曾经尝试按照整理第一篇的方法，把空白补足，把只有提示的片断进行加工；但后来觉得这条路行不通。因为这样做，需要补写和加工的内容太多，最后搞成的东西，与马克思手稿的差别太大。这不符合整理《资本论》的原则。因此，他决定尽可能限于整理现有的材料，只作一些必不可少的补充。这样做的工作量仍然很大。例如这一部分手稿中，有一篇题为《混乱》的东西，摘录了英国议会关于 1848 年和 1857 年危机的报告，汇集了 23 个企业主和经济学家关于货币和资本、贵金属的流动、过度投机等等的证词，有些地方加了简短的评注。恩格斯把这些材料加以挪动、删节和加工，一部分用于第 31 章，其余部分编成第 33—35 章。采用这种方法，成功地把马克思所有同这个问题有关的论述都收进正文。经过这番细心的整理和编辑，大量的摘录资料成了论述信用制度与货币流通、银行在资本集中的作用、国际汇兑和汇兑率以及批判资产阶级通货学派的材料。恩格斯补写的介绍李嘉图货币数量论的内容，对于更好地理解第 34 章正文，批判通货学派的理论，都有很大的意义。

①　《资本论》第 3 卷。《马克思恩格斯全集》第 25 卷第 86 页。
②　同上书，第 86 页。
③　恩格斯：《〈资本论〉第 3 卷序言》。《马克思恩格斯全集》第 25 卷第 9 页。

研究地租理论的第六篇，手稿写得比较完整，但也有一些内容只有标题，还未成文；一些表格设计不妥或计算错误。恩格斯整理这一篇也耗费了大量劳动。例如从第 41—43 章，依次研究级差地租Ⅱ的三种情况：生产价格不变、生产价格下降、生产价格上涨。前两种情况手稿中已经作了研究；第三种情况手稿中只有一个标题，没有详细的阐述。于是恩格斯按照马克思论述第一、二种情况的思路，补写了第三种情况的内容。此外，他还对级差地租Ⅱ包含的三种主要情况和九种派生情况进行全面研究，作出一般性的结论。为了说明级差地租Ⅱ的各种情况，给研究结果提供数量的基础，恩格斯编制和插入 21 个表格。他说，手稿中虽然存在某些计算上的错误，但绝对"不会影响这些表所阐明的理论观点"[①]。他所增补和编制的表格，对于我们深入了解和掌握级差地租理论，有着重要的意义。

第 3 卷的手稿，写于 19 世纪 60 年代。当恩格斯二十多年后整理这份手稿时，资本主义经济状况已经发生很大变化。这段时期，正是自由竞争的资本主义向垄断资本主义过渡的时期。恩格斯十分敏锐地看到资本主义出现的新情况。他在第 3 卷中写的 60 多处附注、插入语和编者注中，除了对正文的说明和使叙述更加完整、连贯以外，还简要地分析资本主义经济发展的新情况和新问题。例如，他指出，自从 1867 年以来，资本主义国家已经发生巨大的变化，经济危机的周期缩短了，"周期过程的急性形成和向来十年一次的周期，看来让位给比较短暂的稍微的营业好转和比较持久的不振这样一种在不同的工业国在不同的时间发生的比较慢性的延缓的交替。但这里也许只是周期持续时间的延长"。由于资本主义矛盾的尖锐化，摆脱危机更加困难。从 60 年代以来，资本主义国家工业迅速发展，世界市场的竞争大大加剧，"迅速而巨大地膨胀起来的现代生产力，一天比一天厉害地超出了它们应当在其中运动的资本主义商品交换规律的范围；"[②] 竞争逐渐为垄断所代替。由整个大生产部门的工厂主组成的卡特尔、托拉斯等垄断组织已经出现，并在经济生活中发挥巨大作用，其目的是调节生产，从而调节利润，实际上是使小资本家比以前更快地被大资本家吃掉。虽然卡特尔和托拉斯的出现限制国内市场和国外市场的竞争，但却不能消灭竞争，各国实行的保护关税，不过是最后的、全面的、决定世界市场霸权的工业

---

① 《资本论》第 3 卷。《马克思恩格斯全集》第 25 卷第 700 页。

② 同上书，第 137—138 页。

战争的准备。他明确指出，资本主义制度决不能解决竞争和生产无政府状态。以调节生产为目的的卡特尔和托拉斯，在风暴到来时就会垮台。恩格斯这些论述多么深刻！一百年来，资本主义世界的历史发展再次证明，垄断资产阶级及其政府，不能克服周期重演的经济危机。只有消灭资本主义生产资料私有制，建立生产资料社会主义公有制，才能对社会生产进行有计划的调节。

《资本论》第 3 卷整理和编辑工作完成后，恩格斯写了一篇内容丰富、论述精辟的《序言》，除了说明整理第 3 卷的情况外，集中批判了资产阶级经济学者在平均利润率和价值规律问题上的种种错误观点。我们知道，恩格斯在《〈资本论〉第 2 卷序言》中曾经指出，李嘉图学派由于解决不了相等的平均利润率怎样能够并且必须不仅不违反价值规律，而且要以价值规律为基础来形成而碰了壁。李嘉图学派解决不了的问题，其他资产阶级经济学者也不可能解决。马克思在第 3 卷中已经把这个问题彻底解决了。第 2 卷出版后，一些资产阶级经济学者著文评论马克思经济学说，攻击劳动价值论，认为平均利润率与价值规律无法统一等等。恩格斯在第 3 卷序言中，评论和批判了勒克西斯、施米特、法尔曼、沃尔夫、斯蒂贝林等人的错误论点，特别严厉地批判了大名鼎鼎的意大利人洛里亚，指出"全部研究的结果是，甚至在这个问题上，也只有马克思学派才取得了一些成就"[1]。

整理出版第 3 卷，花去恩格斯将近 10 年的时间。这件工作，一直是他的一个沉重的负担。他希望能够摆脱其他事务，专心致志地尽快把这一卷编完；他一再表示，"简直不允许、坚决不允许再有任何中断"[2]。但是，许多无法克服的客观原因，使本书付排工作一再拖延。

首先，整理工作的困难。为了整理手稿的需要，恩格斯翻阅了大量同第 3 卷有关的经济文献，有些著作和资料甚至必须全文通读，而且还要进行深入研究。例如在整理第五篇时，需要对图克、富拉顿的观点作一些注释性的说明，为此就必须翻阅有关的著作。为了补写一些章节，对一些章节补充新的内容，就必须大量收集资料，进行深入研究。所有这些，都要花去大量时间。

其次，出版《资本论》英译本和再版一些早期著作。80 年代以来，随着

---

① 恩格斯：《〈资本论〉第 3 卷序言》。《马克思恩格斯全集》第 25 卷第 26 页。
② 恩格斯：《致康·施米特》（1889 年 10 月 17 日）。《马克思恩格斯全集》第 37 卷第 284 页。

国际工人运动的重新兴起，各国工人阶级迫切需要用马克思主义理论武装自己。因此，马克思、恩格斯的许多著作，包括《共产党宣言》、《雇佣劳动与资本》、《哲学的贫困》以及《资本论》等等，都需要重印、翻译，为此要求恩格斯校订、编选、作序，工作量非常之大。仅仅英译本的工作，就几乎占用了他一年的时间。他写信对一位朋友说："白天我约从十点工作到五点，而晚上，除了接待客人，我还要……校订我们的著作的法译文、意大利译文、丹麦译文和英译文（包括《资本论》的英译文），我真不知到哪里去找时间来做其他工作。"①

再次，指导国际工人运动。这个时期，"马克思所创立的理论……已经成功地把欧美绝大多数社会主义者团结在统一的战士队伍中。"② 各国马克思主义活动家，要求恩格斯给予帮助，进行指导。他每天都要收到大量报刊和信件，经常要接待各国来访者，这要占去的时间实在太多了。但正如恩格斯自己所说："谁要是像我这样五十多年一直在这个运动中从事活动，他就会把由此产生的各项工作看做一种义不容辞的、必须履行的义务。"③ 特别是筹备第二国际、与无政府主义者的斗争占去了大量时间，这也是使《资本论》延期出版的重要原因。

最后，眼病和视力衰退使恩格斯不得不缩短工作时间，有时一天只能工作二三小时，有时甚至完全不能工作。他以极大的毅力克服困难，坚持把第3卷搞下去。

经过恩格斯的精心整理，《资本论》第3卷于1894年12月在汉堡出版。这部雷鸣闪电般的著作，驳倒了全部官方的资产阶级经济学，再次宣告马克思主义的胜利。

恩格斯整理和出版《资本论》第2、3卷，是对无产阶级的伟大贡献。正如列宁所说："奥地利社会民主党人阿德勒说得很对：恩格斯出版了《资本论》第2卷和第3卷，就是替他的天才的朋友建立了一座庄严宏伟的纪念碑，在这座纪念碑上，他无意中也把自己的名字不可磨灭地铭刻上去了。"④

---

① 恩格斯：《致海・施留特尔》（1885年6月16日）。《马克思恩格斯全集》第36卷第331页。
② 恩格斯：《致若・纳杰日杰》（1888年1月4日）。《马克思恩格斯全集》第37卷第4页。
③ 恩格斯：《〈资本论〉第3卷序言》。《马克思恩格斯全集》第25卷第4页。
④ 列宁：《弗里德里希・恩格斯》。《马克思恩格斯选集》第1卷第40页。

五　关于《资本论》第 4 卷的安排

恩格斯没有能够亲自整理《资本论》第 4 卷。但是他对第 4 卷非常关心，做了一系列重要的安排。

《资本论》第 4 卷即《剩余价值理论》，是《资本论》第二稿（1861—1863 年手稿）的"主体部分"。这部写于 1861 年 8 月至 1863 年 7 月的手稿，共有笔记本 23 册 1472 页，篇幅达 200 印张，研究了包括《资本论》全部四卷的问题。它是马克思经过 20 年艰辛劳动和深入研究所取得的伟大科学成果，是《资本论》这部科学巨著的完整的准备著作。在这部手稿的第 Ⅵ—ⅩⅤ 本、第 ⅩⅤ Ⅷ 本以及第 ⅩⅩ—ⅩⅢ 本的一些历史性评注和札记中，根据当时很少为人所知的材料写成了剩余价值理论的历史，即后来以《剩余价值理论》闻名的《资本论》第 4 卷。

《1861—1863 年手稿》不是准备付印，而是作为进一步加工的著作。马克思在写作《资本论》第三稿时认为，历史文献部分对他来说是最容易的，因为所有问题都在理论部分中解决了，最后这一册大半是以历史的形式重述一遍。[①] 所以，无论在《1863—1865 年手稿》中，还是在 70—80 年代所写的手稿中，都未对这一部分进一步整理和加工。他很可能是打算在理论部分全部完成并付印后，再对这一部分进行整理。因此，这部分一直以初稿的形式保存下来。

马克思逝世后，恩格斯很快就从遗稿中发现《剩余价值理论》的手稿。1883 年 5 月 22 日他写信告诉劳拉：从手稿中找到了《资本论》所探讨的理论问题的批判史部分。1884 年 2 月 16 日，他对考茨基说："在手稿中，有《资本论》的第一稿本（1861—1863 年），在那里头我发现了几百页《剩余价值理论》。"[②] 这个时期恩格斯十分忙碌，既要出版《资本论》第 1 卷德文第三版，又要整理《资本论》第 2 卷，因而来不及考虑第 4 卷的整理出版问题。他打算搞完其余各卷，再着手编辑这一部分。

编完《资本论》第 2 卷，恩格斯对其余手稿的出版工作做了全盘考虑。他计划在第 2 卷付印后立即整理第 3 卷，把《剩余价值理论》编成第 4 卷。

---

① 马克思：《致弗·恩格斯》（1863 年 7 月 31 日）。《马克思恩格斯全集》第 31 卷第 135 页。
② 恩格斯：《致卡·考茨基》（1884 年 2 月 16 日）。《马克思恩格斯全集》第 36 卷第 114 页。

他在《〈资本论〉第 2 卷序言》中谈了自己的打算:《剩余价值理论》是"包括政治经济学核心问题即剩余价值理论的详细的批判史,同时以同前人进行论战的形式,阐述了大多数后来在第 2 卷和第 3 卷手稿中专门的、在逻辑的联系上进行研究的问题。这个手稿的批判部分,除了许多在第 2 卷和第 3 卷已经包括的部分之外,我打算保留下来,作为《资本论》第 4 卷出版。"①

恩格斯准备怎样整理编辑第 4 卷,他没有直接说明。不过,他在 1884 年 2 月 16 日给考茨基的信中说,曾打算把第 2、3、4 卷的内容都包括在第 1 卷中。这样就需要对手稿大加压缩。1884 年 8 月 22 日,他在给伯恩施坦的信中,也认为《剩余价值理论》,"确实有很多要删去"。但是,在编辑第 2 卷特别是第 3 卷时,他已认识到,必须尽量保留手稿的原貌,以便让读者按照马克思的手稿自行得出结论。他说:"我把这种编辑工作限制在最必要的范围内。凡是意义明白的地方,我总是尽可能保存初稿的性质。个别重复的地方,我也没有划去,因为在那些地方,像马克思通常所做的那样,都是从不同的角度论述同一问题,或至少是用不同的说法阐明同一问题。"② 如果恩格斯亲自编辑第 4 卷,他很有可能继续采用这种方法。

在整理《资本论》第 2 卷时,恩格斯已经认识到,由于他是当时唯一能够辨认马克思潦草笔迹的人,但他年事已高,视力不好,因此,当务之急是誊清全部手稿。他说,"在没有把全文誊清成在任何情况下其他人都能阅读的东西以前,我就不放心。"③ 只要把原稿誊清了,即使他自己不一定能完成整理出版工作,必要时就可以按照原样出版。因此,从 1884 年开始,他就聘请一位秘书作记录,由他口授手稿内容。

80 年代末期,年近 70 的恩格斯工作繁多,眼疾加重,感到如果完全由自己口授原稿,不仅进度缓慢,而且一旦发生不幸,离开了他就无人能够辨认笔迹,马克思遗著的整理和出版就会遇到无法克服的困难。因此,1889 年初,征得马克思幼女爱琳娜的同意,他决定在他指导下,让伯恩施坦和考茨基学习辨认马克思的笔迹,开始着手整理第 4 卷手稿。1889 年 1 月 28 日,他在向考茨基正式提出这个建议时写道:"我预感到,在最好的情况下,我也还需要长时期地保护我的眼睛,以便恢复正常。这样,我至少在几年内不能

---

① 恩格斯:《〈资本论〉第 2 卷序言》。《马克思恩格斯全集》第 24 卷第 4 页。
② 恩格斯:《〈资本论〉第 3 卷序言》。《马克思恩格斯全集》第 25 卷第 4 页。
③ 恩格斯:《〈资本论〉第 2 卷序言》。《马克思恩格斯全集》第 24 卷第 3 页。

亲自给人口授《资本论》第 4 卷的手稿。

另一方面，我应当考虑到，不仅使马克思的这一部手稿，而且使其他手稿离了我也能为人们所利用。要做到这一点，我得教会一些人辨认这些潦草的笔迹，以便必要时代替我，在目前哪怕能够帮助做些出版工作也好。为此我能够用的人只有你和爱德。所以我首先建议，我们三个人来做这件事。

而第 4 卷是应当着手搞的第一件工作，可是爱德完全陷于《社会民主党人报》编辑部的工作，以及同这里的业务有关的种种困难和纠纷之中。但我认为，你会有充分的空闲时间，经过某些训练和实习并在你的妻子的帮助下，比如在两年内把大约七百五十页原稿转写成容易读的稿子……只要你略微学会辨认笔迹，你就可以口授给你的妻子，那么事情就会进展很快。

……

归根到底，问题涉及将来某个时候出版马克思和我的全集，这一点我在世的时候未必能够实现，而这也正是我所关心的事。我也对杜西谈过这一点。我们能从她那里得到全力支持。一旦我教会你们两人能容易地辨认马克思的笔迹，我就如释重负了。那时我可以少用眼睛，同时又不至于忽略这项非常重要的义务，因为那时，这些手稿至少对于两个人不再是看不懂的天书了。"①

这封信充分表明恩格斯心地高尚、高瞻远瞩，对无产阶级革命事业具有崇高的责任感，对年轻一代寄予殷切的期望。

考茨基同意并接受了恩格斯的建议，从维也纳来到伦敦，在恩格斯指导下学习辨认笔迹。考茨基先读手稿，把它抄出来，然后由恩格斯审读并根据其他手稿加以补充。恩格斯对这种工作方法表示满意。但考茨基并没有按照恩格斯的要求在伦敦工作两年，不久就离开伦敦，并带走一本手稿。有好几年，他根本没有从事这一工作，也不再向恩格斯提起此事。恩格斯对此很不满意，要考茨基把手稿寄回。1893 年 3 月 20 日，他写信对考茨基说："如果我知道你打算继续整理《剩余价值理论》的手稿，我会把它留给你，可是我已经好几年根本没有听到此事了，而在整理第 3 卷的过程中经常需要核对手稿，所以我才要你把它寄来。既然你正忙于别的工作，那就很难肯定你什么

---

① 恩格斯：《致卡·考茨基》（1889 年 1 月 28 日）。《马克思恩格斯全集》第 37 卷第 135—136 页。

时候才能再来整理这本笔记和后面的那些笔记。对这一点，最近我们要做出一个估计。"① 当时恩格斯曾经考虑让爱琳娜学习辨认笔记。这个计划没有实现。

恩格斯生前未能出版第 4 卷。这部手稿在他逝世后由爱琳娜保存；爱琳娜去世后，由劳拉保存。

恩格斯逝世的时候，曾经指定倍倍尔和伯恩施坦为他的遗著继承人。1899 年，伯恩施坦发表《社会主义的前提和社会民主党的任务》，提出一套修正主义理论，公开反对马克思主义。在这种情况下，倍倍尔坚决反对他参加恩格斯遗著的出版工作；马克思的遗产继承人也认为"有义务制止伯恩施坦发表马克思的任何著作"②。当时考茨基的修正主义面目还未彻底暴露，拉法格夫妇对他表示信任，因此便把由劳拉保管的《剩余价值理论》等手稿交给他整理出版。

考茨基于 1905—1910 年以《剩余价值学说史》的书名出版了马克思的《剩余价值理论》。这部手稿的公开发表，为各国马克思主义者提供了反对资产阶级的新武器。他在《序言》中正确地指出，《资本论》手稿的发表，粉碎了资产阶级经济学者所谓第 3 卷只是一种"困惑中的产物"等等诋毁和攻击，向人们清楚地说明："在第 1 卷出版的前五年，第 3 卷就不仅在结论上，且在思想的逻辑次序上，像现在的样子一样，为马克思所思考过⋯⋯它们逐步证明了，马克思在把握价值和生产价格的区别——近代庸俗经济学者曾把这个看做是他的价值学说的遁词和破产，而大肆吹嘘一时，正好看见了他胜过李嘉图的地方。还不仅看见了，并且已经证实了。"③ 但是，考茨基违背马克思、恩格斯的明确指示，不是把这部著作编成《资本论》第 4 卷，而是作为"与《资本论》三卷平行的著作"，从而割断了它与《资本论》前三卷的逻辑联系，损伤了《资本论》这部伟大著作的完整性。他还任意改动手稿次序，删掉手稿的某些内容，损伤了著作的科学性。

---

①　恩格斯：《致卡·考茨基》（1893 年 3 月 20 日）。《马克思恩格斯全集》第 38 卷第 57 页。

②　转引自海因茨·施泰、迪特尔、沃尔夫《伟大的遗产》。见《马列著作编译资料》第 7 期第 80 页。

③　考茨基：《〈剩余价值学说史〉第 3 卷编者序》。转引自《剩余价值学说史》第 3 卷，三联书店 1957 年版，第 8 页。

六　重印历史文件和早期著作

马克思早期著作，提出许多马克思主义基本原理，是科学社会主义的重要组成部分。随着国际工人运动的发展，研究马克思早期著作，了解马克思主义形成和发展的历史，用马克思主义基本原理指导当前革命运动，成为迫切的需要。

恩格斯十分重视马克思早期著作的重印和出版，认为这是很有意义的事情。但是他坚决表示必须尊重历史，反对篡改和损伤原著的内容。他说："重印历史文件以及早期著作的丛书，不容许任何书报检查——要么完整无损、一字不改，要么根本不印。在发表马克思和我过去的著作时，我决不能同意做即使是最小的删节以适应当前的出版条件。"①

由于这些著作发表的年代已久，为了帮助新参加运动的年轻人掌握著作的内容，恩格斯在重印和出版时，对有关问题进行了研究，写了前言、序言、导言或按语，其中有《共产党宣言》序言五篇：（1883 年德文版序言、1888年英文版序言、1890 年德文版序言、1892 年波兰文版序言、1893 年意大利文版序言）、《雇佣劳动与资本》两篇（1884 年前言、1891 年导言）、《哲学的贫困》两篇（德文第一版序言、第二版按语）、《卡尔·马克思在科伦陪审法庭面前》序言、《卡尔·马克思（路易·波拿巴的雾月十八日）》德文第三版序言、《关于自由贸易的演说》序言、《哥达纲领批判》序言、《法兰西内战》导言等共 15 篇，阐明了写作的历史背景和意义，论述了马克思理论研究和革命斗争的伟大贡献，分析了马克思主义理论的发展，指出了著作中的主要之点，批判了资产阶级或机会主义者的谬论，说明了这些著作对当时实际斗争的作用等等。这对于传播马克思的著作，发挥它们的战斗作用，具有极其重要的意义。

马克思每篇著作，都是根据革命斗争的需要而作的。这些著作发表的时间已过了近半个世纪，情况已发生很大变化。在为马克思早期著作所写序言中，恩格斯为了帮助读者更深刻地理解和掌握著作的理论内容，对一些著作的写作背景作了介绍。例如在《〈共产党宣言〉1888 年英文版序言》中，他详细论述《宣言》写作的历史背景和《宣言》发表以来国际工人运动的发展。

---

① 恩格斯：《致理·费舍》（1895 年 4 月 15 日）。《马克思恩格斯全集》第 39 卷第 446 页。

他指出，《宣言》是作为共产主义者同盟的理论和实践的党纲发表的。当时社会主义是资产阶级的运动，而共产主义则是工人阶级的运动。既然我们自始就认定"工人阶级的解放只能是工人阶级自己的事情"，因此就选定共产主义作为自己组织和纲领的名称；《宣言》中所发挥的一般基本原理是完全正确的，但是这些基本原理的实际运用，则必须以现存历史条件为转移。在《宣言》的指导下，国际工人运动迅速发展起来，《宣言》"无疑是全部社会主义文献中传播最广和最带国际性的著作，是从西伯利亚起到加利福尼亚止的千百万工人公认的共同纲领"①。在《关于自由贸易的演说》的序言中，恩格斯介绍了 1847 年底在布鲁塞尔举行的讨论自由贸易问题国际会议的情况，说明马克思当时对保护关税和自由贸易问题所持的立场，指出关于自由贸易和保护关税制度的问题，完全是在现代资本主义生产制度的范围内兜圈子，社会主义者对这个问题没有直接兴趣。但是，它间接使我们感到兴趣，因为自由贸易必然使资本主义制度迅速地发展壮大，从而使资本主义社会固有的矛盾不断加剧，以至于除了彻底改造构成这个社会的基础的经济制度以外，没有别的出路。正是从这一观点出发，"马克思在四十年前宣告原则上赞成自由贸易这个更进步的办法，也就是能更快地把资本主义社会带进那个死胡同的办法。"②

在介绍马克思早期著作时，恩格斯简要地论述了马克思理论方面的贡献和实际斗争的成就。在《共产党宣言》1883 年德文版和 1888 年英文版序言中，他一再强调，作为《宣言》基本原理的历史唯物主义是属于马克思一人的。早在 1845 年，他已经把这个原理整理出来，并用明晰的语句表达了。在《路易·波拿巴的雾月十八日》中，马克思运用这个原理分析法国一段历史时期阶级斗争的状况，作出了正确的结论，经受了历史的考验，证明了他最先发现的历史运动规律对于历史，同能量转化定律对于自然科学具有同样的意义。事实雄辩地证明，"他对当前的活的历史的这种卓越的理解，他在事变刚刚发生时就对事变有这种透彻的洞察，的确是无与伦比。"③ 马克思在 1848—1849 年德国革命中的立场和在科伦陪审法庭面前的演说，则是无产阶级革命家进行实际斗争的范例。1848 年 11 月，为了反对普鲁士封建专制政府对人

---

① 恩格斯：《〈共产党宣言〉1888 年英文版序言》.《马克思恩格斯全集》第 21 卷第 407 页。

② 恩格斯：《保护关税制度和自由贸易》.《马克思恩格斯全集》第 21 卷第 431 页。

③ 恩格斯：《卡·马克思〈路易·波拿巴的雾月十八日〉一书德文第三版序言》，《马克思恩格斯全集》第 21 卷第 290 页。

民的进攻，他号召人民拿起武器反对反动政府。在陪审法庭上，他发表了义正词严的辩护词，维护了革命观点，反对了政府的虚伪的法制，为革命者做出了榜样。

为了帮助读者深入掌握马克思著作的精神实质，恩格斯在一些序言中还论述了有关著作的主要内容。《共产党宣言》1883 年德文版序言明确指出：《宣言》中始终贯彻的基本思想是："每一历史时代的经济生产以及必然由此产生的社会结构，是该时代政治的和智慧的历史基础；因此（从原始土地公有制解体以来）全部历史都是阶级斗争的历史，即社会发展各个阶段上被剥削阶级和剥削阶级之间、被统治阶级和统治阶级之间斗争的历史；而这个斗争现在已经达到这样一个阶段，即被剥削被压迫的阶级（无产阶级），如果不同时使整个社会永远摆脱剥削、压迫和阶级斗争，就不再能使自己从剥削它压迫它的那个阶级（资产阶级）下解放出来。"① 在 1888 年英文版序言中，他再次强调了 1872 年德文版序言的重要补充：巴黎公社已经证明："工人阶级不能简单地掌握现成的国家机器，并用它来达到自己的目的。"② 恩格斯这些论述，对于深刻理解《宣言》的基本思想，有着重大的意义。

马克思的学说是不断发展的。19 世纪 40 年代末期，马克思经济理论正在形成。以 1847 年在布鲁塞尔的讲演为基础写成，并于 1849 年 4 月在《新莱茵报》上发表的《雇佣劳动与资本》，是马克思第一批成熟的著作之一。但是，这个时期，马克思还没有完成政治经济学的批判工作。这个工作是 50 年代末完成的。在此以前发表的一些著作，同 1859 年以后的著作比较起来，个别地方论点不同，有些用语和整个语句不妥当，甚至不正确。例如在《雇佣劳动与资本》中写到，工人为取得工资向资本家出卖自己的劳动。这是不正确的。工人出卖的是劳动力而不是劳动。劳动不是商品，不能出卖；劳动力才是商品，可以出卖。马克思在 1857—1858 年手稿中，已经把这个论点改过来了。这种情况说明，像历史上所有创新思想一样，马克思的学说也有一个形成发展，从不完善到完善的过程。1891 年，在出版供广大工人阅读的《雇佣劳动与资本》单行本时，恩格斯根据马克思晚期的论点，把劳动改为劳动力，指出曾经使资产阶级古典经济学家从"劳动"价值出发而无法解决的困难，只要用"劳动力"价值来作出发点，就完全解决了。找到这条出路的就

---

① 恩格斯：《〈共产党宣言〉1883 年德文版序言》。《马克思恩格斯全集》第 21 卷第 3 页。

② 恩格斯：《〈共产党宣言〉1888 年英文版序言》。《马克思恩格斯全集》第 21 卷第 409 页。

是马克思。在《〈雇佣劳动与资本〉导言》中，恩格斯对这个修改作了详细的解释。他说："向工人们解释，是为了使他们知道，这里并不是纯粹的咬文嚼字，而是牵涉到全部政治经济学中一个极重要的问题。向资产者们解释，是为了使他们确信，没有受过教育的工人要比我们那些高傲的'有教养的'人高明得多，因为前者对最难的经济结论也很容易理解，而后者对这种复杂的问题却终身也解决不了。"

重新发表马克思早期著作，同当年发表这些著作一样，是为了革命斗争的需要。恩格斯为《卡尔·马克思在科伦陪审法庭面前》一书所写的序言中指出，1848 年，正在形成的德国无产阶级参加反对封建专制制度的斗争，仅仅因为它将由于资产阶级的胜利而获得自身发展的场地，将在阶级斗争的舞台上占有一席之地，以便从这里出发去战胜其他一切阶级。在《保护关税制度和自由贸易》中，恩格斯联系当时的情况，批判了德国正在实行的保护关税制度，指出企图以保护关税制度来阻碍工人阶级的增长和资本主义的灭亡，是根本不可能的。"以剥削雇佣劳动为基础的生产制度，使财富同受雇佣的、受剥削的工人人数成比例地增长的制度，不可避免地会增加雇佣工人亦即注定有朝一日要摧毁这个制度本身的那一阶级的人数。"不管实行保护关税制度还是自由贸易制度，随着资本主义的发展，财富的生产、积累和集中的速度加快了，生产革命工人阶级的速度也加快了。最终的结局——资本主义的灭亡是不可避免的。

七　揭穿洛贝尔图斯的谎言

资产阶级经济学者，包括博学的和不学无术的，最初企图以不理不睬的办法来扼杀《资本论》。当这个"沉默的阴谋"被粉碎以后，他们便对这部伟大著作进行肆无忌惮的攻击，妄想以此抵消《资本论》的影响，"镇静资产阶级的意识"。[①] 马克思逝世后，资产阶级学者对《资本论》的诽谤和攻击更加猖狂。恩格斯为了维护《资本论》的科学性，对形形色色资产阶级学者的谬论进行了坚决的斗争。

我们知道，在《资本论》中，马克思对剩余价值理论作了最充分、最严密、最精辟的阐述和论证，创立了剩余价值理论。但是，德国庸俗经济学者

---

① 马克思：《〈资本论〉第 1 卷第二版跋》。《资本论》第 1 卷第 18 页。

洛贝尔图斯及其信徒却到处宣扬，马克思"剽窃"了洛贝尔图斯的著作。恩格斯坚决驳斥了这种卑鄙的捏造，维护了马克思的学术声誉和《资本论》在科学史上的地位。

洛贝尔图斯等人对马克思的指责，最初见于 1874 年鲁·迈耶尔出版的《第四等级的解放斗争》。该书写到：马克思是从 30 年代洛贝尔图斯的著作中"汲取了他的批判的大部分"。后来洛贝尔图斯亲自出场，指责马克思十分巧妙地利用了他在 1842 年出版的《关于我国国家经济状况的认识》一书中展开的思路，但是没有引证他的话。在 1881 年出版的《书信和社会政治论文集》中，洛贝尔图斯直截了当地说："我现在发现，谢夫莱和马克思剽窃了我，而没有提到我的名字"，"资本家的剩余价值是从哪里产生的，这个问题我已经在我的第三封社会问题书简中说了，本质上和马克思一样，不过更简单、更明了。"

马克思对于所谓"剽窃"的离奇谣言，虽然也有所耳闻，他觉得这不过是庸俗经济学者的无聊把戏，不屑加以理睬。但在马克思逝世后，这种谬论却被当做不容置疑的事实加以宣扬，甚至在德国社会民主党理论刊物《新时代》上，也发表了类似的言论。这就不能不引起恩格斯的严重关注。

1884 年 7 月，恩格斯看到《新时代》上发表的机会主义者席佩耳歪曲剩余价值理论创立史的文章后，立即写信向该刊主编考茨基提出强烈抗议。恩格斯气愤地写道："《新时代》还在发生怪事，否则想必不会让聪明的席佩耳去讲什么'洛贝尔图斯—马克思的理论'，以及'从洛贝尔图斯那时起才为人知道的'事情，而且这一切都没有加编者按语。"[①] 恩格斯指出："洛贝尔图斯……根本未能在经济学上创立什么新东西；只有马克思才前进了一步，推翻了整个旧的经济学。"[②] 1885 年 2 月，恩格斯写了《马克思和洛贝尔图斯》；同年 5 月写了《〈资本论〉第 2 卷编者序言》，对洛贝尔图斯所谓"剽窃"的诽谤作了严正的驳斥。

第一，恩格斯指出，剩余价值理论是马克思独自创立的。所谓"剽窃"的指责，完全是无稽之谈。

马克思于 1843 年在巴黎开始研究经济学，主要是研究英、法两国经济学家的著作。因为当时德国资本主义经济关系不发达，政治经济学在德国缺

---

① 恩格斯：《致卡·考茨基》。《马克思恩格斯全集》第 36 卷第 176 页。

② 同上。

乏生存的土壤。"在德国……政治经济学一直是外来的科学。……它作为成品从英国和法国输入；德国的政治经济学教授一直是学生。别国的现实在理论上的表现，在他们手中变成了教条集成，被他们用包围着他们的小资产阶级世界的精神去解释，就是说，被曲解了。"① 当时马克思完全不知道洛贝尔图斯其人，从未听说过他的名字，对他的经济学说一无所知。马克思根据自己的独立研究，在 19 世纪 40 年代末，不仅已经非常清楚地知道资本家的剩余价值是从哪里产生的，而且已经非常清楚地知道它是怎样产生的。1847年出版的《哲学的贫困》，同年 12 月在布鲁塞尔所作的《雇佣劳动与资本》的讲演，就是十分有力的证明。后一部著作详细地说明剩余价值是怎样产生的："举一个例子来说明。有个农场主每天付给他的一个短工五银格罗申。这个短工为得到这五银格罗申，就整天在农场主的田地上干活，保证农场主能得到十银格罗申的收入。农场主不但收回了他付给短工的价值，并且还把它增加了一倍。"② 马克思是在 1859 年前后，才从拉萨尔那里知道还有洛贝尔图斯这样一个经济学家。而这时马克思的剩余价值理论不仅在纲要上已经完成，而且在最重要的细目上也已经完成了。现在出版的《1857—1858 年手稿》就是最好的证明。洛贝尔图斯对马克思的指责，是"因热狂而进行诽谤"。③

第二，恩格斯指出，洛贝尔图斯所谓比马克思更简单、更明了的理论，包含着一系列的严重错误。他根本没有解决剩余价值产生的问题，在没有东西可供剽窃的地方发觉被人剽窃，真是咄咄怪事。

洛贝尔图斯宣称被马克思"剽窃"的是什么东西呢？原来他在 1842 年出版的《第三封社会问题书简》中说，租（他把利润和地租之和称为"租"）之所以产生，不是由于对商品价值的"价值追加"，而是由于"工资所受到的价值扣除"。马克思在 1861—1863 年手稿中，曾用讽刺的笔调对洛贝尔图斯的"发现"作了批判，指出他所研究的是土地占有和资本占有还没有分离的国家。他关于"租"即无酬劳动的论述，无论前提和结论都是错误的。例如，他认为各个商品中包含的无酬劳动量的比例等于这些商品的价值之间的比例。这是错误的。在必要劳动时间既定的情况下，生产不同商品的劳动者工作日的长度不

① 　马克思：《资本论》第 1 卷第 15 页。

② 　马克思：《雇佣劳动与资本》。《马克思恩格斯全集》第 6 卷第 489 页。

③ 　《马克思恩格斯全集》第 21 卷第 206 页。

同，也就是超出必要劳动之外的劳动时间延长程度不同，因而剩余价值率也不同；这样，各商品的剩余价值之比就不等于这些商品的价值之比。又如，他认为剩余价值量不仅取决于直接耗费的劳动，而且取决于机器、原料等物化劳动。这也是错误的。因为剩余价值量"只取决于直接耗费的劳动，不取决于固定资本的损耗，也不取决于原料的价值，总之，不取决于不变资本的任何部分"①。再如，他一方面假定已经有一个一般利润率存在，另一方面又认为商品是按照价值进行交换，每个部门的"租"和这个部门的无酬劳动相等。这是矛盾的。如果利润已经平均化，则商品只能按照生产价格交换，每个部门获得的利润与这个部门的无酬劳动在一般情况下并不相等。而且，虽然洛贝尔图斯模糊地猜到，剩余价值同它的特殊形式（特别是利润）的区别，"但是他不得要领，因为在他那里，问题一开始就只是要说明一定的现象（地租），而不是要揭示普遍规律"②。

从上述情况可以看出，所谓洛贝尔图斯创立了剩余价值理论，完全违背客观事实。洛贝尔图斯关于"租"的理论，包含着许多错误的东西。我们从1861—1863年手稿中清楚地看到，马克思对这个理论是持批判态度的。

第三，恩格斯指出，洛贝尔图斯自封为剩余价值理论的创立者，这是对普鲁士以外的事情，特别是对社会主义和经济学文献的惊人无知。

我们知道，资本家剥削剩余价值的现象，已经存在几百年。在这个漫长的历史过程中，人们曾经对剩余价值的起源问题进行了越来越深入的探索。资产阶级古典经济学的优秀代表亚当·斯密已经知道剩余价值是在生产过程中由工人创造的，"工人加到原料上的价值，在这里分成两部分，一部分支付工人的工资，另一部分支付企业主的利润，作为他预付在原料和工资上的全部资本的报酬。"这就是说，斯密已经知道地租和利润纯粹是工人产品中的扣除部分；或者说，是与工人加到原料上的劳动量相等的产品价值中的扣除部分。资产阶级古典经济学另一个优秀代表大卫·李嘉图比斯密前进了一大步。他把剩余价值理论建立在劳动价值理论的基础上；从劳动价值论出发，研究了工人在劳动过程中加到原料上去的价值分割为工资和利润的问题，论述了工资与利润相互关系的规律，指出了地租是超过利润的余额。在李嘉图之后，有一位匿名作者在《国民困难的原因及其解决办法》一书中，

---

① 马克思：《剩余价值理论》。《马克思恩格斯全集》第26卷（Ⅱ）第55页。
② 同上书，第61页。

把一切剩余价值都归结为剩余劳动，认为"支付给资本家的利息，无论是采取地租、货币利息的形式，还是采取企业利润的形式，都是用别人的劳动来支付的。"这本不为世人注意的小册子，包含着一个超过李嘉图的本质上的进步。

李嘉图的价值理论和剩余价值理论，曾被广泛地加以利用，作为反对资本主义的理论武器。早在 1847 年，马克思就在《哲学的贫困》中写到："只要对英国政治经济学的发展有一点点了解，就不会不知道，这个国家所有的社会主义者在各个不同时候几乎都提倡过平均主义地应用李嘉图的理论。"① 马克思举出了霍吉斯金、汤普森、艾德门兹等人的著作，并且指出，这样的著作还可写上四页。这就是说，还在 19 世纪 20—30 年代，许多社会主义者的著作中已经反复强调，非生产阶级所占有的财富，是对工人产品的扣除。

上述情况表明，洛贝尔图斯的所谓发现，斯密早已做过论述；在李嘉图的著作中也可找到，他没有任何一点超过李嘉图。同 20—30 年代社会主义者们的著作相比，他说过的东西别人早已说过，他在经济科学上没有提供任何新的东西。由此可见，他所自吹自擂的"发现"，不过暴露了自己惊人的无知。形形色色的无耻之徒借此大肆诽谤马克思，则不仅是无知，而且是反动。正如恩格斯所说，尽管马克思多次引用过 20—30 年代英国的反资本主义著作，可是在德国，人们对这些文献仍然一无所知，"这还可以容忍。但是，不仅那位在绝望中揪住洛贝尔图斯的衣角'而确实不学无术的'庸俗作家（指鲁·迈耶尔——引者），而且那位身居要职、'自炫博学'的教授（指阿·瓦格纳——引者），也把自己的古典经济学忘记到这种程度，竟把在亚当·斯密和李嘉图那里就可以读到的东西，煞有介事地硬说是马克思从洛贝尔图斯那里窃取来的，——这个事实就证明，官方的经济学今天已经堕落到何等地步。"②

第四，恩格斯指出，马克思是剩余价值学说的真正创始人。剩余价值学说的创立，使全部经济学发生革命。

如前所述，在马克思以前，资产阶级经济学家在剩余价值起源的问题上已逐步取得进展，但他们距离创立严格科学的剩余价值理论还很远。无论斯密或李嘉图，他们的兴趣仅仅在于理解资本主义生产关系，并把它说成是生

---

① 马克思：《哲学的贫困》。《马克思恩格斯全集》第 4 卷第 110 页。
② 《资本论》第 2 卷第 19 页。

产的绝对形式。这是他们的阶级局限性。在理论上，他们都没有把剩余价值本身作为一个专门范畴同地租、利润等剩余价值的特殊形式区别开来，根本不了解剩余价值在资产阶级内部进行分配的规律。李嘉图之后，包括洛贝尔图斯在内的经济学家和社会主义者，由于受到既有的经济范畴的束缚，同样不能科学地说明剩余价值。人们知道剩余价值的存在，也知道这部分价值是由无酬劳动创造的，是对工人产品的扣除部分，但到这里就止步不前了。

马克思同他的所有前人相反。在前人认为问题已经解决的地方，他却认为只是问题所在；在前人止步的地方，他继续向前探索。为此，他研究了全部历史文献，并根据资本主义的实际情况和工人运动的实践进行检验。他摆脱了既有的经济范畴的束缚，发现和确立了一个全新的科学范畴——剩余价值，解决了曾经阻碍他的前人继续迈进的重大问题，使全部经济学发生革命，并像晴天霹雳一样震动着一切文明国家。

恩格斯指出，剩余价值是理解全部资本主义生产关系的钥匙。马克思第一个真正发现剩余价值，创立了科学的剩余价值理论。马克思的主要贡献是：批判地研究了古典经济学的价值理论，创立了科学的劳动价值理论，为剩余价值理论奠定基础。他研究了劳动形成价值的特性，第一次确定了什么样的劳动形成价值，为什么形成价值以及怎样形成价值，指出价值不外是这种劳动（抽象劳动）的凝结。他进而研究商品和货币的关系，建立了第一个详尽无遗的货币理论。他对剩余价值的产生作了严密的科学的阐述和论证，研究了货币向资本的转化过程，证明这种转化是以劳动力的买卖为基础的。他确定了资本分为不变资本和可变资本，第一次详尽地阐述了剩余价值形成的实际过程。他发现了生产剩余价值的两种形式，即绝对剩余价值和相对剩余价值，指出这两种形式在资本主义生产的历史发展中起了不同的但都是决定性的作用。他根据剩余价值理论，第一个阐明了合理的工资理论，他分析了资本积累的过程和实质，第一次指出了资本主义积累的基本特征，说明了资本主义积累的历史趋势。他的剩余价值理论，解决了曾经使李嘉图学派遭到破产的两大难题。

马克思在劳动价值理论和剩余价值理论上的贡献，对洛贝尔图斯来说，不仅是望尘莫及，而且是他所不理解的。马克思是剩余价值的真正发现者，洛贝尔图斯不过重新发现了一种陈词滥调。他是一个怀有偏见的经济学家，"老是重复他第一本书已经说过或暗示过的同一思想，他感到自己不被人们了解，在没有可供剽窃的地方发觉被人剽窃。最后，并非无意地拒绝承认自己只是重新发现了实际上人家早已发现的东西。"①

恩格斯对洛贝尔图斯的反击，受到各国马克思主义者的热烈欢迎。国际工人运动老战士约·菲·贝克尔看到《〈资本论〉第2卷序言》后，立即写信对恩格斯说："当我得悉你怎样有根有据而巧妙地从爱好虚荣的洛贝尔图斯身上拔掉他的孔雀羽毛时，我感到非常高兴。"②

恩格斯对洛贝尔图斯的驳斥，彻底粉碎了那些想在洛贝尔图斯那里发现马克思剩余价值理论的秘密源泉、把洛贝尔图斯看做马克思的一个卓越先驱者、对马克思加以诽谤和攻击的无耻文人的阴谋，给予马克思的科学贡献以应有的评价。从此，所谓"剽窃"的胡说烟消云散。

八 粉碎布伦坦诺的诽谤

为了贬低《资本论》的科学性，英、德等国资产阶级学者布伦坦诺等人曾经发动了一场诽谤运动，无中生有地胡说马克思在《资本论》中捏造引文。马克思在世时，已对布伦坦诺的诽谤作了严正的批驳；马克思去世后，恩格斯和马克思的幼女爱琳娜继续进行斗争，又一次粉碎了资产阶级扼杀《资本论》的阴谋。

我们知道，《资本论》中引用了大量的经济文献资料、统计资料和其他有关资料，这是这部著作具有高度科学性的重要方面。马克思对每条引文，都非常认真地进行核对，完全忠实于原作的文字和精神，因此，每条引文都十分确切，具有充分的说服力。

在1867年出版的《资本论》第1卷中，马克思引用了英国财政大臣格莱斯顿1863年4月16日在英国议会所作的预算演说中的一句话："……财富和实力这样令人陶醉的增长……完全限于有产阶级。"这段话正好证明马克思关于资本积累必然引起贫富鸿沟加深的论断的正确性。

还在《资本论》出版之前三年，马克思已于1864年在《国际工人协会成立宣言》（以下简称《成立宣言》）中引用了这句话。《成立宣言》是首先在英国用英文发表的。就是说，它是当着英国广大公众，当着格莱斯顿的面发表的。《成

① 恩格斯：《马克思和洛贝尔图斯。〈哲学的贫困〉德文版序言》。《马克思恩格斯全集》第21卷第219页。
② 转引自《恩格斯在马克思主义政治经济学形成和发展方面的作用》，第278页。

立宣言》在英国和欧洲广泛传播，从来没有人对这段引文提出任何疑问。但是，在这段引文初次发表七年之后，德国讲坛社会主义的主要代表、资产阶级舞文弄墨的奴才布伦坦诺却利用这条引文大做文章，掀起一场诽谤马克思的运动。

1872 年 3 月，布伦坦诺在德国工厂主联盟的机关刊物"协和"工人问题杂志上匿名发表一篇文章：《卡尔·马克思是怎样引证的》，指责马克思捏造引文。他写道："在格莱斯顿的演说中根本没有这句话。他在演说中说的和这句话正好相反。马克思在形式上和实质上增添了这句话。"[①] 此后，他还接二连三地写文章，与马克思纠缠不休，破口谩骂，什么"假引文"、"无耻地撒谎"、"完全是捏造"、"近乎犯罪的轻率"，等等，不一而足。

马克思看到布伦坦诺的诽谤文章后，立即进行反击。他先后写了两篇文章，逐点驳斥布伦坦诺的造谣。马克思指出，《资本论》引用的格莱斯顿这句话，在英国尽人皆知，毋庸置疑。这句话在伦敦畅行无阻地载遍了一切报刊，被著名学者和专门著作经常引用；只有德国工厂主的"博学之士"才对此一无所知，居然发现它是"捏造"，这倒是一件空前的奇闻。接着，马克思列举格莱斯顿讲话第二天，即 1863 年 4 月 17 日，伦敦三家最有影响的报纸，包括格莱斯顿的机关报《泰晤士报》关于预算演说的报道。这些报道一字不差地记载着与马克思的引文完全相同的那句话："财富和实力令人陶醉的增长，完全限于有产阶级。"事实证明，无论从文字和精神看，这段引文是绝对确切的。所谓"捏造"和"增添"，完全是无稽之谈。

布伦坦诺指责马克思捏造的唯一根据，是英国半官方刊物《汉萨德》没有刊载这句话。马克思指出，《汉萨德》所刊载的发言记录，是经演讲人事后修改的；而伪造文件和议会发言是英国议会的传统，是资产阶级政客的惯技。《汉萨德》中没有刊载这句话，并不等于格莱斯顿没有说过，而是因为"格莱斯顿先生非常明智地从事后经过炮制的他的这篇演说中删掉了无疑会使他这位英国财政大臣声誉扫地的一句话；"[②] 因此，作为经过事后修改的伪造品，《汉萨德》刊载的记录是不可靠，不足为据的。以此作为唯一根据，只能说明布伦坦诺之流的险恶用心。

资产阶级辩护士对马克思的诽谤，有其反动的目的。正如马克思指出的，"我的《资本论》一书引起了特别大的愤恨，因为书中引用了许多官方材料来

---

① 转引自《马克思恩格斯全集》第 22 卷第 161 页。
② 《马克思恩格斯全集》第 22 卷第 165 页。

评述资本主义制度，而迄今为止还没有一个学者能从这些材料中找到一个错误。"① 德国工厂主们为了阻止《资本论》的传播而不择手段地造谣污蔑，暴露了他们不过是一些"无耻的庸俗或庸俗的无耻达到顶点"的家伙。但是，不管他们对于伪造商品多么内行，他们对鉴别文字商品却是一窍不通，就像驴子弹琴一样。

马克思的反驳，粉碎了布伦坦诺的诽谤。资产阶级辩护士在引文问题上挑起的第一次进攻垮台了。

事情过了十一年。这个时期，马克思的学术成就得到更广泛的承认，拥护马克思学说的先进分子越来越多，资产阶级对马克思学说的敌视也与日俱增。1883 年马克思逝世不久，他们再次掀起早已破产的诽谤运动。

1883 年 11 月，英国剑桥大学一个资产阶级小人物塞德莱·泰勒在《泰晤士报》上旧调重弹，又在引文问题上大做文章。但他心亏理屈，回避争论中心，不敢重复早已被驳倒的"捏造"、"增添"的说法，而把问题转到别的方面，指责马克思"狡猾地断章取义"，"歪曲"格莱斯顿演说的内容。

马克思的幼女爱琳娜起而应战。她指出，由于马克思以无可争辩的事实说明这段引文确切无误，戳穿这些资产阶级"博学之士"的无知和无耻，使得这些家伙恼羞成怒，但又不得不放弃"捏造引文"这一唯一的争论点。这种转移争论问题的做法，最清楚不过地说明了他们的破产。爱琳娜再一次严正指出：马克思"既没有删掉任何值得一提的东西，也绝对没有增添任何东西。他只是把格莱斯顿演说中确实说过，而又用某种方法从《汉萨德》的报道中抹掉的一句话重新恢复，使它不致被人们遗忘。"② 爱琳娜的文章，驳得泰勒哑口无言，只好用"沉默是最好的答复"作为脱身之计。

但是事情并没有结束。1890 年 6 月，恩格斯在《资本论》第 1 卷德文第四版序言中指出，在出版《资本论》英文版时，爱琳娜不辞劳苦，对所有引文的原文进行了核对。结果表明，除了极个别的引文需要作细微的改正外，"其余的引文都仍然具有充分的说服力，甚至由于现在更加确切而更加具有说服力了。"③ 恩格斯利用《资本论》新版的机会，回顾了关于引文的争论，宣布英、德两国资产阶级学者所发动的诽谤运动的可耻破产。

---

① 《马克思恩格斯全集》第 22 卷第 165 页。
② 转引自《马克思恩格斯全集》第 22 卷第 196 页。
③ 《资本论》第 1 卷，第 39 页。

　　恩格斯这篇序言发表后，布伦坦诺不肯善罢甘休。他于 1890 年 11 月发表《我和卡尔·马克思论战序言》，接着又出版《我和卡尔·马克思的论战》，重弹所谓"捏造"的老调，并对马克思进行粗暴无礼的人身攻击，甚至搬出那个老朽的资产阶级政客格莱斯顿出来替自己助威。

　　恩格斯看到布伦坦诺的文章后十分愤慨，立即决定对他进行"彻底地毫不迟疑地清算"。[①] 他写信对李卜克内西说："把布伦坦诺交给我吧，你会感到满意的"，"布伦坦诺将受到比他预料的更为厉害的斥责"。[②] 恩格斯立即开始工作。1890 年 12 月 13 日，他写成论战文章：《关于布伦坦诺 CONTRA 马克思问题》，指示考茨基必须把这篇文章在最近一期的《新时代》上刊登出来。接着，他又在 1891 年初，编辑出版《布伦坦诺 CONTRA 马克思。——关于所谓捏造引文问题。事情的经过和文件》一书。该书详尽地叙述了事情的经过，公布了三次论战的全部文件，一劳永逸地结束这场为期二十年的斗争。

　　在这本书中，恩格斯为了彻底驳斥布伦坦诺之流的谎言，引用了 1863 年 4 月 17 日伦敦出版的全部八家晨报的有关报道，其中四家的报道与马克思的引文一字不差；另外四家的报道用比较扼要的形式转述了这句话（"这种增长完全限于有产阶级"），使得它的语气更加强。恩格斯指出：这八家报纸属于不同的党派，各有一批专门采访议会消息的记者，他们是完全独立的证人。他们的报道完全一致这一事实，最有力、最充分地证明了马克思的引文确切无误。尽管《汉萨德》删去了那句会使格莱斯顿声名狼藉的话，但它记录的意思与伦敦各报的报道也是一致的，它也承认格莱斯顿说过：财富的令人陶醉的增长，仅限于不是工人阶级的、有钱纳所得税的人，是"资本的简单增长"。

　　恩格斯对布伦坦诺之流不择手段的卑劣行径十分愤慨，作了无情的揭露。恩格斯指出，这些家伙时而说马克思"捏造"、"增添"，时而又说不是"增添"而是"删掉"；他们既把《泰晤士报》当做"不怀好意的报纸"，又把这家报纸的报道作为依据；他们挑起进攻时气势汹汹，当阴谋被揭穿时又发出绝望的胡言乱语，至死不忘血口喷人。他们矛盾百出的丑态，正如一首讽刺诗所描写的一样：

　　① 恩格斯：《致弗·阿·佐尔格》。《马克思恩格斯全集》第 37 卷第 521 页。
　　② 恩格斯：《致威·李卜克内西》。《马克思恩格斯全集》第 37 卷第 510 页。

此人朝三暮四，

昨夜深有所感，今晨全都忘记；

既厌恶自己，也难讨别人欢喜；

刚打定主意，又弃之若敝屣。

恩格斯指出，布伦坦诺之流攻击《资本论》的原因，是因为《资本论》
粉碎了他们为资本主义制度辩护，妄想把工人变成心满意足的雇佣奴隶的改
良主义论调，用无可辩驳的材料证明了资本家与雇佣工人之间的鸿沟日益加
深的事实。但是，无论布伦坦诺之流怎样诽谤攻击，决不能改变资本主义无
情的规律：雇佣工人与资本家的鸿沟，"随着现代大工业的逐渐占有一切生产
部门而变得越来越深，越来越宽。"①

关于所谓捏造引文问题的斗争，以布伦坦诺之流的彻底失败而告终。恩
格斯回顾这场斗争的经过后，怀着愉快的心情写到："大学教授们所发动的整
个这场攻击，在两大国持续二十年之久，而其结果是任何人也不敢再怀疑马
克思写作上的认真态度了。可以想象的到，正如布伦坦诺先生不会再相信
《汉萨德》像教皇般永无谬误那样，塞德莱·泰勒先生今后也将不会再相信布
伦坦诺先生的文坛战报了。"②

九　驳斥洛里亚的攻击

马克思逝世后，《资本论》继续在欧美各国广泛传播，这不能不引起资产
阶级学者更大的敌视。当时，任何一个浅薄之徒和微不足道的家伙，都想用
攻击马克思来替自己吹嘘，讨好政府和资产阶级。意大利庸俗经济学家阿基
尔·洛里亚就是其中的一个。恩格斯在为《资本论》所写的序言、增补和一
些书信中，对厚颜无耻的洛里亚进行了严厉的批判。

洛里亚在马克思逝世后仅仅一个月，就匆忙发表一篇关于马克思的错误
百出的传记，几年后又出版了《关于政治制度的经济学说》等著作，有意歪
曲历史唯物主义理论，自称是这个理论的创始人。他大肆攻击《资本论》，认

---

① 恩格斯：《布伦坦诺 CONTRA 马克思》，《马克思恩格斯全集》第 22 卷第 110 页。

② 同上书，第 202—203 页。

为马克思的价值学说是建立在自觉诡辩的基础之上；马克思完全知道根本不可能解决剩余价值量取决于可变资本而利润量取决于总资本的矛盾，而为了捉弄读者，他要求人们去看一个尚未出版的续卷；他预言马克思根本不打算写第 2 卷，更谈不上第 3 卷，认为《资本论》续卷"很可能是马克思在拿不出科学论据时使用的一种诡计"。

　　1885 年和 1894 年，由恩格斯整理编辑的《资本论》第 2、3 卷陆续出版了。这个包含着十分出色的研究成果的第 3 卷，极其精辟地论证了剩余价值转化为利润、利润转化为平均利润、价值转化为生产价格的问题，彻底解决了相等的平均利润率怎样能够并且必须不仅不违背价值规律，而且要以价值规律为基础来形成这个曾经使李嘉图学派崩溃的难题。洛里亚关于马克思从未写过第 2、3 卷的谎言彻底破产了。但洛里亚是一个"追求个人名利最厉害的人"①，他的无耻是没有限度的。第 3 卷出版后，他不仅不承认失败，反而变本加厉地对马克思进行攻击。（一）他认为价值是交换的比例，马克思关于总价值的概念是"荒谬"、"胡说"、"形容语的矛盾"；（二）指责第 1 卷与第 3 卷存在不可克服的矛盾，"第 3 卷直接抛弃了价值理论"，说什么价值转化为生产价格是"故弄玄虚"的解决办法、"十足的谬论"、"重大的理论上的破产"、"科学上的自杀行为"；（三）继续造谣说马克思根本没有写作《资本论》第 2、3 卷，这两卷书是恩格斯编造的。他用近于无赖的口气回答恩格斯的驳斥："现在恩格斯得意洋洋地把第 2 卷和第 3 卷扔在我面前作为答复……妙极了！这两卷书使我感到这么大的愉快，我由此得到了这么多精神上的享受，以致从来没有一种胜利像今天的失败——如果这真是失败的话——这样使我觉得如此可喜。但是，这真是失败吗？马克思真的为了发表而写下这么一大堆不连贯的笔记，好让恩格斯怀有虔敬的友谊把它们编在一起吗？真的可以设想，马克思……本来希望这些文稿成为他的著作和他的体系的王冠吗？真的可以相信，马克思会发表关于平均利润率的那一章吗，在这一章里，好多年前就答应要提出的解决，被归结为最无聊的故弄玄虚和最庸俗的文字游戏？这至少是可以怀疑的。……在我看来，这证明马克思在发表他的光辉著作以后就没有写什么续卷。说不定，他原来就是想把他的巨著交给他的继承人去完成。而自己不担负什么责任。"②

---

①　《马克思恩格斯〈资本论〉书信集》第 493 页。
②　恩格斯：《序言》。《马克思恩格斯全集》第 25 卷第 1011—1012 页注。

洛里亚的无耻谰言，理所当然地遭到恩格斯的严厉批驳。在《〈资本论〉第3卷编者序言》、《〈资本论〉第3卷增补》、《致康·施米特》等著作中，恩格斯对洛里亚的谬论进行了无情的抨击。

恩格斯指出，洛里亚的价值理论及其对总价值的指责，是庸俗经济学的完成。在他看来，价值只是商品交换的比例关系，纯粹是一种偶然的、没有实际内容的东西，可能今天是这样，明天又是那样，所以总价值这个概念根本不能存在。他把价值和价格等同起来，认为每一种商品有多少种价格，就有多少种价值，而价值又是由供求关系决定的。按照洛里亚的价值概念，当供求平衡时，商品的价值等于零。很显然，这是十分荒谬的。

《资本论》第1卷与第3卷，逻辑上有着严密的联系。在第1卷中，马克思创立了科学的劳动价值论，认为商品价值由生产商品的社会必要劳动量决定，商品交换以价值为基础。在第3卷中，马克思研究了剩余价值转化为利润，利润平均化和价值转化为生产价格。指出在资本主义社会，由于存在部门之间的竞争和资本的自由转移，等量资本获得等量利润，商品的市场价格以生产价格为基础。生产价格理论不仅不违背价值理论，而且是以价值理论为基础的。因为尽管这时商品已不再按照价值进行交换，但社会生产价格总量与总价值是一致的；虽然每个部门获得的平均利润与本部门创造的剩余价值不等，但社会平均利润总量与剩余价值总量也是一致的。可见《资本论》第3卷与第1卷不仅没有矛盾，而且是第1卷理论的完成。

恩格斯指出，从价值到生产价格，逻辑的发展与历史的进程是一致的。在简单商品生产条件下，例如在中世纪，商品是按照价值进行交换的；而按照生产价格进行交换，则需要资本主义的发展达到一定的高度。这个时候，商品不只是当做商品来交换，而是当做资本的产品来交换。每个参加交换的资本家，都要求从剩余价值总量中，按照自己的资本量获得平均利润。生产资料从一个部门到另一个部门的自由转移，为利润平均化提供了条件。正如马克思所说：“因此，商品按照它们的价值或接近于它们的价值进行的交换，所要求的发展阶段要低得多。而按照它们的生产价格进行的交换，则需要资本主义的发展达到一定的高度。……因此，撇开价格和价格变动受价值规律支配不说，把商品价值看做不仅在理论上，而且在历史上先于生产价格，是完全恰当的。”①

---

① 马克思：《资本论》第3卷。《马克思恩格斯全集》第25卷第197—198页。

　　洛里亚一方面断言，马克思的剩余价值理论同利润率普遍相等这个事实绝对不能相信；一方面从施米特论述商业利润的著作中受到启发，大言不惭地宣告他已解决了这个矛盾。他是怎样解决的呢？按照他的说法，价值既然由劳动时间决定，那么那些以较大部分的资本投在工资上的资本家就可得到较高的利润率，这时出现一个"非生产资本"（应当说商业资本），他向利润率较高的资本家强行索取较高的利息（应当说利润），这样在资本家之间就造成了利润均等的现象。这真是惊人的手法！但是：第一，商业资本家凭借什么权力，可以向工业资本家强行索取超过平均利润率的额外利润，而且把这些额外利润塞进自己的腰包？第二，商业资本家怎么愿意不要任何代价，就替那些只得到平均利润的工业资本家推销产品？这是洛里亚无法回答的。

　　至于洛里亚继续编造的马克思根本没有写过《资本论》续卷，恩格斯根本不屑理睬。这样的谎言，在事实面前早已不攻自破。不过，洛里亚通过自己的拙劣表演，使我们看清楚他的吹牛家和江湖骗子的面目。正如恩格斯所说："极端狂妄，混不下去时又像鳗鱼一样滑掉；挨了别人的脚踢还充英雄好汉；抢占别人的研究成果；死皮赖脸地大做广告；依靠同伙的吹捧捞取声誉——在这一切方面，还有谁比得上洛里亚先生呢？"[1]

　　恩格斯与形形色色资产阶级雇佣文人的斗争，捍卫了《资本论》在科学史上的地位，使《资本论》的革命精神大放光芒！

---

[1]　恩格斯：《〈资本论〉第 3 卷序言》。《马克思恩格斯全集》第 25 卷第 24 页。

第十章　国际工人运动有求 必应的顾问

一　指导德国社会民主党的活动

第二国际解散以后，恩格斯仍然满腔热忱地关心和指导着各国的工人运动。1883 年以前，为了让马克思集中精力完成《资本论》第 2、3 卷，他主动承担了指导各国工人运动的大部分工作；马克思逝世后，他独力担当国际工人运动的顾问。各国工人阶级最优秀的人物都充分信任他，在紧要关头都向他请教，并且总是从他那里得到最好的建议。

这个时期，欧美各国纷纷建立工人政党，先后建立社会主义政党和组织的国家有美国（1877 年）、西班牙（1879 年）、法国（1879 年）、意大利（1882 年）、比利时（1885 年）、挪威（1887 年）、奥地利（1888 年）、瑞士（1889 年）、瑞典（1889 年），俄国在 1883 年建立了第一个宣传马克思主义的团体"劳动解放社"，马克思主义得到广泛传播，工人组织、报刊成倍增长。年迈的恩格斯不仅要从事繁重的科学研究工作，而且要处理日益增多的信件，回答各国工人运动活动家提出的各种各样的问题，根据工人运动的发展动态，向人们提出意见和建议，同各种危害工人运动的机会主义进行不懈的斗争。他每天的活动总是排得满满的，工作十分繁忙。

恩格斯最为关心的是德国社会民主党的活动。这不仅仅因为德国是他的祖国，德国社会民主党同他有着极其深厚的历史联系；更主要的是因为自从普法战争和巴黎公社以后，"欧洲工人运动的重心由法国转移到了德国，从而德国工人肩负起新的责任和更崇高的义务，要求他们作出新的努力。"① 而且，德国社会民主党是第一个在民族国家范围内建立的工人政党，对欧美工

---

① 　恩格斯：《1877 年的欧洲工人》。《马克思恩格斯全集》第 19 卷第 139 页。

人运动有着重大的影响。

　　70 年代末期，德国社会民主党面临严峻的考验。1878 年 10 月，俾斯麦政府为了镇压日益壮大的工人运动，迫害无产阶级政党及其领导人，以发生两次谋刺德皇的事件为借口，悍然颁布极端反动的《镇压社会民主党企图危害治安的法令》，规定任何团体、集会、报刊和印刷品，如果是"社会民主党、社会主义或共产主义的"，都一律禁止；对这种团体的任何支持都要受到严厉惩罚；政府可以不经任何程序宣布戒严，逮捕和放逐任何它认为是危及治安的"危险分子"。这个反动法令使德国社会主义工人党处于非法地位，全国笼罩着一片恐怖气氛。法令公布后，有 332 个工人组织被解散，1300 多种社会主义出版物被禁止出版和发行，大批党员和工人遭到逮捕或被迫流亡国外。党的中央机关报《前进报》虽然表示要"改变写法"，仍不能避免被查封的命运。由于党的领导人长期以来迷恋合法活动，对秘密斗争缺乏思想准备和组织准备，因此，在非常法颁布初期，他们惊慌失措，束手无策，竟然宣布解散党的组织。党的一些领导成员还作了丧失原则的声明。例如，李卜克内西在帝国国会上说："党要遵守反社会党人法，因为它是最严格意义上的改良政党，而暴力革命行为根本是一种荒谬的事情。"社会民主党《帝国议会议员的报告》中甚至公然宣称："我们根本不想革命……我们没有必要推翻俾斯麦制度。我们让它自己垮台！……本质上受不可抗拒的进一步发展所制约的国家和社会正在自然地长入社会主义。"这个时候，许多坚持革命气节的党员，在组织解散后不能形成一股集体力量；一些不坚定分子经不起考验，纷纷宣布退党；党内莫斯特、哈赛尔曼等无政府主义分子和赫希柏格、施拉姆、伯恩施坦等右倾机会主义分子乘机大肆活动，妄图把工人运动引向邪路。

　　在这个严重的历史关头，马克思、恩格斯给德国社会民主党的领导人作了许多重要的指示，为德国工人运动指明了正确的方向。马克思、恩格斯指出，俾斯麦颁布反社会党人法，不仅不能消灭社会主义运动；相反，它将从反面教育无产阶级，清除党内一些人对资产阶级民主的幻想和对合法斗争的迷恋，迫使无产阶级走上革命的道路。他们严肃批评了李卜克内西和议会党团对反动派所表现的"不适时的温顺"，强调指出必须进行针锋相对的斗争，"不要像许多人还在做的那样，一遇到敌人的打击就逃避、退让，不要哀号，不要呜咽，不要低声下气地求饶，说什么我们并没有任何恶意。我们要以牙还牙，要以两倍、三倍的打击来还击敌人对我们的每一个打击。"① 恩格斯指示党的领导人，必须根据实际情况，改变斗争的策略。就是说，在利用一切有利条件进行公开的、合法的斗争的同时，还必须进行秘密的、非法的斗争，建立党的秘密组织，创办党的秘密报刊，把公开斗争与秘密斗争、合法斗争与非法斗争结合起来。恩格斯寄希望于广大党员和工人群众，认为"德国的运动的特点是，领导的一切错误总是由群众来纠正。当然，这一次也会是这样"②。

马克思、恩格斯清楚地认识到，为了引导工人阶级坚持正确的方向，必须反对来自右的和"左"的机会主义。当时，以莫斯特、哈赛尔曼为代表的无政府主义者，在报刊上公开攻击党的领导人，宣传用暴力和个人恐怖的冒险手段对付反社会党人法，反对进行任何合法的斗争。他们并且散布谎言，似乎恩格斯支持他们的活动。鉴于这种情况，马克思、恩格斯不得不对他们进行坚决的斗争。马克思指出，莫斯特等人对党的领导人的公开攻击，是愚蠢和荒谬的；比较安稳地住在国外的人，不应当使那些在国内极其艰苦的条件下工作并作出巨大牺牲的人处境更加困难，而使资产阶级和政府高兴；莫斯特等人"已经不是对个别人的攻击，而是对整个德国工人运动的污蔑"。③恩格斯也指出，莫斯特等人是一伙善于玩弄革命空谈的"英雄"。他们企图通过内讧和阴谋来搞垮党和建立新党；他们的活动，完全迎合俾斯麦反动的政治需要；"在这种情况下，如果像我们听说的那样，莫斯特散布谣言说我们支持他，那他是在撒谎。"④ 不久，莫斯特公开走上反党的道路而被开除出党。

马克思、恩格斯认为，由赫希柏格、施拉姆和伯恩施坦组成的"苏黎世三人团"所散布的右倾投降主义，是当时的主要危机。1879 年，苏黎世三人团在《社会科学和社会政治年鉴》上抛出《德国社会主义运动的回顾》，公然要求改变德国社会民主党的无产阶级性质，认为党不应该是"片面的工人党"，而要大批吸收资产阶级和小资产阶级分子，成为由"有教养的"、"富有真正仁爱精神的人"所领导的全面的党；他们胡说工人阶级由于没有足够的时间和可能来认真研究有关问题，因而不能自己解放自己，他们鼓吹阶级调和，反对暴力革命，主张向非常法屈服，宣布党"不打算走暴力的、流血的

① 恩格斯：《致爱·伯恩施坦》（1883 年 1 月 18 日）。《马克思恩格斯全集》第 35 卷第 425 页。
② 恩格斯：《致约·菲·贝克尔》（1880 年 4 月 1 日）。《马克思恩格斯全集》第 34 卷第 418 页。
③ 马克思：《致弗·阿·佐尔格》（1880 年 11 月 5 日）。《马克思恩格斯全集》第 34 卷第 499 页。
④ 恩格斯：《致约·菲·贝克尔》（1879 年 7 月 1 日）。《马克思恩格斯全集》第 34 卷第 357 页。

革命道路，而决定……走合法的即改良的道路"；他们劝告党要采取"平静"、"慎重"的态度对待德国专制制度，用"全部力量、全部精力"进行议会活动，达到某些最近的目的；他们甚至责备党要对反动派实行非常法负一定的责任，因为党"完全不必要地增加了资产阶级的憎恨"，它用"不大乖的行动"给自己讨来了反社会党人法这根鞭子！马克思、恩格斯看到这篇文章后非常气愤。1879 年 9 月 17—18 日，他们联名给德国社会民主党的领导人倍倍尔、李卜克内西和白拉克等人发出《通告信》，尖锐地批判了苏黎世三人团的错误，指出他们背弃了无产阶级斗争和无产阶级历史使命的学说，篡改了无产阶级党的性质，妄图取消无产阶级革命。

　　《通告信》指出，苏黎世三人团面对统治阶级的疯狂迫害，不是采取坚决的政治上的反对立场，而是主张全面和解；不是对政府和资产阶级作斗争，而是企图争取和说服他们；不是猛烈地反抗反动派的迫害，而是逆来顺受，并承认惩罚是罪有应得！这是对统治阶级的投降，对无产阶级的背叛。

　　《通告信》指出，无产阶级与资产阶级的阶级斗争，是一场生死搏斗；党必须坚决与一切主张抛弃阶级斗争的小资产阶级分子划清界限。马克思、恩格斯明确宣布："将近四十年来，我们都非常重视阶级斗争，认为它是历史的直接动力，特别是重视资产阶级和无产阶级之间的阶级斗争，认为它是现代社会变革的巨大杠杆；所以我们决不能和那些想把这个阶级斗争从运动中勾销的人们一道走。在创立国际时，我们明确地规定了一个战斗口号：工人阶级的解放应当是工人阶级自己的事情。所以，我们不能和那些公开说什么工人太缺少教育，不能自己解放自己，因而应当由仁爱的大小资产者从上面来解放的人们一道走。"①

　　《通告信》指出，苏黎世三人团反对党的无产阶级性质，企图以补补缀缀的改良代替推翻资本主义统治的革命斗争，必将使运动遭到失败。这些人由于害怕任何行动而阻碍了运动，由于从来都看不见反动派而陷入了既无法抵抗又无法逃走的绝境；他们想把历史禁锢在他们的狭隘的庸人眼界之内，但历史总是从他们身上跨过去而自己走自己的路程。

　　《通告信》指出，统治阶级中个别人物归附于无产阶级，这是运动发展过

---

① 马克思、恩格斯：《给奥·倍倍尔、威·李卜克内西、威·白拉克等人的通告信》。《马克思恩格斯全集》第 19 卷第 189 页。

程的必然现象。为了保持无产阶级政党的纯洁性：第一，这些人必须带来能使运动前进一步的东西；第二，他们不要把资产阶级、小资产阶级等的偏见的任何残余带进来，而要无条件地掌握无产阶级世界观。

《通告信》是继《共产党宣言》、《哥达纲领批判》后的伟大的纲领性文献。它沉重地打击了右倾投降主义，教育了党的领导人和广大党员群众，为党在非常法时期的活动奠定了理论基础，指导党的活动走上健康发展的道路。

恩格斯说：在反社会党人法时期，党十分需要创办一份政治性机关报。当时，德国党的领导人决定在国外出版报纸，提议由赫希柏格、施拉姆、伯恩施坦担任编辑。马克思、恩格斯坚决反对办报的人选。恩格斯尖锐地指出，赫希柏格等人在理论上一窍不通，在实践上毫不中用。如果由他们掌握编辑人权，必将在理论上和实践上都败坏党的声誉，遭到广大党员的反对。在这种情况下，分裂和组织瓦解就将不可避免。① 由于马克思、恩格斯的坚决反对，迫使党的领导改变主意。后来，倍倍尔带领伯恩施坦到伦敦向马克思、恩格斯承认错误，征得他们的同意，伯恩施坦从 1881 年起担任《社会民主党人报》的编辑工作。这家报纸 1879 年在瑞士出版，1888—1890 年在伦敦出版。由于恩格斯的大力帮助和支持，报纸在反社会党人法期间发挥了重大作用。

恩格斯十分重视培养年轻一代工人运动活动家。经过长期的观察和考验，他发现倍倍尔是德国党内"最有远见、最精明、最刚毅的人物"②。于是，他与倍倍尔经常通信，帮助倍倍尔掌握马克思主义基本理论和实际斗争的艺术，指导倍倍尔在极其复杂的环境中坚持斗争。在恩格斯的培养教育下，倍倍尔成长为卓越的工人领袖，在德国和国际工人运动中起了重大作用。从 80 年代初期开始，恩格斯也同伯恩施坦、考茨基经常往来。那时，伯恩施坦担任《社会民主党人报》主编，考茨基担任《新时代》主编。他们都很年轻，勤奋好学，具备一定的理论才能。恩格斯热情帮助他们，支持他们的工作，批评他们在理论和政治方面的错误倾向，希望他们在工人运动中发挥更大作用。但是他们后来背离恩格斯的教导。恩格斯逝世后，他们走上修正主义的道路。

---

① 参阅恩格斯《致奥·倍倍尔》（1879 年 8 月 4 日）。《马克思恩格斯全集》第 34 卷第 360 页。

② 恩格斯：《致保·拉法格》（1892 年 12 月 5 日）。《马克思恩格斯全集》第 38 卷第 542 页。

在马克思、恩格斯的关怀、教导和帮助下，德国社会民主党很快克服了反社会党人法初期的组织涣散和思想混乱状态。1880年党的维登代表大会认真分析了形势，改变了斗争的策略，正确地把党"只用合法手段"来达到自己的目的改为"用一切手段"来达到自己的目的。由于倍倍尔等党的领导人执行了马克思、恩格斯的指示，党的力量得到恢复和发展，成为欧洲最强大、最有战斗力的社会主义政党。1889年5月，党胜利地领导了鲁尔地区10万矿工的大罢工。1890年，党在帝国议会选举中获得巨大胜利，35个党员当选为议员。坚冰已经打破，浮冰开始流动。俾斯麦的垮台已为时不远。

德国工人党在选举中的胜利，使恩格斯感到由衷的喜悦。但是他清醒地认识到，选举的胜利，会使一部分群众以为用冲击就可以取得一切，因而在没有充分准备、没有组织起足够的力量时，就冒险从事，同反动派进行公开的决战。这就会给反动派采取暴力提供借口。他一再警告党的领导人，在胜利面前必须采取克制的态度，不应该为了空洞的吹牛而使形势变坏，不应该在胜利的道路上受人迷惑，以致给自己的事业造成危害。另一方面，他也严肃批判那些反对暴力革命的人，指出我们从来也没有像善良的战栗教徒那样，如果有人要打我们的右脸，我们就把左脸也转过去让他打；无产阶级不通过暴力革命，就不可能夺取自己的政治统治，即通往新社会的唯一大门。

经过长期的斗争，1890年3月，反动政客俾斯麦下台。同年10月，反动政府被迫废除反社会党人法。德国工人阶级出色地经受了长达十二年严峻斗争的考验。在这场关系到德国党的生死存亡的大搏斗中，恩格斯的贡献是不可磨灭的。

二　帮助创建法国工人党

巴黎公社失败后，恩格斯时刻关心着法国工人阶级的命运。他不仅花了很大精力帮助流亡伦敦的公社参加者摆脱困境，在国际舆论上谴责梯也尔反动政府的野蛮行径，用公社的伟大范例教育欧美无产阶级；而且继续密切注视法国国内的阶级斗争，帮助法国工人阶级重新组织起来。

70年代后期，法国工人运动重新兴起。1879年11月，在马赛举行社会主义工人代表大会，经过激烈的斗争，以盖得为代表的马克思主义者战胜了一帮杂七杂八的反对共产主义的家伙，通过建立法国工人党的决议。马克思主义的科学社会主义在法国到处为自己开辟道路。1880 年 5 月初，盖得专程来到伦敦，经拉法格的介绍拜访了马克思、恩格斯，就法国工人运动的一些重大问题向两位革命导师求教，并且请求他们帮助制定党的纲领。

马克思、恩格斯接受了盖得等人的要求。纲领分为理论性和实践性两部分。理论性导言是在恩格斯家里，由马克思向盖得口授的。马克思说：生产者只有占有生产资料之后才能获得自由。生产资料属于生产者可以采取两种方式：个体占有方式和集体占有方式；个体占有方式正在被经济发展所战胜，而且将日益被战胜，所以，剩下的只是集体占有；这种集体占有制只有通过组织成为独立政党的生产者阶级——无产阶级的革命活动才能实现。马克思根据法国的具体条件，并吸取了德国工人党的斗争经验，指出无产阶级为了实现生产资料集体所有制的目的，必须利用一切手段，包括借助于向来是欺骗的工具变为解放工具的普选权。① 这个由马克思、恩格斯帮助制定的党纲，即精练地说明了共产主义的目的。而在经济部分中又只包括从真正工人运动本身直接产生出来的要求，把法国工人从空谈的云雾中拉回现实的土地上来，得到先进工人们的拥护。同年 11 月，纲领草案在哈佛尔代表大会上被通过。这样，一个以马克思主义为理论基础的法国工人党诞生了。

马克思、恩格斯把法国工人党的诞生，看做法国第一次真正的工人运动的开端。当然，他们非常清楚，要使法国工人运动沿着正确的方向发展，必须对广大工人进行科学社会主义的宣传教育，同工人运动中各种小资产阶级和空想社会主义观点进行斗争。为了这个目的，从 1880 年春天开始，恩格斯应拉法格的要求，把《反杜林论》中的三章改写成为一部独立的通俗性的著作，以《空想社会主义和科学社会主义》为题在法国《社会主义评论》杂志上发表，不久又出了单行本。这部科学社会主义的入门书，"在许多优秀的法国人的头脑中引起了真正的革命"②。恩格斯还采取一系列措施，在法国出版《共产党宣言》、《哲学的贫困》等著作，提高法国工人阶级的理论修养和觉悟水平。

恩格斯说："无产阶级的发展，无论在什么地方总是在内部斗争中实现的。"③ 法国工人政党也不例外。法国工人党建立不久，以盖得和拉法格为代表

---

① 参阅马克思《法国工人党纲领导言》。《马克思恩格斯全集》第 19 卷第 264 页。
② 恩格斯：《致爱·伯恩施坦》（1882 年 8 月 9 日）。《马克思恩格斯全集》第 35 卷第 343 页。
③ 恩格斯：《致奥·倍倍尔》（1882 年 10 月 28 日）。《马克思恩格斯全集》第 35 卷第 380 页。

的马克思主义派与马隆、布鲁斯等机会主义者（可能派）进行了尖锐的斗争。马隆、布鲁斯等人反对党的纲领，要求取消党纲上规定的党的最终目的是实现共产主义，认为只要提出一些在当时情况下可能争取得到的要求就够了；他们主张把工人的注意力放在争取城市议会之类的地方自治机关方面，实际上就是要把无产阶级的活动局限在资本主义制度容许的范围内；他们反对党的民主集中制原则和党的纪律，主张每个地方组织可以随意修改党纲；他们还进行分裂党的活动，在 1882 年 9 月举行的圣亚田代表大会上抛弃了党纲中的无产阶级的阶级性，并把他们的组织改名为"社会主义工人同盟"。

以盖得、拉法格为代表的马克思主义派同可能派的斗争，得到马克思、恩格斯的坚决支持。为了坚持无产阶级革命原则，盖得、拉法格等人退出可能派控制的圣亚田代表大会，另在卢昂召开马克思主义派代表大会。恩格斯满意地指出，同可能派的分裂是一件好事。他在会后不久给倍倍尔的信中写道："在法国，期待了好久的分裂发生了。在建立党的时候，盖得和拉法格，同马隆和布鲁斯之间的最初的合作是不可避免的，但是马克思和我从来没有幻想这种合作能够长期维持下去。争论的问题完全是原则性的：是应当把斗争作为无产阶级对资产阶级的阶级斗争来进行呢，还是应当像机会主义者（翻译成社会主义者的语言就是：可能派）那样，只要能获得更多的选票和更多的'支持者'，就可以把运动的阶级性和纲领都丢开不管？马隆和布鲁斯赞成后一种做法，从而牺牲了运动的无产阶级的阶级性，并且使分裂成为不可避免的事。"[①]

恩格斯指出，马隆、布鲁斯等人不仅是机会主义者，也是一伙卑鄙的浅薄之徒。他们思想狭隘，对马克思的天才充满嫉妒。他们一想到以法兰西思想造福世界的、拥有思想垄断权的民族，文明中心的巴黎，居然要接受德国人马克思的社会主义思想，就觉得非常可怕。于是，他们竭力贬低马克思的理论贡献，硬把马克思的伟大发现归之于毫不相干的拉萨尔、谢夫莱和巴普！恩格斯在揭穿这伙人的阴谋时指出：马克思的天才、对科学过分认真的态度和渊博得出奇的学问，都大大超过我们大家，谁硬要批评他的发现，谁就只会自讨苦吃。恩格斯写道："我完全不理解，怎么能妒忌天才。天才是这样一种独特的现象，我们这些没有天才的人一开始就知道，这是我们所达不到的；

[①] 恩格斯：《致奥·倍倍尔》（1882 年 10 月 28 日）。《马克思恩格斯全集》第 35 卷第 379—380 页。

只有十分渺小的人才妒忌天才。"①

　　针对可能派攻击盖得和拉法格是马克思的传声筒的谬论，恩格斯指出，马克思由于他在理论上和实践上的成就已经赢得了这样的地位，各国工人运动的最优秀的人物都充分信任他。他们在紧要关头都向他请教，而且总是发现他的建议是最好的。马克思所起的特殊的和对运动极端重要的影响，就是建立在这种基础上的。并不是马克思把自己的意见和意志强加于人，而是人们自己来向他求教；马克思从来没有违背别人的意志去影响别人的任何企图，因为他深深地认识到，这样做只会对我们的事业有害，只会毁灭在长期的斗争中已经取得的信任。

　　恩格斯十分关心法国年轻一代工人运动活动家的成长。他对盖得的印象不错，认为这个人头脑清晰，理论修养较高，性格爽直而可靠。他特别关心和培养保尔·拉法格。早在第一国际时期，尤其是在反对巴枯宁主义的斗争中，他已经发现拉法格的优秀品质和杰出才能。法国工人党成立后，他主要通过拉法格与党的领导人保持联系，支持他们进行反对可能派的斗争。他对拉法格的理论研究和宣传活动十分重视，经常为拉法格提供帮助。

　　为了实行法国工人党纲领中关于利用普选权、把资产阶级的欺骗工具变为解放工具的要求，恩格斯非常重视和支持拉法格参加议会活动。恩格斯认为，应该采取必要措施，帮助拉法格进入议会；因为拉法格是法国社会主义者中最好的理论家，最有教养的人，而且同国际运动的接触比其他的人要经常得多。1891年议会选举时，恩格斯积极鼓励拉法格参加竞选，指示他在竞选时要"保持饱满的情绪，竭力时刻嘲笑自己的敌人，相信我们党一定赢得历史性的胜利，准备随时投入战斗。"② 当他接到拉法格当选的消息时，深刻地指出这次胜利的重大意义："第一，因为它对法国将产生直接的影响，而这个影响看来会是很大的；第二，因为在这件事上所有的社会主义党团，包括可能派在内，的确是共同行动的，尽管有时是勉强的；第三，因为孔斯旦先生以那种不亚于俾斯麦的愚蠢的狡猾和横暴，把一次普通的补选变成了动摇内阁的全国性重要行动。"③

---

　　① 恩格斯：《致爱·伯恩施坦》（1881年10月25日）。《马克思恩格斯全集》第35卷第222页。
　　② 恩格斯：《致保·拉法格》（1891年10月13日），《马克思恩格斯全集》第38卷第169页。
　　③ 恩格斯：《致奥·倍倍尔》（1891年11月9—10日）。《马克思恩格斯全集》第38卷第207页。

拉法格没有辜负恩格斯的期望。无论在领导法国和国际工人运动的实际活动中，还是在宣传马克思主义的理论活动中，他都发挥了重大的作用，作出了卓越的贡献。

恩格斯同马克思的次女、拉法格的夫人劳拉有着深厚的友谊。多年以来，他像父亲一样关怀和爱护劳拉，同劳拉保持最经常的通信联系。他有一次开玩笑地说，给劳拉写信，是他"唯一真正高兴写的信"。他认为，在巴黎只有劳拉"能够保持清醒的头脑"。在给劳拉的许多信件中，他详尽地分析了国际工人运动和法国的形势，对法国党的活动提出了许多极其宝贵的建议。劳拉既是国际工人运动的积极活动家，又是文艺爱好者和翻译家。她经常把一些德国文学作品译成法文，或把法国文学作品译成英文。劳拉的翻译工作，得到恩格斯的悉心指导和好评。1889年底，劳拉把自己翻译的《参议员》一诗寄给恩格斯，请他看看"是否译得像样，或者译得根本不像样！"[①] 恩格斯看后认为译得很好，立即写信加以鼓励："你把《参议员》这种几乎是世界上最难译成英文的东西译出来了，这是了不起的事情。你翻译时不仅保留了原文的全部放荡不羁的味道，甚至非常接近原文的明快。"[②] 在恩格斯的帮助和教育下，劳拉为国际和法国工人运动做了大量工作，成为受人尊敬的工人运动活动家。

三　欢呼真正开端的英国工人运动

英国工人运动经过长期缓慢发展以后，到了80年代末才重新高涨起来。1889—1890年码头工人大罢工、银镇工人大罢工、煤气工人大罢工，在社会上引起了极大的震动。恩格斯热情欢呼这个同旧工联运动截然不同的工人运动的真正开端，给领导罢工运动的马克思的幼女爱琳娜以极大的鼓励和支持。

早在青年时期，恩格斯就积极参加英国工人的宪章运动。第一国际时期，他作为总委员会委员，同英国工联领袖有较多的接触。随着英国资本主义的发展和资产阶级采取收买政策，许多工联领袖投靠资产阶级，成为工人贵族。

---

① 劳拉：《致弗·恩格斯》（1889年11月4日）。《恩格斯与保尔·拉法格、劳拉·拉法格通信集》（二）第362页。

② 恩格斯：《致劳·拉法格》（1889年11月16日）。《马克思恩格斯全集》第37卷第303页。

虽然这个国家工人阶级人数众多，很早就有政治性的工人运动，但由于工人贵族的出现和工联主义的影响，工人运动发展缓慢。1879 年，恩格斯在给伯恩施坦的信中指出："英国的工人运动多年来一直在为增加工资和缩短工作时间而罢工的狭小圈子里无出路地打转转，而且这种罢工不是被当做权宜之计和宣传、组织的手段，而是被当做最终的目的。工联甚至在原则上和根据章程排斥任何政治行动，因此也拒绝参加工人阶级作为阶级而举行的任何一般性活动。……毋庸讳言，目前在这里还没有出现大陆上那样的真正的工人运动。"①

80 年代初期，英国工人运动有所发展。一些新的职工联合会成立了，并且提出了更高的经济上和政治上的要求。恩格斯力求使这种良好的趋势继续发展下去。于是他在工联的《劳动旗帜报》上连续发表多篇社论，努力向工人群众宣传科学社会主义的基本知识，批判工联主义的错误主张，要求工人们积极地组织起来。恩格斯说，多年来英国工联所宣扬的口号："做一天公平的工作，得一天公平的工资"是完全错误的。在这种"公平"的幌子下，劳动者的一部分劳动产品不可避免地积累在不劳动者手里，并变成他们手中的最有力的工具，去奴役正是生产这些产品的人。因此，工人们不应该把这个口号作为自己斗争的目标，而必须消灭雇佣劳动制度，实现"劳动资料——原料、工厂、机器归工人自己所有！"② 恩格斯指出，将近六十年来工联的活动表明，工联不仅没有领导工人为消灭雇佣劳动而斗争，而且从来没有试图这样做。它完全丧失了自己作为工人阶级组织的作用。恩格斯用通俗易懂的语言向工人表明，无产阶级与资产阶级的利益是根本对立的，两大阶级之间的对抗和斗争，是任何甜言蜜语都掩盖不住的客观事实。在阶级反对阶级的斗争中，组织是最重要的武器。为了工人在议会里有充分的代表权，为了准备废除雇佣劳动制度，工人阶级必须建立起根本不同于工联的组织。只有建立起不是个别行业的，而是整个工人阶级的组织，工人阶级才能强大有力。这件事做得愈快愈好。恩格斯这些十分重要和中肯的意见，并没有引起英国工人足够的重视。英国工人运动仍然处于消沉状态。

恩格斯既要批判旧工联的错误，还必须与英国工人运动中新出现的宗派

① 恩格斯：《致爱·伯恩施坦》（1879 年 6 月 17 日）。《马克思恩格斯全集》第 34 卷第 352 页。

② 恩格斯：《做一天公平的工作，得一天公平的工资》。《马克思恩格斯全集》第 19 卷第 276 页。

主义和改良主义作斗争。80 年代初，随着马克思主义在英国的传播以及欧洲其他国家工人运动的影响，英国开始建立社会主义组织。1881 年，海德门建立民主联盟，1884 年改称社会民主联盟。同年该联盟发生分裂。马克思的幼女爱琳娜和她的丈夫艾威林等革命者脱离社会民主联盟，创建社会主义同盟。由海德门控制的社会民主联盟一开始就采取宗派主义和关门主义的错误政策。他们反对参加和支持工人的罢工斗争，拒绝争取广大工人群众参加组织，把这个组织变成脱离群众的宗派团体。恩格斯揭露了海德门等人的错误，指出他们根本不是真正的革命者，而是一伙撒谎者和骗子，是"把一切事情弄糟的政治野心家"。[1]

这个时期，由韦伯夫妇和萧伯纳等人在 1884 年创立的费边社也乘机大肆活动。这个挂着社会主义招牌的组织，其实是资产阶级的改良主义团体。他们竭力抹杀阶级斗争，疯狂仇视和反对主张阶级斗争的马克思主义。他们宣扬通过市政选举、由市政机关逐步掌握城市公用事业所有权等改良措施来实现所谓"社会主义"，企图引诱无产阶级离开革命斗争的道路。正如恩格斯所指出："害怕革命，这就是他们的基本原则。"[2] 恩格斯在揭露这个团体的阶级实质时写到：这是"一个由形形色色的资产阶级'社会主义者'——从钻营之徒到感情上的社会主义者和慈善家——拼凑的集团，他们只是由于害怕工人要取得统治而联合起来，他们尽一切力量通过保障自己的、即'有教养的人'的领导权的办法来防止这种危险。"[3] 由此可见，打着社会主义幌子的费边社，不过是资产阶级自由党的一个分支。

由爱琳娜和艾威林参加和领导的社会主义同盟，曾经得到恩格斯的帮助，在工人群众中宣传马克思主义，参加工人的罢工斗争，产生了一定的积极影响。后来无政府主义者篡夺了同盟领导权，爱琳娜夫妇退出了这个组织。

到了 80 年代末，英国仍然没有真正的工人运动。各个行业工会互相猜忌，领导人之间互相争名夺利和彼此倾轧：一个想当议员，另一个也想当；这个想进郡参议会或教育局，那个打算成立一个所有工人的集中组织；一个想办报纸，另一个想办俱乐部，如此等等。总之，处处都是层出不穷的

---

[1] 恩格斯：《致弗·阿·佐尔格》（1886 年 4 月 29 日）。《马克思恩格斯全集》第 36 卷第 472 页。
[2] 恩格斯：《致弗·阿·佐尔格》（1893 年 1 月 18 日）。《马克思恩格斯全集》第 39 卷第 8 页。
[3] 恩格斯：《对英国〈每日记事报〉记者的谈话》。《马克思恩格斯全集》第 22 卷第 633 页。

摩擦。

但是，从表面的紊乱和个人争吵中，恩格斯敏锐地看出：英国工人运动在暗中向前发展着。他特别注意下层工人的状况，鼓励和支持爱琳娜、艾威林等马克思主义者到下层工人中去工作，去发动，去组织罢工斗争。他满怀信心地预言，英国工人运动必然要冲破卖身投靠资产阶级的工人贵族的阻挠而发展起来；到了那个时候，所有那些现在装模作样充当无兵之将的男女大人物，马上就会为工人运动所抛弃。

1889年秋天，英国码头工人的罢工刚刚开始，恩格斯指出"这次的罢工对这里的运动有极其重大的意义"。他在1889年8月22日《致爱·伯恩施坦》的信中，指示他必须立即在《社会民主党人报》上报道罢工事件。在这封信中，恩格斯详细论述了英国码头工人的贫困状况和他们的斗争精神。他写到："码头工人是悲惨的人中最悲惨的人。他们没有职业，没有力量，没有经验，没有较好的报酬和固定的工作……他们在其他一切工作中都遭到了灾难。忍饥挨饿已经成了他们的职业。这一群人备受摧残，面临着彻底的毁灭。"但是，正是这些受压迫、受剥削最深的无产阶级群众，勇敢地举起了革命的旗帜，形成一支四万人的团结力量，向剥削他们的资本家进行斗争。他们为英国工人运动做出了榜样，他们"一定能够创造出自己本身的典型，并且由于组织起来一定能够赋予它一种威望，而这对于运动是具有巨大意义的"[①]。恩格斯满怀激情地欢呼："这是一种觉悟，我能活着看到这种觉醒，感到很自豪。"[②]

使恩格斯特别感到高兴的是，罢工工人摆脱了工联分子的领导和束缚。革命的马克思主义者爱琳娜等成了他们完全信赖的领导人。在伦敦东部码头工人中，爱琳娜（杜西）享有很高的威信。恩格斯写信告诉劳拉："自从码头工人罢工以来，杜西完全成了东头的人，她组织工会，支持罢工……早上和晚上都要演讲。这些由非熟练的男女工人组成的新工会，和那些旧的工人阶级贵族组织完全不同，不会陷入同样的保守习气……他们是在完全不同的情况下组织起来的：所有的男女领导人都是社会主义者，也是社会主义的鼓动者。在他们身上，我看到了这里运动的真正开端。"[③] 恩格斯十分满意地指

---

① 恩格斯：《致爱·伯恩施坦》（1889年8月22日）。《马克思恩格斯全集》第37卷第253—254页。

② 恩格斯：《致劳·拉法格》（1889年8月27日）。《马克思恩格斯全集》第37卷第259页。

③ 恩格斯：《致劳·拉法格》（1889年10月17日）。《马克思恩格斯全集》第37卷第281页。

出，现在的运动与旧工联运动根本不同。罢工工人们已经不满足于提高工资、缩短工时这些暂时的目标，开始考虑工人阶级的最终目标；嘲笑那些鼓吹劳资利益一致的人，主张直接与资本战斗；反对工人贵族的分裂和破坏，坚持工人阶级的团结和统一。所有这些，都使他们成为英国工人运动的榜样。恩格斯写到："现在参加运动的工人阶层，比只是由工人阶级贵族组成的旧工联人数要多得多，劲头和觉悟也高得多。现在令人感到一种完全不同的气氛。老头们仍然相信'和谐一致'，而青年们却在嘲笑一切说劳资双方利益一致的人。老头们排斥任何社会主义者，而青年们除了公认的社会主义者外，坚决不要任何其他的领导人。"①

　　恩格斯热忱地支持英国工人阶级的新觉醒。他通过爱琳娜、艾威林为罢工工人出主意，提醒他们要注意斗争策略，争取社会各中间阶层的同情，克服急躁情绪和冒险倾向。他指示各国工人报刊及时报道英国工人的斗争，给予英国工人以道义的支持。他还亲自写信给法国工人党领导人盖得，号召法国工人发扬国际主义和阶级团结的精神，粉碎英国资产阶级从法国招募工人破坏罢工、煽动民族仇恨、转移阶级斗争目标的阴谋。他坚决相信，法国工人决不会在英国资产阶级旗帜下战斗，"只要在法国使人们都知道事情的真相，一切就将起变化，正是由于法国无产者的作用，英国罢工工人一定会取得胜利。"②

　　1890 年五一节，英国工人再次显示了自己的力量。根据第二国际巴黎代表大会的决议，伦敦工人在 5 月 4 日举行大规模集会和示威。恩格斯参加五一节的准备工作。这一天，几十万工人群众参加活动。恩格斯在艾威林、拉法格的陪同下参加集会和示威。他站在由一辆旧货车改装的讲台上，环顾四周，人山人海。他以无比兴奋和激动的心情写信告诉朋友们："英国到底是真的动起来了"，"不容置疑的是：工人们，资产者，老朽的工联首领们，许多政治的或社会的派别和小宗派的首领们，以及那些想利用运动从中渔利的沽名钓誉者、钻营家和文学家，现在都确实地知道：真正的群众性的社会主义运动已在五月四日开始了。现在群众终于行动起来了，而经过一些斗争和不大的摇摆之后，他们也定会消除个人的沽名钓誉、钻营家的渔利欲望，以及各个派别相互角逐的种种现象……并且也定会给这些东西逐一指明适当的位

---

　　①　恩格斯：《致康·施米特》（1889 年 12 月 9 日）。《马克思恩格斯全集》第 37 卷第 320 页。
　　②　恩格斯：《致茹·盖得》（1889 年 11 月 20 日）。《马克思恩格斯全集》第 37 卷第 309 页。

置。而由于群众运动总是大大地提高国际精神……你们就可以很好地和这些人共同前进。"① 恩格斯无限深情地写道："如果马克思能够活到这种觉醒的日子，那该有多好，他恰恰在英国这里曾经如此敏锐地注视过这种觉醒的最细致的征兆！最近两个星期以来我所感受到的喜悦是你们无法想象的。真是胜利辉煌。""起初是德国的二月，然后是欧洲和美国的五一，最后是这一个四十年以来第一次再度响起了英国无产阶级的声音的星期天。我昂首走下了那辆旧货车。"②

五一节这天，恩格斯在《共产党宣言》德文第四版新的序言中，以无比喜悦和自豪的心情写到："'全世界无产者，联合起来！'——当四十二年前我们……向世界上发出这个号召时，响应者还是寥寥无几。可是……全世界无产者永久的联合依然存在，并且比以前任何时候更加强固，而今天这个日子就是最好的证明。因为今天我写这个序言的时候，欧美无产阶级正在检阅自己的战斗力量，它们第一次在一个旗帜下动员成为一个军队，以求达到一个最近的目的"；"如果马克思今天还能同我站在一起亲眼看见这种情景，那该多好啊！"③

四　寄希望于俄国革命

1848 年以来，恩格斯与马克思一起，多次指出沙皇俄国是欧洲反动势力的主要堡垒，是各国人民和进步事业的共同敌人，号召进行反对沙皇俄国的斗争。

俄国是幅员辽阔的欧洲大国。在国内，封建贵族进行残酷野蛮的专制统治；在国外，沙皇俄国一贯推行侵略扩张政策。1861 年亚历山大二世实行解放农奴以后，资本主义迅速发展。但是，大量保留的农奴制残余严重阻碍社会生产力，俄国在经济技术上仍然是一个落后的国家。在这个国家里，广大人民群众的经济状况日益变得无法忍受，社会发展的各个阶段——从原始公社到现代大工业和金融寡头——都存在，所有这一切矛盾都被专制制度用强力压制着。

---

① 恩格斯：《致奥·倍倍尔》（1890 年 5 月 9 日）。《马克思恩格斯全集》第 37 卷第 400 页。
② 同上。
③ 恩格斯：《〈共产党宣言〉1890 年德文版序言》。《马克思恩格斯全集》第 32 卷第 68 页。

　　恩格斯对俄国革命寄予深切的希望，预言俄国革命的到来是不可避免的。而一次推翻沙皇制度的革命，不仅对俄国本身，而且对整个欧洲，都将发生深远的影响。他在 1878 年初写到："俄国革命意味着不只是在俄国国内单纯换个政府而已。它意味着从法国革命以来一直是欧洲联合的专制制度的柱石的一个庞大的、虽然也是笨拙的军事强国的消失。它意味着德意志从普鲁士统治下解放出来，因为普鲁士一直受俄国庇护并且只是依靠俄国而存在的。它意味着波兰得到解放。它意味着东欧弱小的斯拉夫民族从现在的俄国政府在它们中间培植的泛斯拉夫主义的幻想中觉醒过来。它还意味着俄国人民本身积极的民族生活的开始，同时还意味着俄国真正的工人运动的产生。总之，它意味着欧洲整个形势发生变化，这种变化一定会受到各国工人兴高采烈的欢迎，把它看做是向他们的共同目标——劳动的普遍解放大大迈进了一步。"[①]

　　关于俄国未来革命的性质问题，恩格斯认为，革命开始时将具有资产阶级民主主义的性质。他不同意俄国革命民粹派的观点。民粹派否认农奴制废除后资本主义已在俄国占统治地位的事实，认为资本主义是一种必须加以阻止的落后倒退的现象，主张继续保存前资本主义的小生产，鼓吹可以在农村公社和小农经济的基础上实现社会主义。但是我们知道，社会主义的产生，必须以生产力的高度发展为基础，必须通过无产阶级反对资产阶级的阶级斗争来实现。农村公社本身是不能产生社会主义的。恩格斯对民粹主义分子洛帕廷说，根据俄国的情况，共产主义或其他类似的东西不会立即实现。

　　恩格斯对于民粹派的恐怖主义持批判的态度。他认为，谋刺沙皇的举动并不能够解决任何社会问题；相反，它只是"把全国人民的愤怒转移到社会革命者身上，使他们失去现在他们所得到的自由派的支持，——那时候，所作的一切牺牲就会白费，而不得不在更加不利的环境下一切从头开始"[②]。

　　虽然恩格斯严厉批评民粹派的观点和活动，但是对于他们表现出来的"前所未闻的自我牺牲精神和毅力"[③] 十分赞赏，并同拉甫罗夫、洛帕廷、克拉夫钦斯基等民粹派人物保持经常的联系。在他看来，在俄国工人阶级组织起来进行政治斗争以前，民粹派是俄国国内反对沙皇专制制度的唯一革命

---

　　① 恩格斯：《1877 年的欧洲人》。《马克思恩格斯全集》第 19 卷第 158 页。

　　② 恩格斯：《致爱·伯恩施坦》（1882 年 2 月 22 日）。《马克思恩格斯全集》第 35 卷第 277 页。

　　③ 恩格斯：《致敏·卡·哥尔布诺娃》（1880 年 7 月 22 日）。《马克思恩格斯全集》第 34 卷第 426 页。

力量。

80 年代初期，俄国工人运动逐渐发展，罢工斗争不断发生。从 1881—1886 年，共发生罢工事件 384 次，参加工人达 8 万人。同时，马克思主义在俄国广泛传播。一部分先进工人和知识分子接受了科学社会主义。1883 年，在日内瓦建立了俄国第一个马克思主义组织——劳动解放社。这个组织的领导人普列汉诺夫通过查苏利奇，把成立劳动解放社和马克思主义在俄国传播的情况告诉恩格斯。1885 年，恩格斯看到普列汉诺夫的著作《我们的意见分歧》，高兴地写信对查苏利奇说：虽然自己对俄国革命派内部的事情几乎一无所知，看了这本书后才多少知道所谈的意见分歧；使他"感到自豪的是，在俄国青年中有一派真诚地、无保留地接受了马克思的伟大的经济理论和历史理论，并坚决地同他们前辈的一切无政府主义的和带有一点斯拉夫主义的传统决裂。如果马克思能够复活几年，那他本人也同样会以此自豪的。这是一个对俄国革命运动发展具有重大意义的进步"①。

晚年的时候，恩格斯继续密切注视俄国的革命形势。1890 年，他详尽地分析了沙皇俄国在国内外的处境，指出沙皇专制制度的改变，"将在最近若干年内发生，这是毋庸置疑的。但愿这种改变及时发生。"② 1891 年，他满怀信心地说：沙皇制度"不会再这样持续很久了"③。1917 年列宁领导的十月革命证实了恩格斯的预言：俄国社会革命运动在沙皇制度的废墟上胜利地升起自己的旗帜。

五　工人运动最优秀的人物都充分信任他

恩格斯说："马克思由于自己在理论上和实践上的成就，已经赢得了这样的地位，各国工人运动的最优秀的人物都充分信任他。他们在紧要关头都向他请教，而且总是发现他的建议是最好的。"④ 这段话，对他自己也完

---

① 恩格斯：《致维·伊·查苏利奇》（1885 年 4 月 23 日）。《马克思恩格斯全集》第 36 卷第 301 页。

② 恩格斯：《俄国沙皇政府的对外政策》。《马克思恩格斯全集》第 22 卷第 57 页。

③ 恩格斯：《致彼·拉·拉甫罗夫》（1894 年 12 月 18 日）。《马克思恩格斯全集》第 39 卷第 332 页。

④ 恩格斯：《致爱·伯恩施坦》（1881 年 10 月 25 日）。《马克思恩格斯全集》第 35 卷第 224—225 页。

全适用。马克思在世的时候，各国工人运动最优秀人物像信任马克思一样信任他；马克思逝世以后，他更成了有阶级觉悟的无产者所充分信任的国际伟人。

19 世纪 80—90 年代，随着各国阶级矛盾、阶级斗争的发展和马克思主义的传播，国际工人运动无论在规模上和地域上都大大扩展了。许多国家先后建立了工人政党和工人团体，工人报刊的数量更是大量增加。恩格斯无比自豪地写道："为了能跟上社会主义向东方和东南方的进展，我甚至在晚年还得去学习罗马尼亚文和保加利亚文。但是住在西方的我们并没有因此而减少对我们在亚洲边境上的这些东南方前哨的喜悦，它们正在把马克思树立的现代无产阶级的旗帜一直插到黑海和爱琴海岸。"① 这个时期，恩格斯像关心西欧工人运动一样，对中欧、东南欧和东欧的工人运动也十分关心。意大利、西班牙、奥地利、保加利亚、波兰、捷克等国家的工人运动活动家，都向年迈的恩格斯请教，并且都从伦敦瑞琴特公园路 122 号这座简朴的屋子里得到对运动十分成熟和中肯的指示。

作为第一国际总委员会前意大利书记，恩格斯晚年仍然对意大利社会主义运动十分关切。90 年代初，这个国家大工业很不发达，真正无产阶级人数很少。1892 年成立的劳动社会党十分软弱，观点十分混乱。当时，意大利劳动人民身受双重压迫，一方面是封建时代遗留下来的古老的压迫形式，另一方面是资本主义制度新的压迫形式。阶级矛盾十分尖锐，每天都可能发生巨大的震动。

在未来的意大利革命中，社会党人应该采取什么态度呢？恩格斯认为，根据意大利的情况，即将到来的不是无产阶级社会主义革命而是资产阶级民主革命。但革命的胜利对无产阶级是有利的。因为它可以为无产阶级创造一种更为有利的斗争环境。他引用马克思的话说，资产阶级共和国是无产阶级和资产阶级能够在其中进行决战的唯一的政治形式。因此，社会党对这场革命不应该采取袖手旁观和消极批评的态度，而应该积极进行合作和支持。

但是，社会党人必须牢记《共产党宣言》的原则，在当前的运动中同时代表运动的未来；一时一刻也不要忘记自己的伟大目标；由无产阶级夺取政权作为改造社会的手段。因此，党必须公开声明："我们是作为独立的政党参

① 恩格斯：《致保加利亚〈社会民主党人〉杂志编辑部》。《马克思恩格斯全集》第 22 卷第 477 页。

加，暂时同激进派和共和主义者联合，但是和他们截然不同；我们在胜利的情况下对斗争成果不抱任何幻想，这样一种成果远远不能使我们满足，它对于我们来说仅仅是已达到的阶段之一，仅仅是一个作进一步占领的新的作战基地；正是在胜利的当天我们就将分道扬镳，并且从那一天起，我们将成为和新政府对立的新反对派。"①

当1894年7月意大利议会通过关于维护社会治安的非常措施法令，禁止意大利社会劳动党活动，解散工人组织，查禁工人报刊，逮捕工人运动活动家的时候，恩格斯立即写信给意大利社会党人，希望他们以巴黎公社社员和德国社会党人为榜样，经受这场严峻的考验。鉴于一些卖身投靠的报刊对意大利社会党的诽谤，恩格斯应社会党领导人的要求，公开著文加以驳斥。恩格斯指出，无论意大利还是法国、德国以及其他国家社会党，都是进行阶级斗争，以夺取政权为目的的。阶级斗争只有在社会主义取得胜利之后才会消失。恩格斯的文章，是对意大利社会党人的极大支持。

恩格斯也曾经是第一国际总委员会的西班牙通讯书记，因此他对西班牙社会主义和工人运动也十分关切，向西班牙工人党通报国际工人运动的情况。1892年9月8日，英国工联代表大会通过决议，拒绝派出代表参加1893年举行的第二国际苏黎世代表大会，宣布自己将召开国际代表大会来代替上述代表大会，其理由是：同英国工人比较起来，大陆各国工人组织得差，软弱无力；英国人不应对大陆社会主义的任何荒谬理论承担责任。很显然，这是对全欧洲大陆有组织的社会主义无产者的侮辱，是企图分裂国际工人运动的一次尝试。恩格斯及时把上述情况通报给西班牙社会主义工人党全国委员会，建议西班牙工人党公开谴责英国工联主义。西班牙工人党响应恩格斯的号召，在复信中抗议英国工联主义的行为，并确认自己赞同第二国际巴黎代表大会和布鲁塞尔代表大会的决议。

早在第一国际时期，西班牙就是无政府主义者的主要据点之一。后来，无政府主义继续在这个国家流行；从1889年起，甚至发展成为恐怖活动。恩格斯向西班牙工人党领导人指出了无政府主义的危害性，要求他们坚决与无政府主义划清界限。恩格斯写到：看来无政府主义者离开自取灭亡的时刻已经不远。狂热的暗害活动不仅毫无意义，而且其实是被警察收买和挑拨起来的；"就连资产阶级最终也会认为，收买警察——通过警察收买无政府主义者

---

① 恩格斯：《未来的意大利革命和社会党》。《马克思恩格斯全集》第22卷第517页。

去炸毁那些收买他们的资产者是荒诞的。"① 这件事情也向公众表明，马克思主义者和无政府主义者之间存在着不可逾越的鸿沟。

当然，西班牙人绝非都是无政府主义者。这里也有一些马克思主义者，不过为数不多。恩格斯最信任的是霍赛·梅萨，认为他是一个最积极努力和最有远见的优秀青年。他把马克思、恩格斯的许多著作译成西班牙文，在西班牙传播马克思主义中起了重要作用。

恩格斯对奥地利工人运动也十分关心。90 年代中期，奥地利的形势对社会主义者是有利的。恩格斯指出，奥地利人虽然不像德国人那么成熟，但比较活跃，易于被吸引去从事伟大的事业；在这种情况下，必须十分注意不要轻举妄动。必须看到，这里农民还占大多数，工业分散而且比较薄弱，大城市很少而且彼此距离很远，各民族被挑拨互相残害，而社会主义者还不到全体成年男人的 10％！因此，"我们无论如何也要避免任何可能使本来就急不可待地渴望建立功绩的工人阶级采取孤注一掷行动的步骤。"②

在奥地利，工人政党的重要任务是要争得普选权。德国无产阶级已经得到的东西，奥地利无产阶级还必须通过自己的斗争去争取。应该看到，在有阶级觉悟的工人手里，普选权可以成为沉重打击统治阶级的有力武器。封建贵族和资产阶级正在千方百计反对把这种武器交给工人；因此，争取普选权的斗争是长期的和激烈的；"但是，如果工人们能显示出政治远见，能葆有耐心和坚毅精神，能团结一致和遵守纪律，能发扬这一切已经使他们取得这样多辉煌成就的品质，那么，最后胜利保证是属于他们的。"③

恩格斯说："在每一个党、特别是工人党的生活中，第一张日报的出版总是意味着大大地向前迈进了一步！这是它至少在报刊方面能够以同等的武装同自己的敌人作斗争的第一个阵地。"④ 1895 年元旦，当奥地利《工人报》由周双刊改为日报时，恩格斯立即向奥地利工人表示热烈的祝贺。

恩格斯对欧洲各国的情况都了如指掌。他关心的范围包括荷兰、比利时、波兰、罗马尼亚、保加利亚、捷克、匈牙利以及挪威、丹麦的社会主义和工人运动，经常向有关国家的工人政党、工人组织和工人运动活动家提出意见、

---

① 恩格斯：《致格·伊格列西亚斯》（1894 年 3 月 26 日）。《马克思恩格斯全集》第 39 卷第 221 页。

② 恩格斯：《致卡·考茨基》（1893 年 11 月 3 日）。《马克思恩格斯全集》第 39 卷第 161 页。

③ 恩格斯：《致奥地利党第四次代表大会》。《马克思恩格斯全集》第 22 卷第 520 页。

④ 恩格斯：《就〈工人报〉改为日报一事给奥地利工人的贺信》。《马克思恩格斯全集》第 22 卷第 590 页。

建议和忠告，引导他们沿着正确的方向前进。

　　像马克思一样，恩格斯从不把自己的意见强加于人。他以一贯谦虚的精神对待同志和朋友，慷慨地向人们提供自己的经验和知识；他十分体谅各国无产者在斗争中的困难处境，强调要从各国的实际情况出发制定斗争策略；他热心地告诫人们不要夸夸其谈，要善于总结和把握事物发展的全貌，整理并利用一切知识领域的每项成就。同他有过亲身交往的人们都异口同声地说："他总是循循善诱，即使在他不能说服我们的时候，他也是耐心诱导。他教育我们互相了解，从而携手并进，同心同德。除了科学知识，他还有一套极不寻常的本领。他能把一团混乱的东西解释得清清楚楚。他的谈话，他的关于政治问题的书信，都使人豁然开朗。"[1]

　　在恩格斯指导下，19世纪80—90年代，欧洲工人运动沿着马克思主义指引的方向蓬勃发展，年轻一代工人运动活动家迅速成长。半个世纪以来，他与马克思一起，为把全体无产者在一面旗帜下团结成一支大军所做的努力，已经取得了巨大的成绩。

六　对新大陆社会主义者的忠告

　　恩格斯不仅关心欧洲工人运动，他的视野越过大西洋，扩展到资本主义正在蓬勃发展的新大陆，关心处在萌芽状态的北美工人运动。

　　从18世纪70年代开始，在不到100年时间内，美国经历了独立战争和南北战争这两次意义重大的资产阶级革命。封建残余势力遭受致命打击，资本主义经济获得全面发展。还在南北战争时期，恩格斯就正确地预言："美国政治和社会发展的最大障碍——奴隶制度一经粉碎，这一国家就会繁荣起来，在最短时间内它就会在世界历史上占据完全不同的地位。"[2] 南北战争后美国经济的迅猛发展，给恩格斯留下了十分深刻的印象。他在1882年预言，到了19世纪末，美国会成为最富有和最强大的国家。十年以后，他又预言美国大有可能不单在工业品方面，而且在农产品方面，把英国等先进工业国统统赶出世界市场。这些预言，已被美国的历史发展所证实。

　　恩格斯在分析美国经济迅速发展的原因时，特别赞扬"比任何别的民族

① 阿德勒：《弗里德里希·恩格斯》。《智慧的明灯》第127页。
② 恩格斯：《致约·魏德迈》（1864年11月25日）。《马克思恩格斯全集》第31卷第431页。

都要精力充沛"的美利坚民族。他说，美国人民有着狂热的事业心。无论任何事情，只要开始做了，"他们就会以巨大的力量和飞快的速度做下去"①。这是欧洲人民不可比拟的。

恩格斯对美国经济的发展和工人运动的状况十分关心。早在50年代初期，他就认为，随着资本主义的发展，美国工人运动必将兴起。因此，十分需要有一位政治可靠、理论造诣较高的人作为党的常驻代表在那里工作。他一直希望同马克思一起到这块资本主义生产的乐土走一趟。可惜这个愿望在马克思生前未能实现。1888年，他才有机会到新大陆作一次"出色的旅行"，亲眼看看这个到处生机勃勃、迅速发展的新兴国家。在将近半个世纪里，他先是与魏德迈、后来又与佐尔格经常通信。这两位美国共产主义运动的杰出活动家为他提供了有关新大陆的大量第一手资料。同时，他也通过他们，向新大陆年轻的工人阶级介绍欧洲工人运动的情况和经验。鉴于美国工人运动日趋活跃，他于1887年在纽约出版《英国工人阶级状况》的美国版。在为此书写的《附录》、《序言》和许多书信中，他对美国社会主义者提出一系列宝贵的意见和建议。

恩格斯指出，美国社会经济条件，为工人运动的迅速发展提供了较为良好的土壤。这个国家没有中世纪的废墟挡路；在一开始有历史的时候已经有了现代资产阶级社会的因素；随着大量土地和草原从国家手里转到私有者手里，防止无产者形成一个固定阶级的大安全阀实际已经不起作用，资本主义制度不可避免的后果——社会彻底分裂成两个阶级在美国比在其他地方表现得更加明显。美国本地的雇佣工人阶级形成了。虽然他们的处境比移民好，但是他们终身摆脱不了雇佣劳动的地位。这就促使他们起来斗争。美国的工人运动就是在此基础上发展起来的。运动一开始就具有真正美国的毅力，在短短期间内经历了欧洲工人阶级需要许多年才完成的发展过程。1886年5月1日全国性的罢工运动，向人们展示了美国工人阶级的力量，在国际工人运动史上具有重大的意义。恩格斯就此事对一位美国友人说："我们的（以及你们的）资产者曾经以为，美国是凌驾于阶级对抗和阶级斗争之上的。这种幻想现在破灭了。"②

---

① 恩格斯：《致海·施留特尔》（1892年3月30日）。《马克思恩格斯全集》第38卷第317页。

② 恩格斯：《致弗·凯利-威士涅威茨基夫人》（1886年6月3日）。《马克思恩格斯全集》第36卷第482页。

对于年轻的美国工人阶级，恩格斯认为有必要进行科学社会主义基本知识的教育，引导他们组织成为一个独立于一切旧政党并同它们相对立的工人政党。这是每一个新参加运动的国家所应该采取的第一个重大步骤。工人政党必须有明确的积极的纲领。一方面，由于各国工人阶级所处的阶级地位、革命斗争的最终目的、消除阶级鸿沟的手段是相同的，因此，美国工人政党的纲领，原则上同欧洲战斗的无产阶级广大群众公认的纲领必须一致："这个纲领将宣布，最终目的是工人阶级夺取政权以便实现整个社会对一切生产资料——土地、铁路、矿山、机器——的直接占有，供全体为了全体利益而共同利用。"① 另一方面，这个纲领在细节上又可以根据环境的改变和党本身的发展而改动。这就是说，党的纲领必须坚持原则性与灵活性的统一。制定这样的纲领，是整个运动最重要也是最困难的一步。美国工人阶级必须积极创造条件，努力完成这一步骤。只有这样，才能建成一个全国性的、实在的工人政党。

在工人运动迅速发展的过程中，需要时刻警惕和防止各种社会庸医把运动引向邪路。恩格斯说，工人阶级必须强调与资产阶级不同的阶级利益，必须通过反对资产阶级的阶级斗争来达到自己的解放，必须单独准备和实现社会革命。对于那些装成"不偏不倚"，鼓吹阶级调和，反对阶级斗争，企图把无产阶级与资产阶级这两个互相斗争的阶级利益调和于更高的人道之中的"社会主义者"，必须加以无情的揭露和斗争；因为"这些人如果不是需要多多学习的新手，就是工人的最凶恶的敌人，披着羊皮的豺狼"②。

恩格斯详细分析了美国工人运动三个主要派别的性质和特点，告诫主要由德国移民无产者组成的美国社会主义工人党要认真克服宗派主义，脱掉外国服装，成为彻底美国化的党。恩格斯指出，由亨利·乔治领导的纽约的运动，主要是地方性的。这个派别的纲领宣布土地垄断是贫穷困苦的唯一原因，鼓吹把土地交给整个社会，然后由社会出租给个人，并把地租用于公众的需要。这完全是资产阶级改良主义的货色，其目的是把资本主义生产方式原封不动地保留下来。美国工人运动第二个派别是劳动骑士团。这个由美国工人阶级所创立的第一个全国性组织，是以无数集会的形式扩展到全国广大地区的巨大团体。虽然它没有明确的目标，存在这样那样的缺点和细小的怪

---

① 恩格斯：《英国工人运动》。《马克思恩格斯全集》第21卷第384页。
② 恩格斯：《〈英国工人阶级状况〉英国版附录》。《马克思恩格斯全集》第21卷第297页。

诞行为，但它是一支伟大的力量，处于蓬勃的发展和创造的过程中。它是一块正在涌起正在发酵的由可塑性材料构成的实体，是可以锻造出美国工人运动的未来、从而锻造出美国社会的未来的可贵材料，迫切需要用马克思主义理论引导它走上正确的道路。因此，社会主义者"不应当从外面嘲笑它，而要从内部使之革命化"①。美国工人运动的第三个派别是社会主义工人党（其前身是成立于 1876 年的美国劳动人民党）。恩格斯对这个由流亡美国的德国工人组成的政党寄予很大希望，认为它的长处是具备了欧洲多年来解放斗争所取得的经验和对工人阶级解放的一般条件的理解，有一个符合科学社会主义精神的纲领；因此，它在美国工人运动中起极重要使命的作用。但是，这个党存在的宗派主义和教条主义，既妨碍它自身的发展，也妨碍美国工人运动的发展。早在 1871 年，马克思就曾经向美国社会主义者指出了宗派主义的危害性。他说："社会主义的宗派主义的发展和真正工人运动的发展总是成反比。只要工人阶级还没有成熟到可以进行独立的历史运动，宗派是有其（历史的）理由的。一旦工人阶级成熟到这种程度，一切宗派实质上就都是反动的了。"② 1887 年，恩格斯又严厉批评了笼罩着社会主义工人党的宗派主义倾向，要求他们必须脱下外国服装，学习当地语言，主动向土生土长的美国工人靠拢，改变对劳动骑士团和其他美国雇佣工人的态度，积极参加美国工人阶级一切真正的普遍性的运动。只有这样，它才能负起自己的重大使命。

　　恩格斯对于移居美国的德国社会主义者用教条主义的态度对待马克思主义十分不满。他写信对老朋友佐尔格说"德国人一点不懂得把他们的理论变成能推动美国群众的杠杆；他们大部分连自己也不懂得这种理论，而用学理主义和教条主义的态度去对待它，认为只要把它背得烂熟，就足以应付一切。对他们来说，这是教条，而不是行动的指南。"③ 他希望这些社会主义者不要把马克思主义理论变成一种唯一能救世的教条，而要实事求是地从美国工人运动的实际情况出发来运用这些理论；当别人还不能理解这些理论时，不要把自己的一套强加于人。他说，使运动扩大、和谐地前进，扎下根子并尽可

---

　　① 恩格斯：《致弗·凯利-威士涅威茨基夫人》（1886 年 12 月 28 日）。《马克思恩格斯全集》第 36 卷第 576 页。

　　② 马克思：《致弗·波尔特》（1871 年 11 月 23 日）。《马克思恩格斯全集》第 33 卷第 332 页。

　　③ 恩格斯：《致弗·阿·佐尔格》（1886 年 11 月 29 日）。《马克思恩格斯全集》第 36 卷第 566 页。

能地包括整个美国无产阶级，要比使它从一开始就按照理论上完全正确的路线出发和前进重要得多。总之，"最重要的是要使工人阶级作为阶级来行动；一旦做到了这一步，他们就会很快找到正确的方向。"①

恩格斯对美国工人运动的前途充满信心。他认为，当时各个派别的分歧、摩擦和冲突，不过是前进途程中的小风波。这些分散的和争吵不休的队伍，很快就会形成一支严整的战斗力量。暂时在工人阶级中只占少数的社会主义者，只要他们遵循《共产党宣言》的原则，在各国无产者的斗争中强调和坚持整个无产阶级的不分民族的共同利益，在无产阶级和资产阶级的斗争所经历的各个发展阶段上始终代表整个运动的利益，在当前的运动中同时代表运动的未来，就能够获得广大工人阶级的信任和支持，肩负起领导工人运动的重大使命，促进工人运动向前发展。

七　为建立一个正式的真正的国际而努力

当第一国际总委员会从伦敦迁往纽约，实际停止活动的时候，恩格斯已经高瞻远瞩，预见到随着马克思主义在工人运动中的胜利，必将出现比第一国际有更高要求的无产阶级新的国际联合形式。他说："我相信，下一个国际——在马克思的著作产生了多年的影响以后——将是纯粹共产主义的国际，而且将直截了当地树立起我们的原则。"② 这种新的国际联合，是在 80 年代末实现的。

第一国际实际停止活动后，一些国家工人运动活动家曾经作过努力，企图恢复国际的活动。恩格斯对这些活动采取否定的态度。他认为，旧国际的形式已经过时，任何想使它获得新生命的进一步努力，都会是愚蠢而徒劳的。1882 年，当住在瑞士的国际工人运动老战士贝克尔建议成立一个新的国际工人组织时，恩格斯经过慎重考虑，认为实行这个建议的时机还未成熟。他说，如果建立一个新的国际，在德国等许多国家只能引起新的迫害；结果或者是被迫放弃这一事业，或者使这个组织成为秘密的。后一种做法又不可避免地会产生阴谋和暴动的欲望。在当时的条件下，即使没有建立新的国际组织，

① 恩格斯：《致弗·凯利—威士涅威茨基夫人》（1886 年 12 月 28 日）。《马克思恩格斯全集》第 36 卷第 575 页。

② 恩格斯：《致弗·阿·佐尔格》（1874 年 9 月 12—17 日）。《马克思恩格斯全集》第 33 卷第 644 页。

国际实际上继续存在着。各国革命工人之间仍然保持着联系；每个社会主义报刊都是一个国际的中心；从日内瓦、苏黎世、伦敦、巴黎、布鲁塞尔、米兰向四面八方伸展出的许多线，互相交叉，它们实际上也在起着国际中心的作用。只有当采取伟大行动的时机到来时，才有必要建立一个正式的真正的国际。到那个时候，国际不再是一个宣传的团体，而只能是一个行动的团体。他主张，"这样一种优越的斗争手段，决不应当在还比较安静的时期，即革命的前夜就使用它，损害它，从而削弱它的作用。"①

从 19 世纪 80 年代中期开始，恩格斯看到，随着阶级矛盾尖锐化，欧美各国工人运动出现了新的高潮。德国工人阶级在反对非常法的斗争中不断取得胜利；美国 1886 年的全国性罢工震动了整个世界；英国大批非熟练工人日益摆脱工人贵族的束缚，展开规模浩大的罢工斗争；欧洲其他国家的工人运动也在新的基础上进一步开展起来。马克思主义在工人运动中得到更广泛的传播。《共产党宣言》、《资本论》、《反杜林论》、《空想社会主义和科学社会主义》、《路德维希·费尔巴哈和德国古典哲学的终结》等马克思主义经典著作，在欧美各国以多种文字出版。马克思主义已经远远越出欧洲的范围，在一切有无产者和无畏的科学理论家的国家里，都受到了拥护和重视。欧美各国普遍建立起来的社会主义政党，正在学习利用资产阶级的议会制度，创办自己的日报，建立自己的教育机关、工会和合作社，在群众中的影响不断壮大，战斗力不断提高。到了 80 年代末，建立一个正式的真正的国际，把欧美绝大多数社会主义者团结在统一的战士队伍中的条件成熟了。于是，恩格斯改变以往的态度，毫不迟疑地放下其他重要工作，积极推动和帮助德法两国工人政党开展活动，为建立新的国际而斗争。

恩格斯清醒地认识到，建立新的国际是一场严酷的斗争。1887 年，德国社会民主党圣加伦代表大会通过决议："责成党的代表和其他国家的工人组织联合起来，于 1888 年秋天召开国际工人代表大会。"1888 年法国工会波尔多代表大会和法国工人党特鲁多代表大会提出 1889 年 7 月在巴黎召开国际工人代表大会。在此同时，以马隆、布鲁斯为代表的法国可能派和以海德门为代表的英国社会民主联盟，也决定于 1889 年 7 月在巴黎召开国际社会主义者代表大会，建立新的国际组织，篡夺国际工人运动领导

---

① 恩格斯：《致约·菲·贝克尔》（1882 年 2 月 10 日）。《马克思恩格斯全集》第 35 卷第 268 页。

权。这样，围绕召开国际代表大会和成立新国际组织的问题展开了尖锐的斗争。

在这个国际工人运动的紧要关头，恩格斯挺身而出，全力支援德法两国的马克思主义者。他明确指出，将于 1889 年 7 月举行的两个国际代表大会，具有完全不同的性质。由德法两国马克思主义者发起的，是联合起来的社会主义者的大会；而由布鲁斯、海德门等机会主义者发起的代表大会都是些没有超出工联主义的人。这是一场马克思主义与机会主义的"拼死的战斗"。恩格斯写道："可能派和海德门派通过他们的代表大会，竭尽全力地企图钻入新国际的领导岗位，这就使得我们面临着一场不可避免的斗争……这是过去国际分裂的重演，现在它使人们分成两个对立的阵营。一边是巴枯宁的信徒，打的旗帜是不同了，但是他们的装备和策略全是老一套，他们是一伙企图使工人阶级运动'屈从'于他们个人目的的阴谋家和骗子；另一边是真正的工人阶级运动。……我们在 1873 年以后从无政府主义者手里夺得的阵地现在受到他们的继承人的攻击，所以我没有选择的余地。"①

为了推动和帮助在开始的时候态度并不十分积极的德法两国工人党领导人积极筹备国际代表大会，恩格斯不得不暂时中断《资本论》第 3 卷的整理工作，给各国马克思主义者写信，指导他们的活动。1888 年 12 月 4 日，他写信给法国工人党领导人保·拉法格，要求他必须开好正在举行的法国工人党特鲁多代表大会，建立中央委员会，公开宣布 1889 年举行国际代表大会的消息，争取各国社会主义者的支持，击败可能派通过召开国际大会取得作为法国社会主义正式代表地位的阴谋。

1889 年 1 月 5 日，恩格斯写信给德国社会民主党领导人奥·倍倍尔，向他通报法国工会波尔多代表大会和法国工人党特鲁多代表大会已经决定于 1889 年召开"我们的国际代表大会"的消息，要求德国党必须坚决与可能派划清界限，绝对不要派代表参加可能派的代表大会。恩格斯指出，可能派已经卖身投靠资产阶级政府，领取政府的秘密津贴，并为其效劳；它的同盟者英国工联，同样是一个向资产阶级卖身求荣、反对社会主义的组织。因此，绝对不应该与这帮人往来；"如果与这帮人混在一起，就意味着你们背叛了以往奉行的整个对外政策。"②

---

① 恩格斯：《致劳·拉法格》（1889 年 6 月 11 日）。《马克思恩格斯全集》第 37 卷第 226 页。
② 恩格斯：《致奥·倍倍尔》（1889 年 1 月 5 日）。《马克思恩格斯全集》第 37 卷第 123 页。

1889 年 2 月 23 日，恩格斯写信给美国工人运动活动家佐尔格，指出可能派由于为资产阶级政府效劳，已经失去工人的信任，他们借助英国工联召开国际代表大会的企图已经可耻地失败。

在恩格斯的推动和帮助下，德国社会民主党领导人积极行动起来了。1889 年 2 月 28 日，他们在海牙召开国际代表大会准备会议，确定代表大会的日期、议程和权力。至此，马克思主义者已经取得了举行国际代表大会的主动权。

海牙代表会议以后，恩格斯又进行紧张的活动，"信件往来不绝，东奔西走"。鉴于可能派在海牙会议以后散布了许多攻击德法两国工人政党的谎言，他用很大的精力继续进行反对布鲁斯、海德门的斗争。在他建议和修改下，伯恩施坦于 1889 年 3 月撰写和发表了小册子《1889 年国际工人代表大会。答〈正义报〉》，驳斥了可能派和英国工联散布的种种谎言，指出可能派实际上是一个政府党，是一伙内阁社会主义者。在法国社会主义者遭到政府迫害的时候，可能派却享受了种种的优待和特权。如果它在巴黎召开代表大会，"不但会得到警方的保卫，而且会得到赞助。它将得到政府、省当局和巴黎市政委员会的赏识。它将受到祝贺和百般的巴结。"① 小册子用无可争辩的事实说明布鲁斯、海德门一伙是撒谎成性的骗子，击中了这些人的要害，像炸弹爆炸一样，把他们用谎言编成的密网炸开一个巨大的缺口，使他们威信扫地，更加孤立。

在与机会主义者激烈战斗的同时，恩格斯还耐心地批评和教育马克思主义者中一些立场不坚定的同志，帮助他们抛弃对革命事业十分有害的"联合狂"。当时，在马克思派中，以德国社会民主党领导人威·李卜克内西为代表的一部分人，对这场斗争的实质认识不足。他们从"善良"的意愿出发，力图调和马克思主义与无政府主义的矛盾，甚至为了达到联合的目的而拿原则做交易。恩格斯严肃地指出，对可能派的任何宽容和姑息，都会把整个事情搞糟。他警告说："一味追求联合，会使主张联合的人走上一条最终和自己的敌人联合而和自己的朋友和同盟者分离的道路。"②

恩格斯预见到，在代表大会期间，还会出现"联合"的呼声，还会有一些"联合狂"进行活动，可能派也还会用各种手段蒙蔽人们，妄图把分裂的

---

① 《1889 年国际工人代表大会》。《马克思恩格斯全集》第 21 卷（附录）第 585 页。

② 恩格斯：《致保·拉法格》（1889 年 7 月 5 日）。《马克思恩格斯全集》第 37 卷第 239 页。

罪名强加在马克思派头上。为了揭穿可能派的阴谋，争取国际社会主义运动
中的大多数，恩格斯认为，联合是可以的，但必须在马克思主义原则上联合，
决不能搞什么"不惜任何代价"的联合。恩格斯写到：

"妥协是不可能的。或者是可能派同意，——那我们就完全战胜了可能
派，攻下了他们的阵地，迫使他们屈服，永远打破了他们的……野心。……
或者是可能派拒绝，——那我们就掌握了优势，让全世界看到，我们为和解
做到了仁至义尽。那时一切犹豫不决的人们都会站在我们一边。"①恩格斯进
一步指出，在工人运动中制造分裂，是无政府主义者的一贯行径。他们是破
坏工人运动团结和统一的罪魁祸首。他们鼓吹所谓"联合"，目的是为了欺骗
群众，掩盖自己的阴谋活动；他们梦寐以求的是分裂，因为只有分裂才能使
他们继续存在下去。在恩格斯的耐心教育下，一些原来主张妥协的同志逐渐
觉悟起来，与可能派彻底划清了界限。

为了使代表大会胜利召开，恩格斯还给大会的组织者——法国工人党领
导人拉法格作了许多具体、详尽的指示，帮助他拟定和修改《召开国际社会
主义工人代表大会通知书》，亲自把这份文件译成德文，安排文件的印刷和散
发工作，动员许多国家著名社会主义活动家在《通知书》上签名。

在恩格斯推动和指导下，1889 年 7 月 14 日，国际社会主义工人代表大
会在巴黎举行。欧美 22 个国家的 393 位代表出席了大会，许多代表是各国著
名的社会主义和工人运动活动家，具有广泛的代表性和国际性。大会交流了
各国工人运动的经验，通过了一系列反映无产阶级要求的决议，规定每年五
月一日作为国际无产阶级的共同节日。代表大会粉碎了无政府主义者篡夺国
际工人运动领导权的阴谋，再次宣告马克思主义在工人运动中的胜利。这次
大会以第二国际成立大会载入了史册。在此同时召开的可能派代表大会没有
任何国际性，遭到彻底的失败。

恩格斯对代表大会的胜利非常高兴，深刻地指出了这场胜利的重大意义。
恩格斯写到：

"不管怎样，可能派和社会民主联盟想要各自在法国和英国窃取领导权的
阴谋完全失败了，他们要取得国际领导权的妄想则失败得更惨。要是两个代
表大会同时并存仅仅为了达到这样的目的，即让可能派和伦敦的阴谋家们为
一方，欧洲的社会主义者……为另一方，都检阅兵力，以此向全世界证明，

---

① 恩格斯：《致保·拉法格》（1889 年 4 月 10 日）。《马克思恩格斯全集》第 37 卷第 177 页。

究竟哪里集中代表真正的运动，而哪里只是欺骗，那么这已经足够了。"①

代表大会向全世界证明，欧洲几乎所有的社会主义者都是"马克思派"。

第二国际成立后，恩格斯继续关心它的活动，支持第二国际内部马克思主义反对机会主义的斗争。1891年第二国际布鲁塞尔代表大会决定开除无政府主义者时，他高兴地指出，"代表大会投票赞成开除无政府主义者，这很好。旧的国际以此结束，新的国际则以此开始。"②

1893年，恩格斯亲自参加第二国际苏黎世代表大会，受到极其热烈的欢迎。他代表大会主席团所作的闭幕词中，肯定了第二国际的组织形式和活动方式。他说："每一个国家的无产阶级得到机会以独立自主的形式组织起来，这一点实现了，因而现在国际要比以前强大得多了。我们也应当按照这一方向在共同的基础上继续我们的工作。"③

恩格斯在第二国际创立过程和前期活动中所作的贡献，是永远不可磨灭的。

————————

　　① 恩格斯：《致弗·阿·佐尔格》（1889年7月17日）。《马克思恩格斯全集》第37卷第243页。

　　② 恩格斯：《关于布鲁塞尔代表大会和欧洲局势》。《马克思恩格斯全集》第22卷第281页。

　　③ 恩格斯：《在苏黎世国际社会主义工人代表大会上的闭幕词》。《马克思恩格斯全集》第22卷第480页。

第十一章 理论研究的新成果

一 在数学和自然科学方面来 一个彻底的"脱毛"

恩格斯同马克思一起，是新的哲学体系——辩证唯物主义和历史唯物主义的创始人。为了确立辩证的同时又是唯物主义的自然观，需要具备数学和自然科学的知识。马克思是精通数学的。他为我们遗留下内容丰富的《数学手稿》。恩格斯一生更是孜孜不倦地学习和研究自然科学，涉猎自然科学的许多领域，对自然科学的最新成果进行了深刻的理论概括，发表了许多精辟的见解。

科学技术是伟大的革命力量。早在 40 年代中期，恩格斯就认识到，英国社会革命是科学和实践相结合的结果。从此，他密切关注自然科学的进展。但是，在 40 年代末的革命狂飙时期，从 50 年代开始长达 20 年"埃及幽囚"的经商生活，使他不可能对自然科学进行系统的研究。这个时期，他的研究是零星的、时断时续的和片断的。但他还是利用一切可能利用的时间，阅读和钻研大量自然科学专著。到了 50 年代末，他对当时自然科学的三大发现：能量守恒和转化规律、细胞学说、生物进化论已经有了丰富的知识。1858 年 7 月 14 日，他在给马克思的信中，十分精辟地阐述了能量守恒和转化规律、细胞学说的发展过程和重大意义。达尔文的《物种起源》出版还不到 20 天，他就写信告诉马克思："我现在正在读达尔文的著作，写得简直好极了。目的论过去有一个方面还没有被驳倒，而现在被驳倒了。此外，至今还从来没有过这样大规模的证明自然界的历史发展的尝试，而且还做得这样成功。"①

---

① 恩格斯：《致卡·马克思》（1859 年 12 月 11 日 或 12 日）。《马克思恩格斯全集》第 29 卷第 503 页。

　　德国著名化学家李比希曾经说过："化学正在取得异常迅速的成就，而希望赶上它的化学家们则处在不断脱毛的状态。不适于飞翔的旧羽毛从翅膀上脱落下来，而代之以新生的羽毛，这样飞起来就更有力更轻快。"在这里，"脱毛"反映了有作为的科学家们为更新知识、探索真理、攀登科学高峰而艰苦奋斗的过程。恩格斯十分赞赏这个生动而深刻的比喻。他把自己系统学习和研究数学和自然科学的过程也叫做"彻底的脱毛"过程。

　　恩格斯年轻时期就对自然科学发生浓厚的兴趣，但只有到了 70 年代初退出商界移居伦敦以后，才获得了系统研究自然科学的条件。从 1873—1876 年，他用大部分时间研究自然科学。1876—1878 年，为了粉碎杜林的进攻，捍卫马克思主义理论，不得不中断自然科学研究工作。从 1878 年开始的研究，又在 1883 年马克思逝世后中断了。因此，他集中研究自然科学的时间，前后大约八年。在这期间，他以坚强的毅力、刻苦钻研的精神，广泛研究了物理学、化学、生物学、天文学、数学以及其他自然科学。

　　在物理学方面，恩格斯从经典力学开始，认真研读牛顿的《自然哲学的数学原理》。他也密切注意力学的最新进展，十分重视新出版的力学著作，如赫尔姆霍茨的《论力的守恒》、《通俗讲演录》等。他对当时热学、电学、磁学、电磁学等领域取得的显著成就十分喜悦，很有兴趣地研读了热力学创始人之一卡诺的著作，认为他的理论"为正确的见解开拓了道路"[1]。像马克思一样，他密切注意电学方面各种发现的发展情况，既看到电学已经取得的成就，又从当时理论上的困难正确地看出电学正面临着重大的突破。他说："在电学的领域中，一个像道尔顿的发现那样能给整个科学创造一个中心并给研究工作打下巩固基础的发现，现在还有待于人们去探求。"[2] 1882 年，当法国工程师赛尔·德普勒在慕尼黑展出第一条实验性输电线路时，他很快就看出了这个发明的巨大革命意义，"生产力将因此得到极大的发展，以至于资产阶级对生产力的管理愈来愈不能胜任。"[3]

　　恩格斯对化学也十分重视。还在 50 年代，他就对这门研究物体由于量的构成的变化而发生质变的科学发生兴趣。在无机化学领域里，他研读过波义耳、拉瓦锡、道尔顿等人的理论著作，高度评价发现化学元素周期律的俄

① 恩格斯：《自然辩证法》。《马克思恩格斯全集》第 20 卷第 388 页。

② 同上书，第 454 页。

③ 恩格斯：《致爱·伯恩施坦》（1883 年 2 月 27 日至 3 月 1 日）。《马克思恩格斯全集》第 35 卷第 445—446 页。

国科学家门捷列夫，认为这位科学大师"不自觉地应用黑格尔的量转化为质的规律，完成了科学上的一个勋业，这个勋业可以和勒维烈计算尚未知道的行星海王星的轨道的勋业居于同等地位"[①]。他对有机化学尤其重视，同当时著名的有机化学权威肖莱马有着多年的深厚友谊。在研究有机化学的时候，肖莱马无疑是他最好的顾问，他对肖莱马的重要学术著作《简明化学教程》、《化学教程大全》、《有机化学的产生和发展》十分熟悉。每当碰到有机化学方面的疑难问题时，他总是要"进一步问一问氯化马"[②]。德国化学家李比希的《化学在农业上的应用》、霍夫曼的《现代化学通论》等，也给恩格斯提供了丰富的化学知识。通过系统深入的研究，他不仅掌握了化学的基本知识，而且在一些重大理论问题上提出了独创的科学见解。例如，他关于"生命是蛋白体的存在方式"的著名论断以及只要把蛋白质的化学成分弄清楚，化学就能着手制造活的蛋白质的科学预言，已被现代生物化学的发展所证实。

生物学在 19 世纪有着重大的进展。细胞学说、生物进化论是这个时期自然科学的主要成就。恩格斯从 50 年代末期起，就对达尔文的生物进化学说进行深入的研究，同马克思经常交换研究的心得，深刻认识到这个理论作为"历史上的阶级斗争的自然科学根据"的重大意义。他还涉猎了生物学的许多分支，例如细胞学、植物学、动物学、人类学等，阅读了海克尔的《自然创造史》、微耳和的《细胞病理学》等生物学名著，广泛研究了德国奥肯关于细胞的原浆说和原胞说、法国古生物学家哈维的血液循环学说等等。正是在系统研究了从细胞学到人类学各个科学领域的专门知识的基础上，他对生物进化和人类起源作了十分精辟的概括："也许经过了多少万年，才造成了可以进一步发展的条件，这种没有定形的蛋白质能够由于核和膜的形成而产生第一个细胞。但是，随着这第一个细胞的产生，整个有机界的形态形成的基础也产生了；正如我们可以根据对古生物学的记录所作的全部类推来假定，最初发展出来的是无数种无细胞的和有细胞的原生生物，在这些原生生物中只有加拿大假原生物传到了现在；在这些原生生物中，有一些渐次分化为最初的植物，另一些渐次分化为最初的动物。从最初的动物中，主要由于进一步的分化而发展出无数的纲、目、科、属、种的动物，最后发展出神经系统获得

---

① 恩格斯：《自然辩证法》。《马克思恩格斯全集》第 20 卷第 51—52 页。

② 恩格斯：《致卡·马克思》（1870 年 2 月 11 日）。《马克思恩格斯全集》第 32 卷第 424 页。

最充分发展的那种形态，即脊椎动物的形态，而最后在这些脊椎动物中，又发展出这样一种脊椎动物。在它身上自然界达到了自我意识，这就是人。"[1] 这一段话，既科学地概括了生物进化和人类起源的过程，也深刻地驳斥了上帝创造人的神学说教，有着重要的理论和实践意义。

恩格斯对于数学、地质学、天文学、天体演化学等学科，也有精湛的研究。特别使我们感兴趣的是，他对于当时刚刚萌芽的生态学十分重视，发表了许多现在读起来体会更加深刻、意义十分重大的科学见解。例如他说："我们不要过分陶醉于我们对自然界的胜利，对于每一次这样的胜利，自然界都报复了我们。每一次胜利，在第一步都确实取得了我们预期的结果，但是在第二步和第三步却有了完全不同的、出乎意料的影响，常常把第一个结果又取消了。"[2] 他举例说，美索不达米亚等地的居民为了想得到耕地而砍光了森林，结果使这些地方成了荒芜不毛之地；阿尔卑斯山的意大利人砍光了山南坡的松林，结果摧毁了自己的高山畜牧业等等。他一再告诫人们，不应该做那些违背自然规律、破坏生态平衡、到头来不得不受到自然惩罚的蠢事，"我们必须时时记住：我们统治自然界，决不像征服者统治异民族一样，决不像站在自然界以外的人一样，——相反地，我们连同我们的肉、血和头脑都是属于自然界，存在于自然界的；我们对自然界的整个统治，是在于我们比其他一切动物强，能够认识和正确运用自然规律。"[3]

经历了多年的彻底脱毛，恩格斯掌握了十分渊博的自然科学知识。在这个基础上逐渐形成一部伟大著作的轮廓。

二　一部论述自然科学辩证思想的伟大著作

1873 年 5 月 30 日，恩格斯从伦敦写信告诉正在曼彻斯特这个"自然科学的中心"访问的马克思："今天早晨躺在床上，我脑子里出现了下面这些关于自然科学的辩证思想。"[4] 接着他详细叙述这些思想的内容，实际上提出了写作一部宏大著作的轮廓。他的想法使马克思非常高兴，并得到著名化学家

---

① 恩格斯：《自然辩证法》。《马克思恩格斯全集》第 20 卷第 373 页。
② 同上书，第 519 页。
③ 同上。
④ 恩格斯：《致卡·马克思》（1873 年 5 月 30 日）。《马克思恩格斯全集》第 33 卷第 82 页。

肖莱马的赞赏。此后不久，他开始撰写一部后来以《自然辩证法》闻名于世的著作。

促使恩格斯撰写《自然辩证法》的原因，是为了反击资产阶级在思想理论战线上的进攻，捍卫和发展马克思主义哲学理论。巴黎公社失败后，各国资产阶级不仅在政治上对工人阶级采取镇压措施，而且在思想理论方面歪曲自然科学的最新成果，宣扬一系列反科学的谬论。如在生物学领域，德国生物学家毕希纳于1872年出版了《人类过去、现在和将来在自然界中的地位》，公开宣扬庸俗唯物主义和社会达尔文主义，认为生存竞争是生物界和人类社会的共同规律，妄图根据生存斗争来非难社会主义和经济学。在数学、物理学、生物学等领域，也都出现了各种各样对抗马克思主义辩证唯物主义的反科学的资产阶级思想流派。同时，绝大多数自然科学家还受到形而上学和传统观念的束缚，对自然科学的迅速发展所揭示出的自然界的辩证性质迷惑不解，思想上陷于极度的混乱，有些科学家甚至相信降神术和唯灵论。这种情况，严重影响自然科学的进一步发展，妨碍许多科学领域正在酝酿的重大突破。还应该看到，第一国际停止活动后，欧洲各国进入建立独立工人政党、准备力量迎接新的革命高潮的时期，迫切需要用马克思主义理论武装工人阶级。上述情况，要求马克思主义创始人对自然科学的最新成就进行理论概括，反击资产阶级在思想理论战线的进攻，克服自然科学中思想混乱的局面，引导自然科学家在探索真理的道路上继续前进，并且用辩证的同时又是唯物主义的自然观教育广大工人阶级，提高工人队伍的理论水平。恩格斯就是为了完成这些重大任务而写作《自然辩证法》的。

虽然恩格斯在1873年已经描绘了《自然辩证法》的轮廓，但是那时许多问题还未进一步思考。此后他全力以赴地大量阅读各种科学著作，收集有关材料。到了1876年，才完成这部著作整个体系的构思。他在这年5月28日从海滨疗养地兰兹格特给马克思的信中写到："在自然科学方面，我感到我对于这个领域非常熟悉，我能在这方面进行活动，虽然要十分小心，但毕竟有相当的自由和把握。"① 他说，《自然辩证法》一书的清晰轮廓已经在自己头脑中形成，许多细节已经作了推敲，有些问题已经研究成熟，有些问题需要进一步思考。从1873—1876年和1878—1883年，他大致写成10篇较完整的论文，170多个札记和片断。后来由于马克思逝世后需要整理《资本论》2、

---

① 恩格斯：《致卡·马克思》(1876年5月28日)。《马克思恩格斯全集》第34卷第20页。

3 卷和处理其他紧迫工作，没有时间再来研究这个问题，因此这部著作未能最终完成。他在逝世前不久，把全部材料分为四类：（一）《辩证法和自然科学》；（二）《自然研究和辩证法》；（三）《自然辩证法》；（四）《数学和自然科学。不同的东西》。看来，他是十分渴望把这部著作整理完成的，可惜已经没有时间。

《自然辩证法》一书是在恩格斯逝世 30 年后，于 1925 年第一次公之于世的。这部未完成的手稿内容十分丰富，论述极其精辟，许多光辉思想和科学预见对自然科学的发展有着重大的意义。该书全面论述的辩证唯物主义自然观，是哲学领域继确立辩证唯物主义历史观之后的重大成就。

在《自然辩证法》一书中，恩格斯以战斗唯物主义精神，总结了自然科学所取得的重大成就，特别是 19 世纪三大发现的伟大意义。他把发现能量守恒和转化规律的 1842 年称作"划时代的一年"。他说，反映了物理学巨大进步的能量守恒和转化规律，是由三个不同的人几乎同时总结出来的，"迈尔在海尔布朗，焦耳在曼彻斯特，都证明了从热到机械力和机械力到热的转化。同时，格罗夫——不是职业的自然科学家，而是英国的一个律师——仅仅由于整理了物理学上已经达到的各种结果，就证明了这样一件事实：一切所谓物理力，即机械力、热、光、电、磁，甚至所谓化学力，在一定的条件下都可以互相转化，而不发生任何力的损耗；"[1] 对于细胞学说的发现及其科学意义，恩格斯也作了深刻的论述，指出："有了这个发现，有机的有生命的自然产物的研究——比较解剖学、生理学和胚胎学——才获得了巩固的基础。机体产生、成长和构造的秘密被揭开了，这个过程是依据一切多细胞的机体本质上所共同的规律进行的。"[2] 恩格斯十分钦佩那些在人类认识自然的历史上作出卓越贡献的科学家，高度评价他们为真理而献身的革命精神，热烈赞扬 16 世纪波兰天文学家、太阳中心说创立者哥白尼，指出正是这位伟大的天文学家，用自己不朽的著作《天体运行论》向自然事物方面的教会权威挑战，打破中世纪教会的专横，宣布自然科学的独立，把自然科学从神学中解放出来，为科学事业的大踏步发展开拓了道路。

哲学和自然科学有着密切的联系。自然科学为哲学发展提供科学基础，哲学为研究自然科学提供指导思想。在《自然辩证法》中，恩格斯指出，

---

[1]　恩格斯：《自然辩证法》。《马克思恩格斯全集》第 20 卷第 368 页。
[2]　同上书，第 176 页。

自古以来，哲学和自然科学都是携手并进的。古代朴素的辩证法自然观，反映了当时自然科学的发展水平。欧洲文艺复兴时期以来大多数科学部门处在收集材料阶段的状况，又为形而上学自然观代替古代朴素辩证法自然观提供了条件。从18世纪下半期开始，自然科学已经从收集和积累材料阶段发展到整理和归纳材料阶段。在这种情况下，把自然界看做孤立、静止、僵死的形而上学自然观，已经严重妨碍自然科学的发展。近代自然科学的进一步发展，要求用辩证唯物主义自然观代替形而上学。19世纪自然科学的三大发现，使辩证唯物主义自然观的"基本点完备了，一切僵硬的东西溶化了，一切固定的东西消散了，一切被当做永久存在的特殊东西变成了转瞬即逝的东西，整个自然界被证明是在永恒的流动和循环中运动着。"[①]恩格斯号召自然科学家从形而上学自然观的束缚下解脱出来，自觉学习和掌握辩证唯物主义自然观。只有用辩证思维代替形而上学，才能使自然科学在已有成就基础上继续发展。

《自然辩证法》一书，比较集中地阐述了马克思主义的辩证法思想。恩格斯指出，辩证法是关于一切运动的最普遍的规律的科学。这就是说，辩证法不仅是联系的科学，而且是关于运动、变化、发展规律的科学。辩证法规律无论对自然界和人类历史的运动，或者对思维的运动，都是同样适用的。这些规律实质上可以归结为：量转化为质和质转化为量的规律；对立的相互渗透的规律；否定之否定规律。恩格斯还把辩证法区分为客观辩证法和主观辩证法。前者指自然和社会发展的辩证法；后者指客观辩证法在思维中的反映，即辩证思维。他一再强调，主观和客观必须统一，"我们的主观的思维和客观的世界服从于同样的规律，因而两者在自己的结果中不能互相矛盾，而必须彼此一致，这个事实绝对地统治着我们的整个理论思维。它是我们的理论思维的不自觉的和无条件的前提。"[②] 因此，不论研究自然科学或历史科学，都必须从既有的事实出发。他还从对立统一观点出发，深入探讨了同和差异、必然性和偶然性、原因和结果等辩证法的重要范畴，阐述了有限和无限的辩证关系，指出：一方面，人们能够认识和掌握自然规律，不可知论完全没有根据；另一方面，自然界是无限发展的，人类的认识只能逐渐接近它而不能穷尽它。这就是说："无限的东西既可以认识，又不可以认识，而这是我们所

---

① 恩格斯：《自然辩证法》。《马克思恩格斯全集》第20卷第364页。
② 同上书，第610页。

需要的一切。"①

恩格斯在《自然辩证法》中，通过总结自然科学的最新成就，全面、深刻地论述了物质运动的形式及其发展规律。他认为，"运动，就最一般的意义来说，就它被理解为存在的方式，被理解为物质的固有属性来说，它包括宇宙中发生的一切变化和过程，从单纯的位置移动起直到思维。"② 在1873 年 5 月 30 日给马克思的信中，他初步阐述了关于物质运动形式的思想，指出物体只有在运动中才显示出它是什么；对运动的各种形式的认识，就是对物体的认识。所以，对这些不同的运动形式的探讨，就是自然科学的主要对象。在《自然辩证法》中，他根据当时的科学发展水平，把物质运动分为机械运动、物理运动、化学运动、生物运动和社会运动等基本运动形式。每一种运动形式都有其特殊的本质及其物质承担者。从机械运动到社会运动，是一个从低级形式到高级形式的发展过程；运动既不能创造，也不能消灭；各种运动形式可以互相转化，高级形式的运动包括低级形式的运动，但高级运动形式不能简单地归结为低级运动形式。他特别强调，运动是物质的存在形式。物质和运动是不能脱离的。世界上既没有不运动的物质，也没有无物质的运动。任何割裂物质与运动的理论都是错误的。

恩格斯在人类认识史上第一次科学地揭示了生命的本质和起源，指出"生命是蛋白体的存在方式，这个存在方式的基本因素在于和它周围的外部自然界的不断地新陈代谢。而且这种新陈代谢一停止，生命就随之停止，结果便是蛋白质的分解"③。他预言，如果有一天能够成功地用化学方式制造蛋白体，那么它们一定会显示生命现象，进行新陈代谢。这个预言，已经被现代科学的发展所证实。

恩格斯认为，整个自然界都处于永恒的运动之中，都按照自然界固有的规律发生、发展、变化。人类居住的地球并不是永恒不变的。它经历了从机械运动、物理运动、化学运动到生命运动的漫长发展过程，最后出现了能思维和能劳动的人类。这是千百万年发展过程的结果。其他星球只要具备一定条件，也会经历同样的发展过程。

人类是怎样起源的？人类社会是怎样产生的？恩格斯在《自然辩证法》

---

① 恩格斯：《自然辩证法》。《马克思恩格斯全集》第 20 卷第 578 页。

② 同上书，第 408 页。

③ 同上书，第 646 页。

中作了唯物主义的回答。从 18 世纪以来，欧洲一些自然科学家就提出人类是由猿变化而来的思想。达尔文的生物进化论为这种思想提供了理论依据。英国科学家赫胥黎在 1863 年出版的《人类在自然界的位置》一书中，深刻论述了人、猿同祖的观点。他在反对教会的责难、为自己的观点辩护时说："人类没有理由因为他的祖先是猴子而感到羞耻。与真理背道而驰才是真正的羞耻。"自此，人类是从猿猴进化而来的观点，逐渐为更多的人所接受。这是对"上帝造人"的有力驳斥。

但是，猿是怎样转变为人的？在这个转变过程中是什么因素起着决定作用？无论达尔文或达尔文学派最富有唯物精神的科学家都未能作出正确的回答。这个问题是由马克思、恩格斯解决的。马克思在《1844 年经济学哲学手稿》中，就已经肯定了劳动是人的本质，是人和动物的根本区别。恩格斯在《自然辩证法》中，明确提出了劳动"是整个人类生活的第一个基本条件，而且达到这样的程度，以致我们在某种意义上不得不说：劳动创造了人本身。"[①] 恩格斯详细论述了从猿到人的转变过程，指出能够制造工具的手不仅是劳动的器官，也是劳动的产物。劳动创造了人，同时也创造了人与人的社会交往与联系，于是产生了语言。劳动的发展和语言的产生，是促进猿脑变为人脑的主要推动力。恩格斯把人类与其他动物作了全面的对比，得出结论说：动物仅仅利用外部自然界，而人则能够改变自然界，支配自然界，使自然界为自己的目的服务。这便是人同其他动物的最后的本质区别，而造成这一区别的还是劳动。

随着人类的出现，人类社会也诞生了。因此，劳动不仅创造了人，而且创造了人类社会。

恩格斯的论述，科学地解决了从猿到人转变过程的决定因素和人与其他动物的根本区别，是对唯物主义历史观的重大贡献。

自从恩格斯写作《自然辩证法》以来，自然科学有了极大的发展。毋庸讳言，《自然辩证法》一书使用的某些材料，不能不受到当时自然科学发展水平的限制；但贯串全书的既是辩证又是唯物主义的思想，是马克思主义科学世界观的重要组成部分，是指导自然科学研究的唯一正确的理论和方法。

---

① 恩格斯：《自然辩证法》。《马克思恩格斯全集》第 20 卷第 509 页。

三　完成马克思未完成的工作

1884 年 3—5 月，恩格斯根据大量历史和政治材料，主要根据美国人类学和原始社会史学家路易斯·亨·摩尔根的《古代社会》，写成了《家庭、私有制和国家的起源》。在这部被列宁誉为"现代社会主义主要著作之一"的书里，恩格斯运用历史唯物主义原理，深入研究了原始共产主义社会的基本特征，阐明了婚姻，家庭与经济发展的密切关系，论述了私有制、阶级产生的原因和过程，揭示了国家的阶级实质，批判了资产阶级和机会主义者在国家问题上的种种谬论，用无可辩驳的事实再次证明，人类社会是从低级向高级发展的有规律的过程。

恩格斯写作《家庭、私有制和国家的起源》，是为了执行马克思的遗言，完成亡友未能完成的工作。早在 40 年代，马克思、恩格斯就对原始社会史发生兴趣。在《德意志意识形态》中，他们曾经探讨过原始社会所有制结构与社会结构问题。当时研究原始社会的材料极其缺乏，人们对于社会的史前状况几乎一无所知，还不具备系统研究的条件。1877 年，摩尔根《古代社会》一书出版。作者根据自己在美国印第安人部落中长期调查研究所获得的大量第一手资料，论述了人类早期的婚姻、家庭和社会组织的状况，以自己的方式，"重新发现了四十年前马克思所发现的唯物主义历史观，并且以此为指导，在把野蛮时代和文明时代加以对比的时候，在主要点上得出了与马克思相同的结果。"[1] 作者关于母权制氏族的重新发现，对于原始历史的意义，正如达尔文的进化论对于生物学和马克思的剩余价值理论对于政治经济学的意义一样重大。马克思对这部著作十分重视，进行了认真的研究，写下了十分详细的摘要，在许多地方作了重要的批注。当时他打算撰写一部著作，介绍摩尔根的研究成果，评述摩尔根科学发现的重大意义。可惜来不及完成这项工作就去世了。恩格斯在整理马克思的遗稿时，发现马克思就《古代社会》一书所写的摘要和评注，产生了完成亡友未能完成的工作的想法。1884 年 2 月 16 日，他写信对考茨基说："假如我有时间，我倒想利用马克思的札记来

---

[1]　恩格斯：《〈家庭、私有制和国家的起源〉第一版序言》。《马克思恩格斯全集》第 21 卷第 29 页。

把这些材料加工，为《社会民主党人报》的杂文栏或《新时代》写点东西。"① 由于许多紧迫的工作需要及时处理，暂时不能从事这项工作。一个月后，他决定把其他工作搁一下，集中力量完成这项"有特殊的重要性"的工作。②

恩格斯写作《家庭、私有制和国家的起源》，也是为了用唯物主义历史观研究古代社会，进一步阐明人类社会各个发展阶段共同遵循的规律。在《反杜林论》中，恩格斯明确指出，马克思主义政治经济学是广义政治经济学。它不仅研究人类社会一定阶段的生产关系，而且研究人类社会各个发展阶段的生产关系以及人类社会从低级向高级的发展规律。为了建立广义政治经济学的科学体系，马克思在创作《资本论》时，写了《资本主义生产以前的所有制形态》；恩格斯先后写了《论日耳曼人的古代历史》、《法兰克时代》、《马尔克》等手稿。摩尔根《古代社会》一书，为恩格斯关于原始社会史的研究工作"提供了前所未有的事实根据"。只要充分利用摩尔根的发现，用唯物主义历史观加以批判地探讨，就可以填补古代历史研究方面的空白，阐明原始社会的基本特征，揭示从原始社会到资本主义社会以及共产主义社会的发展规律，用新的研究成果进一步阐明唯物主义历史观的普遍意义。

恩格斯写作《家庭、私有制和国家的起源》，同当时的革命斗争也有密切关系。巴黎公社失败后，各国反动派在血腥镇压工人的同时，还采取种种花招，企图麻痹工人的意志。例如德国反动政府在70—80年代采取一系列改良措施，打出"国家社会主义"的招牌。一些机会主义者也跟着资产阶级理论家，大肆宣扬超阶级的国家观，胡说阶级斗争的主要目标是要争取"自由国家"，鼓吹依靠资产阶级的"国家帮助"来实现社会主义。因此，破除对国家的迷信，揭示国家的阶级实质，是批判资产阶级和机会主义的谬论，动员工人阶级坚持革命斗争，把工人运动引上健康发展道路的迫切需要，具有十分重要的意义。而为了揭示国家的阶级实质，就必须研究人类早期婚姻家庭关系的发展、私有制和阶级的产生、国家的起源等问题。恩格斯就是在这种历史背景下写作《家庭、私有制和国家的起源》的。他非常清楚，国家问题是一个十分尖锐的问题；揭示国家的阶级实质，触动了剥削阶级的利益，必然要遭到攻击。就是说，写得好，就一定被查禁；写得坏，就得到许可。恩格斯坚决表示，绝对不

---

① 恩格斯：《致卡·考茨基》（1884年2月16日）。《马克思恩格斯全集》第36卷第113页。
② 参阅恩格斯《致卡·考茨基》（1884年4月26日）。《马克思恩格斯全集》第36卷第144页。

能采用后一种做法。他说，"我根本不可能写得适合反社会党人法的要求。正如路德说的：'宁可让我去见鬼，我也不能改变！'"①

确定撰写《家庭、私有制和国家的起源》以后，恩格斯进行紧张的研究，以惊人的效率，在大约两个月时间内完成这部著作。虽然摩尔根提供了大量的事实材料，但恩格斯决不仅仅限于客观地叙述《古代社会》的内容。恩格斯认为，如果对《古代社会》的内容不作批判的探讨，不利用新得出的成果，不同唯物主义历史观联系起来阐述，那就没有什么意义。在研究过程中，他参阅了其他有关著作，利用了自己研究古代社会的成果，对整部著作作了周密思考，对其中每个问题认真加工、仔细推敲，从内容到形式力求完善。

在《家庭、私有制和国家的起源》中，恩格斯根据原始社会史的材料，论述了"两种生产"的问题，进一步发展了唯物主义历史观。他在这部著作的《序言》中写道："历史中的决定性因素，归根结底是直接生活的生产和再生产。但是，生产本身又有两种。一方面是生活资料即食物、衣服、住房以及为此必需的工具的生产；另一方面是人类自身的生产，即种的繁衍。一定历史时代和一定地区内的人们生活于其下的社会制度，受着两种生产的制约：一方面受劳动的发展阶段的制约，另一方面受家庭的发展阶段的制约。劳动愈不发展，劳动产品的数量、从而社会的财富愈受限制，社会制度就愈在较大程度上受血族关系的支配。"② 根据唯物主义历史观，直接生活的生产，无论在任何时候，都是社会发展的基础。人们首先必须解决吃、喝、住、穿的问题，然后才能从事政治、科学、艺术、宗教等活动；一个时代的国家制度、法的观点、艺术以至宗教观念，就是在这个基础上发展起来的。任何一个民族都不能停止消费，从而也不能停止生产。因此，生产是不断进行的。这种不断进行的征服自然、改造自然的生产和再生产活动，是历史发展的决定因素。人类自身的生产，即种的繁衍，对历史发展也起着重要的作用。在生产力发展水平极其低下的古代社会，家庭关系是唯一的社会关系。在这种条件下，人口的繁衍，家庭的发展，也同物质生活资料的生产一样，是历史发展的决定因素。在一定历史时代、一定地区，家庭的发展阶段，即血族关系发展阶段，同劳动的发展阶段，即生产力发展水平一起，制约着当时的社会制度。生产力水平愈是低下，社会制度愈是受血族关系的支配。随

---

① 恩格斯：《致卡·考茨基》（1884 年 4 月 26 日）。《马克思恩格斯全集》第 36 卷第 144 页。
② 恩格斯：《家庭、私有制和国家的起源》。《马克思恩格斯全集》第 21 卷第 29—30 页。

着生产力的发展，出现了生产资料私有制，形成了互相对立的阶级，从此，家庭关系从属于生产资料所有制关系，不再成为历史发展的决定因素。但是，在新的条件下，种的繁衍，人口的发展，仍然对社会发展起着加速或延缓的作用。

《家庭、私有制和国家的起源》一书，在马克思主义发展史上第一次系统地论述了家庭产生和发展的历史。我们知道，人类历史的第一个前提是有生命的个人的存在。人类自身的生产和再生产，既是一个生理过程，又需要在一定的社会关系下进行，也就是需要有一定的家庭形式。恩格斯指出，家庭形式是随着社会生产发展而不断发展的。随着生产的发展，家庭经历了从低级到高级的演变过程。在原始社会的最初阶段，实行群婚制。第一种家庭形式是血缘家庭。它只排除不同辈分的男女之间进行性的关系，而在同辈的兄弟与姐妹之间，可以互为夫妻。第二种家庭形式是普那路亚家庭。在这种家庭形式中，同胞兄弟姐妹之间也不能发生婚姻关系。由此产生了由一个共同女祖先组成、内部成员不能通婚的氏族。在母系氏族社会中，妇女从事农业，掌握主要的生活来源，在家庭经济中占据主要地位，子女只知其母不知其父。这种母权制是原始社会相当长时期内占据统治地位的社会组织形式。在自然选择原则作用下，禁止通婚的规则越来越多，逐渐产生了对偶家庭。随着生产力的发展和私有制的出现，对偶家庭过渡到一夫一妻制家庭。在对偶家庭后期，由于出现了私有财产，由于男子在家庭经济中占据越来越重要的地位，并且子女已能认识自己的生父，于是母权制氏族崩溃，产生了父权制氏族。以父权制为特征的一夫一妻制家庭，不是以自然条件为基础，而是以经济条件为基础，即以私有制对原始的自然长成的公有制的胜利为基础的第一个家庭形式。

恩格斯指出，家庭的发展是与社会生产力和人类社会的历史发展相适应的。群婚制与蒙昧时代相适应，对偶婚与野蛮时代相适应，以通奸和卖淫为补充的一夫一妻制与文明时代相适应。他预言，只要以社会主义公有制代替资本主义私有制，也就消除了卖淫的基础和选择配偶的经济考虑，实现了结婚的充分自由；到那时候，男女之间的结合，除了相互的爱慕以外，再也不会有别的动机了。

恩格斯在《家庭、私有制和国家的起源》中详细研究了原始社会的基本特征，根据摩尔根关于北美易洛魁人的描述，指出以血缘关系为纽带的氏族制度的基础是原始公有制。在这种十分单纯质朴的制度里，没有私有制和剥削，没有阶级压迫和国家组织，"没有军队、宪兵和警察，没有贵族、国王、总督、地方官和法官，没有监狱，没有诉讼，而一切都是有条有理的。一切争端和纠纷，都由当事人的全体即氏族或部落来解决，或者由各个氏族互相解决；……不会有贫穷困苦的人，因为共产制的家庭经济和氏族都知道它们对于老年人、病人和战争残废者所负的义务。大家都是平等、自由的，包括妇女在内。他们还不曾有奴隶；奴役异族部落的事情，照例也是没有的……凡与未被腐化的印第安人接触过的白种人都盛赞这种野蛮人的自尊心、公正、刚强和勇敢"。① 当然恩格斯没有把原始社会理想化。他明确指出，氏族制度是以生产极不发达、人口极度稀少为前提；那时人类差不多完全受着陌生的、对立的、不可理解的外部大自然的支配，部落之间的战争极其残酷。在生产力进一步发展时，这种社会制度是注定要灭亡的。

生产资料私有制代替原始社会公有制，是人类社会发展的必然规律。恩格斯分析了古代社会生产力的提高、社会分工和交换的发展，研究了私有制产生的原因和过程。他指出，在原始社会的一个相当长时期内，人们在劳动中的分工纯粹是自然的，并且只存在于两性之间。那时还没有社会分工。后来人们在长期的游牧实践中，逐渐学会驯养和繁殖牲畜，于是一部分人从其余的野蛮人群中分离出来，成为游牧部落。这就是第一次社会大分工。社会分工使劳动生产率显著发展，使商品交换成为经常的现象，因而为私有制的产生提供了物质基础。由于劳动生产率的提高，个人的劳动不仅可以满足自身生活的需要，而且能够提供剩余产品，出现了剥削的可能性。于是，战争中的俘虏不再被屠杀，而成为向主人提供剩余产品的奴隶。这样，"从第一次社会大分工中，也就产生了第一次社会大分裂，即分裂为两个阶级：主人和奴隶、剥削者和被剥削者"。② 随着金属工具特别是铁制工具的使用，社会生产力进一步发展，生产活动更加多样化，原来与农业结合在一起的手工业从农业中分离出来，产生了第二次社会大分工。这时，奴隶劳动成了农业和手工业生产的主要力量，原来零星出现的奴隶制，现在成了社会制度的一个本质的组成部分，私有制也有了进一步的发展。第二次社会大分工以后，在生产力发展的基础上，商品交换也有了进一步发展，出现了直接以交换为目的的商品生产。日益繁荣的商品生产和商品交换，逐渐渗透到以自然经济为

① 恩格斯：《家庭、私有制和国家的起源》。《马克思恩格斯全集》第21卷第111页。
② 同上书，第184页。

基础的原始公社中去，加速了原始公社的崩溃。此后，又产生了第三次社会大分工，出现了一个不从事生产，专门从事商品交换的寄生阶级——商人阶级。

经过三次社会大分工，社会生产力有了很大提高，人们劳动的产品除了维持自身所必需外，有了越来越多的剩余，于是私有财产、人剥削人、阶级的分化逐渐萌芽和发展起来。以生产资料公有制为基础，没有阶级和剥削的原始社会解体了；以奴隶主私有制和奴隶劳动为基础的奴隶制社会产生了。这个社会"由于自己的全部经济生活条件而必然分裂为自由民和奴隶，进行剥削的富人和被剥削的穷人，而这个社会不仅再也不能调和这种对立，反而要使这些对立日益尖锐化"。① 由此可见，私有制和阶级并不是从来就有的。它们既是社会生产力相对发展的结果，又是社会生产力不发展的结果。它们也不是永恒存在的。当社会生产力极大发展，社会物质财富极大丰富的时候，它们就将被消灭。正如马克思所说："阶级的存在仅仅同生产的发展的一定历史阶段相联系。"②

私有制和阶级的出现，是国家产生的基本前提。恩格斯指出，像私有制和阶级一样，国家也是一定历史阶段的产物。在既没有私有财产也没有阶级的原始社会里，也不存在国家。国家是在氏族制度的废墟上建立起来的。随着私有制的出现和阶级的产生，社会分裂为奴隶主和奴隶、富人和穷人，各个阶级之间存在尖锐的对立和斗争。原来的氏族组织无法控制这种阶级对抗，于是需要有一种力量来压制各个阶级的公开冲突，顶多容许阶级斗争在经济领域内以所谓合法的形式进行。国家就是在这种历史条件下产生的。恩格斯根据希腊、罗马和德国古代社会国家产生的历史，强调指出，国家是一定历史发展阶段的产物，是从社会中产生但又居于社会之上并且日益同社会脱离的力量；"国家是表示这个社会陷入了不可解决的自我矛盾，分裂为不可调和的对立面而又无法摆脱这些对立面。而为了使这些对立面，这些经济利益互相冲突的阶级，不致在无谓的斗争中把自己和社会消灭，就需要有一种表面上凌驾于社会之上的力量，这种力量应当缓和冲突，把冲突保持在'秩序'的范围以内。"③ 由此可见，国家是阶级矛盾不可调和的产物。

---

① 恩格斯：《家庭、私有制和国家的起源》。《马克思恩格斯全集》第21卷第192—193页。
② 马克思：《致约·魏德迈》（1852年3月5日）。《马克思恩格斯全集》第28卷第509页。
③ 恩格斯：《家庭、私有制和国家的起源》。《马克思恩格斯全集》第21卷第194页。

国家是一个阶级压迫另一个阶级的暴力工具。同原始氏族制度比较，国家具备两个基本特征：第一，它不是按照血缘关系，而是按照地区来划分国民。第二，它设立了公共权力。构成公共权力的不仅有特殊的武装力量，而且有监狱等各种强制机关。这是以前的氏族组织所没有的。随着国内阶级对立的尖锐化，公共权力就日益加强。在资本主义国家里，"阶级斗争和竞争已经把公共权力猛增到势将吞食整个社会甚至吞食国家的高度"①。

历史上任何国家，无论是古代的奴隶制国家和封建国家，还是现代的资产阶级国家，都具有鲜明的阶级性质，从来都不是超阶级的。不管统治阶级及其代言人如何抹杀国家的阶级性，但是，国家实质上"毫无例外地都是统治阶级的国家，并且在一定场合在本质上都是镇压被压迫被剥削阶级的机器"②。资产阶级民主共和国，从形式上看似乎不讲财产差别，实质上仍然是资产阶级的工具。在这种国家中，财富是间接地但也是更可靠地运用国家权力。当着资产阶级通过普选制进行统治时，已经组成独立政党的无产阶级，必须利用普选制作为测量工人阶级成熟性的尺度；除此之外，它永远不会提供更多的东西。无产阶级为了消灭资本主义私有制，必须推翻维护这种私有制的资产阶级国家。资产阶级理论家和机会主义者所宣扬的超阶级国家观，完全是欺人之谈；把无产阶级的活动局限于议会斗争，是为了眼前利益而忘记根本大计；企图依靠资产阶级的"国家帮助"实现社会主义，是纯粹的幻想。

国家既不是从来就有，也不是永恒存在。像私有制和阶级一样，国家也是一定历史发展阶段的产物。随着私有制的消灭和阶级的消灭，国家也将消亡；"以生产者自由平等的联合体为基础的、按新方式来组织生产的社会，将把全部国家机器放到它应该去的地方，即放到古物陈列馆去，同纺车和青铜斧陈列在一起"③。

当然，恩格斯与空想社会主义毫无相同之处。他客观地研究了资本主义阶级斗争的状况，科学地探讨了国家消亡的条件，深刻地预见到无产阶级革命胜利后将面临的一系列政治经济任务的艰巨性和复杂性，因而始终认为，为了达到未来社会革命关于消灭私有制、阶级和国家的目的以及其他更重要

---

① 恩格斯：《家庭、私有制和国家的起源》。《马克思恩格斯全集》第21卷第195页。
② 同上书，第200页。
③ 同上书，第198页。

得多的目的，工人阶级应当首先掌握有组织的国家政权，依靠这个政权镇压资本家阶级的反抗，按照新的方式组织社会。

恩格斯关于《家庭、私有制和国家的起源》的光辉论述，从理论上完整地概括了人类社会发展的一般规律，系统地阐明了私有制、阶级和国家的相互关系及其产生和消亡的必然性，为无产阶级提供了反对资产阶级的强大理论武器。本书初版发行后，在社会上引起广泛反响。1891年，恩格斯在修订第四版时，根据初版发行后出现的大量科学文献，对全书内容作了重大修改和补充，使理论更加严谨，资料更加丰富，表述更加完善。

四　简要而系统地说明马克思主义哲学与德国古典哲学的关系

1886年初，恩格斯利用评论丹麦哲学家施达克的《路德维希·费尔巴哈》一书的机会，简要而有系统地说明了马克思主义哲学与德国古典哲学的联系和区别，科学地总结了马克思主义哲学诞生以来四十年时间里哲学领域斗争的成果，第一次明确地提出了划分唯物主义与唯心主义的标准。在这部以《路德维希·费尔巴哈和德国古典哲学的终结》闻名于世的著作和十年前出版的《反杜林论》中，恩格斯对历史唯物主义作了极为详尽的阐述。

早在19世纪40年代中期，当马克思、恩格斯刚刚创立马克思主义哲学时，就决定清算自己从前的哲学信仰，阐明马克思主义哲学与德国古典哲学的关系。为此他们共同撰写了《德意志意识形态》。可惜这部著作由于反动当局和"真正的社会主义者"的阻挠而未能出版。四十年来，他们一直没有机会再来阐述这个问题。在马克思主义哲学与黑格尔哲学的关系方面，虽然在某些地方作了说明，但不够全面系统；而对于费尔巴哈，则从来没有回顾过他。弄清马克思主义哲学与德国古典哲学的关系，对于了解马克思、恩格斯在哲学领域所完成的伟大变革，具有极其重大的意义。

而且，在19世纪80年代，马克思主义获得广泛传播，在文明世界的一切语言中都找到了代表，成为全世界无产者争取自身解放的锐利武器。由此引起资产阶级的敌视和恐惧。于是，他们企图复活德国古典哲学，在新康德主义和新黑格尔主义的招牌下宣扬唯心主义、形而上学和不可知论，歪曲马克思主义哲学与德国古典哲学的关系，用以抵制和对抗马克思主义。对于这种反动思潮，必须加以彻底批判。因此，当德国社会民主党理论刊物《新时代》编辑部邀请恩格斯撰文评论施达克的著作时，他便欣然命笔，在 1886 年 4—5 月间写成《路德维希·费尔巴哈与德国古典哲学的终结》。这部著作在《新时代》发表后，又于 1888 年以单行本形式出版。

　　恩格斯在《路德维希·费尔巴哈与德国古典哲学的终结》一书中，对德国古典哲学作了全面的评价。从康德、费希特到黑格尔的德国古典哲学，是德国资产阶级的意识形态和世界观。德国资产阶级反对封建的革命性和害怕无产阶级的保守性，在德国古典哲学中有着鲜明的反映。德国古典哲学的主要代表黑格尔是一个学识渊博、富有创造天才的人物。他集以往哲学发展的大成，制造了一个庞大的主观唯心主义哲学体系。他在系统批判形而上学的同时，把整个自然界、社会历史和人类思维描写为一个不断运动、变化和发展的过程，并企图揭示这种变化和发展的内在联系。他以自己的辩证法，永远结束了那种以为人的思维和行动的一切结果具有最终性质的看法，强调人们认识和发现真理是一个从低级到高级、从简单到复杂的无限发展过程。这是他的辩证法的真实意义和革命性质。辩证法是黑格尔哲学的"合理内核"。但是，建立在唯心主义基础上的黑格尔辩证法，是头足倒置的。贯穿着整个黑格尔哲学的辩证方法与唯心主义体系的矛盾，是德国资产阶级两重性在哲学上的反映。

　　恩格斯以黑格尔的"凡是现实的都是合理的，凡是合理的都是现实的"这一命题为例，具体地说明黑格尔哲学的两重性。从字面上看来，这个命题是为统治阶级辩护的。因为既然现实的都是合理的，那么德国现实存在的专制制度、警察国家、王室司法和书报检查制度都是合乎理性的，因而可以继续存在。但是按照黑格尔辩证法，只有在历史发展中表现为必然性的东西才是现实的，才有存在的权利。黑格尔说："一个坏的国家是一个仅仅是实存着的国家，一个病躯也是实存着的东西，但它没有真实的实在性。一只被砍下来的手看来依旧像一只手，而且实存着，但毕竟不是现实的。真实的现实性就是必然性，凡是现实的东西，在其自身中是必然的。"① 在发展的进程中，以前一切现实的东西，都会丧失自己的必然性、合理性和存在的权利，由一种新的、富有生命力的现实的东西所代替。因此，按照黑格尔思维方法的一切规则，凡是现实的都是合理的这个命题，就变为另一个命题：凡是现存的，都是应当灭亡的，由此可见，在这个看来相当保守的命题里，却隐藏着革命

_____
① 黑格尔：《法哲学原理》，中译本第 280 页。

的思想！

黑格尔哲学曾经在一个相当长的时间里对德国精神生活以致政治斗争发生巨大影响。但是，正如恩格斯所说，这种全线的胜利不过是内讧的序幕。黑格尔唯心主义体系与辩证方法的矛盾，给代表不同阶级利益的派别留下广阔的活动场所。因此，黑格尔哲学的解体是不可避免的。19世纪30年代末，黑格尔学派分裂为老年黑格尔派和青年黑格尔派。前者代表封建贵族和资产阶级保守派的利益，抓住黑格尔唯心主义体系而抛弃了黑格尔的辩证法；后者代表激进资产阶级的利益，在一定程度上利用黑格尔的辩证法作为批判宗教、反对封建专制制度的思想武器。这一派曾经起过一定的进步作用。但他们之中一些人政治上动摇不定，有的人后来堕落为资产阶级自由派。在批判宗教和反对封建主义的斗争中，一些最坚决的青年黑格尔分子突破黑格尔唯心主义，转向英法唯物主义。路德维希·费尔巴哈就是其中杰出的代表。

在哲学史上，费尔巴哈有着伟大的功绩。恩格斯指出，费尔巴哈1841年出版的《基督教的本质》一书，"直截了当地使唯物主义重新登上王位，"①对于当时德国的思想解放起了巨大的作用，曾经给予马克思、恩格斯以极大的影响。恩格斯在高度评价费尔巴哈哲学的功绩的同时，也深刻地指出了它的弱点。费尔巴哈正确地批判了黑格尔唯心主义体系，但却错误地抛弃了黑格尔的辩证法。他用来批判黑格尔唯心主义的，仍然没有越出18世纪法国形而上学唯物主义的范围。作为一个哲学家，他在自然观上是唯物主义者，而在历史观上则是唯心主义者，只要"一接触到费尔巴哈的宗教哲学和伦理学，他的真正的唯心主义就显露出来了"②。他虽然激烈地批判宗教神学，却并不主张消灭宗教，而是希望使宗教完善化。他抹杀阶级社会中根源于物质利益的阶级矛盾和阶级斗争，从抽象的人性出发，主张不同阶级的人们相亲相爱。恩格斯尖锐地指出，当费尔巴哈在一个阶级对立的社会里把爱奉为创造奇迹的神，鼓吹人们不分性别、不分等级地互相拥抱，大家一团和气地痛饮的时候，他的哲学中最后一点革命性也消失了。费尔巴哈哲学的缺陷，主要原因是他本人受到反动政府的迫害，不得不长期困居穷乡僻壤，远离现实的阶级斗争和生产实践。

---

① 恩格斯：《路德维希·费尔巴哈和德国古典哲学的终结》。《马克思恩格斯全集》第21卷第313页。

② 同上书，第326页。

恩格斯认为，对于曾经在民族的精神发展中有过巨大影响的黑格尔哲学，不能够采取干脆抛弃、置之不理的办法加以消除，而必须批判地消灭它的形式，但是要救出通过这个形式获得的新内容。费尔巴哈没有做到这一步。像他在 40 年代初对待黑格尔一样，1848 年革命也把他的哲学抛在一旁，他本人则被挤到后台去了。

马克思、恩格斯是德国古典哲学的真正继承者。从 19 世纪 40 年代开始，两位革命导师亲身参加和总结了无产阶级的革命实践，概括了 19 世纪自然科学的三大发现——细胞学说、能量守恒和转化及生物进化所提供的丰富事实，批判地改造了黑格尔的唯心主义辩证法，吸取了费尔巴哈唯物主义的基本观点，创立了作为无产阶级世界观的崭新的哲学体系——辩证唯物主义和历史唯物主义。这是人类认识史上的一次伟大变革。

德国古典哲学是马克思主义哲学的理论来源。两者既有一定的联系，又有本质的区别。马克思的辩证法建立在唯物主义基础上，黑格尔的辩证法则以唯心主义为基础。马克思在论述两者的区别时写道："我的辩证法，从根本上来说，不仅和黑格尔的辩证方法不同，而且和它截然相反。在黑格尔看来，思维过程，即他称为观念而甚至把它变为思维主体的思维过程，是现实事物的造物主，而现实事物只是思维过程的外部表现。我的看法则相反，观念的东西不外是移入人的头脑并在人的头脑中改造过的物质的东西而已。"① 恩格斯也一再指出，以唯心主义为基础的黑格尔辩证法，不能不是牵强的、造作的、虚构的，一切都被弄得头足倒置。只有建立在唯物主义基础上的马克思主义辩证法，才是唯一科学的辩证法。

五　论哲学的基本问题——
思维和存在的关系

在《路德维希·费尔巴哈和德国古典哲学的终结》中，恩格斯第一次提出和论述了哲学的基本问题——思维和存在的关系问题。这是对人类的认识发展史、特别是对近代哲学史最科学最精辟的总结和概括，也是对马克思主义哲学的卓越贡献。

恩格斯指出，早在远古时代，人们就在思考灵魂对外部世界的关系。由

---

① 马克思：《〈资本论〉第 1 卷第二版跋》。《马克思恩格斯全集》第 23 卷第 24 页。

于当时生产力水平和智力发展水平十分低下，人们不了解自己身体的构造，不能解释做梦的现象，就把自然力人格化，从而产生了最初的神和对神的膜拜。随着哲学思想的产生，思维对存在、精神对自然界的关系问题，贯穿着全部哲学的发展过程，成为哲学斗争的基本内容。

根据恩格斯的科学分析，思维和存在，或者精神和自然界的关系，包括两个方面：第一，思维和存在、精神和自然界谁是本源。第二，思维能否正确反映现实。在中世纪经院哲学中，本源问题起过巨大的作用。为了反对教会统治，这个问题更以尖锐的形式提了出来：世界是神创造的，还是从来就有的？哲学家依照他们如何回答这个问题分成两个阵营。凡是断定精神对自然界说来是本源的，从而归根到底以某种方式承认创世说的人，组成唯心主义阵营。凡是认为自然界是本源的，则属于唯物主义的各种学派[①]。在这里，恩格斯明确提出了划分唯物主义和唯心主义的标准。他特别强调指出，唯物主义和唯心主义这两个用语只能在这个意义上被使用。如果给它们加上别的意义，就必然要造成严重的思想混乱。

《路德维希·费尔巴哈》一书的作者施达克，根本不懂得唯物主义和唯心主义这两个用语的意义，竟然认为由于费尔巴哈"相信人类的进步"、"追求自己的理想"、怀有"对真理和正义的热情"、承认"理想的力量"，因而是一个唯心主义者。恩格斯指出，施达克在找费尔巴哈的唯心主义时找错了地方，他区分唯物主义和唯心主义的标准是错误的。首先，把追求理想的目的叫做唯心主义，这是德国庸人的偏见。其次，如果追求理想的目的和承认理想的力量就成了唯心主义者，那么任何一个发育正常的人都是天生的唯心主义者了。因为推动人们去从事活动的一切，都要通过人的头脑，成为"理想的意图"，并且通过这种形态变成"理想的力量"。最后，如果把为真理和正义而献身看做唯心主义者，那就会把狄德罗等不屈不挠为真理和正义而斗争的人都划入唯心主义阵营。如果用这样的标准来划分唯物主义和唯心主义，那么这两个派别及其对立就失去了任何意义。事实上，施达克的看法，是对庸人的偏见做了不可原谅的让步。在庸人们看来，唯物主义就是贪吃、酗酒、娱目、肉欲、虚荣、爱财、吝啬、贪婪、牟利、投机等一切龌龊行为；而把唯心主义理解为对"美好世界"的信仰。由此可见，离开思维与存在的关系来

---

① 参阅恩格斯《路德维希·费尔巴哈和德国古典哲学的终结》。《马克思恩格斯全集》第21卷第316页。

区分唯物主义和唯心主义，是荒谬的。

思维能否正确地反映现实？这是哲学基本问题的另一个重要方面。恩格斯说："我们关于我们周围世界的思想对这个世界本身的关系是怎样的？我们的思维能不能认识现实世界？我们能不能在我们关于现实世界的表象和概念中正确地反映现实？用哲学的语言来说，这个问题叫做思维和存在的同一性问题。"① 在哲学史上，凡是承认思维和存在的同一性，即认为思维能够认识世界的，就是可知论。凡是否认思维和存在的同一性，即认为思维不能反映客观存在的，就是不可知论。

恩格斯指出：绝大多数哲学家，都承认思维和存在的同一性。但是他们的出发点和前提并不一致。唯心主义者认为思维和存在同一在思想上、观念上；形而上学唯物主义者把认识看成是对客观世界的消极反映，不理解认识的能动作用；庸俗唯物主义者则把思维等同于存在，认为思想也是物质。只有辩证唯物主义才科学地解决了思维和存在的同一性问题。它在承认世界的本质是物质的前提下，承认思维的能动作用以及思维和存在实践基础上的辩证统一。

否认思维和存在同一性的不可知论者，其著名代表是德国的康德和英国的休谟。黑格尔和费尔巴哈都曾经批判过不可知论。黑格尔从辩证法的立场出发，对不可知论的批判是深刻的。费尔巴哈从唯物主义立场出发，对不可知论作了机智的批判。但他们俩人的批判都未击中要害。黑格尔从唯心主义立场出发，不可能真正解决客观世界可知的问题。费尔巴哈不了解认识过程的辩证关系，不了解实践的重要作用，也不可能真正解决这个问题。

马克思主义哲学认为，世界是否可知，这不是一个理论问题，而是一个实践问题。恩格斯说："对这些以及其他一切哲学上的怪论的最令人信服的驳斥是实践，即实验和工业。既然我们自己能够制造出某一自然过程，使它按照它的条件产生出来，并使它为我们的目的服务，从而证明我们对这一过程的理解是正确的，那么康德的不可捉摸的'自在之物'就完结了。"② 恩格斯以自然科学史和生产实践的一些重大发现为依据，说明实践是驳斥不可知论的最有力武器；并且指出，推动哲学发展，推动哲学家前进的，决不只是纯

---

① 恩格斯：《路德维希·费尔巴哈和德国古典哲学的终结》。《马克思恩格斯全集》第21卷第316页。

② 同上书，第317页。

粹思想的力量；恰恰相反，主要是自然科学和工业的强大而日益迅速的进步。世界上没有不可认识之物，随着科学和实践的发展，人们的认识也将不断发展，现在还不认识的东西将逐渐被认识。因此，不可知论在理论和实践上都是错误的。企图复活康德和休谟的不可知论，在科学上就是开倒车。

在《路德维希·费尔巴哈和德国古典哲学的终结》中，恩格斯还十分详尽地阐述了历史唯物主义的基本理论。

恩格斯指出，在研究历史发展过程时，必须努力去发现和掌握历史发展的客观规律。以往的历史哲学、法哲学和宗教哲学等等，都是以哲学家头脑中臆造的联系来代替现实的联系，把社会历史的发展看做是观点的逐渐实现，不承认社会发展同自然界一样，受到客观规律的支配。我们的任务就是要发现现实的联系，清除臆造的人为的联系，归根到底，就是要发现那些作为支配人类社会发展的一般运动规律。

当然，这里必须注意社会规律与自然规律的区别。恩格斯指出，自然界发展的规律是由不自觉的、盲目的、无意识的力量相互作用而形成，没有预期的、自觉的目的发生作用；相反，在社会历史领域内进行活动的，全是具有意识、追求某种目的的人，任何事情的发生都有自觉的意图和预期的目的。不过，人们所期望的东西很少如愿以偿。由于各人的利益、意图、目的不同，因而在大多数场合下，各种目的彼此冲突，互相矛盾，无法实现。这就是说，行动的目的是预期的，但行动实际产生的结果并不是预期的。只有那些符合历史发展规律的预期目的，才有实现的可能。由此可见，表面上看来是由偶然性起作用的地方，实际上始终受到内部隐蔽着的规律所支配。

那么，怎样才能发现社会历史发展的客观规律，发现历史发展的真正的动力呢？恩格斯指出，必须探究广大群众、整个民族，在每个民族中又使整个阶级行动起来的动机，探讨持久的、引起伟大历史变迁的行动，探索反映在行动着的群众及其领袖人物头脑中的动因。通过上述途径，才能发现支配整个历史时期或者个别时期和个别国家历史发展的客观规律。

恩格斯认为，在以前各个时期，探讨历史发展的动力是很困难的。但在资本主义社会，阶级关系简单化了，阶级斗争作为历史发展的动力越来越明显了。自从1830年工人阶级登上政治舞台以来，资本主义社会三大阶级——无产阶级、资产阶级和封建贵族的利益冲突和阶级斗争，是资本主义社会发展的动力。

经济利益是阶级的产生和阶级斗争的根源。恩格斯分析了无产阶级与资产阶级的产生及其相互关系后指出："任何政治斗争都是阶级斗争，而任何争取解放的阶级斗争，尽管它必然地具有政治的形式……归根到底都是围绕着经济解放进行的。"① 恩格斯认为政治制度、国家、哲学、宗教等上层建筑，虽然与经济的联系有直接有间接，同经济关系的距离有远有近，但都是由经济关系决定的。

最后，恩格斯指出，作为德国古典哲学的继承者，在哲学领域实现根本变革的马克思主义哲学，一开始就主要是面向工人阶级，并且得到工人阶级同情的。工人阶级没有对地位、利益的任何顾虑，没有乞求上司庇护的念头，科学愈是毫无顾忌和大公无私，就愈加符合工人的利益和愿望。

《路德维希·费尔巴哈和德国古典哲学的终结》一书，作为主要是面向工人阶级的著作，"是每个觉悟工人必读的书籍"。②

六　唯物主义方法是研究历史的指南

恩格斯晚年的时候，继续关心哲学思潮的发展和哲学领域的斗争。他于1890—1894 年写的几封书信中，在批判资产阶级社会学者巴尔特和德国"青年派"的错误观点时，论述了经济基础与上层建筑的关系，阐明了意识形态发展的特点和作用，指出了对待马克思主义的正确态度，字字句句闪烁着革命辩证法的光辉。

恩格斯指出，经济基础与上层建筑是辩证统一的关系。根据唯物史观，历史过程中决定性因素是现实生活的生产和再生产。政治、法律、哲学、宗教、文学、艺术等的发展，归根结底是由经济基础决定的。但是，不能认为只有经济状况才是原因，才是积极的，而其余一切都不过是消极的结果。上层建筑的各种因素，阶级斗争的各种形式和这个斗争的成果，各种法权形式以及所有这些实际斗争在参加者头脑中的反映，政治的、法律的和哲学的理论，宗教的观点等等，都对历史斗争的进程发生影响，并且在许多情况下主要是决定着这一斗争的形式。这就是说，经济基础是第一性的，上层建筑的各种因素是第二性的。但是，上层建筑的各种因素一旦产生出来，就有相对

---

① 恩格斯：《路德维希·费尔巴哈和德国古典哲学的终结》。《马克思恩格斯全集》第 21 卷第345 页。

② 列宁：《马克思主义的三个来源和三个组成部分》。《列宁全集》第 19 卷第 2 页。

独立性和特殊发展规律，对经济基础发生反作用。

国家权力是上层建筑的重要组成部分。恩格斯以国家权力为例，具体说明了它对经济发展反作用的三种可能情况："它可以沿着同一方向起作用，在这种情况下就会发展得比较快；它可以沿着相反方向起作用，在这种情况下它现在在每个大民族中经过一定的时期就都要遭到崩溃，或者是它可以阻碍经济发展沿着某些方向走，而推动它沿着另一种方向走，这第二种情况归根到底还是归结为前两种情况中的一种。但是很明显，在第二和第三种情况下，政治权力能给经济发展造成巨大的损害，并能引起大量的人力和物力的浪费。"① 同国家权力一样，法律既依赖于生产和贸易，又具有反过来影响这两个部门的特殊能力。上层建筑对经济基础的反作用，是由于它的各个因素具有不同程度的相对独立性和自己特殊的发展规律所决定。当然，无论上层建筑有多大的反作用，生产归根到底是决定性的东西。

作为上层建筑组成部分的意识形态，也是在一定的经济基础上产生的。但是，意识形态产生后，便具有相对独立性和历史继承性。恩格斯说："每一个时代的哲学作为分工的一个特定的领域，都具有由它的先驱者传给它而它便由以出发的特定的思想资料作为前提。"② 上层建筑的继承性和相对独立性，造成社会意识发展与经济发展的不平衡。历史上一些经济落后的国家，在思想意识领域可以超过经济较先进的国家。例如19世纪德国经济比英法两国落后，但在哲学上仍然够成为第一提琴手。

世代相传的思想资料，在人们的头脑中"经过了自己的独立的发展道路"③。每个时代的思想家和艺术家，都不是无条件地接受先驱者的思想资料，而是根据自己所处时代的社会需要和自己的阶级利益，决定对这些思想资料的态度，有的继承发展，有的批判摒弃。而这归根到底也是由经济基础决定的。

上层建筑是一个复杂的综合体，各种因素交互作用和互相影响，因而社会历史的必然性是通过无穷无尽的偶然事件向前发展的。因此，既要认识经济必然性对历史发展的决定作用，又要承认存在着由上层建筑各种因素交互作用所造成的偶然性，而不能把历史发展的研究简单化，"否则把理论应用于

---

① 恩格斯：《致康·施米特》（1890年10月27日）。《马克思恩格斯全集》第37卷第487页。
② 同上书，第489—490页。
③ 恩格斯：《致弗·梅林》（1890年7月14日），《马克思恩格斯全集》第39卷第95页。

任何历史时期，就会比解一个最简单的一次方程式更容易了。"①

　　唯物主义历史观是完整的科学体系。马克思、恩格斯在许多论著中，对经济基础与上层建筑的关系作了全面的论述，并且根据实践的经验和斗争的需要不断发展和完善。80 年代以前，为了反对唯心主义历史观，他们比较注重论述经济基础的决定作用，把研究的重点放在从作为基础的经济事实中探索出政治观念、法权观念和其他思想观念以及由这些观念所制约的行动，而对上层建筑的反作用强调不够。恩格斯说，过去"我们在反驳我们的论敌时，常常不得不强调被他们否认的主要原则，并且不是始终都有时间、地点和机会来给其他参与交互作用的因素以应有的重视"②。但是，到了 80 年代末，情况发生了变化。当时，一些资产阶级反动学者把历史唯物主义歪曲为"经济唯物主义"，似乎马克思、恩格斯只承认经济的决定作用，而否定上层建筑各种因素的反作用。一些对理论一窍不通的机会主义者，如德国"青年派"，也把马克思主义庸俗化，否定上层建筑的积极作用，反对无产阶级的政治斗争。在这种情况下，恩格斯认为有必要在肯定经济基础的决定作用的前提下，强调上层建筑的反作用。

　　恩格斯在给施米特、梅林等人的信件中，批评德国"青年派"对待理论的错误态度，指出唯物主义历史观不是教条，而是"研究工作的指南"③。他要求人们不应该把"唯物主义"这个词当做套语，当做贴到各种事物上去的标签，而必须以唯物主义历史观为指导，重新研究全部历史，详细研究各种社会形态存在的条件，然后从这些条件中找出相应的政治、法律、美学、哲学、宗教等观点。他希望人们根据原著而不是根据第二手材料来研究理论，准确掌握唯物主义历史观的基本原理。恩格斯这些宝贵指示，今天对我们的理论研究工作仍然有着现实的指导意义。

---

　　①　恩格斯：《致约·布洛赫》(1890 年 9 月〔21—22 日〕)。《马克思恩格斯全集》第 37 卷第 461 页。

　　②　同上书，第 462 页。

　　③　恩格斯：《致康·施米特》(1890 年 8 月 5 日)。《马克思恩格斯全集》第 37 卷第 432 页。

第十二章　充满青春活力的晚年

一　同时代一起前进

到了 19 世纪 90 年代，恩格斯已经卓有成效地为无产阶级解放事业奋斗了整整半个世纪。但他仍然身体健壮、性格开朗、充满青春的活力。他非常注意仪表，"总是精神抖擞，衣着整洁，就像在普鲁士军队里当志愿兵时准备参加阅兵典礼似的。"①

恩格斯的工作和生活很有规律。每天早饭后，他阅读报章杂志，处理往来信件；午饭后喜欢在附近公园散步，然后工作到傍晚 7 时；吃过晚饭稍事休息，接着又是工作和写信，往往要到午夜过后才就寝。后来由于视力衰退，医生严格禁止他晚上阅读和写作。于是他就静静地坐在沙发上，听秘书朗读材料。有时他也利用晚间接待客人，同人们讨论各种各样的政治和学术问题，指导来访的年轻学者。他的工作室宽敞明亮、井井有条，靠墙的地方摆满了书橱，书籍都放在应放的地方，地板上没有一片纸屑。经常到他家做客的拉法格说：这个房间不像一个学者的工作室，倒像一个客厅。

晚年的时候，恩格斯仍然思路敏捷，工作效率极高。每天他都要从不断增多的工人报刊中，从大量来信和来访客人的交谈中，了解工人运动的新信息。他还密切注视科学技术和社会生产力的发展，以及在此基础上发生的社会经济关系的变化，研究自由竞争转变为垄断的最初形式。在哲学和社会科学的许多领域，年迈的恩格斯仍然孜孜不倦地进行学习、探索和批判。

恩格斯从不自满自足、因循守旧。他密切注视科学研究的新成果，认真总结工人运动的新经验，不断丰富和发展科学社会主义理论，并纠正自己曾经提出的个别不适当的提法。例如，1848 年初，他曾经认为，法国二月革命

---

① 拉法格：《忆恩格斯》。《摩尔和将军》第 126 页。

"是无产阶级的朝霞。现在资产阶级的统治到处都要崩溃，被推翻"①。当时他与马克思都认为，资本主义已经衰老，无产阶级夺取政权的条件已经具备。这显然是不正确的。1895 年，恩格斯在《〈法兰西阶级斗争〉一书序言》中，公开纠正自己年轻时代的观点。他写到："历史表明，我们以及所有和我们有同样想法的人，都是不对的。历史清楚地表明，当时欧洲大陆经济发展的状况还远没有成熟到可以铲除资本主义生产方式的程度；历史用经济革命证明了这一点，这个经济革命自 1848 年起席卷了整个欧洲大陆，在法国、奥地利、匈牙利、波兰以及最近在俄国初次真正确立了大工业，并且把德国变成了一个真正第一流的工业国，——这一切都是在资本主义的基础上发生的，因此这个基础在 1848 年还是有很大的扩展能力。"② 在那时的历史条件下，无产阶级"要以一次简单的突然袭击来达到社会改造，是多么不可能的事情。"③

对待资本主义国家的议会斗争。恩格斯也不断根据实践的经验加以总结和完善。19 世纪 60 年代中期，他与马克思都认为，在德国这样的专制国家中，普选权是政府欺骗工人的工具，对工人来说是陷阱，工人政党决不应该受骗。70 年代初，他认真总结了德国社会民主党利用普选权的经验，敏锐地看出，"普选权赋予我们一种卓越的行动手段。"④ 此后，他继续注意德国以及其他一些国家工人政党进行议会斗争的情况和经验，指出普选权是测量工人阶级成熟程度的标尺，它使工人政党有可能统计自己的力量，向世界显示它的组织得很好的和不断壮大的队伍。1895 年，他进一步指出，普选权是工人政党可以利用的最锐利的武器中的一件武器，工人政党可以把这个向来是欺骗的工具变为解放的工具。恩格斯关于普选权的论述，是他的认识不断发展，理论不断丰富的例证。

著名的"请求鸭嘴兽原谅"的故事，尤其生动地表明恩格斯尊重科学、尊重实践、不断追求真理的思想品质。19 世纪初，鸭嘴兽的标本第一次从澳洲运到伦敦。这种动物既能哺乳又会下蛋，既不像禽又不像兽，引起人们的嘲笑。当时，恩格斯曾经参观这种动物的蛋，也曾经附和人们对它的嘲笑。

---

①　恩格斯：《巴黎的革命》。《马克思恩格斯全集》第 4 卷第 548 页。

②　恩格斯：《卡·马克思〈1848 年至 1850 年的法兰西阶级斗争〉一书序言》。《马克思恩格斯全集》第 22 卷第 597—598 页。

③　同上书，第 598 页。

④　恩格斯：《致国际工人协会西班牙联合会委员会》。《马克思恩格斯全集》第 17 卷第 304 页。

后来他研究了达尔文的生物进化论，知道古生物史上曾经有过四足的鸟，现在也还有用肺呼吸的鱼，因而既能哺乳又能下蛋的鸭嘴兽没有什么值得嘲笑的地方。1895 年，他在给德国经济学家和哲学家施米特的信中谈到了这件事，告诫施米特对待科学问题要采取求实的态度。恩格斯写到："1843 年我在曼彻斯特看见过鸭嘴兽的蛋，并且傲慢无知地嘲笑过哺乳动物会下蛋这种愚蠢之见，而现在被证实了！因此，但愿你对价值观念不要做我事后不得不请求鸭嘴兽原谅的那种事情吧！"①

几乎没有一种知识是恩格斯不感兴趣的。这种求知若渴的精神，直到晚年仍然旺盛不衰。19 世纪末自然科学的发展，吸引着他很大的注意力。虽然他"只能在闲暇时研究自然科学"②，但他研究的范围十分广泛。有一个时期，他甚至研究产科学，并且"从中发现一些从哲学观点来看有重大意义的东西。"③

即使工作十分繁忙，恩格斯并未减弱从年轻时代起就十分喜爱的文学和艺术。同马克思一样，他精通世界文学，熟悉古代和当代许多著名文学家的作品，特别热爱并尊敬欧洲文艺复兴时代和资产阶级现实主义的伟大作家，十分推崇但丁、塞万提斯、莎士比亚的名著，认为把这三位文学大师归入文艺复兴时期那些在思维能力、热情的性格方面，在多才多艺和学识渊博方面的巨人之列完全当之无愧。

当然，恩格斯决不是把文学作为闲暇时间的消遣，而是通过研究各个时代的文学作品，具体、生动地了解历史的进程。历史的事件和历史上不同阶级、集团的相互关系。他曾经以欣喜的心情阅读现实主义艺术大师巴尔扎克的《人间喜剧》，认为这部作品对大革命后法国社会、特别是巴黎上流社会各种人物的描写是无与伦比的。他说："我从这里，甚至在经济细节方面……所学到的东西，也要比从当时所有职业的历史学家、经济学家和统计学家那里学到全部的东西还要多。"④

深厚的文学修养，为恩格斯的理论著作增添了光彩。在他的许多哲学、历史和经济学作品中，往往可以发现取之欧洲文学名著的生动比喻和引证。

---

①　恩格斯：《致康·施米特》（1895 年 3 月 12 日）。《马克思恩格斯全集》第 39 卷第 411 页。

②　恩格斯：《致古·福格特》（1891 年 7 月 8 日）。《马克思恩格斯全集》第 38 卷第 127—128 页。

③　恩格斯：《致保·拉法格》（1891 年 5 月 19 日）《马克思恩格斯全集》第 38 卷第 100 页。

④　恩格斯：《致玛·哈克奈斯》（1888 年 4 月初）。《马克思恩格斯选集》第 4 卷第 462 页。

他对许多著名作家和作品的评论，无论从思想上、政治上和艺术上都有很高的水平，十分准确和中肯。他的文艺理论和美学思想，是马克思主义思想理论宝库的重要组成部分。他为现实主义下的经典定义："现实主义的意思是，除细节的真实外，还要真实地再现典型环境中的典型人物"①，无论过去和现在，都是衡量现实主义作品的标志。

恩格斯不是关在书房里的学者。他的兴趣很广。年轻时候，他热情奔放地参加各种娱乐活动，十分爱好狩猎、骑马。作为一位出色的骑手，他在猛烈追逐野兽时，总是一马当先，冲过壕沟、篱笆等障碍物。马克思经常为他的安全担心。外出旅游更是他的爱好。只要有可能，他每隔一段时期，总要到外地游历、观光、休养。晚年的时候，游兴仍然很浓。

1888 年 8 月 8 日，恩格斯在德国化学家肖莱马、马克思的幼女爱琳娜和她的丈夫艾威林陪同下，从英国利物浦乘"柏林"号轮船横渡大西洋，到美国和加拿大旅行。此行的目的主要是为了彻底改换一下空气，通过长期的海上生活克服视力衰弱和慢性结膜炎。因此，他想方设法对外界保守秘密，尽可能避开《纽约人民报》等报刊的采访和纽约德国社会党人执行委员会的殷勤照顾。

在横渡大西洋的邮船上，恩格斯兴高采烈地欣赏海上风光。不管天气多么不好，他总是喜欢在甲板上散步和喝啤酒。到美国后，他拜访了共产主义者同盟时代的老友佐尔格，看望了自己的内侄威利·白恩士，参观了纽约、波士顿、霍布根等城市，游历了尼亚加拉大瀑布、圣劳伦斯河、阿德朗达克山脉、香普冷湖和乔治湖，访问了加拿大的一些地方。他对新大陆的风光赞不绝口，看到尼亚加拉瀑布时，不禁赞叹道："大自然美极了。"不过他对那些宁静舒适的小城镇并不欣赏。例如康克德非常漂亮，美不胜收，但他认为："这是安葬的好地方，而不是生活的好地方！我要是在那儿住上一个月，不死也会发疯。"② 这短短的几句话，十分鲜明地反映了他的性格。

新大陆的风土人情和经济发展，给恩格斯留下深刻的印象。他认为如果一个新兴国家要迅速发展，就非常需要有美国人那种狂热的事业心。他对年轻的经济学家施米特说：美国是资本主义的乐土，应该亲眼去实际看一看。

---

① 恩格斯：《致玛·哈克奈斯》（1888 年 4 月初）。《马克思恩格斯选集》第 4 卷第 462 页。

② 恩格斯：《致弗·阿·佐尔格》（1888 年 8 月 31 日）。《马克思恩格斯全集》第 37 卷第 81 页。

的确，通过实地考察，他了解到许多过去并不知道的东西，纠正了对这个国家一些不真实的认识。

尽管旅途艰险，回来时在海上还遇到两次强烈的风暴，但恩格斯认为整个旅行非常愉快、有趣和有益。在即将结束旅程时，他写信告诉弟弟海尔曼说："旅行对我好处极大。我感到自己至少年轻了五岁。我的一切小毛病都消失了，眼睛也好转。我建议每一个感到自己体弱或者疲惫的人，都作横渡大洋的旅行……"①

两年以后，恩格斯又在肖莱马陪同下乘船远游。这次到北欧的挪威，一直到北角。四个星期的旅行结束时，他像上次一样觉得身体和精神都很好。

恩格斯从挪威旅游回来不久，突然发生了一件悲痛的事。马克思和恩格斯的亲密朋友海伦·德穆特（琳蘅）于 1890 年 11 月 4 日不幸逝世。这位善良的、亲爱的、忠实的妇女，从年轻时起就到马克思家里。马克思逝世后，又到了恩格斯家。如果说，马克思能够长年地，而恩格斯能够在七年里安静地工作，这在很大程度上要归功于她的精心照料。

琳蘅逝世后，恩格斯感到生活孤单。佐尔格曾经建议他迁居美国。但他认为在欧洲还有做不完的事，只能对佐尔格的盛情厚意表示感谢。当时，他非常希望路易莎·考茨基到这里来照料自己的生活。路易莎是卡尔·考茨基的第一个妻子，同考茨基离婚后在维也纳当助产士。恩格斯向这位"生气勃勃、使人高兴"的妇女写了一封十分动人的信。恩格斯写道："事情由您决定。请把一切好好考虑一下，同阿德勒商量商量，如果我这个幻想没有可能实现（这是我所担心的），或者您认为这给您带来的不便或不愉快多于好处和快乐，那么就请您直截了当地告诉我。我过于喜爱您，不希望您为我做出什么牺牲……而正因为如此，我请您不要为我做出任何牺牲，并通过您请阿德勒劝阻您不要这样做。您还年轻，有着美好的前途。我再过三个星期就满七十岁了，毕竟活不了太长了。不值得为此残年而牺牲年轻人的充满希望的生活。而且我还有力量自己度过……"② 路易莎接受了恩格斯的邀请，很快来到伦敦，担任恩格斯的秘书，她把恩格斯的生活安排得很舒适。从此恩格斯

---

① 恩格斯：《致海·恩格斯》（1888 年 9 月 27—28 日）。《马克思恩格斯全集》第 37 卷第 92 页。

② 恩格斯：《致卡·考茨基》（1890 年 11 月 5 日）。《马克思恩格斯全集》第 37 卷第 495—496 页。

家里又有了生气。

1890 年 11 月 28 日,恩格斯度过了七十岁生日。这一天,德国社会民主党领导人倍倍尔、李卜克内西、辛格尔专程来到伦敦祝寿,各国社会主义和工人运动活动家、工人团体和进步人士发来大量贺电、贺信,馈赠许多有意义的礼物。发来电报的地点有:柏林、维也纳、巴黎(罗马尼亚大学生和弗兰克尔)、伯尔尼(俄国社会民主主义者)、莱比锡市区和郊区、波洪(有阶级觉悟的矿工)、斯图加特(维尔腾堡社会民主党人)、富尔特、赫希斯特(鲍利夫妇)、伦敦(工人协会)、汉堡等。德国国会的社会民主党团送来一本精美的相册,其中有全体党团成员的相片;狄茨送来一本很好的慕尼黑绘画陈列馆的照片画册;佐林根人送来一把刻着字的小刀等等。晚上,许多同志和朋友在恩格斯家里欢聚一堂,共祝恩格斯健康长寿,一直到清晨三点半才尽欢而散。

恩格斯情绪极佳。尽管他从来不喜欢不必要的热闹,但他把来自各国的友好祝愿看做国际工人运动团结壮大的表现,看做马克思主义胜利进军的象征,看做是对马克思丰功伟绩的报偿,而且,“一个人只能庆祝一次七十寿辰”。因此,他十分热情地招待客人们。为了尽可能向人们表示自己还是那样生气勃勃,他谈笑风生,喝了很多酒。他自己半开玩笑说,当晚虽然室外没有雾,但他躺下时脑袋里却像有雾似的。

恩格斯非常谦虚,认为人们的热情赞扬,自己受之有愧。他十分感谢同志和朋友们的祝贺,一再强调,“没有谁比我更清楚,这些荣誉大部分我不应该归于自己,归于我的功劳。我只是有幸来收获一位比我伟大的人——卡尔·马克思播种的光荣和荣誉。因此,我只有庄严地许约,要以自己的余生积极地为无产阶级服务,但愿今后尽可能不辜负给予我的荣誉。”[①]

恩格斯虽然已届 70 高龄,仍然身强力壮,精神抖擞,栗色的头发没有一点斑白的地方。他认为自己还不算太老,信心十足地希望活下去。他在给俄国革命家拉甫罗夫的答谢信中写道:“我们已经看到了俾斯麦的飞黄腾达、骄横一世和垮台。为什么我们不应该看到我们大家最大的敌人——俄国沙皇制度的骄横一世之后,再看到它的(已经开始了的)衰落和彻底垮台呢?”[②] 更

---

① 恩格斯:《致〈柏林人民报〉编辑部》。《马克思恩格斯全集》第 22 卷第 100 页。

② 恩格斯:《致彼·拉·拉甫罗夫》(1890 年 12 月 5 日)。《马克思恩格斯全集》第 37 卷第 509 页。

主要的是，他还要用自己的余年，继续"坚定不移地为工人阶级的解放而斗争。"①

二　与同志和朋友们欢聚一堂

恩格斯性格豪爽，热情好客，受到政治上、学术上的同志和朋友们的尊敬。伦敦瑞琴特公园路122号的住所里，经常高朋满座。各国社会主义运动的精英，在这里受到殷勤的款待。许多忠诚科学事业的进步人士，也受到亲切的欢迎。

晚年的时候，到恩格斯家做客的有住在伦敦的同志，更多的是专程或偶尔来访的人们。他们之中主要有马克思的亲属拉法格和劳拉、艾威林和爱琳娜；德国社会民主党领袖威·李卜克内西、倍倍尔和辛格尔；《社会民主党人报》编辑伯恩施坦和《新时代》编辑考茨基；共产主义者同盟时代的老近卫军列斯纳和罗赫纳；著名的德国化学家肖莱马和英国律师赛姆·穆尔；奥地利工人党领袖阿德勒，比利时工人党领袖王德威尔德和安塞尔；老宪章主义领袖朱利安·哈尼，英国年轻一代工人活动家威廉·梭恩和约翰·白恩士；俄国马克思主义者普列汉诺夫和民粹运动活动家查苏利奇；德国保守党政治家赫·冯·格尔拉赫也受到恩格斯的热情接待。

恩格斯知识渊博，对前来请教的年轻人循循善诱，慷慨地给予人们以帮助，使人们得到深刻的教益。他谈话生动，引人入胜，措辞风趣诙谐。只要他认为对方认真好学，总是给予鼓舞和勉励。德国经济学家和哲学家康拉德·施米特回忆说，他年轻时曾经多次拜访恩格斯，同恩格斯讨论有关经济学和哲学问题。恩格斯十分亲切地接待他，同他进行了无拘束的谈话。施米特写道："我常听他坐在壁炉旁侃侃而谈，这样的时刻我永远也不会忘怀。他知识渊博，使我惊叹不已。凡是愿意听他讲的人，他都乐意施教。他妙语联珠，谈话内容涉及政治、历史、军事、语言研究、立法、党史、文学、自然科学、哲学。将近午夜，我才满载无数新的启示，满怀感激和幸福的心情，踏上长达三个小时的归途。次日，我记下谈话的要点，在以后的年代，还经常阅读这些笔记。今天每当我谈到记述这些美好的时刻的回忆，还感到十分

---

① 恩格斯：《致格·布路梅》（1890年12月27日）。《马克思恩格斯全集》第37卷第525页。

新鲜和幸福。"①

　　星期日晚上，恩格斯家里宾客满堂。许多同志和朋友都以能够参加这样的聚会为荣。人们用英语、法语、德语和其他欧洲语言进行交谈。谈话的内容既有严肃的理论问题和政治问题，又有人们感兴趣的其他话题。恩格斯精力充沛，谈笑风生，使在座客人情绪振奋。有时人们一边喝酒，一边开开玩笑，演唱快乐的歌曲。在这样的场合，年迈的恩格斯情绪极佳，喜形于色，甚至让人拿上香槟酒，亲自唱起青年时代唱过的古老的大学生歌曲。他最喜欢的是英国古老的政治民歌《布雷的牧师》，曾经把这首歌词译成德文发表。《资本论》英译者塞姆·穆尔演唱的《饮酒歌》也大受欢迎：

> 　　酒馆老板快拿酒，
> 　　斟满杯子任它流。
> 　　今朝有酒今朝醉，
> 　　明日无酒水为友。

　　参加晚会的人，对恩格斯卓越的语言才能、渊博的知识修养、惊人的记忆力十分钦佩。

　　有一次，俄国女革命家克拉夫钦斯卡娅同她的丈夫到恩格斯家里做客。当恩格斯知道客人除俄语外不懂其他语言时，立刻用流利的俄语同她攀谈，并且用俄语背诵了一大段普希金的长诗《叶甫盖尼·奥涅金》：

> 　　我们求学的途径虽然各不相同，
> 　　但都不是不学无术的人，
> 　　谢谢上帝的恩典，
> 　　使我们都能炫耀一下才能。
> 　　按照许多人的意见，
> 　　（这些评论者都是举足轻重而又苛刻的人），
> 　　都说奥涅金少年博学，
> 　　但是过于矜持不逊。
> 　　他的才华得天独厚，

---

① 康·施米特：《回忆弗里德里希·恩格斯》。《智慧的明灯》第64页。

真可以说应答如流谈笑风生。
重大的争辩他不发一言，
以保持学者应有的身份。
但为了博取夫人小姐的一笑，
突然说句俏皮话像火星那样射出光明。

现在，懂拉丁文已经不算时髦，
不过有个事实要让你们知道，
他拉丁文虽然懂得不多，
不过要讲解铭言箴语却不嫌少。
谈起尤维纳利斯他不会无言以对，
在信尾也会顺手加上一个 vale〔安好〕，
《亚尼雅士之歌》他虽然没有熟读，
但其中有两首大体还能记牢。
对于地球上逝去的史实，
和编年史中以往的陈迹，
要耐心地加以发掘，
他却没有这种嗜好。
然而从罗穆洛直到如今，
一切朝野小史他却件件知道。

他没有忘我的激情，
为诗文献出自己的生命。
虽然我们为他绞尽脑汁，
他却连音韵格律也分不清。
荷马、忒俄克里托斯他都曾咒骂，
但是读过亚当·斯密的作品，
他成了博学多才的经济学家，
也会有条有理地向你说明：
国家怎样才能繁荣昌盛，
它靠什么才能继续生存，
为什么当它拥有普通的产品，

竟会不需要珍贵的黄金。

父亲对他怎么也想不清，

还依然以抵押卖地为生。

　　客人们为恩格斯的朗诵鼓掌叫好，但恩格斯却谦虚地说："唉，我对俄语的了解也不过如此而已。"① 当然，恩格斯喜欢这首长诗，不仅因为它的韵律优美，而且因为它反映了俄国社会经济正在发生的变化。

　　那些夜晚，有幸能够在恩格斯那张洋溢着友情的餐桌之旁聚会的人，当他们告辞的时候，总是陶醉于主人的机智而动人的谈笑，并且终生不忘。

　　每逢圣诞节或除夕之夜，恩格斯家里格外热闹。早在节日到来之前两个星期，家里就开始忙碌，准备圣诞节布丁。所需要的布丁数量很大，因为凡是他家的好友，如肖莱马教授、龚佩尔特医生、赛姆·穆尔律师、朱利安、哈尼、拉甫罗夫、保尔·拉法格和沙尔·龙格等，照例都要馈赠。节日晚上，恩格斯与所有客人开怀畅饮，有时甚至通宵不眠，清晨方散。1894年除夕，恩格斯已是74岁高龄的老人，仍然心情舒畅，与朋友们热情欢聚，对前途充满信心，"希望看到更多的事情"。②

　　有时恩格斯家里的晚会，是为了庆祝德国社会民主党在选举中获胜。参加这样晚会的客人中，不仅有德国人，还有捷克、匈牙利、俄国和其他国家的革命者，有时还邀请一些非党人士参加。恩格斯准备了大桶啤酒。大家频频为选举获胜干杯。有一次，恩格斯半开玩笑地说："我真有些招架不住了，社会民主党在补选中获胜的次数也太频繁了。"恩格斯也为各国工人党的壮大而高兴。1894年，当比利时工人党在众议院选举中获胜时，恩格斯感到莫大欣慰，十分激动地对前来拜访他的比利时工人党领导人王德威尔德说："请您告诉比利时同志们，他们和德国人都是国际社会主义的优秀人物；在下次伦敦代表大会上见到比利时工人党的代表，我将非常高兴。"③

　　恩格斯毫不自诩渊博，毫不装腔作势，毫不居功自傲。无论对待老朋友还是年轻人，他态度谦虚、朴实无华、平易近人。有一次，一位俄国年轻的民意党人鲁萨诺夫到伦敦拜访他。出于对他由衷的尊敬，激动地说："恩格斯

公民，请允许我这个俄国社会主义者向你表示衷心的颂扬，你不愧是伟大的马克思的朋友，现在你仍然是社会主义国际的精神领袖……我个人在很年轻的时候就读过你关于英国工人阶级状况的著作。这本书给我留下了很深的印象，从那时起，我就和全世界所有的社会主义者一样，非常重视你的意见，你的每一部新作品刚刚问世我就阅读……看见你就好像觉得马克思依然活着，你是马克思的化身……"

恩格斯听到这段颂词，用手势打断鲁萨诺夫的话，笑着说道："噢……噢……噢……年轻的同志！……够了，在我们社会主义者中间，干吗要这么互相恭维呢？我们就不能更坦率些吗？你这段演讲词大概也使你喉干舌燥了……请坐下来，喝杯啤酒润润嗓子。"[1]

凡是到过恩格斯家，受到恩格斯殷勤款待的人，对于恩格斯的崇高品质、循循善诱和渊博学识终生不忘。他哺育了整整一代的无产阶级，教会了他们总结、把握工人运动发展的全貌，整理并利用一切知识领域的成就来丰富和推动社会主义运动。

三　最好的奖赏

德国反社会党人法废除后，恩格斯就打算再次到大陆旅行，亲眼看看德、奥等国工业发展的状况和工人运动的成就。由于种种原因，这个愿望拖延了几年。1893 年，到大陆旅行的条件成熟了。

这年 7 月 12 日，恩格斯写信告诉意大利社会主义活动家菲·屠拉梯说，他有可能在第二国际苏黎世代表大会期间到大陆旅行，不过能否实现还要取决于各种难于预见的情况。从他自己来说，已经做好一切准备。8 月 1 日，他终于从伦敦起程，在私人秘书路易莎·考茨基和奥地利医生路·弗赖贝格尔博士（路易莎的未婚夫）陪同下，取道荷兰海角，到达科伦。倍倍尔夫妇在这里迎接他，并陪他一道经过美因茨、斯特拉斯堡到达瑞士的苏黎世。

恩格斯阔别祖国和欧洲大陆已经十七年。这次旧地重游，发现到处是生气勃勃、活跃发展的景象。工业有了巨大发展，大大小小的农业也很有改进，许多城市的面貌已认不出来。科伦和美因茨的旧城仍在原来的地方，但在它的周围和旁边又有规模很大的更现代化的城市发展起来。这里有按照周密计

---

① 巴·谢·鲁萨诺夫：《我认识了恩格斯》。《智慧的明灯》第 79 页。

划兴建的宏伟高大的建筑物，有漂亮的环形大道，有烟囱林立的工业区。德国已从农业国变为头等的工业国。恩格斯深深感到，资本主义工业的发展，正在为无产阶级的斗争创造更有利的条件。

路过斯特拉斯堡的时候，恩格斯考察了这块被德国吞并的法国土地，发现这里的人民对普鲁士入侵者十分憎恨。事实完全证实了他在二十年前的预言：普鲁士吞并阿尔萨斯–洛林，在这些地方重新实行德意志化的企图，必然使当地人民讲法语比过去任何时候都多！

根据倍倍尔和其他社会主义活动家的坚决要求，恩格斯在第二国际苏黎世代表大会最后一天来到这个城市，并出席代表大会闭幕式。那天，当会议主席安·米·库里绍娃宣布恩格斯已经到来，大会主席团请他担任名誉主席并致闭幕词时，会场响起了雷鸣般的掌声，热烈的欢呼声此伏彼起，参加大会的同志由于能亲眼见到伟大的导师而激动万分。

恩格斯对人们的盛大欢迎深为感动。他在大会致词中十分谦虚地说："这不是对我个人的接待，我只是作为那个肖像就挂在那上面的伟人（指马克思）的战友来接受它的。"① 他说：半个世纪以来，科学社会主义已经从一些小的宗派发展成了一个使整个官方世界发抖的政党。如果马克思活着，那么在欧美两洲就不会有第二个人能怀着这样理所当然的自豪心情来回顾自己毕生的事业。他指出，第一国际时期马克思主义与无政府主义划清界限，具有十分重大的意义；反对无政府主义的斗争，仍然是当时的重要任务；已经光荣完成自己历史任务的旧国际有着伟大的历史功绩，新国际就是在旧国际基础上发展起来的；为了不致使这个比从前强大得多的新国际蜕化成宗派，应当容许讨论，但是共同的原则应当始终不渝地遵守。当恩格斯宣布代表大会闭幕、高呼"国际无产阶级万岁"时，全场响起了经久不息的欢呼声，全体起立高唱《马赛曲》。

代表大会集中了各国社会主义的精英。恩格斯利用这个机会，同各国党的代表们进行多次的会见。他十分赏识参加大会的妇女代表，高度评价当时著名的女工领袖克拉拉·蔡特金，认为她工作能力很强。

代表大会后，恩格斯在苏黎世亲戚家里住了几天，又同倍倍尔、斯塔尼斯拉夫·门德尔森一起游览伯尔尼高地，然后访问维也纳。这个城市的资产

---

① 恩格斯：《1893 年 8 月 12 日在苏黎世国际社会主义工人代表大会上的闭幕词》。《马克思恩格斯全集》第 22 卷第 479 页。

阶级殷勤地为未来的无产阶级修建的漂亮的林荫大道、豪华的城堡剧院，富丽堂皇的市政大厅和国会大厦附近的大广场，使恩格斯赞叹不已。

本来，恩格斯只想以个人身份旅行，但是自从在苏黎世代表大会上发表演说后，全部计划落空了。在维也纳的时候，奥地利工人给了恩格斯极其隆重的欢迎。9月11日，奥地利社会民主党举行欢迎晚会。由于会场只能容纳600人，而成千上万的工人都希望能见到自己的导师，因此，又在9月14日举行了有几千人参加的大会。开会的消息一经传出，人群从四面八方拥向会场。整个大厅、所有通道和邻近房屋都挤满了人，还有几千人站在街上，凝神谛听从敞开的窗户传出的每一句话。

面对数千情绪激动的群众，恩格斯发表了热情洋溢的演说。他再次指出，荣誉应该归于马克思，"如果说我在参加运动的五十年中的确为运动做了一些事情，那么，我并不因此要求任何奖赏。我的最好的奖赏就是你们！"他为无产阶级革命大军的成长壮大感到无比的自豪，指出社会民主党已经成为一支不容忽视的力量，"现在全世界无论做什么事，都得看看我们的神色。我们就是一个使人畏惧的强国，一个比其他强国更能起决定作用的强国。这使我感到骄傲！"[①]

恩格斯的演说给广大群众深刻的印象。演说结束时，雷鸣般的掌声经久不息，"恩格斯乌拉！"的欢呼声震荡着整个大厅。这时，年轻的施坦哈德代表吉梅林区青年工人向恩格斯致敬，保证决心为达到社会主义的伟大目的而不惜牺牲一切。恩格斯的眼睛露出了喜悦的光芒。他紧紧地握住这位工人代表的手说："请转告吉梅林的青年工人，我衷心感谢他们对我的祝愿，感谢他们所做的保证，这使我非常高兴。我不仅向吉梅林人和维也纳的青年表示问候和谢意，而且也向奥地利的全体无产阶级青年表示问候和谢意。"[②]

1893年9月16日，恩格斯到达柏林。51年前，当恩格斯离开柏林时，这里不过是一个小小的"王都"，居民几乎不满35万，主要是为宫廷、贵族、驻军和官吏服务；现在，它已经是一个差不多拥有200万人口的大工业城市。这个过去是普鲁士国王的万恶的落后的驻地，现在已经变成了强大的无产阶级的故乡。社会民主党的柏林用最隆重的仪式欢迎自己的导师凯旋归

---

① 恩格斯：《1893年9月14日在维也纳的社会民主党人大会上的演说》。《马克思恩格斯全集》第22卷第481页。

② 转引自卡·施坦哈德《我同弗里德里希·恩格斯的会见》。《智慧的明灯》第107页。

来。9月22日晚，举行了有4000人参加的欢迎宴会。威廉·李卜克内西发表了充满革命友情的演说，驳斥了资产阶级和保守党报刊上关于社会民主党内"个人迷信"的谰言，指出对恩格斯的隆重欢迎，决不是什么个人迷信，而是出自内心的尊敬。他说："谁为无产阶级事业这么全心全意地尽了责任，作出了这么大的贡献，我们就应该钦佩谁，感谢谁。如果我们对忠实地卓有成效地履行自己义务的行为不表示感谢，那么我们就是忘恩负义的、胸怀狭窄的人。我们感谢我们的恩格斯。"李卜克内西的演说，代表了广大工人阶级的共同心声。

会场的热烈气氛使73岁高龄的恩格斯激动不已。虽然他很不愿意在大庭广众之前公开演讲，而且事先也未作演讲的安排，但这里是他的祖国，是他开始革命活动的地方，是德国社会民主运动的中心；于是他情不自禁地作了即席发言。他回顾了柏林发生的重大变化，无比骄傲地说道：51年前，柏林还没有一个社会民主党人，那时人们甚至还不知道什么是社会民主党；而现在，柏林已经成了社会民主党的故乡，在不久前的议会选举中，党获得了16万张选票，柏林选出的6个议员中，竟有5人是社会民主党人！在这方面，柏林走在欧洲所有大城市的前面。他指出，不仅是柏林，整个德国都发生了根本的转变。昔日落后的农业国，已经变成头等的工业国。整个莱茵河两岸，任何一个角落都可看到突突冒烟的工厂烟囱。这种情况，同资本家息息相关，对社会民主党也意义重大。必须看到，"资本家在发展工业时不仅造出剩余价值，他们还造出无产者，他们使中等阶层——小资产阶级和小农破产，他们使资产阶级同无产阶级之间的阶级对抗达到极点；而谁造出无产者，他也就造出社会民主党人。"[①] 正是德国工业的发展和无产者队伍的壮大，使德国社会民主党的力量不可遏止地增长起来。当恩格斯豪迈地宣布："德国社会民主党是全世界最统一、最团结、最强有力的党，由于它在斗争中有冷静的头脑、严格的纪律和蓬勃的朝气，它从胜利走向胜利"[②] 的时候，全场欢声雷动，群众的激情达到顶点。

9月29日，恩格斯从欧洲大陆回到伦敦，历时两个月的大陆之行结束了。这是一次真正的胜利进军，是对恩格斯卓越功勋的最好奖赏。各处的隆

---

① 恩格斯：《1893年9月22日在柏林的社会民主党人大会上的演说》。《马克思恩格斯全集》第22卷第484页。

② 同上。

重接待使他极为吃惊。虽然在大庭广众之前露面并不合他的口味，他仍然感到由衷的高兴。他从广大群众自发的激情中看到由马克思和他首创的科学社会主义已经广泛传播，看到大陆的无产阶级运动正随着工业化的进程而蓬勃发展，看到在同各国资产阶级和反动政府斗争中成长起来的年轻一代工人运动活动家的勇气和魄力。他对革命前途充满信心，认为"现在不单有取得巨大成就的可能性，也还是具备取得这些成就的条件。"① 他对自己的身体也信心十足，希望有朝一日再次畅游大陆，不过"要求有个书面协定"，以便保证他"不必在大庭广众之前露面，只作为个人因私事出来旅行。"② 可惜，这个愿望已无法实现。

四　决不允许把党引入迷途

在新世纪的曙光即将到来的年代里，工人运动中马克思主义与机会主义的斗争日益明朗化。那时，无论德国、法国还是英国，工人运动发展的势头都很好。德国社会民主党经过十多年反对非常法的斗争，队伍已大大增强，党员达到 15 万人，党和工会拥有报刊 100 种。法、英等国社会主义工人运动也在斗争中发展起来。

随着无产阶级队伍的发展壮大，各种非无产阶级分子，主要是小资产阶级大量拥进党内。他们在壮大党的力量的同时，也不可避免地把各种非无产阶级思想带了进来，腐蚀党的健康的肌体，成为机会主义滋生的温床。他们之中很多人只有"善良的愿望和美好的意图"，可是，"这往往会把人引入地狱"。③ 德国的情况最为突出。当时，既出现打着"左"的旗号的"青年派"，又出现福尔马尔等人赤裸裸的右倾机会主义。像以往历次斗争一样，年迈的恩格斯敏锐地感到这场斗争的迫切性和严重性，给予德国党的马克思主义领导人以有力的帮助和支持。

由党内一些自称是理论家和领导者的大学生和青年作家保·恩斯特、

---

　　① 恩格斯：《致弗·阿德勒》（1893 年 10 月 11 日）。《马克思恩格斯全集》第 39 卷第 134—135 页。

　　② 恩格斯：《致弗·阿·佐尔格》（1893 年 10 月 7 日）。《马克思恩格斯全集》第 39 卷第 129 页。

　　③ 恩格斯：《致威·李卜克内西》（1890 年 3 月 10 日）。《马克思恩格斯全集》第 37 卷第 441 页。

汉·弥勒、布·维勒等人组成的"青年派"，在反社会党人法废除后大肆活动。在理论上，他们把马克思主义歪曲得面目全非；在实践上，他们无视反社会党人法废除后党的活动条件的变化，否认利用合法斗争形式的必要性，反对参加议会选举和进行议会斗争，竭力主张进行半无政府主义的冒险活动；在组织上，他们把坚持正确立场的党的执行委员会诬蔑为"小资产阶级议会社会主义"。这场小小的"大学生骚动"原来并没有引起恩格斯的重视，以为只要由倍倍尔和李卜克内西出面对付他们就行了。但是，"青年派"不愿善罢甘休。他们伪称恩格斯同他们站在一起，把自己的错误主张诬蔑性地硬加在恩格斯身上。这种情况迫使恩格斯不得不亲自出面干预，对他们的错误进行公开批判。

恩格斯指出，在"青年派"的报刊文章中，马克思主义被当做贴到各种事物上去的标签。他们根本不懂马克思主义，对于在每一特定时刻起决定作用的历史事实一无所知，但又表现出德国文学家所特具的无限优越感。马克思创立的唯物主义历史观，首先是进行研究工作的指南，而不是按照黑格尔学派的方式构造体系的方法。必须认真研究全部历史，详细研究各个社会形态存在的条件，然后设法从这些条件中找出相应的政治、法律、美学、哲学、宗教等观点。对于这些自称为马克思主义者，实际上把马克思主义歪曲得面目全非，并且直接违背马克思的教导，把唯物史观当做标签，不去认真研究历史的人，马克思在 70 年代末针对法国人说的下面这句话，对他们是完全适用的。当时马克思说："我只知道我自己不是'马克思主义者'。"①

恩格斯指出，"青年派"用来反对党的领导的策略，只有"中学生水平"。如果党按照他们的主张办事，不顾进行斗争的一切现实条件，幻想轻率地"拿下障碍物"，其结果必然会在敌视它的人们完全合情合理地哈哈大笑中把自己毁灭掉。

恩格斯指出，"青年派"的成员如果真正希望自己有所作为，就不要自我陶醉地对待自身的重要性，不能认为自己目前已达到完美无缺的发展阶段。必须让他们懂得：他们应该向工人学习的地方，比工人应该向他们学习的地方多得多；而且，"'学院式教育'，并没有给予他们一种军官官衔和在党内取得相应职位的权利；在我们党内，每个人都应该从当兵做起；要在党内担任负责的职务，仅仅有写作才能和理论知识，甚至二者全都具备，都是不够的；

---

① 恩格斯：《给〈萨克森工人报〉编辑部的答复》。《马克思恩格斯全集》第 22 卷第 81 页。

要担任领导职务，还需要熟悉党的斗争条件，掌握这种斗争的方式，具备久经考验的耿耿忠心和坚强性格，最后还必须自愿地把自己列入战士的行列中……"① 恩格斯这段话，深刻地阐明了党的干部应该具备的条件，具有十分重要的意义。

经过恩格斯的批评教育，"青年派"中一部分人改正了自己的错误，另一部分人却继续坚持错误。在 1890 年哈雷代表大会上，一些坚持错误的"青年派"分子被开除出党。1891 年的爱尔福特代表大会，结束了与这帮"左"的反对派的斗争。

如果说，恩格斯反对"青年派"的斗争较快取得了胜利，那么，同以福尔马尔为代表的右倾机会主义的斗争则要艰巨得多。

福尔马尔曾经担任党中央机关报《社会民主党人报》编辑，在党内，主要是在巴伐利亚党的组织中有一定影响，比"青年派"危险得多。非常法废除后，他宣扬一整套右倾机会主义观点。他认为，统治阶级废除非常法，实行自由主义改良政策，是"对工人真正友好"的表现；因此，应当"用友好的手欢迎善意"。在他看来，社会主义的实现是"始终不渝地和平发展的结果"。他竭力鼓吹议会道路，认为无产阶级"通过议会可以达到一切目的"。在农民问题上，他主张满足富农的要求，不必改变农村的雇佣奴隶制。

像福尔马尔这样的右倾观点，在党内由来已久，颇有市场。例如和平长入社会主义的论调，早在 70 年代末已经出现。1879 年《德国社会民主党国会议员的报告》就明确指出："我们根本不想革命……我们没有必要推翻俾斯麦制度。我们让它自己去垮台！……本质上受不可抗拒的进一步发展所制约的国家和社会正在自然地长入社会主义。"这种反对暴力革命，鼓吹和平发展的谬论，甚至影响了党的主要领导人李卜克内西。他在 1891 年爱尔福特代表大会上竟然宣称："革命不在于手段，而在于目的。暴力很早就成为反动的因素了。"更为严重的是，1891 年 6 月，德国党中央执行委员会起草的《爱尔福特纲领草案》中，竟然容纳了"现代社会长入社会主义"的思想。这就使恩格斯深刻认识到，必须对党内右倾论调进行彻底的批判。

为了揭露和批判右倾机会主义谬论，捍卫和阐明无产阶级革命的理论和策略。恩格斯采取了三个重大步骤：第一，公布马克思的遗著《哥达纲领批判》；第二，发表《〈法兰西内战〉一书导言》；第三，向党的领导机构提出

---

① 恩格斯：《给〈萨克森工人报〉编辑部的答复》。《马克思恩格斯全集》第 22 卷第 82 页。

《爱尔福特纲领草案批判》。

1891 年 1 月，恩格斯不顾德国社会民主党一些领导人的阻挠和反对，在《新时代》上发表马克思 1875 年写的《哥达纲领批判》。这部重要文献不仅对拉萨尔主义作了彻底清算，而且明确指出了从资本主义到共产主义过渡时期，必须实行无产阶级的革命专政。《哥达纲领批判》的发表，沉重打击了各种机会主义论调，受到广大党员的热烈欢迎。

1891 年 3 月，恩格斯利用纪念巴黎公社革命 20 周年的时机，再版马克思的著作《法兰西内战》，为该书写了一篇内容丰富、论述深刻的《导言》，强调指出，"国家无非是一个阶级镇压另一个阶级的机器，这一点即使在民主共和制下，也丝毫不比在君主制下差。"① 例如在民主制的美国，那里虽然没有王朝，没有贵族，除了监视印第安人的一小群士兵之外没有常备军，没有一大批享受特权的官僚，但是，那里轮流执掌政权的两大帮政治投机家，却用最肮脏的手段为最卑鄙的目的而利用这个政权。这就十分清楚地说明了国家的阶级性。

恩格斯再次指出，巴黎公社的经验证明，无产阶级必须打碎全部旧的国家机器。他写道："公社一开始就得承认，工人阶级在获得统治时，不能继续运用旧的国家机器来进行管理，工人阶级为了不致失去刚刚争得的统治，一方面应当铲除全部旧的、一直被利用来反对它的压迫机器，另一方面应当以宣布它自己所有的代表和官吏毫无例外地可以随时撤换，来保证自己有可能防范他们。"②

针对迷信资产阶级议会民主的右倾机会主义论调，恩格斯在详细介绍巴黎公社的政治经济措施及其经验教训时指出，"近来，社会民主党的庸人又是一听到无产阶级专政就吓得大喊救命。先生们，你们想知道无产阶级专政是什么样子吗？请看看巴黎公社吧。这就是无产阶级专政。"③

1891 年 6 月中旬，恩格斯收到德国党中央执行委员会寄来的、准备在这年秋天爱尔福特代表大会上讨论的党纲草案。他对这个草案并不满意，认为它虽然大大优于《哥达纲领》，基本上清除了拉萨尔派和庸俗社会主义的浓厚残渣，理论方面整个说来是立足在科学社会主义的基础上，但仍然存在严重

---

① 恩格斯：《〈法兰西内战〉一书导言》。《马克思恩格斯全集》第 22 卷第 228 页。
② 同上书，第 227 页。
③ 同上书，第 229 页。

的缺陷和错误。最主要的是，有人因害怕反社会党人法重新恢复，竟然主张
在承认德国现行法律秩序下，可以通过和平方式实现党的一切要求。他们大
肆宣扬"现代社会正在长入社会主义"，反对用暴力手段炸毁资本主义专制制
度。恩格斯在《1891 年〈爱尔福特纲领草案〉批判》中尖锐地指出：德国党
内"关于旧的污秽的东西活泼、温顺、愉快而自由地'长入''社会主义社
会'的论调"，是一种"和和平平的社会主义"①。在德国这样一个存在着半
专制制度的国家里，以为可以用和平宁静的方法建立共和国，甚至建立共产
主义社会，完全是幻想。这种主张，"归根到底只能把党引入迷途"。② 不过，
恩格斯并不绝对排除革命和平发展的可能性，也并不认为暴力革命到处只能
采取一种形式。对于议会斗争的问题，他也根据实践的经验不断加以完善。
他认为普选权是工人政党可以利用的一种武器，同时又反复告诫无产阶级，
决不应该为了利用普选权而放弃自己的革命权。他说："我们的主要任务就是
毫不停手地促使这种力量增长到超出政府统治制度所能支配的范围，不是要
把这个日益增强的突击队在前哨战中消灭掉，而是要把它好好地保存到决战
的那一天。"③ 如果统治阶级用反革命暴力对付工人阶级，那么，社会民主党
就必须坚决"从议会斗争的舞台转到革命的舞台"④。

　　对于《爱尔福特纲领草案》的政治要求，恩格斯很不满意。因为《爱尔
福特纲领草案》完全不敢提出在德国建立统一的民主共和国的问题。恩格斯
认为，建立民主共和国的问题，对于无产阶级的革命斗争有着重大意义，"党
和工人阶级只有在民主共和国这种政治形式下，才能取得统治。民主共和国
甚至是无产阶级专政的特殊形式。"⑤ 这是因为，虽然民主共和国"丝毫没有
消除资本的统治，因而也丝毫没有消除对群众的压迫和阶级斗争，但是，它
必然会使这个斗争扩大、展开、明朗化和尖锐化，以致有可能满足被压迫群
众的根本利益时，这种可能就必然而且只有无产阶级专政即在无产阶级领导
这些群众的条件下得到实现。"⑥

---

① 恩格斯：《致卡·考茨基》（1891 年 6 月 29 日）。《马克思恩格斯全集》第 38 卷第 119—120
页。

② 恩格斯：《1891 年社会民主党纲领草案批判》。《马克思恩格斯全集》第 22 卷第 273 页。

③ 恩格斯：《卡·马克思〈1848 年至 1850 年的法兰西阶级斗争〉一书导言》。《马克思恩格斯全
集》第 22 卷第 609 页。

④ 恩格斯：《答可尊敬的卓万尼·博维奥》。《马克思恩格斯全集》第 22 卷第 327 页。

⑤ 恩格斯：《1891 年社会民主党纲领草案批判》。《马克思恩格斯全集》第 22 卷第 274 页。

⑥ 列宁：《国家与革命》第 63 页。

《草案》中暴露出来的问题，说明机会主义在党内的影响正在增长。恩格斯及时地向工人政党敲起了警钟，指出机会主义为了眼前暂时的利益而忘记根本大计，只图一时的成就而不顾后果，为了运动的现在而牺牲运动的未来，对党的事业具有极大的危害性。

《1891年社会民主党纲领草案批判》一文，是科学社会主义的重要文献，在反对机会主义的斗争中起了重大作用。德国社会民主党领导人接受了恩格斯的部分意见，对《草案》作了一定的修改后提交广大党员讨论。后来爱尔福特代表大会通过了由考茨基和伯恩施坦提出并得到恩格斯赞同的新纲领。当新纲领通过的消息传来时，恩格斯十分高兴地写信告诉佐尔格："这个纲领，除某些地方表述欠妥外（也只是措词含糊和过于笼统），至少在初读以后，提不出更多的意见。"[①]

19世纪末叶，机会主义思潮不仅在德国，而且在西欧各国也广为流行。因此，恩格斯在这个时期许多书信和文章中，深刻地揭露了机会主义的根源。他指出，小资产阶级分子大量涌进党内，统治阶级对工人贵族的收买，反动政府采取软硬兼施的两面政策，资产阶级社会主义的欺骗作用等等，使机会主义在工人运动内部迅速滋长起来。无论来自右的方面还是左的方面的机会主义，其思想和观点根本上都是资产阶级的。机会主义者是"披着羊皮的豺狼"[②]，是资产阶级的尾巴，他们在工人运动和工人政党内部构成了一个"资产阶级阵营"[③]。马克思主义同机会主义的斗争，是一场生死的斗争。只有战胜机会主义，工人阶级及其政党才能更加团结，更加坚强，更有力量，在反对资产阶级的斗争中取得更大胜利。恩格斯对机会主义的揭露和批判，十分深刻和中肯，为反对机会主义提供了锐利的理论武器。

五　无产阶级政党怎样对待农民？

劳动农民是无产阶级的同盟军。19世纪90年代，随着资本主义向帝国主义过渡，阶级斗争日益尖锐，农民同盟军问题日益成为重要问题。为了阐明无产阶级政党的农民纲领，批判法、德两国工人党内的机会主义者

---

① 恩格斯：《致弗·阿·佐尔格》（1891年10月24日）。《马克思恩格斯全集》第38卷第180页。

② 恩格斯：《〈英国工人阶级状况〉英国版附录》。《马克思恩格斯全集》第21卷第297页。

③ 恩格斯：《致奥·倍倍尔》（1884年10月11日）。《马克思恩格斯全集》第36卷第215页。

在农民问题上的错误观点，恩格斯于 1894 年 11 月写成了《法德农民问题》。

马克思、恩格斯十分重视农民问题。早在 19 世纪 50 年代初，马克思在总结 1848 年革命经验的时候就指出，无产阶级革命如果得不到农民的合唱，它在一切农民国度中的独唱不免要变成孤鸿哀鸣。后来在总结巴黎公社革命经验时，又进一步论述了工农联盟的必要性和无产阶级对待农民的正确态度。但是，第二国际中的机会主义者，特别是法、德两国工人党内的机会主义者，违背马克思、恩格斯的教导，在农民问题上提出了错误的理论和政策。1892 年 9 月，法国工人党在马赛代表大会上通过了一个违背社会主义原则的土地纲领；1894 年 9 月，又在南特代表大会上对这个纲领作了补充，加深了纲领中的机会主义倾向。其主要表现是：把争取农民只看做议会选举的需要，没有从根本上认识工农联盟的重要性；无视农村居民中包含有很不相同的组成部分，笼统地提出联合农村中的"一切成分"，把富农以及一切资本主义土地经营者都联合起来；牺牲消灭生产资料私有制的原则，提出维护农民私有制，"保护自食其力的农民的小块土地"的错误主张。南特代表大会后不久，在德国社会民主党法兰克福代表大会上，巴伐利亚党的领导人福尔马尔援引法国党的《南特纲领》，主张在党的土地纲领中不仅要反映劳动农民的利益，而且要反映富农以及农村资产阶级的利益，并且散布谎言，说什么《南特纲领》"得到了弗里德里希·恩格斯的直接赞同"。

恩格斯对德、法两国工人党内机会主义者的错误主张十分不满，对福尔马尔的谎言非常愤慨。他在给德国社会民主党中央机关报《前进报》编辑部的信中写到："我不得不声明……福尔马尔所掌握的关于我的消息是完全不可靠的。""如果我就这个问题发表了意见的话，那么我所说的就恰好是同福尔马尔所听说的相反的东西。"① 他指出，福尔马尔是叛徒，其农民政策甚至比小资产者的政策还右。他十分赞赏倍倍尔在代表大会上对福尔马尔机会主义观点所持的原则立场，批评李卜克内西袒护福尔马尔的错误态度。他对李卜克内西说："如果倍倍尔正是在党代表大会把党置之不顾的时候抓住了这些问题，那么你们应当为此而感谢他。如果他把党代表大会所造成的这种难以容忍的状况看做是党内的庸俗习气日益增长的结果，这不过是他从正确的总观

---

① 恩格斯：《给〈前进报〉编辑部的信》。《马克思恩格斯全集》第 4 卷第 293—294 页。

点出发来看这个具体问题，这一点也是值得肯定的。如果他急于进行辩论，这不过是他履行自己的重大的职责，注意使下一次党代表大会正确地解决法兰克福代表大会对之束手无策的那些刻不容缓的问题。"① 针对李卜克内西认为福尔马尔不是叛徒的看法，恩格斯写到："就算是这样吧。我也认为他自己不会把自己看做叛徒。但是你把一个要求无产阶级政党使拥有十至三十公顷土地上的巴伐利亚大农和中农的目前状况（这种状况的基础是剥削雇农和短工）永远不变的人叫做什么呢？无产阶级政党是专门为了使雇佣奴隶制永久不变而建立的吗？这种人可以是一个反犹太主义者，资产阶级民主主义者，巴伐利亚分立主义者，随便叫什么都可以，但是难道可以叫做社会民主党人吗?!"②

鉴于农民问题的重要性，恩格斯于 1894 年 11 月撰写了《法德农民问题》一文，在批判机会主义土地纲领的同时，阐明了马克思主义关于农民问题的基本原则。

《法德农民问题》全篇贯穿着这样一个真理：工农联盟是无产阶级革命胜利的重要保证。恩格斯说，除了少数工业高度发达的地区（例如英国本土和普鲁士易北河以东），"农民到处都是人口、生产和政治力量非常重要的因素。"③ 无产阶级只有争取农民作为自己的同盟军，才能取得反对资本主义斗争的胜利；同时，农民也只有在无产阶级的领导和帮助下，才能摆脱资本主义剥削，获得真正的解放。由此可见，工农联盟是符合工农两大阶级根本利益的。正在为反对资本主义统治，为夺取政权而斗争的无产阶级政党，必须到农民中去进行工作，成为农村中的力量。要揭穿资产阶级煽动农民反对无产阶级的阴谋，揭露大地主这个农民的"伪保护者"那副掩盖在羊皮下边的豺狼面孔，把广大农民团结在自己的周围，这是无产阶级政党面临的迫切任务。

农村居民不是一个统一的阶级。恩格斯根据经济地位的不同，把农村居民分为几个组成部分：大土地所有者、大农和中农、小农、农村雇工。恩格斯认为，农村雇工是工人阶级的忠实同盟者，是工人政党首先应该维护的阶层。小农是农民当中最重要的阶层。对待小农的态度，是确定对待其他阶层

① 恩格斯：《致威·李卜克内西》(1894 年 11 月 24 日)。《马克思恩格斯全集》第 39 卷第 314—315 页。
② 同上书，第 315 页。
③ 恩格斯：《法德农民问题》。《马克思恩格斯选集》第 4 卷第 295 页。

态度的立足点。恩格斯详细论述了小农的经济地位和政治态度，指出他们既是劳动者，又是生产资料私有者。由于资本主义的残酷剥削和压榨，他们正在不可挽回地走向灭亡。作为未来的无产者，他们本来应当乐意倾听社会主义的宣传。但是作为私有者，他们的私有观点根深蒂固，拼命抓住小块土地不放。小农的经济地位，决定了他们在政治上的冷漠态度，甚至使他们容易受到资产阶级的欺骗宣传，把工人政党看做危险的敌人。但是，这种情况不是不可克服的。作为未来的无产者，他们能够与工人阶级结成联盟。工人政党应该把工作重点放在这部分农民身上。

　　恩格斯严厉批判《南特纲领》关于"联合农村生产的一切成分"的谬论，指出工人政党决不能联合农村的大农和剥削短工的中农，更不应该去联合大土地所有者。社会主义是专门反对剥削雇佣劳动的。因此，工人政党不仅不应该与大土地所有者联合，也决不应该宣布自己的迫切职责是在于保护那些由于"自己受着剥削"才有时"剥削短工"的法国农民。恩格斯写道："我坚决否认任何国家的社会主义工人政党有任务除了吸收农村无产者和小农以外，还将把中农和大农，或者甚至将大地产租佃者、资本主义畜牧主以及其他按资本主义方式经营国内土地的人，也都吸收到自己的队伍中来。"① 工人政党内可以有来自任何社会阶级的个别人物，但绝对不需要任何代表资本家、中等资产阶级或中等农民利益的集团。

　　无产阶级虽然必须联合广大小农，但决不能"保护"农民的小块土地所有制。无产阶级的任务是为生产资料公共占有而斗争。工人政党决不应该为了暂时满足农民的要求，迁就农民的私有观念，而向小农作出在任何情况下都保护他们的私有财产这个明知不能兑现的诺言。必须看到，小农私有制的灭亡是不可避免的。城市中的手工业已经破产，在像伦敦这样的大城市中甚至已全然绝迹。靠自力耕种为生的小农也不能避免这种命运。而且，他们占有的小块土地，既不牢靠，也不自由。他们的生存比无产者的生存更无保障。工人政党的任务是要向农民反复阐明这样一个无可争辩的真理："他们的处境在资本主义还统治的时候是绝对没有希望的，要保全他们那样的小块土地所有制是绝对不可能的，资本主义的大生产将把他们那无力的、过时的小生产压碎，正如火车把独轮手推车压碎一样是毫无问题的。"②

---

① 恩格斯：《法德农民问题》。《马克思恩格斯选集》第 4 卷第 305 页。
② 同上书，第 312 页。

　　那么，无产阶级对待农民的态度是怎样的呢？恩格斯说，我们预见到小农必然灭亡，但无论如何不要以自己的干预去加速其灭亡。而且，"当我们掌握了国家权力的时候，我们决不会用暴力去剥夺小农（无论有无报偿，都是一样），像我们将不得不如此对待大土地占有者那样。我们对于小农的任务，首先是把他们的私人生产和私人占有变为合作社的生产和占有，但不是采用暴力，而是通过示范和为此提供帮助。"①　恩格斯指出，夺得政权的无产阶级可能给农民合作社提供许多便利条件，例如，由国家银行给予低息贷款，从社会基金中抽发贷款来建立大生产以及其他各种便利。当然，要使农民走上合作化的道路，必须"使农民明白地看到，我们要挽救和保全他们的房屋和土地，只有把他们变成合作社的占有和合作社的生产才能做到。正是以个人占有为条件的个体经济，使农民走向灭亡。如果他们要坚持自己的个体经济，那么他们就必然要丧失房屋和家园，大规模的资本主义经济将排挤掉他们陈旧的生产方式。情况就是如此。"②　恩格斯也清楚地知道，改变农民的私有观念，引导农民个体经济过渡到合作社经济，决不是一件轻而易举的事情。他一再告诫工人政党，不要违反农民的意志而用强力干预他们的财产关系。如果农民还不能下决心用合作社的生产和占有来代替私人生产和私人占有，那就给他们一些时间，让他们在自己的小块土地上考虑考虑这个问题。只有把农民吸引到自己方面来，建立牢固的工农联盟，才能迅速而容易地实现从资本主义到社会主义的社会变革。

　　对于大土地所有制这类资本主义农场，工人政党的任务是很清楚的。无产阶级一旦掌握了政权，就必须像剥夺工厂主一样剥夺大土地占有者。至于这一剥夺是否采取赎买的方式，这要取决于无产阶级取得政权时的情况，尤其要取决于大土地占有者自己的行为。恩格斯说："我们决不认为，赎买在任何情况下都是不容许的；马克思曾向我讲过（并且讲过好多次！）他的意见：假如我们能用赎买摆脱这整个匪帮，那对于我们是最便宜不过的事情了。"③

　　恩格斯在《法德农民问题》中所阐述的理论和原则，为掌握政权的无产阶级提出了解决农民问题的唯一正确的道路。这些理论和原则，在我国从资

---

① 恩格斯：《法德农民问题》。《马克思恩格斯选集》第4卷第310页。
② 同上书，第311页。
③ 恩格斯：《法德农民问题》。《马克思恩格斯全集》第22卷第585页。

本主义到社会主义的过渡时期得到广泛的应用和发展。

六　迫在眉睫的战争威胁和
无产阶级的对策

19 世纪末叶，随着资本主义向帝国主义过渡，资本主义国家之间的矛盾日益尖锐。以俄法为一方，以德奥意为一方，欧洲形成了两个侵略性的巨大的国家集团。它们都在不断增加军费、扩充军队、大搞军备竞赛，战争的威胁迫在眉睫。这个时期，恩格斯密切注视欧洲形势的发展，深入研究各国经济、政治、外交、军事的状况，在给各国工人运动活动家的大量书信和许多报刊文章中，特别是在《俄国沙皇政府的对外政策》、《德国的社会主义》和《欧洲能否裁军?》等著作中，深刻地分析了当时的国际形势，阐述了无产阶级对待战争与和平的态度。

1870 年普法战争以后，马克思、恩格斯曾经预言，由于德国吞并法国的阿尔萨斯-洛林，已经埋下了发生新的战争的祸根。80 年代中期，恩格斯一再指出，未来的战争必将是"一场具有空前规模和空前剧烈的世界战争"[1]。那时交战双方将会投进 1000 万至 2000 万武装人员互相残杀，整个欧洲将遭受空前未有的浩劫。90 年代初期，鉴于欧洲上空战云密布，战争危险有增无减，恩格斯向各国工人阶级发出了警告：我们生活在装满炸药的地雷上，一点火星就能引起爆炸!

恩格斯指出，无产阶级政党必须坚决反对这场由大国的侵略野心驱使的战争。虽然战争非但不能阻止反而会促进经济的发展，但它不可避免地会使"三十年战争所造成的大破坏集中在三四年里重演出来并普及整个大陆；到处是饥荒、瘟疫，军队和人民群众因极端困苦而普遍野蛮化；我们在商业、工业和信贷方面的人造机构陷于无法收拾的混乱状态，其结局是普遍的破产；旧的国家及其世代相因的治国才略一齐崩溃，以致王冠成打地滚在街上而无人拾取"[2]。这种情况，对工人政党必将发生重大影响。恩格斯在谈到德国工人党的情况时写到："和平会保证德国社会民主党在大约

---

① 恩格斯：《波克罕〈纪念 1806 年至 1807 年德意志极端爱国主义者〉一书前言》。《马克思恩格斯全集》第 21 卷第 401 页。

② 同上。

十年的时间里取得胜利。战争则会使社会民主党要么在两三年内取得胜利，要么就遭受彻底的失败，至少在十五年到二十年期间不能复原。"① 因此，无产阶级必须把反对战争、维护和平与争取社会主义的斗争结合起来。

在未来战争中，欧洲各国无产阶级要坚决反对资产阶级的沙文主义叫嚣，以工人阶级的全局利益为重，手携手地一致行动。恩格斯指出，虽然德、法、俄的统治阶级在战争中互相敌对，但它们有一个共同的目的，就是消灭革命的工人政党。因此，各国工人政党必须为了欧洲革命的利益而坚守自己的岗位，不向内外敌人投降。恩格斯特别向德国工人党指出："一旦……党取得了政权，如果它不纠正它的前任对其他民族所干的非正义的事情，那它就既不能运用这个政权，也不能巩固这个政权。它一定要准备恢复现在被法国资产阶级如此卑鄙地出卖了的波兰；它一定要让北什列斯维希和阿尔萨斯-洛林有可能按自己的意愿去决定自己的政治前途。"②

根据当时欧洲国际关系的具体情况，恩格斯着重揭露沙皇俄国的霸权主义，指出沙皇俄国是"全欧洲反动势力的最后堡垒"③。这个代表封建贵族和资产阶级利益的政权，为了维护国内的专制统治，为了扩大国外市场，疯狂地进行对外侵略扩张，妄图称霸世界。为了达到这个目的，它从来不择手段，"有多大本领就能干出多大的伤天害理的事情。"④ 因此，反动的沙皇政权是欧洲战争的一个主要策源地。不过，到了19世纪末，由于国内阶级矛盾的尖锐化，沙皇政权对内对外政策的基础逐渐削弱，"1848年停留在波兰边境上的革命，现在正在敲打俄国的大门，而在国内，它也已经有足够的同盟者，他们只等时机成熟就会为革命打开大门。"⑤ 恩格斯强调指出，俄国革命者反对沙皇政权的斗争，将会给西方工人运动以新的推动，"加速现代工业无产阶级的胜利"。⑥

鉴于各个欧洲大国进行疯狂的军备竞赛，恩格斯于1893年2月应倍倍尔的要求，撰写了连载文章《欧洲能否裁军？》这组被称为"社会民主党的军事法案"的文章，对德国军国主义进行了严厉的批判。

---

① 恩格斯：《德国的社会主义》。《马克思恩格斯全集》第22卷第298页。
② 同上书，第294页。
③ 恩格斯：《俄国沙皇政府的对外政策》。《马克思恩格斯全集》第22卷第56页。
④ 同上书，第17页。
⑤ 同上书，第52页。
⑥ 恩格斯：《"论俄国的社会问题"跋》。《马克思恩格斯全集》第22卷第510页。

　　恩格斯指出，欧洲每个大国都力求在军事威力和战争准备方面超过其他大国，军备竞赛已发展到极端的程度。广大人民群众由于承担了沉重的军费而在经济上破产。日益剧烈的军备竞赛必然导致一场毁灭性的大战。这种军备竞赛与其说出于军事上的考虑，不如说是出于政治上的考虑，"一句话，军队的使命与其说是防御国外的敌人，不如说是防御国内的敌人。"①

　　在所有国家里，几乎完全承担了提供兵员和缴纳大部分赋税的广大居民阶层都在呼吁裁军。恩格斯认为，通过裁军保障和平，是有可能实现的。为此，他建议欧洲各大国达成一项缩短服现役期限的国际协议，并逐步从常备军制度过渡到以人民武装为基础的民兵制度。他特别重视进行全民的军事教育，因为装备精良的常备军是统治阶级最重要的工具，而全民武装则使工人阶级掌握了反对统治阶级的手段。所以，他把实施全民的军事训练作为向新制度过渡的重要条件。

　　今天读这篇文章，使我们深感兴趣的是恩格斯关于加强青少年体育训练的论述。他说：在各年级学生的四肢还很富有弹性和十分灵活的时候经常认真地教给他们自由体操和器械操，比起对新兵的训练收效大得多。如果在暑假期间组织学生进行军事远足，不仅可以极好地使他们受到专门的军事训练，而且可以在很大程度上促进他们智力的发展。恩格斯还指出，当技术革命的浪潮正在四周汹涌澎湃的时候，让保守的偏见在军队中占统治地位，是没有好处的。这些精辟的论述，给了我们很大的启发。

　　作为彻底的唯物主义者，恩格斯既强调必须反对欧洲大国之间的战争，也预计战争一旦爆发，可能促进革命的发动。他说："如果战争爆发，战败者就有可能和有责任进行革命——事情就是如此。"② 他十分清醒地估计到战争的破坏和革命历程的曲折，但对人类历史的发展和工人运动的前途充满信心。他预言：如果战争爆发，其结局"必定要或者是导致社会主义的迅速胜利，或者是如此强烈地震撼旧的秩序，并留下如此大片的废墟，以至于旧的资本主义社会的存在比以前更加不可能，而社会革命尽管被推迟十年或十五年，以后必然会获得更迅速和更彻底的胜利"③。

----

　　① 恩格斯：《欧洲能否裁军?》。《马克思恩格斯全集》第 22 卷第 435 页。
　　② 恩格斯：《致沙·博尼埃》(1892 年 10 月 24 日)。《马克思恩格斯全集》第 38 卷第 504 页。
　　③ 恩格斯：《致约·菲·贝克尔》(1885 年 12 月 5 日)。《马克思恩格斯全集》第 36 卷第 392 页。

七　尽可能把工作做得多些好些

1895 年元旦，恩格斯收到来自各国的新年贺信。他心情愉快、精神饱满地回祝老朋友们"新年好！"同时，也十分乐观地希望迎接 1901 年元旦，"看看新的世纪"。① 当时他虽已年过古稀，仍然怀着强烈的工作欲望，决心继续现在的工作，并且尽可能把工作做得多些好些。

这年 2 月中旬至 3 月初，恩格斯为马克思 1850 年的著作《1848 年至 1850 年的法兰西阶级斗争》一书写了长篇导言，指出《法兰西阶级斗争》是运用唯物主义观点研究现代历史的典范，已经光辉地经受住了严峻的考验。《导言》对 1850 年以来欧洲各国、特别是德国经济的发展和阶级斗争的状况作了深入的研究，指出虽然历史清楚地表明，在 1848 年要以一次简单的突然袭击来达到社会改造是不可能的，但是自从 1848 年以来，经济革命席卷了欧洲大陆，把德国变为真正第一流的工业国，因而使各阶级之间的关系明朗化，遍布全欧洲的无产阶级与资产阶级之间的斗争，达到了在 1848 年难以想象的猛烈程度，昔日由于地方和民族的特点而分散隔离的群众，现在却组成了"一支统一的国际社会主义者大军，它所向披靡地前进，它的人数、组织性、纪律性、觉悟程度和胜利信心都在与日俱增。"②

《导言》总结 1848 年以来的革命经验，根据已经变化的客观条件，研究了无产阶级革命斗争的策略。恩格斯指出，由于客观条件的变化，那种由自觉的少数人带领着不自觉的群众实现革命的时代已经过去。现在，"凡是问题在于要把社会制度完全改造的地方，群众自己就应该参加进去，自己就应该明白为什么进行斗争，他们为什么流血牺牲。"③ 为此，社会主义政党必须进行长期而坚忍的工作，把广大群众团结在明确规定了斗争的最终目标的马克思主义旗帜下。

普法战争和巴黎公社的失败，暂时把欧洲工人运动的重心从法国转移到德国。作为欧洲最强有力、最有纪律并且增长最迅速的德国无产阶级卓有成

---

① 恩格斯：《致保·施土姆普弗》（1895 年 1 月 3 日）。《马克思恩格斯全集》第 39 卷第 348 页。

② 恩格斯：《卡·马克思〈1848 年至 1850 年的法兰西阶级斗争〉一书导言》。《马克思恩格斯全集》第 22 卷第 598 页。

③ 同上书，第 607 页。

效地利用普选权，采取合法斗争的手段来反对资产阶级的国家机构。恩格斯指出，利用普选权是无产阶级的一种崭新的斗争方式。德国社会民主党利用普选权所取得的战绩表明，它可以通过定期标志出的选票数目的增长，既加强工人的胜利信心，又加强敌人的恐惧，从而成为最好的宣传手段；还可以为党提供关于自身力量和各个敌对党派力量的精确情报，使我们做出正确的行动决策，既可避免不合时宜的畏缩，又可避免不合时宜的蛮勇。特别重要的是，竞选活动为我们提供了接触群众、联系群众的大好机会；议会斗争又使无产阶级代表可以比在报刊上和集会上，更有威望和更自由得多地向自己在议会中的敌人和议会外的群众讲话，宣传无产阶级的观点。因此，德国无产阶级应该继续利用这一崭新的斗争方式，毫不停手地促使自己的力量增长到超出政府统治制度所能支配的范围，准备决战时刻的到来。

恩格斯强调指出，"革命权是唯一的真正'历史权利'"。[①] 他一再告诫工人阶级决不应该放弃自己的革命权。工人阶级必须积蓄力量，组织突击队，以便在阶级斗争的紧急关头，在决定性搏战的时候投入战斗。他强调指出，关于利用普选权的策略，"仅仅是针对今天的德国，而且还有重大的附带条件，对法国、比利时、意大利、奥地利来说，这个策略就不能整个采用。就是对德国，明天它也可能就不适用了。"[②] 当统治阶级使用暴力对付我们时，我们就必须毫不犹豫地"从议会斗争的舞台转到革命的舞台"[③]。

《导言》写成后，恩格斯考虑当时德国国内的情况，同意删去一些地方和改变一些说法，但他决不允许放弃革命原则，不允许把只具有暂时的相对意义的合法斗争变成永久性的、具有绝对意义的策略。他对德国社会民主党明确指出："我不能容忍你们立誓忠于绝对守法，任何情况下都守法，甚至对那些已被其编制者违犯的法律也要守法，简言之，即忠于右脸挨了耳光再把左脸送过去的政策"，"我认为，如果你们是宣扬绝对放弃暴力行为，是决捞不到一点好处的。没有人会相信这一点，也没有一个国家的任何一个政党会走得这么远，竟然放弃拿起武器对抗不法行为这一权利。"[④]

德国社会民主党领导人没有坚决执行恩格斯的指示。《导言》送到柏林

---

① 恩格斯：《卡·马克思〈1848年至1850年的法兰西阶级斗争〉一书导言》。《马克思恩格斯全集》第22卷第608页。

② 恩格斯：《致保·拉法格》（1895年4月3日）。《马克思恩格斯全集》第39卷第436页。

③ 恩格斯：《答可尊敬的卓万尼·博维奥》。《马克思恩格斯全集》第22卷第327页。

④ 恩格斯：《致理·费舍》（1895年3月8日）。《马克思恩格斯全集》第39卷第401页。

后，党的机关报《前进报》在一篇社论中，歪曲地摘引了《导言》的文字。恩格斯对此十分愤慨，写信给《新时代》主编考茨基："《前进报》事先不通知我就发表了我的《导言》的摘录，在这篇经过修饰整理的摘录中，我是以一个爱好和平的、无论如何要守法的崇拜者出现的。我特别希望《导言》现在能全文发表在《新时代》上，以消除这个可耻印象。"①

恩格斯写完《导言》不久，就接到康拉德·施米特和德国资产阶级经济学家威纳尔·桑巴特寄来的评论《资本论》第3卷的信件和作品。3月11—12日，恩格斯分别写信给桑巴特和施米特，批评了他们对价值规律、利润率和生产价格的错误解释，阐明这些范畴的马克思主义理解的实质。恩格斯一再强调：像马克思这样的人有权要求人们听到他的原话，让他的科学发现完完全全按照他自己的叙述传给后世，对于那些希望真正理解马克思理论的人，最重要的是钻研原著。他也考虑到，由于第3卷是一部准备进一步加工的初稿，一些问题还未经过仔细加工，而且写成的时间较早，因此，"为了排除理解上的困难，为了把一些重要的，其意义在原文中没有充分强调的观点提到更重要的地位，并且为了根据1895年的事态对1865年写成的原文作个别较为重要的补充，我加进一些话当然会有用处。"②

大约在1895年4—5月间，恩格斯写了著名的《〈资本论〉第3卷增补》，它包括两篇文章：Ⅰ《价值规律和利润率》，Ⅱ《交易所》。在第一篇文章中，恩格斯针对第3卷出版后一些资产阶级学者围绕所谓第1卷与第3卷的"矛盾"掀起的喧闹，批评了洛里亚所谓"第3卷直接抛弃了价值理论"的胡说，指出了威·桑巴特和康·施米特的错误，根据商品经济发展史的资料，进一步阐发了价值转化为生产价格，利润转化为平均利润的历史过程，详细地论证了马克思如下的重要论点："商品按照它们的价值或接近于它们的价值进行的交换，比那种按照它们的生产价格进行的交换，所要求的发展阶段要低得多。而按照它们的生产价格进行的交换，则需要资本主义的发展达到一定的高度。……因此，抛开价格和价格变动受价值规律支配不说，把商品价值看做不仅在理论上，而且在历史上先于生产价格，是完全恰当的。"③

---

① 恩格斯：《致卡·考茨基》（1895年4月1日）。《马克思恩格斯全集》第39卷第432页。
② 恩格斯：《〈资本论〉第3卷增补》。《马克思恩格斯全集》第25卷1006页。
③ 同上书，第1014页。

《增补》的第二篇文章《交易所》是一份包括七点内容的提纲，说明"从1865年马克思著文论述交易所以后交易所作用的巨大变化"①。恩格斯从19世纪60年代中叶以来交易所作用的变化、股份公司的扩展、共同管理的巨大企业——托拉斯的出现中，敏锐地看到资本主义社会已发生重大变化，"这种变化在其进一步的发展中有一种趋势，要把包括工业生产和农业生产在内的全部生产，包括交通工具和交换职能在内的全部流通，都集中在交易所经纪人手里……"②在这份简短的提纲里，他实质上概括了自由资本主义向垄断资本主义过渡中出现的新情况，向人们指出了进一步研究资本主义社会运动规律的新课题，具有重大的理论和实际意义。

作为国际工人运动有求必应的顾问，恩格斯在从事理论研究的同时还要观察欧洲五个大国和许多小国以及美利坚合众国工人运动的情况。为此，他每天需要阅读和研究来自各国的大量报刊资料，接待各国工人运动活动家和各式各样的来访者，回答他们提出的各种问题。从1—7月，在短短七个月中，他至少写了81封信，就英、法、德、奥、俄、西、美等国运动中许多重要问题提供意见，发出指示。例如，1月3日，他写信给德国工人运动活动家施土姆普弗，指出党内机会主义倾向趋于活跃的一个重要原因是，随着党所取得的巨大成就，大量小资产者和农村手工业者加入党的队伍，强调必须与党内机会主义倾向进行斗争，不能让一些人"越出对我们的党来说根本不许可的界限"③。3月5日，他复信法国工人运动活动家瓦扬，对法国社会主义者打算向众议院提出的几个法律草案（关于农业公有土地，关于国营企业工人八小时工作日和最低工资，关于成立劳动部等）提出意见。

恩格斯也十分关心理论宣传工作。2月下旬，他审读和修改了劳拉翻译的《论早期基督教的历史》法译本。3月底4月初，他又为拉法格的《财产的起源与发展》写了评论，指出这部著作的优点和不足之处，改正了书中的一些错误。5月21日，恩格斯写信给考茨基，指出考茨基《现代社会主义的先驱》一书的缺点，并对他的研究工作给予鼓励。

恩格斯对同志和战友关怀备至。他写信给当时在狱中的奥地利工人运动活动家阿德勒，详细指导阿德勒学习《资本论》第2卷和第3卷；他也十分

---

① 恩格斯：《致卡·考茨基》（1895年5月21日）。《马克思恩格斯全集》第39卷第461页。
② 恩格斯：《〈资本论〉第3卷增补》。《马克思恩格斯全集》第25卷第1028页。
③ 恩格斯：《致保·施土姆普弗》（1895年1月3日）。《马克思恩格斯全集》第39卷第348页。

关心贫病交加的巴黎公社唯一活着的将军符卢勃列夫斯基的生活，认为保证这位老将军免于极度贫困是"涉及到整个革命的法兰西的荣誉问题。"① 他甚至应普列汉诺夫的请求，为俄国女革命家查苏利奇延医治病。

恩格斯在生命最后七个月所做的事情是如此之多，说明他晚年仍然保持坚强的意志，旺盛的工作能力。他对自己的身体十分乐观，临终前几个月还为未来制定了雄心勃勃的工作计划。

首先，他计划编写马克思的政治传记。这个打算由来已久，还写过几份篇幅不大的东西。马克思逝世后，他看到报刊上发表的有关马克思的传记文章，有的粗制滥造，歪曲事实；有的过于简单，语焉不详，深深感到编写一部马克思的政治传记是多么必要。

其次，他打算继续完成《资本论》第 4 卷的整理和出版工作。早在 1889 年初，他在编辑《资本论》第 3 卷时已经考虑第 4 卷的整理和出版问题。考虑到自己年事已高，身体不好，打算从年轻一代中找出一两个精明之士在他的指导下学会辨认马克思的笔迹。原来他想让考茨基和伯恩施坦做这件事。这两个人都表示同意，但考茨基并不热心，伯恩施坦工作又忙，所以 1894 年底在第 3 卷出版后，他决定指导马克思的幼女爱琳娜进行辨认笔迹的工作，以便为整理和出版第 4 卷作准备。

再次，他还准备把马克思和他自己的文章以全集的形式重新献给读者。由于文章数量很大，又散见于各个时期，许多国家的报刊和出版物上，收集起来十分困难；而且，为了出版全集，必须对这些著作进行大量研究工作，加上必要的注释和说明，帮助年轻的读者了解著作的历史背景等等；同时，还要慎重挑选最合适的出版者。他认为"重印历史文件以及早期著作的丛书，不容许任何书报检查——要么完整无损，一字不改，要么根本不印。在发表马克思和我过去的著作时，我决不能同意做即便是最小的删节以适应当前的出版条件"②。

此外，还要再版马克思和他自己的一些重要著作。例如他早已答应再版《德国农民战争》，为此需要对这部著作的开头和结尾作许多历史补充。大约在 1884 年最后几个月，他写了《论封建制度的瓦解和民族国家的产生》，看来就是为《德国农民战争》修订版准备的。后来这件工作一直未完成。1894

---

① 恩格斯：《致爱·瓦扬》（1895 年 3 月 5 日）。《马克思恩格斯全集》第 39 卷第 398 页。

② 恩格斯：《致理·费舍》（1895 年 4 月 15 日）。《马克思恩格斯全集》第 39 卷第 446 页。

年底，他又重新提起此事，打算就此问题进行深入的钻研。

　　这样庞大的计划，需要付出多大的精力！1894 年底，他十分感慨地写到："我的状况如下：七十四岁，我才开始感觉到它，而工作之多需要两个四十岁的人来做。真的，如果我能够把自己分成一个四十岁的弗·恩格斯和一个三十四岁的弗·恩格斯，两人合在一起恰好七十四岁，那么一切都会很快就绪。"①

　　虽然 1895 年春，他身体健壮，精神饱满，但他已经不无预感地认为，"谁知道还会发生什么事情；不应当认为有什么不可能的事情。"② 这个预感不幸很快成为现实。

八　一盏明亮的智慧之灯熄灭了

　　当恩格斯正在庆幸自己自我感觉还好、劳动能力也不差的时候，病魔已一步步向他袭来。

　　1894 年冬天，恩格斯写信告诉老朋友佐尔格："说实在的，进入七十五岁的人，已经不像以前那样精神饱满了。……从前我蛮不当回事的胃病和感冒，现在却要求我十分重视了。"③ 1895 年 1 月 12 日，又写信给弟弟海尔曼，抱怨一年来身体大不如前，不能再像过去那样饮食随便，不加克制了，"而且当不断扩大的秃顶越来越蔑视地从镜子里望着你的时候，你就不能不承认七十四和四十七完全是两回事。"④ 当然这并没有影响他的乐观情绪，也不会妨碍他多方面的工作和活动，但毕竟使他不得不严格遵守一套适宜于老年人的生活制度。

　　1895 年 3 月，每到春天就发作的老病又来折磨他。不过这次比往常较好，发作得轻一些。可是到了 5 月初，突然发现脖子右侧长出一个肿块。它压迫神经，引起剧烈的疼痛。讨厌的疼痛使他彻夜失眠，整整两个星期几乎完全不能工作。经医生诊断，这是正在迅速扩散的食道癌。

　　恩格斯并不知道自己患的是不治之症。他希望经过短期治疗，到海滨休

---

　　① 恩格斯：《致劳·拉法格》(1894 年 12 月 17 日)。《马克思恩格斯全集》第 39 卷第 330 页。

　　② 恩格斯：《致保·施土姆普弗》(1895 年 1 月 3 日)。《马克思恩格斯全集》第 39 卷第 349 页。

　　③ 恩格斯：《致弗·阿·佐尔格》(1894 年 10 月 4 日)。《马克思恩格斯全集》第 39 卷第 317 页。

　　④ 恩格斯：《致海·恩格斯》(1895 年 1 月 12 日)。《马克思恩格斯全集》第 39 卷第 361 页。

养，病情就会好转。朋友们的看法也是如此。劳拉获悉恩格斯生病的消息时，心里很难过，但也相信他"在海滨度过一些日子后身体就会恢复得挺结实"①。6 月初，他满怀信心地到伊斯特勃恩海滨休养。在那里一直住到 7 月 24 日。这期间，拉法格夫妇、艾威林夫妇、路易莎、阿德勒、伯恩施坦、穆尔等许多同志和朋友都曾去看望他。朋友们亲切的慰问，海边宜人的气候，丝毫未能阻止病情的恶化，也未能减轻折磨人的疼痛。即使在这样艰难的时候，他仍然密切注视各种政治事件，十分关心英国的选举，《资本论》的宣传，马克思早期著作的重新发表等问题，并且始终保持幽默乐观的情绪。6 月 18 日，他向伯恩施坦非常幽默地谈到自己的身体"依照辩证法的原理肯定和否定两个方面都在加强"；② 6 月 29 日，他给拉法格写了一封诙谐的短信："如果山不到穆罕默德那里去，穆罕默德就到山那里去。如果保尔不愿意到伊斯特勃恩来，伊斯特勃恩就到他那里去。所以说，穆罕默德没有能够实现的，保尔在转瞬之间就能实现。"③

　　直至临终前，恩格斯始终没有失去信心。他一再安慰周围同志，自己气色不错，病情还算正常，整个状况有所好转，并计划做许多事情。7 月 23 日，他满怀希望地写信对劳拉说，明天就要回伦敦了："看来我脖子上的这块土豆终于到了紧要关头，脓肿处可以切开，那样就舒服了。终于等到了！漫长的道路有希望走到转弯处了。"④ 像往常一样，这封信还谈到一些政治事件和工人运动的问题。谁也没有料到，这竟是他最后一封亲笔信！

　　7 月 21 日，为恩格斯治病的弗赖贝格尔医生把恩格斯日益恶化的病况告诉穆尔。当晚穆尔通知爱琳娜："考虑到将军的年龄，他的病情已发展到十分危险的地步。除了颈腺疾患以外，危险可能或者来自衰弱的心脏，或者来自肺炎——这两者都能突然造成死亡。……虽然如此，可是将军充满了希望和恢复健康的信心。"穆尔写道："这是令人伤心的消息，我希望，也许是医生们弄错了。"⑤

---

　　① 劳拉：《致弗·恩格斯》（1895 年 5 月 6 日）。《恩格斯与保尔·拉法格、劳拉·拉法格通讯集》（三）第 387 页。

　　② 恩格斯：《致爱·伯恩施坦》（1895 年 6 月 18 日）。《马克思恩格斯全集》第 39 卷第 466 页。

　　③ 恩格斯：《致保·拉法格》（1895 年 6 月 29 日）。《马克思恩格斯全集》第 39 卷第 469 页。

　　④ 恩格斯：《致劳·拉法格》（1895 年 7 月 23 日）。《马克思恩格斯全集》第 39 卷第 476 页。

　　⑤ 穆尔：《致爱·马克思-艾威林》（1895 年 7 月 21 日）。载《智慧的明灯》第 123 页。

　　可惜，医生们并没有弄错。7 月 24 日，恩格斯在阿德勒陪同下从伊斯特勒恩回到伦敦家里。当时他身体极度虚弱。阿德勒离开伦敦后，在回维也纳途中见到倍倍尔，告诉了他令人忧虑的消息。两天后，倍倍尔把有关情况转告李卜克内西："当阿德勒到达伦敦的时候，恩格斯还能够说话，可是讲了半个钟头，就讲不出来了。他只能利用一块小型记事板来表达自己的意思。虽然如此，他的情绪很好，怀着痊愈的希望。他不知道自己害的是什么病，因为像他这样年纪的人，是不大可能患癌症的。他还在那记事板上写着一些开玩笑的话，但是别人看了是很难受的。能够做到这样，这是他真正的幸福。他只能吃流质，体力已经非常衰弱了。在阿德勒临行前不久，他还能自己料理身边琐事，后来这也不行了，连穿衣脱衣都得别人帮忙……这种状况还能维持一个星期，不过哪一天都可能出事。我们应该为此做好准备。"①

　　最后的时刻终于来到。1895 年 8 月 5 日晚 10 时 30 分，国际无产阶级的伟大导师恩格斯与世长辞。一颗伟大的心脏停止了跳动，一盏智慧的明灯熄灭了。国际无产阶级遭受了不可弥补的巨大损失。

　　恩格斯追悼会于 1895 年 8 月 10 日下午 2 时在伦敦韦斯敏斯特桥滑铁卢车站大厅举行。参加追悼会的有国际工人运动的老战士，各国工人阶级和工人政党的代表，恩格斯生前好友、学生和亲属。他们当中有列斯纳、李卜克内西、倍倍尔、穆尔、拉法格、艾威林、爱琳娜、伯恩施坦、考茨基、辛格尔、梭恩、安塞尔、克拉夫钦斯基、查苏利奇、格斯等。大会庄严朴素，灵前摆满了各国工人政党、工人组织、同志和朋友们送来的花圈。团结在马克思、恩格斯旗帜下的各民族工人阶级的代表肃立在恩格斯灵柩周围，向自己的领袖和导师表示沉痛的哀悼。

　　恩格斯的老朋友，《资本论》英译者赛姆·穆尔首先致词。他说：朋友们！我们站在一位伟大人物的灵柩前，这样的人物在生活中是不容易再遇见的。他的知识十分渊博，对人十分亲切真诚。他的逝世从社会角度来看将是不可弥补的损失，而对他的朋友来说也是巨大的不幸。

　　接着国际工人运动老战士威廉·李卜克内西致词，高度赞扬恩格斯忠于职守，是文武双全的英雄，是现代社会主义的奠基者之一。李卜克内西说，今天虽然只有少数人参加追悼会，"但是这少数人代表千百万人，代表整个世界……这个世界将要使资本主义世界覆灭。……他既是指路人，又是带路人；

---

　　① 倍倍尔：《致威·李卜克内西》（1895 年 8 月 5 日）。

既是领袖，又是战士。在他身上体现出了理论与实践的结合。"①

奥古斯特·倍倍尔代表奥地利工人阶级致词，指出恩格斯是全世界有阶级觉悟的无产者所信任的国际伟人，庄严宣誓一定要把马克思、恩格斯发出的"全世界无产者，联合起来！"的战斗号召变成现实，一定要不懈地战斗，直至废除资产阶级的政治犯监狱，推翻资产阶级国家，改变地球的面貌。

多年来得到恩格斯亲切教诲和关怀的保尔·拉法格，压抑不住内心的无限悲痛，作了简短的发言："永别了，亲爱的朋友！我再也找不到一位这样温柔、亲切和耐心的朋友了。你和马克思给了我们《共产党宣言》；你还给了法国无产阶级一个纲领，这个纲领唤起了我们的阶级觉悟，经常是我们在夺取政权斗争中的指南。永别了，弗里德里希·恩格斯！法国工人将永远忘不了你在1847年教给我们的口号：'全世界无产者，联合起来！'你给我们指出了战斗的场所，你给了我们武器和口号，我们将斗争下去，我们一定会胜利！"②

在追悼会上发言的还有比利时代表安塞尔、英国代表艾威林、荷兰代表格斯和恩格斯的侄儿施莱希滕达尔等。大会还宣读了各国工人发来的唁电。

下午3时30分，一辆盖满鲜花和花圈的灵车驶到沃金火葬场。恩格斯的遗体随即火化。遵照恩格斯的遗嘱，1895年8月27日，列斯纳、艾威林、爱琳娜和伯恩施坦来到伊斯特勃恩海边，在离岸大约两英里的地方，把恩格斯的骨灰瓮沉入大海！③ 波涛澎湃，海浪翻腾。由马克思、恩格斯的学说动员和武装起来的千百万无产阶级，汇合成了推翻资本主义制度的革命大军。恩格斯毕生为之奋斗的工人阶级解放事业必将在全世界胜利。共产主义的伟大理想一定要实现。"全世界无产者，联合起来！"

---

① 李卜克内西：《向弗里德里希·恩格斯告别》。转引自格姆科夫《恩格斯传》第559页。

② 李卜克内西：《在恩格斯的灵柩前》。载《我景仰的人》第190—191页。

③ 列斯纳在《回忆录》中写道："8月27日……我们来到恩格斯心爱的夏季休养地伊斯特勃恩，雇了一支双桨的小船，把我们难忘的友人的骨灰瓮送到离岸两英里的海中。这次航行给我引起的感触决不是言语所能形容的。"载《智慧的明灯》第14页。

附录

1.《恩格斯传》简介

　　萧灼基同志 1985 年出版的《恩格斯传》是新中国建立以来我国学者撰写的第一部完整的恩格斯传记。它既吸取了国内外研究的成果，也是作者多年辛勤劳动的结晶。同国外已经出版的同类著作比较起来，这部著作做了一些新的尝试，具有一些新的特点：

　　第一，本书突出了恩格斯为"工人阶级的解放"奋斗终生的革命历程，特别着重阐明恩格斯作为共产主义者同盟创建者、1848—1849 年欧洲革命运动中"革命民主派的灵魂"、"捍卫第一国际和巴黎公社的革命家"、"国际工人运动有求必应的顾问"的作用。在恩格斯革命历程的一些关键问题上，例如恩格斯从革命民主主义转向共产主义的原因，恩格斯晚年策略思想的转变等，作者都根据大量材料，提出了自己的见解。

　　第二，本书用大量篇幅，阐明恩格斯在马克思主义创建中的伟大贡献。理论来源于实践，又指导实践。作者在介绍恩格斯的重要论著时，紧密结合当时的革命形势，说明写作的历史背景、基本内容和革命意义。对于人们比较熟悉的著作，如《家庭、私有制和国家的起源》、《自然辩证法》、《费尔巴哈与德国古典哲学的终结》等，作者着重进行理论概括，突出重点，使其脉络清晰，易于掌握；对于一些鲜为人知的著作，如恩格斯青年时代批判谢林的著作——《谢林论黑格尔》、《谢林和启示》、《谢林——基督哲学家》，则用较多的篇幅，作较详细的介绍。有些著作，如百科全书式的《反杜林论》，作者以一章的篇幅，分问题、分层次地论述；有些著作，如在《新莱茵报》发表的论文、普法战争时期的论文，以及大量的书信，则往往以问题为中心，加以归纳提炼。总之，作者在介绍恩格斯思想发展时，既着重系统、全面，又注意重点突出；既按照思想过程，阐明理论发展，又不拘泥于时间顺序，适当集中问题，使叙述更加清晰精练。

第三，本书强调恩格斯直到晚年仍然"充满青春活力"，"同时代一起前进"，这完全符合事实，并给读者以很大的启发。的确，无论恩格斯还是马克思，从来都不认为自己的任何观点是"终极真理"和僵死的教条。他们一再教导人们，必须从实际出发，不断丰富和发展理论。本书作者深刻地阐明"恩格斯从不自满自足、因循守旧。他密切注视科学研究的新成果，认真总结工人运动的新经验，不断丰富和发展科学社会主义理论，并纠正自己曾经提出的个别不适当的提法"。这种科学态度，应该成为一切理论工作者学习的榜样。

第四，本书在结构、标题和取材上也很有特色。全书章节结构采取以纵为主、纵横结合的形式，既历史地叙述了恩格斯在马克思主义发展史和国际共产主义运动史上的贡献，又对恩格斯在一些重大事件、重大理论领域中的活动和作用进行探讨和说明。各个章节的标题也比较鲜明、生动，能够抓住中心，引人入胜。

如果说到本书的缺点，那就是战后西方学者关于恩格斯的研究所提出的一系列问题，譬如马克思和恩格斯在理论上的区别和矛盾，恩格斯对资本主义出现新情况的反映等，作者尚未能予以分析和评论。这将有待于再版。

（原载 1986 年 10 月 17 日《人民日报》）

2. 第一部我国学者撰写的恩格斯传记

——读萧灼基同志的《恩格斯传》

汤在新

萧灼基同志的《恩格斯传》在恩格斯逝世 90 周年之际出版。作者终于了却多年的心愿：在革命导师的巍巍丰碑前，敬献上一束鲜花。

这部传记填补了我国社会科学研究领域的一项空白，在一定程度上反映了我国马克思主义理论界的研究成果。在这之前，我们所见到的关于恩格斯生平事业的专著或传记，基本上是国外学者撰写编著的。近年来，我国学者也撰写了一些学术专题性质的传记资料书，而《恩格斯传》则是新中国建立以来我国学者撰写的第一部较完整的，具有较高学术价值的传记，因而具有开拓的意义。它的出版有助于全面地了解这些革命家、思想家、战士和学者所走过的道路，有助于马克思主义理论界进一步深入开展对马克思主义思想史和国际共产主义运动史的研究。

众所周知，任何性质的研究首先要详细占有材料，而传记（无论是政治传记还是学术传记）尤应如此。何况，恩格斯一生中参与了很多著名的政治事件和革命活动。他既是共产主义者同盟的创始人之一，又是 1848—1849 年革命的老战士，还是共产国际的缔造者，可以说，19 世纪中后期发生的革命运动都是与恩格斯的名字紧密相连。这就需要传记的作者通悉和把握当时欧美各国的政治史、战争史、民族史和国际工人运动史。恩格斯一生中写了大量内容涉及众多学科领域的博大精深的著作。他的思想足迹不仅深入到哲学、政治经济学和科学社会主义理论领域，而且遍及文学、语言学、军事科学、历史和自然科学等领域。萧灼基同志不畏艰辛，兢兢业业，孜孜以求。他认真攻读经典著作，尤其是近来发现和刊行的手稿，广泛搜集国内外学者编写的各种专著、教材、论文和资料，从中吸收他们的研究成果，同时又在体例、内容和表达方式等方面作了一些成功的尝试。因此，这本传记既是作者集 30 多年努力的产物，同时从某种意义上讲，也是我国马克思主义理论界的研究成果的体现和反映。

这部传记不仅取材丰富，内容翔实，而且剪裁得当，脉络清晰，重点突出。例如，关于《资本论第 3 卷增补》的评介，一般放入恩格斯整理和出版《资本论》第 3 卷第一节中处理，而作者根据恩格斯的原意（其中占主要篇幅的第一篇论文《价值规律和利润率》，是针对资产阶级经济学者围绕着《资本论》第 1 卷和第 3 卷之间的"矛盾"掀起的喧闹写的）和结构的需要，置于"驳斥洛里亚的攻击"一节中。这种剪裁十分得体，极其灵活，表明作者既以时间为经，又以重要事件或著作为纬，相互交叉而不固执一端。

《恩格斯传》从整体或结构上看，具有简洁明快，重点突出的特点。第一、二章侧重写了恩格斯成长为一个共产主义战士的曲折历程。第三、四章重点写 1849 年革命，但作者的笔触并不为时间所限，顺理成章地写了与 1848—1849 年革命有关联的 1851 年科伦共产党人审判案。第五、六章在时间上是平行的两章，是以恩格斯与马克思共同从事经济科学的研究为题材，而这段近 20 年时间所从事的其他活动和学术研究则集中在《不让该死的生意占去一切时间》（第五章）内予以阐述。第七章着重阐述恩格斯创建国际工人协会（第一国际）的革命活动。第八章着重介绍了革命导师在 1876 年到 1878 年撰写的《反杜林论》，同时兼评恩格斯在 70 年代写的其他著作。第九章至第十二章描述了恩格斯晚年的活动，却各有侧重。

作者全面地生动地描写了为无产阶级利益战斗终身的革命家和战士恩格斯的高大形象，同时也完整地、准确地评述了思想家和学者恩格斯的理论思想及其在马克思主义发展史上的崇高地位。

长期以来，国外资产阶级学者连篇累牍地制造了所谓青年恩格斯和晚年恩格斯相对立，恩格斯和马克思相对立的神话。而我国学术界还没能广泛、深入地研究恩格斯思想，有的同志似乎低估了恩格斯在马克思主义创立过程中的重要作用，特别是对晚年恩格斯在马克思主义理论的贡献上取得实质性的突破认识不足。《恩格斯传》以大量确凿的无可辩驳的第一手材料，恢复了历史的本来面目，清楚地表明：把马克思和恩格斯两个人的名字作为现代社会主义创始人的名字并列在一起是很恰当的（见《列宁全集》第 9 卷第 562 页）。

　　传记以较多的篇幅集中地阐述了恩格斯同马克思共同探讨经济学问题，以及恩格斯在马克思逝世后如何整理和出版《资本论》第2、3卷的过程，从而令人信服地表明：恩格斯不仅从经济上支援马克思完成《资本论》这部经济学巨著的写作，更重要的是，他自始至终地参与了马克思主义经济理论体系的创立；《资本论》中许多理论观点的形成，倾注了恩格斯的心血和智慧。因此，马克思十分希望恩格斯在他的主要著作中不只是作为引证者（马克思在《资本论》第1卷中多次引用《英国工人阶级状况》一书的内容，还提到"曼彻斯特一位工厂主"提供的非常精确的材料），而且直接以合著者的身份出现。虽然恩格斯没有接受这个建议，但他为《资本论》所作的贡献是不能低估的。同样不可磨灭的功绩是，恩格斯花了10余年的时间，整理、修改、补充和出版了《资本论》第2卷、第3卷，对第4卷的整理和出版作了力所能及的安排。并且，多次击退了包括布伦坦诺、洛里亚、洛贝尔图斯在内的资产阶级御用文人对于《资本论》的攻击，捍卫了马克思主义的经济理论。正如列宁所引用的奥地利社会民主党人阿德勒的评论：恩格斯出版了《资本论》第2卷和第3卷，就是替他的天才的朋友建立了"一座庄严宏伟的纪念碑，他无意中也把自己的名字不可磨灭地镌刻上去了"（引自《马克思恩格斯选集》第1卷第40页）。

　　传记还以一半左右的篇幅描述和评介了恩格斯充满青春活力的晚年及其晚年阶段理论研究的新成果和新贡献。这是不同于其他传记的一个特点。作者对恩格斯的《自然辩证法》手稿作了高度的评价，指出该书全面论述的辩证唯物主义自然观，是哲学领域继确立辩证唯物主义历史观之后的重大成就；哲学和自然科学自古以来都是携手并进的，自然科学为哲学发展提供科学基础，哲学为研究自然科学提供指导思想；这本书集中地阐述了马克思主义的辩证法思想以及物质运动形式及其发展规律；书中许多光辉思想和科学预见对自然科学的发展有重大意义。作者还评介了《家庭、私有制和国家的起源》，指出该书完成了马克思未完成的工作，从理论上完整地概括了人类社会发展的一般规律，系统地阐明了私有制、阶级和国家的相互关系及其产生和消亡的必然性，为无产阶级提供了反对资产阶级的强大理论武器。作者认为《路德维希·费尔巴哈与德国古典哲学的终结》可以说是《德意志意识形态》的续篇，填补了首篇并未加入的关于费尔巴哈哲学的清算和总结的内容。作者指出，该书系统地说明了马克思主义哲学与德国古典哲学的关系，科学地总结了马克思主义哲学诞生以来四十年间哲学领域斗争的成果，第一次阐明了哲学的基本问题即思维和存在的关系问题,这是人类认识发展史特别是近代哲学史最科学、最精辟的总结和概括。作者还评介了恩格斯在 1890—1894年写的几封著名的书信。这些珍贵的书信论述了经济基础和上层建筑的关系,意识形态发展的特点和作用,以及对待马克思主义的态度和学习方法。由此可见,恩格斯晚年的理论研究并非只是一种对于马克思理论进行注释式的补充,而是取得了实质性的突破和进展。

传记还忠实地刻画了恩格斯最为引人注目的一个思想特点:实事求是。他从不把自己的理论凝固僵化,从不把自己的理论视为终极真理,总是不断地研究新问题、新情况,从而作出新的理论概括。1887 年,他在致弗·凯列-威士涅茨基夫人的信中指出:"我们的理论是发展的理论,而不是必须背得烂熟并机械地加以重复的教条。"他还在 1895 年致威·桑巴特的信中强调:马克思的整个世界观不是教义,而是方法;它提供的不是现成的教条,而是进一步研究的出发点和供这样研究使用的方法。恩格斯在 1872 年再版《共产党宣言》时,就在注释中对个别结论作了实事求是的修正。他在整理《资本论》第 2、3 卷中也充分体现了上述精神。一方面,他忠实原著。另一方面,鉴于手稿性质——例如有些提法不够准确,表述不够清楚等——而作了必要的改动、删节和补写,并纠正了原稿中计算上的一些错误。此外,恩格斯还敏锐地察觉到,《资本论》遗稿写于 20 多年前,那时还没有出现自由竞争的资本主义向垄断资本主义过渡的新情况。因此,他通过附注、插入语、编者注、序言和增补的形式,对大批新涌现的股份公司、交易所,以及殖民地已瓜分完毕等等现象,作出了新的理论概括。他指出,"为了排除理解上的困难,为了把一些重要的,其意义在原文中没有充分强调的观点提到更重要的地位,并且为了根据 1895 年的事态对 1865 年写成的原文作个别较为重要的补充,我加进一些话当然有用处"(见《马克思恩格斯全集》第 25 卷第 1006页)。无疑,这些补充具有巨大的理论意义和现实意义。它向人们指出了进一步研究资本主义生产方式运动规律的新课题,从而充分体现了晚年恩格斯思想活跃,一切从实际出发的最可宝贵的思想特征。

《恩格斯传》的另一个重要特点是,既忠实于历史,又立足于现实。对百科全书式的巨著《反杜林论》的评介,就是一个很好的例证。作者在全面介绍《反杜林论》哲学篇的基础上,着重考察了恩格斯对杜林的"最后的、终极的真理"的批判。作者强调指出,即使是历史上的伟大的天才人物的认识能力也不是至上的,如恩格斯所说:"就一切可能来看,我们还差不多处在人类历史的开端，而将来会纠正我们的错误的后代，大概比我们有可能经常以极其轻视的态度纠正其认识错误的前代要多得多。"在考察科学社会主义理论时，作者分析了马克思、恩格斯关于社会主义社会商品生产将被消除的观点产生的历史条件，并指出我国发展商品生产的重要意义。不难看出，这些论述是把历史的启示和现实的思考融合在一起的。

　　《恩格斯传》从标题到文字，生动活泼，作者下笔如行云流水，不拘一格，亦庄亦谐，无矫揉造作之态，读来引人入胜。我们期待着萧灼基同志的另一部力作——《马克思传》的早日问世。

（原载《经济新论》1986 年第 5 期）

3. 恩格斯生平事业研究的一个可喜成果

——萧灼基的《恩格斯传》读后

顾锦屏

　　萧灼基同志撰写的《恩格斯传》已由河南人民出版社出版。这是中国学者在研究恩格斯生平、事业和思想方面取得的一个可喜成果。中国曾出版过几本恩格斯的传记，但都出自外国学者之手。本书是中国学者写的第一部恩格斯传记，它填补了我国在这方面研究的空白。

　　撰写恩格斯的传记是一项很有意义的工作。恩格斯把自己的一生献给了人类解放事业。他和马克思一起领导了国际工人运动和共产主义运动，共同创立了马克思主义的伟大学说。他们为共产主义事业英勇奋斗的光辉业绩，是我们学习的榜样。他们创立的马克思主义是我们认识世界和改造世界的最锐利的思想武器。过去，中国革命在马克思主义的指导下取得了胜利。今天，我们进行社会主义建设仍需要马克思主义的指导。结合当前中国实际学习马克思主义，创造性地运用和发展马克思主义，是我们的一个重要任务。这部系统介绍恩格斯的革命实践和理论活动的传记，为我们学习革命导师的献身精神和马克思主义理论提供了生动丰富的材料。它的问世不仅有学术价值，而且有现实意义。

　　撰写恩格斯的传记也是一项十分艰巨的科研工作。恩格斯作为无产阶级的革命导师，他的活动是同19世纪欧美国家的工人运动和共产主义运动联系在一起的。叙述他们革命活动，在某种意义上说，就是叙述工人阶级反对资本主义的斗争历史。恩格斯作为伟大的学者，他对哲学、政治经济学、科学社会主义、历史学、军事学、文学、语言学等等都有精深的造诣，对自然科学也有很深的研究，他在这些领域都留下了卷帙浩繁的著述。要写他的传记，就要对丰富的史料和大量的著作进行系统的研究和科学的分析。这确实不易。萧灼基同志为此付出了多年辛勤劳动，写成了这部很有学术价值的传记。这是令人钦佩的。

从理论和实践相统一的原则出发撰写恩格斯的传记，是本书的一个特点。恩格斯同马克思一样，既是科学的巨匠，又是伟大的革命家。本书始终贯穿了这条主线。书中用翔实的材料叙述了恩格斯从革命民主主义者到共产主义者的成长过程，他和马克思为创建无产阶级政党所做的不懈努力，他在1848—1849年德国革命中的英勇斗争，他在第一国际时期为团结和壮大工人运动、为反对各种机会主义思潮所作的卓越贡献，他在马克思逝世后作为各国社会主义者的导师和顾问所进行的活动。结合恩格斯各个时期的斗争实践，本书详细地叙述了他的理论活动。对他的主要代表作，如《政治经济学批判大纲》、《英国工人阶级状况》、《德国的革命和反革命》、《德国农民战争》、《反杜林论》、《自然辩证法》、《家庭、私有制和国家的起源》、《路德维希和德国古典哲学的终结》和晚年的几篇重要文章，以及他和马克思合著的《神圣家族》、《德意志意识形态》、《共产党宣言》等著作，用专章或专节作了重点介绍，阐明了这些著作的写作背景、基本内容及其在马克思主义科学体系中的地位和作用。这样的阐述，完整地再现了恩格斯作为革命家和理论家的伟大形象，同时清楚地表明：马克思主义理论是同革命实践紧密地结合在一起的，是深深地扎根于实际斗争之中的；马克思主义为革命实践提供理论指导，又在革命实践中得到丰富和发展。

恩格斯的一生是同马克思紧密地联系在一起的。正像拉法格所说："当我们回忆恩格斯的时候，就不能不同时想起马克思，同样，当我们回忆马克思的时候，也就不免会想起恩格斯。他们俩人的生活联系得如此紧密，简直是统一而不可分的。"（《回忆马克思恩格斯》第89页）本书把握住了恩格斯革命生涯中的这一特点，用大量生动的材料描述了两位导师在革命斗争和理论创造中的伟大合作和战斗友谊，介绍了恩格斯为帮助马克思而作出的巨大自我牺牲，着重阐述了他对马克思的不朽著作《资本论》的重大贡献。马克思在写作《资本论》的过程中，不仅得到恩格斯经济上的支援，而且得到他学术上的帮助。没有恩格斯的帮助，马克思是无法写成《资本论》的。在《资本论》第1卷出版后，为了粉碎资产阶级用沉默来扼杀这部伟大著作的阴谋，他用各种巧妙的方式写了一系列评论，宣传和捍卫《资本论》的思想。在马克思逝世后，他为了完成亡友的未竟之业，立即放下自己的研究工作，在前

后 12 年的时间里，把主要精力用来整理《资本论》第 2、3 卷，对手稿作了
大量修订和增补，终于使《资本论》成为一个完整的艺术品同读者见面。正
像列宁所说，这是恩格斯为自己的战友建立的"一座庄严宏伟的纪念碑，在
这座纪念碑上，他无意中也把自己的名字不可磨灭地铭刻上去了"（《列宁选
集》第 1 卷第 92 页）。从本书的这些论述中可以清楚地看到，这两位导师的
思想是融为一体的，是互相补充的，根本不存在某些资产阶级学者所臆造的
马克思、恩格斯的"对立"。

　　恩格斯身上还有许多高贵的革命品德和优良的思想作风。他好学不倦，
从青年时代起一直勤奋学习，广泛吸收人类的优秀文化遗产和同时代人的科
学成果。在探求真理的道路上，他不迷信权威，不故步自封，善于独立思考。
他谦虚质朴，从不以领袖自居，始终以普通战士的身份置身于群众之中，也
从不居功自傲，总是把成绩归功于马克思，自己甘当"第二提琴手"。他治学
严谨，敢于坚持真理，又乐于修正错误。他热爱生活，对未来总是抱着革命
乐观主义精神。他乐于助人，特别关怀青年人的成长，对他们无限爱抚，循
循善诱。他从不计较个人的得失，为无产阶级和全人类的解放，甘愿牺牲个
人的一切。对恩格斯的这些优秀的思想品德和高尚的革命情操，本书都作了
生动的描述，为我们提供了具体的学习榜样。

　　实事求是的科学态度也是本书的一个特点。本书对恩格斯的革命活动和
理论观点的阐述是从实际材料出发的，特别是以马克思、恩格斯自己的著述
为主要依据的，因而真实地反映了恩格斯的革命道路和思想发展过程。恩格
斯的理论观点有从不成熟到成熟、从不完善到完善的发展过程，随着客观情
况的变化不断地得到补充、修正和发展。本书在肯定他们理论成就时也实事
求是地指出了某些理论观点的不成熟、不完善，如早期著作中的空想共产主
义的影响和一些不确切的提法，对革命形势的个别不恰当的估计等。马克思
主义不是一成不变的僵死教条，而是不断发展的学说，它的某些原理会被后
来的实践经验所突破，被代之以新的原理。这是马克思主义的创造性的表
现。本书注意到了马克思主义发展的这一特点。例如恩格斯曾设想，在社会
主义公有制建立后，商品生产将消失。本书在介绍这一观点时，援引社会主
义国家的实践经验，指出社会主义社会必须继续保存和发展商品生产，特别
是像我国这样一个原来经济落后、商品关系不发达的国家，无产阶级夺取政
权后更需要大力发展商品生产。这就实事求是地指出了恩格斯这一观点同后
来社会主义实践的不相符合，从而防止对这一思想作机械的理解。此外，对

恩格斯的个别曾遭到不公正批评的观点，没有人云亦云，而是采取科学分析的态度。例如，恩格斯在《家庭、私有制和国家的起源》中根据原始社会研究的新成果指出，在原始社会中，两种生产，即物质生活资料的生产和人类自身的生产起着决定作用。这一思想曾被批评为违背物质资料的生产是一切社会发展的决定因素的历史唯物主义原理。本书对这一思想作了科学分析，肯定它是对历史唯物主义的发展。

　　总之，这本传记是写得比较好的，是值得我们认真阅读的。但是也还存在一些需要改进的地方。第一，马克思主义虽然以马克思命名，但恩格斯为它的创立和发展作出了独特的贡献。例如，恩格斯对军事科学作过深入的研究，写有大量军事著作，他是当之无愧的无产阶级军事科学的奠基人。对恩格斯的这一贡献，本书虽然有所论述，但没有集中地、系统地介绍。又如，恩格斯对民族殖民地的解放运动，包括中国人民的民族解放运动，有许多精辟的论述和丰富的思想，本书也没有给予充分的阐述。第二，近几年来，我国学者对马克思主义理论的研究取得了一些新成果。例如，对社会主义社会的性质和特征、社会主义所有制的形式、无产阶级专政的职能、商品生产的作用等等，提出了不少新见解。本书在有的地方已经反映了这些新观点，但总的来说还不够。如果在介绍恩格斯的有关理论原则时适当介绍一下这些理论原则的新发展，那就可以帮助读者从发展的观点来理解恩格斯的思想。第三，多年来国外某些资产阶级学者对恩格斯的思想进行了种种的歪曲和攻击。有的指责恩格斯把历史唯物主义变成"宿命论"，有的否定他对辩证唯物主义的贡献，有的歪曲他的策略思想，有的制造所谓恩格斯和马克思的"对立"。本书虽然从正面肯定和系统阐述了恩格斯的理论贡献，但没有在适当场合直接批驳这些歪曲和攻击。这里我指出这几点不足之处，供作者在修订时参考。

（原载《中国图书评论》1986 年第 2 期）

参考文献

1.《马克思恩格斯全集》第 1 卷，人民出版社 1956 年版。

2.《马克思恩格斯全集》第 2 卷，人民出版社 1957 年版。

3.《马克思恩格斯全集》第 3 卷，人民出版社 1960 年版。

4.《马克思恩格斯全集》第 4 卷，人民出版社 1958 年版。

5.《马克思恩格斯全集》第 5 卷，人民出版社 1958 年版。

6.《马克思恩格斯全集》第 6 卷，人民出版社 1961 年版。

7.《马克思恩格斯全集》第 7 卷，人民出版社 1959 年版。

8.《马克思恩格斯全集》第 8 卷，人民出版社 1961 年版。

9.《马克思恩格斯全集》第 12 卷，人民出版社 1962 年版。

10.《马克思恩格斯全集》第 13 卷，人民出版社 1963 年版。

11.《马克思恩格斯全集》第 14 卷，人民出版社 1964 年版。

12.《马克思恩格斯全集》第 15 卷，人民出版社 1958 年版。

13.《马克思恩格斯全集》第 16 卷，人民出版社 1964 年版。

14.《马克思恩格斯全集》第 17 卷，人民出版社 1963 年版。

15.《马克思恩格斯全集》第 18 卷，人民出版社 1964 年版。

16.《马克思恩格斯全集》第 19 卷，人民出版社 1963 年版。

17.《马克思恩格斯全集》第 20 卷，人民出版社 1971 年版。

18.《马克思恩格斯全集》第 21 卷，人民出版社 1965 年版。

19.《马克思恩格斯全集》第 22 卷，人民出版社 1965 年版。

20.《马克思恩格斯全集》第 23 卷，人民出版社 1975 年版。

21.《马克思恩格斯全集》第 24 卷，人民出版社 1972 年版。

22.《马克思恩格斯全集》第 25 卷，人民出版社 1974 年版。

23.《马克思恩格斯全集》第 26 卷（Ⅰ），人民出版社 1973 年版。

24.《马克思恩格斯全集》第 26 卷（Ⅱ），人民出版社 1973 年版。

25.《马克思恩格斯全集》第 27 卷，人民出版社 1972 年版。

26.《马克思恩格斯全集》第 28 卷，人民出版社 1972 年版。

27.《马克思恩格斯全集》第 29 卷，人民出版社 1972 年版。

28.《马克思恩格斯全集》第 30 卷，人民出版社 1975 年版。

29.《马克思恩格斯全集》第 31 卷，人民出版社 1972 年版。

30.《马克思恩格斯全集》第 32 卷，人民出版社 1975 年版。

31.《马克思恩格斯全集》第 33 卷，人民出版社 1973 年版。

32.《马克思恩格斯全集》第 34 卷，人民出版社 1972 年版。

33.《马克思恩格斯全集》第 35 卷，人民出版社 1971 年版。

34.《马克思恩格斯全集》第 36 卷，人民出版社 1974 年版。

35.《马克思恩格斯全集》第 37 卷，人民出版社 1971 年版。

36.《马克思恩格斯全集》第 38 卷，人民出版社 1972 年版。

37.《马克思恩格斯全集》第 39 卷，人民出版社 1974 年版。

38.《马克思恩格斯全集》第 41 卷，人民出版社 1982 年版。

39.《马克思恩格斯全集》第 42 卷，人民出版社 1979 年版。

40.《马克思恩格斯全集》第 46 卷（上），人民出版社 1979 年版。

41.《马克思恩格斯全集》第 49 卷，人民出版社 1982 年版。

42.《马克思恩格斯选集》第 1 卷，人民出版社 1972 年版。

43.《马克思恩格斯选集》第 2 卷，人民出版社 1972 年版。

44.《马克思恩格斯选集》第 3 卷，人民出版社 1960 年版。

45.《马克思恩格斯〈资本论〉书信集》，人民出版社 1976 年版。

46. 艾内斯特·琼斯：《工厂城》，《英国宪章派诗选》，上海文艺出版社 1960 年版。

47. 艾·王德威尔德：《请您告诉比利时同志们……》，《智慧的明灯》，人民出版社 1983 年版。

48. 爱琳娜·马克思：《弗里德里希·恩格斯》，《摩尔和将军》，人民出版社 1982 年版。

49. 爱琳娜·马克思：《弗里德里希，恩格斯》，《回忆马克思恩格斯》，人民出版社 1973 年版。

50. 巴赫主编：《第一国际》第 2 卷，三联书店 1980 年版。

51. 白拉克：《致弗·恩格斯》（1875 年 3 月 25 日），《马克思恩格斯和白拉克通信集》，人民出版社 1978 年版。

52. 倍倍尔：《我的一生》第 2 卷，三联书店 1965 年版。

53. 《傅立叶选集》第 2 卷，商务印书馆 1979 年版。

54. 谷兹科夫：《致荣克》（1842 年 12 月 8 日），转引自科尔纽《马克思恩格斯传》第 3 卷，三联书店 1980 年版。

55. 哈尼：《关于恩格斯》，《回忆马克思恩格斯》，人民出版社 1973 年版。

56. 劳拉：《致弗·恩格斯》（1889 年 11 月 4 日），《恩格斯与保尔·拉法格、劳拉·拉法格通信集》（二），人民出版社 1979 年版。

57. 李卜克内西：《忆恩格斯》，《我景仰的人》，人民出版社 1982 年版。

58. 格姆科夫：《恩格斯传》，三联书店 1980 年版。

59. 《列宁全集》第 2 卷，人民出版社 1963 年版。

60. 《列宁全集》第 12 卷，人民出版社 1963 年版。

61. 《列宁全集》第 19 卷，人民出版社 1963 年版。

62. 列斯纳：《一个工人对弗里德里希·恩格斯的回忆》，《回忆马克思恩格斯》，人民出版社 1973 年版。

63. 黑格尔：《法哲学原理》（序言），商务印书馆 1961 年版。

64. 考茨基：《〈剩余价值学说史〉第 3 卷编者序》，转引自《剩余价值学说史》第 3 卷，三联书店 1957 年版。

65. 康捷尔编：《马克思恩格斯和第一批无产阶级革命家》，三联书店 1963 年版。

66. 马克思：《资本论》第 1 卷，人民出版社 1961 年版。

67. 马克思：《资本论》第 2 卷，人民出版社 1975 年版。

68. 梅林：《〈揭露科伦共产党人案件〉一书序言》，转引自米哈伊洛夫《共产主义者同盟》，三联书店 1976 年版。

69. 梅林：《马克思传》，人民出版社 1972 年版。

70. 《欧文选集》下卷，商务印书馆 1965 年版。

71. 《圣西门选集》上卷，商务印书馆 1979 年版。

72. 孰尼克等主编：《哲学史》第 2 卷，三联书店 1961 年版。

73. 《维尔特诗选》，人民文学出版社 1977 年版。

74. 维尔特：《给母亲的信的片断》，《回忆马克思恩格斯》，人民出版社 1973 年版。

75. 李卜克内西：《一个革命士兵的回忆》，人民出版社 1980 年版。

76. 恩格斯：《关于为公社流亡者谋职的札记》，转引自巴赫主编《第一国际和巴黎公社（文件资料）》上册，三联书店 1978 年版。

后　记

写作恩格斯的学术传记，是我多年的心愿。50年代中期，我在中国人民大学马列主义研究班学习时，就决心认真研读马克思、恩格斯著作，撰写革命导师的传记。近三十年来，无论工作多么繁忙，这个愿望时时刻刻都在鞭策我、推动我、鼓励我去学习、探索和写作。现在献给读者的这部著作，就是自己多年学习和研究马克思、恩格斯著作的一些心得体会。

反映恩格斯革命活动和理论创作的学术传记，涉及许多学科领域。我的学识才能有限，编写过程中碰到许多问题和困难。虽然自己作了很大努力，但本书无论体例、内容和表达方式等方面，仍然很不成熟，有待提高。这里只是收集和整理了若干资料，提出了一些幼稚的见解，为人们继续研究这个课题提供一定的参考。

多年以来，国内外学术界对马克思、恩格斯的生平和著作进行了广泛深入的研究，发表了许多见解深刻、内容充实、资料丰富的论著。在写作本书的过程中，我曾经参阅了国内外学者的著作，吸取了他们的研究成果。我国学者编写的各种专著、教材、资料、论文等，给了我很大的启发和帮助；我也从苏联、民主德国和其他国家学者撰写的有关论著中得到很大教益。本书就是在吸取国内外许多学者研究成果的基础上写成的。

在本书写作过程中，许多同志先后给予我很大的关心、帮助和鼓励。有的同志为我提供资料，解答难题；有的同志为我审阅部分手稿，提出中肯意见。没有他们的支持，要完成这部著作是很困难的。

著名经济学家宋涛教授为本书写了序言，给我极大的鼓励。谨此向许涤新教授、宋涛教授和关心、帮助我的各位同志表示衷心的感谢。在这里，我还要感谢我的母校中国人民大学，感谢为培养我、教育我花费大量心血的宋涛、苏星、鲁有章、李宗正、张朝尊、林培黎等各位导师。

萧灼基

1984 年 12 月于北京大学